DIÁRIOS DE
ANDY WARHOL

Vol.1 (1976–1981)

Leia também na Coleção **L&PM** POCKET:

Diários de Andy Warhol (volume 2)
Andy Warhol – Mériam Korichi (Série Biografias)

DIÁRIOS DE ANDY WARHOL
Vol.1 (1976–1981)

EDITADO POR PAT HACKETT

Tradução de CELSO LOUREIRO CHAVES

www.lpm.com.br

L&PM POCKET

Coleção **L&PM** POCKET, vol. 1000

Texto de acordo com a nova ortografia.
Título original: *The Andy Warhol Diaries*

Diários de Andy Warhol foi publicado pela L&PM Editores em 1989, em um único volume, em formato 16x23cm.
Primeira edição na Coleção **L&PM** POCKET: janeiro de 2012

Tradução: Celso Loureiro Chaves
Capa: foto de Andy Warhol © Andrew Unangst, Corbis
Revisão: Patrícia Yurgel

CIP-Brasil. Catalogação na Fonte
Sindicato Nacional dos Editores de Livros, RJ

W236d
v.2

Warhol, Andy, 1928-1987
 Diários de Andy Warhol, volume 1 / [editado por] Pat Hackett; tradução de Celso Loureiro Chaves. – Porto Alegre, RS: L&PM, 2012.
 2 v. (624, 544 p.) : il. ; 18 cm. – (Coleção L&PM POCKET, v. 1000)

 Tradução de: *The Andy Warhol Diaries*
 Apêndice
 ISBN 978-85-254-2522-5

 1. Warhol, Andy, 1928-1987 - Diários. 2. Artistas - Estados Unidos - Diários. I. Hackett, Pat. II. Título. III. Série.

11-6684.	CDD: 927
	CDU: 929:7.036

Copyright © 1989, The Estate of Andy Warhol
All rights reserved

Todos os direitos desta edição reservados a L&PM Editores
Rua Comendador Coruja, 326 – Floresta – 90220-180
Porto Alegre – RS – Brasil / Fone: 51.3225-5777 – Fax: 51.3221.5380

PEDIDOS & DEPTO. COMERCIAL: vendas@lpm.com.br
FALE CONOSCO: info@lpm.com.br
www.lpm.com.br

Impresso no Brasil
Verão de 2012

Meus sinceros agradecimentos a Steven M.L. Aronson, que me ajudou a editar os Diários e que provou mais uma vez – como tinha feito no passado em livros com Andy e comigo – ser diligente, vigilante e brilhante.

P.H.

AGRADECIMENTOS

Jamie Raab, na Warner Books, foi uma editora solidária e astuta. Ela vasculhou o livro tão cuidadosamente e deu conselhos tão bons e infalíveis para tantas decisões que tinham de ser tomadas num trabalho deste tamanho e dimensão, que é difícil imaginar como tudo poderia ter sido feito sem ela.

Agradecimentos também a: Vincent Fremont, Ed Hayes; Helen B. Childs, Rob Wesseley; Bob Miller, que deu início ao projeto junto à Warner Books; Lee Seifman, que trabalhou tão rápido e com inteligência e bom humor; Tony Bugarin, Allen Goldman, Heloise Goodman, Suzanne Gluck, Lew Grimes, Margery King, Harvey-Jane Kowal, Jesse Kornbluth, Gary Krampf, Jane Krupp, Alex Neratoff, Barbara O'Connell, Jay Shriver, David Stenn, Allison Weiser.

Profunda gratidão aos meus pais.

E, por último, agradecimentos a Frederick W. Hughes, o executor do Espólio Warhol e de longa data empresário de negócios e amigo de Andy, que compreendeu que a franqueza-do-momento é a essência do diário como forma literária, e que foi o primeiro a defender o espírito franco *deste* diário – mesmo quando a franqueza de Andy incluía Frederick W. Hughes.

P.H.

Introdução

Pat Hackett

Conheci Andy Warhol no outono de 1968 – oito anos depois de ele ter pintado seus primeiros quadros pop e apenas três meses depois de ter sido baleado e quase morto por uma mulher que tinha atuado como figurante num dos seus filmes underground. Durante a primavera anterior, o espaço de ateliê/estúdio de cinema/ponto de encontro conhecido nas lendas dos anos 60 como "Factory" tinha se mudado do seu primeiro endereço, um estúdio prateado na Rua 47 Leste, para um estúdio branco e cheio de espelhos que ocupou todo o sexto andar do número 33 da Union Square Oeste.

Andy adorava a Union Square – as árvores no parque e o estúdio com vista para o imponente edifício da Con Edison, com seu relógio brilhando como uma lua de bairro, dando as horas dia e noite. Considerada sempre como a fronteira não oficial entre uptown e downtown, Union Square fica perto da área de comércio barato da Rua 14. Para o sul, pode-se facilmente ir a pé até o Village Leste e Oeste e até o Soho.

E, é claro, a um quarteirão de distância na Park Avenue South ficava o Max's Kansas City, a incubadora de tantos personagens que apareceram nos filmes da Factory. Toda noite, celebridades da arte, da moda, da música e do cinema underground se acotovelavam nos seus cantos favoritos na sala dos fundos do Max's e controlavam as roupas, a maquiagem, o humor e os interesses amorosos uns dos outros, enquanto celebridades de "intercâmbio" de fora da cidade eram recepcionadas – diretores e produtores da Europa ou Hollywood – e aguardavam serem arrancadas de "tudo isso" (a notoriedade nova-iorquina) e serem levadas para "tudo aquilo" (a fama internacional). A arte de Andy decorava as paredes.

Naquela época, eu era uma estudante universitária no Barnard e me pareceu que procurar Andy para descobrir se ele precisava de uma datilógrafa ocasional seria uma boa maneira de colocar algum glamour nos meus anos de estudo. Eu me apresentei a Andy, explicando que era estudante, e ele sugeriu que eu trabalhasse para ele sempre que eu pudesse. Então comecei a ir à Factory alguns dias por semana depois das aulas. Ele e eu repartíamos um escritório de 1,5 x 3,5m cheio – depois eu vim a descobrir que *todos* os escritórios dele, fossem de que tamanho fossem, estavam sempre cheios – de quinquilharias. Ele lia os jornais e bebia suco de cenoura do Brownies, o bar de comida natural na esquina da Rua 16, enquanto eu transcrevia as fitas que ele me passava de conversas telefônicas do tempo em que ele estivera em recuperação, primeiro no hospital e depois na estreita casa vitoriana da Lexington com a 89, na qual ele morava com a mãe.

Andy chegou em Nova York em 1949 vindo de Pittsburgh e de início dividiu um apartamento com outras pessoas. Depois ele conseguiu manter um lugar que fosse só seu. Então sua mãe chegou subitamente à cidade e se mudou para o apartamento dele, o filho mais moço, dizendo que queria cuidar dele. Talvez tenha decidido – ou, o que também é provável, ele talvez tenha dito a ela – que estava trabalhando tanto que não tinha tempo para encontrar uma *esposa* que cuidasse dele, porque quando eu conheci Julia Warhola numa tarde de 1969 ela disse olá, pensou um segundo e então concluiu "Você seria boa para meu Andy – mas ele está muito ocupado". (A mãe de Andy morou com ele na casa da 89 com a Lexington Avenue até 1971. Por essa época, aparentemente senil, ela requeria atenção constante e Andy a mandou de volta para Pittsburgh para ser cuidada por John e Paul, os irmãos dele. Depois de sofrer um colapso, ela morreu num asilo de Pittsburgh em 1972, mas mesmo para seus amigos mais chegados, que frequentemente perguntavam "Como está sua mãe?", Andy continuou a dizer por vários anos "Ah, está bem".)

Nas minhas primeiras semanas na Factory, amigos que Andy não via desde antes do atentado – superstars como Viva e Ondine e Nico, ou Lou Reed ou os outros integrantes do Velvet Underground – iam ao estúdio da Union Square para perguntar como ele estava. Normalmente ele assegurava que estava "Ah, bem" ou ocasionalmente fazia piadas dizendo "Com minhas mãos". Brigid Berlin, também conhecida como Brigid Polk, a filha mais velha do veterano diretor da Hearst Corporation, Richard E. Berlin, estrelara *Chelsea Girls,* o filme de Andy, e agora vinha ganhar um pouco de dinheiro permitindo que Andy gravasse a conversa dela sobre, digamos, o que tinha acontecido na noite anterior na sala dos fundos do Max's ou com quem ela tinha conversado ao telefone naquela manhã no seu quartinho do George Washington Hotel, ali perto; quando ela terminava ele tirava o talão de cheques e a recompensava pela performance com $25 (algumas vezes aumentadas até $50). Em cada uma dessas reuniões pós-atentado com seus amigos, algo no rosto de Andy dizia que ele estava deslumbrado por ainda estar vivo para vê-los. Num determinado momento no hospital, um pouco antes de conseguirem revivê-lo, os médicos pensaram que ele estava morto e Andy, num estado de semiconsciência, ouviu quando eles disseram isso; a partir de junho de 1968, ele passou a se considerar um homem que tinha oficialmente "voltado da morte".

De início Andy e eu não conversávamos muito. Por muitas semanas eu só transcrevia e ele ficava só sentado ali, a uns poucos metros de distância da minha máquina de escrever, lendo e atendendo telefonemas. Na maior parte do tempo o rosto dele ficava impassível. Havia definitivamente uma sensação esquisita em relação a ele – ele se movia de um jeito estranho. Finalmente me dei conta que era porque o seu peito ainda estava enrolado em gaze cirúrgica – algumas vezes o sangue dos ferimentos em cicatrização passava para a camisa. Mas quando Andy ria, o que era esquisito desaparecia e todo o seu rosto se transformava – aí eu o achava encantador.

Andy era polido e humilde. Raramente *dizia* a alguém o que fazer – ele apenas perguntava num tom esperançoso: "Você acha que você poderia...?". Tratava a todos com respeito, nunca criticava ninguém. E fazia todos se sentirem importantes, pedindo opiniões e perguntando sobre a vida de cada um. Esperava que cada um que trabalhasse para ele cumprisse sua tarefa, mas mesmo assim ficava agradecido quando isso acontecia – sabia que *qualquer* grau de competência é difícil de encontrar, mesmo quando você se dispõe a pagar. E ficava especialmente grato por qualquer coisa extra que alguém fizesse por ele. Eu nunca ouvi ninguém dizer "Obrigado" mais do que Andy e, da maneira como dizia, se sabia que estava falando sério. "Obrigado" foi a última coisa que ele disse para mim.

Dependendo do seu humor, Andy tinha três maneiras de tratar a incompetência dos empregados. Algumas vezes os observava por vários minutos e aí, levantando as sobrancelhas e fechando os olhos filosoficamente, dava meia-volta e saía sem dizer nada; às vezes reclamava e resmungava por meia hora a respeito do transgressor, embora ninguém jamais fosse despedido; e algumas vezes ele subitamente começava a improvisar uma imitação da pessoa, nunca uma imitação literal, mas mais a *sua* interpretação da visão que *eles* tinham de si próprios – e era sempre divertido.

As piores coisas que Andy podia pensar em dizer de alguém era "Ele é o tipo de pessoa que pensa que é melhor que a gente" ou, simplesmente, "Ele pensa que é um intelectual". Andy sabia que uma boa ideia pode surgir de qualquer lugar; nunca se impressionava com currículos.

Com o que ele se impressionava, então? Fama – velha, nova ou desbotada. Beleza. Talento clássico. Talento inovador. Toda pessoa que fizesse algo *primeiro*. Um certo tipo de insolência escandalosa. Gente de bom papo. Dinheiro – especialmente muito dinheiro, sólido, totalmente americano. Ao contrário do que muitos leitores de colunas sociais possam pensar depois de terem visto o nome de Andy na imprensa tantas vezes nesses anos todos em tantos acontecimentos envolvendo a realeza europeia, títulos de nobreza estrangeira não o impressionavam – ele sempre os entendia completamente mal ou, no mínimo, os pronunciava absolutamente mal.

Nunca considerou que o seu sucesso fosse natural: ficava excitado por tê-lo. A sua humildade constante e a sua polidez eram as duas coisas de que eu mais gostava nele e, tanto quanto tenha mudado e evoluído através dos anos em que o conheci, essas qualidades nunca diminuíram.

Depois de poucas semanas de datilografia voluntária, tive de estudar para exames de meio de semestre e deixei de ir até downtown. Eu supus que Andy provavelmente nem notaria a minha ausência (eu ainda não tinha compreendido que a sua expressão passiva não queria dizer que não estivesse observando até os mínimos detalhes) e fiquei surpresa quando alguém bateu na porta do meu quarto no dormitório dizendo que um "Andy" estava no telefone. Eu não podia acreditar que sequer se lembrasse em que escola eu estudava, muito menos em qual dormitório eu morava. Onde eu estava, ele queria saber. E, para se certificar que eu voltaria, "adoçou a dose" oferecendo-se para pagar minha passagem de metrô até o "trabalho". Uma passagem custava então vinte centavos.

A maior atividade da Factory nos anos 1968-72 era a filmagem de longas-metragens em 16mm (ampliados para 35mm para o lançamento comercial) com o pessoal desconhecido que vivia no Max's ou que vinha à Factory para ser "descoberto". Durante o verão de 1968, quando Andy estava em casa, acamado, recuperando-se dos ferimentos, Paul Morrissey, um diplomado da Fordham que havia trabalhado numa companhia de seguros e que até o atentado tinha auxiliado Andy nos filmes da Factory, fez um filme por conta própria: *Flesh*. O ator principal era o lindo recepcionista/faz-tudo da Factory, Joe Dallesandro, um irresistível garoto de programa que estava tentando conseguir dinheiro para o aborto da namorada, e no outono de 1968 *Flesh* começou a ser exibido comercialmente no Garrick Theater da Bleecker Street.

O auxiliar de Paul em *Flesh* era Jed Johnson, que tinha começado a trabalhar na Factory na primavera, logo depois que ele e Jay, seu irmão gêmeo, chegaram de Sacramento. As primeiras tarefas de Jed na Factory foram raspar a pintura das esquadrias das janelas que davam para o Union Square Park e construir estantes nos fundos do estúdio para acomodar as latas de filme. No tempo livre ele aprendeu por si mesmo a montar filmes na moviola da Factory, brincando com rolos de *San Diego Surf* e *Lonesome Cowboys*, dois filmes que tinham sido feitos por Andy numa viagem de filmagens da Factory ao Arizona e à California um pouco antes do atentado.

Quando a Factory se mudou para Union Square, Billy Name, o fotógrafo que tinha sido responsável pela atmosfera prateada da Factory da Rua 47 e pela sua vida social centrada nas anfetaminas, passou a morar no pequeno quarto escuro que montou nos fundos do estúdio. No espaço de uns poucos meses em 1968 e no começo de 1969, começou a evitar as atividades diurnas da Factory e passou a emergir do quarto escuro somente à noite e quando todo mundo já tinha ido embora. Pratos vazios de comida comprada jogados no cesto de lixo eram os únicos indícios, no dia seguinte, de que estava vivo e se alimentando. Depois de mais de um ano dessa vida eremita e noturna, uma manhã Jed chegou como sempre para abrir o estúdio e encontrou a porta do quarto escuro aberta – Billy tinha ido embora.

Gerard Malanga, um dos assistentes de pintura de Andy nos anos 60 e ator dos primeiros filmes como *Vinyl* e *Kiss*, compartilhava uma das duas grandes mesas da parte da frente do estúdio com Fred Hughes, que estava recém chegando à sua posição de empresário da carreira artística de Andy. Fred tinha entrado no mundo dos marchands através do seu trabalho com a família De Menil, mecenas e filantropos de Houston, sua cidade natal. Andy ficou muito impressionado com Fred por duas coisas: primeiro, a curto prazo, Fred o tinha apresentado para uma família rica e generosa e depois, a longo prazo, teve uma rara compreensão e respeito pela arte de Andy e um sexto sentido para como, quando e onde mostrá-la. Da sua metade da mesa, Gerard atendia telefones enquanto escrevia poesia, e em 1969 Andy decidiu criar uma revista chamada *inter/VIEW*. Durante pouco tempo Gerard foi o editor da revista, antes de trocar Nova York pela Europa.

A outra grande mesa pertencia a Paul, que fez ampliações coloridas das superstars atrás de si, incluindo duas "Garotas do ano", Viva e International Velvet (Susan Bottomly). Paul fez *Trash* (1970) e *Heat* (1971). *Women in Revolt* e *L'Amour*, filmados durante esse mesmo período, foram projetos conjuntos da Factory com Andy, Paul, Fred e Jed, todos envolvidos na escolha do elenco, na filmagem e na montagem. Então em 1972 Paul foi para Itália dirigir dois filmes para a produtora de Carlo Ponti que foram finalmente "apresentados" por Andy – *Andy Warhol's Frankenstein* e *Andy Warhol's Dracula.* Jed e eu fomos para a Itália trabalhar nesses filmes e depois de terminados Paul ficou na Europa, praticamente encerrando sua participação como uma grande influência na Factory.

Nessa época Fred estava tratando de todos os assuntos de escritório e auxiliando Andy a tomar decisões de negócios. Vincent Fremont, que viera a Nova York de carro atravessando o país desde San Diego e tinha começado a trabalhar na Factory no outono de 1969, era agora o gerente geral do escritório.

No verão de 1974 a Factory se transferiu da 33 Union Square Oeste para o terceiro andar da 860 Broadway – a apenas meio quarteirão de distância. Por essa época, Andy orientou as telefonistas para que parassem de atender o telefone dizendo

"Factory" – "Factory" tinha se tornado "muito cafona", ele disse – e o lugar se transformou simplesmente no "escritório". Bob Colaciello, que tinha se diplomado na School of Foreign Service da Georgetown University e que viera à Factory para escrever uma resenha de *Trash* para o *Village Voice*, estava agora trabalhando a maior parte do tempo na revista (então chamada, com uma pequena mudança de nome, *Andy Warhol's Interview*), escrevendo artigos e assinando sua coluna, "OUT", que era a crônica da sua própria vida social diária e que todos os meses lançava uma carga enorme de nomes. Em 1974, Bob Colacello (que já tinha abandonado o "i") se tornou oficialmente o editor-executivo da revista, formando a sua imagem política, conservadora e sexualmente andrógina. (Não era uma revista de família – uma pesquisa no final dos anos 70 concluiu que "o leitor médio de *Interview* tinha ao redor de 0,001 filhos"). A política editorial e de anúncios da revista era elitista a ponto de ser dedicada – como uma vez Bob explicou, às gargalhadas – à "restauração das mais glamourosas, e mais esquecidas, ditaduras e monarquias do mundo". Era um objetivo, muitos destacaram, que parecia incongruente com o sotaque do Brooklyn de Bob, mas isso não o impediu de especificar exatamente de quais monarquias ele mais sentia falta e por quê.

Quando Andy decidiu lançar a revista, em 1969, a ideia era de orientá-la para o cinema. Ele queria que os astros falassem – nas suas próprias palavras, sem retoques – e, sempre que possível, que fossem entrevistados por outros astros. Isso era algo novo no mundo das revistas. E já que a filosofia comercial de Andy era iniciar as coisas com um orçamento reduzido e ir crescendo aos poucos – de início financie a si mesmo para que, quando o negócio valer mais, você, e não um investidor, seja o proprietário majoritário –, a revista foi publicada com um orçamento minúsculo. Para dar uma ideia de *quão* minúsculo era o orçamento: no primeiro número, um entrevistado tinha se referido a um crítico de cinema muito conhecido que tinha acabado de aparecer como uma "drag queen" num filme de Hollywood sobre um transexual. Foi só depois que o número já tinha sido impresso que os advogados advertiram que "drag queen" era passível de processo mas, que só "queen" não teria problema. Então Andy, Paul, Fred, Jed, Gerard e eu, mais quem por acaso aparecesse por lá, gastamos umas seis horas sentados na frente do estúdio com pilhas e pilhas de *inter/VIEWS* riscando a palavra "drag" com canetas hidrográficas pretas, enquanto Paul reclamava "Isto é como fazer penitência – nunca vou chamá-lo novamente de drag queen, nunca vou chamá-lo novamente de "drag queen...".

Na 33 Union Square Oeste, os escritórios da revista eram duas salas no décimo andar, a quatro andares de distância da Factory, mas depois da mudança para 860 Broadway eles ficaram no mesmo andar do escritório de Andy e do ateliê de pintura, separados apenas por uma parede. Andy parecia considerar os empregados da *Interview* como enteados, diferentes das pessoas que trabalhavam diretamente para ele e que formavam a "família". (Um visitante, notando a distância psicológica que Andy tinha estabelecido entre os seus empregados pessoais e o pessoal da revista, observou, só meio de brincadeira, "tenho a sensação de que se perguntassem ao pessoal que trabalha para a *Interview* qual a celebridade do mundo inteiro que eles mais gostariam de conhecer todos diriam 'Andy Warhol'.") Havia exceções: pessoas que trabalhavam na *Interview* mas que eram também amigos pessoais de Andy e saíam com ele socialmente – gente como Bob Colacello e Catherine Guiness, da família de cervejeiros anglo-irlandeses –, mas geralmente para Andy o pessoal da *Interview* era parte da sua vida comercial e não da sua vida emocional. Ele se referia a eles como "eles" e a nós como "nós".

Embora a vida social de Andy no final dos anos 60 e início dos anos 70 fosse orientada principalmente por Fred, por volta de 1975 Bob Colacello também estava promovendo muitos encontros sociais e alguns negócios. (Todos os negócios, no entanto, tinham de ser aprovados por Fred.) No círculo crescente de pessoas ricas de quem estava se tornando amigo, Bob conseguiu muitas encomendas de retratos e também conseguiu contratos de edição para Andy. No primeiro livro, *The Philosophy of Andy Warhol (From A to B and Back Again)*, fiz oito entrevistas isoladas com Andy que usei como base dos capítulos 1 a 8 e 10. Depois, utilizando material das conversas que Andy tinha gravado entre ele mesmo e Bob Colacello e Brigid Berlin, escrevi um capítulo de introdução e os capítulos 9, 11, 12, 13 e 14. Foi o primeiro grande projeto no qual Andy e eu trabalhamos juntos, e depois que o livro foi publicado, em 1975, ele me convidou para ser a coautora de um segundo livro – as suas memórias dos anos 60, que nós decidimos chamar *Popism*.

A partir de 1975, a revista foi fonte de grande atividade para Andy. Naquele ano ele comprou as ações do editor de revistas/colecionador de arte Peter Brant e se tornou o único proprietário e editor, com Fred assumindo o título de presidente. Até então Andy tinha se mantido ausente das operações cotidianas da revista, mas agora subitamente ele estava indo conferir o layout com o diretor de arte Marc Balet ou marcando almoços na sala de reuniões para falar sobre a *Interview* para possíveis anunciantes.

Foi a revista, mais do que qualquer outra coisa, que impediu Andy de ficar cristalizado na história dos anos 60. Encontrar gente nova criativa – especialmente jovens – era sempre importante para ele, que se desenvolvia a partir disso. Mas ele sabia que as pessoas só chegam a alguém se alguém tem algo a oferecer a elas. No meio dos anos 60, quando estava produzindo seus primeiros filmes underground baratos à razão de praticamente um por semana, era a possibilidade de participar dos filmes de Andy que atraía as pessoas à Factory. Nos anos 70, no entanto, com o custo proibitivo de filmes exibíveis comercialmente, Andy tinha poucos papéis a oferecer, e nem sempre a certeza de que o filme em discussão viesse realmente a ser feito. A revista *Interview* mais do que preencheu esse vácuo.

A tiragem crescia a cada ano. Em 1976 *Interview* tinha um cacife de bobagens sofisticadas e autoironia que fazia com que celebridades na realidade *quisessem* participar dela. Frequentemente o próprio Andy, com alguém da equipe, fazia a entrevista de capa. Todo número tinha de ser recheado com pessoas e esse era o estoque de novos rostos que agora vinham constantemente ao escritório. "Colocaremos você na revista" substituiu "Colocaremos você no filme" como a promessa mais constante de Andy. Os termos "Interman", "Viewgirl", "Upfront" e "First Impression" eram todos títulos das páginas da *Interview* que apresentavam fotos de belezas masculinas e femininas, jovens nunca-antes-vistas-numa-revista. *Interview* se transformou na revista mais glamourosa do meio. Uma vez ouvi Bob ao telefone tranquilizando uma velhota: "Não se preocupe com sua fotografia – aqui nós retocamos todo mundo com mais de *vinte* anos".

1976 também foi o ano em que *Andy Warhol's Bad* foi filmado em Nova York, em 35mm e com uma equipe profissional.

O elenco era uma combinação de nossas próprias "estrelas da casa" – pessoas como Geraldine Smith, de *Flesh*, e Cyrinda Foxe, ali da esquina da Rua 17 Leste – e profissionais de Hollywood como Carroll Baker e Perry King. Jed dirigiu *Bad* – eu coescrevi o roteiro – e o filme foi bem-recebido (a crítica de Vincent Canby no *New York Times* disse que o filme era "mais claro em mostrar a que se propõe do que qualquer outro filme de Andy Warhol... até agora").

Apesar do sucesso de crítica, depois de dirigir *Bad* Jed nunca mais voltou a trabalhar na Factory – no "escritório" – novamente. Ele começou a comprar e vender antiguidades e depois abriu seu próprio negócio de decoração, embora tenha continuado a morar no quarto andar da mansão em estilo federal da Rua 66 Leste que ele havia conseguido para Andy e para a qual Andy se mudara em 1974. Enquanto isso, Fred tinha se mudado do apartamento da Rua 16 Leste para a casa na Lexington que Andy tinha acabado de desocupar.

Durante a maioria dos anos 70 e até a morte de Andy, encontrar pessoas que encomendassem retratos foi uma atividade primordial, já que significava uma parcela considerável da sua renda anual. Não importava que ele estivesse trabalhando em outras telas para exposições em museus ou galerias; sempre havia retratos sendo feitos em algum canto do estúdio. Qualquer pessoa – marchands, amigos ou empregados – que propusesse uma encomenda *ganhava* uma encomenda. Como o artista Ronnie Cutrone, um bailarino do Exploding Plastic Inevitable nos anos 60 e assistente de pintura de Andy nos anos 70, disse uma vez: "A Pop Art tinha terminado e havia uma porção de movimentos novos. Enquanto isso, Andy tinha um escritório para manter e uma revista que ele sentia que ainda precisava da sua ajuda financeira. Depois de fazer os seus retratos pop de celebridades dos anos 60 – as Marilyns, as Lizes, os Elvis, os Marlons etc. –, foi uma evolução natural que ele fizesse retratos de particulares – ou pelo menos de pessoas que não fossem do show business –, assim tornando-os iguais, em certo sentido, àquelas figuras legendárias". E na realidade, mesmo nos anos 60, mas numa escala bem menor, Andy fez alguns retratos sob encomenda de pessoas não artistas como a colecionadora de arte Ethel Scull, a dona de galeria Holly Solomon e Happy

Rockefeller. Fred Hughes acrescenta: "O meio artístico considerou a ideia de que Andy estivesse fazendo retratos por encomenda algo muito não convencional – artistas não deveriam *fazer* esse tipo de coisa. Mas Andy sempre foi não convencional. E o fato é que ele *gostava* de fazê-los – depois que tivemos as primeiras encomendas ele me disse 'Ah, me consiga mais'."

O processo de Andy ao fazer um retrato era complicado. Começava com a pessoa posando para que ele tirasse aproximadamente sessenta fotos polaroid. (Ele usava exclusivamente a câmera Big Shot da Polaroid e quando este modelo deixou de ser fabricado ele fez um acordo especial com a companhia e comprou todo o estoque que eles ainda tinham disponível.) Depois, dessas sessenta fotos ele escolhia quatro e passava para o impressor de tela (ele trabalhava exclusivamente com um impressor de cada vez; antes de 1977, o impressor era Alex Heinrici, depois foi Rupert Smith) para obter imagens em positivo em acetatos de 20 x 25cm. Quando os acetatos voltavam para ele, escolhia uma imagem, decidia como cortá-la e aí começava a retocá-la cosmeticamente para fazer com que a pessoa parecesse o mais atraente possível – alongava pescoços, afinava narizes, aumentava lábios e esmaecia peles como achava que fosse necessário; ou seja, ele fazia para os outros o que gostaria que os outros fizessem para ele. Então a imagem retocada de 20 x 25cm era ampliada para um acetato de 1 x 1m, do qual o impressor fazia a gravura.

Para estar sempre preparado para a série constante de retratos, Andy fazia seus assistentes pintarem rolos de telas em uma de duas cores básicas: cor de pele para retratos masculinos e uma cor de pele diferente, mais rosada, para retratos femininos. Usando papel carbono sob papel de desenho, ele traçava a imagem do acetato de 1 x 1m na tela cor de pele e depois pintava as áreas coloridas como cabelo, olhos e lábios nas mulheres e gravatas e paletós nos homens. Quando a gravura estava pronta, a imagem detalhada era sobreposta às áreas pré-pintadas e os detalhes da fotografia eram impressos na tela. Eram as pequenas variações no alinhamento da imagem com as cores pintadas sob ela que davam aos retratos de Warhol o seu característico estilo "cambiante". Os retratos, como regra, custavam aproximadamente $25 mil pela primeira tela e $5 mil cada tela adicional.

Manter a sua adorada "rotina" diária era tão importante para Andy que ele se afastava dela apenas quando obrigado. Depois de "fazer o Diário" comigo ao telefone, ele dava ou recebia mais alguns telefonemas, tomava banho, se vestia, levava seus queridos dachshunds Archie e Amos para o elevador e descia do terceiro andar da casa, onde ficava o seu quarto de dormir, até a cozinha no porão, onde ele tomava café com suas duas empregadas filipinas, as irmãs Nena e Aurora Bugarin. Depois ele colocava algumas cópias da *Interview* embaixo do braço e saía para fazer compras por algumas horas, normalmente na Madison Avenue, depois nas casas de leilão, na zona das joias em torno da Rua 47 e nas lojas de antiguidades do Village. Ele distribuía as revistas para o pessoal das lojas (na esperança que eles se decidissem a colocar anúncios) e para fãs que o reconheciam na rua e o paravam – Andy se sentia bem tendo sempre algo para *dar* a eles.

Ele chegava ao escritório entre uma e três da tarde, dependendo de haver ou não um almoço de negócios com anunciantes. Logo na chegada procurava algum dinheiro no bolso – ou nas botas – e mandava um dos garotos até o Brownies do quarteirão buscar o lanche. Então, enquanto bebia o seu suco de cenoura ou seu chá, conferia os eventos da tarde e da noite na agenda, respondia às ligações e atendia alguns dos telefonemas que viessem enquanto estava parado ali. Também abria as pilhas de correspondência que recebia todo dia e decidia quais cartas, convites, presentes e revistas deveriam ser colocados numa "Cápsula do tempo", isto é, uma das centenas de caixas de papelão de 25 x 46 x 36cm que ele fechava, datava, colocava no depósito e rapidamente substituía por uma idêntica caixa vazia. Menos de um por cento de todos os objetos que lhe davam ou enviavam constantemente era conservado ou dado para alguém. O resto ia "para a caixa": coisas que ele achava "interessantes", o que para Andy, que se interessava por tudo, significava literalmente tudo.

Um recado manuscrito de Andy era uma raridade. Ele podia ser visto frequentemente com uma caneta na mão e a mão podia estar se movendo, mas quase sempre estava apenas assinando o nome, seja como um autógrafo ou numa obra de arte ou num contrato. Anotava números de telefones em pedaços de papel, mas nunca os organizava numa caderneta de endereços. E, quando escrevia um bilhete, raramente era mais do que uma frase – algo como "Pat – use isto" junto com um recorte de jornal que ele achava útil para um projeto no qual estivéssemos trabalhando. Uma exceção era quando alguém ditava palavras que queria que ele escrevesse – num cartão de presente, por exemplo –, e nesse caso não se importava de ficar escrevendo, mas só até o final do ditado.

Ele ficava na área principal de recepção por uma ou duas horas falando com o pessoal do escritório sobre suas vidas amorosas, dietas e o que eles tinham feito na noite anterior. Depois se transferia para a borda da janela ensolarada perto dos telefones e lia os jornais do dia, folheava revistas, atendia alguns telefonemas ao acaso, falava um pouco de negócios com Fred e Vincent. Finalmente ia para seu local de trabalho nos fundos do estúdio perto do elevador de carga e lá pintava, desenhava, cortava, trocava imagens de posição etc., até o final do dia, quando sentava com Vincent e pagava contas e falava ao telefone com amigos, combinando o itinerário noturno.

Entre seis e sete da noite, quando o tráfego da hora do rush acalmava, caminhava até Park Avenue e tomava um táxi para uptown. Em casa gastava alguns minutos fazendo aquilo que chamava "colagem" – lavando o rosto, penteando o "cabelo" grisalho que era sua marca registrada e talvez, *talvez*, trocando de roupa, mas só se fosse uma noite especialmente "pesada". Depois ele conferia se havia filme na sua câmera instantânea. (Do meio dos anos 60 ao meio dos anos 70, Andy ficou famoso por suas intermináveis gravações de conversas dos amigos. Mas no final dos anos 70 ficou enfadado com gravações ao acaso e usualmente gravava pessoas apenas por uma razão específica – ou seja, se ele achava que poderia usar o que diziam como um diálogo numa peça ou num roteiro de cinema.) Então ele saía para a noite – algumas vezes para múltiplos jantares e festas, às vezes apenas para uma sessão de cinema mais cedo e para jantar. Mas embora pudesse ficar na rua até tarde, ele sempre estava pronto para o Diário cedo na manhã seguinte.

Por alguns anos antes de 1976 eu vinha mantendo para Andy um caderno de notas da Factory muito geral e esquemático. Eu fazia uma lista dos visitantes comerciais que tinham vindo ao escritório durante o dia e uma outra lista com os principais acontecimentos da noite anterior – ainda que eu mesma tivesse estado em algum ou em todos eles, eu pedia que diversas pessoas me dessem suas versões do mesmo jantar ou vernissage. O objetivo era simplesmente determinar o que tinha acontecido, quem estava lá e quanto tinha custado a Andy em dinheiro – e não obter o ponto de vista pessoal de Andy sobre aquilo. Muito frequentemente eu só perguntava a ele quanto tinha gasto e essa era a sua contribuição ao caderno de notas.

Em 1976, depois da filmagem de *Bad*, eu disse a Andy que não queria trabalhar mais no escritório, mas que eu ainda escreveria *Popism* com ele. Ele me perguntou se eu continuaria a manter o caderno de notas e a discriminar as despesas dele – "Só vai te ocupar cinco minutos por dia", ele disse. Eu disse que não queria ser obrigada a continuar telefonando para todo mundo no escritório todos os dias para descobrir o que tinha acontecido no dia anterior – que, se eu fosse fazer isso, então era melhor que eu ainda estivesse trabalhando lá. Assim nós decidimos que daquele ponto em diante as informações diárias seriam dadas pelo próprio Andy. Neste momento o caderno de notas se transformou na própria narrativa pessoal de Andy.

No outono de 1976, Andy e eu estabelecemos uma rotina para conversarmos por telefone todas as manhãs nos dias de semana. Aparentemente ainda com o propósito de conservar um registro de tudo o que ele tinha feito e de todo o lugar ao qual tinha ido no dia e na noite anteriores e das despesas em dinheiro que tinha feito nesse processo, este relato de atividades diárias terminou por ter a função maior de fazer com que Andy examinasse sua vida. Numa palavra, era um diário. Mas fosse qual fosse seu objetivo mais amplo, o seu objetivo mais estreito – satisfazer os fiscais do imposto de renda – esteve sempre na mente de Andy.

O registro que ele mantinha inclui até os telefonemas de dez centavos feitos de telefones públicos. Não que ele estivesse sendo cauteloso demais – a Receita Federal tinha submetido os seus negócios a uma primeira grande auditoria em 1972 e esse processo foi repetido todos os anos até a sua morte. Andy estava convencido que essas auditorias tinham sido encomendadas por alguém do governo Nixon por causa do pôster que ele havia feito para a campanha de George McGovern em 1972 com um Richard M. Nixon com a cara pintada de verde e os dizeres "Vote McGovern". (Filosoficamente, Andy era um democrata liberal, embora nunca tenha votado porque, ele disse, não queria ser chamado para servir de mesário. No entanto, ele oferecia folgas aos seus empregados nos dias de eleição se eles prometessem votar no Partido Democrata.)

Eu telefonava para Andy por volta das nove da manhã, nunca depois das 9h30. Algumas vezes eu o acordava, algumas vezes ele dizia que já estava acordado há horas. Se acontecia de eu dormir até mais tarde, ele *me* ligava e dizia alguma coisa como "Bom dia, Miss Diário – o que há de errado com *você*?" ou "Queridinha! Você está despedida!". Os telefonemas eram sempre conversas. Nós nos aqueciávamos um pouco só conversando – ele era sempre curioso sobre tudo, fazia um milhão de perguntas: "O que você está comendo de café da manhã? Você está vendo o canal 7? Como é que se limpa um abridor de latas – tenho de usar uma escova de dentes?". Então ele passava as despesas em dinheiro e contava tudo sobre o dia e a noite anteriores. Nada era tão insignificante que não merecesse ser contado ao Diário. Essas sessões – às quais ele se referia como meu "emprego de cinco minutos por dia" – podiam levar de uma a duas horas. Mais ou menos de duas em duas semanas eu ia ao escritório com as páginas datilografadas referentes a cada dia e grampeava no verso de cada folha todos os recibos de táxis e restaurantes que ele tivesse me passado durante esse tempo – recibos que se referiam a despesas que ele já tinha mencionado no telefone. As folhas eram então guardadas em caixas da loja de papéis.

O Diário era feito todas as manhãs de segunda a sexta, mas nunca durante os fins de semana, mesmo se acontecesse de Andy e eu falarmos por telefone ou nos encontrarmos. O Diário sempre esperava até a manhã de segunda-feira, quando fazíamos uma sessão tripla e ele recontava as atividades de sexta-sábado-e-domingo. Eu tomava muitas notas num bloco enquanto conversávamos e, logo depois de desligar, enquanto eu ainda tinha as entonações de Andy na memória, sentava para datilografar e passar tudo para o papel.

Quando Andy estava fora da cidade, ele telefonava de onde estivesse ou rabiscava notas, normalmente em papel timbrado de hotel, e as lia para mim por telefone quando voltava, muitas vezes parando para decifrá-las – e nessas ocasiões o trabalho era mais lento e usualmente eu tinha tempo de datilografar enquanto ele lia. (Ocasionalmente ele falava para um gravador e me dava a fita quando voltava.) Quando *eu* ia viajar, a combinação variava – às vezes eu telefonava periodicamente de onde eu estivesse e ele lia as notas que tinha escrito. Fosse qual fosse o processo, nenhum dia ficava sem Diário.

Os telefonemas para o Diário não eram necessariamente as únicas vezes em que Andy e eu falávamos durante o dia. Se estivéssemos trabalhando juntos num projeto – escrevendo *Popism*, por exemplo –, nos falávamos várias vezes durante o dia e a noite. E, negócios à parte, éramos amigos, o tipo de amigo que se telefona quando tem vontade – quando algo divertido aconteceu ou quando se está enfurecido com alguma coisa. (Aliás, brigar e rir são as duas coisas das quais eu mais me lembro de ter feito com Andy.) Muitas vezes durante esses telefonemas que não eram para o Diário, e ocasionalmente em pessoa, Andy acrescentava ou corrigia algo que tinha dito durante o telefonema matinal regular e me dizia para "colocar aquilo no Diário".

Andy mudou tanto através dos anos que algumas pessoas que o conheceram nos anos 60 e no início dos anos 70 poderão se perguntar por que certos aspectos da personalidade dele que eles conheceram (e sobre os quais muito se escreveu) não aparecem mais no Diário – particularmente uma maneira cruel, enlouquecedora, de levar as pessoas quase à histeria através de comentários planejados para provocar exatamente isso. A resposta tem duas partes: primeiro, e de maneira mais óbvia, este é um *diário* – a perspectiva de um homem –, e a forma do diário impede confrontos dramáticos entre duas ou mais pessoas; segundo, Andy gradualmente ultrapassou o impulso de causar problemas. Ele teve uma adolescência tardia – nos seus vinte anos, trabalhou muito na própria carreira de arte comercial; na realidade ele não teve muito tempo para se divertir até entrar nos trinta anos. Assim, ele atormentava as pessoas da mesma maneira, por exemplo, que uma garota muito popular numa escola – criando grupinhos e estabelecendo rivalidades apenas pelo "divertimento" de observar as pessoas lutando por sua atenção. Mas no final dos anos 70 ele começou a amadurecer. Muito raramente provocava alguém deliberadamente – na realidade, ele tentava apaziguar mais do que incitar. E os problemas pessoais e emocionais pelos quais passou durante os anos cobertos pelos diários o fizeram procurar, por conforto e não por drama, as suas amizades. No último ano de sua vida, ele era mais gentil e mais fácil de conviver do que em qualquer outra época em que o conheci.

Algumas idiossincrasias às quais o leitor deve estar atento: as conversas de Andy eram cheias de observações superficialmente contraditórias – ele descrevia alguém como "uma gracinha de cretino" ou dizia "Estava tão bom que tive de ir embora". (E naturalmente, como em qualquer diário, as opiniões dele sobre qualquer pessoa ou coisa específica poderão ter se alterado bastante através do tempo.) Ele exagerava nas dimensões – descrevia uma pessoa de 1m75cm como tendo 68cm ou um homem que pesava 114kg como tendo 181kg. "Dezoito" era o número favorito – se havia acontecimentos múltiplos na sua agenda noturna, dizia que tinha tido "dezoito festas para ir". Ele usava os termos "bicha" e "sapatão" numa acepção livre, como ao descrever homens levemente efeminados ou mulheres que falavam alto. "Namorado" e "namorada" ele também usou assim livremente. Quando Andy trabalhava longas horas como um artista comercial free lancer nos anos 50, desenhando em casa à noite e carregando seu portfólio por Manhattan durante o dia, ele conheceu centenas de publicitários, editores e comerciantes; depois que ele deixou a arte comercial e se tornou um pintor pop, o fato de ele se referir a cada uma dessas pessoas como "aquela que me deu meu primeiro emprego" se transformou numa piada corrente – essa era apenas a maneira de ele descrever alguém daquele período da sua vida. Tem sido escrito frequentemente que Andy usava o "'nós' majestático". Até certo ponto isso é verdade – sempre dizia "nossos filmes", "nossa revista", "nossa festa", "nossos amigos" – mas apenas quando isso se aplicava aos seus dias da Factory: qualquer pessoa que ele tivesse conhecido antes de ter alugado a primeira Factory era simplesmente "um amigo *meu*". E qualquer coisa relacionada à sua arte, é claro, era sempre descrita na primeira pessoa do singular: "minha pintura", "minha exposição", "meu trabalho".

A falência era o grande medo de Andy. Isso e ter câncer – uma dor de cabeça ou uma sarda era sempre um possível tumor no cérebro ou um câncer de pele. Ironicamente, agora em retrospecto ficou claro que quando estava *realmente* preocupado com um problema de saúde raramente o mencionava – episódios como o caroço no pescoço em junho de 1977, que os médicos finalmente constataram ser benigno, ou o problema de vesícula em fevereiro de 1987, que o levou à morte.

Para que o Diário pudesse ser publicado num único volume, filtrei as 20 mil páginas originais para aquilo que considero o melhor material e o mais representativo de Andy. Naturalmente isso teve como consequência a supressão de dias inteiros, ocasionalmente até semanas inteiras, mas mais frequentemente apenas partes de dias. Num dia em que Andy foi a cinco festas, posso ter incluído apenas uma. Apliquei o mesmo princípio aos nomes, para dar ao Diário uma fluência narrativa e para impedir que ele se parecesse com colunas sociais nas quais o leitor é inundado por listas de nomes que frequentemente pouco significam para ele. Suprimi muitos nomes. Se Andy mencionou, digamos, dez pessoas, posso ter decidido incluir apenas os três com os quais ele conversou ou dos quais ele falou com mais detalhe. Essas omissões não estão assinaladas no texto porque isso serviria apenas para distrair e deter o leitor.

O Diário não inclui um glossário porque explicações simplistas de quem eram as pessoas em relação a Andy iriam contra – ou simplesmente trairiam – a sensibilidade do seu esforço e o mundo desestruturado que ele construiu à sua volta. Andy se esforçava para *não* colocar as pessoas em categorias – ele se esforçava para deixar que elas entrassem e saíssem das categorias. As pessoas nos seus filmes underground dos anos 60 eram chamados superstars, mas exatamente o que isso quer dizer? Poderia se referir tanto ao mais lindo modelo de Nova York ou ao boy que veio trazer um maço de cigarros durante as filmagens e terminou diante da câmera.

Para Andy, colocar coisas num formato que fizesse sentido já era uma concessão demasiada. Ele se exasperava quando eu ocasionalmente o fazia repetir ou reformular alguma coisa até que eu compreendesse. Sua primeira "novela", *a*, publicada em 1968, tinha sido na realidade uma experiência literária – transcrições de conversas que gravou com superstars e amigos enquanto eles viviam a subcultura anfetamínica e pansexual de Nova York tinham sido "transcritas" por datilógrafos amadores que, adivinhando o sentido de palavras e frases das quais eles não tinham certeza, perpetraram uma enormidade de erros técnicos e conceituais que Andy fez questão de reproduzir, um por um, no texto publicado.

Outra preocupação foi reduzir as explicações editoriais, que aparecem ocasionalmente entre colchetes, a um mínimo de tal forma que a fluência da voz do próprio Andy com suas locuções peculiares pudesse ser preservada sem interrupções. Senti que, embora material de explicações pudesse ser incluído através de muitas observações editoriais para fazer a tarefa do leitor um pouco mais fácil, os benefícios que tais recursos trariam seriam pequenos em proporção ao efeito dissonante que teriam no tom pessoal de Andy e ao desnecessário efeito de distanciamento que causariam no leitor. É verdade que a exata natureza de algumas das relações de Andy com vários personagens deste Diário pode ser apreendida apenas depois de algum esforço, mas acredito que ter de *trabalhar* um pouquinho para compreender coisas é parte da experiência única de ler um diário – observar a vida desenrolando-se naturalmente, com suas confusões ocasionais. Para reduzir essas confusões a um mínimo, no entanto, *os diários devem ser lidos em sequência.*

Finalmente, ao preparar o Diário para publicação eu eliminei a dimensão interpessoal de Andy e meu discurso – suas referências diretas a mim ou a coisas que teriam significado apenas para mim. Nas relativamente poucas ocasiões em que conservei referências pessoais, tomei a liberdade de colocar-me na terceira pessoa, usando minhas iniciais, PH. Meu objetivo foi o de possibilitar que o Diário seja lido dentro do mesmo espírito casual e íntimo através do qual Andy o passou para mim todas as manhãs, para que o leitor seja sempre o "você" do outro lado do telefone.

Nova York
Janeiro de 1989

DIÁRIOS DE ANDY WARHOL

Vol.1 (1976–1981)

Quarta-feira, 24 de novembro, 1976 – Vancouver-Nova York. Saí da cama às 7 da manhã em Vancouver e fui de táxi para o aeroporto ($15 mais $5 de gorjeta, revistas, $5). É o fim da viagem a Seattle para a inauguração do Seattle Art Museum, de onde nós fomos a Los Angeles para o casamento de Marisa Berenson com Jim Randall, e de lá para Vancouver para o vernissage da minha exposição na Ace Gallery de lá. Mas ninguém em Vancouver compra arte – eles não se interessam por pintura. Catherine Guinness [*v. Introdução*] só ficou irritada no último dia e aí ela começou a fazer aquela coisa chata maçante dos ingleses – me perguntando de novo e de novo, "O que exatamente é Pop Art?". Foi como quando nós entrevistamos Albert King, aquele cara do blues, para *Interview*, e ela ficou perguntando, "O que exatamente é soul food?" Assim ela me torturou por duas horas no avião (táxi de La Guardia $13, gorjeta $7 – Catherine foi generosa e deu $20 para ele). Deixei Fred no caminho. Cheguei em casa. Fiz um jantar de Dia de Ação de Graças com Jed, mais cedo [*v. Introdução*]. Ele passou o carro pela revisão para nossa viagem a Chadds Ford amanhã de manhã para visitar Phyllis e Jamie Wyeth.

Quinta-feira, 25 de novembro, 1976 – Nova York-Chadds Ford, Pennsylvania. Fred telefonou às 8 da manhã para saber a que horas vamos sair. Barbara Allen telefonou e disse que se a gente saísse depois do meio-dia ela iria junto (filme $19.98). De táxi até 860 [*Broadway 860, na Rua 17, na esquina nordeste do Union Square Park, onde Andy alugou todo o terceiro andar para o seu escritório e o escritório da revista Interview*] para pegar algumas coisas para levar. Saímos por volta de 1h da tarde (táxi $3.60, gasolina $19.97, pedágio $3.40). Belo dia.

Não sei como Jed foi direto até a porta dos Wyeth com apenas um telefonema para saber o caminho (telefone $10), num desvio bem perto de lá só para confirmar o último trecho. Chegamos por volta das quatro. O tráfego estava ok. Barbara Walters não veio afinal.

Andrew Wyeth, o pai de Jamie, estava lá. Frolic Weymouth estava lá, um vizinho – a mulher dele, que é sobrinha de Andrew Wyeth, o abandonou por um marchand de antiguidades, ou algo assim, depois de muitos anos de casados – ele é um Du Pont – estava deprimido e por isso ficou para o jantar. E as duas irmãs de Andrew, uma louca que tem ar de quem bebe e pinta.

Ficamos horas e horas no jantar, foi perfeito, muito bom. Muita bebida. Eu ainda estava muito cansado por todas as viagens no começo da semana. Jed foi para cama por volta das 2h, todos os outros ficaram acordados até por volta das 4h.

Havia um interesse romântico no ar. Robin West – ele também é vizinho dos Wyeth e trabalha para o Pentágono, mas vai perder o emprego porque Carter vem aí – estava lá e Catherine falou de merda e de mijo por causa dele e sobre o Anvil, o bar de sadomasoquismo, e parece que ele gostou, ficou interessado. Ele está procurando uma mulher rica para casar, e me perguntou onde, onde está a sua banheira de manteiga no fim do arco-íris, e eu disse que poderia ser uma banheira de cerveja Guiness se ele soubesse jogar direito. Ele prometeu que nos levaria para um passeio de avião antes que o emprego dele caia na mão de algum democrata.

Sexta-feira, 26 de novembro, 1976 – Chadds Ford. Excursão a Winterthur de manhã (entrada $24, livros $59). Depois Phyllis Wyeth conseguiu arrumar o buggy, tomamos café da manhã tipicamente americano, demos comida para Archie e Amos [*v. Introdução*] e saímos para um passeio. Atravessamos o Brandywine River de buggy, não era muito fundo.

Jed foi encontrar Vincent [*v. Introdução*] e Shelly e Ronnie [*v. Introdução*] e Gigi na estação de trem. Fui com Jamie ao Brandywine Museum e fomos fotografados e demos uma conferência de imprensa. Voltamos para a casa de Jamie e Phyllis para coquetéis. Mrs. Bartow, de quem eu comprei a casa na Rua 66 Leste, estava lá e perguntou quando eu daria jatos de areia na casa e por que é que eu não estou nunca em casa e por que tudo está sempre escuro. Carter Brown estava lá e Jane Holzer com Bob Denison.

De carro para o museu. Eu apresentei Gigi como "George" – eu tinha dito para um sujeito que ela era um travesti e ele não sabia que eu estava brincando e ficou excitado e então disse "Não, é *Georgette*", que por coincidência é o nome verdadeiro dela –

eu não sabia. Daí que tudo estava dando certo – quer dizer, era exatamente o que um travesti teria dito, foi engraçado. E o cara gostou mesmo dela e ela não tinha nem ideia que era porque ele achava que ela era um garoto.

Sábado, 27 de novembro, 1976 – Chadds Ford. Saímos de charrete novamente. Desta vez Frolic estava de charrete também. Ele ficou bebendo o dia todo. Levou as bebidas para o carro e ficou passeando e bebendo. Jamie me levou até a casa da tia dele para ver uma casa de bonecas de 1m70cm de altura. Era como um Natal dos velhos tempos.

De lá fomos até o museu onde um marchand de antiguidades estava dando uma festa beneficente para uma escola de ópera, e eu realmente gostei daquilo, estavam cantando uma ópera. Passaram o chapéu e Frolic deu $20 do seu próprio bolso para Catherine colocar no chapéu e eu também coloquei $20. Só fui para a cama por volta das 4h.

Domingo, 28 de novembro, 1976 – Chadds Ford-Nova York. Catherine telefonou para Nova York, para a casa de Jodie Foster, para confirmar a entrevista que deveríamos fazer à tarde, e a mãe de Jodie ficou cheia de dedos dizendo que Jodie estava doente e talvez não pudesse dar a entrevista, mas disse para telefonar quando voltássemos à cidade. Voltamos às 12h30 (gasolina $16.50, pedágio $340). Deixei Catherine e Fred. Catherine telefonou novamente para Jodie e ela disse ok.

Foi um belo dia, novamente nos 15 graus. Busquei Catherine e caminhamos até o Pierre Hotel para encontrar Jodie. Eu disse olá para uma porção de gente que disse olá para mim. No Pierre vi uma mulher linda olhando para mim e me dei conta de que era Ingrid Bergman. Enquanto eu falava com ela, Coco Brown começou a abanar e gritar lá fora num carro. O marido (eu acho) de Ingrid veio buscá-la e Catherine e eu fomos até o restaurante para esperar Jodie. Ela veio com a mãe e um sujeito que elas disseram que tinham encontrado acho que em Liverpool, eu não saberia dizer se era um guarda-costas ou o namorado da mãe. Jodie estava de botas de cano alto e de chapéu e estava realmente uma graça e nós adoramos ($30 com gorjeta).

Depois nós todos fomos caminhando até a F.A.O. Schwarz para ver os brinquedos. Comprei alguns para Jodie ($10). Ela deu autógrafos. Na volta para o Pierre, um sujeito que vendia bengalas doces enormes deu uma para Jodie e uma para mim.

Fui para casa. Nelson Lyon telefonou de L.A. e me contou sobre o seu Dia de Ação de Graças – tinha sido convidado por Paul Morrissey para jantar na casa de Chase Mellen e depois Paul ligou de volta para desconvidar dizendo que seria um jantar "pequeno e íntimo" e que ele tinha cometido um erro ao convidar mais alguém. Basta Nelson ouvir que alguma coisa é "pequena e íntima" para ficar paranoico por não ter sido convidado e ficar louco para ir e aí começou a fazer contatos e foi ao jantar por intermédio de outra pessoa. Na verdade havia montes de gente, e quando viu Paul ele disse, "Que mundo pequeno e íntimo, não é?"

Brigid Polk [v. *Introdução*] telefonou para dizer que o peso dela baixou para 90kg. Desde que ela se viu em *Bad* [v. *Introdução*] pesando 136kg e resolveu fazer dieta, ela ficou muito chata de conversar – ela nunca *faz* nada, ela nunca *pensa* nada, ela só fica *deitada* na cama no seu quarto no George Washington Hotel esperando que a gordura desapareça. Eu disse a ela que lhe daria um emprego – que ela poderia deixar que a gordura desaparecesse enquanto atende os telefones na Factory, mas ela não quer. Ela levou 39 anos para perder peso e provavelmente levará outros 39 para começar a trabalhar.

Eu estava cansado demais para encontrar o grupo da Vreeland para jantar.

Em lugar disso, assisti aos 25 anos de Lucile Ball na TV.

Victor Hugo, o "conselheiro de arte" de Halston, telefonou de San Francisco porque eu disse a ele que amei a vitrine que ele fez com ossos de peru na loja do Halston na Madison Avenue e alguém quebrou o vidro e *roubou* os ossos de peru e então ele pensou que tinha sido *(risos)* eu.

Terça-feira, 30 de novembro, 1976. Daniela Morera, nossa correspondente da *Interview* na Itália, deu uma chegada no escritório com Olivier Coquelin, que me convidou a ir ao Haiti para o casamento de Nima Farman e Chris Isham em janeiro. Ele é o dono daquela estação de veraneio que existe por lá. Ele deveria ser entrevistado pela *Popism* – é o cara que foi o dono da Cheetah nos anos 60, aquela discoteca enorme na Broadway com a 53.

Não quero falar muito agora de manhã. Tenho de dar uma chegada na Bloomingdale's antes que fique cheia de gente. [*NOTA: Toda manhã Andy fala dos acontecimentos do dia anterior no passado; assim, quando ele fala no presente ou usa palavras como "agora" ou "hoje", ele está se referindo a alguma coisa acontecendo no momento em que ele está falando ou que ele espera que vá acontecer no dia em que ele está passando o Diário. Por exemplo, um diário de terça-feira seria dado na manhã de quarta-feira, assim "noite passada" significa a noite de terça-feira, "esta tarde" significa a tarde de quarta-feira e "amanhã" significa quinta-feira.*]

Quarta-feira, 1º de dezembro, 1976. Encarnei o espírito de Natal e comecei a comprar presentes para os clientes (táxis $8). Encontrei Jean Kennedy Smith na Bloomingdale's na seção de camisas para homens. Fomos atendidos pela mesma balconista. De táxi até Union Square ($4). Amos estava no escritório e Ricky Clifton tirou fotos dele vestido de papa.

Saí para ir à galeria de Ileana Sonnabend para o vernissage de David Hockney. Ele não estava expondo nada novo, só portfólios. Levei Amos (táxi $2.50). Encontrei Gerard Malanga por acaso. Gerard escreveu para Fred perguntando por que Fred não deixa que ele faça fotos para *Interview*. Acho que o que ele quer é uma credencial de imprensa. Fred não quer saber de Gerard porque ainda estamos recebendo reclamações de todas as falsas "Cadeiras Elétricas" que achamos que foi ele quem fez, elas estão sendo vendidas e revendidas e cada vez o dinheiro envolvido é maior e não é Fred que vai arranjar alguma coisa para Gerard. O vernissage estava lotado. Não vi David Hockney, devia estar numa outra sala.

Troquei de roupa e fui ao jantar na embaixada do Irã. Não é realmente uma "embaixada", mas você sabe o que eu quero dizer – é onde mr. Hoveyda, o embaixador deles nas Nações Unidas, mora (táxi $3). China Machado estava lá e disse que conhece o embaixador Hoveyda há dez anos ou mais, desde os anos 60, no tempo que ele e o marido dela estavam na França enturmados com os diretores de cinema. Comentamos como Avedon é horrível, ela disse que ele tira o que quer de uma pessoa e depois joga fora. Eu concordei e daí todo mundo gritou comigo dizendo que eu faço a mesma coisa.

Pat Kennedy Lawford estava lá e uma senhora Du Pont que mora ao lado da embaixada e que disse que era ótimo não ter de ir muito longe para comer e mesmo assim chegou atrasada. Ela estava com um vestido preto e dourado com um colarinho de joias que ela disse que sempre cria problemas na alfândega. A comida estava boa, mas só houve uma rodada de caviar.

Quinta-feira, 2 de dezembro, 1976. Esta semana estão exibindo *Bad* na Califórnia para tentar encontrar um distribuidor. Sue Mengers está nos ajudando. Nenhum dos distribuidores quer investir por antecipação.

Mandei Ronnie comprar vassouras ($20). Deixei Catherine Guinness (táxi $4) e fui para casa trocar de roupa, depois busquei-a e fomos de táxi até o 18 da Rua 38 Oeste ($3.60) para a inauguração de um novo clube a convite de Helen Bransford; de certa maneira o clube está tentando ser um novo Reno Sweeney's. Helen agora está desfilando com John Radziwill. Fred acha que ela e ótima e que nós deveríamos ser gentis com ela. Tim Hardin estava cantando lá.

Maxime de la Falaise estava lá com o seu novo talvez-namorado, Craig Braun. Trabalhei com ele na capa do disco dos Rolling Stones.

Barbara Allen estava lá e está se mudando por um tempo para a casa de Fred na Lexington, porque o apartamento dela na Rua 63 Leste foi alugado para Catherine e Catherine deixou que ela ficasse morando lá mas ela e Catherine morando no mesmo apartamento seria um pouco demais.

Fui para casa e assisti ao noticiário, tudo só sobre o caso de Gary Gilmore, toda noite o colocam no ar dizendo que quer morrer, quer morrer.

Domingo, 5 de dezembro, 1976. Fui ao Players Club em Gramercy Park num jantar para Kitty Carlisle Hart. Parecia uma festa de velharias exceto por Arlene Francis e Peggy Cass e Dena Kaye que veio em lugar do seu marido, Danny, que estava com ressaca do Concorde, e Irene Selznick, que era a patronesse da noite, ou o que quer que seja. Peggy e Arlene são parceiras de Kitty em *To Tell the Truth*. O jantar era para homenagear Kitty por ela ter sido nomeada nova diretora do Conselho de Artes do Estado de Nova York pelo governador Carey.

Meu médico, Doc Cox, estava lá e me levou para o andar de cima para um "tour" pelo quarto de dormir de Edwin Booth, mofado e empoeirado como nos velhos tempos.

O jantar foi servido e eram só aqueles cremes que não devo comer por causa da vesícula, e Doc estava embaraçado por me ver comer aquilo, era como estragar um evento social, aí ele disse "Não vou olhar". Encontrei Alfred Drake, que está na Broadway, este grande e belo astro de *Carousel*.

Todo mundo discursou e depois foi a vez de Kitty e ela está em plena forma. Estava vestindo preto e pérolas, muito chique. Disse que ainda quer trabalhar muito, e eu lembro que uma vez Diana Vreeland me contou que Kitty tem de "trabalhar como um crioulo" porque não tem muito dinheiro. Doc me deu uma carona.

Segunda-feira, 6 de dezembro, 1976. Freddy Eberstadt telefonou e me convidou para alguma coisa no La Grenouille amanhã à noite e eu disse que tinha um encontro com Bianca Jagger e se eu podia levá-la comigo e ele disse claro.

Saí do escritório mais cedo para ir até em casa trocar de roupa para uma noite formal. Deixei Catherine ($4). Caminhei até a casa de Halston. Victor tinha dito que haveria lugar para mim na mesa de Halston no vernissage da exposição russa de Diana Vreeland ao qual todos nós estávamos indo no Metropolitan. Quando chegamos na casa de Halston, mrs. Henry J. Kaiser – Aly – estava lá, vestindo um Halston verde-azulado com esmeraldas, parecia que estava muito interessada em mim, e quando Halston viu que a gente se entendia bem sugeriu que eu fosse para o andar de cima mostrar a ela os retratos que eu tinha feito dele. Mas depois desta excursão lá para cima ela me largou, acho que me viu na luz.

Estávamos todos esperando por Marisa e seu novo marido e Bianca e o seu namorado, Joe Eula. O acupunturista de todos eles, dr. Giller, estava lá, parece que agora ele está na lista de convidados. Barbara Allen estava lá, a única das mulheres que não estava vestindo um Halston. Estava com um lindo tomara que caia de Christian Dior. Resultado da sua viagem de compras a Paris no mês passado, às custas de Philip Niarchos.

Marisa chegou usando o cabelo todo enrolado num lado da cabeça como uma star do passado. Bianca estava com a sua raposa púrpura, a mesma que ela tem usado neste último mês. Quando Joe entrou, ele e Halston "apertaram-se as mãos", e quando Halston percebeu o que Joe tinha colocado na sua mão disse "Oh, você salvou minha vida".

Victor me levou até a garagem para me mostrar sua mais recente obra de arte – ele (*risos*) está fazendo Mona-Lisas vestindo

Halstons, o que é realmente engraçado, eu elogiei. Depois nós fomos para o Met em quatro limusines. Isso foi o máximo que o museu já fez. Quando Diana passou por nós, todos a beijamos. Eu falei com mrs. Kaiser e fiquei conhecendo-a melhor. Tem mais ou menos sessenta mas parece que tem quarenta, e disse que estava procurando uma foda. Eu disse a ela que está na cidade errada, todo mundo é gay, e ela disse que não se importa – "eles dedilham bem, tenho tido bastante sorte por aqui". Ela mora na United Nations Plaza. Na verdade ela é uma velha amiga da mãe de Brigid, Honey Berlin. Ela disse que quando esteve na casa deles o velho Dick Berlin estava tão senil que entrou e foi direto ao espelho e tentou apertar as suas próprias mãos mas ela viu o que ele estava fazendo e ofereceu a sua mão para ser apertada. Saí logo depois do jantar. Mrs. Kaiser me deu uma carona.

Ah! e também na mesa do jantar Bianca tirou a calcinha e passou para mim e eu fingi que cheirava e depois coloquei a calcinha no bolsinho do paletó. Ainda estão lá.

Terça-feira, 7 de dezembro, 1976. Encontrei Bob Colacello [*v. Introdução*] e Fran Lebowitz. Saímos pela chuva até o Biltmore Hotel para o almoço do Overseas Press Corps. Bob tinha dito a eles semanas atrás, quando me convidaram, que eu iria só para fazer presença, mas que *ele* noticiaria na *Interview* e eles disseram ok. Depois do discurso de Bob, no entanto, fizeram as perguntas todas dirigidas a *mim* – eu não estava preparado e só disse sim ou não. Depois fiquei com pena de ter feito o meu velho jogo de envergonhado, podendo ter usado a oportunidade para praticar – eu adoraria poder falar mais e dar pequenos discursos. Quero ver se desenvolvo isso.

Eles fizeram uma pergunta a Fran, queriam saber por que a coluna dela na *Interview* é chamada "Percorro o cais", e ela disse que era porque Tennessee Williams tinha estado num programa de entrevistas uma vez e perguntaram se ele era homossexual e ele disse, "Olha, digamos o seguinte: eu percorro o cais". E a resposta de Fran foi como uma bola de chumbo, ninguém riu. No táxi para downtown ela disse que preferiria ser operada de apendicite a ter de passar por aquilo de novo.

Bianca telefonou e me convidou para uma sessão de *Silver Streak*. Cheguei em casa só às 7h, que era exatamente a hora que eu tinha de estar no Pierre para apanhá-la – ela e Mick acabaram de alugar uma casa na Rua 72 que ainda não está pronta para a mudança. Fui até o Loews Tower East. O filme era do tipo engraçado. Bianca está linda. Depois, do lado de fora do teatro, quando a gente não conseguia encontrar a limusine, um negro com uma echarpe preta ficou se espremendo contra Bianca, estava louco e dizia "Você pensa que é só você que tem roupas bonitas neste mundo?"

Enfim achamos o carro e fomos ao La Grenouille. Isabel e Freddy Eberstadt e Mica Ertegun chegaram e com eles estava a filha linda de Isabel e Freddy, Nenna. Eu fiquei olhando para ela e dizendo como ela é linda, e Isabel meio que nos deixou separados. Eu não tenho ideia de por que me convidaram para aquele jantar, porque se não tivesse dito que levaria Bianca junto, seria somente *eu*. Mica foi muito gentil. Ela repetiu várias vezes que Joe Allen é muito atraente, e por que Barbara Allen o deixou.

A filha dos Eberstadt não disse nada durante o jantar mas finalmente conseguiu desembuchar que costumava ir a Union Square e ficar olhando a Factory, foi fascinante ouvir aquilo vindo dessa menina linda. Eu disse que ela poderia ir até lá e fazer entrevistas para *Interview* e ela respondeu, "Ótimo! Preciso de dinheiro". Não é uma grande frase? Quer dizer, e foi o pai de Freddy que morreu e deixou para ele uma imensa corretora de valores.

Dissemos nossos boas-noites e muito-obrigados e espero lembrar de mandar flores.

Sexta-feira, 10 de dezembro, 1976. Hoje os sequestradores de Sam Bronfman foram declarados inocentes da acusação de sequestro.

Brigid veio à Factory pela primeira vez desde que iniciou sua dieta em agosto – agora está com 86kg, foi vista pela última vez com 118kg. Está realmente com boa aparência e todo mundo fez festa, eu tirei fotos. Barbara Allen encontrou um novo apartamento na 77 quase com a Quinta Avenida.

Domingo, 12 de dezembro, 1976. Li *Love Affair* de Ruth Kligman, sobre o "love affair" – tem de ser entre aspas – com Jackson Pollock. É muito ruim – será que vai ser possível filmar o livro sem criar uma história totalmente nova? Ruth me disse que quer que eu produza o filme com Jack Nicholson no papel principal.

No livro ela diz algo assim: "Eu tinha de escapar de Jackson e fugi para o mais longe possível". E você sabe para onde ela foi?

(*risos*) Sag Harbor. Ele morava em Springs. A distância é – mais ou menos o quê? Seis milhas? E ela dá a impressão que foi para o outro lado do mundo. E daí ela diz "O telefone tocou – como, ah, como ele conseguiu me encontrar?" Eu tenho certeza de que ela ligou para centenas de pessoas para dar o seu número de telefone caso ele perguntasse.

Segunda-feira, 13 de dezembro, 1976. Victor Hugo veio me pegar e fomos para a United Nations Plaza para o jantar de mrs. Kaiser para Halston (táxi $3). Mas aí nos demos conta de que tínhamos esquecido de Bianca e tivemos de voltar para apanhá-la no Pierre. Victor ofereceu coca mas ela não aceitou.

A primeira pessoa que vimos na casa de mrs. Kaiser foi Martha Graham, e C.Z. Guest também estava lá. Paul Rudolph, que decorou o apartamento, estava lá. Branco sobre branco. Ela tem um quarto de dormir tão grande quanto o 860, com uma cama e uma janela de vidro do chão ao teto com uma vista para fora, o que me aterroriza, mas é bonito. Marisol e Larry Rivers e Elsa Peretti e Jane Holzer e Bob Denison estavam lá. Polly Bergen e eu falamos do assunto dela no programa de TV desta manhã – androginia.

Terça-feira, 14 de dezembro, 1976. De tarde recebi uma carta do nosso editor, Steve Aronson, dizendo que está saindo da Harcourt Brace Jovanovich e que propôs que o próprio mr. Jovanovich se encarregasse da *Popism*.

Walter Strait da Filadélfia me levou ao La Grenouille para almoçar, ele pediu para Maxime e Loulou de la Falaise nos encontrarem lá. Do outro lado do restaurante estava o novo magro Truman Capote. Agora ele se parece com aquele que eu conheci. Truman não respondeu meu aceno, mas lá pelo meio do almoço colocou os óculos e acenou, e mais tarde me deu o número do seu telefone particular. Todas as mulheres elegantes estavam usando chapéus de pele de Yves Saint-Laurent.

Trabalhei no 860 toda tarde, depois François de Menil veio para me levar para a casa de Norman Mailer no Brooklyn Heights. Ele morava numa casa inteira, mas agora mora só no andar de cima e aluga o de baixo e transformou a parede da frente em janela de vidro com vista para Manhattan e ficou lindo.

Foi uma festa intelectual de alto a baixo, como nos anos 60. Arthur Schlesinger, Mica e Ahmet, a menina que escreveu o livro sobre LBJ. Agora Norman está com boa aparência, cabelo branco, parece irlandês. A mãezinha dele estava lá. E Jean Kennedy Smith e o marido. Sandra Hochman me disse que sou um capítulo no seu novo livro, ela me contou sobre o movimento das mulheres e esse tipo de bobagem. Disse, "Tenho um retrato seu sobre a lareira", mas eu sei bem que ela não tem.

Isabella Rossellini estava na casa de Norman, ela está trabalhando na TV italiana fazendo algo sobre boxeadores, provavelmente por isso é que estava lá, porque José Torres também estava. Ela disse que se atirou para me ver quando viu que sua mãe, Ingrid Bergman, estava falando comigo no Pierre umas duas semanas atrás, mas que eu saí antes. Ela não conseguia encontrar o casaco quando foi embora da casa de Norman e saiu mesmo sem ele. Norman foi muito gentil e ele e François devem mesmo ser grandes amigos porque se abraçaram e se beijaram e se soquearam bastante. Na volta, François nos deu uma carona na sua Mercedes cinza, ele é bom motorista.

Sábado, 18 de dezembro, 1976. Fui às compras para presentes de escritório na Bonwit's e na Bendel's, depois fui ao Quo Vadis almoçar e apresentar Robin West a Delfina Rattazzi. Eu achei que Catherine tinha gostado dele depois do fim de semana na casa dos Wyeth, mas ela disse que para ela é indiferente, que queria dá-lo para Delfina ou algo assim. E Delfina gostou dele, ela foi impetuosa – foi a primeira vez que a ouvi dizer, "Minha família está envolvida com fabricação de aviões", porque normalmente ela finge que é muito pobre. Robin é piloto. Vi Karen Lerner e Sisi Cahan almoçando e cheguei à conclusão de que foi Karen Lerner que há pouco vendeu as gravuras "Flores", porque David Bourdon conseguiu comprá-las barato na Parke Bernet.

Fui para casa e Bianca telefonou e disse que estaria preparando a mudança no Pierre e que depois iria levar tudo para a nova casa dela e de Mick na 72. Fui ao Pierre e ela fechou caixas e mais caixas e por volta da meia-noite terminou tudo e fomos até a nova casa, ela desligou o alarme e entramos. Essa casinha deve estar custando uma fortuna para eles. Os donos há pouco a reformaram e está tudo pintado e com mobília nova, e eu quero ver a casa depois que os Jagger tiverem morado nela por um ano.

Depois de um tempo, Bianca ligou o alarme e foi para o aeroporto pegar um voo para Montauk, ela quer voltar lá porque é muito bonito. [*"Montauk" se refere à propriedade em frente ao mar em Montauk, Nova York, na ponta mais leste de Long Island, que Andy comprou em sociedade com Paul Morrissey em 1971. A propriedade inclui uma casa principal tipo cabana com três casas menores, mais a casa do caseiro, mr. Winters. Nesta época Andy e Paul tinham alugado a casa para Mick e Bianca Jagger.]* Jade ainda estava lá.

Domingo, 19 de dezembro, 1976. Fui trabalhar (revistas e jornais para a semana $26). Lou Reed ligou e foi o drama do dia. Ele está de volta de um tour bem-sucedido, foi um grande sucesso em L.A., mas disse que Rachel foi chutada nas bolas e estava sangrando pela boca e ele queria o nome de um médico. O médico de Lou tinha dado uma olhada em Rachel e disse que não era nada, que ia passar, mas Lou queria que outro médico desse uma olhada. Eu disse que conseguiria o médico de Bianca. Mas daí Lou ligou de novo dizendo que tinha conseguido que o médico de Keith Richards fosse lá. Eu disse que ele devia levá-la para um hospital. Eu estava chamando Rachel de "ela" porque está sempre vestida de mulher, mas o Lou chama de "ele".

Segunda-feira, 20 de dezembro, 1976. Jamie Wyeth me convidou para almoçar no Les Pléiades. De táxi até a 76 com Madison ($2.25). Jamie estava lá com Lincoln Kirstein e Jean Kennedy Smith. Claro que eles me pediram para desligar o meu gravador. Quer dizer que Jamie agora é a pintora da corte de Carter. Ele esteve há pouco em Plains, por uma semana. Não é interessante? Parece que Jean Kennedy Smith tem mesmo uma queda por Jamie, porque ela me pediu para ir até a chapelaria com ela e quando chegamos lá ela tirou um *quilt* americano e me perguntou se era verdadeiro, e eu disse que sim, e então ela voltou e deu-o para Jamie. Eu lembrei a ela que a tinha visto na Bloomingdale's na outra semana quando nós dois estávamos na seção das camisas, e ela disse: "Ah, sim, aquelas camisas são presentes de Natal para minha família". Quer dizer que para a família dela são só simples e velhas camisas, mas para Jamie é um *quilt* americano.

Ela foi a primeira a sair, e então nós relembramos *o faux pas* que Lincoln cometeu com ela; esqueceu que ela era uma das irmãs Kennedy e quando estávamos falando de política ele disse que John Kennedy era "corrupto", e ela disse apenas, "Não, não era".

Depois do almoço fomos para a casa de Lincoln na Rua 19 Leste, e ele nos mostrou suas obras de arte, são boas pinturas – do genro de Lincoln, Paul Cadmus, de Georges Tooker e de Jared French, todos eles realistas que pintaram rapazes musculosos. Ele não tem nada meu.

Caminhei até Union Square. Trabalhei o resto da tarde.

Terça-feira, 21 de dezembro, 1976. Encontrei Victor, fui até a loja de Halston, estava bem vazia, mas é que tudo é tão caro que se eles vendessem apenas um lencinho já teriam o jantar garantido. Enquanto eu estava lá, Jackie O. entrou e foi levada rapidamente para o terceiro andar. Victor me disse que ela não compra muito, só umas poucas coisas.

Passeei pela Quinta Avenida procurando ideias para projetos de arte (táxis $5.75). Fui ao 860 para almoçar com Todd Brassner e Rainer Crone, mas não pude ficar muito tempo com eles, eu estava pintando nos fundos. Todd perguntou a Rainer sobre algumas das minhas pinturas nas quais ele está interessado, porque Rainer escreveu o livro de arte da Praeger sobre mim e sabe quem está com quais telas.

Catherine telefonou a Dustin Hoffman que disse que o filme vai ser exibido às 5h45 no 666 Quinta Avenida. Dustin filmou sua mulher, Anne, dançando uma coreografia de Balanchine, os filhos dele estão no filme e acho que foi alguém muito bom que fez a montagem, porque o filme parece muito profissional. Quando terminou, Dustin nos convidou para ir até a sua casa na 61 Leste. Os fundos dão para os fundos da casa de Phyllis Cerf. Dustin estava nervoso, realmente nervoso, por causa da casa, e ele me levou para mostrar todos os pequenos detalhes. O gosto dele é carvalho, mas não carvalho bom, o que é engraçado.

Quarta-feira, 22 de dezembro, 1976. Um carro veio me buscar para eu ser fotografado para uma coisa do Merce Cunningham para ajudá-lo na publicidade. Lá no 660 Park Avenue. *Newsweek* e outros fotógrafos estavam lá. Quando cheguei disseram que me levariam de volta de carro, mas quando saí me dei conta de que eles me usaram e mandaram o carro embora, aí eu fui caminhando para casa.

De tarde Jane Holzer passou por casa para deixar o gatinho cinza que vai ser o presente de Natal de Rusty, o filho dela, para Jade Jagger. Tenho de guardá-lo até o Natal, é realmente uma gracinha.

Troquei de roupa e Jed nos levou de carro até a casa de Peter e Sandy Brant [*v. Introdução*] em Greenwich. Philip Johnson e

David Whitney estavam lá, eles vão amanhã para San Simeon para visitar uns Hearst e para ver a arquitetura da Califórnia. O jantar foi chinês, não muito bom. Bunty Armstrong começou a usar sua dentadura social. Meu presente de Natal a Sandy foi um conjunto de escrivaninha de 1904. Jed deu a ela um vaso Fulper e ela deu a ele outro em retribuição. Na verdade era um Van Briggle e o que ela deu a Jed era melhor. Joe Allen não trouxe Jenny, sua namorada, porque ele ainda está apaixonado por Barbara, sua ex-mulher. Barbara deslocou suas costas – "dormindo", ela disse, e ficamos tentando descobrir com quem. Um cavalo caiu por cima de Peter e ele está usando uma bengala. Peter comprou há pouco noventa acres nos fundos da casa; ele vai construir uma pista de corrida e uma cancha de polo.

Quinta-feira, 23 de dezembro, 1976. Festa de Natal no escritório. Maxime de la Falaise chegou tarde para pegar uma pintura de Mao. Mike, o supervisor, veio pelo elevador de carga com a mulher e o filho, mas talvez o filho seja um enteado. Não tenho certeza. Ele é uma gracinha. John Powers passou por lá e quis que eu autografasse dois pôsteres "Flores" que ele tem, não eram autênticos mas eu ia só autografar, mas Fred não deixou e então demos a John duas cópias autênticas tiradas do depósito. Ronnie e Gigi estavam lá, todo mundo realmente se atirando no caviar e no champagne. Marc Balet, o diretor de arte da *Interview*, e Fran Lebowitz estavam lá.

Andrea Portago tinha telefonado à tarde e disse que se nós conseguíssemos uma entrada para a estreia de *Nasce uma estrela* ela conseguiria a limusine. Eu não podia atinar por que ela queria tanto ir, até que nós chegamos lá e ela se atirou no Kris Kristofferson e disse, "Ah, querido, é tão bom te ver de novo". Sue Mengers tentou lotar todo o cinema. Eles disseram que seria muito difícil encontrar lugar, mas na hora havia muitos lugares vagos. Sue pediu que todo mundo dissesse que tinha gostado senão Barbra ficaria chateada. Eu não gostei. O filme antigo de Judy Garland dava arrepios, mas esse não é mais do que uma história de rock'n'roll. Mas Jed adorou. Depois fomos à festa no Tavern on the Green.

Streisand estava vestindo um smoking preto. Elsa Peretti estava lá dizendo como era maravilhoso estar comigo e não estar chapada com nada, pois ela não toma nada mais. Eu elogiei uma lâmpada que ela tinha na bolsa, uma pequeninha que acende quando se coloca uma moeda perto e ela me deu a lâmpada e daí Victor gostou tanto que eu dei a lâmpada para *ele* e Elsa viu e a tirou de Victor e me balançou o dedo e colocou a lâmpada de volta na bolsa.

Andrea estava só sentada lá esperando que Kristofferson se desse conta dela, mas ele estava muito ocupado.

Sexta-feira, 24 de dezembro, 1976. Fui com Jed ao jantar de Natal de Fred no 1342 Lexington. O irmão de Jed, Jay [*v. Introdução*], e Susan, sua irmã, nos deram uma carona. Fred tinha convidado Caroll Baker e ela estava lá com Blanche, sua filha, que se transformou numa beleza nestes últimos meses. Ela emagreceu. Anselmino, um dos nossos marchands italianos, estava lá e Chris Makos, aquela graça de fotógrafo que encontramos no Dotson Rades, e Robert Hayes, o editor assistente da *Interview*; foi como uma véspera de Natal no escritório.

Mick Jagger estava lá e de bom humor, me perguntou o que eu tinha achado de *Nasce uma estrela* e eu disse, e ele disse que estava muito feliz por ter recusado o convite para fazer o filme, pois não queria interpretar um cantor de rock em decadência, mesmo pelo milhão que tinham oferecido. Mick queria coca e finalmente conseguiu com Anselmino. Hazel, a empregada de Fred, cozinhou peru e presunto e couve-de-bruxelas. Paloma Picasso e entourage estavam lá.

Depois fomos para a casa de Fernando Sanchez downtown e Halston estava lá e Kenny Jay Lane e André Leon Talley e Nick Scott, aquele garoto inglês podre de rico que é novo na cidade e "não tem dinheiro" – um daqueles –, oferecendo-se para vender seu corpo pela melhor oferta. Kenny Lane ofereceu $35. Maxime de la Falaise aumentou para $36.

Sábado, 25 de dezembro, 1976. Fui para Westbury almoçar na casa de C.Z. Guest. Foi um Natal de revista – a decoração e a comida e a casa eram como a página central da *McCall's* ou da *House and Garden*, como uma casa deve ser decorada no Natal. Mas você pensaria que com todo o envolvimento de C.Z. com flores e jardinagem ela usaria plantas *verdadeiras*, mas, quando a gente olhava de perto, as corbelhas e coisas eram metade de plástico. C.Z. presenteou a todos com seu repelente para insetos.

Kitty Miller, noventa anos de idade, estava lá; ainda está passando graxa de sapato azul no cabelo. As tortas estavam ótimas

– maçã, carne e ameixa. O peru já tinha sido cortado como manda o figurino antes de ir para a mesa, e parecia um quebra-cabeças de peru. Kitty estava bêbada e quando o embaixador espanhol disse umas poucas palavras ela gritou, "Não sei falar espanhol".

Começou a nevar um pouquinho. Agradeci a todos e saí para ir até em casa me aprontar para os Jagger. Cheguei à 66 Leste e me colei [*v. Introdução*]. Fui até a 72 Leste (táxi $2.50). Fomos um dos primeiros a chegar. Nick Scott estava na porta, trabalhando. Esse foi o trabalho que conseguiu para ganhar dinheiro: ser o houseboy dos Jagger. Só que ele deveria ter chegado às 8 da manhã para ajudar e chegou às 6 da tarde. Dei a Jade o gatinho cinza de Rusty Holzer. Ela olhou para ele e disse, "Lydia?... Não, Harriet". Mas fiquei com pena do gato, acho que ele vai ficar numa casa horrível. Sei lá.

Mick sentou ao lado de Bob Colacello, pôs o braço por cima do ombro dele e ofereceu um pick-me-up, e Bob disse: "Por que não, estou mesmo muito cansado", e quando ele ia dar, Yoko e John Lennon entraram e Mick ficou tão excitado que correu até eles com a colher que estava a ponto de colocar sob o nariz de Bob e colocou sob o nariz de John Lennon.

Halston e Loulou de la Falaise colocaram um monte de pick-me-up num prato coberto na mesa de café e, quando alguém de quem eles gostavam sentava, eles diziam, "Tire a tampa e sirva-se da surpresa". Paloma Picasso estava lá. Jay Johnson trouxe Delia Doherty. O jantar estava fantástico. Mas Mick e Bianca esqueceram de trazer a sobremesa.

Segunda-feira, 27 de dezembro, 1976. Recebi o convite para a posse do presidente Carter. Está endereçado a (*risos*) "Sr. e Sra. Andy Warhol". Você não adorou?

Quarta-feira, 29 de dezembro, 1976. Hoveyda trouxe o embaixador do Irã na Inglaterra ao escritório, eles vieram ver o retrato que eu fiz da imperatriz e gostaram, portanto será enviado para lá por navio.

Vincent foi para a audiência sobre a propriedade em Montauk, comissão de terras litorâneas.

Sexta-feira, 31 de dezembro, 1976. Trabalhei no escritório até as 7h. Fui para casa mudar de roupa para a festa de Kitty Miller. Caminhei até Park 550. Fred estava lá. Elsie Woodward, minha companhia no Ano-Novo de Kitty no ano passado, ligou e cancelou porque estava tonta e não conseguia se controlar – "Estou velha".

A princesa Minnie de Beauvau estava lá com seu pai e sua madrasta e sua irmã Diane. Ela me apresentou ao seu avô, Antenor Patiño, e eu então me dei conta que há pouco tínhamos sido apresentados na casa de C.Z. Guest. Ele é baixinho. Se parece com um dos namorados baixotes da Paloma Picasso. É o rei do cobre da Bolívia.

Eu ouvi Kitty me descrevendo para alguém e acho que alguém deve ter lhe falado sobre mim, porque o que ela estava dizendo parecia algo que alguém contou para ela – "Ele é um dos que está mais além do off-Broadway, e muito (*risos*) à frente do seu tempo" e coisas desse gênero. Talvez tenha sido de Billy Baldwin ou alguém assim que ela conseguiu essas coisas.

Eu senti falta do mordomo habitual de Kitty, aquele que brigou com a empregada de Diana Vreeland. Ele foi despedido por ser muito dado, mas eu realmente gostava dele – foi quem me disse para assistir àquelas histórias do A.E. Coppard no canal 13.

E depois do jantar eu sentei sob o "Menino vermelho" de Goya. Kitty tem esta pintura famosíssima bem ali na sua casa, é inacreditável.

As festas de Kitty costumavam ser o maior acontecimento de Nova York, com todas as estrelas de Hollywood, e agora estão reduzidas a apenas seus amigos. Aileen Mehle – "Suzy" – nem colocou um RSVP este ano.

Diane de Beauvau me pegou pela mão e fomos para a sala ao lado justo quando a meia-noite estava chegando. De certa maneira eu queria ter ficado e beijado as velharias como eu tinha feito no ano anterior porque na realidade era muito bom fazer aquilo – beijar a nonagenária Elsie Woodward e dizer "Feliz Ano-Novo, querida". Mas Minnie de Beauvau entrou e pegou Diane e disse que ela tinha de voltar e dizer Feliz Ano-Novo para seu pai e sua madrasta – porque ela sabe de onde vem o dinheiro para o sustento delas.

E a comida na casa de Kitty – foi de novo aquela coisa de congelados enlatados. À primeira vista você pensa que esses ricaços não sabem fazer melhor porque passaram a vida inteira indo a jantares beneficentes, mas eles também *vão* ao La Grenouille e lá a comida é muito boa. Eles deveriam sentir a diferença. E havia seis serviçais servindo comida enlatada.

Logo depois da meia-noite era todo mundo pegando seus casacos, eles não podiam nem esperar para ir à próxima festa. Fred estava realmente bêbado. Chegamos à rua e ele pensou que era o rei da noite – deu o casaco para Minnie – o fator vento fazia como se fosse quinze abaixo – e estava só de cartola, beijando todo mundo na rua. Levamos Diane a pé até o Westbury para pegar o namorado dela que tinha ficado em casa para escrever um roteiro, mas quando chegamos lá ele estava nu esperando para foder, assim a deixamos lá.

Fui para casa. Telefonei para Brigid. Telefonei para PH. Ninguém tinha chegado em casa ainda. Às 6 da manhã Jay Johnson me acordou ligando para Jed.

Estava bêbado e eu desliguei o telefone na cara dele, ele ligou de novo e eu deixei tocar vinte vezes.

Segunda-feira, 10 de janeiro, 1977. Fred teve de ir a uma reunião com nosso advogado Bob Montgomery sobre o plano da New World para a distribuição de *Bad*. O próprio Roger Corman não assistiu a *Bad*, mas Fred diz que isso não tem importância porque Roger não escolhe os filmes, isso é com aquele sujeito, o Bob Rehme. Eles vão tentar maneiras diferentes de estrear o filme pelo país afora e ver o que funciona melhor antes de trazê-lo para Nova York.

Bianca telefonou e me convidou para um jantar que Regine está dando para Florence Grinda, e Catherine e Victor vieram para o telefone dizendo que queriam ir também e ela disse que eles fossem na hora do cafezinho.

Andrea Portago telefonou mais cedo para pedir que eu a levasse ao jantar, eu disse que não era um convite meu e portanto eu não poderia, mas sugeri que ela telefonasse para Bianca, ela telefonou e Bianca ficou emocionada, porque ela está a fim do irmão de Andrea, Tony, e Andrea e Tony iriam juntos. Andrea veio me buscar com o irmão. Fomos para o Regine's.

Bianca estava vestindo um tomara que caia do Halston. Havia sul-americanos em muitas das mesas. O jantar ainda não tinha sido servido, e enquanto todos ainda estavam no bar, antes do jantar, Catherine e Victor entraram para o "cafezinho". Quando o jantar começou eles foram acomodados numa pequena mesa separada, e, quando Victor apontou para a minha mesa e disse que queria pedir a mesma coisa, eles disseram "Você vai ter de pagar" e ele disse que tudo bem. A comida estava horrível. Regine foi meio rude com Victor e Catherine.

Diane von Furstenberg estava lá. Me chamou para ser seu acompanhante numa filmagem que a CBS vai fazer com ela na quinta-feira, ela acha que faremos um casal muito interessante na TV, e eu disse que vou estar fora da cidade – na realidade só vou embora na sexta-feira – mas que viesse à minha festa na terça-feira com a equipe de TV. Mas quando Regine me convidou para um jantar na quinta à noite, DVF me ouviu dizer que aceitava – é a Páscoa russa – e perguntou como é que eu me atrevia a mentir para ela, eu fui descoberto e aí disse que tinha cometido um engano.

Victor distribuiu poppers de mentira. Regine disse que eles tinham cheiro de chulé e eu disse que eram chamados de "Vestiário" e ela gostou. Bianca começou a rir e ficou fazendo histórias sobre o popper com Tony Portago e eles estavam quase se agarrando, mas ela se recompôs, se deu conta de que não podia fazer aquilo em público, mas ela é linda demais quando ri e adora esses poppers. Alguns fãs apareceram e eu dei autógrafos. Quando Victor, Catherine e eu saímos era por volta das 2h30 e o motorista do Portago nos levou.

Lá pelas 4 da manhã Tom Cashin telefonou para falar com Jed porque Jay tinha cortado o braço e Jed saiu para levá-lo ao hospital. Depois Jay telefonou do hospital e esse drama continuou até as 9 da manhã.

Terça-feira, 11 de janeiro, 1977. Às 6 todo mundo ainda estava no escritório fazendo hora para ir ao meu vernissage no Castelli, fomos para lá e no início estava vazio, mas ficamos bebendo champagne em volta do bar que tinha sido montado e logo começou a chegar gente. Tinha um imenso "Foice & Martelo" e oito menores. David Whitney, Philip Johnson, David White estavam lá. Paulette Goddard chegou, ela me disse que queria que eu fizesse um broche "Foice & Martelo" para ela. Victor estava lá, fazendo uma performance, cortando uma camisa. Bianca chegou num vestido da vitrine do Halston no qual Victor tinha impresso pegadas. E Catherine estava vestindo um traje vermelho que Victor também tinha impresso. Tony Portago e sua mãe, Carroll Portago, chegaram. Paulette e Carroll são velhas amigas. Bianca queria poppers mas ninguém tinha. Halston chegou com uma pequena pintura que Elizabeth Taylor tinha feito para mim porque ela não pôde vir, ele tinha estado recentemente com ela. Quando penso nisso eu fico realmente desapontado – teria sido muito bom se Liz Taylor tivesse ido ao vernissage. Teria transformado tudo em algo especial, não é?

Bianca e Tony Portago parecem realmente apaixonados. Tudo começou durante os feriados. O filho de C.Z., Alexandre Guest, estava lá. Giorgio Sant'Angelo, Sylvia Miles, Ronee Blakley, Francesco Scavullo e Sean Byrnes, Irving Blum e Charlie Cowles. Champagne Moët Chandon. O sujeito do *Soho News*, Michael Goldstein, estava lá, sendo desagradável. Dei dinheiro a Jed para ele continuar a festa ($200) porque eu tinha de ir para a casa de John Richardson.

Fiquei decepcionado por que eram só velharias. Marion Javitz, Françoise e Oscar de la Renta, Marella Agnelli, Babe Paley – achou que ela foi mesmo uma beldade. Babe e Marella deliraram falando sobre minhas pinturas, elas viram a exposição no sábado.

Sentei ao lado de Marion Javits. Ela me disse que está muito feliz porque Clay Felker perdeu o *New York* para Rupert Murdoch. Felker foi quem revelou a conexão iraniana dela ano passado.

Catherine e Victor chegaram para o after-dinner. Victor tinha colado os pedaços da camisa dele.

A mãe e o pai de Nima Isham vieram para o vernissage e eu não podia acreditar – *eles* estão de volta do casamento da filha no Haiti fim de semana passado e Bob *ainda* não voltou!

Quarta-feira, 12 de janeiro, 1977. Quando cheguei no 860 uma equipe enorme da CBS estava filmando Jamie Wyeth com Arnold Schwarzenegger posando para ele, para um programa chamado *Who's Who*. De táxi com Jamie e Arnold para um almoço no Elaine's para *Pumping Iron*, o filme de Arnold ($5). Dei uma passada no Ritz Towers, tive de esperar cinco minutos para Paulette Godard descer. Ela estava usando todas as joias, era engraçado. Ela me disse "Se você tivesse jogado bem, tudo isso poderia ter sido seu". Meu Deus, quando eu penso em quantas horas Bob e eu perdemos gravando Paulette, tentando arrancar a verdadeira história da vida dela para aquele livro que o mr. Jovanovich queria... Quer dizer, se *eu* tivesse sido uma grande estrela de Hollywood e tivesse casado com Charlie Chaplin e Burgess Meredith e Erich Maria Remarque eu acho que poderia contar algumas histórias excitantes.

Delfina Ratazzi estava no Elaine's. Agora ela trabalha na Viking como leitora para Jackie O. Victor estava lá e Paulette estava se apaixonando por ele porque ficou fazendo a conta de quantos Halstons poderia tirar dele. Pat Patterson chegou e sentou conosco, e Charlotte Curtis do *New York Times* também estava lá.

Deixei Jamie na loja de arte ($5). O escritório estava agitado, e Vincent enlouquecendo. Bianca telefonou e disse que naquela noite daria um jantar de aniversário para Joel LeBon, que trabalha para Pierre Berge. Potassa, o travesti, estava no escritório num vestido-fantasia feito em casa, preto e ouro, e Jamie ficou fascinado e pintou-a com aquele vestido e com o caralho à mostra. Ele estará pintando no 860 por uns dois meses. Depois Victor conseguiu que Potassa posasse nua. Agora Nenna Eberstadt está trabalhando para nós, ela estava datilografando uma entrevista. John e Kimiko Powers chegaram com uma porção de objetos de arte para eu assinar. Alex Heinrici [*v. Introdução*] chegou com alguns acetatos.

Trabalhei até as 7h e fui à casa de Bill Copley para assinar a pintura que ele comprou. Ele tinha acabado de preparar o jantar para a filhinha, Theodora. Um grande jantar – cachorro-quente, ketchup, Coca-Cola e sorvete de baunilha.

Deixei Fred na casa de Lee Radziwill ($275). Fui à festa para Joel. Bianca estava usando o mesmo vestido da outra vez – é estranho ver mulheres que realmente se vestem bem usando a mesma coisa duas vezes.

Sexta-feira, 14 de janeiro, 1977 – Nova York-Londres. Cheguei a Londres e não contava que alguém fosse nos esperar, mas lady Ann Lambton estava lá com seu chofer e nós ficamos realmente felizes em vê-la. Ela quebrou o pescoço e está engessada.

Fiquei no Ritz (gorjeta $5 pelas malas).

Ann telefonou para sua irmã Rose e para Oliver Musker e resolvemos encontrar com eles no Morton's. Pedi suco de laranja e champagne e um sanduíche de filé que estava horrível ($55). Voltamos para o Ritz, Jed e eu, pensei que Ann fosse ficar no quarto de Fred, mas ela não ficou porque a cama é muito pequena. Senti comichão e encontrei um chato. Procurei outros.

Sábado, 15 de janeiro, 1977 – Londres-Kuwait. Acordei às 7h para voar para o Kuwait. Cansado. Fiz as malas, tomei banho. Procurei chatos, ainda. Mandei a conta do hotel para a Mayor

Gallery (gorjetas no hotel $10). Apanhei James Mayor na casa dele. Reservou lugares de segunda classe para nós, eu fiquei realmente furioso, mas havia um lugar na primeira classe e consegui ficar com ele. Kuwait Air. O avião teve de fazer escala em Frankfurt e muita gente embarcou. Li *The Users*, de Joyce Haber, muito chato, sobre um marido homossexual. Joyce foi casada com Doug Cramer, ele é produtor. Tinha um sheik no avião com seus guarda-costas numa cabine ainda mais lá na frente. Tomei um comprimido. Dormi.

Acordei quando o avião estava aterrissando. Chegamos 11h da noite. Uns árabes nos receberam no aeroporto. Havia uma mulher, Nadja, do Conselho de Cultura, que organizou a exposição. Nos fizeram beber um café estranho no aeroporto.

Domingo, 16 de janeiro, 1977 – Kuwait. Acordei às 9h30. Café da manhã com chá e torradas (gorjeta $1). James telefonou, encontro às 12h no saguão. Fomos levados a um lugar que parecia uma espelunca, mas aqui tudo é assim e foi só alguns dias depois que nos demos conta que era um lugar chique. Lá fora o sol estava quente e muitos carros passando – Rolls-Royces enormes, carros americanos enormes. Nos deram dois carros mas só usamos um. Voltamos ao hotel para tentar comprar A-200 para matar os chatos.

Comprei uns livros de mistério de Nick Carter ($4). Às 4h tive de encontrar novamente Nadja e James. Fui ao *souk* só pelo folclore. Mulheres de preto escondendo os rostos, mercado grande, bazar. Começou a fazer muito frio. Comprei um traje para dar de presente a Victor (chapéu $4, roupa $26). Levei um tempo procurando por antiguidades, mas isso não existe no Kuwait – só uns poucos vasos velhos de alguns anos atrás. Éramos os únicos estrangeiros no mercado.

Fui à galeria de Nadja. Bebi outra vez aquele estranho café doce que eles te oferecem todo tempo, é de enlouquecer. Não sabíamos que se a gente não sacode a xícara eles continuam servindo.

Comprei mais cinco cópias do *Times* ($1) do Kuwait. A caligrafia é linda, nada de pop. Fui a várias farmácias procurando A-200. Para o hotel. Pedi jantar antes do jantar (gorjeta $2). As pessoas que nos convidaram para jantar mandaram uma limusine Cadillac prateada. Chegamos à casa de Qutayba al Ghanin, um tipo parecido com um Peter Brant rico. A casa fica no golfo, um pouco afastada da cidade. Os terrenos lá são muito caros. Ele transformou-os em coisa chique ao se mudar para lá.

Os kuwaitis não servem álcool ou cerveja ou qualquer coisa, é contra a lei, mas os ricos têm algum álcool, Jack Daniel's ou algo assim.

Li Nick Carter. Muito bom – sexo e mulheres.

Segunda-feira, 17 de janeiro, 1977 – Kuwait. Visita ao Museu Nacional, não há história nesse lugar, só vai até 25 anos atrás. Havia umas oito salas, uma com apenas três moedas na sala inteira. Acho que havia uma sala onde Alexandre deixou alguns vasos. Alexandre, o Grande – três vasos e quatro moedas. Uma sala com vestidos de ontem. Mais chá e café com o diretor. Só fiquei sentado ali, não havia nada para fazer. De carro para visitar o secretário-geral do Conselho das Artes para mais chá e café e cerimonial. Marcas de mãos na parede, como se eles tivessem matado alguém e fosse como uma obra de arte ou algo assim. Sujeitos parados por todos os lados.

Todo mundo repete a mesma história: onde é que você está hospedado? Há quanto tempo você está aqui? Quanto tempo você vai ficar aqui? Quando é que você volta?

De carro para visitar um colecionador rico chamado Fahad al Dabbous. Gordinho, uma graça. Ele tem muitas pinturas na parede, alguns Dalis, um meio grande, vários amigos homens, a maioria em traje típico, algumas mulheres. Eles tinham bebida *lá* também – só os ricos, lembra? Uma toalha sobre a mesa, nada se comparado às toalhas enormes do Irã. Os homens parecem gordos, mas nesses trajes não há como descobrir. Mas este era rechonchudo. Ele tinha comprado uma gravura "Marilyn" e uma "Flores". Estava usando um relógio de mulher cheio de diamantes com um mostrador azul. A comida do Kuwait é gordurosa – assados gordurosos.

Comprei sabão contra chatos ($6). Às 8h mr. Bater veio nos buscar, ele é o adido cultural dos Estados Unidos no Kuwait, e fomos levados para visitar Morand, o embaixador americano que estava nos oferecendo um jantar. A mulher dele é de Seattle, falava tanto que nos levou à loucura. São democratas. Jantar servido às 10h. Saímos às 12h, um tédio. Usei o sabão contra chatos, não funcionou. Peguei no sono na banheira. Na cama eu não conseguia dormir. Li novamente o livro de Ruth Kligman, ela estava levando Jackson Pollock à loucura no carro e *aí* é que ele foi contra um poste. Dei o livro para Fred ler.

Terça-feira, 18 de janeiro, 1977 – Kuwait. Acordei depois de uma noite agitada às 9h (gorjeta $1, lavanderia $2). James Mayor telefonou nos apressando – estamos sempre atrasados porque é tudo tão chato que não temos pressa. Visitamos um ateliê de arte kuwaiti. Três artistas em cada sala. Desta vez chá ou refrigerante de laranja. Passei por cada cavalete, tinha de. Um sujeito pintando num estilo Picasso-Chagall. Nenhum estilo original. Eles sentam no chão e pintam em tapetes e almofadas, parece uma feira hippie, como nos anos 60. É o único edifício bem-desenhado do Kuwait, porque é uma cópia do Ford Foundation. Me mostraram todo o edifício. O sujeito disse que era tipicamente kuwaitiano.

Nos buscaram às 4h para o vernissage no Arts Council Hall. Lá deveríamos encontrar o ministro de Estado. Acho que o nome dele é Ahmad Al-Adwani – tenho o nome dele escrito. Mas talvez o nome seja de outra pessoa. Eu tinha mandado uma cópia do livro *Philosophy* para ele e ele disse que tinha lido e que tinha boas ideias, ele é velho e uma graça. Havia uma fita vermelha na frente da porta, eu tive de carregar uma tesoura dourada numa almofada vermelha para cortar a fita. Muita TV e imprensa.

Quarta-feira, 19 de janeiro, 1977. Fui à exposição para um chá e tive de beber mais chá e depois fui convidado pelo embaixador inglês a dar uma chegada em sua casa. A filha dele estava lá, ela tem dezessete anos e desenha histórias em quadrinhos sobre bichas. É engraçadinha e divertida. Tem o queixo do pai, que não tem queixo. Havia muitos ingleses lá que estão morando e trabalhando no Kuwait há muitos anos. Fui embora. Chuvarada enorme.

Busquei Nadja e discuti com Fred sobre não ir à Alemanha. Ele diz que eu tenho de ir porque "lá você é uma estrela decadente". O que me enfureceu foi *o jeito* com que ele disse.

Jantar na casa de Nadja. Tinha sessenta pessoas. A melhor festa de toda viagem. Ela tem oito ou dez irmãos e uma mãe e irmãs e todos os homens dançam juntos, parece o twist. A comida era muito boa. Daí os homens começaram a dançar com Fred. Alguém deu $40 por ele dançar tão bem. Tivemos de ficar até todo mundo ir embora – 2h30. James gostou do manto de alguém e deram o manto para ele. Jed gostou do anel de nariz de alguém e deram o anel para ele. Eu não sabia desse costume e aí não ganhei nada.

Quinta-feira, 20 de janeiro, 1977 – Kuwait-Roma. Voo Alitalia. Cinco horas e meia. Li o *Daily American* de Roma. Posse de Carter. Bêbados nojentos a bordo. Aeroporto vazio, desorganizado. Enquanto eu estava ali encontrei Marina Cicogna e Florinda Bolkan, que vinham de St. Moritz (táxi para o Grand Hotel $20). A suíte do hotel ainda não estava pronta e eu tive de almoçar no restaurante. Enquanto estivemos ali encontramos Helmut Newton e Patrick, o artista da maquiagem. E Suni Agnelli chegou.

Deram a suíte na qual Man Ray esteve, ele acaba de morrer, tinha havido um grande vernissage em Roma um pouco antes. Fred me pediu para esquecer o que ele tinha dito a respeito de eu ser uma estrela decadente na Alemanha. Acalmou-se, disse que eu não precisava ir.

Domingo, 23 de janeiro, 1977 – Paris. Acordei às 10h. Hospedagem no apartamento de Fred. Combinei de almoçar com Peter Beard. Fui às compras e encontrei Mick Jagger.

Fui ao desfile de Schiaparelli (táxi $3). Nos deram ótimos lugares e muita atenção. O desfile foi horrível, baseado nas "Três Graças" de Botticelli. Um vestido custava $2 milhões ou algo assim, e a melhor coisa eram os guardas armados em volta dele.

Segunda-feira, 24 de janeiro, 1977 – Paris. Gente entrava e saía do apartamento o dia todo, começando às 5h. Mick chegou tão bêbado depois de passar a tarde com Peter Beard e Francis Bacon que pegou no sono na minha cama. Às 11h tentamos acordá-lo mas ele estava dormindo profundamente. Club Sept ($120) com Peter e Mona Christiansen e Jed (táxi $2, na volta $2).

Sábado, 29 de janeiro, 1977 – Nova York-Nashville. Catherine foi a primeira a descer do avião, deram um buquê para ela e depois para todo mundo. Umas oito garotas de torcida estavam lá para nos receber, vestidas com uniformes azuis com um "W" bordado, garotas de pompom, dando vivas a Warhol-Wyeth.

Hospedagem com um sujeito chamado Martin e sua mulher, Peggy, que são pessoal da Jack Daniel's.

Fui atrás do palco da Grand Ole Opry, fui aos camarins. Marty Robbins estava ensaiando.

Domingo, 30 de janeiro, 1977 – Nashville. O vernissage dos retratos de Jamie e meus no museu foi às 6h. O organizador da excursão levou Catherine e eu pelo Fine Arts Center em Cheekwood. Tentamos agarrar uns cachorros-quentes, estávamos morrendo de fome, mas ele nos levou embora. Tinha lá uma escada trazida da Inglaterra. A máquina de pipoca ficava lá em cima e Catherine e eu fomos até lá, ficamos comendo e conversando até percebermos que uma fila de gente tinha se formado na escada e nos demos conta de que eles estavam em fila porque acharam que ali era a fila para serem apresentados a mim, porque me viram lá em cima. Enchemos uns saquinhos com pipoca e tentamos dar o fora, mas então alguém pediu pipoca e eu dei um saquinho e terminei dando autógrafos durante uma hora e meia. Aí o jantar foi servido.

Alguns dos daqui vieram, também Don Johnson, aquela gracinha de ator que conhecemos do *Magic Garden of Stanley Sweetheart,* ele é amigo de Phil Walden.

Suzie Frankfurt veio de Nashville para fazer a sua escalada social. Ela escreveu notinhas de agradecimento antes mesmo de chegar aqui e foi tão bem-sucedida que conseguiu aparecer na primeira página comigo em lugar de Catherine, que não chegou à frente suficientemente rápido.

Segunda-feira, 31 de janeiro, 1977 – Nashville-Nova York.
Vincent ouviu que a mãe adotiva de Joe Dallesandro [*v. Introdução*] morreu semana passada em Long Island. Isso foi duas semanas depois que Bobby, o irmão dele, morreu e Joe continua aqui – ainda não voltou para a Europa.

Trabalhei até as 7h30. Fui ao Regine's. Warren Beatty estava lá parecendo um pouco mais velho e mais gordo. Jack Nicholson estava lá parecendo um pouco mais velho e mais gordo. Anjelica Huston e Apollonia, a modelo, estavam lá. Eu agora gosto de Apollonia, ela é bem doce. E Catherine Deneuve estava lá, a festa era para ela. Warren está namorando Iman, a modelo negra.

Barbara Allen e seu namorado Philip Niarchos estavam lá e James Brady e o sujeito do *Woman's Wear Daily,* Coady. Ele estava conversando alto na mesa de Barbara e Philip e Philip estava tentando ser charmoso, e Coady estava com uma mulher linda – eu não consegui compreender como – e eles foram embora cedo. Barbara Allen veio e me contou que Coady disse: "Detesto todo mundo aqui. Detesto Jack Nicholson. Detesto Warren Beatty. Detesto Andy Warhol. Detesto Diana Vreeland. E mais do que tudo detesto James Brady".

Ah! e a comida? Ele também detestou a comida.

Philip estava bebendo e se tornando cada vez mais atraente, parece que Barbara quer mesmo casar. Acho que ela quer ter filhos com ele.

Ruth Kligman telefonou à tarde e eu disse que iria me encontrar com Jack Nicholson e falaria com ele a respeito do papel no filme sobre Jackson Pollock.

Ela perguntou se eu podia levá-la para conhecer Jack e eu disse que não (*risos*).

Eu não a levaria a *nenhum lugar* depois de ter lido o livro dela. Na realidade ela é que matou Pollock, ela o levou à loucura.

Uma menina de quinze anos que Philip conheceu em St. Moritz estava lá com o pai conversando com Philip, e Barbara estava nervosa porque quando a gente via os dois juntos dava para perceber que mulheres como Barbara e Apollonia são vividas – parecem velhas – e o charme dessa menina de quinze anos é que ela é muito jovem e parece uma garotinha; é como se ela ainda não tivesse sido usada. Jack passou pela nossa mesa e eu disse que lhe mandaria o livro de Ruth Kligman e ele disse que ela já tinha telefonado.

Terça-feira, 1º de fevereiro, 1977. Joe Dallesandro veio ao 860 almoçar. Eu perguntei como Bobby, o irmão dele, tinha realmente morrido e finalmente ele trocou do "acidente" que ele disse que tinha sido originalmente para o que realmente aconteceu. Bobby se enforcou. Joe estava quieto durante o almoço.

Finalmente fui cedo para a cama pelo menos por uma noite. A onda de frio é a grande notícia. E a falta de gasolina, que eles estão manipulando.

Quarta-feira, 2 de fevereiro, 1977. Ronnie e eu tivemos uma briga. Ele ficou chateado quando eu disse que não queria as "Foices & Martelos" cortadas e ampliadas da maneira que ele tinha feito enquanto estive fora e ele disse que fez todo o trabalho para nada. Eu perguntei o que teria feito se não tivesse feito aquilo e, então, que diferença faria se não fosse usado. Eu disse que nunca sei o que quero até ver o que não quero, e então ele disse que estava ok se aquilo servisse para me "realimentar", que teria valido a pena, que ele só ficaria ressentido se tivesse feito o trabalho por absolutamente nenhuma razão.

Trabalhei até tarde, só saí por volta das 7h30. Falei a PH sobre *Popism*, ela me contou das entrevistas que fez ontem com Jonas Mekas e Kenny Jay Lane. Jonas foi bom. Kenny foi terrível.

Deixei Catherine (táxi $3). Fui para casa e trabalhei um pouco, e às 11h Catherine e eu fomos até o Regine's para entrevistar Michael Jackson, do Jackson 5. Agora ele está muito alto, mas com uma voz realmente aguda. Um sujeito grande estava com ele, talvez um guarda-costas, e uma menina do *The Wiz*. Toda a situação era engraçada, porque na verdade Catherine e eu não sabíamos nada sobre Michael Jackson e ele não sabia nada sobre mim – ele pensou que eu fosse um poeta ou algo assim. Por isso ele fez perguntas que alguém que me conheça jamais faria – por exemplo se eu era casado, se eu tinha filhos, se minha mãe está viva... (*risos*) Eu disse "Ela está num asilo" [*v. Introdução*].

Tentamos convencer Michael a dançar e no início ele não queria, mas depois ele e a menina do *The Wiz* se levantaram e dançaram uma vez.

Quinta-feira, 3 de fevereiro, 1977 – Nova York-Denver. De manhã no aeroporto eu encontrei Jean Smith, que pegou o mesmo voo que eu. Estava com o filho, que é meio grande e gordo. Ela perguntou por Jamie Wyeth. Em Denver havia uma loira dirigindo um Rolls-Royce, com um chapéu de chofer, ela nos levou num tour pela cidade. Nos deixou no Brown Palace Hotel, um hotel velho com um anexo novo, mas eu decidi ficar no prédio velho. O saguão tinha melhor aspecto do que o quarto, o serviço de quarto é muito rápido, muitos extras como toucas de banho, um televisor novo e sabonete. O quarto tinha uma cesta de frutas. Telefonei para padre Paul, meu sobrinho, e disse que o veria no dia seguinte no meu vernissage. Vieram me buscar às 6h30 para a prévia dos sócios. Fred ficou realmente bêbado. Ele se enfureceu com uma nonagenária forte e disse a ela que só estava ali pelo dinheiro, queridinha, e eu tentei fazer com que calasse a boca mas ele estava detestando demais tudo e decidiu que da próxima vez que eu aparecesse em pessoa ele determinaria que todos teriam de comprar alguma coisa. Todas as mulheres muito feias para retratos.

Sexta-feira, 4 de fevereiro, 1977 – Denver. Tempo lindo, dez ou onze graus, céu azul. Tentei caminhar o máximo possível. Caminhei até o museu às 2h, tinha de dar algumas entrevistas para a imprensa. Foram muito chatas.

O vernissage era às 7h mas decidimos ir às 8h. Ganhamos o Rolls-Royce de novo. Às 7h30 chegou o padre Paul e minha sobrinha Eva. Pedi drinques duplos e o padre Paul ficou um pouco bêbado e eles queriam ir comigo e embarcaram no Rolls-Royce cheio de garotas. O padre Paul tentou converter todas. Cheio de gente no museu. Jantar horroroso, vendi camisetas da *Interview* e livros *Philosophy* e pôsteres.

Alguém me passou uns poemas explícitos.

Às 10h eles deixaram entrar o pessoal dos $10, eram todos freaks de Denver, uma porção de rapazes lindinhos e meninas louquinhas.

Domingo, 6 de fevereiro, 1977 – Carbondale, Colorado-Denver. Fui ver com John e Kimiko Powers os quarenta acres que comprei perto de Aspen. Encontrei duas meninas andando a cavalo no terreno. Elas disseram que aquele era o campo mais bonito em que elas já tinham estado.

Peguei um voo para Denver. Levou quarenta minutos. Fui para o Stouffer Hotel, perto do aeroporto.

Às 3h da manhã achei que tinha ouvido alguém girar a maçaneta da porta – eram os moleques do outro quarto vendo TV. Assustador.

Segunda-feira, 7 de fevereiro, 1977 – Denver-Nova York. Acordei ao nascer do sol, fui para o aeroporto. Havia um sujeito lavando as janelas do avião quando eu embarquei.

Tem gente que consegue me olhar e dizer, "Oi, Andy", com tanta naturalidade; e ele foi ótimo, fez exatamente isso. Mais tarde veio nos procurar e pediu um autógrafo para o seu professor na escola.

Táxi do aeroporto ($20). Deixei as malas e Fred (liguei para Vincent do aeroporto $10). Mandei Ronnie buscar suprimentos ($10.80). Fui ao 860 (táxi $4). Jamie Wyeth estava lá, falei com ele (chá $10). Lester Persky ligou para me convidar para o jantar em homenagem a James Brady, que é o novo editor da *New York*.

Geraldine Stutz estava lá. Na verdade ela está no mesmo conselho de Jamie, o American Council for the Arts, que dá dinheiro para os artistas. Acho que os artistas para quem eles dão dinheiro são asquerosos. Eles sempre selecionam aqueles que são muito "sérios". Walter Cronkite estava lá.

Lester começou a ficar bêbado e estava realmente engraçado, me contando como era ótimo que ainda fôssemos amigos, ele nunca tinha feito nada por mim e nunca faria. Então ele começou com o seu "Agora eu sou rico e ainda sou infeliz" de sempre. Convenhamos, será que ele faz isso em todos os jantares todas as noites? Acho que sim.

Um famoso modelo masculino do Zoli veio e sentou. Ele teve há pouco um bebê no Alaska. Conheci o editor do *Daily News*, Michael O'Neal. Todos esses anos nunca o tinha encontrado e fiquei satisfeito em vê-lo. Quando descobri que o cara sabia tudo sobre *Interview*, eu realmente adorei. É grande e irlandês, com muito cabelo, grisalho. Eu apresentei Catherine como a "editora" da *Interview* só para que eles pudessem conversar, mas ela estava num astral estranho e não respondeu direito às perguntas dele. Jamie Wyeth tinha saído para ir ao Elaine's. Catherine disse que queria um táxi para ir para casa. Acho que ela deve ter marcado um encontro com alguém, talvez Jamie.

Um garoto inglês veio do bar onde estava conversando com Lester Persky e perguntou se Lester era realmente *o* Lester Persky, o grande produtor, e eu (*risos*) disse que sim.

Larry Freeberg, da Metromedia, que uma vez propôs que a gente fizesse um programa de TV e depois desistiu quando Bob apresentou o nosso orçamento, estava lá, mas eu não o reconheci e olhei sem reação quando entrou. Acho que foi bom – talvez ele pense duas vezes no que nos fez.

Terça-feira, 8 de fevereiro, 1977. Leo Lerman telefonou à tarde e encomendou um retrato da rainha Elizabeth para a *Vogue* usar uma única vez.

Sexta-feira, 11 de fevereiro, 1977. De táxi para a casa de Suzie Frankfurt e havia muito tráfego ($5). Suzie está desenhando roupas para mulheres que perderam o bom-senso, e é uma ideia engraçada, são de cores erradas e salientam as partes erradas, ela vai tentar entrar com esse negócio na Sétima Avenida e também vai tentar as antiguidades como negócio. Ela vai para a Califórnia conosco na quarta-feira – Norton Simon, lembre-se, é primo dela.

Quarta-feira, 16 de fevereiro, 1977 – Nova York-Los Angeles. Chegamos à Califórnia ensolarada. Deixei Suzie Frankfurt na casa dos Simon no Sunset Boulevard na glamourosa Beverly

Hills. Telefonei para o Beverly Hills Hotel mas estava lotado e aí tivemos de ficar no Beverly Wilshire. Catherine telefonou para o seu meio-tio Erskine que estava na cidade, ele é só um pouco mais jovem que ela. Ele passou o ano inteiro viajando ao redor do mundo com sua prima Miranda Guinness, a irmã gêmea de Sabrina. Fui à casa de Allan Carr. Ele tem uma casa ótima. Nem bem chegamos lá e ele já queria que a gente fosse embora porque tinha um jantar e os convidados já estavam chegando, e quando entramos numa sala Jed e Catherine quase desmaiaram porque viram *o* Fonz sentado. Allan nos levou para conhecer a casa, disse que foi Ingrid Bergman quem construiu e Kim Novak morou lá depois dela. Nos levou a todos os banheiros e armários, mostrou como a cama sobe e desce como uma cadeira de barbeiro. Enquanto isso Suzie estava conversando com *o* Fonz. Ela perguntou o que ele fazia, ele disse que era "um nadador olímpico", e Suzie ficou toda excitada porque "nunca tinha conhecido um antes" – e perguntou de que ano e se ele conhecia Mark Spitz e essas coisas. A essa altura Fonz já estava ficando meio irritado e não podia acreditar que alguém não soubesse quem ele era. Ela continuou sem saber depois que eu disse, "Ele é *o* Fonz". O Fonz falava muito seriamente, ele tenta ser muito solene. Ele me contou o quanto gosta de mim por causa do "quinze minutos de fama" e de algo sobre armários no livro *Philosophy* – espaços vazios e coisas assim. Eu estava tão excitado que não conseguia pensar em nada para dizer.

Os David Begelman chegaram. Tivemos de sair porque o jantar ia começar. Havia orquídeas brancas nos pratos das mulheres. Allan nos levou lá dentro e mostrou a mesa e a comida antes de nos botar para fora. Foi engraçado.

Quinta-feira, 17 de fevereiro, 1977 – Los Angeles. Fui ver a Gemini Gallery com Sidney Felsen e seu sócio. Tive uma ideia na Gemini. Eles agora podem imprimir 3,5 x 3,5 e vou pensar nisso. Pronto uma hora antes do que o previsto, decidi dar uma caminhada, as lojas são muito excitantes.

Uma pessoa correu atrás de mim e era Jackson Browne. Ele me convidou para ir até o estúdio de gravação do outro lado da rua e ouvir o novo disco dele. Ele foi adorável.

Havia uma greve de táxis e Catherine e eu achamos uma limusine lá fora, tínhamos de ir encontrar Taryn, a filha de Tyrone Power, às 5h no restaurante Imperial Gardens no Sunset (limusine

$10). Voltei para falar com Fred, tinha de dar dinheiro a ele ($5). Ele foi ao coquetel que Paul Jasmin estava dando para Divine e encontrou Tab Hunter lá.

Gravei por quase duas horas com Taryn no Imperial Gardens. Pedi um pouco de saquê e comida ($20 com gorjeta). Ela nos levou para a casa ao lado, a casa de Norman Sieff, o namorado dela. Ele é muito feio e ela muito bonita – fiquei desapontado. Ele disse que me encontrou no Max's anos atrás. Ele tem Taryn sob o seu domínio. Queríamos tirá-la dele e a convidamos para o jantar que Doug Christmas, o marchand de arte, daria para mim no Mr. Chow's. Ela estava de carro e nos levou de volta ao hotel.

Me vesti e fui levado de carro ao Mr. Chow's. Muita gente lá. Bianca Jagger, Russell Means, Polanski, Tony Bill, Allan Carr, Pat Ast. Russell Means tem uma namorada indiana. George Hamilton, Marcia Weisman, Nelson Lyon, que estava me contando de um produtor que bebeu, sem perceber, o mijo que deram para ele.

Jed tinha convidado Tab. Jed sentia-se culpado por não termos colocado Tab no elenco de *Bad* como marido de Carroll Baker – ele queria muito aquele papel. Peter Lester, da *Interview*, chegou com Maria Smith e ficou se desculpando por estar atrasado, mas ninguém se importou. Geraldine Smith estava com Johnny Wyoming. Perry King, Susan Tyrrell, Allan Carr sentados conversando com George Hamilton. Sentei com Tony Bill e Bianca. Polanski do outro lado. Tínhamos encontrado com ele no saguão do hotel quando estava indo ver *Rocky*, e tinha acabado de chegar de lá, disse que adorou.

Os maiorais, Sue Mengers e Ryan O'Neal, não vieram, eles disseram a Bianca que não poderiam "ser vistos em lugares de mau gosto como o Mr. Chow's". Bianca nos levou ao Top of the Rox, que é de Lou Adler. Quando chegamos lá só estavam Ringo Starr e Alice Cooper. Não que eles fossem as únicas *celebridades* ali – eles eram as únicas *pessoas* ali, e *eles* estavam no banheiro. Quem vai lá fica no banheiro cheirando coca. Bianca me apresentou a Ringo. Alice veio dizer olá.

Bianca foi embora porque está hospedada em Malibu e Mick está chegando e saindo da cidade no dia seguinte e ela queria chegar cedo em casa para vê-lo.

Sexta-feira, 18 de fevereiro, 1977 – Los Angeles. De carro até a Ace Gallery em Venice para uma conferência de imprensa. De manhã telefonei para o escritório em Nova York e Ronnie me disse que era Dia de Andy Warhol no *The Gong Show*. Havia muitos recados quando voltei para o hotel. Jantar na casa de Marcia Weisman (táxi para lá $4). Ryan O'Neal estava lá e Sue Mengers. Ryan se apoiou num Morris Louis e fez um amassão. Ele estava azedo. Toda a geração jovem dos Guinness estava comigo – Catherine, Erskine e Miranda – e descobri que Sabrina, a irmã gêmea de Miranda, foi ama-seca de Tatum e secretária de Ryan quando ele filmou *Barry Lyndon* na Inglaterra, e Ryan a detestava e agora estava descarregando em cima de Miranda, ela foi chorar no banheiro. Na realidade Sabrina é uma groupie, apesar de ser uma Guinness.

Sue estava com aparência horrível e Ryan também. Eles foram embora cedo porque, creio eu, acharam que "ninguém" estava lá. O pessoal de Hollywood é podre. Eles todos jogam com seus grupos A, B e C, e é idiota demais. É por isso que, quando eles decaem, eles *realmente* decaem. Uma coisa sobre Bianca: ela realmente tem classe porque vai *a qualquer lugar*.

Sábado, 19 de fevereiro, 1977 – Los Angeles. Suzie Frankfurt chegou com Marcia Weisman. Elas estavam de Rolls-Royce e fomos *rollsiando* até o hospital, Cedars-Sinai. Muita gente esperando. Vendi $1,5 mil de mercadoria para uma promoção beneficente. Marcia fez muita pressão. Se alguém tirava uma foto tinha de pagar $10. Se eu autografava uma lata eles pagavam $5. Ela disse que os meus preços *subiriam* de tarde até $100 o pôster, quando na realidade eles *baixariam* para $6.

Deixado de volta no hotel. Apanhei Doug à 1h30 e uma equipe nos filmou na limusine no caminho para Venice para o meu vernissage. Antes do vernissage fomos ver o apartamento de Tony Bill. Ele comprou um prédio em frente à Ace Gallery com o dinheiro que ganhou com *Taxi Driver* ou *Um golpe de mestre* ou *Shampoo*.

A Ace Gallery estava muito cheia, gente dando volta na quadra esperando para entrar. Russell e eu autografamos os pôsteres de Russell Means. Viva e Paul Morrissey estavam lá. Havia mais outras pessoas dos velhos tempos – Cockettes.

Fiquei tão cansado de autografar pôsteres toda a tarde que fugi para a limusine às 5h. Suzie nos convidou para tomar um drink em Bel Air na casa duma modelo amiga dela, Cheryl Tiegs, e do marido, Stan Dragoti, que trabalha para Wells Rich Greene. Fred foi mordido por um cão enorme ao abrir a porta errada quando estava procurando o banheiro, mas não disse nada até que sua perna começou a sangrar muito. Ele só passou um pouco de álcool e fomos embora às 7h30.

Encontrei Annie Leibovitz e Jann Wenner no saguão. Susan Blond deixou um recado dizendo que estava com Michael Jackson no Top of the Rox. Jann e Annie tinham acabado de chegar de lá, os Grammys tinham apenas terminado e todo mundo estava bêbado. Uns garotos no saguão tentaram me ganhar.

Domingo, 20 de fevereiro, 1977 – Los Angeles. A relações públicas de Doug Christmas, Esther, chegou da igreja com um autógrafo de Jane Wyman; ela pediu o autógrafo enquanto Jane Wyman estava ajoelhada.

Originalmente eu deveria almoçar com Bianca Jagger, mas Wendy Stark disse que nós todos poderíamos almoçar com Coco Brown; eu não queria mas Fred achou que era uma boa ideia. O primeiro carro saiu, nós estávamos no segundo e o endereço que nós tínhamos era 36912, em Malibu. Quando chegamos lá não conseguimos encontrar, mas logo veio o primeiro carro com Richard Weisman e ele foi bater no 36910, porque não *havia* 12, e a pessoa que abriu a porta era "Mary Hartman", com suas tranças engraçadas.

Ela disse que *ela* nos daria uma festa se a gente não encontrasse a nossa. Mas logo Coco Brown chegou num outro carro com Wendy Stark e disseram que era ali na próxima quadra, que Wendy tinha dado o número errado.

Chegamos na casa e Bianca estava lá. Ela teve uma briga com Mick e ele foi para Nova York de manhã – ela o acusou de estar tendo um caso com Linda Ronstadt.

Caminhei pela praia com Bianca em frente à casa de Larry Hagman, ele estava na praia com um uniforme engraçado como se fosse da legião estrangeira, fazendo coisas engraçadas com as mãos, acho que pirou. Quando estávamos na beira, o mar veio e molhou meus sapatos.

Levei três horas tentando fazer planos para o jantar. Bob Elis, o ex de Diana Ross, e Alana Hamilton pareciam muito bêbados, Bianca não queria ficar com Miranda porque ela é a irmã de Sabrina. Jed disse que estava com fome e comeria em qualquer lugar e Wendy queria que a gente fosse à casa de Max Palevsky porque achava que isso iria nos fazer bem – ele queria nos receber para nos mostrar sua coleção de arte.

Finalmente quando conseguimos chegar a uma conclusão fomos todos a um restaurante chamado Orsini's, comida italiana. Fred gritou com Catherine e disse que ela era muito rude com ele na frente de todo mundo.

Segunda-feira, 21 de fevereiro, 1977 – Los Angeles-San Francisco. Acordei, fiz as malas (táxi para o aeroporto $20, gorjeta para o carregador $4, revistas $8).

O voo 433 da United chegou à 1h05. Recebido no aeroporto com champagne e limusine pelo Mark da galeria onde está a minha exposição, tratamento de rei. Ele nos deixou no Mark Hopkins, almoço no Top of the Mark.

Depois caminhamos até a galeria a três quadras dali por uma descida muito, muito íngreme. O espaço é bem grande, e é perto de onde nós costumávamos ficar com os Velvets. A disposição dos quadros era incrível. Podre, malpendurados. Inacreditável. Mau gosto. A mãe de Mark é horrível.

Conferência de imprensa, programa de TV com um sujeito que era uma lindeza mas não sabia nada e não gostou de mim e foi desagradável, também. Eu o levei até uma escultura e disse que eu é que tinha feito, o que não era verdade – mas só descobriram depois. Mark nos levou para os fundos, onde havia cogumelos mágicos. Ele nos levou para um passeio na Golden Gate. Havia surfistas sob a ponte. Muito estranho. Todos os rapazes vestindo roupas pretas, roupas de banho, assustadoras e loucas. Passeio por Sausalito foi ótimo. Quando chegamos de volta ao hotel, Jed e sua família estavam lá, ele tem um padrasto novo e gordo. E mrs. Johnson me agradeceu por estar sendo tão bom para o filho dela e me fez ficar vermelho.

Tive de ficar na galeria até as 9h30. A mãe de Mark me fez trabalhar de verdade. Trader Vic ficava a apenas uma quadra. Caminhei até ali.

Ah, e Carol Doda, a stripper, veio ao vernissage e eu estava tão entediado que falei bastante sobre ela e Mark disse que então nós iríamos ao bar de striptease. Chamamos a limusine de volta, fomos ao bar de striptease, Carol agora é tão larga quanto alta, assisti a três mulheres roçando as bundas e as bucetas contra o chão e Carol Doda desceu em cima de um piano e subiu até o teto nele. Ela é tão velha que só colocaram luzes piscantes sobre ela. Catherine e eu estávamos caindo de sono (drinques $35). Fred desapareceu, ficou lá fora caçando.

Terça-feira, 22 de fevereiro, 1977 – San Francisco-Miami. Levamos cinco horas para chegar a Miami. Paguei a passagem de Catherine ($72.53). Anoiteceu num minuto, um longo voo. Charlie Cowles nos recebeu num carro grande, quente e maravilhoso, eram só 11h. Mudanças de fuso horário. Passamos pelo Fontainebleau, coisas assim. Nos levou para a casa da mãe num clube privado em Indian Creek Island, com um vasto terreno à beira-mar. Fui apresentado à mãe e ao pai, mr. e mrs. Gardner Cowles. Serviram sanduíches. Fred e eu ficamos na casa de hóspedes. Catherine ficou na casa principal. Li *Artforum*, que é de Charlie Cowles, e fui para a cama.

Quarta-feira, 23 de fevereiro, 1977 – Miami. Dormi mais do que deveria e levantei pelas 10h30 e o café da manhã ainda não tinha sido servido, mas havia café. Comecei a tirar fotos de Gardner – eles o chamam "Mike" – ele adotou Charlie, tem estações de TV, vendeu algumas de suas revistas para o *New York Times*, uma vez foi dono da *Look*.

Durante o almoço mrs. Cowles disse que está perdendo duas empregadas argentinas – gente rica normalmente fala sobre empregadas durante jantares e almoços. Depois Charlie nos levou para passear.

Fred contou a Catherine por que gritou com ela – porque quando foi acordá-la ela tinha gritado, "Não me toca, não me toca!". Ela disse que sentia muito ter feito aquilo.

Charlie queria saber se nós queríamos ir a Fort Lauderdale ver os rapazes. Fomos a todos os locais gay de lá e Charlie nos levou até o passadiço. No primeiro bar, esqueci o nome, os barmen estavam de vestido com bigodes e barbas. O primeiro disse, "Sou amigo de Brigid Berlin".

Eu realmente precisava mijar. Fred voltou do banheiro e eu perguntei se tinha alguém lá e ele disse que não, estava vazio. Fui e estava mijando quando subitamente vi alguém do meu lado dizendo, "Ai meu Deus, eu não posso acreditar que estou ao teu lado, deixa eu te dar um aperto de mão", aí ele se deu conta e disse, "Não, eu vou lavar as mãos e depois a gente se cumprimenta". Perdi a concentração e tive de parar de mijar. E aí mais e mais gente começou a entrar dizendo, "É você mesmo?". Dei o fora.

Os garçons disseram que só há garçonetes em algumas noites, o lugar é alternado. Parecia a ideia de Paul Morrissey para o bangue-bangue que ele quer fazer, no qual a cidade é metade homens, metade travestis, porque não há mulheres ($5).

Fomos a um fliperama um pouco mais longe e fiquei jogando um tempo ($10).

Sábado, 26 de fevereiro, 1977 – Nova York. Jamie Wyeth tinha me convidado para o almoço de aniversário de Ted Kennedy, mas de manhã ele telefonou dizendo que Rose Kennedy organizou uma festa pequena e ele não tinha se dado conta, e aí eu não podia ir, mas acho que isso era porque Jamie havia mudado de ideia. Fui para casa às 8h30.

Vi na Metromedia que eles roubaram a ideia que a gente tinha proposto e que tinham recusado, e resolveram fazer eles mesmos – colocaram *Jantar com Bella Abzug* na TV. Mas *eles* fizeram uma coisa cafona e chata, fiquei furioso.

Segunda-feira, 7 de março, 1977. Acordei de mau humor, saí de casa cedo, por volta das 9h30, de táxi até o Chembank ($3.30). No escritório recebi uma carta da Casa Branca, de Jimmy Carter. Gostaria de ter conversado mais quando fui apresentado a ele, mas eu estava muito nervoso. Ele é bem agradável, um homem bem agradável.

Jaime Wyeth ainda estava pintando Arnold Schwarzenegger, que ainda estava posando. Almoço com Jamie e Arnold ($16). Alex Heinrici chegou para retocar alguma coisa. Trabalhei toda a tarde.

Peguei Bob Colacello e de táxi até 45 Sutton Place Sul. Uma festa literária para Anita Loos dada por Arnold Weissberger. Esqueci minha fita e minha câmera e havia uma porção de celebridades. Arnold Weissberger e Milton Goldman têm o mais longo casamento gay de Nova York. Arnold tem setenta e tantos, o maior advogado de show business dos velhos tempos e fotógrafo amador. Ele tira fotos de todo mundo que vai à casa dele. Ano passado publicou um livro chamado *Rostos famosos*. Colocou o livro na mesa do jantar, na festa, e pedia para os "rostos famosos" assinarem cada um a sua fotografia. Milton Goldman tem sessenta e tantos e é um alto funcionário do IFA. Bob notou que ali ele era a única pessoa abaixo de trinta – por pouco – e eu disse que Arnold deve ter medo de convidar gente jovem porque pode perder Milton. Todos os mordomos e barmen tinham mais de sessenta. Eles carregavam um drinque por vez e a bandeja tremia.

Paulette Goddard estava lá, me disse que não vendeu nenhum tapete na Parke Bernet porque os marchands, ela acha, quiseram se aproveitar dela. E provavelmente foi o que aconteceu, porque aqueles tapetes *são* ótimos. Falei com Rosemary Harris, Martha Graham, Cyril Richards, Rex Harrison, Sylvia Porter. Milton apresentou todo mundo umas três vezes.

De táxi para o Elaine's ($3.25) para encontrar Jamie e Arnold e Rudolf Nureyev. Jamie estava promovendo uma reunião destas cabeças. Na entrada um amigo de Lester Persky que sempre me bolina me agarrou e me apresentou a Neile McQueen, que na realidade é muito bonita. Ele sussurrou no meu ouvido, "Ex-mulher, Steve McQueen".

Arnold entrou com três garotinhas, uma é repórter de esportes do *New York Times* e está apaixonada por ele.

Aí a coisa mais fascinante aconteceu. Um sujeito que Elaine me apresentou fez mágicas com cartas, aquelas em que ele mostra o baralho e diz para pensar numa carta e aí ele adivinhou a carta *oito vezes*! Eu não consegui tirar isso da cabeça, pensei a noite inteira. Eu *tenho* de saber como é que ele faz, porque se você consegue fazer isso, você pode fazer qualquer coisa. Deixei Catherine e tio Erskine e Miranda ($3).

Terça-feira, 8 de março, 1977. Estava um lindo dia, caminhei por uptown, depois fui para o escritório. Jamie e Arnold estavam lá. Agradeci a eles pelos ótimos momentos na noite passada (material de desenho $5.85). Jamie disse que Nureyev se apaixonou por Erskine e que Erskine quase disse sim, mas acabou dizendo não, e que as últimas palavras de Nureyev (*risos*) foram, "A gente fica só vendo TV". Ele deu autógrafos para Erskine e Catherine.

Bob veio me pegar às 8 da noite, de táxi para a embaixada do Irã. Bob me fez vestir smoking, mas éramos os únicos formais e a desculpa dele é que somos convidados para tantas festas que ele não consegue se lembrar. Estamos começando a nos sentir usados pelos iranianos. Começou em Washington umas semanas atrás quando a gente se deu conta que o embaixador Zahedi agora não é "in" com Carter – ele foi muito ligado a Nixon e a Ford, mas agora ele quer estar com os democratas e necessita de ajuda e a ajuda somos nós. Foi um jantar pesado para o embaixador sueco.

Nossa desculpa para sair cedo foi que tínhamos de ir à festa de François de Menil para a princesa Marina da Grécia, que teve um vernissage na Iolas Gallery (táxi até François na

Rua 69, $2.25). Estava animado – Arman e Corice, Larry Rivers – grande festa.

Gigi estava lá, rompeu há pouco com Ronnie e começou com Spyro Niarchos e Ronnie estava deprimido. Antes tinha me dito que ela e Ronnie estavam esfriando – ela disse que nos últimos três meses eles não têm se falado. Ele tem ciúmes porque ela ganha mais dinheiro e viaja muito, mas ele não é ambicioso e ela é; mas ela diz que o ama mas que vão ter de romper porque assim não dá para continuar. Esse é o resumo da coisa. Gigi tinha dito que viria. Barbara Allen estava lá com Philip Niarchos, ele está de volta.

Dennis Hopper devia estar lá, mas não vi. Ele está hospedado/morando com Caterine Milinaire – eles estão (*risos*) "juntos". O amigo de Ronnie, Tony Shafrazi, estava lá, recém de volta do Irã. Ele é o sujeito que cometeu um atentado contra aquela pintura do Picasso no Modern, "Guernica".

Hoveyda nos contou que Sidney Lumet vai ao jantar de Paulette na embaixada semana que vem e dissemos "Vai ser ótimo". Ouvi dizer que Sidney Lumet circula pela cidade me chamando de racista porque *Mandingo* foi o meu filme favorito do ano.

Quarta-feira, 9 de março, 1977. Li uma matéria no jornal sobre Liz Taylor vendendo seus diamantes em segredo na Madison Avenue para ajudar a campanha de seu marido, já fiquei de olho vivo. Caminhei até o escritório. Ronnie não estava trabalhando por duas razões – primeiro porque Gigi saiu da festa com Spyro Niarchos noite passada, e segundo porque Wim Wenders está filmando no atelier dele – Dennis Hopper é o ator principal.

Lee Radziwill e o filho dela Antony vieram almoçar. Antony está ainda mais crescido. Mais sólido. Ela disse que como ela não foi ao jantar que Zahedi deu para mim em Washington semana retrasada, ele respondeu enviando champagne e caviar para ela e que quando ela mandou um cartão agradecendo ele enviou mais champagne e caviar e quando ela mandou outro etc. etc. Quer dizer que ele está mesmo a fim dela.

Walter Strait, da Filadélfia, telefonou para saber se quero jantar com ele e Ted Carey e eu disse que sim. Ted Carey está com problemas de saúde e foi ao dr. Cox e Doc Cox é um bom médico porque reconheceu os sintomas de Ted e disse que era sífilis de pulmão. O Doc deve ter outros pacientes com o mesmo problema, provavelmente. Ele mandou Ted fazer tratamento e o único problema que restou é que Ted continua com vermes, eles voltam sempre. No jantar foi bom conversar com Ted sobre *Popism*, ficamos lembrando quando posamos juntos para nosso retrato de Fairfield Porter.

Quinta-feira, 10 de março, 1977. Barbara Allen ficou de trazer a princesa Firyal da Jordânia, que está namorando Stavros Niarchos, à Factory.

O grande drama foi o triângulo Ronnie-Gigi-Spyro. Ronnie telefonou para o Waldorf Towers noite passada procurando por Gigi e a portaria se recusou a transferir a chamada para o apartamento de Niarchos e na primeira vez ele deixou um recado dizendo que "o marido de Gigi telefonou" e mais tarde deixou um recado dizendo que "o irmão de Gigi morreu".

Aí hoje de manhã Spyro telefonou para Ronnie e perguntou se estaria bem se ele viesse ao almoço para Firyal, ele disse que não sabia que Gigi e Ronnie estavam "juntos" etc. Ronnie disse que viria mas que se Spyro dissesse um olá para ele, ele partiria para a porrada.

Spyro contou a Bob que Gigi chegou para ele na festa do De Menil e disse, "Lembra de mim?", e como ele não lembrava ela refrescou a memória dele e disse que não estava mais com o namorado e já que ambos estavam sozinhos por que não passavam a noite juntos. Spyro contou a Bob que acha que Gigi foi terrível ao envolvê-lo na confusão com Ronnie. Parece que ela fez tudo errado.

Mas como eu ia dizendo, no almoço estava todo mundo sentado e Ronnie entrou e começou a encher seu prato e disse, "Onde é o meu lugar?". Fiquei com medo que houvesse problemas porque ele estava meio histérico, aí eu disse que alguém tinha de ficar atendendo os telefones e de qualquer maneira se ele sentasse seriam treze à mesa. Trabalhei até as 4h. Barbara pareceu muito muito magra, ela disse que Peter Martino está fazendo um trabalho maravilhoso na decoração do apartamento dela. De táxi para pegar Victor para levá-lo ao open house de Suzie Frankfurt – "Suzie Frankfurt em Casa" (táxi $5). Fred estava lá e também Francesca Stanfill do *Women's Wear Daily*. O prefeito Lindsay estava lá. Suzie serviu ótimos canapés, comi uns quarenta.

Marvin Davis, que trabalhava para I. Miller e me deu meu primeiro emprego, estava lá e quando viu uns desenhos antigos meus que Suzie tem disse que era como estar numa máquina do tempo. Suzie ficou nervosa porque ninguém comprou nada – roupas, mobília, antiguidades. A ideia era "Antiguidades num Cenário". É uma graça de ideia. Ela provavelmente pode deduzir 3/4 da casa. Deixei o ex-marido de Suzie, Steve Frankfurt ($3). Fui à mostra de antiguidades do East Side ($250). Caminhei até minha casa.

Bob e eu apanhamos Elsa Martinelli no St. Regis para levá-la à embaixada do Irã. Era um bufê, lotado. Homenagem ao novo embaixador americano na Itália, mr. Gardner, e à mulher dele, Danielle.

Fiquei preso falando com a baronesa de Bodisco. Hoveyda tentou me salvar e disse a ela, "Acho que há alguém lá em cima que seria bom se você viesse conhecer", e ela disse, "Não". E aí Hoveyda disse que ela não seria mais convidada e ela disse, "Não importa".

Sexta-feira, 11 de março, 1977. Tive uma conversa com Rick Li Brizzi no escritório, disse a ele que está vendendo meus "Maos" e minhas "Latas de Sopa" muito barato. Fui para casa trocar de roupa, apanhei Catherine, fomos à festa de aniversário para Firooz e o marido dela, Chris Isham, na casa de Nima Isham ($3).

O apartamento estava decorado com faixas e balões. Fiquei brincando, amarrando alguns balões de gás em pessoas que não se davam conta. Bob insistia em ficar irritado, tentando afastar o balão, ele não sabia que estava amarrado nele. Depois do jantar trouxeram dois bolos e por alguma razão a mesa desabou e os dois bolos foram parar no chão.

E Ronnie e Gigi estão juntos novamente.

Sábado, 12 de março, 1977. Acordei cedo, lindo dia. Fui ao Sbukoff's Antiques em busca de ideias (táxi $3). Caminhei até o escritório. Bob estava lá, examinando fotos num álbum de fotografias que ele e eu estamos organizando. Vincent saiu e trouxe o jornal e lá estava a manchete: "DIRETOR DE CINEMA ACUSADO DE ESTUPRO". Roman Polanski. Com uma menina de treze anos que ele levou a uma festa na casa de Jack Nicholson e no dia seguinte a polícia foi à casa de Jack procurar a menina porque os pais dela tinham dado queixa, deram uma busca na casa e prenderam Anjelica por porte de cocaína.

Victor me disse que eu tenho de ver o programa *Jantar com Halston* no canal 5 – Metromedia.

Essa é a ideia que eu apresentei a Larry Freeberg da Metromedia e que tinha sido recusada e agora eles colocaram em prática com outras pessoas. Os convidados de Halston foram Bianca, Joe Eula, o acupunturista – Giller, Jane Holzer, Victor. Foi uma chatice. Eles me convidaram para participar do programa mas recusei porque eles roubaram minha ideia.

Foi um jantar ao vivo com um atraso de sete segundos. Joe Eula disse "merda" uma vez e foi cortado. A única coisa da vida real que fazia falta na mesa era coca e as idas ao banheiro. Victor foi a alma do jantar, ele arrancou fora seu bigode falso. Ele usava um de verdade mas raspou provavelmente porque detesta o acupunturista que usa bigode, mas colocou um durante o programa. Também levou uma galinha de plástico e ficou falando com ela, dizendo para "dar um alô para Andy". Joe Eula e Victor tiveram uma discussão à mesa, algo sobre mim. Joe disse a Victor: "Deixe que Andy diga por *si próprio* por que não está aqui", e foi então que Victor – na Metromedia – disse que a Metromedia tinha me roubado. Ele foi ótimo.

Jane não estava com a maquiagem certa e por isso não estava com boa aparência, e eles sempre se referiam a ela como "a renomada modelo de moda". O jantar degenerou para espalhar bebida. Talvez eles tenham decidido fazer isso porque todos pensam que eles são "os selvagens". Jane atirou champagne para cima e aí todo mundo começou a fazer o mesmo, mas ficou parecendo muito falso e por isso Victor jogou a bebida dele no colo dela. Victor e Halston estavam brigando – dava para ver porque Victor avisou que não vai mais fazer as vitrines para Halston, que agora ele é um "artista de aluguel", e a câmara deu um close na cara fechada de Halston. Num determinado momento Halston ou Bianca ou alguém realmente disse: "Vamos usar esta hora e meia e só deixar *rolar*!". Foi aí que provavelmente a maioria do público desligou seus televisores, a ideia de uma coisa como essa se arrastando por uma hora e meia é suficiente para sufocar qualquer pessoa.

Enquanto isso, com quem Fred estaria jantando senão com Larry Freeberg, que me roubou a ideia em primeiro lugar. Estavam todos no Hermitage num jantar para Nureyev, e Freeberg estava com Lee Radziwill – estão planejando fazer um jantar no canal 5 com ela também.

Halston estava dando uma "festa de elenco" na casa dele depois do programa. Quando cheguei lá, Mick tinha aparecido.

Ele estava uma graça – disse à Bianca que ela esteve bem no programa, mas lá pelas 4h ele queria ir embora e ela não queria e aí ela ficou. Todo mundo estava furioso com Victor, dizendo que ele estragou o programa, por isso ele já tinha saído para percorrer os bares.

Domingo, 13 de março, 1977. Fred diz que eu deveria parar de contar que a ideia do programa do jantar na TV era nossa porque o programa que eles colocaram no ar é realmente horrível. Ele acha que Halston e todo mundo pareciam uns idiotas. Disse que na realidade Mick detestou Bianca no programa.

Choveu forte o dia todo. Fui à igreja (jornais e revistas $14). Paulette telefonou e conversamos sobre *Jantar com Halston* e eu contei que a ideia tinha sido roubada de mim e ela disse que era melhor não contar para ninguém, era muito ruim. A coisa é que, eu acho, neste tempo tão longo a verdadeira personalidade de cada um acaba aparecendo e se revela demais como são chatos.

Jane Holzer telefonou e queria me buscar para os Gilman mas eu recusei. Estava chovendo e eu teria de levar uma pintura para Sondra Gilman. Barbara Allen ligou e me convidou para jantar com Stavros Niarchos. Richard Turley telefonou duas vezes para dizer que tinha os meus dois números de telefone não listados, disse que ia sair com Tennessee Williams e queria que eu fosse junto.

Era uma festa que os Gilman estavam dando para uns criadores de cavalos da França. Eles estão com um novo Lichtenstein, dos agressivos, a natureza-morta da porta do banheiro. Todo mundo adorou o retrato de Sondra, dava a impressão que o que eles estavam dizendo é que eu tinha sido lisonjeiro com ela. Passaram caviar tirado duma lata enorme. Sondra logo me apresentou para Adela Holzer e ela foi maravilhosa, ela está com um sucesso em cartaz, duas peças de um ato, uma é James Coco comendo até a morte e a outra são gêmeos siameses, o título é *Monsters*. Ela me convidou para almoçar semana que vem. Disse que está entrando no mercado de TV e aí eu fiquei atrás dela.

Segunda-feira, 14 de março, 1977. Brigid telefonou ontem, diz que está só com 73kg. Ela vem amanhã buscar seu presente de Natal e o seu presente de aniversário de setembro passado que naquela época ela disse que não queria buscar. As críticas chegaram da Inglaterra e são ruins para *Bad*. Gente idiota como Frank Rich pode escrever quatro páginas sobre um filme inútil, mas sobre *Bad* eles apenas dizem do que se trata e é só isso. Será que eles não sabem qual é o *trabalho* deles? Dizer o que algo *significa*? Li as críticas e parece que os censores não cortaram como tinham ameaçado a cena do bebê sendo jogado pela janela.

Ahmet e Mica Ertegun telefonaram me convidando para o jantar dos Traamp à noite no Gallagher's, é um grupo de negros com treze músicos que grava para a Atlantic e que vai tocar no Roseland. Fomos lá e a melhor coisa no Roseland foi uma garota com unhas de ouro de verdade – algo como 14k —, dessas que se pode comprar, e ela pegou o meu número e vai telefonar para ser entrevistada pela *Interview*. Ela é uma cantora famosa.

Terça-feira, 15 de março, 1977. A cantora das unhas douradas de ontem à noite telefonou. Ela disse que está indo para a Califórnia e vamos tentar nos encontrar lá.

Victor veio com um posador de nus. Tenho trazido rapazes para posar nus para fotografias para as novas pinturas que estou fazendo. Mas eu não deveria chamar de nus. Deveria ser algo mais artístico. Como "Panoramas". Panoramas.

Deixei Catherine e Fred ($4). Troquei de roupa, me aprontei para o jantar formal de Carne Donovan no "21". Joseph Brooks, o presidente da Lord and Taylor, me convidou (táxi para o "21", $2.50). Diana Vreeland era a companhia de Fred para a noite e eles deram uma passada no "21" e foram para a embaixada do Irã para onde eu também tinha de ir mais tarde. A coisa no "21" foi interessante (táxi $2.60). A coisa iraniana era um jantar para Paulette Goddard, e Bob fez a lista de convidados e o arranjo dos lugares, mas tudo e todos foram da maneira como Paulette quis e eu estava chateado porque ela não convidou ninguém interessante e nenhuma beldade, só os amigos dela. Mas tinha muito caviar fresco. Sentei ao lado de Carroll Portago e Gisela Hoveyda, a mulher do embaixador.

Para início de conversa, Bob não queria os Lumet e eles avisaram que não viriam uma hora antes do jantar e ele teve de arranjar todos os lugares novamente.

Diana Vreeland se divertiu muito conversando com um homem chamado dr. Lucky, o diretor do New York Hospital. Anita Loos estava lá e eu elogiei o vestido dela. Ela é tão pequena que eu perguntei se tem de ir à seção infantil para conseguir vestidos longos, e ela disse que não existem vestidos de noite na seção infantil, que aquele era um Madame Grès, e eu perguntei se tinha custado a metade do preço por ser tão pequeno e ela disse "Não. Eu compro um casaco de peles e Kate Smith compra outro e nós pagamos o mesmo preço".

Perguntei a Anita como as mulheres realmente glamourosas vão para a cama com os homens, o que elas fazem, e ela disse que a única que ela realmente conhece é uma em Hollywood que, no momento certo, se ajoelha no chão e reza a Deus que a perdoe, os sujeitos brocham e ficam com vergonha de si mesmos e dão joias para ela.

Anita me contou que conseguiu manter a amizade com Paulette por nunca fazer uma pergunta direta. Eu disse que tinha cometido meu grande erro ao perguntar "Como era sua vida sexual com Chaplin?".

Quarta-feira, 16 de março, 1977. Tive de sair cedo do escritório para ir em casa trocar de roupa porque eu tinha que passar na casa de Aly Kaiser na United Nations Plaza. Ela tem mais ou menos sessenta anos, mas parece mais jovem. Era enfermeira e ele era dos Kaiser Aluminum e casou com ela. Ela estava de limusine e o grande poodle francês sentou no banco da frente com um chapéu de chofer. Fomos ao Bergdorf Goodman's. Halston estava dando um desfile beneficente para Martha Graham. Estava todo mundo que sempre se vê nos beneficentes de Martha Graham. Não precisei comprar o ingresso de $100. Aly precisou. Fui apresentado a Andrew e mrs. Goodman, os donos do Bergdorf's, eles moram no andar de cima da loja. Ela é cubana. Avistei Pat Cleveland com Esther Phillips. Mrs. Kaiser se apaixonou por Esther.

Depois fomos todos para o Regine's. Mrs. Kaiser, Esther e o seu namorado cabeleireiro. Fred chegou com Suzie Frankfurt num Grès. C.Z. Guest estava lá com o príncipe Rupert Loewenstein. Todo mundo estava impressionado com Esther. Dancei pela primeira vez. Foi a primeira vez em público. Esther me levou para a pista e me ensinou a dançar disco, ela achou engraçado e eu também.

Aí os garotos queriam fumar e Aly levou-os para o apartamento dela, que está sendo pintado e está um pouco desarrumado. Trouxe um saco de marijuana. Eles começaram a fumar. Eu gosto muito de Esther.

Sexta-feira, 18 de março, 1977. Mandei Ronnie comprar material fotográfico ($19.31, $12.78, $7.94). Lester Persky telefonou e me convidou a um jantar na casa dele para Baryshnikov, mas eu estaria na embaixada do Irã na festa de aniversário de Nureyev. De táxi com Vincent até o atelier de Frank Stella ($2.75), festa dos vinte anos de Leo Castelli no mercado de arte. Fred disse que eu tinha de ir – o tipo de festa que eu detesto porque todos são como eu, tão parecidos e tão peculiares, e eles têm sido tão artísticos e eu tão comercial que eu me sinto mal, acho que se eu pensasse que sou realmente bom não me sentiria mal encontrando todos eles. Todos os artistas que conheço há anos estão com suas segundas mulheres ou namoradas – Claes Oldenburg tem uma nova namorada e o mesmo com Rosenquist, Roy estava com Dorothy, Ed Ruscha estava com Diane Keaton, Leo estava lá com sua ex-mulher, Ileana Sonnabend, e sua mulher, Toiny, e Barbara Jakobson – por alguma razão todas as mulheres se apaixonam por ele. David Whitney estava uma graça, dando uma mão. Pedi filme emprestado para uma das secretárias de Leo.

Os artistas fizeram aquela coisa "você assina o meu e eu assino o seu" e eu consegui um par de autógrafos – Claes e depois Keith Sonnier, de quem eu gosto. Nancy, a pagadora do Leo's, estava lá. O lugar fica na Jones Street e me lembrou de quando eu morava lá e minha companheira de apartamento caçou um chinês e trouxe para casa achando que ele era legal e ele puxou uma faca.

Fui para casa, dormi um pouco, depois me arrastei para fora da cama para apanhar Andrea Portago e ir à embaixada do Irã. Andrea estava linda, ela quer novamente ser estrela de cinema, a cabeça dela dá uma folga de vez em quando mas depois ela volta às mesmas ideias. Paulette estava lá, ela vendeu os direitos da novela que Remarque escreveu sobre o pai de Andrea, *Heaven Has No Favorites* – um título horrível, Paulette disse. Ela recebeu $100 mil da Paramount mais 10% do filme. Agora se chama *Bobby Deerfield* e tem Al Pacino como o pai de Andrea, Fon de Portago, piloto de corridas.

Depois do jantar Andrea queria ser levada à festa de Baryshnikov na casa de Lester Persky, mas quando estávamos saindo Bianca e François Catroux chegaram e disseram que tinham acabado de voltar de lá e que a gente não fosse, estava horrível, então voltamos para a festa de Nureyev e tivemos de passar pelo "vocês estão de volta" por um tempo. Mas aí Andrea resolveu achar que Bianca estava apenas dizendo que Lester não era bom para dar um impulso na carreira dela, que provavelmente a festa estava ótima e que Milos Forman estaria lá e seria bom para ela, e acabamos indo.

Táxi para a Hampshire House ($3). Lester estava empoleirado, e enquanto nós estávamos sentados conversando o candelabro ficava se movendo, enorme. Fiquei nervoso com aquilo. Baryshnikov estava um doce. Mios foi uma graça, dizendo que estávamos usando o mesmo tipo de sapato. Brooke Hayward estava lá e jogou os braços em volta de mim e disse, "Tenho tanto sucesso, não sei o que fazer". Acho que ele está louco.

Lester tem trabalhos de Rosenquist e Rauschenberg, mas só uma "Vaca" que eu *dei* para ele e uma "Marilyn". Ele deveria ter comprado minhas coisas no início. Ainda estou tentando colocar uns "Dólares" na parede dele. A casa de Lester é aconchegante. Deixei Andrea (táxi $3).

Segunda-feira, 21 de março, 1977. Fred está tendo problemas com Ileana Sonnabend, que está sendo desagradável, não quer devolver uns desenhos meus.

Bianca veio almoçar no escritório e Jamie perguntou se ela era (*risos*) de Uganda – porque ela estava falando sobre perda de direitos humanos e assassinatos da polícia secreta em "meu país" – e ela quase o matou. Ela disse "Nicarágua, Nicarágua".

Trabalhei à tarde. Saí às 6h para ir à casa de Adela Holzer (táxi $3.50). Bob estava se fazendo de louco e não queria ir, disse que ela não tem dinheiro. Mas ela tem uma casa enorme, 216 da Rua 72 Leste, e eu gostei da aparência da casa. Ela estava recebendo James Coco e o namorado dele.

Quando cheguei em casa o telefone tocou e era Philip Niarchos e ele queria vir até aqui para conhecer minha casa, mas eu não queria que ele viesse e disse que já estava na cama.

Terça-feira, 22 de março, 1977. Quando eu estava saindo tocou o telefone e era Brigid depois de todo esse tempo dizendo que queria que eu fosse imediatamente vê-la na casa da mãe dela. Então fui caminhando até o 834 da Quinta Avenida, a casa de Honey e Dick, e Brigid desceu a escada lindíssima, como uma versão de Honey. Eu ofereci um emprego para ela no escritório. Falamos vinte minutos sobre o que aconteceu com a bunda dela, que não está mais lá. Eu contei que ela nunca deveria assistir *Bad*, porque se assistisse e visse a si mesma com toda aquela gordura e aqueles sons de peidos, ficaria furiosa conosco.

Fui ao Mortimer's numa festa para a pintura-desenho que Edie Vonnegut fez do "Mortimer". Existe mesmo um Mortimer? E eu não podia acreditar que os desenhos pudessem ser tão ruins. Kurt Vonnegut estava lá, fez um pequeno discurso sobre como sua filha é talentosa. Lembra que ela foi casada com Geraldo Rivera?

Ruth Kligman me beijou e eu não sabia o que ela estava fazendo, ela começou a falar tudo sobre o love affair que tivemos, se desculpando por ter rompido, me beijando, e era tudo uma fantasia e eu acho que, se pôde fazer aquilo comigo, então provavelmente nunca tenha tido um affair com Pollock. Ela estava bem, usando um Halston de veludo. A acompanhante de Fred era Edna O'Brien. Barbara Allen estava lá. Ela disse que queria usar os brincos de brilhantes que ela acabou de ganhar de Philip, mas que ele obrigou-a a guardá-los num cofre.

Quarta-feira, 23 de março, 1977 – Nova York-Los Angeles. Recebido no aeroporto por Susan Pile numa limusine e com muito material de promoção e ela disse que está dando uma grande sessão e uma festa na quinta-feira para *Bad*, e dissemos que ela devia ter nos contado antes, que já temos compromisso para quinta-feira.

Fomos para o Beverly Hills Hotel e eles nos deram os quartos mais horríveis. Ficamos todos no quarto de Suzie Frankfurt enquanto Susan Pile estava fazendo alguma coisa com Fred no quarto dele num outro andar. Joan Quinn, a amiga de Suzie, chegou e nos convidou para jantar num restaurante mexicano, veio nos buscar em dois carros. Comida muito boa. Fui apresentado ao marido de Joan, Jack, o advogado.

Fui para a cama por volta da 1h.

Sexta-feira, 25 de março, 1977 – Los Angeles. De pé às 7h. Todd Brassner telefonou e disse que acabou de ver Muhammad Ali no Polo Lounge, e que também viu Charles Bronson no saguão. Fred e eu tínhamos de ir a uma reunião no escritório de Roger Corman, de táxi até lá ($5). É num edifício novíssimo, conheci todos os garotos que trabalham para ele. Fred disse que Roger é "muito tímido e jamais dá entrevistas", mas ele não é tímido, como pude notar, e tem dado uma porção de entrevistas ultimamente.

Diana Vreeland estava com uma limusine e fomos à casa de George Cukor com ela. George não me deixou tirar fotos. Fiquei desapontado. Disse que adorou *Bad*, se desmanchou em elogios. Ele assistiu um dia antes com Paul Morrissey na grande sessão de Susan Pile no Picwood Theater – Jack Nicholson e Warren Beatty e Julie Christie foram, 750 pessoas.

Fred e eu voltamos ao hotel para nos aprontar para o jantar de Sue Mengers em Bel Air. Diana veio nos pegar. Ryan e Tatum estavam na casa de Sue, e Barbra Streisand e Jon Peters. Diana cochichou alguma coisa para Barbra. Candy Bergen e Roman Polanski estavam lá. Era uma festa para Sidney Lumet. Ele me odeia e Gail, a mulher dele, não sabe se me odeia ou não, mas ela acompanha tudo que o marido faz e se mantém distante. Sidney circula beijando todo mundo e para quando chega a minha vez. Diretores de cinema costumavam ser tão másculos, agora eles são esses sujeitinhos tipo bichinha circulando e beijando à francesa, mas ainda pensando que são másculos.

Joanne Woodward e Paul Newman sentaram-se com Fred durante o jantar e disseram que queriam vir ao escritório. Lillian Hellman estava lá. Roman disse que Gene Hackman queria me conhecer, mas Diana não sabia quem era ele e não quis ir até lá. Ela disse a Roman que era Gene quem deveria vir e ele veio e foi muito querido e Diana ainda não conseguia atinar quem era ele, embora tenha assistido a *Operação França*.

Marisa estava lá com seu maridinho, a fofoca é que os dois tiveram uma grande briga e romperam. Mas o grande acontecimento da noite foi quando a empregada trouxe mais comida e caiu de costas no chão. Sue parecia preocupada, mas acho que ela só estava com medo de ser processada. Foi como assistir a um filme. A comida voou por cima de todo mundo. Ela deve mesmo ter se machucado, mas levantou e fingiu que nada tinha acontecido. Ela tem uns cinquenta anos, de óculos.

Depois fomos à festa de Alana Hamilton para Mick Flick e ela estava recebendo todo mundo lá. Diana ficou cada vez mais bêbada e Fred também. Valerie Perrine, Tony Curtis e Nelson Lyon, sóbrios, estavam lá. Ron Wood me convidou para o Top of the Rox mas eu queria ir para casa. Diana ficou com ciúmes porque Fred estava com Jacqueline Bisset, ele não sabia que o namorado francês de Jackie estava lá com ela. Diana disse a Fred que estava na hora de ir embora e ele disse que não e ela ficou realmente chateada e saiu e eu a levei em casa e ela queria que eu subisse para beber e falar sobre Fred e eu disse que não e fugi. Ela acha que há alguma coisa entre eles.

Sábado, 26 de março, 1977 – Los Angeles. Li a crítica elogiosa sobre *Bad* no *Los Angeles Times*.

Fui à festa de Susan Tyrrell, estava realmente ótima. Tatum estava lá com seu irmãozinho e o irmão de Ryan, Kevin O'Neal, e Chu Chu Malave, o boxeador, e Tim Curry, do *The Rocky Horror Picture Show*, Garfunkel, Art Murf, que escreveu a crítica no *Variety*, Barry Diller, Buck Henry, que realmente adora *Bad*, Arnold Schwarzenegger, Fred Williamson, Tere Tereba, Corinne Calvert e seu filho, Ronee Blakley e seu irmão, Sally Kirkland, Don Rugoff, Paul Morrissey, Thelma Houston, Ed Begley Jr., Martin Mull, o espancador de mulheres em *Mary Hartman* – duzentas pessoas como estas. Michael Bloomfield, que fez a trilha sonora de *Bad*, chegou quando saíamos. Ron Galella estava fotografando.

Tive de sair para ir a uma sessão de *Bad*. O bom de ver o filme no Filmex é que tudo fica com um significado muito grande, de repente, porque a tela é enorme, tanto mais pop – como aquela bugiganga do Papai Noel no refrigerador de Carroll Baker. Quero alugar um cinema enorme para a projeção em Nova York. De volta ao hotel por volta das 3h.

Domingo, 27 de março, 1977 – Los Angeles. Encontrei Esther, a relações públicas de Doug Christmas, no Polo Lounge, e ela nos convidou para o festival de cinema do consulado francês e eu convidei Doug Christmas e lá fomos nós às 7h30. Fui apresentado a King Vidor, que disse que sabe tudo sobre mim. Bobby Neuwirth estava lá e falamos sobre a ex-namorada dele, Andrea Portago, e Edie Sedgwick. Viva estava com sua filha, Alexandra, que estava chupando o dedo. Ver Alexandra foi triste – uma grande trouxa pendurada na Viva –, ela provavelmente vai crescer e virar numa mixórdia. Viva vai fazer tudo o que for oposto ao que os pais dela fizeram e vai ser tão ruim quanto.

Segunda-feira, 28 de março, 1977 – Los Angeles. De pé às 7h. Assisti ao *Today Show*, desastre aéreo com mais de 550 mortos, dois 747 se chocando. Fred foi ver o transplante de orelha de Paul Getty no Cedars-Sinai Hospital. Peter Lester telefonou e marcou um encontro para a gente entrevistar William Katt, o astro de *Carne*, e o agente dele no Polo Lounge à 1h.

Conversei com William Katt. O pai dele era o astro de cinema Bill Williams e a mãe era Barbara Hale, que foi Delia Street em *Perry Mason*. Uma boa entrevista.

Depois fiquei sentado no saguão por uns minutos e encontrei Liv Ullmann.

O lugar estava mesmo animado, com as estrelas todas se aprontando para ir à entrega dos Oscars. Às 4h fui ao quarto de Fred para fotografar Willie Shoemaker, o jockey. Richard Weisman me encomendou uma série de retratos de artistas. Richard vai ficar com alguns deles e colocar outros à venda e os atletas vão ficar com alguns. Willie foi o primeiro atleta. Tive de comprar filme (táxi ao Schwab's $3, filme $15.30 – perdi a nota). A mulher de Willie telefonou do saguão e subiu com uma amiga – mas sem Willie. Ele só apareceu às cinco e dez, e quando a viu não quis acreditar que ela estivesse ali. Ele estava no tribunal se divorciando dela, é por isso que tinha se atrasado.

A ex-mulher-há-uma-hora de Willie é uma das mulheres mais altas que eu já vi. Ela vestiu Willie para a foto e ele parecia um garoto de oito anos de idade.

E adivinhe o que ele usou: calças curtas de jockey! Pedi martínis, e a mulher começou a beber. Ela ficava pedindo um encontro com ele para celebrar o divórcio e ele recusava e disse "Se eu soubesse que você estaria aqui eu não teria vindo".

Alana Hamilton telefonou para nos convidar para uma festa da Academia na casa de Dani Janssen. Eu perdi o convite de Ronee Blakley para ir à cerimônia de entrega dos Oscars com ela, porque eu estava no quarto de Fred.

Fui apanhado por Alana Hamilton às 7h45. De carro a Century City. Eles estavam fazendo um pool de apostas a $10 para os Oscars, mas para mim custou $20. Novíssimo edifício de apartamentos, muito rico, com vista para toda Hollywood. Dani está se divorciando de David, Alana está se divorciando de George. Jack Haley disse que Liza está em Detroit com o show dela e estará de volta amanhã. Dick Sylbert estava lá. Valerie Perrine me contou a história da vida dela, já distribuiu fichas em Las Vegas e depois de oito anos estava à beira de um casamento com algum sujeito rico, mas ele se deu um tiro acidentalmente. Seus olhos se encheram de lágrimas, ela ficou triste. Quando Martin Scorsese chegou ela correu para ele a fim de arrancar um emprego.

Burgess Meredith chegou com a namorada. *Rocky* ganhou Melhor Filme. Peter Finch ganhou Melhor Ator, mas ele já morreu. Nelson Lyon estava na plateia acompanhando mrs. Finch,

Eletha. Ela é muito negra. A Academia pediu que Paddy Chayevsky subisse para receber o prêmio de Peter Finch. Burgess e eu falamos da ex-mulher dele, Paulette.

Brenda Vaccaro ficou chateada porque o ex-noivo dela, Michael Douglas, estava com sua novíssima mulher, que ele conheceu na posse. James Caan estava com sua mulher parecida com um menino, uma beldade. Todos estão se casando com mulheres mais jovens que parecem que têm treze anos, coisa de Hollywood. Roman estava lá, agora está sob fiança por causa da menina de treze anos. Ele se atracou na bunda de Alana e disse que iria estuprá-la.

Martin Scorsese e a mulher dele, Julia. Jackie Bisset. Lee Grant. Burt Young, de *Rocky*. Uma mulher de *Big Valley*, Linda Evans, realmente bonita. Tony Curtis oferecia pegas do seu baseado.

Julia Scorsese disse que Martin daria carona para mim e Fred na limusine dele. Estava bêbada, gritando alguma coisa sobre ameaças de morte, mas eu não sabia do que é que ela estava falando.

Quando entramos no carro, Martin disse que tinha recebido uma ameaça de bomba, a nota dizia que ele ia morrer um minuto depois da meia-noite se Jodie Foster ganhasse o Oscar. Já eram 2h e ele estava indo para a MGM trabalhar em *New York, New York* no estúdio escuro e vazio da MGM, sozinho. Fiquei paranoico. Esther Phillips telefonou para mim no hotel, mas eu não respondi os telefonemas porque ela começou a me dar medo – um deles foi às 2 da manhã.

Terça-feira, 29 de março, 1977 – Los Angeles-Nova York. Peguei o voo da 1h na American para Nova York. Vi Paddy Chayevsky indo para o avião num carrinho enquanto a gente caminhava. Uma porção de gente dos Oscars entrando no avião. A primeira classe ocupou praticamente a metade do avião – foi a primeira vez que eu vi tão cheia, muito interessante. John Travolta, de *Welcome Back, Kotter*, passou por mim, meio que disse olá, sentou na minha frente. Paddy Chayevsky disse à aeromoça que queria dormir durante a viagem, que não o acordassem, mas ele acordou cinco minutos depois de o avião ter decolado.

John Travolta ia ao banheiro toda hora, voltava com os olhos muito vermelhos, bebia suco de laranja com álcool num copinho de papel, e colocou a cabeça num travesseiro e começou a chorar. Estava lendo um roteiro também e aí achei que estava representando. Ele é realmente uma graça e tem um jeito sensível, muito alto, acaba parecendo até meio bicha, como gente demais por aí agora, mas é bastante bonito. Pode-se ver a magia dele. Eu perguntei para a aeromoça por que ele estava chorando e ela disse "morte na família", e pensei que fosse a mãe ou o pai, até que peguei o jornal em casa e descobri que era Diana Hyland que tinha morrido de câncer aos 41, rainha das novelas, namorada firme dele.

Deixei Fred e Todd Brassner (táxi $27). Tarifas dos táxis aumentaram.

Quinta-feira, 31 de março, 1977. Almoço com Victor ($16), depois caminhamos até o edifício dos lofts na 19 com a Quinta, para onde Maxime está se mudando e onde Victor também está pensando em comprar um andar. Eu tentei desencorajá-lo, dizendo que na realidade é muito pequeno. E é. Não posso entender por que Maxime quer ir para lá, não é maior do que o apartamento dela. Ela diz, "Quero só uma sala enorme", mas quando ela trouxer toda a mobília não vai dar nem impressão nem sensação de ser maior. E custa $32 mil.

Victor e o namorado foram caminhando comigo até o escritório. Uma cartomante disse ao namorado de Victor que ele seria atropelado por um táxi. Então ela disse que talvez não estivesse correta, que talvez fosse melhor ler também o tarô, e aí falou, "Vai acontecer ainda mais rápido do que eu pensava". Agora o garoto está realmente preocupado. Ela cobrou $5 e primeiro ele disse, "Não vou pagar pelo que você me contou", e então ela disse que tinha de pagar e aí ele pagou. Como alguém pode fazer uma coisa dessas? Quer dizer, essa é daquelas coisas que realmente realmente realmente ficam na sua cabeça. A razão pela qual o garoto foi lá, em primeiro lugar, é porque os amigos dele disseram que ela era muito boa. Para fazer com que ele se sentisse melhor, eu só podia pensar em dizer que talvez ela tivesse percebido que ele era uma pessoa descuidada e tinha dito aquilo para que ele se cuidasse mais.

Fui convidado ao jantar de Diane von Furstenberg para Sue Mengers. Voltei para casa, me produzi, de táxi até DVF ($2.25). Era um jantar jornal-repórter muito carregado. Mr. Grunwald, da revista *Time*, Nora Ephron – embora eu não tenha visto o marido dela, Carl Bernstein –, Helen Gurley Brown e o marido dela,

David, Irene Selznick e o namorado de DVF, Barry Diller. Eu estava me sentindo com a língua solta e aí falei e falei, mas ninguém ouviu nada do que eu disse, só me ignoraram. Sei que Diller não gosta de mim, então me esforcei para mudar essa impressão dele, mas mesmo assim ele foi terrível comigo.

Bianca estava lá. Achei que já tivesse ido para Paris. Ela estava dizendo em alto e bom som tudo o que eu pensava – que Diane von Furstenberg e Sue Mengers são duas putas –, e ela disse, "Ao menos às vezes Sue é engraçada". Sue está de partida para a Europa para se encontrar com o marido, que só deixa que ela o veja uma vez em cada dois meses, eu acho.

Contei a Irene Selznick que vi um grande retrato dela na casa de George Cukor. Eu estava me derramando em elogios sobre a Califórnia, tanto que todo mundo pensa que estou me mudando para lá.

Helen Gurley Brown sentou-se aos meus pés e conversei com ela sobre a Califórnia. Bianca estava contando para mr. Grunwald que todas essas pessoas são chatas, ela não sabia quem era ele e depois que ele saiu eu contei. Lá todos eram gente de duas caras e Diane só me convidou para retribuir a capa da *Interview*, quer dizer, quem se importa. Diane está muito magra. Dino de Laurentiis chegou tarde com a mulher, Silvana Mangano, ela vestia um Oscar de la Renta branco e disse que estava com frio.

Bianca queria ir dançar e telefonou para o seu serviço de recados, mas não tinha nenhum e então ela resolveu ficar. Ela estava usando um vestido comprado numa loja de roupas usadas que ela encontrou na Califórnia, realmente bonito. Quando os De Laurentiis passaram por nós para ir embora ela disse: "Eles são cheios de merda". Fui embora sozinho. Não me diverti nada.

Sexta-feira, 1º de abril, 1977. Fui ao jantar de aniversário que Halston deu para Victor no Pearl's, ele não queria fazer nada grande em casa. Joe Eula estava lá. E Aly Kaiser. Agora ela tem dois guarda-costas por causa do marido grego de quem ela está se divorciando – um guarda-costas é o motorista dela, o outro fica em casa.

Como presente para Victor ela levou um saco de marijuana havaiana que um casal de amigos bichas que tem um rancho lá enviou pelo correio para ela dentro de uma caixa cheia de camisas perfumadas para que não se sentisse o cheiro. Ela disse que deu um pouco para um dos guarda-costas e ele ficou desmaiado em casa. Disse que deixará que eu tire fotografias dela tão logo obtenha o divórcio. Antes era "tão logo eu faça uma plástica no rosto com o dr. Orentreich". Falei com o dr. Giller, ele parece muito sensato. Disse que só peixe e galinha e legumes frescos são bons à saúde, muito embora ele próprio goste de comida chinesa. Disse a mrs. Kaiser onde conseguir galinhas frescas kosher no Lower East Side e ela disse que mandaria um dos guarda-costas comprar algumas, ela tem mandado o guarda-costas fazer as compras. Estava usando vinte quilates em cada orelha e um bracelete de diamantes também. Ela é muito agradável. Estava com o carro na porta, com o cachorro que usa chapéu de chofer.

Segunda-feira, 4 de abril, 1977. Rod Gilbert, o jogador canadense de hockey, veio ser fotografado para a série "Atletas". Ele tem cem cicatrizes no rosto, mas quase nem se nota. Ele autografou um taco de hockey para mim e eu autografei exemplares do *Philosophy* para ele, mas cometi um engano e escrevi "Ron" em lugar de "Rod". Comprei lâmpadas ($4.02).

Terça-feira, 5 de abril, 1977. Trabalhei até as 7h45. Às 9h fui de táxi até a casa de Fred ($2.25). Rebecca Fraser estava lá. Ela é a filha de Antonia Fraser que agora está saindo com Harold Pinter. Rebecca tem ido experimentar chapéus no One Fifth. Ela vai ser uma "View Girl" na *Interview*. É realmente uma graça, ela acenou com a cabeça algumas vezes quando Fred estava falando com ela. Diana Vreeland estava lá. Mick Jagger chegou. Camilla e Earl McGrath. Jean Van den Heuvel, Tom Hess, que escreveu a boa crítica sobre os meus "Foices & Martelos" no *New York*. Caroline Kennedy estava lá. O rosto dela é muito bonito, mas ela engordou demais, a bunda está muito grande – e tão gorda quanto era a de Brigid. Ela está em férias de Páscoa vinda de Radcliffe. Foi a primeira pessoa a sair, acho que tem de chegar em casa antes da meia-noite, no horário, porque uma vez ela ficou na casa de Fred até as 4h e Jackie ficou uma fera.

O jantar era para a despedida de Erskine Guinness e sua prima Miranda, eles estão indo para a Irlanda.

Quarta-feira, 6 de abril de 1977. Tirei fotos "panorama" de uma ex-estrela pornô que Victor trouxe e que tem uma loja na Madison Avenue que vende Lalique. Dei uma carona para eles (táxi $3).

Havia alguma coisa hoje no *Post* sobre Adela Holzer, ela está sendo processada por guardar o dinheiro dos investidores num banco em Jacarta sem reembolsá-los.

Fui muito bem citado na TV quando Barbara Walters entrevistou a imperatriz do Irã. Entre outras obras de arte eles deram um grande close na minha gravura de Mick, e Barbara disse: "E surpreendentemente eles têm uma pintura de Andy Warhol do astro de rock Mick Jagger", e a imperatriz disse: "Gosto de me conservar moderna".

Quinta-feira, 7 de abril, 1977. Algumas pessoas da companhia de Joseph Papp vieram almoçar, estamos tentando fazer com que eles anunciem na *Interview*. De táxi com Bob a Sherry Netherland para entrevistar Sissy Spacek para *Interview* ($4). Trouxemos conosco cópias da *Interview* com Carroll Baker. O nome de Carroll está escrito errado na capa. A mãe de Sissy estava lá e disse olá e foi para a outra sala ler *Interview* e Bob ficou nervoso porque pensou que Sissy tinha quinze anos e a mãe dela veria a fotografia que publicamos de Yul Brynner nu quando ele era jovem – aquela velha foto famosa. Mas Sissy na realidade tem 27 e é casada, a mãe dela estava só *com* ela, não acompanhando. Vamos ter de pesquisar mais para essas entrevistas.

Ela é tcheca, duma cidade tchecoslovaca do Texas da qual eu nunca ouvi falar. E eu não podia acreditar quando ela disse que foi figurante na cena de "multidão" do nosso filme *Women in Revolt* – a cena do bar que nós filmamos no porão de Paul Morrissey na Rua 6 Leste – e ela disse que também era uma das vozes de fundo naquele disco de canções-tema *Lonesome Cowboys*, que Bob Goldstein escreveu e Eric Emerson cantou! Ela cruzou as pernas sob si mesma na cadeira. Tem uma pele linda.

Sexta-feira, 8 de abril, 1977. Fui com Jed ver Sissy Spacek em *Carrie* (táxi $2.50, ingressos $3). Adorei. Até que enfim alguém conseguiu usar direito a câmara lenta.

Sábado, 9 de abril, 1977. Brigid telefonou e começou a gritar porque descobriu que *Bad* ganhou cotação "X" pela violência, só porque um bebê é jogado pela janela! E a gente nem o vê aterrissar! Brigid estava berrando porque "me meteram num outro filme com cotação 'X'." Eu não consigo acreditar que o distribuidor – Corman – não tenha lutado contra isso, é tão ridículo.

Domingo, 10 de abril, 1977. Fui cedo à missa, lindo dia, quente e ensolarado (jornais e revistas para a semana $20). De táxi até Kitty Miller para o almoço de Páscoa ($2).

Depois de táxi com Fred até 135 Central Park Oeste, até a casa de Marsia Trinder e Lenny Holzer ($3). Marsia deu uma festa de Páscoa. Mick estava lá com Jade. Bianca não veio, disse que de qualquer modo Fred contaria todas as fofocas para ela e que lá só haveria "um monte de putas inglesas" e estava certa – só tinha putas e putos ingleses.

Rebecca estava desmaiada lá. Earl McGrath estava lá. Jade pegou minha câmera e ficou fotografando as pessoas, principalmente o pai dela, Mick. Marsia tinha escondido ovos por todo o apartamento, por exemplo, no lugar de uma lâmpada ou debaixo das almofadas, e as crianças saíram a procurar. Jade encontrou quase todos e jogou-os no chão. Os ovos de verdade, não os de chocolate. Andrea Portago estava lá e aí vai um segredo – ela é a nova garota Nina Ricci. Eles estão retomando aquela ideia da Garota Rica para promover perfumes, estavam procurando há bastante tempo. Você lembra ano passado quando entrevistaram Barbara Allen?

Andrea disse que saiu com Dennis Hopper e foram ao Elaine's e ela começou a jogar gamão com Elaine e ganhou uma e Elaine ganhou outra e aí começaram uma terceira partida e Andrea estava perdendo mas depois ganhou e Elaine ficou furiosa e a chamou de "puta rica" e disse que ela não fosse mais lá. Elaine não gosta de perder.

Segunda-feira, 11 de abril, 1977. De táxi até o Chembank e a pé até o escritório (táxi $3.25).

Ronnie e Gigi tiveram outra briga e ele cortou as roupas dela. Lembro que uma vez René Ricard fez isso com a mulher com quem ele era casado. Almocei com Ronnie e passei para ele a minha filosofia de que "há sempre outro alguém ao dobrar a esquina" e Ronnie disse, claro, que agora tinha seis namoradas. Ele disse "Não estou na coca, não estou transtornado, estou bem, estou bem".

Trabalhei até muito tarde, um pouco depois das 8h. Ia ao cinema, mas aí ficou muito tarde. Terminei levando os cachorros para um longo passeio junto com Jed até a 80 e de volta, foi ótimo.

Terça-feira, 12 de abril, 1977. Mick quer que eu faça a capa do novo disco dele. Estou tentando pensar em alguma coisa, como fazer "Rolling Stones", um desses joguinhos em que você tem de colocar pedrinhas nos buracos.

Victor telefonou e disse que estava ficando muito pesado na casa de Halston e que ele *vai* se mudar para o estúdio na 19 com 5, alugando com opção de compra. Disse que até que ele se mude, em maio, vai dormir por aí.

Quarta-feira, 13 de abril, 1977. Eu tinha de ir a um coquetel e depois a um jantar para Jean Stein no apartamento da irmã dela, Susan Shiva, no Dakota. Achei que não seria muito interessante e por isso cheguei 45 minutos atrasado ($3). A primeira pessoa que vi quando entrei foi Jackie O., lindíssima. Depois Norman Mailer. Jackie estava conversando com o namorado de Jean que trabalha para o Smithsonian. Delfina Ratazzi, que trabalha para Jackie na Viking, estava lá com tal new look que eu não a reconheci – cabelo encaracolado e um vestido sexy.

Sue Mengers também estava e veio me dizer que os seus joelhos estavam se dobrando, ela nunca tinha visto uma festa como aquela. Babe Paley e seu marido-presidente-da-CBS passou por nós, e mais tarde quando vi Sue e Paley sentados juntos eu lembrei o que Sue tinha me contado na Califórnia, que o único emprego que ela gostaria é o de Paley.

Contei a Norman Mailer que o adorei na entrega dos Oscars, e ele disse que tinha acabado de ver um vídeo mostrando como ele desceu rápido a rampa – Billy Friedkin tinha aconselhado que ele fizesse assim. Renata Adler, que escreve para a *New Yorker*, estava com Avedon. Ela contou que agora está indo à escola de Direito em Yale mas que acha que talvez vá desistir. Disse que é muito difícil e que ela não consegue lembrar nada.

Tive a primeira conversa realmente agradável com Jackie O., mas não me lembro muito sobre o que foi. A Magia das Pessoas no Cinema, ou algo assim. Sue Mengers estava circulando pela festa, gabando-se do que ela sempre se gaba – que ela poderia oferecer um contrato para três filmes ao presidente Carter por $3 milhões cada filme e ele aceitaria, porque *todo mundo* gostaria de aparecer no cinema. Daí eu apontei Jackie e desafiei Sue a provar isso, mas ela ficou com medo, não queria nem chegar perto dela e fazer a oferta. Andrew Young, das Nações Unidas, e um outro negro estavam lá. Sue ficou excitada por conhecê-los.

Dennis Hopper me contou que está dirigindo *Junkie*, a biografia de William Burroughs, e cometi o *faux pas* de dizer que ele deveria usar Mick como ator principal. Dennis disse que *ele* era o ator principal.

Um filho de Nick Dunne estava lá, agora tentando ser ator. Daí Earl me levou aos quartos dos fundos da casa e havia dez meninas de dezessete ou dezoito anos, bem crescidas, a idade da filha de Jean que está na universidade, e parece que elas estavam tendo uma "festa do pijama", tentando adivinhar quem estaria lá na festa dos "adultos"! Mas as meninas eram tão velhas!, foi engraçado. Elas estavam excitadas por me ver; eu autografei a TV, a cômoda, as mãos delas, tudo. A cada meia hora deixavam que uma delas fosse até a festa.

Deixei o filho de Nick Dunne na 90 Central Park Oeste (táxi $5).

Sexta-feira, 15 de abril, 1977. Ontem recebemos nossa primeira louca no 860 – Diane Coffman passou por lá. Tivemos loucos antes mas nenhum que a gente conhecesse. Ela esteve no elenco da nossa peça, *Pork*, em 1970 ou 71. Acho que foi o diretor, Tony Ingrassia, quem a descobriu. Ela ficou dizendo "Sabe como se escreve Coffman? C-O-F-F-M-A-N". Tive de lhe dar dinheiro ($10).

Almoço foi para Diana Vreeland e uma mulher argentina e Bob convidou Michael e Pat York. Carole Rogers e Sally, da *Interview*, convidaram uma mulher de sistemas de som para tentar vender anúncios para ela. A mulher ficou impressionada com Diana e os York, ela achou que iria almoçar só com Carole e Sally. Diana estava dizendo que tinha descoberto que o museu tinha aumentado as luzes e diminuído a música na exposição de roupas russas dela – disseram que era porque algumas pessoas tinham reclamado que não conseguiam ver nada e a música estava muito forte. Diana disse que não se muda alguma coisa só porque alguém pediu para mudar, que esse é o problema deste país, eles querem "dar ao público o que ele quer". "Bem", ela disse, "o público quer o que ele *pode ter*, e é função dos museus *ensinar* ao público o que querer." E ela disse que hoje esse é o problema da revista *Vogue* e de todas as outras revistas – exceto *Interview*, ela disse.

Domingo, 17 de abril, 1977. Fui à igreja e quando eu estava de joelhos rezando por dinheiro uma mendiga veio me pedir algum.

Ela pediu $5 e depois aumentou para $10. Era parecida com Viva. Dei 5 cents. Ela começou a colocar a mão no meu bolso. Parecia uma versão mais velha de Brigid com cabelo liso.

Dei autógrafos do lado de fora. De táxi até o escritório ($4). Quando estava trabalhando, Diane Coffman telefonou e eu lhe disse que era o zelador e ela acreditou. Aliás, depois que eu lhe dei os $10 na sexta-feira, ela foi comprar umas flores idiotas. E voltou para me mostrar.

Li várias *Vanity Fair* antigas em busca de ideias, eram muito bonitas.

E Fred tem estado muito mais ocupado do que eu – depois da grande festa de De Menil no sábado ele foi à festa que Lally Weymouth estava dando para um pessoal da pesada, e quando eu reclamei que não tinha sido convidado Fred disse, "*Você* não dorme com ela".

Quarta-feira, 20 de abril, 1977. No caminho para downtown encontrei Lewis Allen, que me convidou para a estreia de *Annie*, e depois encontrei Alan Bates, que está na cidade há uns dois meses para filmar com Paul Mazursky. Eu sempre digo que vou telefonar para eles e entrevistá-los, mas tenho de parar porque está ficando ridículo – como se eu tivesse certeza de que eles querem ser entrevistados.

Fui à embaixada do Irã às 8h15 (táxi $3). Hoveyda parecia nervoso. Era uma festa para um sujeito que foi editor chefe da *Newsweek*, Osborn Elliott. Eu sentei ao lado de mrs. Astor e do meu outro lado estava Frank Perry. Mrs. Astor disse que gostaria de ter um rabo para poder cumprimentar as pessoas, segurar o copo e colocar batom tudo ao mesmo tempo.

Quinta-feira, 21 de abril, 1977. Fui com Bob buscar Bianca para levá-la ao jantar que Sandy Milliken estava dando no apartamento dele no Soho e Jade desceu e disse, "Andy Warhol, você não tem mais vindo me ver". Jade nos perguntou se queríamos beber alguma coisa e dissemos, "Duas vodkas com gelo", e ela disse à empregada espanhola "Dos vodkas con hielo". Eu queria que Jade cantasse e então ela cantou "Frère Jacques", e eu pedi que cantasse "Satisfaction" e ela nunca tinha ouvido falar. Ela cantou "Ring Around the Roses", mas disse, "Tissue, tissue, all fall down". Eu pedi que ela improvisasse uma música sobre o seu dia e ela começou a cantar, "Convidei mais um colega para vir jantar/ Mas eles não vêm! Eles acham que somos loucos! Mas *eles* são loucos".

Bianca desceu com uma saia de algodão branco e uma blusa azul, mas quando nos viu com roupas tão formais voltou e colocou um vestido de lamé preto e dourado, com sapatos dourados.

Quando estávamos saindo, Jade disse, "Agora, Andy Warhol, quero que você me visite mais frequentemente". Ela beijou todo mundo mas esqueceu de Bianca, e Bianca disse, "E eu?", e Jade veio se arrastando pelo chão e a beijou também. De táxi até 141 Prince Street. Prédio lofts muito sofisticado. Fiquei com raiva de não ter comprado mais daqueles edifícios quando eles custavam barato – vários deles.

Segunda-feira, 23 de maio, 1977. Tina Fredericks telefonou para dizer que Tommy Schippers não vai alugar nossa casa em Montauk. A mulher dele morreu de câncer e agora ele está com *a mesma coisa*, e isso me assustou – acho que se *pode* pegar câncer por contágio.

Quarta-feira, 25 de maio, 1977 – Paris. Chegamos a Paris por volta das 9 da manhã. Fomos para o apartamento de Fred na Rue du Cherche-Midi.

Todas as antiguidades chiques de Fred estão se parecendo mais e mais com lixo coberto por trapos.

William Burke veio para o café da manhã.

Dei as entrevistas para *Le Monde*, *Le Figaro* e *Elle* que tinham sido arranjadas pela Flammarion, nossa editora francesa. Já era hora de ir ao Beaubourg autografar *Philosophy* na livraria deles (táxi $5).

Shirley Goldfarb veio, e Daniel Templon também, ele está expondo os "Martelos & Foices" na próxima terça-feira, e uns cem garotos sujos com roupas punk.

Pontus Hulten, o diretor do Beaubourg, apareceu e nos levou num tour. Primeiro fomos até a escultura enorme de Tinguely que está sendo construída no centro do andar térreo. Ele nos levou a um depósito cheio de chocolates e nos deu alguns. Tinha um cheiro bom, a sala dos chocolates.

Depois nós visitamos a exposição de Kienholz e a exposição Paris/Nova York que inaugura semana que vem e depois o acervo. Isso levou duas horas e Bob estava desmaiando, mas eu tinha energia e queria voar para casa e pintar e parar de fazer retratos de sociedade.

Quinta-feira, 26 de maio, 1977 – Paris-Bruxelas. Fui almoçar com Clara Sant, da Yves Saint-Laurent, e Paloma Picasso no Angelina. Clara estava bem, mais magra, e Paloma também. Clara está sofrendo pelo casamento do namorado dela, Thadée Klossowski, com Loulou de la Falaise. Descobriu tudo através de uma nota oficial no *Le Figaro* publicada por Thadée e Loulou. Ela está recuperando o senso de humor e está conseguindo superar a coisa. Eu disse que a ela que devíamos anunciar nosso casamento no *Le Figaro* para fazer mais do que eles.

De táxi até a estação de trem ($8). Ficamos no nosso próprio compartimento. Caí no sono. Chegamos a Bruxelas às 7h. Mr. LeBruin, o marchand que está expondo minhas fotos, nos recebeu com uns garotos hippies. Fomos para o não chique Hotel Bruxelas. Todos ficamos em suítes duplex, o que era uma loucura, porque cada vez que a campainha tocava a gente estava lá em cima no banheiro e tinha de despencar pela escada espiral para atender a porta.

Fomos rápido para a multidão da Galerie D.A. Preso num canto dando autógrafos e assinando livros. Vendi 120.

Os garotos eram uma graça, meio hippies. Por volta das 9h encenei uma saída rápida e chique através da multidão até nosso Chevy com chofer e esperava ser levado rapidamente embora mas aí vimos que não havia ninguém no assento do chofer. Um garoto me ofereceu um sorvete e eu disse que não e aí ele jogou no teto do carro e o sorvete ficou escorrendo pelas janelas. Os garotos começaram a rir de nós, ficamos ali sentados por vinte minutos. Finalmente o chofer voltou e disse que tinha ido mijar.

Demos uma chegada na casa de Leon Lambert. Ele mora numa cobertura num edifício de dez andares em cima do banco dele. O lugar é inacreditável, tão simples e com tanta arte de Van Gogh a Picasso a – Warhol. Vi o quarto dele atrás de uma estante de livros na biblioteca. Apartamento secreto com dois quartos, um para o namorado regular dele, outro para os de uma noite só. Depois do jantar num pequeno bistrô na Galleria caminhamos pelas arcadas. Demos uma parada num bar gay e Bob tirou o garoto mais lindo da Bélgica para dançar e lá se foram eles, mas quando Bob deu uma mordidinha no pescoço dele e foi indo para os lábios, Fred e eu ficamos constrangidos porque dizem que garotos não fazem isso em público na Bélgica – mesmo em *bares gay*!

Sexta-feira, 27 de maio, 1977 – Bruxelas-Paris. Dormi no trem. Alugamos um carro ($20) para nos levar até a galeria de William Burke, onde ele está com uma exposição de fotos minhas e também uma noite de autógrafos. Paloma esperava por nós na rua. Nico [*v. Introdução*] estava lá com um garoto com uma imensa protuberância nas calças, ela pediu que Bob fotografasse. Bob já tinha fotografado. Nico está mais velha e mais gorda e mais triste. Ela estava chorando, disse, por causa da beleza da exposição. Eu queria dar algum dinheiro para ela mas não diretamente e então autografei uma nota de quinhentos francos ($100) e dei, e ela ficou ainda mais sentimental e disse "Tenho de emoldurar *esta,* você podia me dar uma outra, sem assinar, para eu *gastar*?" ($100, táxi ao Regine's $4). Barbara e Philip estavam lá, Regine e o marido dela. Depois Maria Niarchos chegou. Regine estava toda excitada pelo sucesso da festa punk da noite passada, ela disse que serviu mousse de chocolate em pratos de cachorro. Fiquei cansado de esperar por Bianca e então sentei para jantar por volta das 11h. O jantar foi lagostins, ganso, pratos de frutas – muito bom. Uma inglesa linda estava criticando Maria como "amoral" porque ficou mostrando os peitos, que eu tinha autografado. Fred, muito bêbado, começou a defender Maria dizendo, "Enfim, o que é moral?", e eles discutiram pelo resto da noite. Foi bem francês.

Às 3 da manhã, quando decidimos ir embora, Bianca telefonou e pediu que a gente esperasse por ela. Chegou um minuto depois, linda, e a festa começou de novo. Ela estava usando uma linda ametista Fabergé. Por volta das 6h, quando os garçons começaram a varrer, fomos embora.

Sábado, 28 de maio, 1977 – Paris. Saí para jantar no Monsieur Boeuf. Quando Bianca chegou, distribuiu uns poppers "Vestiário" que Barbara Allen não queria que Philip Niarchos aceitasse e aí escondeu-os, e quando os de Bianca terminaram ela suplicou que Barbara devolvesse. Enquanto isso uma garota horripilante me reconheceu – estávamos jantando ao ar livre porque era uma noite linda, céu claro e uma lua enorme – e começou a gritar em francês que me amava mas que eu a abandonei nos subterrâneos e que ela era uma necrofílica recém-solta de um hospício. Meio que destruiu o jantar. Fred estava cansado e foi para casa. Deixamos Philip e Barbara no Ritz, Bianca estava de carro. No carro, depois que os deixamos, Bianca disse que não sabia o que fazer, porque Barbara perguntou se ela sabia se Philip tinha dormido com alguma outra mulher quando ele esteve no sul da França semana passada. Bianca nos disse que tinha sido com a filha de Anouk Aimée, Manuela Papatakis, e Bianca não sabia se contava a verdade e magoava Barbara ou se mentia e ela terminaria sabendo por outra pessoa e ficaria pensando que Bianca não era uma amiga de verdade. Barbara tinha se recusado a ir ao sul da França com ele porque tinha um teste de filmagem com Jack Nicholson.

Segunda-feira, 30 de maio, 1977 – Paris. Paris está morta, é Pentecostes. Acordei para encontrar Bianca e ir aos jogos de tênis. Bob e Fred estavam com o humor mais rabugento do que nunca.

Fred telefonou para Bianca e ela disse que estava atrasada, e aí demos um tempo, mas mesmo assim chegamos adiantados ao Plaza-Athénée (táxi $4). James Mason estava no saguão.

Então Bianca apareceu vestindo calças brancas, camiseta preta de cordas com uma ametista pregada. Ela disse que tinha ficado acordada até as 5 da manhã no Sept, só conversando com o tenista que nunca faz nada a não ser com a mulher. Ela disse que ele queria fazer com ela, mas ela detesta affairs porque eles ficam "muito complicados". Quem é que ela está tentando enganar?

Terça-feira, 31 de maio, 1977 – Paris. De táxi ao Plaza-Athénée ($5) para encontrar Bianca e entrevistar Ungaro. Bianca tem uma suíte pequena mas linda com um terraço de frente para o pátio cheio de gerânios e guarda-sóis vermelhos. Li um jornal inglês. Comi uma laranja que encontrei lá enquanto esperávamos. Ela estava procurando a ametista Fabergé por toda parte e quando não conseguiu encontrar disse que não poderia fazer a entrevista conosco e se foi para o Castel para ficar de quatro procurando por ela – ela acha que perdeu lá na noite passada.

Bettina foi a primeira a chegar para o almoço e aí *ela* é que foi entrevistada. Agora ela trabalha para Ungaro. Estava usando um relógio de cobra de Bulgari e um terno branco de Ungaro. Finalmente Ungaro chegou. Ele também estava vestindo um terno branco.

Fomos para a casa dele. A princesa Grace e Caroline de Mônaco fugiram da Ungaro Couture quando souberam que nós estávamos na loja ao lado, na Ungaro Homme. Bob comprou um terno. Depois fomos para a Rue Beaubourg para o vernissage dos meus "Foices & Martelos" na Galerie Daniel Templon. Todos os mesmos punks estavam lá mais São Schlumberger num Givenchy azul. Ela estava a caminho do jantar de Florence Van der Kemp em Versailles.

Barbara Allen veio cedo e nos contou todas as fofocas a respeito dela própria – ela e Philip Niarchos tiveram uma grande briga noite passada. Ele a acusou de ter affairs com Jack, Warren e Mick. Ela não negou embora diga que não tenha. Ele admitiu para ela o affair com Manuela Papatakis no sul da França mais um outro e mais três prostitutas. Em três semanas. Eles fizeram um pacto de que quando eles estão juntos eles estão "juntos", mas quando eles não estão eles "não" estão.

Alguns punks começaram uma briga e um dente saltou fora. Eles começaram a gritar meu nome alto e aí me tranquei no escritório. Chegou a hora de sair para jantar. Na saída um bêbado horrível me beijou em cheio nos lábios e quase desmaiei.

Ah, e Bianca estava de ótimo humor porque encontrou a ametista. Ela ameaçou levar detetives particulares. Aí eles perguntaram aos empregados – todos trabalham lá há três anos – e o mais velho foi quem achou a ametista quando estava fazendo a limpeza e a guardou.

Quarta-feira, 1º de junho, 1977 – Paris. Barbara Allen telefonou e disse que nós estávamos sendo convidados para encontrá-la nos Brandolini para drinques. Depois Maria Niarchos telefonou e disse que queria que fôssemos visitar o palácio do pai dela (táxi $3). Entramos por um jardim e chegamos a um foyer de mármore e descemos por um corredor ouro-sobre-ouro-sobre-ouro que parecia falso até um salão coberto de ótimas pinturas impressionistas, todas iluminadas no escuro – quase pareciam falsas. Maria preparou drinques e depois excursionamos pelos grandes banheiros e quartos e estares e o escritório de Philip, que é tão grande só para amedrontar as pessoas com quem ele tem negócios. Depois de táxi até os Brandolini ($4). Todo mundo – menos eu – entrou no banheiro ao mesmo tempo. Bob provavelmente vai dizer que eu também cheirei um pouquinho de coca, mas eu *não* cheirei. Mas o que eu fiz foi beijar Roberto na sacada sobre Van Cleef e (*risos*) ele disse: "*Por favor*, sou casado e tenho um filho".

Cheguei em casa por volta das 4h (táxi $3).

Quinta-feira, 2 de junho, 1977 – Paris. Joel LeBon estava me fotografando para a capa de *Façade* com Edwige, uma garota punk (táxi até o estúdio no Trocadero $8). Joel levou três horas para tirar uma foto, embaixo de luzes muito quentes.

De noite fiquei em casa. Bob levou Bianca ao Castel's, onde ele disse que encontraram Maria Niarchos e o irmão mais moço dela, Constantin, que tem dezesseis anos, perdendo a sua gordura de criança, e naquela tarde ele tinha tido a sua primeira puta – Barbara contou para eles mas pediu que não contassem. Ela disse que Philip encomendou a puta no Madame Claude's, o melhor lugar de Paris. A mulher não era nem muito alta, nem muito baixa, nem muito loura, nem muito morena – tudo de propósito, para que Constantin não se fixasse em nenhum tipo particular.

Sexta-feira, 3 de junho, 1977 – Paris. Fomos ao Castel's (táxi $4). O mesmo pessoal de sempre estava lá, dando um jantar de noivado secreto para Caroline de Mônaco e Philippe Junot. Não fomos convidados.

Domingo, 5 de junho, 1977 – Nova York. Dei vários telefonemas para a cidade toda, ficando em dia. Vincent estava em Montauk mostrando o lugar para Louis Malle, esperando conseguir um aluguel. Estamos tentando alugar a casa principal por $4 mil mensais durante julho e agosto – $26 mil por seis meses. Dois mil mensais pelas casas menores, mas negociáveis. Mr. Winters fica com sua camiseta do *Bad* e a jaqueta de brim dos Rolling Stones enquanto toma conta do lugar. Está precisando de um jipe novo – ele usa uma dobradiça de porta em lugar do pedal do acelerador. Ele mostrou um recorte de jornal para Vincent onde dizia que eu compro um carro novo todo ano, como uma forma de me convencer a comprar o jipe novo.

Terça-feira, 7 de junho, 1977. Dennis Hopper e Caterine Milinaire e Terry Southern e um fotógrafo da *Time* deram uma passada por aqui. O trabalho dela era seguir Dennis por toda parte e ele queria vir à Factory e ver se ela o seguia até aqui. Saiu recentemente um artigo na *Time* e na *Newsweek* sobre o filme *Apocalypse Now*, que Coppola está terminando. Dennis faz o papel de um fotógrafo hippie enlouquecido. O fotógrafo da *Time* fotografou Caterine fotografando Dennis me fotografando fotografando Dennis.

Chris Makos trouxe um "panorama", mas Victor tinha trazido dois e Chris me fez trabalhar com o dele antes. Chris foi da Escola de Arte Dramática de Harvard.

Dennis Hopper veio me observar fotografando o garoto nu, mas Victor não sabia quem Dennis era e jogou-o na rua.

Quinta-feira, 9 de junho, 1977. Cheguei ao St. Regis às 11h30 para o testemunho da Liga de Antidifamação Judia dedicado a Elizabeth Taylor. Liz e Halston ainda não estavam lá. Encontrei o presidente da Cartier. Eugenia Sheppard estava lá. Hermione Gingold estava lá. Uma mulher que nem precisava dizer que era mãe de Bob Feiden veio me dizer exatamente isto, ela é a cara de Bob Feiden mas com joias. John Springer e Liz e Halston chegaram. Havia duas ou três sósias de Liz lá, uma se apresentou a ela.

Eu sentei ao lado de Mary Beame, mulher do prefeito Abe Beame. Havia algumas pessoas da Liga de Antidifamação sob o dossel, e Hal Prince e Mike Todd Jr. Liv Ullman liderou as orações e Diane von Furstenberg estava lá. Livia Weintraub, que estava ótima, fez um discurso sobre campos de concentração e no final fez uma chamada para o novo perfume dela, "Livia". Ela deu a Liz um da primeira leva de cinquenta. Dore Schary estava lá, ela fundou a Liga. A comida estava horrorosa – salmão dourado.

Depois deram a Liz uma placa forrada de ametistas brutas – material bastante apropriado para cinzeiros –, era o Monte Sinai e no topo estavam os dez mandamentos em ouro. Liz estava vestindo púrpura-água, levantou-se e fez um pequeno discurso, muito ofegante e sincero, algo como, "Eu sou como todos vocês, quando eu me preocupo com alguma coisa, tomo atitudes a respeito, somos todos assim, muito obrigado". John Warner estava lá. Depois ela e Halston saíram do dossel para uma excursão ao banheiro e uma das mulheres na mesa de Bob ficou se perguntando, "Por que os *dois* estão indo ao banheiro?" E outra senhora disse, "Talvez ela tenha rasgado o vestido e Halston vai consertá-lo para ela".

De táxi downtown porque tinha de encontrar Bella Abzug no escritório para fotografá-la para a capa da *Rolling Stone* ($4.25).

Bella estava lá com a filha dela, (*risos*) outro sapatão. Ah, estou brincando, mas você sabe o que eu quero dizer – vinho da mesma pipa. Fotografei Bella cheirando uma rosa. Jann Wenner apareceu.

De táxi ao La Petite Ferme, um restaurante pequeno no Village onde George Mason estava dando um jantar em minha homenagem. Catherine e seu irmão Valentine estavam esperando por nós na chuva. Todos os meninos da família são belezas estontenantes, mas as meninas são como Catherine – só gracinhas.

Depois eu convenci todo mundo a ir à festa *Beatlemania* no Studio 54. Aerosmith estava lá e Cyrinda Foxe, de *Bad*, que morava com David Johansen mas que agora vive com um do Aerosmith. Ela disse que uma foto minha com uma "Lata de Sopa Campbell" estava no show de luz de *Beatlemania*.

Sábado, 11 de junho, 1977. A maioria do escritório foi para Montauk. Vou tentar arranjar um Toyota para mr. Winters, e Vincent está feliz porque vai poder dar as boas-novas a ele. Mrs. Winters está tentando convencê-lo a se mudar para a Flórida e Vincent está com medo que a gente o perca.

Parece que o lugar não vai ser alugado até agosto, quando talvez Bianca queira. As pessoas não gostam porque é difícil nadar com todas aquelas pedras e porque Montauk é muito longe. Não é para bichas.

Quinta-feira, 16 de junho, 1977. Esperei que Fred me buscasse para ir ao Sloan-Kettering consultar dr. Stone sobre entrar na faca para uma biópsia. Não, dr. Strong. Me deram anestesia local. Levaram meia hora e depois me disseram para ir trabalhar. Ainda estou preocupado, eles não sabem o que é. A gente fica com os nervos à flor da pele quando vai passar pelo teste – a gente lança a pergunta – e aí tudo pode estar terminado rapidamente, eles dão uma resposta e a gente cai fora. Aí logo vou deixar Meu Querido Diário saber se meus dias estão contados.

Fui ao escritório ($4) com um curativo no pescoço. Bob estava entrevistando Barbara Allen, a próxima garota de capa da *Interview*, sobre Homens, Mulheres e Amor. Tom Beard [*um integrante do comitê de posse de Carter*] trouxe um sujeito realmente interessante chamado Joel McCleary, que é tesoureiro do Comitê Nacional Democrático, ele tem mais ou menos 35 anos. Foi o coordenador nacional de finanças da campanha Carter. Ele está tentando trazer o Dalai Lama de volta para este país. Disse que uma porção de monges tibetanos trabalha numa companhia de preservativos em Paterson, Nova Jersey, que eles tomam o ônibus e vão fazer preservativos. E Barbara Allen disse "Sabe, é verdade, muitas camisinhas *realmente* dizem 'Made in Nova Jersey'."

Fomos visitar Victor no novo estúdio dele que só tem uma cama no centro com grandes vidros de Vaselina de vários tipos à volta – ele é muito parecido com Ondine.

Sábado, 18 de junho, 1977. Victor disse que era um bom dia para sair por aí procurando ideias e aí fomos para o Village. Mas foi como *De repente no último verão* – ele me usou como muleta para caçar, os garotos vinham falar comigo e Victor é quem ficava com eles. Sentamos no Riviera Lounge por quatro horas bebendo chás e cafés ($7).

Fui para casa, telefonei para Julia Scorsese no Sherry Netherland – ela tinha telefonado para mim –, e ela pediu que eu ficasse na linha e se foi por dez minutos. Voltou e me pediu que aguardasse mais um pouquinho e se foi por mais dez minutos. Então Liza Minnelli veio para o telefone e disse, "Aqui é Liza, me dê o seu número e ela liga para você daqui a um pouquinho". Depois Julia telefonou e me convidou para jantar. Eu disse que estaria com Catherine e o irmão dela à noite e ela disse que os trouxesse junto.

De táxi ao Sherry ($2). Quando entramos, um sujeito barbudo estava entrando. Mr. e mrs. Scorsese, os pais de Martin, estavam lá. Eles são mais altos do que ele, o que é estranho, porque os filhos são geralmente mais altos que os pais. Havia alguns agentes. Os pais dele vivem downtown bem abaixo do Ballato's. Havia uma enfermeira com um bebê lindo. Era a enfermeira que Julia acabou de contratatar, e ela se perdeu no aeroporto e Julia ficou achando que ela não vai ser uma boa enfermeira. Havia uma mulher negra também com um bebê, e no final o sujeito de barba era Bobby de Niro e a negra é a mulher dele, Diahnne Abbott.

Agora Marty está magro, esteve de dieta. Jack Haley estava circulando. Liza usava um vestido que Halston fez com um tecido baseado nas minhas pinturas "Flores". Marty estava de roupa branca mas depois mudou para roupa preta. Todo mundo foi ao andar de baixo comer. Roger Moore estava com eles e com uma menina da United Artists que está fazendo a publicidade, ela estava aos beijos com Roger.

Roger Moore foi maravilhoso e charmoso. Ele nos mostrou o que ele chama de suas três expressões faciais: "preocupado", "sobrancelhas levantadas" e "sobrancelhas franzidas". Ele já foi casado três vezes, agora está casado com uma italiana.

Bobby de Niro veio depois do jantar com um agente de óculos engraçados, quase não abriu a boca. Os pais de Marty ficaram até muito tarde.

Todo mundo ficou muito muito bêbado. Eles queriam que eu fizesse um brinde e eu estava tão bêbado que realmente fiquei de pé e disse alguma coisa e acho que acertei em cheio porque todo mundo ficou dizendo como tinha sido *comovente*, mas eu estava tão bêbado que não lembro o que foi que eu disse. Liza ficou dizendo, "Vou contar isto para os meus netos – mesmo que eu já tenha esquecido *todo o resto*!"

Foi a melhor das festas. Roubei uma cópia do disco *New York, New York* porque Valentine queria e Roger Moore tinha escrito de trás para a frente na capa, e eles me viram roubar e fiquei me sentindo mal por isso. Eu estava tomando analgésicos por causa da cirurgia no pescoço semana passada, a biópsia. Ainda não descobri nada. Quando saímos do Sherry estava amanhecendo, seis horas (táxi $3.50).

Domingo, 19 de junho, 1977. Victor e eu fomos tomar drinques no Windows on the World (táxi $5). Bebemos e conversamos e olhamos pela janela ($180). Foi lindo. Depois caminhamos pelo Village. Nos velhos tempos a gente ia e ninguém estava lá, mas agora é gay gay gay até onde a vista alcança – sapatões e leather bars com os nomes logo ali à luz do dia – lugares tipo Ramrod. Esses garotos do couro, eles se vestem de couro e vão para esses bares e é tudo show business – eles se amarram e isso leva uma hora. Eles dizem alguns poucos palavrões e isso leva mais uma hora. Eles tiram um chicote e isso leva mais uma hora – é uma performance. E de vez em quando você encontra um louco que te leva a sério e faz tudo de verdade e te tira o controle. Mas é só show business para a maioria deles. Deixei Victor ($5), fui para casa e vi TV. Fiquei pensando sobre a situação dos Scorsese. Eles estão na crista da onda, eles realmente estão na crista da onda.

Segunda-feira, 20 de junho, 1977. Telefonei para o médico e ele disse que eu fosse às 12h. Me atrasei porque estava nervoso. Boas notícias, não era o que eles pensavam que poderia ser. Mas agora o meu pescoço está inchado e dói. Acho que não deveriam ter feito a biópsia. Logo depois da consulta fui à igreja agradecer a Deus.

Depois fui ao Tony, o florista, mandar flores para Liza e Julia pela festa de sábado. Eu queria comprar uma árvore que parecia linda, mas primeiro disseram que não venderiam porque só viveria mais um dia, mas eu disse que isso era tudo o que ela precisava fazer – eu sabia que Julia e Liza não ficariam muito tempo na cidade.

De táxi downtown e depois a pé até o escritório ($3.50). Julia Scorsese telefonou para agradecer a árvore maravilhosa, ela disse que foi a noite mais memorável delas também. Ela me convidou a subir ao seu quarto depois da projeção de *New York, New York*.

Busquei Catherine e o irmão dela e nós três fomos para o Ziegfeld ($2.75). Sentamos bem na frente. Catherine e Valentine acharam o filme monótono, mas eu gostei, achei que é um dos melhores filmes de Liza. A mulher de Bobby de Niro está no filme. Ela canta uma música e está linda, mas não faz parte do filme, não tem nada a ver com ele.

Fomos ao Sherry e a festa estava lotada. Toda vez que a gente pensava em sair, Julia pedia para a gente ficar. Ela dizia coisas como, "Por favor seja o melhor amigo de Martin porque ele não tem amigos". Em alguma época dos seus dias de Nova York, Martin deve ter colocado alguma coisa na cabeça sobre mim, porque parece que é uma grande coisa me ter lá e estar junto comigo, é como o símbolo de alguma coisa, mas eu ainda não descobri direito do quê.

Dissemos a um amigo de Valentine que nos encontrasse na festa mas ele não apareceu e aí fomos de táxi até o Stanhope para encontrá-lo ($2.50). Quarto 15 alguma coisa. Batemos na porta e ele disse, "Atendo num minuto". Isso demorou um pouco. O quarto é 70x70cm. Valentine estava ficando tão nervoso que estava dando com a cabeça na parede. Decidimos ir embora. O amigo nunca abriu a porta (táxi $3, caronas).

Terça-feira, 21 de junho, 1977. Robert Hayes veio dizer que ele acha que Diahnne Abbott deve ser a garota de capa, ele telefonou e perguntou e ela disse que estava emocionada mas que precisava de "um dia para pensar sobre isso", e eu acho que tem medo de que Bobby vá embirrar com ela.

À noite, mais tarde, fui à première de *New York, New York*, e nesta segunda vez eu dormi umas dez vezes. Mas Victor estava cheirando coca na poltrona ao meu lado e no final isso me acordou – um pouco do pó voou até mim. Fomos caminhando até o Rainbow Room.

Tinha um negro na porta do Rainbow Room que não me conhecia e não queria me deixar entrar, e daí um outro sujeito chegou na porta e era o sujeito que sempre me diz que quer a sua panela para lagostas de volta. Uma vez ele foi à minha casa com uma porção de gente e diz que levou uma panela para cozinhar lagostas e que ainda está na minha casa e eu nunca sei do que ele está falando. Eu enlouqueço cada vez que ele começa porque é sempre a mesma história! Se ele me encontrar daqui a trinta anos, continuará dizendo: "Devolva a minha panela para lagostas". Então ele saiu e disse, "Ah, entre logo, mr. Warhol!", e eu não o reconheci de primeira, mas no que passamos a porta ele se virou e disse "Onde está a minha panela para lagostas?" e eu pensei, *Ah, isso não pode estar acontecendo de novo. Ah, não, ah não não não não não não...* Aí o sujeito teve de voltar para a porta e conseguimos escapar.

Não fomos para a sala principal porque eu não sabia o que tinha acontecido com ela, não a vi. Fomos para uma sala lateral e aí Julia Scorsese apareceu e disse, "Me agarra, me segura, fala comigo" como venha aqui/vá para lá/vire-se/não me deixe – ela é exatamente como Susan Tyrrell e Sally Kirkland, desse tipo.

Então, ela disse, "Não olhe agora, lá está a primeira mulher de Martin e eu fico louca quando ela está por perto". E a mulher era muito bonita. Eu não sabia que Martin já tinha sido casado. Fiquei surpreso porque ele é muito católico e sempre está com um padre e tudo. A mulher disse, "Você não lembra de mim, mas eu conheci você quando eu era diretora da Erotica Gallery". Depois nos afastamos dela e apresentei Julia a Earl Wilson.

Notei que no filme havia muitas pessoas que na realidade trabalham para Marty. Como a mulher no carro que briga com Bobby, e Liza, que é mulher do agente. Isso é que é bom – os personagens foram escritos para as pessoas.

Julia me pediu para sentar na mesa principal com ela e Marty, mas havia uma multidão e barulho e eu meio que fingi não ter ouvido porque eu queria dar o fora – não era a *minha* noite, era a noite *deles*.

Victor saiu e eu fiquei muito preocupado com ele, estava estranho, parecia chateado e pela primeira vez desde que eu o conheço parecia ser de verdade. Como se ele fosse uma pessoa normal e muito cansada e quisesse ir para casa. E foi para casa.

Fui ao Studio 54. O conjunto tocou "New York, New York" quando Liza entrou. Halston tirou fotos com ela. Um pouco depois eles tocaram "New York, New York" e Martin entrou, e depois eu acho que eles fizeram Liza entrar de novo ou chamaram de novo, mas eu já estava de saída. Deixei Valentine ($3). Eram 3h.

Quinta-feira, 23 de junho, 1977. Fui ao dentista. Pedi que o dr. Lyons não tirasse radiografias e ele ficou furioso. Disse que há dez anos eu não tiro radiografias.

Depois fui até o nono andar ver o dr. Domonkos, o dermatologista. Kitty Carlisle Hart estava saindo meio disfarçada e eu perguntei ao médico o que ela estava fazendo lá e ele disse que a tinha mandado para outro médico, e aí eu fiquei sem saber o que *isso* quer dizer. Espremeu uma espinha. Me disse para voltar semana que vem.

De táxi ao Sloan-Kettering ($2.50) e a sala de espera me enlouqueceu. Pessoas sem nariz. Era chocante. Dr. Strong tirou os pontos do meu pescoço.

Falei com Jamie Wyeth que disse que poderíamos chegar atrasados naquela coisa beneficente do presidente no Waldorf. Quando chegamos lá, havia manifestantes do lado de fora e era como um filme ruim. Se você visse num filme não teria acreditado. Havia facções gay e facções pelo aborto. E eles tinham uma lata de lixo com abortados dentro.

Ficamos no mezanino. Quando o presidente chegou, começou a circular e apertar a mão de cada pessoa que estava ali e isso levou algumas horas. Ann Landers estava meio louca. Ela me contou que a sua filha tem uma porção de Warhols e que ela também gostaria de ter entrado na parada mais cedo. O presidente fez discursos e ele tem um bom redator, as piadas foram todas boas.

"Eu quero que meu vice-presidente seja atuante e se vocês tiverem perguntas sobre" – ele fez uma lista – "aborto, direitos dos gays, estacionamento público, Irlanda do Norte, o Concorde... basta escrever para ele: ele ficará feliz em prestar esclarecimentos."

Será que foi a primeira vez que um presidente disse a palavra "gay"? Pode ser – por causa de Anita Bryant.

Andrew Young disse que me viu ontem caminhando pela Park Avenue.

Aí saímos e fomos ver Bryan Ferry no Bottom Line. Depois todo mundo foi ao Hurrah's para a festa que Jerry Hall estava dando para Bryan Ferry. Ronnie estava lá acompanhado e Gigi estava lá acompanhada e foi um drama. Depois Ronnie disse que Gigi jogou um drinque na cara dele e ele jura que não disse ou fez nada para ela, mas que ele se vingou rasgando a frente do vestido dela.

Sexta-feira, 24 de junho, 1977. Ronnie ficou bebendo muito o dia todo no escritório porque foi acordado por Gigi batendo na porta com dois policiais e uma ordem de prisão, ou algo assim. Já que ele estava bebendo, ele ficou me controlando, dando ideias sobre arte, o que foi bom.

Ninguém estava no escritório para entrevistar Diahnne Abbott exceto Catherine Guinness, e aí eu a levei junto. Não foi uma boa entrevista, fiquei me sentindo mal com isso. Degenerou numa entrevista com a filha dela, que tem uns nove anos e nasceu antes de ela casar com De Niro, e eu me culpei pela má entrevista porque ela é amiga de Nelson Lyon e por isso deve ser inteligente, e eu não consegui fazer uma boa entrevista. Deixei Catherine ($4).

Dei $20 ao Jed para despesas com o carro e ele nos levou a Montauk. Agora vamos alugar o lugar para François de Menil ou Earl McGrath.

Domingo, 26 de junho, 1977 – Montauk-Nova York. Sol. Mr. Winters ficou excitado todo o fim de semana porque dissemos que ele vai ganhar um jipe novo.

Earl e eu discutimos a capa que estou fazendo para o disco dos Rolling Stones. Ele queria que eu colocasse alguns escritos. Fui à praia. Vincent estava surfando e havia um sujeito passeando com seu enorme cachorro. Eu o ignorei por algum tempo e depois vi que era Dick Cavett. Falamos um pouco e ele estava querendo arrancar um convite e aí o convidei para o almoço. Peter Beard veio com Margrit Rammè, que ficou beijando Peter na frente de Barbara Allen, a ex-namorada dele, mas as duas se entenderam bem.

Dick Cavett contou uma piada infame – desenhou pontos nas mãos e colocou as mãos nos ouvidos – "O que está fazendo?" "Ouvindo os Ink Spots". E aí Margrit contou uma sobre a fila de identificação da polícia polonesa em que o estuprador sai da fila e diz, "A mulher foi aquela!".

Barbara estava chateada porque Jack Nicholson deu o papel para o qual ela tinha feito um "teste" para uma mulher desconhecida que fez algumas outras coisas no teatro em Nova York.

Saí cedo com François. Ele dirige bem e rápido – nos levou de Montauk a East Hampton em dez minutos. Jann Wenner estava com John Belushi em casa. Jann nos levou para conhecer a casa. Se ele tivesse alugado Montauk ele teria um lugar esplêndido, mas acho que ele e sua mulher Jane só queriam um lugar "adorável". Eu fiquei pensando todo o fim de semana sobre uma ideia que tive lendo o livro de Liz e Dick sobre um love affair entre duas ruas paralelas que jamais podem se encontrar. Dylan Thomas uma vez disse a Richard Burton que queria fazer algo assim, mas morreu antes. Seria uma coisa ótima para eu fazer, uma ótima ideia de arte.

Philip Niarchos ficou telefonando de Londres para Barbara, do carro dele. Ele foi a um grande baile, todos os garotos ricos estavam lá.

Segunda-feira, 27 de junho, 1977. Folheei o novo número da *Interview*. Barbara Allen realmente detesta a capa, ela acha que a deixou parecendo gorda. Jann Wenner mandou de volta as pinturas de Mick, acho que devem ter sido caras demais para ele. Catherine estava criticando *Interview* e tivemos uma briga quando eu disse que ela era preguiçosa. Nenna Eberstadt, do escritório, costurou as calças de Valentine, mas noite passada rasgaram de novo, e então acho que ela não fez um bom trabalho. Cometi o erro de mencionar um defeito de fala que Vincent tem e ele ficou chateado porque disse que está em terapia há quatro anos para se livrar do defeito e achava que já tinha se livrado.

Terça-feira, 28 de junho, 1977. Fui ao escritório, onde *Interview* estava dando um almoço para o pessoal das bebidas Schenley. Fiquei entrando e saindo do almoço porque eu estava pintando com uma vassoura de esponja nos fundos. Não mijei em nenhuma tela esta semana. Isso é para as pinturas "Mijo". Pedi que Ronnie não mijasse quando acorda de manhã – que tentasse segurar até chegar ao escritório, porque ele toma uma porção de vitaminas B e as telas ficam com uma cor linda quando é o mijo dele. Eu mesmo atendi alguns telefonemas. Uns garotos lindinhos da Suécia apareceram. Mandei Ronnie comprar material fotográfico ($5.95).

De táxi ao "21" ($5.50). Vincent me buscou. Tinha começado a chover. Jantar foi com Peter Beard e o amigo dele, Harry Horn, do Quênia. Pessoas estavam indo em massa para um jantar no andar de cima que Diane von Furstenberg estava dando pelo aniversário de Egon. Fiquei surpreso quando vi a mãe de Diane – ela não parece judia, é pequena e loura. Depois Mick entrou com uma roupa cor de lima e Jerry Hall. Mick estava tão fora de si que eu pude notar que os garçons tinham medo que ele desmaiasse. Estava com a cabeça para trás e cantando para si mesmo. A parte de cima do corpo dele parecia gelatina e a parte de baixo estava a 3 mil vibrações por minuto. Ele colocava e tirava os óculos de sol. Mick estava perseguindo Vincent, mas era só uma brincadeira, porque depois Fred me disse que Mick está apaixonado por Jerry e acho que aí vai haver problemas para Bianca. Jerry estava dizendo, "Tenho mesmo de ir embora", e quando Peter fez menção de ir chamar um táxi ela disse, "Ah, tudo bem, Mick me dá uma carona".

Depois fomos para o bar ao lado para uma segunda festa para Egon, dada por Diane de Beauvau no New York/New York. Franco Rossellini estava lá com um imenso nariz preto e azul e não se via nada mais do que aquilo, mas eu queria ser discreto no caso de alguém ter dado um soco nele e tentei ignorar a coisa até que Franco finalmente disse, "Aliás, você notou meu nariz? Meu cachorrinho me mordeu". Ele tem um dachshund e eu fiquei nervoso. Ele levou o cachorro a um funeral e o dachshund, Felix, ficou perturbado e mordeu o nariz dele e não queria largar.

Quarta-feira, 29 de junho, 1977. Trabalhei. Victor deu uma passada depois da viagem dele a Fire Island. Ele levou algumas amostras de porra e eu disse que ele deveria começar a se acabar nos lençóis e trazê-los para cá e aí faríamos uma exposição conjunta no estúdio de Victor – as pinturas "Porra" dele e as minhas "Mijo".

Quinta-feira, 30 de junho, 1977. George Mason telefonou e me convidou para jantar na Atlantic Avenue, no Brooklyn. Stan Rumbough também iria e isso me deixou excitado, ele é da Post Toasties e é filho de Dina Merrill. Dina está no *Cerimônia de casamento*, o filme que Robert Altman está rodando em Chicago. Tem só uma pequena história. Altman está fazendo as coisas que tentamos fazer no final dos anos 60 e no começo dos anos 70.

George Mason veio me pegar. Stan Rumbough é muito grande, mais ou menos 2m, e é bonito, mas fala como uma bicha. Já o vi algumas vezes com umas mulheres ordinárias tipo oriental. Ele tem uma voz aguda e feminina, mas eu acho que ele gosta de mulheres bonitas – ficou desapontado porque Candy Bergen não veio, ele disse que nadou com ela quando tinha sete anos e queria vê-la novamente.

Era um restaurante tipo armênio-turco-africano-árabe. Purê de grão-de-bico, purê de berinjela, três sujeitos tocando música. George estava lá com Maret, sua namorada-modelo da Finlândia.

Barbara Allen estava lá. Ela realmente continua detestando sua capa na *Interview*. O sujeito da nova agência de modelos veio, trouxe umas cinco garotas e rapazes. Valentine estava no paraíso. Os donos vieram várias vezes e tiraram fotos. Uma freira veio para que eu autografasse uma garrafa, mas minha caneta não funcionou. Ela disse que tinha acabado de fazer uma operação e que me ver era o momento mais excitante da vida dela, desde quando ela ganhou $500 numa loteria na igreja. (*risos*) Quer dizer, se esses são pontos altos para uma freira...

Parece que Stan Rumbough gostou de Barbara e estava dizendo algo que me pareceu muito como "chupada" e soprando numa garrafa. Provavelmente Philip Niarchos não vai casar com ela e ela deveria dar um susto nele ou algo assim. Deveria ir morar com ele e conseguir mais coisas antes que ele a abandone.

Stan diz que ele é um "fotógrafo". Esses meninos ricos, é tão engraçado ouvi-los sentados ali e dizendo, "Eu tenho um emprego, ah; sim, tirando fotos para um catálogo, eu trabalho para um homem que faz catálogos e esta é a segunda vez que venho ao Brooklyn – a primeira foi ontem, eu vim buscar uma fruta de cera para fotografar..." Eu perguntei se ele queria fazer fotos para *Interview*. Quer dizer, Dina entrevistou a si mesma só para conseguir que a foto que Stan tirou dela fosse publicada. E ele disse, "Agora estou num período muito cheio, com todo esse trabalho no catálogo...".

Seguimos para a festa de Earl McGray para o pessoal de *Guerra nas estrelas* – Mark Hamill, Harrison Ford, Carne Fisher e uma outra mulher, mas quando cheguei na 57 com a Sétima eles já tinham ido embora (táxi $8).

Mackenzie Philips perguntou a Vincent, "Tem um pega?" Jann Wenner estava lá e eu o apresentei a Stan Rumbough, mas Stan tem uma voz muito idiota e eu esqueci de avisar quem ele para Jann e Jann provavelmente pensou que era apenas um garoto que tira fotos de frutas de cera, porque esse foi seu único assunto novamente.

Boa comida. Fran Lebowitz e Marc Balet estavam lá, eles devem ter vindo com Jerry Hall e Bryan Ferry. Parece que Jerry voltou para ele.

Earl mostrou um vídeo dos Sex Pistols.

Barbara e Stan e eu saímos juntos, e quando os deixei eles ainda estavam juntos.

Sexta-feira, 1º de julho, 1977. Suzie Frankfurt e Jed saíram cedo para Montauk para arrumar tudo para os possíveis inquilinos.

Victor me convidou para ir jantar na casa de Halston. Halston foi passar o fim de semana na casa de Joe Eula no norte de Nova York. Ele deixa Victor usar a casa dele na Rua 63 enquanto está fora mas nunca diz quando volta, só para deixar Victor com os nervos à flor da pele. Victor convidou muitas pessoas para jantarem comigo. Uma delas foi o Peter Keating, o top-model masculino. Ele está ficando careca, mas não era conhecido até começar a ficar careca, ele acha que é porque assim ele não "representa uma ameaça" para os homens. Victor preparou frango. A casa estava gelada e eu era o único com frio porque todos os outros estavam cheirando cocaína. Halston tem um freezer cheio de vodka e é como beber óleo líquido. Bebi uns quatro copos pequenos. Também tinha umas duas pessoas do John Waters de Baltimore. Um dos sujeitos que parecia um John Waters mais corpulento disse que era companheiro de quarto de Divine. Perguntei se ele e Divine eram amantes e ele disse, "Bem, depois de todos esses anos você realmente se apaixona pela *cabeça* dela..." Victor disse que trepou com alguém numa camionete em frente à casa de Halston, porque ele não sabia quando Halston estaria de volta.

Sábado, 2 de julho, 1977. Victor telefonou e disse que queria me levar para jantar no Village. Fui apanhá-lo (táxi $4). Fomos a livrarias pornô procurar material para os "panoramas" ($36) e numa delas o sujeito não queria dar nota ($17). Comprei uma "camisa de bicha" que tem o meu nome. É só uma lista de nomes de pessoas que são gays, como Thoreau, Alexandre, o Grande, Halston, eu – mas colocaram Richard Avedon na lista. E também tinha alguém que eu não sabia que era bicha, mas esqueci quem é. Circulamos por todo bairro. O Village estava lotado de gente que não tem dinheiro para ir a Fire Island. Uma "grande transa negra" de Victor, que ele queria que eu fotografasse como um "panorama", daria uma passada na casa dele e voltamos de táxi

($3.60). Aí a "grande transa negra" ligou e disse que se atrasaria horas e então Victor e eu fomos de táxi ao Studio 54 ($3). Estava cheio de gente bonita.

Voltamos para a casa de Halston. Halston não estava em casa, esperamos pelo "panorama". Ele chegou e tirei fotos até acabar o filme. Quando abri a porta, tinha amanhecido. Fiquei surpreso. Em casa às 7h.

Domingo, 3 de julho, 1977. Os garotos telefonaram de Montauk, todo mundo estava lá. Jan Cushing, Jackie Rogers, François de Menil e Jennifer Jakobson, Barbara Allen. Mick se mudou da casa de Peter Beard e ficou um tempo num dos quartos com Barbara.

Caminhei até Victor-na-casa-de-Halston. Encontrei Stevie do Studio 54 na rua. Victor estava tentando telefonar para sua "grande transa negra" novamente. Halston chegou quando eu saía e aí ficou estranho, realmente estranho.

Victor é meu novo Ondine, ele até usa um saco de viagem da TWA como Ondine usava. Mas está ficando meio pesado demais vê-lo tanto. Ele deveria dar um impulso na sua carreira artística, mas acha que não vai ter de trepar com ninguém para subir. Eu disse, "Você vai ter de subir fodendo". Aí contei para ele a História de Barbara Rose/Frank Stella.

Alguns negros me reconheceram algumas vezes durante este fim de semana e estou tentando descobrir o que eles reconheceram para que eu possa vender para eles, o que quer que tenha sido.

Terça-feira, 5 de julho, 1977. Rupert deu uma passada. Ele estava vestindo um abrigo feminino. Ronnie me disse que Rupert não é gay, que ele mora com uma mulher, e eu brinquei com ele e disse, "Por que você está vestindo *isto*? Você é bicha?", e quase desmaiamos quando ele disse, "Sim, sou". Ronnie arregalou os olhos. De repente tudo começou a fazer sentido – o cabelo louro bem-arrumado, o caminhar, as roupas de mulher – ele é gay!

Victor telefonou. Disse que Halston o jogou na rua, o acusou de roubar coca. Victor diz que Halston guarda a coca num cofre mas não sabe que Victor sabe como abrir o cofre. Halston também desconfiou que Victor fez uma orgia porque havia marcas gordurosas de mãos nas paredes e porra no sofá de camurça.

Quarta-feira, 6 de julho, 1977. Victor passou pelo escritório para se queixar. Halston pediu de volta a chave da casa por causa da orgia. Ou porque ele *me* pegou lá. Veremos se ele está enfurecido se ele começar a devolver as pinturas.

Táxi ($4) para o Elaine's para jantar com Sharon McCluskey Hammond e o primo favorito dela que ela viu pela primeira vez há uma semana, Robin Lehman. Abri bem os ouvidos, porque ele é filho do sujeito que doou a galeria Lehman para o Metropolitan Museum.

Steve Aronson disse que queria dar uma olhada no cardápio mas Sharon disse, "Se você pedir o cardápio, Elaine cobra o dobro". Steve mostrou um bolo de dinheiro e disse, "Eu posso pagar para ouvir o cardápio. Não há cardápio no mundo que eu não possa pagar para *ouvir*". "Sharon disse, "Ok, Steven, faça como quiser. Garçom. O cardápio". Depois, quando Steve e Catherine estavam saindo, Steve jogou $40 na mesa. Valentine disse ah não, não, que era muito para duas pessoas e que não deveríamos aceitar. Aí veio a conta e era $148! Eu nem comi nada. Robin tinha pedido um bife. Sharon tinha pedido spaghetti. Steve tinha pedido spaghetti. E ninguém nem bebeu.

Quinta-feira, 7 de julho, 1977. Bob e eu de táxi ao Pierre Hotel para o almoço em homenagem à imperatriz do Irã. Havia manifestantes lá em frente e foi assustador, eles estavam de máscara mas eram iranianos, dava para ver, porque as mãos eram escuras. Nós éramos especiais e fomos apertar a mão da imperatriz – a, você sabe, rainha. O governador Carey e o prefeito Beame estavam na fila dos cumprimentos, e Zahedi.

A rainha estava lendo um discurso preparado e indo bem, e aí uma mulher de vestido verde na seção da imprensa se levantou e gritou, "Mentiras, mentiras, sua mentirosa!", e foi levada para fora à força. A rainha continuou lendo seu discurso preparado e depois se desculpou a todos pelo barulho e os protestos que estavam ocorrendo por causa dela. Disse que os direitos femininos no Irã podem não parecer muita coisa para os americanos, mas que no Irã são grandes avanços.

De táxi para encontrar Ronnie ($2.50) e dar uma olhada em pedras brutas para minhas pinturas "Diamante". Depois de táxi de volta para o escritório ($3).

De táxi até a embaixada iraniana ($2.50). Não havia manifestantes na frente. Lá vi novamente Otto Preminger e era a segunda ou terceira vez em poucos dias, e então ele me perguntou o que faríamos amanhã. Posei para fotos com a rainha em frente à pintura que fiz dela. Ela disse que tem ciúmes de Hoveyda porque ele tem oito Warhols e ela só tem quatro. A rainha é mais alta do que eu.

Táxi até a casa de Marina Schiano para jantar ($3). Françoise de la Renta estava lá, ela criticou o xá dizendo que ele é ganancioso e horroroso, mas disse que gosta da rainha. Disse que ele teve 25 amantes numa hora. Suzie Frankfurt estava lá. Bob estava no quarto onde havia coca. Giorgio Sant'Angelo entrou e Suzie e eu estávamos sentados bem ali e aí Giorgio diz para Bob, "Quem é essa Suzie Frankfurt?". Esse é o tipo de coisa que gente drogada faz. É como o pessoal de Hollywood faz quando não gosta de alguém – fala deles como se eles não estivessem ali. De certa maneira é ótimo – se ao menos acontecesse com mais frequência. Marina e Giorgio são os únicos que realmente fazem muito isso. Eu disse, "Suzie, estão falando de você!". Bob disse a Giorgio, "Ela é uma grande amiga de Andy, tudo bem". "Mas quem é ela?", Giorgio perguntou. "Ela é muito rica", Bob disse. E tudo isso conosco sentados *bem em frente*, e Giorgio e Bob agindo como se *não estivéssemos escutando*. Finalmente eu disse: "Ah, por *favor*, Bob. Você está falando de gente que está na sua frente".

Deixei Suzie ($2.70).

Barbara Allen contou a Bob que Mick está muito infeliz, ele diz que é por causa de Bianca, que não sente nada por ela. Ele acha que ela o usou e não quer ir se encontrar com ela em St. Tropez. Barbara diz que só pensa em Mick como amigo, o mesmo que ela pensa de Fred e Bob, que só trepou com ele porque agora ele está solitário.

Sexta-feira, 8 de julho, 1977. A propósito, Valerie foi vista no Village e semana passada quando eu estava circulando por lá com Victor fiquei com medo de me encontrar com ela porque seria uma coisa bem estranha. O que aconteceria? Será que ela iria querer me dar um tiro *de novo*? Será que ela tentaria se fazer de amiga? [*v. Introdução. Valerie Solanis é a mulher que atirou e quase matou Andy em 1968.*]

Fui ao Nippon com Marina Schiano e Franco Rossellini estava lá. Franco estava dizendo que não sabia como a história de Imelda estar "casada" com Cristina Ford tinha se espalhado pelo mundo – "porque eu contei só para uma pessoa e afinal nem era uma história minha". Mas na verdade ele contou para todo mundo

– chegou a ser a anedota dele tipo história-da-semana. Então agora eu acho que Imelda e Cristina estão furiosas com ele.

Eles me deixaram e parece que queriam que eu os convidasse para subir, mas não convidei.

Domingo, 10 de julho, 1977. Estava saindo para trabalhar quando o telefone tocou e era Julia Scorsese. Ela estava com uma amiga, uma escritora que está trabalhando numa série. Julia disse que estavam indo encontrar Barbara Feldon no Serendipity, e aí fomos ao Sherry para buscá-las.

Julia estava me enlouquecendo, às vezes quando nossos olhos se encontravam ela se parecia exatamente como Valerie Solanis, e depois ela também agia como Viva. Ela pôs na cabeça que eu a "salvei" na noite do *New York, New York*. Disse que não estava ao lado de Martin na mesa e eu fui lá e a coloquei e aquilo abafou os rumores de que o marido dela está tendo um affair com Liza Minnelli e os jornais não chegaram a ficar sabendo. Ficou falando muito disso e caminhando meio bêbada com sapatos azuis de salto alto, e as pupilas dela estavam dilatadas.

Quando chegamos no Serendipity, Barbara Feldon estava lá. Julia começou a fazer o que eu detesto mais do que tudo, dar batidinhas na minha cabeça a toda hora. Me enlouqueceu. E ficou tentando me arrumar com a amiga dela que era alta e meio bonita e durante horas elas ficavam dizendo, "Você é tão maravilhoso, maravilhoso, maravilhoso", e eu não sabia o que fazer. Como eu tinha dito que eles não serviam álcool, ela trouxe champagne. Eu não compreendo essas mulheres, elas falam e dizem coisas e eu não sei o que elas querem.

Barbara foi embora e eu tomei um táxi para o Elaine's. Fizemos o pedido e foi mais uns, "Você não é maravilhoso?". Julia disse que queria arranjar um encontro para que eu conhecesse o autor de *Annie*, disse que seria bom se eu conhecesse alguns homens de verdade e eu não entendi o que ela quis dizer, se ela estava falando de "homens de verdade", e homens de verdade queria dizer bichas, ou sei lá do que ela estava falando. Julia me contou como eles fazem coisas no filme de Marty – as pessoas ensaiam, gravam vídeos e Julia seleciona as melhores coisas e eles fazem as pessoas repetirem diante das câmeras mais tarde durante a filmagem. Ela disse que eles mudam e alteram o roteiro durante a filmagem. Como na história original de *New York, New York*, que dizia que Bobby de Niro era contratado por uma gravadora.

Ela disse que Martin tem problemas com coca e teve envenenamento no sangue e que agora toma remédios para se purificar. Agora ele está montando três filmes. Ela disse que ela escreveu grande parte de *Taxi Driver*. Comecei a dizer que as pessoas agem como se fossem os diretores, os produtores e os roteiristas que fizessem um filme, quando na realidade são as *estrelas*, e ela se ofendeu e disse que tinha sido o marido dela que tinha *inventado* Bobby de Niro e Harvey Keitel e algumas outras pessoas. Mas eu disse que eles eram caras novas e que o público sempre quer ver caras novas. Agora Martin está em Chicago fazendo um musical chamado *Shine It On* com Liza.

Ela disse que deu a Robert Altman a ideia de filmar *Cerimônia de casamento* em Chicago, para sair de L.A. e dar uma nova atmosfera ao filme. Os produtores lhe deram três dias de folga, ela disse, e eu acho que isso significa que ela estava deixando todo mundo louco. Julia estava ficando um pouco bêbada demais. Ela deixou cair a carteira na mesa e todos os cartões de crédito pularam fora. Ela foi ao banheiro e coloquei todos de volta (jantar $70).

Segunda-feira, 11 de julho, 1977. Esqueci de dizer que Paulette Goddard telefonou na sexta-feira. Ela parecia um pouco bêbada, irritada. Está muito furiosa com Valerian Rybar, que está decorando o apartamento dela na Ritz Towers – ele usou só cor-de-rosa e azul e embora ela tenha aprovado essas cores ela diz que não sabe como é que ela pôde ter feito isso.

Quarta-feira, 13 de julho, 1977. De táxi até a Rockefeller Plaza para ir ao escritório da Warner Communications ver Pelé, o jogador de futebol que está sendo fotografado para *Interview*. Ele é adorável, lembrou que me encontrou uma vez no Regine's. Estávamos no trigésimo andar. Ele tem uma cara engraçada, mas quando sorri fica lindo. Ele tem o seu próprio escritório lá e estão fabricando camisetas e chapéus e histórias em quadrinhos de Pelé.

Mark Ginsburg telefonou e disse que a entrevista com Irene Worth estava confirmada para a noite e eu disse que me encontraria com ele no Vivian Beaumont, onde a peça dela, *O jardim das cerejeiras*, está em cartaz. Veríamos a peça antes.

A voz de Irene estava boa e só isso que realmente importa – tudo o que ela diz soa como interpretação verdadeira. As luzes apagaram e eu pensei que era o final do ato, mas não era. Era o blackout de 1977. Eles continuaram a peça no palco escuro e a menina que interpretou a filha disse, "Não é divertido? Vamos continuar!". Um sujeito entrou no palco e disse que indicariam as saídas para quem quisesse sair, mas que eles continuariam a peça, havia sujeitos no palco segurando velas.

Daí todo mundo foi realmente profissional, e era o momento que esses atores estavam esperando a vida inteira – fazer o show continuar.

Aí, depois da peça, quando Mark e eu estávamos indo para os camarins falar com Irene, um homem disse "Esta é a coisa mais excitante que aconteceu comigo, cruzar com Andy Warhol no escuro". Irene se trocou, vestiu jeans e ficou parecendo jovem. Ela serviu champagne. Eu tinha fita suficiente para gravar três ou quatro horas. Um sujeito do Lincoln Center estava dizendo, "Fiquem em grupos, estão assaltando as pessoas por toda a parte" (táxi $4, gorjeta grande).

Por alguma razão foi tão simples conseguir um táxi, bastou sairmos e entrarmos num e fomos para o apartamento de um amigo dela que eu também conheço, Rudy, na 67 com Lexington, logo no segundo andar. Ele tinha velas por toda parte porque sempre janta à luz de velas. Fez omeletes no fogão a gás, tudo muito fácil. Estavam deliciosas. Entrevistei Irene.

Os telefonemas estavam praticamente bons – a gente tinha de esperar pelo sinal de discagem, mas depois tudo ficava ok.

Quinta-feira, 14 de julho, 1977. A energia aqui na Rua 66 se foi há quase uma hora [*Sexta-feira, 8 da manhã*]. Os repórteres da TV mostraram os saques, eles tinham equipes de TV lá mesmo, filmando os saqueadores, e as luzes da TV permitiam que eles vissem melhor para roubar mais. Era como se o pessoal da TV estivesse perguntando onde é que eles estavam indo roubar para que pudessem montar tudo. Na TV eles estão todos acorrentados juntos, e são todos negros e porto-riquenhos. Parece um pouco com *Raízes*.

Maxime de la Falaise telefonou para a Factory para ver se havia eletricidade lá. Toda esta semana ela está de mudança do Upper West Side para o seu estúdio na Rua 19. Tentou economizar dinheiro contratando carregadores hippies e está demorando uma semana em vez de um dia. Os hippies carregam as coisas com muita calma e olham as cadeiras e perguntam um ao outro, "Que idade tem esta coisa? Século XVIII?". Carregadores profissionais colocam até cadáveres nos caixotes, se é isso que você tem no apartamento, eles não perdem um segundo.

Jantei com Shardon Hammond e Robin Lehman e depois caminhamos pela Oitava Avenida enfrentando os travestis e transformistas e putas até o Studio 54. Steve Rubell estava excitado por nos ver e deixou que nós dez entrássemos de graça. Ele me lembrou que eu tinha pedido ele em casamento algumas semanas atrás e eu não conseguia acreditar que ele lembraria de uma coisa tão casual e descuidada como essa. Eu pedi *só uma vez* e nem pensei que ele tivesse escutado. Quer dizer, ele é um garoto que está indo bem, com sucesso – estou tão cansado de trabalhar que todo tempo peço em casamento pessoas que estão indo bem. Por que ele se lembraria disso como se fosse sério?

Sábado, 16 de julho, 1977. O Filho de Sam ainda anda à solta e é um crime à moda antiga – recados para a polícia, batidas, assassino à solta, tudo isso. As pessoas parecem felizes por reconhecer um padrão. O Filho de Sam é nostalgia, quase. Está atrás de mulheres de cabelo castanho comprido.

Acordei muito cedo. Dei um almoço no escritório para Victor e um garoto que ele conhece da NBC, Andy Wright, e a bela nova namorada de Victor que dá coca para ele, de Greenwich, Connecticut, Nancy alguma coisa, que é modelo. Ele está fodendo com ela para conseguir coca.

Segunda-feira, 18 de julho, 1977. Estou lendo o livro de Evelyn Keyes, *A irmã mais jovem de Scarlett O'Hara*, e ela descreve em detalhe tudo sobre a sua vida sexual, é ótimo, sexo com King Vidor e com John Huston – como ele a penetrava e tudo. E ela diz que Paulette Goddard foi seu ídolo, que copiava tudo dela, o cabelo, a voz.

Telefonei para Paulette e contei sobre o livro, como Evelyn a adorava. Ela disse, "Ah, claro, ela me adorava tanto que roubou todos os meus namorados, e quando roubou o último dei um fora nela".

De táxi para o Suzie's ($2.35). Sandra Payzon, que é casada com George Weidenfeld, estava lá, e enquanto a gente conversava uma barata ficou caminhando sobre ela. Eu não sabia se eu deveria dizer alguma coisa. Mas talvez ela tenha desconfiado porque se levantou e disse, "Que tal se a gente fosse para outro lugar?" e jogou a barata fora. O que Emily Post teria feito?

Decidi mesmo me apressar e levei lady Weidenfeld para casa. Caminhamos um pouco e aí ela ficou com muito calor e tomamos um táxi até 25 Sutton Place ($2.50). Falamos sobre o nariz de Diana Vreeland. Ela lançou a pergunta sobre quanto custa um retrato e eu disse, "Ah, não posso falar de dinheiro, fale com Fred". Aquela coisa.

No caminho de casa um táxi parou e eu realmente estava procurando um, mas como este tinha parado para mim fiquei com medo de entrar e não entrei. Fui a uma banca de revistas ($4).

Terça-feira, 19 de julho, 1977. Stanley Siegel teve saqueadores como convidados do seu programa de TV e também Adela Holzer para se defender das acusações de fraude. Ela disse que os investidores passaram a adorá-la e esperavam fazer uma fortuna e quando não enriqueceram imediatamente ficaram furiosos. Ficou corrigindo Stanley dizendo que tinha sido "intimada, e não presa".

Todo dia preparando a festa de anunciantes da *Interview* às 5h. O pessoal começou a chegar por aquela hora e às 6h estava lotado. Todo mundo gosta de Gael Malkenson, que começou a trabalhar há pouco para nós em tempo integral agora que se formou na universidade – é impetuosa e todo mundo acha que ela é quem deveria vender anúncios.

Ruth Kligman veio e me beijou em cheio nos lábios, disse que desistiu de Jack Nicholson para a história de Jackson Pollock e que o novo ator dos sonhos dela é Bobby de Niro, ele é tudo o que ela consegue pensar.

Quarta-feira, 20 de julho, 1977. Tom Seaver veio posar para um retrato "Atletas". Richard Weisman também veio, numa limusine que ficou estacionada lá embaixo. Tom Seaver foi adorável. Os atletas de fato têm a gordura nos lugares certos e eles são jovens nos lugares certos. A pessoa tirando as fotografias era mr. Johnson, um homem agradável que uma vez escreveu a história sobre Jamie Wyeth e eu. Ele queria que Tom usasse um chapéu dos Mets, aí eles saíram para comprar um, e depois ele queria que Tom fizesse uma foto com uniforme-de-Cincinatti-e-chapéu-dos-Mets, meio a meio, mas ele recusou. A mulher de Tom, Nancy, telefonou. Agora ele detesta os Mets. Ele tinha acabado de comprar uma casa nova em Connecticut e tudo quando eles venderam o passe dele.

Não tenho me sentido bem nestas duas últimas semanas. Acho que é o remédio para as espinhas. Vou consultar novamente o médico das espinhas amanhã de manhã.

Quinta-feira, 21 de julho, 1977. Depois do médico de espinhas fui para o escritório. Almoço com Christopher Wilding e sua irmã postiça, a garota que Liz Taylor e Richard Burton adotaram, ela é bonita mas não estonteantemente bonita, mais ou menos dezesseis anos, tímida. Firooz Zahedi estava lá, e a garota do Blondie que estava sendo entrevistada e fotografada por Chris Makos. O nome verdadeiro dela é Debbie Harry, ela está por aí há muito tempo, meio que por fora. Conhece todo mundo. Se ela tivesse um corpo como o de Cyrinda ela seria ótima, embora o corpo dela seja ok, um corpo tipo Sandra Dee-Tuesday Weld. Ela é baixinha.

Allen Midgette tinha vindo mais cedo mostrar as coisas dele, ele está fazendo roupas de couro e se dedicando a fundo nisso. Ficou para almoçar. Ele se mantém em forma dançando. Ficamos lembrando os anos 60 quando eu o mandei numa série de conferências universitárias com Paul e Viva para fingir que era eu e depois fomos descobertos e me obrigaram a refazer toda a série.

Segunda-feira, 22 de agosto, 1977. De táxi ao Chembank ($340). Caminhei até University Place procurando coisas para pintar.

Depois de táxi até a casa de Richard Weisman com Susan Johnson e Jed ($4.50). Susan precisa de um homem novo – o affair com Billy Copley não deu certo. Quando chegamos lá, todo mundo já estava assistindo ao jogo em Wimbledon entre Bjorn Borg e Vitas Gerulaitis. Estes dois últimos ainda não tinham vindo, estavam jantando juntos. O jogo durou três horas e lá pelo meio Vitas chegou com uma namorada, mas Bjorn tinha saído do jantar direto para casa. A piada é sempre que Bjorn dorme durante quatro horas e depois joga tênis durante duas e que Vitas joga tênis duas horas e depois vai à discoteca por quatro. Agora Vitas acaba de descobrir New York/New York. Susan Johnson estava magoada, todos os atletas corpulentos estavam com mulheres que eram altas, magras, louras, de cabelos compridos. Ela é só uma gracinha e baixinha e morena.

Havia muita bebida, nenhuma cocaína. Todo mundo brincou com Gerulaitis porque ele usou a gilete dourada de bater carreirinhas em volta do pescoço durante o jogo. Agora ele está em treinamento, foi embora cedo e só comeu uma ameixa.

Terça-feira, 23 de agosto, 1977. O jantar para entrevistar Diahnne Abbott foi no Quo Vadis. Apanhei Catherine. Bob começou a perguntar a Diahnne (*risos*) de várias maneiras diferentes como era ser negra. "Você é mesmo negra? Como você se sente com relação a sua pele? Você gosta de dançar?" Aí ele se concentrou em como era ser negra e estar na cama com Bobby de Niro. Acho que ela passou alguma coca para Bob – ele foi ao banheiro e voltou como um zumbi.

Diana Vreeland estava lá para jantar com Alessandro Albrizzi de Veneza, numa mesa atrás de nós. Mais tarde, quando estávamos saindo, apresentei Diahnne a Diana e Diana disse, "Estou loucamente apaixonada por seu marido". Fomos no carro de Diahnne ao Studio 54. Fred e Ahmet Ertegun e Earl McGrath estavam lá. Earl disse estar excitado por Fred ter concordado com tão pouco dinheiro pelo cartaz que eu vou fazer para os Stones.

Diahnne não gostou da música que estava tocando, não era apropriada, e quis ir embora. Fomos para o Elaine's. Ela pôs algumas músicas no toca-discos mecânico que não tocam no Studio 54. Bob continuou o inquérito sobre como era sentir-se negra.

Ela contou sobre os seus empregos de garçonete no Village no Left or Right Bank, lugares assim. Daí Bob perguntou sobre política e ela disse que não pensa nisso, e aí Bob veio com *Idi Amin*! Quer dizer, *tudo* o que ele estava dizendo era negro (Elaine's $50).

Depois Diahnne nos convidou para o apartamento dela. Foi estranho, parecia que isso queria dizer que ela estava realmente nos aceitando ou algo assim. Barrow Street. Roupas por toda parte, ela tem comprado roupas e mais roupas. Eles estão procurando um novo apartamento e eu sugeri Park Avenue, mas ela disse que eles têm uma imagem a ser protegida. Ela serviu Dom Perignon, mostrou fotos de bebês. Despachou a limusine, o que foi de mau gosto, e tivemos de tomar um táxi para casa. Quando passamos pelo quarteirão do Studio 54, Bob gritou, "Me deixa sair, me deixa sair" (táxi $5).

Terça-feira, 30 de agosto, 1977. Acordei cedo para ir fazer uma limpeza nos dentes com dr. Lyons. Fui até Park Avenue para pegar um táxi downtown, e um estacionou e a porta abriu e era a linda Barbara Rose dizendo, "Vamos rachar um táxi para downtown". A tarifa no taxímetro já era $3, eu notei. Ela agora está com Jerry Leiber, o sujeito da Leiber-Stoller que escreveu "Hound Dog", e aí ela falou sobre Elvis, embora eu não ache que Leiber tenha ido ao funeral em Memphis. Ela disse que ela e Leiber estão escrevendo ou já escreveram uma peça e querem que Al Pacino interprete Elvis. Deus, eu detesto essa mulher. Ela é horrível (total do táxi $7).

Estão dizendo que o artigo que Caroline Kennedy escreveu na *Rolling Stone* sobre o funeral de Elvis faz pouco da gente de lá, mas posso entender por que – Caroline é realmente inteligente e o pessoal lá *é* realmente idiota. Elvis nunca soube que havia pessoas mais interessantes.

Quando cheguei à Rua 12, caminhei pelo University Place em busca de ideias. Depois para o escritório. Sandy Brant estava lá com Jed, discutindo planos de decoração para o edifício de escritórios de Peter Brant e Joe Allen em Greenwich que Philip Johnson projetou. Jed agora está na área de decoração.

De táxi até Alkit Camera ($3), na 53 com Terceira. O motorista do táxi nem se virou para me olhar, mas ele sabia quem eu era. Perguntei a ele como é que podia saber. Ele disse que compra arte desde os vinte anos e "empilha tudo em casa como os Collyer Brothers". Ele vai a leilões e lugares procurando barganhas de arte e estava excitado por me ter no táxi. Comprei uma câmera nova porque à tarde eu tinha de fotografar Chrissie Evert. Para a série "Atletas".

Convidei Bettina, a famosa modelo de Chanel nos anos 50, para almoçar. Ela é aquela maravilha que estava no carro com Aly Khan quando ele morreu. Está aqui para inaugurar uma loja Ungaro na Madison, ali na esquina da minha casa. Estava com um vestido púrpura.

Chrissie disse que ela e Burt Reynolds falaram sobre mim recentemente e que é por isso que ela queria fazer isso. Victor entrou e começou a retirar as pinturas "Sombra" de caralhos e cus que eu tenho feito – as pinturas para as quais todos os "panoramas" têm posado – e alguém teve de dizer para ele não fazer isso. Eu dei uma cópia do número da *Interview* sobre Burt Reynolds para ela.

Quinta-feira, 1º de setembro, 1977. Fui ao oculista e experimentei mais ou menos uns outros quinze pares de lentes de contato macias. Finalmente um dos pares que era muito muito fino, o mais fino, foi o que serviu melhor.

Domingo, 4 de setembro, 1977 – Paris. Levantei tarde e voltei a dormir e ainda não estava pronto quando Fred estava pronto para sair à 1h. Táxi até YSL para o almoço. Fred teve de mentir e dizer que eu era um aleijado para que o motorista nos levasse numa corrida tão curta. O motorista olhou para mim e disse: "É, estou vendo" ($2).

Pierre nos mostrou o presente de aniversário dele para Yves: um leão vermelho do século XVI com olhos de rubi. Yves também estava com um anel de leão. Gravei o almoço todo. Eles falavam muito francês e então nós ficamos olhando muito em volta. Depois do almoço fomos ao jardim e os cachorros foram soltos e Pierre brincou com eles. Ele nos contou que usa um anel no caralho. Pierre disse que agora estão colocando silicone nos caralhos para que eles fiquem duros o tempo todo. Yves disse que espera que todos façam isso para que ele possa desenhar novas calças.

Terça-feira, 6 de setembro, 1977 – Paris. Fomos jantar no Castel. Enquanto subíamos, Fred notou que Joe Dallesandro estava lá e então descemos para convidá-lo a subir conosco, mas Joe disse não e isso começou a incomodar Fred. Aí Fred começou a beber champagne. Muita gente lá – Philippe Junot, o noivo de Caroline de Mônaco, o irmão de Florence Grinda e Pam Sakowitz, que está se divorciando. Fred beijou a mão dela. Depois teve uma discussão com um garçom sobre talheres para peixe. Perguntei a ele por que estava tão perturbado, se aquilo queria dizer que ele tinha tido um caso com Joe e ele não me respondeu. A cada garrafa de champagne descobríamos mais sobre Fred. Aí ele decidiu descer e obrigar Joe a subir. Joe parecia muito sujo, os dentes dele estavam sujos, como alcaçuz. Falava alto, disse que bebe uma garrafa de bourbon por dia. Ele está fazendo um filme com Maria Schneider – eles interpretam zumbis. Ele criticou sua namorada, Stefania Cassini, que o abandonou. Disse que comprou colares de $5 mil para ela que ela guardava no cofre e depois ia para Roma se chamando de comunista. Agora ele está tendo casos com homens e mulheres – qualquer um, ele disse. A gente disse que ia descer. Mais tarde ele voltou e gritou que estavam roubando a mesa dele e que a gente tinha de se apressar. Fez com que algum ilustrador rico pagasse por tudo. Joe começou a dançar com dois negros e Fred estava cada vez mais bêbado e também começou a dançar com eles. Fiquei tão constrangido que fui embora.

Quarta-feira, 7 de setembro, 1977 – Paris. Telefone tocou. Era Paloma procurando por Fred mas ele não estava em sua cama. Decidi que não podia mais me preocupar com ele. Paloma tinha um compromisso para o almoço com ele e disse que telefonaria de novo. Ele chegou por volta da 1h e ela telefonou de novo e nos aprontamos para ir encontrá-la. De táxi ao Angelina's ($2). Paloma estava vestindo um YSL vermelho. Falou sobre antigos romances e acontecimentos do passado. Paloma pagou a conta.

Sexta-feira, 9 de setembro, 1977 – Paris. Bob conseguiu que Liza Minnelli desse seu endosso para o anúncio de rum portoriquenho que vai sair na *Interview* e agora ele está atrás de Jack Nicholson.

Alguém telefonou de Nova York – fiquei sabendo que Bella Abzug perdeu, Cuomo ganhou.

Segunda-feira, 12 de setembro, 1977 – Paris-Veneza. O voo da Air France para Veneza levou duas horas e tomamos um barco-táxi até o Danielli ($20). Nos instalamos e depois fomos almoçar no La Colomba ($25). Fomos à loja de joias de Autillo Codognato. Ele agora está trabalhando com Doug Christmas na minha exposição aqui. Encontrei Nan Kempner. A exposição é na sexta-feira mas as pinturas ainda estão na alfândega em Roma. Quando estávamos na lancha vimos Graham Sutherland assinando gravuras.

Terça-feira, 13 de setembro, 1977 – Veneza. Tomamos café da manhã e nos mudamos para outro hotel, onde temos um quarto bonito com sacada e eu gostei mais (gorjetas $10, táxi $10). Autillo tinha nos convidado para almoçar no Harry's Bar. Pedi frango com pimentões e ouvi Doug e Autillo ainda falando sobre problemas de alfândega. Eles vão telefonar para o embaixador em Roma para tentar apressar as coisas.

Quarta-feira, 14 de setembro, 1977 – Veneza. Caiu uma tempestade durante a noite mas amanheceu um belo dia. Tínhamos de ir visitar a coleção de Peggy Guggenheim e assim nos colocamos a caminho. No saguão havia um fotógrafo que começou a tirar fotos de mim e isso continuou durante toda a viagem pela laguna. Aí Doug nos levou até Il Prigione, onde vai ser a minha exposição. Não é uma prisão, é um clube masculino elegante, é ao lado do Palácio dos Doges. É um bom espaço com pé-direito alto, mas não muito grande. A faixa branca para pendurar as pinturas dava a volta na parede, mas Doug queria pintá-la de carmim. O gerente nos levou até o terraço para nos mostrar uma grande faixa de tecido dizendo ANDY WARHOL e as datas da exposição, 16 de setembro – 8 de outubro. Tinha uma outra faixa na Praça de São Marcos embaixo do relógio e outra no caminho para a Accademia. Jed fotografou todas.

Olhamos para tudo na galeria de Peggy. John Hornsbee, o administrador, perguntou se Peggy queria nos receber e ela disse que não. Ela está doente. E de qualquer modo nós não queríamos realmente vê-la.

Quinta-feira, 15 de setembro, 1977 – Veneza. Às 4h eu tive de ir à prisão assinar alguns pôsteres por antecipação. Um tal professor de arte dum ginásio de San Francisco tinha deixado uma lata de sopa Campbell para que eu autografasse.

Jed e eu fomos a uma papelaria tentar achar alguns presentes para o escritório. Escolhemos uns bons designs de papel de Veneza impressos a mão ($60). Fomos para casa descansar. Thomas Ammann chegou de Zurique.

Sexta-feira, 16 de setembro, 1977 – Veneza. Jed e eu acordamos e fomos passear e fazer algumas compras de última hora para o escritório (presentes $19, $49, $39). Nos encontramos todos para almoçar no Cipriani e Doug não parecia nem um pouco nervoso embora as pinturas ainda não tenham chegado. Depois do almoço fui conferir e finalmente elas tinham chegado. O carmim estava um pouco carregado nas paredes mas de qualquer modo parecia bem. Todos começaram a trabalhar. Os empregados italianos já tinham começado a pendurar as pinturas. A assistente de Doug, Hilary, me contou que os empregados ficaram surpresos quando viram que minhas pinturas eram detalhes de corpos nus e eu acho que eles não pensaram que fosse boa arte porque começaram a fazer piadas e a comparar os caralhos com os seus próprios e não trabalharam muito. Ela disse que Doug e ela tiveram de fazer quase todo o trabalho sozinhos. Se os italianos riem de você e perdem o respeito, você não consegue fazer com que eles trabalhem – este foi o problema que Paul Morrissey teve em Roma quando estava filmando *Frankenstein* e *Drácula* – acho que a equipe decidiu que ele não sabia o que estava fazendo, porque todo mundo só ficou por ali fazendo piada.

Voltamos ao hotel para descansar. Fomos à exposição por volta das 7h30. Depois de mais ou menos uma hora fomos ao Florian para beber e todo mundo tirou fotos. Mais tarde fomos ao apartamento de Autillo no segundo andar de um palazzo enorme no Grande Canal. A sala principal estava toda arrumada com mesas para cem pessoas. Autillo nos mostrou sua coleção. Ele tem minhas "Flores" e "Jackies" e muita arte boa.

Durante o jantar senti a cadeira afundando debaixo de mim e estava me segurando na mesa quando o garçom disse que eu deveria mudar de cadeira. Mas acho que ele colocou a cadeira quebrada numa outra mesa porque em poucos minutos eu ouvi alguém caindo e vi um homem de cabeça branca se levantando do chão.

Depois do café passeamos um pouco e visitamos a coleção mais uma vez. Eu estava ficando cansado e estava pronto para ir embora, mas a esta altura chovia a cântaros. Fred estava bêbado e muito quieto. Esperamos embaixo pelos barcos-táxi. Como nenhum chegou logo, decidimos caminhar. Seguramos nossos casacos bem firmes em torno de nós. Fred escorregou uma vez mas chegamos bem em casa. Logo depois que deitei senti todo o edifício se mexendo.

Sábado, 17 de setembro, 1977 – Veneza-Nova York. Disse a Jed que houve um terremoto na noite passada e ele disse que foi só o vento, mas quando o chão muda de lugar e tudo começa a escorregar a gente sabe que é um terremoto. E era – Autillo disse que uma pintura caiu na casa dele.

Tomamos uma lancha para o aeroporto, rápido sobre as ondas ($25 mais $5 de gorjeta). No aeroporto encontrei Johnny Nicholson do Café Nicholson. Comprei revistas ($10). No avião li uma boa crítica de *Bad* – 25 filmes estrearam em Paris nesta semana e *Bad* era o único que estava com toda a publicidade, estão dizendo que é o primeiro filme "punk". Estão me chamando de Rainha do Punk.

Domingo, 18 de setembro, 1977. Meu vernissage no Folk Art Museum é amanhã à noite. Todo mundo que tem me dado convite por toda a cidade agora espera ser convidado, mas é embaraçoso porque o museu não está me dando nenhum ingresso grátis, é um vernissage beneficente a $100. É horrível, esse pessoal deixa você entrar grátis por toda a cidade e você não pode nem convidá-los.

Fico dizendo para eles que não vai ser nada e que vai ser muito chato – o que é verdade.

Segunda-feira, 19 de setembro, 1977. Fui consultar o dr. Poster (táxi $2.50) porque liguei a minha máquina de limpar lentes de contato em Paris e a voltagem era diferente e ela estragou.

Richard Weisman vinha ao escritório às 2h30. Quando ele chegou disse que eu tinha de ir a Columbus amanhã tirar fotos de Jack Nicklaus. Richard e Fred tiveram uma reunião sobre a série de retratos de astros do esporte que Richard encomendou e eu deveria ter ficado mais tempo na reunião, porque depois que eu saí eles decidiram que vai haver uma exposição em dezembro com os dez retratos "Atletas" que finalmente decidimos expor e eu acho que janeiro seria bem melhor.

Chris Makos passou por lá e me deu uma cópia de *White Trash*, o livro dele de fotos, e parece bom, ele fez um bom trabalho.

Saí mais cedo do escritório. Doc Cox disse que ia me buscar no Rolls-Royce dele e fiquei arrepiado porque eu *detesto* ser visto naquele carro. Mas ele chegou de táxi e eu fiquei secretamente vibrando quando ele me contou que o Rolls tinha estragado. Mas mudei de ideia quando chegamos no Folk Art Museum porque havia fotógrafos por toda parte e, na realidade, daquela vez, o carro *teria* feito um sucesso enorme porque sair de um táxi vagabundo foi um fracasso.

Ultra Violet estava lá e agora pensando bem ela deve ter feito uma plástica. Ela parecia como no dia em que a conheci, realmente ótima. Realmente realmente ótima. Ela usava um vestido cheio de moedas douradas pregadas e estava vendendo as moedas. Já tinha vendido as moedas americanas boas. Acho que fui eu quem deu a ela a ideia de comprar moedas, no tempo em que ela pensava que tudo o que eu fazia era realmente esperto.

Fomos para o Four Seasons. Havia coquetéis no saguão antes do jantar. Eu estava sentado entre Sandra Weidenfeld e Estée Lauder. Estée foi muito agradável, ela colocou perfumes de amostra grátis na mesa. A orquestra de Peter Duchin estava tocando.

Marina Schiano não gostou da ponta da mesa onde ela ficou – estava chateada por não estar com Fred, Diana Vreeland e Diane de Beauvau – e disse que por $100 ela deveria conseguir sentar ao lado do marido, mr. Hughes [*Marina esteve casada com*

Fred Hughes por alguns anos embora eles mantivessem casas separadas]. Ela foi até Bob, que também estava chateado numa outra mesa, e disse que ia para casa – e eram 10h15 – e que ele a pegasse para a festa no Studio 54 dentro de mais ou menos uma hora. Disse que poderia ter saído com Marvin Gaye em lugar de ir àquela coisa.

Doc Cox estava realmente bêbado, babando em cima do Kevin de Bob. Kevin Farley. Autografei coisas para as pessoas e me senti mal porque eram meus amigos e deu branco e eu não conseguia lembrar os nomes deles – pessoas que eu conheço há vinte anos, que me deram meu primeiro emprego.

Aí depois Alana Hamilton estava dando uma festa de aniversário para Mick Flick no Studio 54. Eu estava muito feliz por ir a uma festa grande e alegre depois desse jantar horrível (táxi $2.50).

Peter Beard estava no Studio 54 e pela primeira vez eu o vi bêbado de enrolar a língua. Disse que estava feliz porque depois que o incêndio destruiu sua casa do moinho em Montauk ele não vai escrever mais diários, na realidade ele está aliviado que todos tenham sido destruídos. Eu lhe disse que *não* se sentisse aliviado, que ele *tinha* de escrever mais. Sterling St. Jacques estava lá, disse que ganhou um papel em *The Wiz* – ele e Pat Cleveland romperam. Me levou até Shirley Bassey e ela pareceu excitada em me conhecer.

Stevie Rubell foi ótimo comigo e ficou me trazendo vodkas, mas a vodka lá é a mais ordinária e eu as escondi. Mas, quando Bob veio, vodka é tudo o que ele bebe e eu dei todas para ele, e Kevin balançou o dedo e disse que aquilo era "proibido" – ele não quer que Bob beba. É doentio. Bob se deixando dominar pelo marido.

Terça-feira, 20 de setembro, 1977. Assisti a *Stanley Siegel*. Brooke Shields não apareceu e aí ele fez uma entrevista ao vivo por telefone com Sophia Loren, que está na cidade, no Pierre. O inglês dela agora está bom. Mas você sabe, vendo-a na TV esta manhã, ela é tão à toa. Disse que não deixaria sua filha participar dum filme como *Pretty Baby*, de Brooke Shields, e quer dizer que ela não fodeu até chegar ao topo? Quem é que ela está tentando enganar? Ela é tão pretensiosa. Vou ter um encontro com ela na quinta-feira. Ah, e na segunda-feira à tarde eu estava no escritório e ouvi a conversa mais inacreditável – Vincent estava ao telefone com nosso advogado discutindo se eu deveria apresentar uma *intimação* a Sophia Loren quando eu fosse jantar com ela! É por causa do processo que estamos movendo contra o seu marido, Carlo Ponti, que produziu *Frankenstein* e *Drácula* [*v. Introdução*]. Eles estavam falando sério. Agora veja, não seria diretamente, haveria um homenzinho comigo e quando Sophia abrisse a porta o homenzinho daria com a intimação na cara dela. Aí ela e eu jantaríamos como se nada tivesse acontecido. Isso é o que eles estão preparando para mim! Eu só ouvi o lado de Vincent na discussão por telefone, meu queixo caiu.

Catherine disse que temos de ir à projeção do filme de Sophia Loren, já que é especialmente para nós porque vamos entrevistá-la. De táxi até 1600 Broadway ($2.60).

Parecia um filme italiano dos anos 50. Cenários lindos. Sophia é uma dona de casa com umas gracinhas de filhos gordos italianos, e num dia quando Hitler estava na Itália o edifício inteiro vai assistir à parada para ele. O passarinho falante dela foge e ela fica intrigada com Marcello Mastroianni, o homem do outro lado do corredor. Aí eu caí no sono. Quando acordei ele estava dizendo para ela que era bicha e que não se excitava com mulheres. Aí eu dormi de novo. Quando acordei ela estava em cima dele e eles estavam trepando, mas de roupa. Quase tudo se passa num único quarto. Depois ela volta para casa e todo mundo chega da parada e ela vê a luz se apagar do outro lado do corredor e dois sujeitos vêm levá-lo e mandá-lo para, você sabe, Fire Island ou algum lugar, porque foi para lá que mandaram o namorado dele.

Quarta-feira, 21 de setembro, 1977 – Nova York-Columbus.
No avião Richard Weisman disse que Vitas Gerulaitis esteve há pouco em Columbus e descobriu o melhor motel e as melhores garotas de programa.

Logo que a gente aterrissou Richard telefonou para o número das garotas e eles combinaram um encontro no quarto de Richard à meia-noite. Depois nós fomos ao motel que Vitas nos recomendou. Era quase um pardieiro, mas era ok, como qualquer outro motel, como estar num Holiday Inn, com piscina e tudo.

Logo que a gente se hospedou lá fomos para outro motel, aquele do qual Jack Nicklaus é o dono, para encontrá-lo.

Esperamos um pouco enquanto ele falava no telefone. Está gordo, mas Richard disse que uma vez ele foi a 127kg e que agora baixou para 82kg. Estava muito bronzeado, mas os olhos, em volta deles, ficaram brancos onde os óculos de sol estavam, e as mãos dele são pequenas e brancas, ele usa luvas no campo. O cabelo é louro e ele disse alguma coisa sobre estar precisando de um corte, mas tive a sensação que o cabelo dele está do jeito que sempre foi, um pouco cheio em cima das orelhas, como se fosse uma touca.

Comecei a tirar fotos mas nenhuma delas estava saindo muito boa. É tão difícil tirar fotos de gente bronzeada porque eles saem muito vermelhos. Ele estava sendo gentil e Richard estava tentando ser gentil, mas por alguma razão o ambiente estava tenso, ele não entendia o que estava acontecendo. E eu tinha levado o meu gravador e estava gravando, mas quando percebi que ele não entenderia aquilo discretamente desliguei o gravador. A secretária de Richard mostrou para ele fotos que eu tinha feito de Tom Seaver, Muhammad Ali e Pelé, mas ele continuou sem entender por que nós estávamos lá tirando fotos dele. Richard tinha mandado um livro mostrando as minhas pinturas mas ele não entendeu o estilo.

E aí ele recebeu outro telefonema e estávamos ficando nervosos e eu tirei algumas outras fotos e ele não gostou de nenhuma e nós não gostamos de nenhuma. O fato de não estarmos conseguindo boas fotos tornou as coisas mais e mais incômodas e finalmente ele disse, "Bom, vocês sabem o que vocês querem – vocês não me dizem como dar a primeira tacada no campo", e eu me senti mais desconfortável do que nunca e todo mundo desejou que pudéssemos ir embora. Então finalmente ele gostou de uma mas era quase nada, uma foto frontal, e eu não vi nenhuma diferença entre o resto e essa, mas ele disse que não queria parecer – qual é a palavra? É como arrogante, mas é uma palavra pequena – ele não queria parecer como aquilo, e ele pensou que essa fazia com que ele parecesse uma boa pessoa. Ele falou da mulher e dos filhos.

Esqueci de dizer que quando estava tirando as fotos não havia nenhum taco de golfe perto, estavam todos no campo. Ele foi a alguns escritórios perguntando se alguém tinha tacos e finalmente voltou com alguns que disse serem quase iguais aos dele, e eu não sabia que tacos de golfe têm chapéus com cordões.

Saímos correndo e jogamos tudo dentro do carro, e subitamente me ocorreu que na realidade ele tinha dado a impressão que era solitário e talvez nós devêssemos tê-lo convidado para sair conosco, mas ele mesmo não sugeriu nada e ninguém sabia o que fazer, e aí nada aconteceu. Procuramos um lugar para jantar. Fred e eu queríamos ir embora para Nova York logo depois de tirar as fotos, mas o primeiro voo parava em Atlanta antes.

Aí voltamos com Richard ao quarto dele para esperar as garotas que chegariam às 12h e bebemos tequila com ele. Quando elas telefonaram ele pediu que trouxessem uns jeans e uma camiseta para Claudia, porque todos nós iríamos percorrer os bares e ela não tinha trazido nada para vestir.

Claudia foi aeromoça e acho que foi assim que Richard a conheceu. Ela é muito bonita e é a melhor secretária. Faz tudo.

As garotas chegaram e pareciam modelos de Nova York, muito altas e louras e lindas e estavam vestindo o mesmo tipo de roupa, jeans e camiseta.

Uma das garotas era mais como uma cafetina e foi atrás de Richard. O assunto delas era Vitas e aí telefonaram para ele em Nova York. As roupas que trouxeram para Claudia serviram perfeitamente.

Fred e eu fomos para os nossos quartos. Grandes e limpos e tudo, mas você acordava cada meia hora por causa do ar-condicionado. Eu dormi de roupa porque sabia que a chamada de despertar viria às seis.

Quinta-feira, 22 de setembro, 1977 – Columbus-Nova York.
Valentino estava no escritório para almoçar. Barbara Allen e Joe Eula estavam entrevistando. Suzie trouxe Paige Rense, que disse, "É melhor que eu pergunte agora e acabe logo com isso – posso escrever uma história sobre você na *Architectural Digest*?". Eu disse não e ela disse, "Ok, eu compreendo", mas mesmo assim ela se ofereceu para me divertir quando eu fosse a Los Angeles. Disse que dormiu com suas lentes de contato macias e isso estragou os olhos por algum tempo, e ela não consegue encontrar seus óculos. A filha de Joel Grey, Jennifer, também estava lá. Quando Valentino ouviu que mais tarde eu entrevistaria Sophia Loren, disse que ela é a pessoa mais pão-dura, que foi ao ateliê dele e queria 70% de desconto e ele disse adeus.

Táxi até o Pierre com Victor e Robert Hayes na hora do rush ($4). Fomos para o trigésimo sexto andar encontrar Sophia. No caminho no táxi eu avisei Victor de tudo o que ele não deveria dizer – por exemplo, que estamos processando o marido dela.

John Springer veio nos encontrar. Sophia chegou linda. Depois ficou nos dizendo como é pobre, foi ridículo. Por exemplo, quando perguntamos se veste roupas de Valentino ela disse ah não, são muito caras para ela, e disse que não teria dinheiro para ficar num lugar como o Pierre – que o pessoal do filme é que está pagando. Quer dizer, e ela não mencionou que poderia ter ficado alguns quarteirões abaixo no apartamento que ela tem na Hampshire House. Mas Victor foi ótimo, ele abriu champagne e disse que viu todos os filmes dela na Venezuela quando era criança. Eu tinha dito a Victor que não falasse nenhum palavrão porque, quando fomos à vila de Carlo Ponti em Roma alguns anos atrás, Sophia não permitia nenhum palavrão e ameaçou nos colocar para fora se falássemos algum. Bom, o resultado é que a coisa mais comum enquanto estivemos no Pierre foi Sophia dizendo "foda" a todo momento. Ela e Marcello Mastroianni estão na capa do *Post* por terem participado duma entrevista no show de Dick Cavett no canal 13, e Marcello disse: "Você tem que foder um monte" quando Dick perguntou como alguém se transforma num latin lover. Sophia parece que achou tão "gracioso", e ficou repetindo a coisa. Depois de mais ou menos uma hora ela queria se livrar de nós e fomos embora depressa.

Sexta-feira, 23 de setembro, 1977. Outra prima de Catherine esteve na cidade, Evgenia alguma coisa, uma Guinness, e ela veio apanhar um número da *Interview* que tem Erskine como um "Interman". Perguntei o que estava fazendo na cidade e ela disse que tinha vindo "para um funeral", e eu perguntei quem tinha morrido e ela disse que foi o padrasto dela, Robert Lowell. Ele tinha acabado de voltar da Irlanda, tomou um táxi no aeroporto e teve um infarto. Tinha 61 anos. Acho que ele era o poeta número um depois da morte de W.H. Auden.

Domingo, 25 de setembro, 1977. Tive uma noite ruim. Acordei às 6h, voltei a dormir, acordei de novo às 8h e às 9h, liguei a TV e vi todos os desenhos animados. Archie e Amos ainda estão fora, foram a Montauk com Jed – continuamos tentando alugar aquilo lá.

Diana Vreeland telefonou e disse que alguém deveria falar a Fred sobre o problema de bebida dele, dizer-lhe que é muito atraente mas que quando está bêbado é muito desatraente.

Stevie Rubell telefonou e disse que tem ingressos para o jantar de Lillian Carter no Waldorf. Tenho de vestir smoking de novo, mas as calças sempre comicham tanto, por isso é que normalmente eu uso jeans com o casaco do smoking. Mas esta noite inovei a coisa, coloquei as calças pretas por cima dos meus jeans e não ficou parecendo estufado, funcionou, aí saí de casa com dois pares de calças às 6h15. De táxi até o Waldorf ($2.50). Quando cheguei lá Stevie não estava nem por perto.

Um garoto me levou até uma pequena sala lateral onde havia uma recepção para Miz Lillian. Ela estava com um quase-vestido-de-noite azul e ficou realmente contente de me ver, adorou os retratos que eu fiz dela e me convidou para a festa em seu quarto depois. Ela me disse que era o 7-N. Finalmente Stevie chegou, ele tinha acabado de fumar um, ele disse, porque fica muito nervoso com essas coisas. Disse que jamais tinha estado com tantos outros judeus antes. Era a Sinagogas das América – algo assim – dando uma medalha para ela.

Depois fomos para o salão. Eu estava na mesa 3. Havia uns 35 judeus no palco. O sujeito Edgar Bronfman – o pai do sequestrado – pagou pelo jantar. Ele falava com muita classe – se você fechasse os olhos parecia que era Dick Cavett – e era o único com uma mulher jovem e bonita que não parecia judia. Andrew Young veio me apertar a mão, ele se parece com um Johnny Mathis corpulento. Depois serviram gefilte fish e era um jantar de laticínios. Enquanto comíamos eles fizeram discursos e cantaram "God Bless America" em inglês e judeu. O cantor tinha uma voz muito boa. Isso durou horas. Andrew Young fez um discurso sobre as Nações Unidas e liberdade. A comida parecia comida de avião. A melhor frase da noite foi quando Lillian disse, "Nunca conheci tantos judeus na minha vida. Tenho de contar para Jimmy". Todo mundo ficou tão chocado que teve de rir. Ela estava ótima, nervosa. Havia cópias autografadas do seu livro *Away From Home* em cada assento e eu roubei uma cópia extra porque Richard Kiley não apareceu.

Depois Stevie e eu saímos do Waldorf e fomos procurar o carro dele, estacionado na Lexington. Um Mercedes de $30 mil. Ele diz que é o seu único grande prazer na vida, ter um carro e estacionar onde quer, gastando dinheiro com multas de trânsito. Disse que tem dinheiro em caixas de sapato. Ele diz que deveríamos ir às discotecas juntos porque ele tem de pegar garotos para trabalhar no Studio 54.

Bob Weiner está fazendo sua primeira grande história para *New York* e é sobre Stevie e o Studio 54. Bob Weiner parece que está apaixonado por Stevie. (*risos*) Profundamente. Bob era hétero, produzindo peças na Broadway, e aí por volta de 69 ele se transformou num tipo hippie e começou a ouvir rock'n'roll e escrever para um jornal sujo como *Screw*.

Festa no The Ginger Man para a abertura do New York Film Festival. Leticia Kent estava lá e John Springer, que deu a festa, e Marcello Mastroianni e Gerard Depardieu, que estava maravilhoso. Ele me pediu um cigarro francês e eu disse que não tinha mas podia conseguir um Quaalude, e fui até Stevie e ele me deu um e eu quebrei em quatro partes mas não fiquei com nenhuma. E Stevie ficou dizendo, "Você não tomou o seu Quaalude". Eles não esquecem – drogados realmente têm memória. Aí deixei que ele me visse tomando uma parte.

Depois vi Howard Smith, do *Voice*, e fui dizer olá. Howard tem escrito cartas para Valerie Solanis, é a coisa mais recente, ele deve ter se encontrado com ela no Village. Ele me disse que estava com pena de ter iniciado a coisa, que ele não sabe quão loucas as pessoas são lá fora. Eu disse que talvez fosse porque ela trabalhava para a CIA.

Stevie queria ir aos clubes no Village, ele quer abrir um lá. O primeiro lugar que a gente entrou foi o Cock Ring. Tudo está mudado, se livraram dos quartos dos fundos e os bares estão realmente cheios. Stevie é o mr. Big lá, ele seleciona todos os seus garçons. Logo antes de entrar no Cock Ring eu tirei minhas calças pretas e entrei só com os jeans que estavam por baixo. Estava cheio de gracinhas dançando.

Aí em todo lugar Stevie ficava imediatamente chateado e queria ir embora. Fomos a 12 Oeste e eu não queria dançar, aí Stevie dançou com uma almofada. Ele ficava conseguindo poppers e colocando embaixo do meu nariz. Bob Weiner viu Stevie com os poppers e eu cheirando e foi para o carro. Depois ele disse que a imagem inocente e limpa que ele tinha de mim estava destruída, que lá estava eu chapado com Quaaludes, tomando poppers e bebendo. Eu disse, "Você realmente me *viu* tomando um Quaalude?". Aí eu mostrei os pedaços do Quaalude que ainda estavam no meu bolso e contei que eu não estava inalando quando Stevie colocava os poppers embaixo do meu nariz. Então ele disse ok, mas que eu estava *bebendo*, e eu disse, "Eu *sempre* bebo".

Fomos ao Anvil por um minuto. Havia um negro na porta que não queria deixar Stevie entrar, começou a gritar que Stevie não tinha deixado que ele entrasse no Studio 54 e agora quem ele pensava que era tentando entrar no Anvil, mas aí ele me viu e abanou para mim e acabou deixando Stevie entrar, mas fez Stevie pagar. No andar de cima havia "diversão". Era um travesti. Richard Bernstein estava lá, me disse que Valentino encomendou quarenta retratos para ele e depois só levou dois. Lembre-se, ele foi a pessoa que chamou Sophia Loren de a pessoa mais mão fechada do mundo por querer um desconto de 70%! Uma parte do show que achei engraçada foi um garoto tirando cinquenta pares de cuecas.

Stevie disse que tinha de levantar às 8h porque o açougueiro do restaurante vem às segundas-feiras de manhã e ele tem de escolher a carne. Ele mora num novo edifício na Rua 55. Fomos para o carro e Stevie me deixou em casa e eu o beijei em frente de Bob Weiner para que Bob tivesse alguma coisa a mais sobre o que escrever. Isso era por volta das 5h.

Terça-feira, 27 de setembro, 1977. Ahmet Ertegun telefonou e me convidou para um jantar em homenagem a Pelé à noite. Gastei o resto do dia telefonando para convidar pessoas para serem minhas companhias mas ninguém queria ir. Deixei Vincent e Catherine (táxi $4). Mudei de roupa, depois tomei um táxi para o Plaza ($2). Conheci Howard Cosell e a mulher dele e fiquei surpreso por ele ser tão alto. Gostei dele, ele foi divertido.

Meu retrato de Pelé seria apresentado, o pai e a mãe de Pelé estavam lá e eles são uma graça, e a mulher dele é branca, mas todo mundo é de uma cor diferente na América do Sul – os pais dele também são de cores diferentes. Depois do jantar fomos ao P.J. Clarke's ($2.50). Tucker Frederickson, o jogador de futebol de quem eu gosto tanto, estava lá. Ele é tão adorável que eu fiquei dizendo que ele deveria fazer mais TV, mas ele disse que não queria. Comi um prato de chili.

Quinta-feira, 29 de setembro, 1977. Falei com Fred. Estávamos combinando ir encontrar Nenna Eberstadt, que trabalhou no nosso escritório todo o verão para o almoço na escola dela – Brearley – na Rua 83 uptown.

Antes de sair de casa falei no telefone com David Whitney. David disse que ainda nem começou a organizar a exposição de Jasper Johns. Aí ele disse uma coisa que me assustou quando ouvi e me assustou ainda mais à medida que o dia avançou. Disse que quando Rauschenberg estava no Texas para uma exposição, todas as pessoas de arte estavam num ônibus chique de pessoas de arte e eles pararam num posto de gasolina e o banheiro dos homens estava trancado e aí Rauschenberg mijou ao lado do ônibus e dois rangers texanos apareceram e o prenderam e o levaram para a prisão! Quer dizer, se você está caminhando numa rua em Nova York, o que você faz se realmente precisa mijar ou cagar? O que você faz? Tem de fazer nas calças? Será que prendem você se você fizer na rua? E se você provar que realmente tinha de fazer, será que soltam você mas fica o registro policial? Acho que você tem de fazer nas calças.

De táxi até Brearley com Bob e Fred. Saí do escritório e por isso levei uma pilha de *Interviews* comigo. Quando chegamos na 83 com Primeira Avenida (táxi $5) entramos e deixei as revistas na porta para as garotas pegarem. Esqueci que esta não é só uma escola de adolescentes. Só estava pensando que todas as meninas eram mais velhas, como Nenna. Bem, Nenna veio nos encontrar e subitamente ela parecia que tinha dez anos! Eu não podia acreditar! Num pequeno uniforme preto e com uma destas saias, você sabe, que são curtas como – como é que se chama? Como as mulheres vestiam nos anos 60... uma minissaia. E a amiga dela estava de uniforme também, uma menina muito linda que também parecia ter dez anos. E Fred nos contou um segredo, que Mick Jagger telefonou para Nenna, e Freddy Eberstadt atendeu e começou a gritar com ele, "Como é que você se atreve a telefonar para uma menina como minha filha? Você, um homem velho com quarenta anos!". Mick se ofendeu e disse, "Não tenho quarenta. Tenho 34. E, Nenna sai com mr. Fred Hughes, que também tem 34. E além disso, *eu* não fico tocando a campainha na casa das pessoas às 4h da manhã". Isso era uma referência a Freddy Eberstadt tocando a campainha na casa de Mick procurando por Nenna na madrugada.

Enquanto eu olhava à volta e via como aquelas meninas eram jovens, tudo o que eu conseguia pensar era nas *Interviews* na porta e sobre Rauschenberg sendo preso no Texas e sobre Roman Polanski, como um pobre sujeito pode cometer um erro porque essas meninas podem parecer tão jovens ou tão velhas quanto quiserem.

Tina Radziwill estava no Brearley também. Ela mudou muito desde o verão em que Lee alugou Montauk. Agora tem muitas espinhas. Quer dizer, você imaginaria que já tivessem encontrado um jeito de curar espinhas. Se uma garota como Tina pode gastar todo o dinheiro do mundo para se livrar das espinhas e não consegue se livrar, então não há esperança para mim.

Nenna nos apresentou para outra das suas amigas e ela parecia que tinha quarenta! Tinha tetas *tão* grandes e uma bunda *tão* grande. Era branca, mas havia algumas negras na escola, também. Aí elas nos levaram num tour horrível para conhecer a biblioteca e o ginásio e o refeitório para os de doze anos. Tudo que eu podia pensar eram as revistas com talvez fotos de nus nelas. Fiz Bob ir até lá para recolhê-las, mas já tinham sumido. Eu disse a Nenna para contar à diretora que tínhamos deixado as revistas lá esperando pegá-las quando saíssemos e ela disse que tentaria ajeitar tudo. De táxi de volta para o escritório ($5).

Mick chegou vinte minutos atrasado e realmente de bom humor – eu estava fotografando os Stones. Aí todo mundo começou a chegar – Ron Wood e Earl McGrath e Keith Richards, que eu acho que é apenas a pessoa mais adorável, eu o adoro. Eu disse que fui a primeira pessoa a conhecer a mulher dele, Anita Pallenberg. Nos anos 60.

Richard Weisman estava mandando ingressos para uma festa para Ali, se Ali vencer a luta com Shavers.

Suzie Frankfurt telefonou. Ela tem visto Sam Green o tempo todo e eu disse para ela, "Você acha que Sam Green não fala de você?" Ela disse, "Não, Sam me *ama*". Eu disse, "Quer dizer que você acha que ele não sai pela cidade repetindo para todo mundo o que você diz?". Ela disse, "Mas ele não fala de *você*". Eu disse, "Claro, e é porque eu nunca nunca *conto* nada para ele".

Deixei Catherine e Peter Marino. Peter e Catherine se tornaram amigos em Montauk. Não posso entender Peter, ele é louco. Eu contei a ele que ele deve toda sua vida e sua carreira na arquitetura a nós, fomos nós que demos o primeiro emprego a ele – tiramos as calças curtas de seu negócio e demos as calças compridas, e ele disse que agora usa ternos Armani e que nós não o tínhamos colocado *neles*. Ele foi engraçado (táxi $4).

Troquei de roupa em casa. Comi um pouco da comida de Archie e comecei a caminhar até o 730 Park Avenue para um jantar para um sujeito suíço que está na cidade e disse estar louco para me conhecer. Depois do jantar fui para a Rua 66 esperar minha companhia, Kevin Goodspeed, que eu conheci no Studio 54.

Ele é grande e é como minha velha paixão dos anos 60, Rodney LaRod, e cheguei a pensar que ele seria um bom guarda-costas até mais tarde naquela noite quando alguém pisou em sua câmera e deu uma surra nele.

De táxi para a festa para Muhammad Ali no Americana ($2.50). Era uma dessas festas onde você Espera Por Nada. Ali nunca veio, disseram que ele se machucou muito na luta. Mas uma coisa ótima aconteceu. Encontrei uma negra boxeadora. Ela me convidou para vê-la lutar.

Depois Richard Weisman queria ir dançar e demos uma chegada no Studio 54. A pé. Stevie Rubell está loucamente apaixonado por mim. E Victor estava lá e ficou com ciúmes do meu companheiro Kevin. Victor estava usando "calças punk", elas tinham uma braguilha normal fechada e tudo, mas no fim do fecho havia um buraco para deixar o caralho pendurado, e a princípio você nem notava, parecia que tudo estava em ordem. Também estava com uma bandana de lantejoulas de Halston, parecida com a que ele deu para mim. Depois Kevin e eu fomos ao Serge's, no bairro de Kevin, na Terceira Avenida altura dos 30, um café que fica aberto a noite toda, e depois que tomamos café deixei-o lá com umas pessoas que ele conhecia. Dizem que é a melhor cafeteria (café da manhã $10). Quando saí um garoto numa Mercedes estacionou e disse que morou no meu quarteirão na Rua 66. Pedi para descrever a rua e ele descreveu e aí entrei no carro e ele me deu uma carona. A essa altura eram 5 da manhã.

Sexta-feira, 30 de setembro, 1977. A vida noturna está me arrasando, não consigo nem me arrastar até o travesseiro. E ainda estou com medo de ser preso por deixar *Interviews* no colégio de Nenna. E se tiver um nu naquele número? Estou com medo de olhar. Eles só prendem quem publica. Eu sou quem publica. Fred é o presidente. Ah, meu Deus. Não quero pensar nisso. O que o Larry Flint era quando foi preso? Ele é quem publicava? Por que eles não prendem o diretor – ou o *editor*? Bob bem que poderia escrever a coluna dele, "Out", direto da prisão. Seria uma nova cena para ele cobrir.

E, falando de cenas, Steve Aronson leu o primeiro esboço de PH para *Popism* e disse que enfim vai copidescar para nós – que precisa de algumas mudanças mas que é fascinante porque é uma cena que ainda não foi mostrada.

Paul Jenkins veio ao escritório. Ele é um pintor que coloca tinta na tela e deixa escorrer e o trabalho dele é como o de qualquer outra pessoa, mas ele trabalha bem. Acho que está interessado num retrato. Ele está com aquela mulher rica Du Pont, Joanne.

Sábado, 1º de outubro, 1977. Fui com o ônibus do Rockefeller Center para ver o jogo do time de futebol do Cosmos (táxi $3). O ônibus estava ficando cheio com Nan Kempner e Jerry Zipkin e tipos dessa espécie. O pessoal da Casa Branca, Tom Beard e Joel McCleary, ia de limusine e me convidou para ir junto. O filho de Carter que não é casado deveria ter vindo, por isso a limusine, mas ele não veio.

Em uns 45 minutos estávamos em Jersey no estádio do clube. Nos deram um tratamento VIP, com lanche e bloody marys. Robert Redford e Muhammad Ali estavam lá. Também Gordon Lightfoot e Albert Grossman, que foi empresário de Dylan. Ele me contou novamente que *ele* é quem tem o meu Elvis de prata, eu não compreendo como, porque eu dei para Dylan, então como é que Grossman conseguiu?

Kissinger estava lá acenando com as mãos feito um papa. Havia muito serviço secreto à volta. Aí à 1h30 fizeram todo mundo ir para o jogo.

Fui até Muhammad Ali e o cumprimentei, mas ele olhou para mim sem me ver, parece que não sabia quem eu era ou não se lembrava que nos conhecemos no campo de treinamento dele na Pennsylvania. O pessoal dele, que lhe diz quem é quem e o que é o que, não estava por ali, e ele estava sozinho, comendo, aí fiquei constrangido e dei meia-volta.

Sentei nas arquibancadas perto dos dois filhos de Robert Redford, de mais ou menos doze e treze anos. Todo mundo diz que era a primeira vez que Redford estava em público se deixando fotografar. Havia lugares vazios à minha volta onde o filho de Carter deveria estar, mas ele não veio. Muhammad Ali estava na minha frente e eles colocariam o filho de Carter ao lado dele. A mulher e o filho de Ali estavam lá. Elaine do Elaine's também, e ela me contou que está numa dieta de proteínas. Mas depois eu a vi empanturrando-se de pãezinhos.

Pelé jogou num lado e depois no outro lado. Quando começou a chover distribuíram capas de chuva para os VIPs e era gostoso estar sob a chuva, deixou tudo mais excitante. Setenta e cinco mil pessoas estavam lá. O diretor do estádio levou Ali até a sua cabine de vidro para que ele não se molhasse. Quando estávamos ficando realmente encharcados pulamos para a cabine de alguém e a menininha que estava lá disse que o pai dela era o dono dos Giants.

Kissinger apertou minha mão, mas ele apertou a mão de todo mundo. Os homens do campo de treinamento de Ali na Pennsylvania me reconheceram e perguntaram se eu tinha falado com Ali e eu menti e disse que não.

Segunda-feira, 3 de outubro, 1977. Fui ver o dr. Poster por causa do meu olho vermelho e ele disse que era apenas um vaso sanguíneo rompido, que eu colocasse umas compressas quentes. Mas esqueci de fazer isso.

Catherine e eu fomos ao Gleason's Gym entrevistar a boxeadora Jackie Tonawanda (táxi $2.60). Vários lutadores bonitos passaram por nós. Perguntei como é que se pode ser dono de um lutador e Jackie disse que seria mais caro porque ela teria de ser paga, pois ela gerenciaria os lutadores e isso chegaria a $150 por semana e mais algum para alugar um vestiário no Gleason's. Catherine se apaixonou por um lutador negro de 2m17cm que estava pulando corda. Tentei fazê-la interessar-se por uma graça de garoto irlandês mas ela disse que era um tipo muito comum. Jackie não foi uma entrevistada muito boa porque se eu dizia algo sobre um filme esse era o único assunto sobre o qual ela ficava falando. Ela está pronta para ir ao Japão lutar com uma mulher nipo-irlandesa de 2m10cm.

Depois de táxi até a William Morris Agency ($3). Fomos até o trigésimo quarto andar. Um sujeito de lá, Steve Pincus, telefonou muito para o escritório querendo que eu fosse lá e falasse com eles para que eles sejam meus empresários. A conversa foi ótima, estava com outros sujeitos lá e eles disseram que conseguiriam um comercial de TV para a American Express e shows da Broadway e papéis em filmes e Catherine ficou tão impressionada e meu Deus foi tão chato, você pensaria que eu já não tenho ouvido isso anos a fio, indo até William Morris e aí depois da Grande Entrevista nada acontece. Mas adorei ter ido lá. Eles são todos casados mas parecem umas bichas enrustidas. Catherine me disse para não chamá-la de "puta rica" porque não seria digno. Agora finalmente eu sei como chamá-la.

No jantar na Peter Luger's Steakhouse contei a Diane de Beauvau, que estava com Pierre, o namorado dela, que quando eu saía de casa deu no rádio e na TV que uma menina da família Patino, de cinco anos de idade, foi sequestrada. Diane caiu num choro histérico e todo mundo se virou para mim e disse que eu estraguei a festa. Stevie foi telefonar para as agências de notícias para saber da história e era só uma parenta *distante*. Mas Diane ainda estava histérica e eles diziam, "Chorar é bom, traz para fora os sentimentos", e no meio disso tudo uma graça de garçom irlandês veio me dizer que tinha um rádio art déco no seu quarto – que ele sabia que eu era colecionador.

Timothy Leary me contou que no início dos anos 70 Diane tinha ido atrás dele por toda a Suíça e mandado recados e cartas e ele disse que na realidade foi por Diane estar agindo assim que ele foi preso. Ele me contou que mesmo assim ela é uma das pessoas de que ele mais gosta. Bob Weiner estava lá, ainda pesquisando para o seu artigo sobre Steve, e estou certo de que vai ser muito ruim porque: 1) é *ele* quem está escrevendo e 2) ele não prestou nenhuma atenção durante o jantar quando coisas ótimas estavam acontecendo e com todas essas pessoas ótimas à volta – disse que estava muito "chato". E toda vez que Stevie dava em cima de um garoto, Bob se virava para o outro lado. E aí Stevie começou a apressar todo mundo – tudo o que ele gosta de fazer é ir rápido para algum lugar e depois rapidamente ir embora. Mas Tim disse para ele que anos a fio – na prisão – ele tinha sido obrigado a se apressar e a fazer o que os outros mandavam e que não iria mais se apressar.

Aí fomos para o Elaine's. Stevie estava muito drogado para dirigir e o namorado de Diane, Pierre, dirigiu. Primeiro tivemos que passar pela casa de Stevie e ele entrou para pegar mais Quaaludes ou poppers ou alguma coisa assim, eu acho. Margaux Hemingway estava conosco. O casamento dela com o sujeito dos hambúrgueres, Wetson, está terminando e Tim está a fim dela, eu acho. Aí Stevie queria ir ao Barefoot Boy e ao Gilded Grape.

Terça-feira, 4 de outubro, 1977. Lady Isabella Lambton, a irmã de Ann, agora está atendendo telefones no escritório enquanto Laura, a nossa recepcionista, vai à Berlitz para finalmente aprender inglês.

Depois de um show de moda beneficente de Madame Grès, fui ao novo showroom de Diane de Beauvau para ver a primeira coleção dela. Imediatamente tive de começar a mentir e dizer que estava ótima; especialmente depois de ter visto aqueles lindos Madame Grès e todos os Halstons, as roupas delas ficam parecendo tão ruins. Ela se comporta como uma mulher de negócios – não cheira muita coca durante o dia –, mas não sei, acho que vai ser um desastre.

Mais tarde, no jantar no Quo Vadis, Tim Leary foi realmente gentil, ele falou um pouco mais para o gravador sobre Diane escrevendo aquelas cartas de amor e tomando ácido quando tinha catorze anos e fazendo com que ele fosse parar na prisão na Suíça. Disse que as prisões em Genebra podem ser como um bom hotel – se você paga eles trazem pães numa bandeja. E eu não posso acreditar que ele lembre de todas as vezes que me encontrou nos anos 60 e também em St. Moritz – o que eu estava vestindo, tudo –, e naquela época eu nem imaginava que ele estivesse me notando. Como na vez que fomos à conferência dele e a estas coisas de luz e som no East Village. Ele disse que se tivesse de fazer tudo de novo gostaria de estar com o Velvet Underground porque eles fizeram muitas coisas e foram realmente criativos.

Acho que ele é tão inteligente. É provável que ele realmente tenha sido da CIA, porque ele foi *o tal* de Harvard e agora estão dizendo que já naquela época o governo estava usando LSD e Tim era o mestre, e quando você é o mestre as pessoas procuram você.

Dianne de Beauvau e Pierre estavam no sofá discutindo. Ela queria que ele pensasse que estava apaixonada por Tim Leary e que eles tinham tido um romance, e para isso fez questão de contar a Pierre que absolutamente nada estava acontecendo e ela *não estava* apaixonada por Tim. Aí ele teve que fingir que tinha ficado preocupado, porque é assim que ela fica feliz.

Quinta-feira, 6 de outubro, 1977. Acordei com dor de garganta e acho que é de beijar essas mulheres estranhas que se atiram para mim. Eu não costumava fazer isso, mas elas estão ali e você não quer ser rude.

Eu adoro todos os garotos do Studio 54. São como Rodney LaRod era nos anos 60 – nervos à flor da pele e são todos garotos de programa e (*risos*) se atiram nos produtores de cinema, querem ser famosos e não podem esperar.

Sexta-feira, 7 de outubro, 1977. Fui convidado para ver os Four Seasons no seu concerto de despedida no Radio City. Eles agradeceram ao primeiro produtor, Bob Crewe, através de quem eu os conheci nos anos 60. Frankie Valli veio dizer olá depois do concerto, dei meu programa para ele autografar e ele disse que Bob Crewe foi atropelado por um carro na Califórnia e que poderia perder uma perna e que eu deveria telefonar para ele porque está na maior depressão. Eu sempre achei que Frankie se preocupava muito com Bob, mas agora ele não parecia muito chateado. Ele estava preocupado, mas não tão preocupado como eu pensava.

Don Kirshner estava lá e nós três tiramos fotos. Depois fomos ao Studio 54. Stevie me apresentou a Roy Cohn, que estava com quatro garotos lindos mas corpulentos. Um garoto é "corpulento" se pesa mais que 77kg e é tipo totalmente americano de jogador de futebol, um homem transbordando de masculinidade. Uma pessoa corpulenta se parece com – bem, não temos nenhum no escritório. Talvez o zelador do edifício. Isso, uma versão mais magra de Mike, o zelador, isso é que é "corpulento".

Segunda-feira, 10 de outubro, 1977. De táxi até a casa de Diane de Beauvau ($2.25). Ela disse que só agora soube de Barry Landau, esse sujeito horroroso que nós não conseguimos descobrir quem é, que de algum modo sempre está em todo lugar e com todas as celebridades. Ela achou que ele fosse um amigo fazendo coisas boas para ela, mas de repente ele mandou uma conta de $2 mil para ela por tê-la levado ao *The Mike Douglas Show*! Barry tinha perguntado se ela queria ir e ela disse claro. Ele provavelmente também manda contas para Stevie Rubell.

Fomos ao Elaine's ($3.25). Bob Weiner estava lá, chateado porque a revista *New York* recusou o artigo dele sobre Stevie. Estava meio desmaiado mas de olhos abertos.

Terça-feira, 11 de outubro, 1977. De táxi a Parke Bernet, pegar alguns catálogos porque estes parecem ser os melhores livros de referência (táxi $2, livros $24). Encontrei Kenny Jay Lane, que está leiloando toda a casa e a mobília – agora que está se divorciando de Nicky Weymouth ele pode dizer que está fazendo isso como "parte do acordo". Quando a gente vê aquele lixo todo junto, parece realmente horrível.

Fui ao Chembank ($4). Steve Aronson estava no 860 bisbilhotando, tinha uma mulher linda com ele. Disse que só pode começar a copidescar *Popism* semana que vem. Vincent está em Montauk, controlando o lugar – Jay Johnson e Tom Cashin ainda estão lá colocando um novo telhado e fazendo reformas. Na hora de fechar, Vincent ainda não tinha voltado e aí eu mesmo fechei tudo. Quando é minha responsabilidade eu fico tão nervoso que faço coisas como desligar as máquinas xerox da tomada para evitar que entrem em combustão espontânea; decidi que me arriscaria a deixar o refrigerador ligado. Quando cheguei em casa tinha um recado de Barry Landau, de alguma forma ele conseguiu o meu número. Agora as três piores pessoas que têm o teu número têm o meu – Bob Weiner, Steve Rubell e Barry Landau.

Lester Persky telefonou e me convidou para uma projeção de *Equus*. Eu amo Peter Firth, ele está maravilhoso e Richard Burton está maravilhoso. O filme tem as mais longas cenas de nudez. Normalmente quando filmam um caralho eles fazem na sombra e a sombra sempre cai sobre o caralho. Mas nesse filme o caralho sempre fica exatamente onde pode ser visto. A pica de Peter Firth fica no caminho quando ele se move. É o maior caralho do cinema e não foi circuncidado. Tão grande quanto o de Joe Dallesandro.

Peter Firth veio falar comigo, ele importou uma mulher da Inglaterra para fazer a publicidade e ela estava lá e nos divertimos muito. Havia muita comida, mas eu já tinha jantado. Aí Peter Firth queria levar a mulher para dançar e fomos caminhando até o Studio 54 para aquela coisa do Elton John. Stevie nos convidou para a cabine onde Michael Jackson estava e Michael foi amável – me perguntou sobre arte com aquela voz aguda dele. David Hockney estava lá. Havia fotógrafos lá e queriam que Elton John e eu posássemos juntos para as fotos, e eu perguntei a Elton se podia beijá-lo mas ele não respondeu e por isso eu não beijei. Talvez não tenha me escutado. Ele estava usando um chapéu por causa do transplante de cabelo.

Para sair do Studio 54 sozinho tive de evitar todos os garotos com quem tenho conseguido caronas e encontros ultimamente. Tive de me fazer de nervoso e ficar circulando para que ninguém me seguisse – você sabe, a técnica "frenética".

Sexta-feira, 14 de outubro, 1977 – Nova York-Springfield, Massachusetts-Nova York. Fui a Massachusetts para fotografar Dorothy Hamill para o portfólio "Atletas". Foi bom fotografar alguém realmente bonito. A irmã de Dino Martin estava com ela.

O nome de Barbara Allen estava junto com o de John Radziwill na coluna "Suzy's". Philip Niarchos e Barbara romperam e ele está com uma nova namorada. Barbara está deixando todos esses sujeitos ricos escaparem por entre seus dedos, mas acho que está trabalhando muito nisso de querer ser atriz.

Sábado, 15 de outubro, 1977. Encontrei John Weitz, o designer de moda, na Madison com sua mulher, Susan Kohner, a atriz que abandonou a carreira para se casar com ele. Ele ia à Fraser-Morris e decidi ir com eles.

Queriam me convidar para uma festa, eles disseram, e pediram o meu número. Acho que queriam o número da minha casa e dei o do escritório e acho que ela não gostou.

Fui ao Studio 54 e estava lotado. Victor e Halston estavam lá juntos. Era uma festa (*risos*) para mostrar que Victor não estava fazendo chantagem com Halston. Victor falou que Boby Zarem ligou e disse que havia uma fofoca que um dos empregados de Halston estava fazendo chantagem, e por isso eles deveriam aparecer juntos para abafar o rumor e tirar muitas fotos. Mais tarde Chris Makos nos levou a um bar na 52 chamado Cowboys, um bar de programa onde Ara e Zoli vão pegar garotos bonitos para serem modelos. Saí por volta das 4h30, comprei jornais e revistas ($5).

Domingo, 16 de outubro, 1977. David Whitney telefonou sobre irmos juntos ao vernissage de Jasper Johns esta noite no Whitney – Philip Johnson vai com Blanchette Rockefeller.

Belo dia. De táxi até downtown ($3.50) e a pé até o trabalho. Richard Weisman chegou com suas crianças e Margaret Trudeau estava com eles. Ela realmente rompeu com o marido por isso agora se deixa fotografar com qualquer um, e acho que está namorando Richard há algum tempo. Ela estava enfeitando o cabelo da filha dele. Pena que eu não tinha luz suficiente, eles brigaram por causa de um ursinho de pelúcia.

De táxi até o Whitney ($2). Bob Rauschenberg me atirou um beijo no elevador e mais tarde veio dizer que era ridículo *atirar* um beijo e aí me beijou. Jasper estava bebendo Jack Daniel's. Era uma festa pequena, só para os que emprestaram as obras, gente velha. Corri até o andar de baixo para conseguir um catálogo e depois fiquei procurando Jasper para que desse um autógrafo, mas não consegui encontrá-lo e aí pedi que Rauschenberg autografasse, e depois encontrei Jasper e ele apagou a assinatura de Rauschenberg e autografou "A um emprestador".

John Cage estava lá com Lois Long, a primeira mulher de Antonio. Jack e Marion Javits estavam lá e Jack fez um discurso. Robert Rosenblum estava lá e ele acabou de se casar. Acho que é outra daquelas coisas tipo Nicky Weymouth-Kenny Jay Lane. Ele foi do velho pessoal gay de Henry Geldzahler. Mrs. Irving, que é a presidente do museu e cuja mãe é uma Whitney, estava lá. Ela mora na mesma rua que eu e já perguntei a ela algumas vezes se poderei alugar o espaço para o carro na casa dela. Eu queria tanto, mas nada acontece nunca. No Whitney ela disse que iria me telefonar sem dúvida – e eu acho que é porque eu encontrei o marido dela entrando na garagem esta manhã.

Quando sentamos para jantar havia pacotes de cigarro Philip Morris em cada lugar – eles eram os patrocinadores –, e já que ninguém estava pegando eu peguei "só para a caixa" [v. *Introdução*]. Havia uma vermelha mas não consegui pegar.

Segunda-feira, 17 de outubro, 1977. De táxi para ver a exposição de Chris Makos na Andrew Crispo Gallery na Rua 57. Está encerrando amanhã (táxi $2.15). A galeria estava fechada mas abriram só para mim. Achei a exposição realmente ótima. Ele colocou duas fotos emolduradas na mesma moldura – coisas como as que eu costumava fazer – e ficou lindo. Eu disse a Bob que deveríamos dar duas páginas mensais da *Interview* para Chris, para ele fazer o que quisesse. Andrew Crispo chegou e disse que venderam pouquíssimas fotos da exposição mas que ela era ótima.

De táxi ao Chembank ($3). O escritório estava movimentado. Kevin Goodspeed veio almoçar.

Ontem vi uma barata no bebedor, entre o jarro e o suporte, e era como ver com uma lente de aumento (reembolsei Ronnie pelos táxis $2.10, $3.05, $2.25).

Um escultor africano chamado Eugene, amigo de Joe Eula, estava no escritório fazendo uma escultura de mim. Ele diz que precisa olhar para mim mas acho que ele só quer um lugar grátis para trabalhar. Ele me vê como um hermafrodita. É um escultor terrível e não faz diferença se eu poso para ele todo o dia ou não, de qualquer modo vai ficar parecido com um totem africano.

Depois Boris Tinter telefonou e eu queria fugir do escritório para saber das histórias do mundo das joias e fui para a Rua 47 (táxi $2.80). Boris esteve há pouco no Parke Bernet e tinha alguma peças novas. Adoro sentar com Boris no cubículo dele e ver todas aquelas pessoas estranhas entrando. E eu adoro a mão falsa de Boris.

Terça-feira, 18 de outubro, 1977. Acordei depois de uma boa e longa noite de sono. Precisava me livrar de algumas espinhas. Quando você não dorme você realmente fica com espinhas.

Doug Christmas ainda não mandou um cheque e eu pedi para Fred dizer que não vou a Paris a não ser que a gente receba.

Quarta-feira, 19 de outubro, 1977 – Nova York-Buffalo-Nova York. A viagem de avião levou uma hora (táxi até LaGuardia $7, pedágio $.75, gorjeta $2.25, revistas $3.10). Perguntei se Richard lembrou de dizer a O.J. Simpson que levasse uma bola de futebol para o motel onde tínhamos combinado de nos encontrar. Não lembrou. Pedimos ao gerente que encontrasse uma para nós, dissemos que ia ser autografada por O.J. Simpson e Andy Warhol. O.J. chegou. Ele lembrou Regine's e perguntou por Marisa Berenson – eles apresentaram um dos Oscars juntos ano passado – e foi tão gentil. Estava com uma barba de cinco dias e pensei que as fotos ficariam um horror, mas Fred disse que não, que ficariam sexy e ele estava certo, ficaram. O.J. é tão bonito!

Sábado, 29 de outubro, 1977 – Nova York. Barry Landau telefonou e disse que tinha ingressos para a estreia de Liza Minnelli em *The Act*.

Fomos apanhar Diana Vreeland e Jamie Auchincloss, o meio-irmão de Jackie O., e Ruth Warrick, que eu conheço de outros tempos. Ela esteve em *As the World Turns* e agora é Phoebe em *All My Children*. Foi a primeira mulher de Orson Welles em *Cidadão Kane*. É ótima. A primeira coisa que disse quando me viu foi, "A sua 'Lata de Sopa' mudou o país". Chegamos ao teatro e nunca vi uma multidão tão grande para ver alguém, muita gente.

Liz Taylor e Halston sentaram atrás de mim, Sammy Davis estava na nossa frente com sua mulher, Altovise. Liza fica em cena o tempo todo. As roupas de Halston são lindas, realmente lindas. Pedi que ele fizesse um smoking preto de lantejoulas com sapatos azul-claros para mim também. Era tão linda a roupa de rapaz. Tudo com lantejoulas de todas as cores. Liza perdeu muito peso.

Os pais de Martin Scorsese me cumprimentaram. Ele dirigiu *The Act*. Victor estava criticando as roupas, dizendo que não havia nada criativo nelas; me surpreendeu que estivesse criticando coisas de Halston. Mas agora ele está na fase punk. Quando o show terminou as pessoas estavam fazendo aquela coisa de gritar "bravo". Sammy Davis ficou de pé fazendo isso.

Liz Taylor gritou comigo porque eu deixei Diana sozinha. Ela estava me olhando por alguma razão, com aquele olhar de me arrancar os olhos. E Liza veio e ficou beijando tanto Liz para os fotógrafos que não consegui falar com ela. Ela e Jack Haley ainda não foram aceitos no River House e ainda estão no Park Lane Hotel. Jack Haley foi gentil, me disse que Liza talvez queira um retrato.

Deixamos Diana e depois Victor e eu fomos ao Studio 54 ($4). Estava lotado de gente bonita. Agora o Studio 54 pode servir álcool. Stevie me levou para conhecer Vladimir Horowitz e a mulher dele, que é filha de Toscanini. Ele estava excitado por estar lá, já está nos setenta, mas firme, mas quando levantou tropeçou. Eu queria sair do Studio 54 porque havia tanta gente bonita querendo meu número de telefone e eu estava convidando todo mundo para o escritório, então tive de ir embora.

Domingo, 30 de outubro, 1977. No Elaine's Stevie Rubell me contou que é muito rico mas que todo o seu dinheiro está em bens ou escondido. Gente drogada, você acha que eles não notam as coisas, mas eles notam *tudo*. Elaine está com cardápios novos e Stevie notou os novos preços imediatamente. Eu só notei porque estavam limpos.

Ah, e depois que ele confessou como é rico, começou a ficar preocupado que eu só gostasse dele pelo dinheiro, e aí, o que eu posso dizer?

Segunda-feira, 31 de outubro, 1977. A *New York* desta semana tem um grande artigo sobre Stevie escrito por Dan Dorfman. Diz que ele tem $25 milhões e unhas sujas – o que não é verdade em absoluto, elas não são sujas –, e no artigo Stevie chama Nan Kempner de "mijona", e Joe Armstrong, o editor, me disse que ela já telefonou para a revista perguntando: "O que é uma mijona?".

Houve uma festa de Dia das Bruxas no Studio 54, Stevie ficou me dando mais e mais drinques e aí alguém jogou uma Quaalude na minha boca e eu ia colocar no lado da boca mas aí trancou e eu bebi vodka e engoli e foi um grande erro.

Minha gargantilha de diamantes estava pinicando o pescoço – detesto joias. Como é que as mulheres usam? É tão desconfortável! Fui para casa de táxi e de alguma maneira consegui chegar por volta das 6h30. Meu namorado Peter subiu e me encontrou com meu namorado Danny e eu apresentei os dois como meus namorados e isso fez com que um se interessasse pelo outro e aí eles foram embora juntos.

Terça-feira, 1º de novembro, 1977. Dormi mesmo, apesar do telefonema de PH. Acordei ao meio-dia quando Jed entrou para me sacudir. A vida noturna tem seu preço.

Kevin Goodspeed telefonou de San Francisco. Havia uns quinze telefonemas realmente importantes que eu não respondi. Lucie e Desi Arnaz Jr. telefonaram – eu os tinha visto numa festa noite passada —, e ainda não respondi o telefonema deles.

Deixei Catherine (táxi $4). Acho que ela está tendo um affair secreto porque agora anda sempre ocupada.

Quarta-feira, 2 de novembro, 1977. De manhã não me senti muito bem, aí fui ver Doc Cox e tive a surpreendente notícia de que pela primeira vez na vida minha pressão sanguínea tinha subido de 78 para 97. Mas eu não sei o que isso quer dizer. A enfermeira não parecia preocupada.

Sexta-feira, 4 de novembro, 1977 – Nova York-Los Angeles. Houve um problema com o avião para L.A. – ficou parado três horas na pista. Victor também estava no avião indo para a Califórnia por duas semanas, mas ele estava atrás, na classe turística. Li o livro de John Kobal sobre Rita Hayworth e adorei.

De táxi até Century City para encontrar Kareem Abdul-Jabbar. O empresário dele é bonito e estava com um chapéu de touro, como um chapéu de cowboy só que cem vezes maior. Kareem é tão grande, eu poderia passar entre as pernas dele. Ele foi divertido e fácil de fotografar, da maneira como acho que os negros são. Mas todo mundo sempre esquece a *bola* e alguém tem de encontrar uma.

Fui para o Beverly Wilshire. Me hospedariam no prédio velho mas eu queria o novo. Telefonei para Nova York. Nelson Lyon ligou. Don Simon, cuja mulher está morrendo de câncer no Texas, telefonou e Fred o convidou para jantar.

Fui para o Polo Lounge.

Sábado, 5 de novembro, 1977 – Los Angeles-Nova York. Victor telefonou e estava viajando de ácido. Perguntei como ele consegue tomar ácido. Don Simon ligou para dizer que se divertiu muito noite passada. Encontramos Marisa em frente ao hotel e ela vai ter o bebê em duas semanas. Ela vai fazer *The Vivien Leigh Story*, mas não sei como – ela não é atriz. Quero dizer, fizeram tanta força para achar uma atriz para *E o vento levou* e agora contratam *Marisa* para interpretá-la?

Enquanto estávamos esperando, tentando encontrar um táxi para o aeroporto, uma limusine imensa cheia de malas Vuitton estacionou e uma pessoa com óculos de sol estava dentro. Era Francesco Scavullo e ele nos deu uma carona.

Domingo, 6 de novembro, 1977. David Bourdon telefonou para dizer que Valerie Solanis tinha acabado de ligar para ele e que portanto ela ainda está na cidade. Ele disse que ela queria o endereço de quem tinha colocado o Manifesto S.C.U.M. dela num livro sobre o movimento feminista, quer dar um tiro neles ou processá-los ou qualquer coisa assim. Victor telefonou da Califórnia ainda não saído de todo da viagem de ácido. Ele quer ficar lá, eu disse que estamos querendo que ele volte logo.

Quando cheguei na embaixada do Irã (táxi $2.50) estava cheio de diretores de cinema e produtores – Elia Kazan, Elliot Kastner, Milos Forman, Lester Persky, Barbara Loden – trinta ou quarenta pessoas.

O embaixador Hoveyda disse que deveríamos fazer polaroids lá mesmo para o retrato da princesa Ashraf e terminar logo com aquilo, e então passamos para uma sala. Foi muito fácil. Os iranianos têm os melhores cirurgiões plásticos do mundo e qualquer foto – se você puxar bem – sai ótima. A princesa disse que tem visto e feito tudo na cidade – todo filme, toda peça, até mesmo *Outrageous*.

O jantar estava ótimo, o melhor de todos lá. A princesa comeu muito mas a rainha, enquanto esteve lá, não comeu quase nada, talvez porque esteja com medo de envenenamentos, embora a comida seja pré-provada. Depois todo mundo foi para cima e Barry Landau entrou de furão com Margaret Trudeau. Ele conseguiu entrar dizendo que é o melhor e mais íntimo e mais querido amigo meu. Mas funcionou bem. E Bella Abzug e o marido dela, Martin, chegaram com Shirley MacLaine. Milos, de quem eu realmente gosto, ofereceu para Margaret o papel de Evelyn Nesbit em *Ragtime*, mas ela tem que aparecer nua, ele disse, e ela está pensando no assunto. Eu disse a Milos que queria um papel em *Hair* e ele disse que se eu e Margaret estivéssemos no Central Park amanhã de manhã às 9h poderíamos ser extras. Disse a ele que também quero estar em *Ragtime*.

Segunda-feira, 7 de novembro, 1977. Chovendo muito forte. Foi um dia ruim, problemas "familiares". Jed veio ao escritório e eu estava nos fundos no meu local de trabalho, e quando ele viu a pilha de polaroids de todos os "panoramas" que eu fotografei para as pinturas "Sombra" – todos as doses de caralhos e essas coisas –, começou a gritar que eu devia ter degenerado muito para gastar meu tempo dessa maneira e foi embora, realmente irritado, e arruinou minha tarde.

Ah, uma coisa que eu esqueci de contar ao Diário! Alguém nos disse que Jack Haley é puto! Ah, eu gostaria de poder me lembrar quem foi que nos disse! Eu pensava que Liza tinha casado com um homem de verdade. Ele não parece gay, fiquei chocado. Mas não acho que seja verdade, realmente não acho.

Mas, como eu dizia, fiquei chateado porque Jed ficou chateado e aí decidi me presentear com junk food e dei dinheiro para Ronnie ir comprar chá no McDonald's para ele e Chris Makos e Bobby Huston ($10). Sentamos no sofá perto da janela na sala de reuniões vendo a chuva e conversando durante o chá sobre o filme que Bobby Huston está escrevendo e que eu tenho em consignação, sobre crianças que se suicidam. Rupert veio e me ajudou a trabalhar. Barry Landau telefonou. Liguei para Jed e ele desligou na minha cara. Depois todos nós saímos do escritório e uma coisa maravilhosa aconteceu: a chuva estava tão penetrante que em poucos passos a gente ficou ensopado. Foi tão excitante!

Mais tarde, na festa do Studio 54 para Diane de Beauvau, o nome de Diane estava escrito com lâmpadas. E fui e gritei com Jay Johnson e Tom Cashin por eles não terem dito a Jed as coisas que eu pedi que dissessem para que ele se acalmasse. Aí gritei e não me diverti. Chris Makos e Bobby Huston estavam lá e Robert Hayes viu Christopher e saiu, disse que não queria se encontrar com ele. Eles moram juntos mas brigam. Christopher disse que há três dias não trepa e então estava rindo e tentando tirar as roupas de Bobby Huston. Eu não estava com minha câmera. Eu não estava no clima. Depois fui para casa e levei os cachorros para a rua e eles não queriam mijar.

Terça-feira, 8 de novembro, 1977. Richard Weisman veio até aqui e ele tinha acabado de voltar da luta de Ken Norton.

Estava nervoso e quando viu que eu estava fazendo um novo estilo de pintura ficou irritado, não gostou que eu tivesse feito Chrissie Evert em vários quadros pequenos em vez de grandes, mas aí ele notou que a mulher da *Newsweek* que estava lá me entrevistando gostou, e então ficou me telefonando o resto do dia pedindo desculpas.

Mais tarde, na festa de Richard para Vitas Gerulaitis, Margaret Trudeau estava lá com duas amigas do Canadá. Uma se divorciou há pouco e tem três filhos e é gorda e grande e parece mais velha que Margaret porque é mais gorda, e ela decidiu me passar uma cantada – veio e colocou as mãos na cintura e me deu os maiores toques, quer dizer, não havia como não ficar fascinado! Ninguém nunca disse nada parecido para mim, exatamente as coisas certas, algo como, "Você é tão mais do que eu esperava!". Eu disse a ela que Margaret deveria voltar para o marido e entrar na política e ela ficou excitada ao ouvir isso, é exatamente o que *ela* acha. Ela tinha uma estola linda, numa cor púrpura escura – "aubergine", será? Eles sempre dizem isso nos desfiles de moda e eu nunca sei o que quer dizer.

Lacey Neuhaus estava lá com François de Menil e ela disse que recém tinha conhecido o cowboy número um do mundo e que o entrevistaria para *Interview*. Frank Gifford estava lá com uma mulher, talvez a namorada dele, talvez a esposa – ela estava tão maquiada, muito branco por todo rosto e muita sombra, mas superbonita. Ele adorou a pintura dele. O dono dos Giants estava lá.

Quarta-feira, 9 de novembro, 1977. Esqueci de dizer que numa dessas últimas noites assisti ao show *Tom Snyder*. Roy Cohn estava participando. Agora Cohn é o advogado de Stevie Rubell. E também de Carmine Galante. Estava incrível, aquele calhorda. Ele dizia a Archie Bunker coisas como, "Se eu colocasse minhas mãos no Filho de Sam eu mesmo poderia matá-lo", e falava sobre os "vermelhos", e esse louco vai aos tribunais, ele parece muito calhorda. Você pode imaginá-lo vestido de couro preto no Anvil, ele ficaria perfeito. Aposto que ele *vai* a esses lugares. Ele iria. Ou talvez ele seja exatamente o oposto. Sim, provavelmente ele seja exatamente o oposto – ele usa vestidos. Mas as coisas que ele estava dizendo, como "Mandar todo mundo para a cadeira elétrica" – era como ouvir Paul Morrissey falando... Sim, perguntaram a ele se poderia defender o pessoal da Máfia já que ele se preocupa tanto com todas as coisas, e foi aquela coisa dos "direitos". É sempre assim, você sabe – "Eles têm o direito de dizer que não são da Máfia e de ser defendidos".

Fui página central do *Post*, uma foto na frente das pinturas "Esportes" com um texto de Jerry Tallmer. Mas eu disse as coisas erradas. Disse que atletas são melhores que astros de cinema e eu não sei do que eu estava falando porque atletas *são* os novos astros de cinema. E aí estamos tendo toda essa publicidade e falta um mês para o vernissage. Acho que deveria ser mais perto do vernissage.

Li a crítica de John Simon atacando a aparência de Liza. Ele foi tão terrível! Quer dizer, se ela ler isso vai ficar arrasada mesmo. E na realidade ela parece bem, quer dizer, eu a vejo e não é um sacrifício olhar. O que John Simon pensa que ele está fazendo? A filosofia dele deve ser que só gente bonita deveria fazer shows e eu acho que também penso assim. Mas *Liza não é feia!*

Também fui capa do *Voice*, fotografado ao lado da imperatriz do Irã para um artigo sobre tortura no Irã.

Fred tinha ingressos para o show beneficente no International Center of Photography que Jackie O. estava organizando no museu na Quinta com 94. Perguntei se Jed queria ir mas ele disse que estava muito cansado (táxi $2). Mansão enorme. O jantar foi um horror. Nos colocaram numa mesa nada/ninguém. Imagine – eu estava sentado ao lado de *Fred*.

Aí estávamos nesse salão onde a gente não *reconhecia* ninguém a não ser nós mesmos, e essa mulher vem e diz, "Sei que você tem uma câmera e você pode fotografar todo mundo exceto mrs. Onassis". Eu não levei a coisa muito a sério a princípio, só pensei que ela era uma dessas mulheres tipo nervosa que organizam essas coisas. E aí esse sujeito rico, Nate Cummings, estava gritando para Fred abrir uma janela e no início Fred ficou ofendido – Nate Cummings o tinha escolhido para gritar –, mas aí Fred se deu conta de que ele está ficando senil e decidiu ser um bom rapaz e abrir a janela e aí a mulher começou a gritar para Fred dizendo que não abrisse. E Fred vai telefonar para ela e realmente colocá-la no lugar dela, porque as coisas pioraram mais ainda. Nos levantamos e saímos da sala e Fred foi procurar Diana Vreeland e quando entramos na outra sala lá estava *todo mundo que nós conhecíamos!* Peter Beard estava se divertindo com Barbara Allen e Lacey Neuhaus. Quer dizer, Catherine estava sentada na mesa de Jackie! Mas essa não é a coisa mais incrível.

Quando entramos nesta sala havia 4 mil fotógrafos tirando fotos de Jackie. E aquela mulher horrível tinha vindo me dizer que *eu* não podia! Fred vai realmente gritar com ela. Foi como um evento de Bobby Zarem, havia tantos flashes estourando!

De táxi com Fred e Diana Vreeland até Sutton Place para a festa de Robin West para Jamie Wyeth. Eu não tinha troco e dei $5 para Fred. Ele deu o dinheiro para o sujeito, a corrida era $2.80, e disse que ficasse com $60, e o sujeito respondeu, "Quanto?", e Fred começou a gritar, "Eu não vou somar para você"! E no caminho, no táxi, Diana e Fred brigaram como se fossem um casal velho e gritão. E o motorista de táxi ficava entrando na conversa dizendo, "Não foi do lado de fora daquele vernissage de Peter Beard que eu peguei você? Ele não esteve na capa do *Sunday Times*?".

Falei com Carole Coleman, de Nova Orleans. Ela é a irmã de Jimmy Coleman. Aí Bo Polk entrou na sala e tudo enlouqueceu. Ele encontrou Carole num bar e saíram e agora ele estava dizendo coisas como, "Quero comer sua bucetinha", e assim por diante, eles estavam conversando na minha frente e Carole não estava nem constrangida. Fiquei surpreso, porque ela é mais velha do que as mulheres que Bo Polk anda atrás. Tem olhos lindos e é rica e nunca casou, ela poderia ter sido como Jennifer O'Neill, mas acho que ela tem problemas e não tem namorados suficientes, mas é muito atraente. E ele estava dizendo coisas como, "Quero lamber os dedos dos teus pés e ir subindo e entrar na sua buceta", e depois ele se virava para mim e dizia, "Quero que você esteja lá para fotografar, Andy" e, ah, ele é louco.

Fui dizer olá para Phyllis Wyeth e depois Bo Polk e John Larsen vieram e Bo gritou para uma mulher dizendo que colocaria coca no clitóris dela e John riu e disse que ele era uma isca de coca. E aí Bo e Carole saíram. Mas em alguns minutos eles voltaram e discutiram se deveriam ir embora e ela queria saber o que eles iriam fazer e assim por diante.

Aí Carole e Bob e Jay Mellon e Catherine e eu saímos a pé. Passamos por um lugar que tinha biscoitos Famous Amos na vitrine. Eu nunca tinha visto a embalagem. É a fotografia mais linda de um biscoito que eu já vi e entrei e comprei mas quando abri o pacote os biscoitos eram minúsculos. Foi a primeira vez que fui enganado! O *gosto* era bom, mas eles não eram grandes e bonitos como os da embalagem.

Quinta-feira, 10 de novembro, 1977. Tomei um táxi para downtown, vi o nome do motorista e gostei – Vincent Dooley. Ele era uma graça de menininho, muito bonito. Ele disse, "Não quero ser rude, mas como é que a gente se sente no Irã?". No banco ao lado dele havia o *Voice* com a minha foto na capa, o artigo sobre tortura que também menciona Raquel Welch, Liza Minnelli e Farrah Fawcett-Majors. Fiquei atrapalhado e aí disse para o garoto que ele era bonito e perguntei por que era motorista de táxi. Ele disse, "Bem, o mais perto que eu cheguei de ser ator foi comprar o cachorro de Joe Dallesandro". Ele se referia a Caesar, o cachorrão de Joe que esteve em *Trash*, que Paul trouxe de Hollywood e era da ninhada da cadela de Jack La Lanne. O que ele disse na realidade foi, "Minha namorada e eu compramos o cachorro dele". O garoto tinha uma voz aguda e eu tinha grandes esperanças que fosse bicha até que ele disse aquilo. Disse que ainda está com a namorada e ainda tem o cachorro. Eu estava constrangido por causa do Irã e dei $5 para ele.

De táxi ao banco ($3), depois a pé até o escritório. Aí Rupert veio e ficou fazendo massagem facial com aquela famosa mulher dos métodos de saúde – ele está mais interessado em pintar o cabelo e fazer massagens faciais do que em trabalhar. E se você faz massagens faciais você tem de fazer todos os dias, e de qualquer modo você bem que poderia fazer você mesmo, porque "massagem facial" não é mais do que lavar o rosto. Jay e Tom deram uma rápida passada, eles estão de luto por Michelle Long, o travesti amigo deles que morreu há pouco.

Fui ao jantar no Regine's para Ira von Furstenberg (táxi $2). Regine não apareceu. Falei com Ira. E aí o filho dela chegou e é muito bonito. Recentemente colocamos o irmão dele na *Interview*, Kiko Hohenlohe, mas este é ainda mais bonito. Ira disse: "Eu poderia ser a melhor mãe de atores 'do mundo'." Mas o pai dele não quer que ele seja ator. A princesa Ira sempre quis ser uma estrela de cinema. Sempre. Ela esteve em muitos filmes que nunca tiveram sucesso. Outro dia na TV eu vi o filme que Darryl Zanuck fez para a namorada dele, Genevieve Gilles, e Ira tinha o segundo papel.

François Catroux estava lá com sua mulher, Betty, e eles estavam sentados com Ahmet Ertegun. E num caso desses para quem é que você diz olá primeiro – você vai até a mesa e quem é que você beija primeiro? Eu sei que Ahmet ficou ofendido. A princesa Ashraf estava lá com o namorado dela, que gosta de polo.

Catherine estava falando com uma mulher linda que no fim era a princesa Elisabeth da Iugoslávia, que parece que me conhece e perguntou por que eu não tinha estado ontem no coquetel de Sharon Hammond. Ela está tentando conseguir um cartão de imigração e Ira também, e todo mundo quer um cartão de imigração. E uma coisa interessante é que ela conhece Sharon porque mr. Oxenberg, o primeiro marido da princesa Elisabeth, deixou-a por Maureen McCluskey, a irmã de Sharon, e isso eu não entendo.

Mas, de qualquer modo, o filho de Ira é tão bonito, ele tem um leve sotaque, exatamente do tipo certo, como um garoto que você gostaria de sair para namorar.

Sexta-feira, 11 de novembro, 1977. Sal Marciano, da *Eyewitness News* do canal 7, veio ao escritório. Filmaram cinco ou dez minutos em frente aos retratos. Depois o pessoal do quinto andar telefonou para dizer que alguém chamado Victor estava preso no elevador na altura do segundo andar. Vincent e eu fomos até o vestíbulo e ouvimos aquela vozinha pedindo socorro. O quinto andar chamou a Décima Delegacia, mas deviam ter chamado a Décima Terceira. A Décima fica no outro lado, no West Side. Quando a polícia chegou, os primeiros dois eram tipo unidade de emergência com coletes de aviador e chapéus de baseball, parecia a SWAT. Depois vieram dois policiais à paisana.

Eles estavam fazendo tudo de acordo com o livrinho de regras de emergência. Mas um brincou e disse, "Vocês têm dinamite?", com uma voz forte. Um estava olhando pelo poço e outro estava segurando-o pelo casaco. Finalmente eles baixaram uma escada de corda do terceiro andar até o elevador e tiraram Victor pela abertura no teto.

Depois se lavaram no banheiro e um tirou o cinto e o coldre, e enquanto eles se lavavam o revólver ficou ali no coldre em cima da mesa. Ambos tinham 2m.

Domingo, 13 de novembro, 1977. Victor telefonou de San Francisco, estava se arrumando para uma festa de couro. Ele disse que tinha ido a uma festa na noite anterior onde havia uma porção de marceneiros hétero convidando uma porção de putos gay. Não entendi o que ele queria dizer.

De táxi com Bob até a Rua 94 para a casa de Paul Jenkins e Joanne Du Pont. Encontrei o pai de Linda Eastman, o advogado, e a mulher dele na rua.

Paul Jenkins é louco. Ele disse para mim e Bob, "Eu quase desmaiei quando vocês telefonaram hoje dizendo que não poderiam ficar para o jantar porque vocês não foram *convidados* para o jantar. Vocês estão convidados para a semana *que vem*". Em lugar de não dizer nada e nos deixar pensando que tínhamos sido convidados duas vezes.

A Du Pont disse que a primeira vez que me encontrou foi na casa de Mica Ertegun e que nós estávamos na frente da lareira e a tela explodiu. Por acaso ela estava com o maior diamante do mundo, um deles. Ela tinha ganhado de um sultão um dia antes, e quando voltou para o hotel àquela noite – ela não disse qual hotel – colocou o diamante num cofre e, naquela noite, ela disse, eles a enganaram, trocaram por um pedaço de vidro.

Paul Jenkins nos mostrou a coleção dele – coisas de índios americanos e de índios indianos. Quando estive na Índia eu poderia ter conseguido tudo por nada, mas é uma dessas coisas que eu não consigo entender. Como coisas chinesas – eu não posso dizer o que é bom, tudo parece o mesmo lixo. E ele nos disse, "Lincoln Kirstein teve o seu escândalo anual de aniversário, mas desta vez ele jogou literalmente o namorado dele para fora de casa", e por isso Paul estava colocando o sujeito num apartamentinho, ele disse, que pertence ao filho de Zero Mostel. Eu realmente quero fazer gente como Lincoln Kirstein na *Interview*. Acho que seria fascinante fazê-lo do nosso modo e fazê-lo muito bem.

Domingo, 1º de janeiro, 1978. Me senti como se a febre estivesse voltando. Já tomei muitos comprimidos e é assustador.

Segunda-feira, 2 de janeiro, 1978. De táxi a University Place e estava borbulhante e agitado (táxi $4). Era um meio-feriado. Cheguei ao escritório e fiquei feito secretário, atendendo o telefone. Robert Hayes e Marc Balet vieram trabalhar na *Interview*.

Telefonei para Bianca e ela disse que fôssemos imediatamente até a casa de Halston e então fomos e o dr. Giller, aquela graça de médico, estava lá. De táxi para ver *Os embalos de sábado à noite* ($3), e quando chegamos lá estava lotado. Aí fomos de táxi até o outro cinema onde está passando e também estava lotado (táxi $3). Aí decidimos tentar ver o filme de Buñuel, *Esse obscuro objeto do desejo* (ingressos $14, pipoca $4). Era realmente bom, mais moderno que os filmes antigos dele, porque de vez em quando ficava calmo, eles olhavam pela janela através das venezianas para uma rua parisiense e uma bomba explodia – alguém estava explodindo alguma coisa. Mas nenhum de nós conseguiu compreender o filme. Há um personagem vivido por duas mulheres e eles nunca explicam por quê.

Larry Rivers e a namorada dele vieram e sentaram perto de nós. Larry me disse que fez o retrato de Aly Kaiser e ela foi uma que disse que queria que eu fizesse o retrato dela e Victor tinha me dito para telefonar para ela e eu não telefonei. Aí Larry fez o retrato, acho que ele teve de trepar com ela, sei lá.

Depois caminhamos de volta até a casa de Halston e ele preparou aquelas massas com carne dentro, não são raviolis mas talvez se chamem cannellonis. E ele preparou frango e havia muita bebida. E Stevie Rubell estava lá e Bianca ficou irritada porque ele lê os jornais ingleses e mencionou algo que Mick tinha dito. Hoje a coluna de Earl Wilson falava de Mick e Jerry Hall, e foi provavelmente Stevie quem passou para ele – quero dizer, ele finge ser tão amigo e aí telefona para os jornais. E havia muitos repórteres ingleses do lado de fora da casa de Halston esperando por uma declaração de Bianca ou de Halston.

Agora Bianca e Halston parecem um casal, realmente parecem. É como um romance. Mas Bianca está tão chateada com Mick, e estou surpreso que ela esteja, porque ela pode conseguir alguém rico num minuto. Alguém disse para Halston, "Por que você não casa com Bianca?", e ele colocou as mãos na cintura e disse, "Porque aqui *eu* sou a patroa".

Aí fomos a um lugar chamado Ice Palace, na 57 com a Sexta. É de lésbicas e gente de programa. Bianca ficou dançando mas está muito infeliz e ela e Halston estavam tentando convencer Jed a ir para casa com eles, e ficaram me perguntando se estaria bem. Ela disse, "Ninguém gosta de mim". Todo mundo estava molhado por causa das bebidas derramadas sobre a gente.

Terça-feira, 3 de janeiro, 1978. Saiu um artigo na *People* sobre a minha exposição "Atletas", que agora está na Coe Kerr Gallery.

Quando cheguei em casa do escritório dei muitos telefonemas e depois caminhei até a casa de Halston para buscar Bianca, ela estava cozinhando como uma porto-riquenha e a casa toda cheirava a cebolas e hambúrgueres que estavam sobre a mesa da cozinha. De táxi até a Rua 86 ($2.75) e finalmente chegamos na hora certa para ver *Os embalos de sábado à noite* e conseguimos entrar. Bem, o filme é realmente ótimo. Aquela coisa na ponte é a melhor cena – e o texto é ótimo. Acho que é um novo tipo de filme de fantasia: a gente deve permanecer o que é. Os filmes antigos eram coisas como *Dead End* e você tinha de sair do beco sem saída e chegar até Park Avenue e agora estão dizendo que é melhor ser o que se é no Brooklyn – evitar Park Avenue porque só vai fazer você infeliz. É sobre gente *que jamais* pensaria em atravessar a ponte e isto é uma fantasia. E eles ampliaram o grande solo de dança de Travolta e aí no final transformaram a dança com a mulher num nada, tão modesto. Eles são inteligentes. E Nova York parece excitante, não é mesmo? A Ponte do Brooklyn e Nova York. Stevie Rubell quer fazer um filme disco mas eu acho que não dá para fazer outro, este é bom demais. Mas por que é que eles não fizeram uma peça antes? Primeiro isso era o que, um conto? Deveriam ter feito render – uma peça antes que ficaria em cartaz para sempre.

Bianca caiu no sono. No cinema eu encontrei dr. Giller. Mas ele tinha se dado tão bem com o filme que queria ver de novo e então o deixamos lá e voltamos para a casa de Halston.

Halston e Bianca estavam cozinhando juntos na cozinha e ele disse que estava com tanta energia que queria ir dançar. Me contou várias fofocas – me disse que noite passada quando a campainha tocou era Liza Minnelli. Agora a vida dela está muito complicada. Algo assim como ela estar caminhando na rua com Jack Haley, o marido dela, e eles encontram Martin Scorsese, com quem ela agora está tendo um affair, e Marty pede satisfações porque acha que ela também está tendo um affair com Baryshnikov e Marty diz como ela se *atreve*. Isso acontece enquanto o marido dela, Jack Haley, está ali! E Halston disse que é tudo verdade e também que Jack Haley *não* é gay. Viu? Eu estava certo. Eu não *achava* que ele fosse. Halston diz que Jack *gosta* de Liza mas que ele *realmente* tem um fraco por louras enormes cheias de curvas. Aí quando a campainha tocou noite passada era Liza com um chapéu enfiado na cabeça para não ser reconhecida por ninguém e ela disse ao Halston, "Me dê todas as drogas que você tem". E ele deu para ela um vidrinho de coca, uns baseados, um Valium, quatro Quaaludes, tudo enrolado dentro de uma caixinha pequena e aí um sujeitinho de chapéu branco subiu a escada e beijou Halston, e era Martin Scorsese, que tinha ficado escondido na esquina, e ele e Liza foram embora para ter seu affair com todas as drogas.

Aí o dr. Giller chegou de sua segunda sessão de *Os embalos de sábado à noite*. Antes de ele chegar, Bianca brigou com Victor porque ele estava comendo todos os hambúrgueres que ela fez e ela estava dizendo para deixar alguns para o dr. Giller. Mas acho que ela queria os hambúrgueres para si mesma – a bunda dela está ficando realmente enorme.

Os Sex Pistols chegaram aos Estados Unidos hoje. Punk vai virar moda. Quem quer que seja que organizou a turnê deles é muito inteligente, porque estão estreando em Pittsburgh, onde a garotada não tem nada para fazer e na certa vai enlouquecer.

E Bianca adora Jed. Ela fica telefonando para nossa casa, mas ele foi para Connecticut com Judith Hollander e Sandy Brant por causa do negócio dele de decoração de interiores.

E eles queriam sair, mas Halston não gostou do jeito que Bianca estava e aí colocou três penas no cabelo dela. Ah, e Victor tinha vindo há pouco pegar um vidro extra de vaselina no andar de cima.

Quarta-feira, 4 de janeiro, 1978. De tarde Edwige, a Rainha do Punk de Paris, veio almoçar e trouxe um cabeleireiro com ela. Ela acabou de se casar e disse que o marido dela mandou-a para uma lua de mel. Ele ficou em casa. Ela é lésbica, ele é bicha.

E Edwige não tem cabelo e o cabeleireiro tinha cabelo caindo pelas costas. Aí uns vinte garotos que eu conheci e convidei no Studio 54 chegaram e viram Brigid, a Gorda. Aí eles viram a Lésbica. Aí eles viram o Cabeleireiro. Aí a excursão estava terminada. Mas conseguimos nos livrar de várias *Interviews* com eles. Eles são da Southern University, alguma coisa assim.

De táxi até Bianca-na-casa-de-Halston ($2.25). Bianca não estava lá. Ela tinha dormido o dia inteiro e estava numa aula de ginástica. Halston estava no chão tendo um ataque e contou muitas fofocas. Ele disse que uma vez Liza e Bianca tinham ambas estado na casa dele, que tinham ido juntas ao banheiro mijar – você sabe que mulheres fazem essas coisas, ter gente para conversar enquanto estão no banheiro – e Bianca disse que ela tinha mais músculos do que Liza e aí elas tiraram as blusas e ficaram comparando os músculos no espelho e Halston entrou e encontrou-as assim. E enquanto Halston contava isso, Bianca chegou da aula de ginástica e Halston pediu que ela mostrasse os músculos, aí ela tirou a blusa e mostrou-os para mim e ela realmente tem um torso ótimo. Depois ela cozinhou mais um jantar porto-riquenho.

E aí chegou o dr. Giller, que tinha dormido algumas horas depois de ter ficado dançando a noite inteira e por isso estava descansado e começou a tentar achar o centro de energia de Halston e enquanto fazia isso Halston ficou cheirando pó branco e finalmente quando o dr. Giller anunciou que tinha encontrado o centro de energia de Halston, Halston tinha cheirado tanto pó branco que de fato ele tinha energia. Aí Bianca trouxe a comida e tocaram na campainha e era Victor vestindo só a roupa de baixo.

E aí era hora de vestir Bianca para o Studio 54. Fomos ao Studio 54 e estava cheio de gente bonita.

Quinta-feira, 5 de janeiro, 1978. Bianca deu seu número de telefone às escondidas para Nastase durante os jogos de tênis daquela tarde e quando cheguei à casa de Halston o telefone estava tocando e era Nastase e Bianca disse para ele vir. Ele chegou com um namorado, apenas um de seus amigos, e ficou intimidado com o lugar – Halston estava vestindo a Disco Queen com um casaco que ele tinha feito para ela naquele dia, e ela desceu as escadas e Halston dizia (*imita*), "Desça, Disco Queen". Ele fala feito um bebê. Desta vez não colocou nenhuma pena no cabelo dela. Eu disse que ele não deveria, que os jornais não tirariam nenhuma foto se ele colocasse mais uma pena no cabelo dela.

E aí o namorado de Nastase resolveu não ir ao Studio 54 conosco e quando entramos na limusine Halston estava gritando com o motorista, que não conseguia encontrar a estação de rádio de música negra; ele disse, "O que você quer dizer, que você não sabe onde fica a estação negra – "Você é *negro*, não é?". E aí o motorista disse que não conseguia enxergar, quer dizer, o dial do rádio, e Halston disse, "O que você quer dizer, que você não consegue enxergar, você está *dirigindo*, não é?", e ele disse para mim que você tem de gritar com os empregados ou eles não te respeitam. Ele tem mais de cem pessoas trabalhando para ele e todos têm muito medo dele, estão sempre perguntando uns aos outros com que humor ele está.

E eu notei uma coisa – Bianca tem duas marcas no rosto! Ela nunca teve uma marca! Acho que ela está deprimida por causa de Mick, passa as noites dançando. Fica na rua até as 6h e acorda às 8h para a aula de ginástica.

Sexta-feira, 6 de janeiro, 1978. Victor veio ao escritório algumas vezes porque estava nervoso por causa da festa da noite. Richard Weisman telefonou e disse que Pelé estava indo à Coe Kerr Gallery e então tive de ir lá autografar (táxi $5). Pelé é gentil, me convidou para ir ao Rio como seu hóspede (táxi para casa $4).

Troquei de roupa e fui ao estúdio de Victor (táxi $4). Victor tinha um segurança na porta e o estúdio estava todo arrumado, havia muita bebida e garotos lindos que eu nunca tinha visto antes. E Chris Makos veio e ele ganhou há pouco uma câmara grátis da Polaroid e aí estava pedindo que os garotos fizessem coisas engraçadas, tirando a camisa e posando. E havia um travesti lá, uma ex-cockette chamada acho Jumpin' Jack, que tem uns 9 quilos de tetas. E Diana Vreeland veio com Barry Landau e Bill Boggs e Lucie Arnaz. Eles tinham acabado de ver o show de Mary Martin. Larissa estava lá e Edwige. Edwige estava infeliz porque veio a Nova York visitar Patti Hansen e ela não quis vê-la de novo, e aí na festa Edwige cortou um X de quatro polegadas no pulso – mais tarde Victor encontrou sangue pelo apartamento.

E aí, minha querida, foi como um conto de fadas. Halston chegou vestido de branco de braço com Bianca vestida de peles brancas com o dr. Giller de branco numa limusine branca com um motorista branco.

Sábado, 7 de janeiro, 1978. A empregada na casa de Halston disse que Bianca ainda estava no andar de cima dormindo mas que eu podia subir. Acordei Bianca e ela pulou e colocou as roupas sobre o pijama e foi aí que me dei conta de que na realidade Bianca não usa drogas – só uns poppers e talvez alguma coca de vez em quando, mas fora isso ela não usa drogas, ela é normal.

Domingo, 8 de janeiro, 1978. Fui ao Madison Square Garden para os jogos de tênis. Os fotógrafos estavam tirando fotos e Bianca disse para Jade colocar as mãos no rosto, o que foi realmente engraçado – que Bianca tenha ensinado Jade a fazer isso –, e Jade disse, "Mas você está deixando que tirem fotos de *você*, mamãe". Bianca quer toda a atenção só para si mesma. O jogo foi Connors contra Borg. Connors ganhou.

Eu li o *New York Times* na casa de Halston, ele estava no escritório. Alguém telefonou para Bianca e ela ficou no telefone por uma hora falando dos seus problemas e eu gostaria de ter ouvido ou gravado mas só fiquei lendo. Durante a primeira meia hora ela ficou falando de alguém que ela disse que está usando-a em Londres só para aparecer nos jornais – ela é tão engraçada, porque isso é tudo o que ela quer – e a outra meia hora ela ficou falando sobre quão idiota aquela loura Jerry Hall é. Acho que ela está realmente achando que vai receber os papéis de despedida de Mick. Enquanto Bianca estava no telefone Jade me pediu uma bala e eu dei alguns M&Ms para ela e ela disse, "Você tem de me dar mais alguns, a gente vai ao banheiro", e eu disse que a mãe dela acharia estranho se nós fôssemos até o banheiro do andar de cima e ela disse, "Bem, então venha para baixo da escada". Eu dei os M&Ms escondido para ela e ela colocou na boca como se fossem drogas.

Segunda-feira, 9 de janeiro, 1978. Trabalhei um pouco no escritório com Rupert e depois com Alex Heinrici. Eu ainda estou usando Heinrici para imprimir gravuras mas estou dando mais e mais trabalho para Rupert. De táxi pela neve. A corrida toda foi longa e difícil ($10).

Liza mandou seis ingressos para Bianca, que queria ver *The Act*. Bianca desconvidou Victor porque ela queria convidar Stevie Rubell e o professor de dança dela, que chegou de Londres. Bianca ficou telefonando para Stevie mas não conseguiu encontrá-lo. Ficou claro depois que Bianca só queria ir porque tinha ouvido que Jackie O. estaria lá e ela queria ser fotografada.

Jed e eu fomos para a casa de Bianca, pensando que ela estaria de carro, mas não estava. Jade também iria. Quando chegamos ao teatro todo mundo estava olhando, procurando Jackie O. *The Act* foi bom de novo. Bianca começou a criticar mas no final quando percebeu que nós iríamos ver Liza ela começou a elogiar, dizendo que era ótimo. Jade teve de ir mijar. Jackie e Swifty Lazar e Jack Haley e Bianca todos tiraram fotos e todo mundo ficou olhando enquanto eles eram fotografados. Depois fomos aos camarins ver Liza. Eu virei meu gravador na direção de Jackie e espero ter obtido uma conversinha ofegante (ingressos $60).

Depois de táxi de volta para a casa de Halston ($4) e quando chegamos lá ele estava indo dormir. Dava para ver que ele estava realmente pronto para ir para cama, ele tinha Linda nos braços e tudo. Linda é o cachorro dele. Aí Bianca foi para o telefone descobrir quem estava onde, quem estava no Ice Palace, quem estava no Elaine's e então fomos para o Elaine's (táxi $2.75).

Depois do show, o grupo de Liza tinha ido para o "21" e Bianca ficou telefonando e deixando recados acho que sobre coca – ela falava de um "livro". Algo assim como, "Eu ainda não tenho o livro para ela". Halston não tinha vestido Bianca antes dela sair e ela estava realmente horrível quando fomos ao teatro, mas ninguém queria dizer. Mas quando voltamos para a casa de Halston ele finalmente disse que ela estava terrível. Ele a fez tirar o turbante e colocar batom escuro e *aí* ela ficou bem. Mas então ela se deu conta de quão horrível ela tinha ficado nas fotografias do teatro. Jade estava de vestido longo.

Depois Peter Beard veio com um sujeito que usava uma luva linda numa mão e um vidrinho de coca na outra, e mais tarde ele nos mostrou a mão dele que era um toco, parecia como no cinema quando eles mostram o vilão – ele perdeu a mão num acidente de avião, sua terceira queda de avião no seu próprio DC-10. Ele colocou o vidrinho de coca na roda (jantar $130.38, gorjeta $20).

Aí fomos para o Ice Palace (táxi $3) e não estava tão cheio, só uns garotos de programa, e então por volta das 3h Jed e eu demos o fora.

Terça-feira, 10 de janeiro, 1978. Caminhei até a casa de Halston e quando cheguei Jane Rose, a secretária de Mick, estava lá telefonando para Mick para que ele cantasse para Jade antes de ela ir dormir. Depois tentamos ligar para Fred mas o telefone ficou quatro horas ocupado. Eu queria que ele viesse conosco porque precisava ter uma maneira de sair mais cedo.

Bianca estava contando a versão dela da história do casamento. Primeiro ela dizia que nunca traiu Mick, mas aí ela disse que ele estava rompendo com ela porque ela teve muitos affairs – ela teve um com um sujeito chamado Llewellyn e agora estava tendo um com Mark Shand. Mas disse que nunca fez nada em público. Ela me disse que queria ser alguém por si mesma e que sempre tinha querido vencer na vida por si para que (*risos*) pudesse comprar qualquer garçom. Disse que está aceitando se divorciar de Mick e eu disse que eles não deveriam romper. Ela disse que ela e Mick chegaram ao fundo do poço, que não consegue ir para cama com ele porque nem acha que ele seja atraente. Disse que Mick tinha sido "rude" ao criticá-la recentemente, disse que nunca *o* criticou. Ela disse que não podia ser "livre" – assim como um espírito livre – com Mick por ele ser quem é e por ela ser uma ninguém. E ela falou de sua próxima viagem a Hollywood e falou com aquela sua voz tatibitati sobre o seu "papel" no filme com Tony Curtis e Lionel Stander e Gloria Grahame. Disse que estão reescrevendo o personagem para ela, porque disse a eles certas coisas que queria. A ação se passa na Costa Rica. Ela está com medo porque "os críticos estão esperando para me destroçar". E eu não sei se ela pode fazer o filme. Quer dizer, ela me diz que também pode dançar e aí noite passada eu fiz questão de ficar olhando e ela não é nenhuma Rita Hayworth, ela não é nenhuma Rita Hayworth.

Ela estava contente porque finalmente o *Daily News* publicou as fotos dela com Liza e Jackie O. noite passada no *The Act* (táxi até o Studio 54 $3.50).

Antes eu tinha dado umas contas de vidro para Jade, e Bianca ficou dizendo que agora o rompimento está afetando Jade, mas para mim Jade parece ok. Bianca é meio isca, está sempre indo atrás dos homens e deixando-os excitados e dando a eles o número de seu telefone e aí quando eles telefonam ela não faz nada.

Quarta-feira, 11 de janeiro, 1978. Paulette telefonou algumas vezes para dizer que eu não me atrasasse. Deixei Catherine e Fred ($5) e fui buscá-la na Ritz Towers às 8h15 (táxi $1.50). Eu perguntei a ela onde estava o novo Halston que ela tinha comprado e ela disse, "Devolvi, me deixou muito gorda". Ela estava com o vestido que a deixa bem, o YSL, e usava os seus rubis, mais ou menos $1 milhão em volta do pescoço – eu sei porque vi uma pedra parecida que não era tão boa e o preço *era* $1 milhão.

De carro até o Waldorf Towers e o motorista fez a volta até a outra entrada para evitar os manifestantes iranianos. Um cretino nos perguntou o que eu achava da tortura no Irã e Paulette disse, "Ouça, Valerian Rybar está me torturando aqui em Nova York". Ele ainda está decorando seu apartamento e ela fica reclamando que já faz um ano.

A senhora Du Pont e Paul Jenkins estavam lá, recém desembarcaram do Concorde. "Suzy" estava lá e o apartamento dela também está sendo decorado por Valerian Rybar e ela disse a Paulette para não achar que o problema fosse só dela – ele estava decorando o apartamento *dela* há dois anos e meio. Eu disse a "Suzy" que adorei a coluna dela naquele dia porque havia muita sujeira sobre Mick e Bianca e sobre como Mick tinha deixado

Jerry Hall e sobre Liza e Baryshnikov e Scorsese. Hoveyda e Zahedi estavam lá, Barbara Walters estava lá com Roone Arledge. Eu estava muito excitado por encontrar Roone, falamos sobre Art Buchwald. E o prefeito Koch estava lá com Bess Myerson e ela é realmente alta e bonita e ele tem quase a mesma altura. E o governador Carey entrou e disse olá para ele umas duas vezes e ele não disse nada, estava com uma das mulheres Ford. E Beverly Sills estava lá, ela também é alta. Era uma coisa para "artistas" e amanhã a rainha vai inaugurar uma mostra iraniana na Asia House. Shirley MacLaine disse olá para mim algumas vezes. E Mollie Parnis estava lá, e Jerzy Kosinski.

Aí começaram os discursos. Zahedi, depois a – imperatriz, a rainha. Depois Koch, depois Carey, depois Kissinger – e ele falou durante quase 45 minutos, muito prolixo. Eles trouxeram violetas de avião para as mulheres e o caviar era chamado Pérolas do Mar Cáspio e Paulette comeu quase meio quilo. Era branco e não muito salgado. O violinista de Lester Lanin pediu um autógrafo para Paulette. Paulette queria ir embora e aí saímos e ela disse que não se importaria em me dar uma carona, estava tão frio. Quer dizer, você *sabe* que está frio quando *Paulette* fica gentil.

Quinta-feira, 12 de janeiro, 1978. Entrevistei Lucie Arnaz no Quo Vadis e não foi nada muito surpreendente. Ela é tão alta, come de tudo, é um pouco gorda e estava vestindo jeans que a faziam parecer mais gorda, mas tem um lindo rosto. Trouxemos Jim Bailey, o imitador de mulheres, e Burt Reynolds. Ela já namorou os dois. Disse que Burt era gentil e devotado. Essas meninas são educadas com rigor e aí ficam pensando que não podem se expandir.

Fui até uptown ($6) buscar Catherine às 7h50 e caminhamos até o Copa para a estreia de Bette Midler para a qual Mica Ertegun tinha mandado ingressos. Ron Galella estava lá com sua própria equipe de TV – estão fazendo uma coisa na TV sobre ele. No Copa estava aquele mesmo pessoal mafioso que estava lá quando fizemos a nossa festa no ano passado. Richard Turley estava parado na porta e perguntou se podia tentar entrar comigo e eu não sabia o que dizer, e disse que ele podia fazer o que quisesse mas que era a Máfia e ele nunca conseguiria, e ele não conseguiu. Chessy Rayner estava lá e Peter Tufo e Lee Radziwill estavam lá juntos, mas ela estava numa outra mesa e volto a falar nisso num segundo.

Eu não conseguia enxergar nada, só os 5cm de cima da cabeça de Bette, quando ela finalmente apareceu. E da maneira como Catherine estava sentada ela ficou de frente para Peter Tufo e logo eu senti a perna dele roçando na minha e acho que ele pensou que era a dela. Eles realmente estavam flertando pegado e com luxúria, e ele disse para ela, "Por que você não se levanta da mesa e dança?" e eu fiquei surpreso porque geralmente ele é muito azedo. Ele gritava coisas como (*risos*), "Sons de negro!", para as negras que estavam cantando.

Fiquei cutucando Catherine para que ela se virasse e assistisse ao show, mas ela estava contando sobre ter ido ao Plato's Retreat na noite passada. Ela disse que não sabia se tinha sido penetrada ou não enquanto esteve lá, e isso deixou Peter Tufo mais excitado, e ela derrubou um copo em suas calças e isso apenas fez com que ele ficasse ainda mais excitado, e ele passou um bilhete para ela que eu encontrei mais tarde e dizia só "*Quando?*", e tudo o que eu podia pensar é que seria uma reprise da nossa amiga Barbara Allen roubando Peter Beard de Lee, e agora nossa amiga Catherine estava roubando Peter Tufo.

Eu só queria dar o fora, aquilo lá é uma armadilha de incêndio, detesto lugares assim. E aí todo mundo saiu, Catherine voltou para apanhar o bilhete do "*Quando?*" e nos separamos, e ela foi ao Quo Vadis na limusine dos Ertegun e eu fui caminhado até lá, e quando entrei vi que Lee e Peter Tufo estavam brigando, mas Lee parou de brigar para me desejar um Feliz Ano-Novo com um beijo. Ficamos na mesa de Ahmet. Jantar foi um pequeno pombo. Lee saiu primeiro e eu pensei que Peter Tufo ia ficar por causa de Catherine, mas ele saiu com Lee e Catherine estava salva. E Ahmet estava se enchendo de conhaque e sendo divertido. Depois fomos todos convidados a ir até o Cotton Club no Harlem, que estava sendo reinaugurado com Cab-Calloway, e Catherine e Mica e Ahmet queriam ir mas acho que ninguém mais queria. Levei Catherine a pé para casa e era cedo.

Também hoje recebi minhas fotos de Edwige cortando os pulsos na festa de Victor na outra noite, e Victor disse que as cicatrizes dela serão joias punk.

E hoje Bob teve um encontro com o sujeito dos Rums of Puerto Rico da Kenyon & Ekhart e o sujeito que é de alguma coisa como a câmara de comércio de Porto Rico, eles querem fazer uma festa no escritório para descerrar o retrato que estou fazendo de Liza porque Liza está endossando os Rums of Puerto

Rico e por isso eles deram três meses de anúncios de rum para *Interview*. Estão tentando conseguir Burt Reynolds para essa campanha e eu também faria o retrato dele, mas as duas pessoas que ele quer no anúncio não foram consideradas "cosmeticamente corretas" pela agência. Então Bob telefonou para o empresário de Burt em L.A. e teve de pedir para que submetessem outras possibilidades e o empresário disse, "Ouça, o endosso de Burt vale $1 milhão e ele está considerando isso apenas porque quer um retrato de Warhol, e, se Burt mandar um pigmeu e um anão para posar no anúncio com ele, Rums of Puerto Rico e a agência deles deveriam ficar agradecidos". E Bob disse que as pessoas que Burt quer até nem são feias.

Sexta-feira, 13 de janeiro, 1978. Almoço para Bloomindgale's no escritório. Foi uma grande coisa o próprio mr. Traub ter vindo. E Cal, o amigo de Robert Hayes que estava no Bonwit's e nos deu anúncios lá, está agora na Bloomingdale's. Bob fez um longo discurso esplêndido sobre *Interview* e aí se virou para Carole Rogers, a editora associada da *Interview*, e disse, "Carole, será que você poderia nos fornecer algumas estatísticas, por favor?", esperando que ela reforçasse os números que ele tinha dado – que a tiragem da *Interview* é 80 mil e que 20% deste total são assinaturas –, mas em lugar disso ela disse, "Nossas assinaturas são 7 mil" e todo mundo ficou vermelho e prendeu a respiração e Bob não conseguia acreditar. Depois Cal telefonou e disse que isso foi a primeira coisa que mr. Traub falou no carro quando eles saíram e pode ser que tenha estragado tudo, mas acho que eles darão alguma coisa para *Interview* porque eles acham que ela atinge as pessoas certas. Todas as pessoas da Bloomingdale's estavam com ternos azuis.

Sábado, 14 de janeiro, 1978. Fui a uma projeção de *O leopardo* que Suzie fez na casa dela. Victor estava lá com um garotinho ginasiano de dezessete anos realmente bonito, de Nova Jersey, uma beleza "all-american" tipo *Happy Days* e eu fiquei pensando como é que ele pode vir a Nova York e fazer coisas assim como me conhecer e conhecer Victor e ir ao Ramrod e vir à casa de Suzie para uma projeção de *O leopardo*, e aí voltar e passar o dia inteiro no colégio.

Segunda-feira, 16 de janeiro, 1978. Descobrimos que Andrea Portago vai casar com Mick Flick na Suíça no próximo fim de semana. E aí Barbara Allen chegou com Lacey Neuhaus. Barbara acabou de voltar de Acapulco e está bronzeadíssima. Quando ela ficou sabendo sobre Mick Flick e Andrea, tentou não parecer chocada – ela se recuperou num segundo e disse, "Eu só tive um encontro com ele e foi tão chato que eu saí antes do espresso".

Por volta das 4h Margaret Trudeau chegou e Marc Balet e Robert Hayes a levaram para ser fotografada. Combinei de encontrá-la às 9h no Quo Vadis. Trabalhei até por volta das 8h, depois deixei Catherine (táxi $4).

Fui para casa, me colei e caminhei até o Quo Vadis para encontrar Bob e Margaret Trudeau. Ela deu uma entrevista realmente ótima. Bebeu cinco margaritas. A família dela se parece com a de Viva, ela também tem uma porção de irmãs, mas ela é mais inteligente e mais bonita do que Viva e a sua família, e ela nos disse que sentou ao lado de Nixon no jantar e ele não falou com ela o tempo todo até que se virou e contou para ela sobre a vida sexual de um panda e isso foi tudo.

Margaret estava com um novo vestido exclusivo. Ela disse que recém tinha sido incluída na lista das mulheres mais mal-vestidas do mundo. Disse que, aonde quer que vá, não importa quem esteja perto, os fotógrafos estão sempre atrás. Depois nós fomos ao Studio 54 para a festa de aniversário de Scavullo e é verdade ($3.2 5). Margaret estava dançando e os fotógrafos enlouqueceram. Stevie tinha dito que teria apenas um fotógrafo lá, mas havia uns vinte ou cinquenta. Quando trouxeram o bolo de aniversário para Scavullo, em forma de câmera, os fotógrafos nem notaram o bolo – eles continuavam atrás de Margaret.

Terça-feira, 17 de janeiro, 1978. Fomos ao jantar dos Vinci para Lina Wertmuller na embaixada italiana. Ela tossiu em cima de mim e aí disse que estava ficando boa da gripe. Mas descobri lady Cappy Badrutt e ela foi divertida – eu realmente gosto dela, é tão linda, como uma cortesã elegante. Ela me contou sobre alguns de seus affairs. Quando saí Bob ficou e então Fred me deu uma carona.

Quarta-feira, 18 de janeiro, 1978. John Chamberlain e Lorraine, a nova mulher dele, vieram ao escritório almoçar. Ela é realmente bonita, muito mais moça do que ele. Ele disse que estava cansando de morar em estúdios – está procurando um pequeno apartamento no Dakota. Ele ainda está fazendo o mesmo tipo de escultura mas elas ainda são ótimas – os acidentes de carro – e as pessoas ainda estão comprando. Fiz algumas fotos dele e da mulher dele.

Quinta-feira, 19 de janeiro, 1978. Fui ao leilão de joias dos figurinos de Joan Crawford. Vi PH dando lances para um colar cor-de-rosa e quando passou de seu limite ela parou de dar lances, mas aí eu dei mais alguns lances, ganhei e dei o colar para ela. Ela ficou tão agradecida que me levou até o Village na Sexta Avenida perto da Waverly e me mostrou uma loja secreta que ela descobriu num segundo andar onde um homem vende os Diors e Balenciagas que pertenceram à irmã dele que morreu. É o lugar mais fantástico e eu comprei uns cinco vestidos. Só que tudo lá é tamanho 14, porque a irmã era gorda. A loja é chamada Fabulous Fashions e tem também chapéus e bolsas e guarda-chuvas e tudo é *barato*.

Fui para casa trocar de roupa para o jantar, mas esqueci que Sandra Payson – você sabe, lady Weidenfeld – tinha dito que era black-tie. Aí eu me colei e fui para lá. De táxi até Sutton Place ($2.25). Era um jantar para poucas pessoas e quando vi que era o único sem black-tie aí é que me lembrei que ela tinha mencionado isso. Quando viram como eu estava horrível, fugiram de mim e não voltaram até ficarem bêbados. Fiquei tentando melhorar as coisas com conversa, aí comecei a contar que agora eu estou comprando muitos vestidos e eles saíram de perto. E acho que mrs. Payson me convidou porque queria uma pintura, mas ela nunca mencionou nada e eu acho que ela ficou tão chocada com minhas roupas que desistiu da ideia.

A festa era para uma bailarina cujo nome eu esqueci mas que foi uma grande bailarina na mesma época de Margot Fonteyn – mas não era russa. Ela me contou sobre cada gato que ela teve e como cada um morreu. Tinha um siamês que pulou para a borda do edifício e caiu os cinco andares e ela disse que ainda pode ver a marca de unhas que o gato deixou na borda e que foi triste – ele tentou dar meia-volta e escorregou.

Sexta-feira, 20 de janeiro, 1978. Foi a manhã da grande tempestade de inverno que iniciou na noite passada. A maior nevasca desde 1969.

No escritório eu olhei para fora e durante uma hora um negro ficou tentando desatolar o seu carro. Ele desceu para o metrô e voltou com uma pá e tentou soltar o carro, e sempre que entrava no carro para tentar arrancar levava a pá com ele – acho que para evitar que ela fosse roubada. Depois de uma hora um negro maior com uma pá maior passou por ali mas não ajudou. O McDonald's fechou mais cedo. O Chemical Bank fechou à 1h.

Sábado, 21 de janeiro, 1978. De táxi até o Studio 54 e quando cheguei lá o lugar estava lotado. Ken Norton estava lá. Estava muito movimentado para uma noite de neve, Stevie não podia acreditar que tanta gente tinha saído em plena tempestade para ir até lá, ele estava barrando gente na porta como sempre. Depois queríamos ir até um lugar chamado Christy's Restaurant na Rua 11 Oeste onde havia uma festa do *Saturday Night Live* para Steve Martin. Saímos tentando encontrar um táxi mas não conseguimos. Aí apareceu um sujeito branco com uma mulher negra num carro e nos ofereceu uma carona para onde nós quiséssemos e nós aceitamos. Eles disseram que Stevie não os deixaria entrar no Studio 54 porque eles não tinham o tipo certo, mas para mim eles pareciam ok – quer dizer, ele parecia uma bicha e ela parecia um travesti, é o look do Studio 54. No caminho Catherine olhou para fora e perguntou se não era Lou Reed na rua e era. Ele estava com uma tipa chinesa e eles entraram e ele foi muito amável. Quando chegamos ao Christy's, Steve Martin foi ótimo, parecia emocionado por me conhecer.

Domingo, 22 de janeiro, 1978. Sam Beard estava dando uma festa de quarenta anos para seu irmão Peter no apartamento dele na 92 com Park. Foi uma festa excitante. Jackie O. e Caroline estavam lá. Caroline me perguntou o que eu acho do totalitarismo e eu nem conseguia dizer a palavra e tentei fazer uma piada sobre o assunto e ela disse, "Não, estou falando sério". Mary Hemingway estava lá e Jonas Mekas filmou-a como um leão atacando Peter Beard.

Fred estava lá com Lacey Neuhaus e Stevie Rubell estava lá. Victor chegou com uma camiseta rasgada com esporas nos braços e com um presente para Peter – era uma coisa que parecia algo que ele tinha encontrado na rua ou algo das vitrines de Halston, como uma parte de uma máquina. E ele tinha um presente para mim também – uma sunga usada. Foi ótimo. Barbara Allen estava com Philip Niarchos, ele está na cidade. Ronnie e Gigi e Walter Steding também estavam lá e Jennifer Jakobson, que parece não estar mais com François de Menil. E Steve Aronson. Ele é realmente sedutor, fala muito bem e usa roupas ótimas. Peter ficou muito feliz porque todas as ex-namoradas dele estavam numa única sala.

Depois nós todos fomos ao Studio 54 e eles fizeram descer do teto um bolo na forma de um elefante para Peter, porque Peter fez todas aquelas fotos ótimas de elefantes africanos. Arnold Schwarzenegger estava lá. Saí por volta das 2h, exatamente quando Halston e Bianca estavam chegando. Os dois estavam com máscaras de elefantes, mas os fotógrafos nem se importaram, eles cansaram de Bianca. Melhor que ela saia da cidade por um tempo.

Terça-feira, 24 de janeiro, 1978. Suzie Frankfurt telefonou e disse que sua plástica foi muito dolorosa.

Já que estava um tempo bom fui caminhando até o escritório. Victor telefonou e disse que tinha feito "algo terrível" mas não quis dizer o que era por telefone, que ele iria até lá (almoço para Victor $5.29). Mas ele ainda não quis me dizer o que tinha feito. Mais tarde, quando eu estava falando com Bianca, ela é que me contou e aí eu telefonei para Victor, e disse, "Puxa, Victor, noite passada eu sonhei que você estava pintando em cima da *minha* pintura, não é uma loucura?". E ele começou a fazer um escândalo porque eu tinha tido esse sonho e aí eu disse que ele não se preocupasse, que eu sabia o que ele tinha feito e que eu daria uma outra pintura para ele.

Mais tarde naquela noite no Studio 54, havia dois garotinhos de Caracas e Victor ficou com ciúmes quando me viu conversando com eles e quando eles ouviram Victor falar disseram exatamente de onde Victor vem – é que Victor tem o "sotaque do Brooklyn" de Caracas.

Philip Niarchos chegou com Manuela Papatakis. Bianca estava excitada porque parece que Barbara e Philip romperam.

Quarta-feira, 25 de janeiro, 1978. Quando entrei no escritório, o almoço para Carole Bouquet, a bela atriz francesa, estava em andamento, mas ela não tinha chegado por causa das filmagens. Mesmo assim Peter Beard estava lá, e Mona, e metade da comida era do William Pool, metade do Brownies. Aquela graça de garoto com a mão queimada, Tom Sullivan, o amigo de Peter, estava lá. Gostamos das botas dele e ele perguntou nossos números e telefonou para um lugar na Georgia encomendando três pares.

Ele está morando numa suíte do Westbury há meses esperando para fazer implantes de pele na mão queimada no acidente de avião. Acho que Catherine tem uma queda por ele.

Trabalhei em algumas pinturas nos fundos. Mas estou muito cansado. Não tenho dormido o suficiente. Bianca deu uma passada e cinco minutos depois Mark Shand também chegou. E Brigid me disse, "O dia inteiro lady Isabella Lambton põe o dedo no nariz e come e, se você diz alguma coisa sobre isso para ela, ela só ri e continua fazendo a mesma coisa. Uma noite ela me disse que ela e o namorado põem o dedo um nariz do outro. É difícil de aguentar".

Fui à Olympic Tower visitar o novo escritório de Halston (táxi $3). Ocupa dois andares e tem uma vista para a escadaria de St. Patrick. Bebemos um pouco.

Deixamos Catherine e ela estava sem sapatos e por isso a gracinha do amigo de Peter carregou-a seis andares para cima.

Quinta-feira, 26 de janeiro, 1978. De manhã, quando telefonei para a casa de Catherine antes de sair, um homem atendeu e disse que ela já tinha saído para trabalhar e era o Tom Sullivan de ontem. Ele disse que só estava lá deixando alguma coisa. Ele não deveria ter atendido o telefone. Mais tarde, quando contei a Catherine que ele tinha atendido, ela disse, "Bem, você me pegou", e ficou levemente constrangida.

As botas chegaram no aeroporto e Peter Beard trouxe-as para cá. As minhas serviram perfeitamente. Eu pedi para Tom conseguir uma 8-D – a única coisa errada é que eu disse bico redondo e veio bico fino. E todas vieram numa caixa enorme e Peter tirou as botas da caixa porque ela era grande demais e jogou a caixa fora e aí descobrimos que uma bota do par de Catherine ficou na caixa e o motorista de Tom foi procurar onde eles jogaram e voltou com a bota e Catherine ficou emocionada. São botas de cowboy feitas com orelhas de elefante.

Almoço para Isabella Rossellini (materiais $7.13 $16.41). John Richardson estava lá e me deu de presente uma fotografia do caralho dele. Bianca estava vestindo branco com uma estola púrpura de Halston e ela e Tom Sullivan, disse Brigid, "estavam praticamente fodendo contra a parede, é realmente repugnante" – e Isabella Rossellini, Robin West e Claus von Bülow estavam lá. O jantar era na casa-de-Bianca-na-casa-de-Halston, serviram blanquettes de vitela. Diana Vreeland estava com Fred e Stevie foi muito divertido, ele me disse que ela é fascinante e mais tarde na mesma noite ele disse que ela é tão chata que ele não sabia como se livrar dela. E você sabe, ultimamente tenho chegado à conclusão que Diana Vreeland é apenas uma pessoa. Descobri isso uns meses atrás quando eu estava pensando novamente sobre aquela coisa com Viva na *Vogue* nos anos 60, quando Diana vetou as páginas sobre Viva que teriam feito a carreira de Viva. Diana realmente faz coisas pela "carreira" dela – ouve as pessoas que dizem quando ela não deve fazer alguma coisa, quando vai sofrer profissionalmente e aí faz o que lhe dizem. Alguém deve ter lhe dito que se publicasse as fotos de Viva seriam uma péssima coisa para ela. Você acha que ela não pensaria assim porque é Diana Vreeland, mas aí você se dá conta de que ela pensa assim.

Sexta-feira, 27 de janeiro, 1978. Fomos até Halston's. O pessoal do Halston se autocoordena, eles falam um com o outro e decidem quais os temas de cores que estão na moda para a noite. Esta noite era a volta ao preto e vermelho. Pat Mori, a modelo, estava lá de preto e vermelho e Halston estava de meias vermelhas com seu habitual preto e branco.

Fomos de limusine ao Studio 54. Fiquei lá até por volta das 6h da manhã mas tudo que lembro é de Catherine e seu novo namorado Tom Sullivan, que acho que é um traficante de coca. Bianca disse que conseguiu um papel num filme para contracenar com Jeff Bridges.

Sábado, 28 de janeiro, 1978. Apanhei Bianca e fui até o Dakota para a festa de Susan e Gil Shiva ($2.50). Lina Wertmuller e o marido dela, Enrico Job, eram os convidados de honra. Ele foi o desenhista de produção dos nossos filmes *Frankenstein* e *Drácula*. O filme dela, *Dois na cama numa noite de chuva*, com Giancarlo Giannini e Candy Bergen, está estreando. Neil Sedaka estava lá. As pessoas ficaram trazendo Woody Allen para me conhecer e eu fui apresentado a ele quatro vezes. E Betty Bacall estava lá, ela também mora no Dakota. E Judy Klemesrud, aquela mulher agradável do *Times*, estava lá e Nancy Collins, aquela que foi do *Women's Wear* e agora está em Washington, e Candy Bergen estavam lá. Também na casa de Gil Shiva, Andrea Portago e Mick Flick, de volta à cidade depois do casamento deles e Bianca disse, "Ele queria me faturar no Studio 54 ontem à noite, agora que ele está casado ele me ataca – ele nunca me atacou antes".

Depois fomos para o Studio 54. Catherine estava lá com Tom Sullivan e eles estavam indo comer cheeseburgers no Brasserie e me convidaram, e aí eu fui.

Esqueci de contar a coisa mais excitante da noite. Quando saímos dos Shiva, Bianca queria dar uma passada na casa de Halston para pegar alguma coisa. Chegando lá, havia um garoto lindo num casaco de pele do lado de fora e quando entramos lá estava Liza Minnelli falando com Halston. Ela queria saber se ela e Baryshnikov – era ele do lado de fora – poderiam ficar um tempo na casa dele. E nós não deveríamos estar vendo aquilo. E Liza e Baryshnikov estavam cheirando muita cocaína, eu não sabia que eles cheiravam tanto, de pá, e era excitante demais ver duas pessoas realmente famosas na sua frente se drogando e quase a ponto de trepar uma com a outra.

Liza acabou de voltar de uma temporada de descanso do Texas e vai reestrear em *The Act*.

Domingo, 29 de janeiro, 1978. Barbara Allen telefonou e queria que eu a levasse ao jantar dos críticos de cinema de Nova York e parecia muito deprimida. Disse que finalmente está se dando conta de que Philip e Manuela estão por aí. Todo mundo fica telefonando para Barbara dizendo, "Estamos convidando Philip e Manuela – mesmo assim você quer ser convidada?". Ela está infeliz.

Às 8h30 fui até a casa de Halston. Bianca estava dando voltas mostrando as tetas. Mark Shand saiu da cidade.

De táxi até a embaixada iraniana ($2.50). Maximilian Schell estava lá e ganhou um prêmio de ator coadjuvante por *Julia*. Eu nunca o tinha encontrado antes e fiquei desapontado com a gordura dele, mas ele foi realmente gentil. Disse que eu fiz coisas ótimas por ele na Alemanha, que viu *Flesh* e detestou e foi ver de novo e de novo e adorou e que pensou, *Se isso é um filme, então eu também posso fazer filmes*. Eu não sabia o que dizer e aí decidi passá-lo para Bianca e eles enlouqueceram um com outro dali em diante. Sempre ouvi que ele era puto mas essa imagem começou a desbotar, da maneira como os dois estavam se entendendo. E Sissy Spacek me apresentou ao marido dela, ele é muito gentil, e a chefe da campanha de Bella Abzug – como é o nome dela? Shirley MacLaine me disse que tinha uma foto que eu tirei de Bella na sua mesa de trabalho. E John Simon estava lá, ele estava fixado em Bianca. Ela tinha penteado o cabelo em grandes cachos e disse que era um estilo nicaraguense mas parecia porto-riquenho. S.J. Perelman estava lá e eu queria falar com ele porque Nelson sempre diz que ele é o homem mais divertido do mundo, mas não falei.

Bianca veio correndo me contar que pela primeira vez tinha se apaixonado por um homem mais velho. Disse que ia embora, que tinha de ir para casa e fazer o jantar para Halston, e eu acho que ri alto porque lembrei que Amanda Lear me contou que a razão de Mick ter deixado Bianca foi que ela nunca preparou uma refeição para ele. Mas quando ela está a fim de alguma coisa ela é realmente coquete, tentando provar que pode fazer todas as coisas. Então voltamos para a casa de Halston. Maximiliam dispensou o carro, acho que é pão-duro.

Stevie telefonou e disse que a gente fosse para o clube. Victor e eu fizemos um banquete na cozinha – fizemos pipoca e bebemos suco de laranja com vodka. Deixamos Bianca e Maximilian se abraçando e se beijando na outra sala. Halston pegou Linda e foi para a cama. Depois fomos até o Studio 54 e estava animadíssimo.

Segunda-feira, 30 de janeiro, 1978. Eu deveria entrevistar Fran Lebowitz sobre o novo livro dela durante o almoço, mas Bob disse que ele não poderia ter a coluna dela e também uma entrevista no mesmo número, e Fran ficou irritada e cancelou o encontro.

Tom Beard e Joel McCleary telefonaram para Catherine nos convidando para um jantar que eles vão fazer no Elaine's com Bill Graham, ex-Fillmore, que nos deu – deu ao Velvet Underground – a primeira chance nos anos 60 mas depois nos deu um pontapé.

O jantar era só às 9h30 e Catherine tinha ficado fora até tarde da noite, ela fica caindo de sono o dia inteiro, e aí só ficou pronta às 10h e eu fui buscá-la. Ela estava arrumando uma maleta para ir ao Westbury porque Tom Sullivan está fora da cidade e disse que ela poderia ficar lá e pedir serviço de quarto, e tudo que ela podia pensar era em ovos e salsichas para o café da manhã. Ele também deixou uma limusine para ela. Ela está realmente apaixonada por ele. Veste as roupas dele, o casaco e a jaqueta de couro Valentino. Disse que o pai dele morreu quando ele era muito criança e deixou muito dinheiro, que fez muito dinheiro fabricando componentes para radiador (táxi ao Elaine's $2.60).

Havia uma porção de gente famosa lá que eu conhecia mas que não cumprimentei – Candy Bergen, Joel Schumacher. Fred já estava com o pessoal do Carter – Tom Beard e Joel McCleary. Bill Graham e eu fomos direto ao incidente central do nosso relacionamento – quando ele tirou os Velvets de cartaz no Fillmore de San Francisco eu acho que em 1966 –, e finalmente depois de todos esses anos veio à tona que o que fez com que ele nos detestasse não *foi* a música dos Velvets – é que ele tinha visto Paul comendo uma tangerina e jogando as cascas no chão do teatro! (*risos*) Você acredita quanto *tempo* se leva para descobrir a história verdadeira? Aí todo mundo na mesa pensou que nós detestássemos Bill Graham e não falássemos com ele – Bobby Zarem também estava lá conosco e está cada vez mais gordo –, mas não é que nós estivéssemos furiosos, eu só estava morto de cansado. Mas eles acharam que havia "tensão na mesa". Deixei Catherine no Westbury ($3).

Terça-feira, 31 de janeiro, 1978. Rupert estava no escritório. Maximilian Schell veio e no minuto em que ele apareceu na porta Brigid imediatamente pediu cinco autógrafos e Catherine pediu oito e aí Chris Makos também começou a fotografar e o pobre Max ficou sendo bombardeado. Mas eles precisam só de uma fotografia para ilustrar a entrevista que vamos fazer. Ele telefonou para uma mulher ir se encontrar com ele no One Fifth.

No jantar no "21", Jody Powell estava com uma mulher. Toda a ideia do jantar era entrevistar Joel McCleary, mas aí o meu gravador estava fazendo coisas estranhas. Sentei ao lado de uma mulher, Lynn, que disse que ela e Joel foram primeiro namorados mas que nunca se casaram porque ele era um hippie e ela era uma marxista. É fascinante ver dois hippies que não se acertaram por serem diferentes *tipos* de hippies. Ela disse que Joel era magro mas que agora engordou e que gordura é melhor para a política, que era mais fácil ver um homem gordo no palanque. Contou que o guru dela disse que se você é homem e é magro, você acaba se tornando homossexual, e acho que eu concordo com isso por causa de todos os modelos. Disse que ela e Joel se encontram uma vez ou outra para contar as novidades. Então acho que as pessoas realmente fazem isso. Eu disse a ela que isso é o que o casal faz naquela peça da Broadway *Same Time Next Year*. Lynn disse que está de caso com aquele sujeito da fundação Pillsbury, mas quando eu pedi uma doação ela disse que só podia dar para (*risos*) "pessoas em New England".

Quarta-feira, 1º de fevereiro, 1978. Victor veio me buscar e fomos para Chinatown. Eu não ia lá há três anos. Ainda acho que eles têm uma única cozinha nos fundos de Chinatown com um grande caldeirão de onde todos tiram a comida. Comemos numa espelunca na Canal Street. Fomos a uma porção de lojas chinesas e uma chinesa me reconheceu. Depois tomamos a limusine e fomos ao Spring Street Bar para beber ($6) e aí me dei conta de que deveríamos ter ido lá para comer hambúrgueres, teria sido a melhor coisa.

Demos uma passada pela OK Harris Gallery e Ivan tinha acabado de montar uma nova exposição e estava realmente cheia. Depois fomos ali perto procurar fantasias numa loja onde um garoto que era um *cafona* vende capas de $2 mil feitas de fio de ouro. Mais tarde fomos ao Fabulous Fashions.

Victor achou que era o lugar mais fabuloso que eu o levei para conhecer. Comprou coisas para Halston. E aí, depois do Fabulous, ele me deixou no escritório porque eu tinha um encontro com os Hoveyda, eles estariam com um famoso iraniano e a mulher dele, mr. e mrs. Ghaferi, e depois nós todos iríamos para o Ballato's.

Ballato's estava muito excitante porque John e Yoko Lennon e Peter Boyle com a nova eu acho mulher dele estavam lá. Catherine pediu um autógrafo para John e ele recusou, porque disse que há pouco leu que Robert Redford não dá autógrafos e aí ele decidiu não dar também. E Calvin Klein estava lá com aquela mulher que deu meu primeiro emprego no *New York Times* – Carrie Donovan. A comida foi realmente boa e mr. Ballato estava lá e eu paguei a conta com um cheque e era ainda muito cedo, 10h30, mas eles nos deixaram em casa.

Ah, e no meio do jantar eu contei para Catherine que Brigid e Chris Hemphill estão se recusando a continuar transcrevendo as entrevistas que ela faz porque dizem que são muito ruins e eu disse a Bob que ele vai ter de resolver isso. E mais tarde ele me disse que não sabe o que fazer, porque por um lado as entrevistas de Catherine *são* realmente ruins – quer dizer, numa das entrevistas ela perguntou onde é que fica o Bronx –, mas por outro lado não deveríamos permitir que Brigid e Chris decidissem o que vão transcrever.

E durante o jantar os iranianos me disseram que quando eu pintar o xá devo cuidar com a sombra nos olhos e o batom. Eles disseram, "Faça o retrato casual mas conservador".

Quinta-feira, 2 de fevereiro, 1978. Quando cheguei ao escritório Brigid ainda estava constrangida porque mais cedo Lucio Amelio, o marchand de Nápoles, tinha vindo para um encontro com Fred e quando chegou na recepção fixou os olhos nela por um longo minuto e aí disse, "*Brigid Polk? La actress famosa di* Chelsea Girls?". E Brigid ficou mortificada porque agora é recepcionista e contou para ele que também tinha aparecido recentemente em *Bad*. Ele ficou muito excitado, dizendo para as pessoas como ela era famosa e agindo como se tivesse sido apresentado para Greta Garbo e (*risos*) a pobre Brigid tinha de continuar atendendo os telefones.

Encontrei Robert Mapplethorpe perto do escritório. Ele me contou que tem um vernissage em San Francisco e vai ficar lá um mês para "férias de sexo" porque "San Francisco é o melhor lugar para sexo nos Estados Unidos".

Fui em casa trocar de roupa e depois fui buscar Barbara Allen para irmos à festa na casa de Diane von Furstenberg (táxi $2.60). Não fui convidado – Barbara me convidou como acompanhante dela. O ex dela, Philip Niarchos, estaria lá com Manuela.

Chegamos a 1060 Quinta Avenida por volta das 9h e era uma superfesta. Diane tem um apartamento enorme, imenso, com tecidos pelas paredes. Tem um banheiro grande como uma sala. Barry Diller agora mora lá também e ele está na cidade. Ela pintou a madeira de branco e depois com estrias, como Art Nouveau. Eu cometi um *faux pas*. Entrei numa sala onde todo mundo estava comendo e Carl Bernstein estava conversando com Helen Gurley Brown e levantou os olhos e disse para mim, "Você acha que Bob Colacello é atraente?", e eu não sabia o que estava se passando e acho que dei um fora, eu disse, "Bem, ele não é o *meu* tipo", e ela se levantou e saiu da sala. E aí ele me disse que ela o tinha confundido com Bob Colacello e quando ele se ofendeu ela ficou lhe dizendo quão atraente Bob Colacello é e aí eu estraguei tudo.

Barbara está realmente infeliz – Bianca conseguiu uma carreira no cinema e Manuela está com Philip. Ela teve uma longa e boa conversa com Philip na casa de Diane. E Manuela não estava nem um pouco bonita.

Barbara disse a mesma coisa que Bianca tinha dito, que Mick Flick está a fim dela.

Sexta-feira, 3 de fevereiro, 1978. Tive de acordar cedo – às 6h30, o sol nasce depois das 7h – para telefonar para Catherine e dizer que eu não iria à Terça-Feira Gorda.

O almoço nos Lachman era à 1h30. Jaquine Lachman quer uma pintura mas com desconto. Quer dizer, e o marido dela é dono de um terço da Revlon! Bob vai dizer para ela que não dá desconto.

Quando chegamos ao apartamento dos Lachman percebi que mrs. Lachman é uma dama francesa que está realmente muito enfadada com seu marido. A filha dele de um outro casamento disse que ele deveria pintar e agora tudo que ele faz é ficar em casa pintando o dia inteiro. Pinta um quadro no estilo de cada artista. E fica seguindo a sua mulher pela casa, e literalmente colide com ela quando ela para.

Enquanto estávamos lá uma de suas amigas telefonou e ela disse que estava muito cansada para ir comprar peles. Portanto, Jaquine estava enfadada.

Terça-feira, 7 de fevereiro, 1978. Catherine telefonou, ela ainda está em Tampa com Tom Sullivan. Acho que Peter Beard está novamente apaixonado por Carole Bouquet, a mulher de *Esse obscuro objeto do desejo*, o filme de Buñuel que está em cartaz. Ele telefonou e combinou de jantar com ela no Elaine's e me convidou. Quando cheguei lá Elaine estava dançando o jitterburg com um sujeito do bar. Lorna Luft estava lá. Ela disse que ganhou um papel em *Grease*.

E o sequestro da filha de Calvin Klein ainda está nos jornais. Ele deu uma entrevista a Eugenia Sheppard contando como a filha dele foi corajosa quando foi sequestrada. Saí por volta das 2h, deixei Bob (táxi $3).

Quarta-feira, 8 de fevereiro, 1978. Antes de sair de casa meu sobrinho Paulie, que está em Denver há anos, telefonou de Nova Jersey e disse que está deixando a batina para se casar. Eu disse que ele passasse no escritório à tarde e conversaríamos sobre o assunto.

Quando cheguei ao escritório ($3.60), Bob Colacello e Robert Haynes estavam tendo um importante almoço de negócios e eu me sentei com eles porque sabia que devia fazer isso. Mas almoços importantes ficam tão ridículos naquela sala, porque Brigid passa para ir ao banheiro e Ronnie fica por ali ou alguém chega na porta e diz "Barry Landau está no telefone e quer falar com você", ou "Crazy Matty está aí para ver você" – eles parece que não sabem o que é importante e aí é ridículo naquela sala.

Meu sobrinho chegou. Ele me disse que abandonou a sua paróquia em Denver. A gente continua sendo padre mesmo se abandona a paróquia, mas depois de casar ele vai ser excomungado. Disse a ele que deveria ver *Os embalos de sábado à noite*. Você lembra da parte quando o irmão está deixando a batina? Eu não sabia mais o que dizer, ele não estava me escutando mesmo. Ele até disse, "Eu só vou fazer o que vou fazer mesmo, nem vamos falar nisso". Mas aí ele voltava ao assunto. E depois das 5h, quando as tarifas ficaram mais baratas, ele telefonou para Denver e me fez falar com a noiva mexicana-americana dele, que tem 37 – mais velha que ele –, e na realidade ela parece amável.

Era Quarta-Feira de Cinzas.

Quinta-feira, 9 de fevereiro, 1978. Bob telefonou de manhã e disse que Suzie Frankfurt está se convertendo ao catolicismo e que ela seria batizada hoje de manhã e que nós deveríamos ir até a igreja (táxi até a 83 e Park $3). Só durou um minuto, Suzie foi batizada e o cabelo dela ficou molhado e nós todos fomos para a casa dela tomar café.

De táxi até Union Square ($3). Anselmino telefonou o dia inteiro da Itália, gritando histericamente sobre falsificações de pinturas minhas que tinham sido oferecidas a eles. E meu sobrinho esteve no escritório o dia inteiro escrevendo cartas e telefonando. Trabalhei até por volta das 7h.

Sexta-feira, 10 de fevereiro, 1978. Anselmino telefonou para dizer, "Enfim não eram falsificações – foram roubadas de mim e reduzidas para um tamanho menor". Alguma vez ele deve ter vendido as pinturas para comprar coca e depois esqueceu.

Meu sobrinho ficou de novo no escritório telefonando o dia inteiro. Estava com um amigo dele e Brigid disse que eles tinham preparado martínis (*risos*) daquela nova maneira com gin, scotch e vermouth. Ele me disse que está hospedado com alguém e que ficam cinco pessoas num quarto e ele está dormindo no chão. Eu queria ficar trabalhando até tarde, aí disse para ele que seria mais fácil se ele fosse embora com Vincent quando Vincent fechasse tudo. Acho que ele ficou brabo, porque foi embora sem terminar o martíni.

Sábado, 11 de fevereiro, 1978. Ok, o incêndio. Acordei de manhã e achei que estava sentindo cheiro de madeira queimando numa lareira. Fui lá em cima mas a lareira estava apagada e eu ainda sentia cheiro de queimado e aí fui até o quarto andar, onde os garotos tinham estado trabalhando, restaurando mobília para o negócio de decoração de Jed. Abri a porta. Havia uma cobertura de pano por todo o quarto com um grande buraco queimado de uns 25cm de diâmetro e debaixo do buraco havia um buraco de 0,5cm no parquê. Comecei a tremer. Meu maior temor tinha acontecido. Havia latas abertas de terebintina por ali, as janelas estavam fechadas e tinha havido fogo. Eu nem sei como começou e nem sei como foi que apagou. Deve ter acontecido enquanto eu estava dormindo porque não senti cheiro de nada quando eu entrei. Você acha...? Quer dizer, foi como *O exorcista*. Será que eu deveria colocar uma cruz lá? Eu vou benzer uma cruz e colocar no lugar. Porque no mesmo quarto uma vez houve um vazamento numa parede desde o teto e agora isso. E aí fiquei pensando que eu fui mau para meu sobrinho padre e aquilo estava me perturbando. E quando vi onde tinha queimado, exatamente no centro do quarto, era como para mostrar o que podia acontecer... eu estava tremendo todo. O pano tinha veios saindo do buraco e o chão embaixo tinha veios. Era muito estranho.

Depois perdi a manhã inteira limpando tudo. Telefonei para Judith Hollander para pedir o número dos rapazes que estavam "restaurando". Telefonei para eles e gritei que viessem tirar todo o lixo deles e rápido, e quando chegaram nem falei com eles. Eu estava furioso.

Estava tão exausto por causa dessa tortura do incêndio de manhã que depois do trabalho eu só fui para casa e bebi um pouco de vinho para conseguir dormir e não pensar no quarto possuído do andar de cima. Você lembra quando Tom Tryon morava do outro lado da rua e eu podia vê-lo na janela escrevendo? Pois estou vivendo um pesadelo como nas histórias dele.

Terça-feira, 14 de fevereiro, 1978. Eu não podia acreditar em quantas pessoas estavam na rua este ano comemorando Valentine's Day. Era *realmente* uma comemoração, um grande feriado. Paulette me apanhou para irmos à festa "I Love New York" na Tavern on the Green. Bella Abzug veio. Hoje foi a eleição para ver se ela consegue ganhar o lugar deixado vago pelo prefeito Koch. Ela está concorrendo contra Bill Green.

Uma mulher que trabalha para o governador veio me conhecer, ela disse que leu meu livro *Philosophy* e que é o livro favorito dela, a sua bíblia. Fez perguntas polêmicas sobre se crianças de treze anos devem ver pornografia e qual era o problema com Roman Polanski e Stan Dragoti, que estava lá, disse que tinha sido vizinho de Roman em Hollywood e que Roman realmente namorava garotas de onze anos. Chegamos à conclusão de que agora Roman está tentando reviver a infância. Ele agora está em Paris, de onde não pode ser extraditado. Havia muitos lugares vagos na nossa mesa. Stan Dragoti é casado com Cheryl Tiegs, a modelo. Dá a impressão que eles estão realmente juntos e eu tinha de me cuidar toda vez que ia dizer alguma coisa sobre Vitas, porque a mulher de Stan, Cheryl, e Vitas ultimamente têm sido o casal hot da cidade, mas consegui me controlar.

Fui apanhar Catherine para ir à festa de Valentine de Vitas no Le Club. Catherine estava com suas botas (táxi $3). Peter Beard e Tom Sullivan chegaram. Tom e Catherine fizeram um pacto e cada um pode ir onde quiser e fazer o que quiser com outras pessoas, e aí ele estava com uma modelo estonteantemente bela de dezesseis anos e ela estava (*risos*) comigo.

Jerry Hall estava lá e disse que está procurando uma casa para Mick e que ela e ele vão morar juntos por seis meses. Acho que mais tarde eu disse isso para um repórter, mas não me importo. Ninguém gosta de Jerry Hall, todo mundo acha que ela é de plástico. Mas eu gosto dela. Ela é uma graça.

Fomos até o Studio 54 e quase todo mundo estava lá.

Quarta-feira, 15 de fevereiro, 1978. Ressaca, não consegui sair da cama.

A mostra pré-leilão de Joan Crawford era das 9 às 12h no Plaza Galleries – a segunda.

Quando chegamos lá, estavam desmontando a mostra, aprontando tudo para o leilão do dia seguinte. A mulher da galeria estava vestindo um dos suéteres de Joan. Tudo está à venda – há cartas de advogados e uma coleção de cartas de professoras de escola, tudo o que ela guardou. Eu realmente deveria leiloar algumas das minhas caixas de cápsulas do tempo [*ver Introdução*], seria uma boa coisa para fazer numa galeria de arte. Mas tentaria fazer de cada caixa algo interessante. Colocaria um dos meus vestidos, ou uma camisa velha, um par de cuecas – algo ótimo em cada uma delas. Os negros foram podres conosco, gritando que a gente não tocasse em nada, e fomos embora. E Bella Abzug perdeu para Bill Green.

Tínhamos de ir até a casa de Denise Bouché na sua festa para o diretor do Museu Guggenheim, seu primo Peter Lawson-Johnston, que é um Guggenheim (drinques $20). Bill Copley estava lá, bêbado e divertido. Quando ele fez aquela peça alguns meses atrás contratou uma puta para atuar e ficou com ela depois que a peça saiu de cartaz, a $200 por semana, morando na casa dele na Rua 89. E agora ela se instalou lá. Uma vez ele me disse que originalmente tinha mobiliado sua casa para que nenhuma mulher quisesse morar lá – que ele queria fazer como se fosse um bar –, ele deixou a ex-mulher no antigo apartamento deles no Central Park West. Mas aí o tipo de mulher que encontrou é o tipo de mulher que adoraria ficar numa casa que se parece com um bar – lá é que uma piranha se sentiria confortável, então ele escolheu a mulher certa. Porém, disse que está começando a ficar nervoso com ela morando lá. Ela está tomando conta e comprando presentes estranhos e coisas para ele. Ele acha que é interessante mas agora não está tão certo sobre a coisa. Eu disse que gostaria de ter uma fita deles brigando e queria iniciar a gravação neste fim de semana, mas tenho de ir a Dallas. Eles não brigam em público, só brigam por amor à arte.

Apanhei Diana Vreeland e fomos ao Doubles (táxi $2). Conversei com Norman Mailer e sua nova namorada professora de cabelos vermelhos do Arkansas. Eu estava na mesa 9 com Diana e Lee Radziwill e Peter Tufo e uma das gêmeas Toni. Bob sentou ao lado de Gloria Swanson! Ela tem cabelo realmente grisalho. Eu disse a ela, "Você está linda". Ela disse, "Diga de novo". Eu disse, "Você está linda". Mrs. Vreeland estava brigando com Peter Tufo. Aí começou a gritar e esbravejar comigo e ela realmente *magoa*! E faz a mesma coisa com Fred. Ela gritou para mim, "Você deveria saber que tem de FICAR DE BOCA FECHADA!". Eu realmente não sabia o que fazer. Ela faz um mingau de você. Disse que não consegue mesmo ficar com gente velha, incluindo ela mesma.

Sexta-feira, 17 de fevereiro, 1978. Liza veio ao escritório para ser fotografada. Para início de conversa ela estava nervosa e aí Chris Makos mostrou o retrato que eu tirei do caralho dele e isso a deixou mais nervosa, mas ela estava com a maquiagem certa e todas as fotos saíram boas.

John Lennon passou lá e foi excitante. Ele perdeu peso. Rupert está trabalhando em alguma coisa de arte com ele. E ele foi gentil. Recusou um autógrafo para Catherine no restaurante semana passada, mas o retrato de Paul McCartney estava no jornal outro dia e quando ela pediu de novo ele desenhou um bigode em Paul e autografou embaixo.

Enquanto isso Catherine tinha convidado dois garotos que ela encontrou no banheiro masculino do Studio 54 para almoçar, irmãos de Washington, D.C., que têm uma banda de rock chamada Star, estão na casa de Bob Feiden da Arista Records. E eles estavam cochichando um para o outro: "Dá para acreditar? Liza Minelli, John Lennon – ela chama isso de *trabalho*?".

Victor chegou e começou a gritar com uma mulher, chamando de pão-dura e puta e ah – enfim – tudo o que eu posso pensar é que algum dia ele vai ficar furioso comigo e aí vai ficar feio.

Segunda-feira, 20 de fevereiro, 1978. Monique Van Vooren estava dando um jantar à francesa no Premiere às 9h30 e eu aceitei o convite, esqueci que Tom Sullivan tinha ingressos para a luta porque ele encontrou Dusty Rhodes, o lutador, num aeroporto e eles se tornaram amigos. Depois Fred telefonou e disse que Camilla McGrath estava dando um coquetel para alguém, mas eu não consigo lembrar quem.

Catherine me buscou às 7h e fomos à casa de Camilla e estava muito excitante lá, uma multidão de gente. O garoto Johansen, David Dou, estava lá, com ar infeliz. Acho que é ainda porque Cyrinda Fox o trocou por um sujeito do Aerosmith. E conheci Stephen Graham, o garoto do *Washington Post*, ele é louco, estava com Jane Wenner, que quebrou a perna esquiando.

Tom nos buscou às 8h30 e fomos até o Garden e havia umas 26 mil pessoas lá! Eu achava que luta-livre era um esporte morto, não sabia quantas pessoas vão assistir. Dusty Rhodes estava lutando contra um japonês. Todos eles usam lantejoulas, todos. Acho que copiaram o modelo de Gorgeous George, ele realmente os influenciou. E eles tiram a roupa no palco. Catherine foi fotografar, mas a luta terminou em oito minutos. E agora eles estão conseguindo uns lutadores bem-apessoados. Dusty Rhodes disse que estaria pronto logo, mas só apareceu depois de vinte minutos. Ele usa uma porção de joias, coisas de ouro, estava de óculos escuros mas quando tirou parecia que ainda estavam ali porque tinha dois anéis escuros enormes em volta dos olhos e uma porção de cicatrizes por toda parte. Levamos Dusty conosco para o jantar de Monique (ingressos para a luta $16).

Depois fomos ao Lone Star e aí eles queriam dançar. Fomos para o Hurrah's. Dusty ficou um pouco apreensivo quando viu as bichas todas e pediu uma mulher. O dono trouxe uma mulher de algum lugar atrás de nós e arranjou-o com ela. Depois do Hurrah's nós deixamos Dusty e a mulher no Sheraton e Catherine e Tom pegaram hambúrgueres na Brasserie e foram para o Westbury. Eles me deram uma carona.

Terça-feira, 21 de fevereiro, 1978. Fui para o escritório (táxi $3.25).

Brigid estava treinando o novo empregado, Robyn Geddes, um garoto que eu conheci no Studio 54. Ela disse para ele, "A coisa é assim, quando você está em casa você deixa o telefone tocar duas vezes e atende. Mas aqui você atende em meio toque. Só há uma coisa que Andy quer e é que você atenda cinco telefonemas por minuto, se chegar a tanto". Ela estava inventando tudo isso. Ele perguntou se o McDonald's tinha entrega. Disse que estava fazendo o mestrado na New School e Brigid disse, "Ah, então você está estudando e este é um segundo emprego? Você é um voluntário ou será que vamos pagar você?". Ele disse que não sabia. A mãe dele é presidente da seção nova-iorquina da Câncer Society. Ela casou com um Amory e agora moram na River House.

Quinta-feira, 23 de fevereiro, 1978. Fui ao Regine's. Andrea Marcovicci estava lá. E Tom Sullivan. Alguém dizia que Andrea Marcovicci se parece com Margaret Trudeau e eu disse ah, claro, e aí me virei e lá estava Margaret Trudeau. Eu não sabia que ela estava lá e Tom disse: "Eu achei que você soubesse". E Tom estava triste porque não podia ficar com Margaret, ela estava mais no fundo para não ser fotografada com ele porque ainda está casada. Mas aí um fotógrafo com sotaque estrangeiro que estava lá disse que tinha visto Tom fodendo Margaret no mezanino do Studio 54 noite passada, viu porque ele mesmo estava lá fodendo uma mulher. E finalmente Margaret veio falar comigo para estar perto de Tom e os fotógrafos tiraram fotos. E Catherine estava infeliz porque Tom está apaixonado por Margaret.

Sexta-feira, 24 de fevereiro, 1978. Robyn, o novo garoto, disse que estava indo à casa dos pais em Tuxedo Park para trabalhar como mordomo por três horas a $10 a hora durante o fim de semana, mas que, como tinha sido pago adiantado, podia ir dançar no Studio 54. Ele estava lendo meu livro de notas e quando chegou em 1968 não conseguiu acreditar – disse para mim, "Alguém *deu um tiro* em você?".

A festa de aniversário de Roy Cohn era no Studio 54 atrás da cortina. Perdemos os bons democratas da pesada, como Carmine DeSapio, eles já tinham ido embora. Havia um bolo de aniversário enorme para Roy, e Margaret pensou que fosse uma almofada e sentou em cima, mas levantou tão depressa que acho que ninguém notou. O bolo tinha mais ou menos 1 x 1m. Feito uma almofada barata de 1920, você sabe, como eles tinham naquele tempo para a Feira Mundial. Estava no jornal que a festa custou $150 mil para Stevie, mas eu não conseguia enxergar como, eles estavam cobrando ingresso das pessoas como sempre.

Sábado, 25 de fevereiro, 1978. Catherine telefonou e disse que Tom iria me buscar no carro dele, mas eu disse que preferia caminhar, era só até o jantar de Diana Vreeland para Cecil Beaton. Quando chegamos lá Peter Beard estava de smoking, disse que tinha alugado para a sexta-feira e chegou à conclusão que poderia ficar com ele durante o fim de semana. Carole Bouquet estava com ele, ela está indo para Paris daqui a uma semana. Depois Fred chegou com Cecil Beaton. Cecil se hospedou com Sam Green mas aí ficou pesado e ele se transferiu para o Pierre, ele está indo embora da cidade amanhã. Quase não consegue caminhar, ele tem um lado paralisado. Tirou fotos de Carole e autografou-as para Peter com a mão esquerda, o que é ótimo, é a mão com a qual ele desenha agora. Ele não fala muito, só diz coisas como "É mesmo?" e "Sim". E acho que olhando para ele Diana ficou com medo de que algo assim lhe acontecesse porque ela teve uma reação exatamente para o lado oposto, correu, pulou, dançou e cantarolou com seu corpo firme e suas roupas lindas.

E Consuelo Crespi, cuja filha Pilar é casada com um colombiano, Echavarria, também estava na casa de Diana. Tom conheceu todos eles na Colômbia e eu não sei qual é a dele. Disse que o marido de Pilar é o maior traficante da Colômbia, mas isso quer dizer que ele trafica o quê? Cocaína, claro? Ou dinheiro? Echavarria é o dono duma companhia aérea lá, pequena. Estávamos falando de desastres de avião e Tom estava contando o dele – aquele que arruinou a mão na qual ele usa a luva – e Consuelo disse: "Se você teve um desastre de avião, provavelmente estava na Colômbia, não?". E ele estava. Parece que Tom não cheira muita coca mas eu acho que ele estava sentindo falta de Margaret e por isso estava cheirando um pouco. Ele é muito liberal com coca, não é como um traficante, ele dá de graça como se fossem doces.

A capa do *Post* anunciou a separação de Liza e Jack Haley Jr.

Domingo, 26 de fevereiro, 1978. Fui à igreja, depois de táxi para trabalhar ($4) e encontrar Rupert. Trabalhei toda tarde e atendi telefones. Fui para casa às 7:00.

Terça-feira, 28 de fevereiro, 1978. Catherine foi até Halston buscar o vestido dela, mas mais tarde me fez telefonar para ele dizendo que queria um mais discreto e ele vai fazer. Ele pensa que eu é que estou pagando, eu acho, mas não estou. Tom Sullivan está.

De táxi ($4) até o escritório e cheguei para o almoço para Sam Spiegel. Sam foi encantador – ele estava falando sobre Carole Bouquet e parece que o passaporte ou os papéis dela expiraram. Quando ele vê um rosto bonito faz qualquer coisa, e telefonou para um amigo dele no serviço de imigração.

Catherine e Bob passaram toda a tarde confirmando a lista de convidados para o jantar daquela noite para Margaret Trudeau no Reginette. Catherine estava tentando conseguir O.J. Simpson, mas ele está fora da cidade.

Às 9h, Catherine, Tom Sullivan e Margaret me buscaram para ir para o Regine's (táxi $3.50). Quando chegamos lá era tão cedo que nem os fotógrafos tinham chegado. Margaret ficou só sentada no bar e se algum fotógrafo tivesse chegado teria tirado grandes fotos, mas nenhum estava lá.

O Studio 54 está deixando Regine em desespero.

Margaret me contou o quanto ela ama Tom. E disse que não gosta de Tony Portago, não gosta do texto dele. E aí ela me repetiu o texto de Tom e soou exatamente o mesmo. O texto de Tom é, "Eu quero agradecer a Pierre Trudeau por ter feito você uma mulher tão fascinante" e "Boa noite, mrs. Trudeau". E Tony, ela disse, tinha dito, "Margaret Trudeau, posso dançar com você?". E *desse* ela não gostou. Aí (*risos*) não entendi mais nada. E disse que quando esteve no Canadá no último fim de semana o primeiro-ministro, que ainda é o marido dela, falou que a entrevista dela na *Interview* foi a melhor que ela já deu.

Segunda-feira, 6 de março, 1978. Jamie Wyeth telefonou e me convidou para jantar no "21".

Busquei Catherine e fomos. Nos divertimos muito fofocando sobre a viagem de Jamie à Europa com Bo Polk e Nureyev. Andrew Stein estava na mesa ao lado com sua namorada. Catherine pediu Guinness e champagne – um black velvet. Ossie Clark chegou. Tom Sullivan chegou diretamente da Flórida, para onde tinha ido com Margaret Trudeau. Ela ficou do lado de fora, dentro da limusine.

Quando chegamos ao Studio 54, achei que encontraria só umas quinze ou vinte pessoas para a festa de Liz Taylor, mas havia umas 2 mil e, se Halston pagou, deve ter custado uma fortuna. Foi uma boa noite de trabalho para mim, porque eu encontrei mrs. Kaiser – Aly – e ela disse que o rosto dela vai estar ok semana que vem para ser fotografado e conversamos sobre o leilão de Joan Crawford.

Liz parecia um – umbigo. Como uma bonequinha gordinha do Kewpie. John Warner me disse olá. Rod Gilbert estava com o mais lindinho novo jogador de hockey, um loiro, por quem Catherine se apaixonou noite passada e ela disse que vai tentar ganhá-lo mas acha que não vai conseguir. Ele estava com uma mulher de tetas grandes. Margaret e Tom não tiveram muita canja por parte dos fotógrafos, acho que a esta altura se tornaram um casal antigo. E Bianca não me deu nenhuma atenção, mas de repente quis que eu dançasse com ela para que fosse um novo tipo de foto para os fotógrafos. Estava vestindo preto e branco, essa agora é a moda Halston, mas na verdade ela não fica bem com as roupas dele. E Bianca ficou me dizendo para chamar Chris Wilding e quando ele veio ela agiu como se não tivesse nada a ver com aquilo e aí ele olhou para mim e disse, "Sim?" – algo como "Que é que você quer?" – e eu não tinha nada para dizer e Bianca se fazendo de desinteressada, foi uma coisa bem idiota.

Truman Capote estava lá e ele e Bob dançaram a noite inteira e os fotógrafos ficaram tirando fotos. Truman está tão magro! Diana Vreeland estava lá e as pessoas estavam sendo levadas até Liz – ela era a rainha. Conheci um zagueiro.

Bob observava Bianca tomando poppers e disse para Diana Vreeland, "Realmente dia a dia isto está mais parecido com a

Roma pagã" e ela disse, "Eu deveria *esperar* que sim – não é isso que estamos buscando?".

A decoração estava fantástica, vasos grandes como pessoas cheios de flores, e fizeram uma homenagem a Liz com fotos na parede.

Monique estava lá e lembramos da época em que conheci Liz em Roma, mais ou menos na época que estávamos filmando *Frankenstein* e *Drácula*.

Terça-feira, 7 de março de 1978. A capa do *Post* dizia que roubaram todas as joias de Aly Kaiser na noite passada quando ela saiu da festa de Liz e foi para casa. Estou feliz de não ter conversado sobre joias com ela como pretendia, ou seria um dos suspeitos. Mas ela tem só o melhor, o mais simples e o melhor. Dizem que o colar valia $500 mil. O que eu mais gostei no artigo é que eles a chamam de "uma divorciada". Não vejo essa palavra há anos. Fiquei pensando se ela estaria caçando o sujeito – eu não ficaria surpreso. Como naquela noite que nós todos fomos à casa dela e os dois jovens negros vieram conosco – Esther Phillips e o sujeito com quem ela estava –, ela não os recebeu porque eles estavam *conosco*, acho que ela nos recebeu porque nós estávamos com *eles*. Mas Paulette precisa tomar cuidado – ela é a próxima, porque agora rubis estão muito mais cotados do que diamantes.

Quero inventar um novo tipo de fast food e estava pensando sobre como seria uma coisa de waffles que tenha a comida de um lado e a bebida do outro – como presunto e Coca-Cola? Você poderia comer e beber ao mesmo tempo.

Sexta-feira, 10 de março, 1978. De manhã fiquei em uptown porque ia entrevistar Kirk Douglas no Quo Vadis durante o almoço. Nicky Haslam estava lá com Sybil Burton Christopher, mas eu não a reconheci porque agora ela está com outra cor de cabelo. Kirk Douglas estava bem. Ele é charmoso, tão adorável. Lally Weymouth chegou e ela é a melhor amiga de Kirk e ele ficou afagando-a no saguão. Bobby Zarem nos surpreendeu e apareceu para o almoço. Kirk disse que queria ir ao Studio 54 aquela noite e pediu para a gente telefonar e deixar o nome dele na porta. Na entrevista, Kirk contou que no início Hollywood quis tapar a covinha no queixo dele.

Depois do trabalho deixei Catherine (táxi $4), troquei de roupa e fui até o Bottom Line (táxi $5) para ver o show de Lou

Reed. Havia uma fila que dava volta na esquina, mas lá dentro não estava cheio, estava agradável. Ronnie e Gigi e Clive Davis e Bob Feiden estavam lá e eles queriam confiscar o gravador de Catherine na porta mas ela só deu as pilhas para eles. Uma mulher se apresentou antes de Lou e aí ele demorou para entrar, mas quando ele veio eu (*risos*) fiquei *orgulhoso* dele. Finalmente, de uma vez por todas, ele é ele mesmo, não está copiando ninguém. Finalmente conseguiu seu próprio estilo. Agora tudo o que faz funciona, está dançando melhor. Porque quando John Cale e Lou estavam nos Velvets eles realmente tinham um estilo, mas quando Lou começou a se apresentar sozinho piorou e ficou copiando gente como Mick Jagger. Mas noite passada ele cantou uma música sua, "I Want to Be Black" – que nunca foi boa mas agora é.

Sábado, 11 de março, 1978. Eu tinha uma porção de convites mas decidi ficar em casa pintando minhas sobrancelhas.

Domingo, 12 de março, 1978. Acordei e fui à igreja.

A festa de aniversário de Liza foi no escritório de Halston no Olympic Towers. Catherine estava vestindo seu novo Halston, o apertado, e ela realmente fica bem com o cabelo para cima. A festa não foi lá essas coisas. Faltava gente. Muhammad Ali não apareceu e nem Liz Taylor. Mas Carol Channing veio com Eartha Kitt, que disse que estava louca para me conhecer, mas depois a gente ficou sem ter o que dizer um para o outro. Melba Moore estava lá. E foi uma festa agradável, música ao vivo. Jane Holzer e Bob Denison estavam lá e uns dois garotos de programa do Studio 54 que não estavam de smoking estavam de abrigo branco. Liza vestia um Halston dourado e ficou irritada quando o dr. Giller puxou o vestido para baixo porque tinha acabado de ir ao banheiro arrumá-lo para que ficasse para cima. Era um vestido engraçado, aberto do saco até o chão em V. E o pessoal do Halston agora tem um novo sotaque, eles falam como se tivessem a língua presa. É a nova coisa. E todos eles dizem (*imita*) "gatinho". Conheci David Mahoney, que dirige a Norton Simon que comprou Halston, e Martha Graham me levou para um canto e disse que quer tomar chá comigo. Todas as mulheres bonitas vestiam Halstons.

Diana Vreeland estava lá e Truman Capote com Bob MacBride. Ele é a pessoa que estava com Truman quando eu fiz a entrevista com ele para a *Rolling Stone* em 1973. Está mais esquisito do que nunca, há sempre alguma coisa estranha com ele. Mas Truman me disse que não pode ir atrás dos mais jovens, o que quer dizer que tem de ficar com esse tipo. Bob MacBride continua tomando notas – inclusive quando eu o vi pela primeira vez com Truman ele estava tomando notas, mas eu não sei para quê. Ele ainda tem uma mulher e seis filhos. Perdeu muito peso. Na realidade, ele perdeu tudo – está estranho.

Al Pacino estava lá e ele está bonito – ouvimos por aí que talvez esteja interessado em alugar Montauk, vamos tirar isso a limpo. De Niro estava lá, gordo, e Scorsese estava com ele.

Ken Harrison, a estrela pornô, estava na minha mesa. Bianca e Stevie trouxeram um bolo de aniversário enorme e Liza começou a cantar "New York, New York", mas aí Sterling St. Jacques começou a cantar também e (*risos*) ela ficou braba e foi para outro microfone e cantou um pouco mais. E aí perguntei a Marty Scorsese se ele já tinha sido apresentado a Margaret Trudeau e ele disse que não e eu fui buscá-la, e a apresentei como uma atriz. Marty me disse que Julia me manda abraços. Disse a ele que deveriam se reconciliar e ele disse que não poderia, que agora eles são só amigos. Ele é tão baixinho! Meu Deus. Halston estava beijando Liza e Bianca estava perdida por lá com Federico De Laurentiis e os fotógrafos estavam fotografando e tudo parecia irreal, como uma grande cena de cinema.

Segunda-feira, 13 de março, 1978. O *Post* publicou uma foto de Halston e Liza e Ken Harrison. Mas tudo o que eu podia ver era o modo como Ken Harrison estava segurando o copo dele. Porque eu tenho fotos dele nu com Victor. E Fred disse que o que estava errado com a festa de Halston é que parecia um restaurante engraçado no qual você entra quando é um estranho numa cidade qualquer e se dá conta que é no alto de um edifício – é com isso que o escritório de Halston se parece, todos aqueles espelhos. Fiquei a maior parte da festa no corredor porque não conseguia encontrar Catherine. Algum dia alguém vai entrar direto num daqueles espelhos. Foram os espelhos que fizeram a festa ficar parecendo tão cheia de gente.

De táxi até o Chembank ($4) e depois caminhei até o escritório, onde mr. e mrs. Carimati tinham ido almoçar. Estes dias Bob tem ficado mais tempo no escritório porque agora Kevin está fora de cena e eu o deixei e Catherine (táxi $3.50). Aí Charlotte Ford me telefonou e me convidou para uma festa para o livro dela num restaurante da 58 e Terceira e parecia que seria trabalho e por isso eu convidei Bob. A festa era às 7h mas não chegamos lá antes das 8h (táxi $2.50). Charlotte disse que na realidade a festa não era para todo o livro dela, só para os capítulos que tinham sido publicados há pouco no *Ladies' Home Journal*. E aí uma mulher veio e disse, "Sou mrs. Hershey e trabalhei no *McCall's*. Eu lembro de você e dos seus desenhos". E eu perguntei o que ela está fazendo agora e ela disse, "Olhe, eu estou *patrocinando* esta festa. Eu sou editora chefe do *Ladies' Home Journal*". A festa estava cheia daqueles caretas que você não vê em lugar nenhum. Era black-tie e Bob e eu estávamos de smoking, mas Tom Armstrong não estava e tenho percebido que muita gente não vem de black-tie quando é para vir e estou começando a pensar muito a respeito disso.

Me virei e havia uma mulher linda perto de mim, e era Rocky Converse, e Bob estava ao lado do marido dela. Nos divertimos muito muito, eu conversei com ela e Bob com o marido dela. Ela foi casada com Gary Cooper e é mãe de Maria Cooper Janis. Mas disse que não acredita nesse negócio de percepção extrassensorial que a filha dela faz. Contou que o marido dela teve três infartos mas ainda é o melhor cirurgião plástico da cidade e vai morrer trabalhando. Contou que Pat Buckley disse que deveria usar o cabelo puxado para trás e ela puxou o cabelo para trás e ficou linda. Era como estar olhando para Joan Crawford.

Quarta-feira, 15 de março, 1978. De táxi até University Place para dar uma volta ($3.50). Caminhei até o escritório, cheguei junto com Rocky Converse.

Almoço no escritório para ela e outras pessoas chiques, e Gigi viu Bob fazendo-se de gentil para uma mulher mais velha e decidiu se intrometer e ajudar, pensando que fosse alguém que nós estivéssemos assediando para pintar o retrato. Estava dando toda a atenção e um tratamento especial e finalmente Bob disse, "O que você está *fazendo?* Esta é a minha *mãe*". Foi engraçado.

Quinta-feira, 16 de março, 1978. Esqueci de dizer o que Aly Kaiser me contou quando eu a vi no leilão de Joan Crawford – que Joan Crawford estava loucamente apaixonada por ela e que tinha umas cartas explícitas de Joan como prova. Nunca tinha ouvido isso sobre Joan e é difícil acreditar, mas eu não queria dizer isso porque ela disse, "Eu vou lhe mostrar as cartas de amor, você poderá ver por si mesmo". Então eu só – talvez ela não saiba a diferença entre lésbica e... Ah, eu não sei. É uma boa fofoca e é só.

Sexta-feira, 17 de março, 1978. A parada do Dia de São Patrício estava começando e o tráfego estava ruim. Todo mundo estava vestido de verde e cambaleante e era como ver os velhos tempos de Nova York quando todo mundo ficava bêbado o tempo todo em lugar de ficar drogado, balançando pela rua.

E será que eu já disse ao Diário que não conseguimos um contrato para o nosso programa de TV? O projeto que Vincent estava tentando vender. Eles acharam que não era bom o suficiente para os americanos médios. A ABC recusou o projeto.

Domingo, 19 de março, 1978. Domingo de Ramos. Fui à igreja mas uma mulher tinha passado e arrancado todos os ramos. Caminhei até o Laurent na 56 para almoçar. Chris Makos estava só de casaco de couro e o amigo dele estava sem gravata, e parecia um bom restaurante, mas eles estavam preparados para o pessoal do Dalí e nem se importaram.

Ultra Violet estava sentada ao lado de Dalí e ela fez algo ótimo – estava vestindo a mesma roupa do dia em que nos conhecemos, nos anos 60 – uma minissaia Chanel cor-de-rosa com as mesmas botas e o mesmo penteado. E estava usando uma pulseira que era um Bombril, e disse que quando deixasse de usá-lo como bijuteria limparia as panelas com ele. E tinha outra pulseira feita com 20cm de papelão corrugado, daqueles que são usados para enrolar garrafas, pintada de dourado e montada com cola. Era ótimo. Acho que de certa maneira Ultra é criativa. Ela disse que da última vez que a vi eu falei que deveria começar um new look – "Park Avenue Punk" – e que isso deu a ela a ideia de fazer o "Punk Cristão" – e agora ela recita o Pai-Nosso e inclui a palavra "bundão", o que eu acho nojento. Ela vai fazer o seu show no Riverboat e eu disse que ela deveria estrear no CBGB. Eu tinha comprado duas cópias do livro de Dalí para que ele autografasse e um deles já estava autografado "Para Fred" e Dalí reautografou para mim. Dalí é tão cheio de ideias e ele está na frente em muitas coisas mas aí fica para trás em outras. É estranho. Ele estava me contando sobre o livro que acabou de escrever em Paris sobre um irmão e uma irmã que são tão apaixonados um pelo outro que o irmão (*risos*) come a merda dela. Ele disse que minha ideia da pintura-mijo não é nova porque foi usada no filme *Teorema*, o que (*risos*) é verdade, foi usada lá. Eu sabia disso. E aí ele disse uma coisa ótima – disse que os punks são os "Filhos da Merda" porque são os descendentes dos beatniks e dos hippies, e ele está certo. Não é ótimo? Os Filhos da Merda. Ele é esperto. Daí me contou que estava procurando "lindos excêntricos" e eu disse que (*risos*) mandaria Walter Steding falar com ele. Walter tocaria o seu "violino mágico" mais tarde aquela noite no Max's. E Dalí foi realmente gentil, ele trouxe um saco cheio de palhetas usadas dele para me dar (*risos*) de presente.

E tenho de conseguir um pouco de água benta para minha casa. Eu esqueci. Eles dão água benta grátis no saguão da igreja.

Terça-feira, 21 de março, 1978. Bob está tentando que Truman seja o host da festa que *Interview* está dando para a Polaroid na noite da entrega dos Oscars no Studio 54 – Truman disse que ele só fará isso se não tiver que trabalhar, se a Polaroid der para ele uma filmadora e se lá não "tiver nenhuma dessas velharias tipo Gloria Swanson se utilizando do meu nome". Ele disse, "Tragam a Candy Bergen!".

E Bob me mostrou uma crítica de John Leonard que saiu no *New York Times* sobre o livro de Fran Lebowitz e eu não consegui entender. Será que o estilo dela é engraçado? Uma mulher que a gente conhece escreveu uma crítica fantástica no *Sunday Times* e agora John Leonard, e quer dizer, as coisas dela – fazendo pouco e se queixando – não fazem o meu estilo de humor. Eu não consigo entender o objetivo. E Bob queria provar que outras pessoas não pensam como eu sobre ela, que ela é um trunfo para *Interview*.

Quinta-feira, 23 de março, 1978. Ontem no noticiário vi o Flying Wallenda cair da corda-bamba e morrer. Mostraram tudo – ele estava caminhando, aí chegou no meio e um vento veio de Miami e – bem assim – ele caiu e as câmeras chegaram lá perto, o mostraram estatelado no chão.

A companhia BMW quer que eu pinte o lado de fora de um carro – Stella e Lichtenstein já fizeram isso.

Domingo, 26 de março, 1978. Domingo de Páscoa. Estava chovendo realmente forte, frio e ventoso. Eu não assisti à parada de Páscoa porque não houve. Mas a televisão foi esperta, mostrou paradas de Páscoa na Inglaterra, onde as pessoas estavam fazendo o que se espera que as pessoas façam – passeando com seus chapéus.

Fui à igreja. Levei um vidro de amendoins vazio para colocar água benta e fiquei duas horas fazendo isso. Você tem que apertar um botão e a água benta derrama e você enche o vidro e leva para casa. Levei outras duas horas para espalhar pela casa toda.

E Nelson telefonou de L.A. Disse que foi parar no hospital porque no Dia de São Patrício ele e Bobby de Niro comeram um queijo cheddar de 2,2kg com Jack Daniel's e por dias e dias isso foi tudo o que Nelson comeu até que começou a sentir dores e foi para o hospital e disseram que o queijo tinha empedrado e deram um laxante para desmanchar o queijo. Ele queria saber quando vamos para lá. Em maio, eu acho.

Quinta-feira, 30 de março, 1978. Contei a você da morte da gata de Jay Johnson? Ele foi levantá-la e ela estava assim – morta. Foi Harriet, a gatinha que Jane Holzer deu a Jade Jagger no Natal. Jay ficou se sentindo tão mal!

Sexta-feira, 31 de março, 1978 – Nova York-Houston. Para Houston para uma amostra dos meus retratos "Atletas" na galeria de Frederika Hunter e Ian Glennie. A galeria é grande e bonita, num conjunto antigo, e Ian foi quem fez o projeto.

Segunda-feira, 3 de abril, 1978 – Nova York. Tom Sullivan veio com Margaret Trudeau num vestido vermelho e buscamos Catherine e depois fomos para o Studio 54 para a festa dos Oscars que a Polaroid estava dando, da qual Truman Capote e eu éramos os hosts.

Nunca mais vou deixar meu nome ser usado numa festa porque o que acontece é que você se indispõe com todas as pessoas que esqueceu de convidar ou que por qualquer razão não conseguiu contactar. Os convites ficaram todos embaralhados. Quer dizer, ontem à tarde foram me entregar um convite meu para mim mesmo no escritório.

Subimos e encontrei Truman sentado ali no sofá e fomos encontrar Mick e Jerry e Diana Vreeland com George Trow e Margaret e Tom.

Danny Fields estava do meu lado e ele teve uma ótima ideia para um filme parecido com *Os embalos de sábado à noite*, sobre um garoto que é hétero mas que quer ser o maior puto da cidade porque vê as bichas se divertindo tanto e acha que aí seria mais divertido. É a história de Ronnie Cutrone.

Odiei os Oscars. Odiei tudo. Odiei todos os candidatos e odiei tudo que ganhou. Devo estar mesmo fora do clima. Mas ninguém bom como John Travolta ganhou. Quer dizer, Richard Dreyfuss? Se ele é um símbolo sexual, eu não sei onde o mundo vai chegar. E lá no palco estava Vanessa Redgrave dando o seu mesmo texto comunista idiota que ela uma vez deu para nós no 860. E eu não aguento os filmes de Woody Allen. Acho que isso já diz alguma coisa. Encontrei Jim Andrews, da Polaroid. Yul Brynner estava lá e Eric Clapton, e fiquei procurando Doc Cox mas não o vi. Bob veio e disse que todas as pessoas que importavam estavam no térreo – Halston e Apollonia e Tom Sullivan e Margaret e Barbara Allen com Ryan O'Neal, que está na cidade filmando *A história de Oliver* com Candice Bergen. Apresentei Ryan a Margaret e ela pareceu interessada. Eu disse a ela que *Paris Match* queria que ela fotografasse para eles, trabalhasse para eles, mas ela disse que não gosta de *Paris Match*, que é (*risos*) muito fofoqueira.

Bob acha que Stevie jogou fora a lista de gente mais velha que nós tínhamos dado para ele convidar, porque Aileen Mehle – "Suzy" – e Ahmet e Mica estavam frios com ele e ele descobriu que não tinham recebido os convites deles. E depois dessa festa com todo mundo furioso conosco, chegamos ao fundo do poço.

Halston talvez alugue Montauk.

E vejamos, quem mais estava lá? Sylvia Miles, Earl Wilson, Mariel Hemingway, Brooke Shields e a mãe dela, Maxime, Lily Auchincloss, Geraldine Smith e Liz Derringer, David Johansen, PH, Steve Paul, Tinkerbelle, Glenn O'Brien e a namorada dele, Cheryl, Charles Rydell, Clarisse Rivers, Roz Cole, Steve Aronson, Chris Makos, Robert Hayes, Earl McGrath, Richard Bernstein, Andrew Wylie, Peter e Sandy Brant, Joe Allen e a namorada dele, Jed, Jay, Ed Walsh, Gael Malkenson, Jackie Rogers e Peter Marino e Eduardo Agnelli.

Terça-feira, 4 de abril, 1978. Louis Malle telefonou perguntando se eu ia à projeção do filme dele, *Pretty Baby*.

Houve só uma menção à festa nos jornais, na coluna de Earl Wilson. E nem mencionou a Polaroid. Acho que todo esse pessoal da Polaroid vai ser despedido por ter gasto $30 mil numa festa dessas. E *Interview* provavelmente perderá todos os anúncios deles. A festa dos Oscars de Swifty Lazar ganhou todas as grandes menções. Bob deveria ter se certificado de que Liz Smith tinha sido convidada e Rex Reed. E agora que estou pensando nisso, aposto que a razão pela qual o pessoal de sociedade não apareceu era porque a festa era dada por Truman! Provavelmente eles ainda estão furiosos com ele.

Fui para casa e me colei e Barbara Allen telefonou e disse que não tinha companhia para ir à projeção do filme de Louis Malle, *Pretty Baby*, e aí ela veio me apanhar às 7h45. De táxi ao edifício da Paramount em Columbus Circle ($2.50). Havia uma porção de gente famosa e bem-sucedida na projeção. Frank Yablans agradeceu por todas as coisas boas que ficou sabendo que eu tinha dito sobre o filme dele, *O outro lado da meia-noite*, mas eu só estava brincando. Brooke Shields estava lá e Mariel Hemingway. Barbara encontrou Baryshnikov e fez com que ele sentasse ao lado dela e me deixou de lado por causa dele. Ela me perguntou, "O que você vai fazer mais tarde?", e quando eu disse que iria para casa ela disse (*risos*), "Ótimo".

Era uma boa ideia para um filme, mas nada acontece – é como se houvesse piquetes contra o pecado em Nova Orleans e mesmo assim nada acontecesse. Depois um amigo de Louis Malle veio me dizer que Louis realmente queria saber o que eu tinha achado e eu disse "maravilhoso", "interessante", "estranho". Aí tivemos uma excitante viagem de elevador porque lá estavam Baryshnikov, Barbara, Milos Forman, Frank Yablans, Diane von Furstenberg. E Milos estava olhando por baixo do casaco de Baryshnikov – "procurando a menininha". E Baryshnikov tem um corpo muito bom mas o cabelo dele é bem engraçado. Ele o usa armado, como um desses penteados tipo bolha. Deveria usar um corte de cabelo que o fizesse mais masculino na sua boa cara russa.

Quarta-feira, 5 de abril, 1978. Victor veio e mijou em alguns desenhos para mim. Dei dinheiro a Ronnie ($2) para comprar jornais na banca para descobrir se a festa da Polaroid ganhou alguma cobertura. Na realidade, todo mundo está telefonando para dizer que foi uma grande festa.

Quinta-feira, 6 de abril, 1978. Marguerite Littman e o marido dela, Mark, que é o advogado da rainha da Inglaterra, vieram almoçar. Doc Cox os trouxe no Rolls-Royce dele. Depois Billy Kluver e Julie Martin e Lucy Jarvis chegaram. Trouxeram um negro chamado Chris que eles querem que financie um musical sobre a minha vida (café $.76, $1.89). Fred convidou Regine, e como Diana Vreeland tinha tido um compromisso para o almoço com Regine, ela também veio junto. Diana não sabia quem era o Doc Cox e aí pensou que *ele* era quem tinha de ser tratado bem e (*risos*) aí ela se perdeu. Ficou perguntando a Regine, "Me diz, *por que* estou sendo gentil com este sujeito?".

Billy Kluver me disse que Chris é um "cientista", mas não parece. Ele é fascinante. Começou a fazer o que quer que seja que ele faz aos dezessete anos. Ele me disse que tem uma propriedade de frente para o mar na Califórnia. Disse que tem negócios com café no Brasil, mas eu não sei, soa como se fosse contrabando. Quer dizer, umas boas cargas de cocaína e se ganham alguns milhões. Ele parece tão jovem e qualquer coisa da qual a gente fale ele "está pensando em comprar". E disse que quer comprar o Radio City Music Hall e transformá-lo na maior discoteca do mundo. Seria uma ideia tão boa! Nova York precisa da maior discoteca do mundo.

Aí Tom Sullivan chegou e Chris fez com que ele parecesse um joão-ninguém. Depois Gianni Agnelli chegou e Chris lhe disse que ele estava pensando em comprar a Fiat e aí eu fui até onde Gianni estava conversando com Regine e Diana e disse que eu tinha um comprador para a Fiat e os ouvidos dele se ouriçaram. Os dois foram para um canto mas aí (*risos*) Gianni foi embora realmente depressa.

Depois Tom Sullivan mijou numas pinturas para mim e foi embora.

Doc Cox estava emocionado, falando com Regine e Diana e depois conhecendo Gianni Agnelli.

Sábado, 8 de abril, 1978. Ainda estou procurando uma maneira de pintar o BMW. David Whitney sugeriu que eu conseguisse um daqueles rolos com os quais se colocam desenhos de flores na parede e eu fui a lojas de tintas e finalmente uma me disse que conseguiria um na segunda-feira e vou mandar Ronnie buscar (táxis $2,00, $2,15, $1.60).

Bob sugeriu que a gente saísse com Mick e Jerry para diverti-los e aí os convidamos para jantar no La Grenouille. Nos divertimos muito, ficamos bêbados (jantar $320). Depois fomos com Mick de volta ao Pierre porque ele queria tirar os tênis – por que todo mundo está usando tênis? Por que eles não fazem tênis em cores escuras que poderiam ser sapatos de noite? Seriam tão confortáveis! Jerry reclamou que no Pierre sempre faziam muita questão de chamá-la todo tempo de Miss Hall e finalmente ela e Mick estavam decidindo se realmente deveriam ir para outro lugar. Porque Mick sempre ia no Pierre com Bianca. Levou bastante tempo para que eles compreendessem isso. De qualquer maneira, eles vão se mudar para o Carlyle.

Mick queria que a gente escutasse o novo disco dele e aí nós íamos levá-lo ao Studio 54 mas o disco estava na casa de Earl McGrath e aí fomos até lá (táxi $4). Jann e Jane Wenner estavam lá e Stephen Graham, que tinha algo enrolado em alumínio no bolso. Pareciam drogas, mas no fim era um biscoito Rice Crispie.

Fomos para o Studio 54 e quando chegamos lá já era muito tarde, não tínhamos nos dado conta. E Jane e Steve Graham disseram que fariam qualquer coisa por um Quaalude e eu consegui alguns com Stevie, mas aí fiquei com medo – nunca mais vou fazer uma coisa dessas de novo. É ruim para a imagem. Aliás, Bob disse que me viu colocando um pouquinho de coca nas minhas gengivas quando estávamos no quarto de Mick, mas eu realmente não fiz isso. Quer dizer, meu dedo estava na minha boca mas, ah... Ok, aí eu só saí de lá às 4h. Quando cheguei em casa os cachorros acordaram e começaram a latir e assim avisaram a Jed a que horas eu estava chegando em casa.

Segunda-feira, 10 de abril, 1978. Mr. Ballato está no hospital e vai ser operado amanhã. Perdeu 25kg num mês e eles não sabem o que há de errado com ele. Disse que o New York Hospital foi muito ruim para ele. Foi fazer exames e quando terminaram estava com um olho preto. A mulher dele está cuidando do restaurante.

Terça-feira, 11 de abril, 1978. Esta manhã assisti ao *Today Show* com Gene Shalit entrevistando Fran Lebowitz e esperei pela palavra *Interview*, mas ela só citou *Mademoiselle*, e não que não pudesse ter dito se quisesse. Gene Shalit acha que ela é fantástica.

E aí Averil Meyer veio ao escritório porque ela queria encontrar Ruth Carter Stapleton, que estava vindo com Dotson Rader às 3h (táxi $4). Mas eles só chegaram às 4h.

Brigid ficou ofendida porque Dotson falou "foda" e "merda" na frente de Ruth, e disse, "Não há mais respeito nessa vida se ele pode dizer isso na frente da irmã do presidente. Isso mostra a você que Nixon deveria voltar para a Casa Branca". E Ruth Carter Stapleton foi gentil e Dotson foi nojento como sempre. Ela queria uma polaroid nossa e naturalmente não havia flashes e Ronnie foi comprar alguns e Vincent fez um filme Polarvision e mostrou-o e foi divertido. Eu dei a ela uma camiseta do *Bad*.

E o sujeito do restaurante dos hambúrgueres veio. Estou fazendo um retrato de um hambúrguer. Frank Fowler conseguiu esse trabalho para mim. Não consigo lembrar o nome dele. Não é McDonald's, não é Burger King, não é Wendy's, não é Wetsons – é outra coisa.

Toni, a mulher da revista *High Times* que eu conheci, e amiga dela Carole vinham me buscar numa limusine às 8h30. Esperei até as 10h e finalmente elas chegaram, aí fomos apanhar Brigid. Eu queria gravar a conversa delas e ver se poderia transformar numa peça. Toni estava vestindo uma camiseta com dois sujeitos trepando.

Bem, fomos até a Rua 10 entre a Primeira e a Segunda no restaurante da princesa Pamela, algo assim. Carole estava de casaco de peles. Tocamos a campainha e a princesa Pamela veio atender, uma negra com uma peruca vermelho-brilhante. Parecia um travesti, por aí você pode ter uma ideia. Eles estavam nos esperando para as 8h30. Bem, subimos as escadas até o segundo andar e não havia ninguém mais a não ser duas negras – garçonetes-atrizes. Eram três saletas e um piano branco numa delas. E as duas mulheres tinham uns 35 anos e eram meio inteligentes, mas como Valerie Solanis negras. Era um restaurante com leituras entre os pratos. O lugar abriu há quinze anos e Craig Claiborne deu umas duas estrelas para ele em 1966, quando ainda era no térreo. E eles têm fotos de Norman Norell na parede e ele já morreu de câncer no pulmão, provavelmente por ter jantado lá. Achei que a ouvi dizer algo sobre Idi Amin voando de Paris uma vez para uma festa no restaurante mas eu não sei, talvez *isso* eu tenha ouvido mal.

Toni e Carole – a conversa delas é só sobre 1966. Eu fiquei perguntando a elas o que aconteceu entre 1970 e 1975 e acho que elas não tinham estado drogadas, porque disseram "Nada".

A princesa colocou um vestido de gala e estava cantando, e trouxe uma torta de pêssego de 68x34cm feita com pêssego enlatado e era tão triste porque ninguém tinha estado lá e a torta nem tinha sido cortada. Ela disse, "Fiz especialmente para vocês". E eu não queria comer e para parecer que eu tinha comido coloquei no prato de Brigid e ela me lançou um daqueles olhares fulminantes tipo "mãe Honey", como a mãe dela, Honey, lança para *ela*, perguntou como eu me atrevia. E a princesa tinha um folheto falando do lugar, dizendo alguma coisa sobre Joe Franklin.

Brigid estava totalmente apaixonada pelo lugar, você sabe como ela extrapola. Vai começar a ir lá o tempo todo. E aí eu não consegui aguentar mais, tinha de ir embora, desci. Toni pagou a conta.

Quarta-feira, 12 de abril, 1978. De repente as câmeras de TV chegaram para me filmar pintando um modelo do carro BMW. Bem, foi uma nojeira. Eu pretendia passar a tinta com o rolo das flores e usaria cor-de-rosa e preto, mas aí Chris Makos me fez mudar para amarelo e preto e comecei a passar o rolo e a tinta era brilhante e escorria, não grudava no modelo do carro, e Victor Bockris estava lá e eu passei tinta nele mas não deu certo. Leo Castelli veio e quase vomitou, foi uma nojeira tão grande.

Quinta-feira, 13 de abril, 1978. *Interview* perdeu o anúncio de página central de Halston, eu acho. Há semanas alguém me disse que estava a caminho e aí ontem eles telefonaram e disseram que não sabiam de nada e aí não sei. Ultimamente Victor está tão sem contato com a firma de Halston! Stevie é o novo melhor amigo de Halston – ele vai para lá toda noite em lugar de ir trabalhar no Studio 54. Victor sempre disse que a gente tem de ter cuidado com Halston – ele pode se virar contra você –, que tem que ficar mais inatingível, e isso faz as coisas mais fascinantes para ele.

A melhor coisa que aconteceu foi um garoto que veio cantar um telegrama de aniversário para Marc Balet, mas Marc ainda não tinha chegado e vieram buscar para mostrar. Ele estava com um uniforme vermelho que dizia "O Mensageiro Cantante". Pedi uma amostra grátis e ele cantou "Estou muito feliz que hoje você se assumiu", disse que é uma das músicas mais populares deles e foi divertido.

Sexta-feira, 14 de abril, 1978. Fui com Richard Weisman ao Hotel Americana para o banquete para os Yankees. O mestre de cerimônias foi Howard Cosell e o time todo entrou marchando. Todo mundo estava tentando conseguir o autógrafo de Reggie Jackson. Foi engraçado porque a avó de Averil Meyer, mrs. Payson, é dona dos Mets e Averil ficou dizendo "Eu sou dona dos

Mets" e todo mundo achou que ela fosse louca. Ela escreveu um bilhete para Yogi Berra e o passou para ele, mas alguém não passou o recado adiante e ela se levantou e foi lá e pegou o bilhete. Ele foi dos Mets. O bilhete dizia algo como, "Você lembra quando eu me sentava nos seus joelhos e depois você me dava um cachorro-quente no abrigo?". E Mickey Mantle recebeu o prêmio dele – essa era a razão do banquete. E Howard Cosell apresentou as pessoas nas mesas e ele me apresentou, me chamou de artista pop – acho que Richard está fazendo força para vender as pinturas.

Conversei com Susy Chapstick e ela disse que notou que a maioria das mulheres que ficaram famosas foram rebeldes quando crianças, e eu disse que tinha sido rebelde.

E aí no escritório havia o grande problema com Halston. Ele telefonou para Fred dizendo que Victor está espalhando que, se Halston não pagar o que nos deve pelas pinturas que ele comprou de nós, Victor vai recolhê-las e vender para Elsa Peretti. Halston perguntou a Fred se Victor estava fazendo isso por orientação nossa. Fred disse que não. E Halston despediu todo mundo na casa dele – Lorenzo e também a empregada. Tudo desde o último fim de semana. E ele está tendo problema com os lançamentos dele, não consegue trabalhar, está muito nervoso. Noite dessas no porão do 54 houve uma briga enorme iniciada por Elsa – ela estava atacando Stevie e chamando todo mundo de puto e foi realmente feio, eu acho, eu não estava lá. Bob finalmente conseguiu convencê-la a ir embora com ele. Isso é suficiente para fazer você desejar ficar em casa pelo resto de sua vida. Ela estava quebrando copos e tudo. Aí, entre Victor e Elsa, Halston está um lixo.

O outro grande acontecimento no escritório à tarde foi quando Ronnie abriu a porta do banheiro que dá para a sala de reuniões – a fechadura não funciona direito – e lá estava Margaret Trudeau sentada na privada com as calças abaixadas e uma colher de coca no nariz. Ele disse "Desculpe" e deu as costas. Ela tinha vindo com Tom Sullivan.

Sábado, 15 de abril, 1978. Eu não sei como lidar com a situação de Victor. Ele telefonou e eu falei com ele e ele me contou a filosofia que sua mãe lhe deu e é tão boa! É exatamente como minha filosofia, eu gostaria de lembrar a coisa toda. Ele segue os conselhos dela e cria todos esses problemas – só para tornar a vida mais interessante. Por exemplo, ela comprou um pequeno prédio de apartamentos porque não tinha nada para fazer, e achou que se ficasse nervosa todos os meses esperando os inquilinos pagarem o aluguel a vida ficaria mais interessante. Não é ótimo? E Victor diz que ele cria todos esses problemas na vida dele só para *sentir* alguma coisa. E eu disse, "Por que você não finge apenas que você é bom? Você poderia se dar tão bem com Halston!". E ele diz, "Eu não posso, eu tenho sangue latino. Não consigo fingir, é bom brigar. Torna tudo mais interessante". É muito louco falar com Victor no telefone.

Domingo, 16 de abril, 1978. A fofoca de sábado à noite no Studio 54 era que Jack Nicholson chegou e Ryan O'Neal estava lá com Barbara Allen e todo mundo estava tentando separar Jack e Ryan para que um não visse o outro. Barbara achou que fosse por causa dela, mas era a situação com Anjelica – ultimamente ela tem saído com Ryan. E Stevie telefonou e disse o quanto ele trabalha, que foi tão divertido tentar mantê-los separados. E Tatum estava dançando com Mona Christiansen. E Stevie disse que Liza está morrendo para que Marty Scorsese volte logo à cidade porque Baryshnikov está saindo com mulheres demais.

Trabalhei toda a tarde e aí assisti a *Holocausto* e fiquei fazendo mais suco de grapefruit com vodka para mim mesmo e continuei desmaiando. Eles mataram a menininha com gás. Fiquei achando que todo mundo realmente vive no seu mundinho particular. Dizem para você fazer alguma coisa e você não sabe o que está acontecendo, eles são os que sabem, você está à mercê deles. Aí talvez os alemães estivessem dizendo que os judeus são realmente maus e por isso tinham de ser mortos – ah, mas aí, não, eles tinham vivido junto com eles tanto tempo, estavam logo ali na casa ao lado, aí sabiam que eles não eram maus. Mas é como quando você vai para o hospital – eles te internam e fazem tudo com você, porque você não sabe sobre o mundo deles. Ou é como investir em arte, você confia nas pessoas, ou investir em ações, você não sabe, aí você aceita o que eles dizem que é bom ou ruim, ou mesmo nos esportes. Ou grupos terroristas, eles estão nas ruas dando coisas para a gente e estão no mundo próprio deles.

Mas ainda hoje se alguém dissesse, "Temos que fazer isso com os porto-riquenhos", quer dizer, você faria? Você não faria. Então como é que eles fizeram? Quer dizer, pense num alemão que você conhece na vida real: será que *eles* fariam, ou... Mas se você faz uma vez, você pode fazer de novo e de novo, isso é certo. Então, se eles fizeram uma vez, acho que foi fácil.

Segunda-feira, 17 de abril, 1978. Fechamos mais cedo porque tínhamos de ir à estreia de Tom Cashin em *The Best Little Warehouse in Texas*, o musical lá na Segunda Avenida com a Rua 13 (táxi até o teatro $2.30). Tive de pagar os ingressos, não eram grátis ($23). O número de Tom era um pouco antes do intervalo e ele estava bem, uma graça. Foi muito aplaudido. Saímos às 8h.

Aí eu coloquei um black-tie com os meus jeans e fui depressa para a casa de Lee Thaw. Mas cheguei cedo e um pouco depois Bob e Fred chegaram, ficaram se desculpando por mim, que eu chegaria atrasado, antes que se dessem conta de que eu já estava lá. Era um jantar para os Van der Kemp de Versailles, e os Herning de Houston estavam lá e Mary McFadden e Tammy Grimes. Cometi um *faux pas* e disse para Tammy, "Você está usando um dos vestidos de Mary", e ela disse, "Não, um Fortuny". Eu tinha dito primeiro o nome de Mary porque a última vez que disse para alguém, "Ah, você está vestindo um Fortuny", a pessoa disse, "Não, é um Mary McFadden". Aí Mary me mostrou a diferença – a bainha dos modelos dela é feita à máquina e as bainhas dos Fortuny são feitas à mão.

E aí havia uma festa no Hurrah's para a peça de Tom e todos nós estávamos indo para lá, mas demos uma rápida passada no Studio 54 (táxi $3). E quando chegamos lá Halston me chamou e disse que Liza e Baryshnikov estavam lá e queriam ir imediatamente ver o retrato de Liza. Fomos ao Olympic Tower e eles adoraram as pinturas. Eles estavam ótimos. Baryshnikov falou sobre as pinturas horas a fio. E me contou que a mãe dele, quando ele tinha oito anos, ficava tentando despertar interesse nele por arte e música e maquiagem e design de moda e ela tinha a *Harper's Bazaar* em casa e conhecia Brodovich, o diretor de arte... Eu não sei em que cidade da Rússia, devia ser uma cidade grande. E eu mencionei Chrissy Berlin, que na realidade ajudou-o a fugir para o ocidente, e ele disse que ela foi apenas alguém de quem ele gostou por um minuto, que gosta de todas as mulheres por um minuto. Ele disse que o primeiro amor dele foi Makarova – ela deixou o marido por ele e depois mudou de ideia e voltou, e ano passado se casou de novo e ele foi ao casamento dela em San Francisco e não sentiu nada. Ele foi o padrinho, ela casou com um sujeito rico.

Terça-feira, 18 de abril, 1978. Finalmente consegui pintar a BMW, preta com flores cor-de-rosa feitas a rolo. Talvez descubram algum sentido escondido na pintura. Espero que sim.

Uns garotos do Alabama me trouxeram algumas balas Space Dust que estavam na capa do *Post* de hoje. Elas explodem e estalam dentro da boca.

Falei com uma mulher que disse que vai a hospitais e faz arranjos de flores para cancerosos e disse a ela que gostaria de fazer isso também. Mas eu *não* gostaria. Ia perguntar se ela não tem medo de pegar câncer, mas eu não sei, talvez um pouco de flores faça dif – ah, eu não sei. Flores não *me* fariam sentir melhor se eu estivesse com câncer. Só que a gente saberia que em determinado dia uma pessoa viria *fazer* o arranjo de flores. Não é engraçado que eles possam curar doenças sem ter descoberto a causa? Assim como eles curaram a pólio, embora ainda não saibam como é que se pega pólio. E todos esses garotos morrendo de câncer em Nova Jersey. Acho que é a água.

Quarta-feira, 19 de abril, 1978. Telefonei para John Reinhold e ele me convidou para almoçar. Saí na chuva e consegui um táxi ($2.50) para ir até a 46 e a Quinta. Subi e fiquei olhando as pedras, ele está me ensinando tudo sobre elas. Disse que nunca compra pedras quentes ou pedras baratas, ele apenas espera as coisas boas e paga o preço. Caminhamos na chuva até o Pearls para almoçar e foi divertido. Quando entramos, vimos Corice Arman esperando por Arman, que estava estacionando o carro. John e eu falamos sobre *Holocausto* e eu sempre penso que John nasceu na Europa porque ele tem um certo sotaque, mas ele nasceu nos Estados Unidos, acho que ele precisa do sotaque para negociar diamantes. Pearl fez um bom almoço, bebemos whisky. Há um garoto hospedado com John e a mulher dele que – ele me lembrou de René Ricard quando eu o conheci – eu disse que era um cretino e aí tive de explicar que quando eu digo "cretino" não significa que eu não goste da pessoa e isso levou uma hora. Depois do trabalho eu tinha de ir ao coquetel de Eleanor Lambert para Bernadine Morris, a redatora de modas do *New York Times* que fez um livro de fotografias de moda com uma fotógrafa.

Eu estava conversando com Calvin Klein e ele disse que estava saindo de férias e perguntei para onde e ele disse, "Não estou dizendo para ninguém, vai ser sozinho sozinho sozinho, sem absolutamente ninguém e vai ser maravilhoso". E aí fui para o outro lado da sala e Giorgio Sant'Angelo estava dizendo a mesma coisa, que ele estava saindo por duas semanas para as ilhas gregas sozinho sozinho sozinho e eu disse, "Você tem certeza que não está indo com Calvin Klein?", e ele disse, "Ah, você sabe *tudo*" e eu disse não, que apenas tinha tirado minhas próprias conclusões.

E Diane von Furstenberg estava lá, ela mora no edifício de Eleanor Lambert e aí convidou Bob e a mim para jantar no apartamento dela e assistir a *Holocausto*. Então nós descemos e a mãe de Diane estava lá e Marina Cicogna. A mãe de Diane esteve em Auschwitz e quando apareceram os campos de concentração ela dava risadas – disse que eles fizeram ficar muito mais glamouroso do que quando ela esteve lá, que todas as mulheres tinham cabeça raspada e que era muito mais cheio, que onde no filme havia vinte pessoas, na realidade eram 300 mil. E foi estranho ver isso com Marina Cicogna, cuja família esteve tão envolvida com Mussolini. Antes de terminar, Diane estava pronta para sair e telefonou para chamar uma limusine.

Sexta-feira, 21 de abril, 1978. Milton Greene esteve almoçando no escritório e disse que eu lhe dei a ideia de fazer um portfólio Marilyn Monroe e aí ele está vendendo dez fotos dela por $3,8 mil. Fred disse a ele que achava caro, mas ele disse que já tinha vendido alguns para museus. Mas eu não sei, as fotos nem são tão boas. E dá a impressão de que todas foram tiradas na mesma sessão. Ele e Marilyn tinham aquela companhia juntos, eles fizeram *The Prince and the Showgirl*. Conheço Milton porque ele e Joe Eula foram os melhores para mim no dia em que cheguei em Nova York – ele e Joe foram muito chegados por muitos anos, mas ainda mais tarde Milton casou com Amy. Alguém tinha me dado os nomes deles para levar comigo e eu trouxe e eles me disseram que podia usar o telefone e tudo, mas nunca levei a sério porque (*risos*) eles foram tão gentis que me *assustaram*.

E Matt Collins, o famoso modelo masculino, veio. Ele é muito bonito e Brigid conseguiu arrancar um beijo dele. E Margaret Trudeau estava lá e disse que fará o anúncio dos Rums of Puerto Rico para mim.

Eu queria ir para casa, mas Carole, do Tom & Carole, queria que a gente visse seu novo apartamento e aí nós fomos até, eu acho, a 79 com Hudson River. E era um apartamento gostoso. Realmente bem jeitoso e parecia rico, e ela e a amiga disseram que o que elas têm de mais precioso é um Warhol sobre a cama delas e nós fomos lá ver e foi triste porque era falso. E eu sabia e Brigid sabia e Victor sabia. Ela disse que o quadro era parte do acordo de divórcio de Toni. Será que eu deveria dizer para ela? É tão doente!

Sábado, 22 de abril, 1978. Fomos ao Carlyle, onde Jerry Hall está hospedada como "Miss Philips". No caminho compramos filme (táxi e filme $5). Jerry estava pronta para sair assim que chegamos lá, ela desceu num segundo. De táxi ao Quo Vadis ($2). Ela é tão linda, todo mundo olha para ela. Tem só vinte anos, eu não sabia que ela era tão jovem. Evitamos falar sobre Mick. Ela disse que saiu do Texas e foi para Paris aos dezesseis anos. O primeiro companheiro de quarto dela foi Tom Cashin e depois ela conheceu Antonio e ele a desenhou e tudo. Ah, mas Mick e ela vão ter filhos lindos e eu acho que Mick realmente quer filhos – ele tem Jade e Jade é bonita, mas os filhos que ele terá com Jerry serão estonteantes. Talvez um garoto lindo. Acho que ele quer alguém que fique em casa, agora que ele não vai estar tanto na estrada. Quer uma mulher que esteja lá e Jerry está disposta a abandonar sua carreira.

Depois que saímos do Quo Vadis, caminhamos pela Madison de volta ao Carlyle e bebemos champagne e suco de laranja. Enquanto eles estão lá, Mick paga o hotel e Jerry paga o serviço de quarto. Ela ganha um bom dinheiro, $750 ou $1 mil por dia. Ela nos mostrou uma carta de amor de Mick que dizia "Eu te amo" – estava assinada "M" com um "X". Não tínhamos mais fitas e eu disse, "Por que não gravamos numa das fitas de Mick?". Você sabe, sobre um dos novos originais dele. Eu estava brincando, mas não seria divertido? Jerry quer ser atriz. Ela está tendo aulas.

Domingo, 23 de abril, 1978. Bob disse que ele e Kevin jantaram com Diana Vreeland e que ela ficou dizendo que eu não sou mais vanguarda. Disse que o livro que Bob e eu estamos preparando, o livro de fotografias – Chris Hemphill levou-o para mostrar para ela –, não é vanguarda e contou que Jackie O. também disse que eu não sou vanguarda. Mas isso é só coisa do Chris Hemphill, que fica mexericando com elas e depois fazendo-as repetir o que ele diz. Porque *elas* nem sabem o que eu faço. E Diana ficou dizendo como Saul Steinberg é bom e Bob disse para ela, "Mas ele é só um ilustrador". Ela deve estar furiosa com Fred ou algo assim e é por isso que está me criticando, porque eu não posso acreditar, nos divertimos tanto juntos uma noite, semana passada, ela foi tão divertida! E Chris Hemphill está preparando o livro dela para ela. Fred arranjou isso para ele.

Depois Stevie telefonou e me disse para pedir a Bob que convide Elsa Peretti, disse que não se importa com aquela briga no porão, que não se importa que ela o tenha chamado de putão.

Depois busquei Catherine e fomos para a casa de Halston. Aí tocaram na campainha e Joe Eula voltou e disse que era Barbara Allen – eu tinha contado a ela sobre a festa de Halston – e Halston se ofendeu e disse, "Mas era para ser uma festa *pequena*!". E aí Barbara entrou com Gianni Agnelli e o barão e a baronesa Von Thyssen, que eu não reconheci, mas que acho que pensaram que eu os estava evitando por causa da pintura que eles devolveram alguns anos atrás. E Bianca e o dr. Giller tinham ido à Exotic Bakery e compraram um enorme bolo de marzipan com um caralho fodendo um cu e outro só com um caralho. Lá na 70 com Amsterdam. Eles colocam essas coisas na vitrine e os biscoitos são tetas de chocolate. E Bianca trouxe o bolo e colocou o caralho e as bolas virados para ela e o bolo era cor de café e aí ela ficou parecendo Potassa, o transformista. Halston fingia que comia e chupava. E Catherine cometeu um *faux pas* e disse que o chique seria cortar o bolo e comer e ele disse, "Não, isso *não* seria chique". Ele estava chapado e queria deixar o bolo inteiro. Enquanto estava ali sentado olhando para Bianca, comecei a ficar mais e mais nervoso sobre a história da capa da *Interview* do mês que vem com Jerry Hall.

Ficamos na casa de Halston até quase 1h bebendo, depois fomos ao Studio 54 em limusines. Gianni Agnelli não veio conosco, ele foi para casa esperar um telefonema a respeito do sequestro de Aldo Moro – parece que ele está envolvido na tentativa de acordo com os terroristas. E o barão e a baronesa vieram e por alguma razão nos perdemos de Stevie. Eles não entenderam aquela coisa de ir para o porão. E Stevie agora decorou o porão com echarpes e velas e pipocas mas é (*risos*) como ir a um apartamento hippie no St. Mark's Place.

Terça-feira, 25 de abril, 1978. Rums of Puerto Rico cancelou toda a campanha publicitária, disseram que a Câmara de Comércio Exterior está criando muitos problemas e que Margaret Trudeau seria um pouco excessiva para a campanha, é claro. Aí eu mandei Bob telefonar para eles e perguntar sobre o nosso dinheiro e eles disseram que vão pagar.

Chris Makos telefonou para saber se eu concordaria em ser entrevistado por um psiquiatra que está escrevendo um livro sobre QIs e eu disse que não a não ser que fosse pago, e ele ligou de volta e disse "$1 mil" e eu pedi a opinião de Fred e Fred disse que parecia divertido e por isso eu disse ok.

A festa de Ungaro foi no Doubles. Depois jantar – Quo Vadis – Margaret estava tão gentil, ficou fofocando e dizendo que sabe (*risos*) que pode me contar tudo porque sabe que não vou contar para ninguém. Disse que Pierre Trudeau está na cidade e que o apresentou para Lacey Neuhaus e que ficou excitada porque eles logo se entenderam.

E Margaret está tão apaixonada por Tom Sullivan. Eles estiveram há pouco na Georgia e ela disse que Tom estava cavalgando com tal velocidade que ela teve de se esconder atrás de uma árvore e fechar os olhos, que era o mais veloz que ela já vira alguém cavalgar. Ele realmente se arrisca, o Tom.

Quarta-feira, 26 de abril, 1978. Fechei o escritório mais cedo porque Fred e eu íamos para a casa dele esperar que Averil nos buscasse para irmos ao jogo dos Mets (dei $4 ao Fred). Esqueci como os táxis para a Rua 89 são caros.

De carro até o Shea Stadium com Fred e Averil no minicadillac da mãe dela – ela dirige rápido. Fred tinha me emprestado um casaco de inverno e realmente precisei, estava gelado. No final do oitavo tempo, quando a gente foi embora, estava zero a zero e no caminho de volta ouvimos no rádio que continuava zero a zero (pedágio $.75).

Averil deixou o carro da mãe dela na garagem da Rua 52 e aí fomos de táxi para o Elaine's. Bob estava dando um jantar para o barão Leon Lambert, do Banco da Bélgica, e tinha convidado Chris Makos e Catherine Guinness e Catherine estava com uma camiseta que dizia, "Onde é a Palestina?". O bisavô dela era Lord Moyne da Palestina, que foi assassinado lá em 1944 pela gangue Stern. Ela perguntou a Leon se ele era judeu. E ele é meio-judeu, a mãe dele é algum tipo de Rothschild. E Catherine disse, "E eu com isso? Você se dá conta de que se Hitler tivesse ganho a guerra o marido da minha avó seria o ditador da Inglaterra?". Sir Oswald Mosley. O fundador do Partido Fascista Britânico. Mas Bob disse que Catherine e Leon pareciam estar se entendendo mesmo assim.

Depois o namorado de Chris chegou, Peter Wise. Aí fomos (táxi $3.25) para a festa de aniversário do Studio 54. Descemos na Rua 53 Oeste e entramos pelos fundos porque havia multidões na frente. Fomos para o porão com todas as boas almofadas e o teto parecia que estava desabando por causa da dança. Halston disse que deveríamos (*risos*) ensaiar para o caso de termos de discursar quando trouxessem o bolo a aí ele ensaiou o discurso *dele*. Truman tinha uma fita de papel laminado em volta do chapéu preto e eu estava conversando com ele quando YSL entrou com marine e deu um beijo realmente enorme em Halston, são novidades do mundo da moda. Yves parecia ter tomado alguma coisa.

Depois subimos e eu sentei num piano na frente da cortina e o bolo nunca veio e Halston fez um discurso sobre o quanto o Studio 54 tem feito por Nova York e ele estava ótimo e aí disse, "E agora passo o microfone para Andy". Mas eu já estava com o microfone na mão e já é ruim não ter o que dizer quando você está com *um* microfone e eu só disse, "Hum, hum, ah, ih, huum...". Não sei, só disse sons e de qualquer forma não dava para ouvir e as pessoas riram e aí Bianca disse alguma coisa e podia ser até em nicaraguense porque ninguém entendeu e aí ela passou o microfone para Liza, que estava vestindo um Halston vermelho, e cantou alguma coisa como "Embraceable You" mas era uma canção do *The Act* e tinha uma letra como "Esqueça Donald Brooks/Halston é quem está com tudo". E Bob disse que ele nunca tinha ouvido tanta autoindulgência numa roda desde Hitler no bunker. Saí com Catherine, deixei-a em casa ($3.50).

Quarta-feira, 3 de maio, 1978. Nelson telefonou, ele ainda está trabalhando em seu roteiro. Disse que teve de tomar um Valium quando Fran Lebowitz transformou tudo num escândalo – eles ainda não estão se falando – e o velho amigo dele Brian De Palma está lançando *A fúria*.

Fomos convidados para um baile na casa de John Richardson. De limusine até lá e estava muito chique. Lynn Wyatt estava lá e Nan Kempner e – A Imperatriz. Se Bob chamar Diana Vreeland de "A Imperatriz" e a mim de "O Papa do pop" *uma vez mais* na sua coluna "Out"... Diana tirou seu estojinho de pintura e colocou uma polegada de rouge e perguntou, "Já está Kabuki o suficiente?".

Bianca está sendo realmente horrível com Barbara Allen, se vingando dela por causa de Mick, e agora ela colocou Halston contra Barbara. Mas me vinguei de Bianca – eu disse que ela perdeu o melhor desfile de moda, o de Ossie Clark. Disse, "Ah, Bianca, era *feito* exatamente para você, minha querida – um lindo vestido tipo asa de morcego e um traje de Mulher-Maravilha que você devia comprar *imediatamente*" (*risos*). Porque veja você, ela está *emparedada*. Ela é amiga de Halston e as roupas de Halston não são mesmo apropriadas para ela – as roupas a deixam parecendo baixinha ou desenham o corpo dela de maneira errada. Parecem umas fraldas horríveis, quer dizer, eu gosto das coisas de Halston porque são simples e é assim que as roupas americanas *devem* ser, mas elas não ficam bem em Bianca, o que ela precisa é algo mais como um figurino.

Sábado, 6 de maio, 1978. Aí Arman telefonou e disse que vendeu oito falsas "Flores" minhas porque, ele disse, não sabia que eram falsas. Mas eu disse "Você devia saber ou você não as teria escondido todos esses anos e você deve ter comprado barato de alguém como Terry Ork ou Soren Agenoux". E essas falsificações realmente causam danos e Gerard ainda está jurando de pés juntos que não foi ele quem fez. Elas jogam os meus preços para baixo porque as pessoas ficam com medo de comprar pinturas porque acham que podem estar comprando falsificações.

Em breve vai haver um leilão das pinturas que Peter Brant está vendendo – uma "Cadeira Elétrica" grande, uma "Sopa Campbell" grande, um "Mao" grande e uma "Sopa Campbell" pequena.

Domingo, 7 de maio, 1978. Vieram só dois ingressos para o show de David Bowie e todo mundo quer ir.

Bob gastou o dia todo no telefone por causa da festa de aniversário dele. É engraçado, algumas pessoas realmente querem grandes festas de aniversário. Os taurinos sempre são assim. Bianca também é assim. Bianca telefonou e disse que tem dois ingressos para o show de David Bowie para mim e eu dei meus dois ingressos para Catherine, que quer tanto ir.

Doc Cox telefonou e disse que vai dar uma festa para mim dia 7 de julho. Para *mim*, certo? Disse que tem uns comprimidos que eu deveria ir lá pegar e que vão dissolver as pedras da minha vesícula sem precisar operar.

Deixei Catherine ($3.50) e fui para casa me aprontar. Jed estava com Tom Cashin lá e fomos a pé até a casa de Halston e Halston estava de limusine e Stevie também. Esperamos que Bianca se vestisse e aí fomos para o Madison Square Garden.

A música estava muito alta e aí o dr. Giller gritou no meu ouvido, "VOCÊ JÁ ESTÁ SURDO?", e era o que faltava, acho que foi isso que me fez ficar surdo afinal. Fomos para os camarins e bebemos e Bianca estava no camarim de David Bowie e quando saiu disse que almoçaríamos com ele amanhã à 1h no Quo Vadis. Em seguida ele voltou novamente para o palco.

Depois fomos até 1060 Quinta Avenida para a festa de aniversário que Diane von Furstenberg estava dando para Bob. Kevin atendeu a porta. Não estava muito cheio. A mãe e o pai de Bob estavam lá e eu nunca tinha notado antes como o pai dele é atraente. Eu já o tinha encontrado antes, mas ele estava realmente bem. Bob me beijou pelo meu presente e isso foi embaraçoso. Catherine estava com Tom Sullivan e a certa altura Tom disse a Bianca que alugou Montauk para o verão e aí Bianca não falou mais comigo e saiu sem dizer nada, e aí eu acho que meu romance com Halston e Bianca e Stevie está terminado. Stevie disse, "Bianca está furiosa". Veja, Vincent telefonou para Mick perguntando se ele pagaria pelo lugar se Bianca alugasse e Mick disse que não e aí... eu não sei o que fazer. Fiquei pensando se ainda vou almoçar com David Bowie. Será que eu deveria telefonar para ela?

Terça-feira, 9 de maio, 1978. Telefonei para Bianca e o sujeito que atendeu me deu uma resposta engraçada e aí fiquei sem saber se ela estava parada ao lado dele. Depois finalmente ela ligou de volta e disse que David Bowie estava ocupado e não poderia almoçar, mas que nós deveríamos almoçar amanhã. Assim, eu acho que ela não ficou furiosa.

E Chris Makos telefonou falando sobre a entrevista com o psiquiatra que está escrevendo um livro sobre os QIs de gente famosa e ele quer me aplicar um teste de QI mas eu decidi que não vou fazer. Quer dizer, por que é que eu deveria deixar alguém descobrir quão idiota eu sou? E a carta de apresentação que esse sujeito mandou foi um pouco demais – praticamente dizia que ele vai ser o dono das minhas células cerebrais. E agora Chris está furioso porque eu desisti.

E será que eu contei que encontrei um garoto no Studio 54 que me disse que teve um affair com Vladimir Horowitz? Eu disse. "Mas como é que um homem de 79 anos consegue ficar de pau duro?". Eu simplesmente não posso acreditar.

E Doc Cox ligou me procurando, ele está telefonando há alguns meses dizendo que vai dar uma festa para mim e pedindo a minha lista de convidados e aí de repente ele diz, "Você se importa se a festa também for para Larry Rivers?". Não é estranho? Será que isso significa que ele está chateado comigo? Larry saiu do hospital, ele teve palpitações no coração de novo.

E hoje na Itália encontraram o cadáver de Aldo Moro.

Quarta-feira, 10 de maio, 1978. Fred me deu uma carta de Paloma. Diz que ela está enviando o artigo dela para *Interview*. Disse que o casamento dela foi estranho porque lá estavam todas as pessoas que não têm se falado umas com as outras há anos – Yves e Pierre e Karl na mesma mesa. E André Leon Talley colocou quatro páginas sobre o casamento no *Women's Wear* e a fotografia de Fred não estava lá.

Descobri que Bianca saiu com David Bowie noite passada.

Deixei Vincent ($4) e depois tinha de ir à casa dos Hoveyda para a festa para Helen Hayes em conjunto com o Museu do Brooklyn. Fred e eu éramos os únicos tipos diferentes, o resto era gente do museu. E Helen Hayes estava linda. Ela se transformou numa senhora idosa muito bonita. Usa os tons corretos de azul. Desta vez não a detestei. Eu a detestava porque uma vez nos anos 50 ela ia receber vários de nós, garotos do Serendipity, na sua casa em Nyack para uma festa de piscina e aí ficou de mau humor e não nos recebeu.

Eu contei a ela que adorei seu filme para a TV com Fred Astaire – embora na realidade eu tenha detestado – e ela me disse que era a melhor coisa que se poderia dizer para ela porque *ela* tinha adorado demais.

Quinta-feira, 11 de maio, 1978. De manhã Victor telefonou de San Francisco e disse que não tinha conseguido dormir à noite e estava indo ver os Baths de lá. Brigid disse que o observa quando ele está no escritório, colocando spray cloro-alguma-coisa na camisa e depois aspirando. Aquele negócio que eles usam para congelar antes da operação.

Catherine e eu íamos às 3h15 até o apartamento de Martin Scorsese no Sherry Netherland para entrevistar Robbie Robertson, de *O último concerto de rock*, e ele. E Catherine está tão apaixonada por Robbie Robertson e Martin Scorsese que fez Gigi vir até aqui para maquiá-la – batom e blush e sombra – mas na realidade ela fica melhor sem maquiagem. Estávamos atrasados e aí dei dinheiro para Ronnie ($5) porque ele tinha de tomar um táxi Checker, ele ia levar uma pintura grande para uptown, e Catherine e eu fomos sozinhos (táxi $3.50).

Marty tem uma suíte enorme e é adorável. A mulher que está fazendo a publicidade de *O último concerto de rock* estava lá. Robbie Robertson só chegou às 5h. Um garoto chamado Steven Prince estava lá, ele fez o cretino que vende armas em *Taxi Driver* e ele é bem como aquilo, então ele era real. Marty disse que agora ele está filmando um longa-metragem sobre o rosto de Steven Prince quando conta histórias, ele falou que tirou essa ideia de mim. Marty disse que ele e Robbie estão procurando uma casa e eu disse a eles onde procurar. Então esse é o companheiro de casa dele e ele também tem um mordomo e dá a impressão de que está iniciando sua própria Factory. Deve realmente estar rico, porque eles vão gastar uns $500 mil nisso. Marty estava tremendo como um doido. Acho que é da coca. Sentamos e almoçamos e foi divertido porque a mulher da publicidade tinha acabado de voltar do almoço e aí ela sentou conosco na outra ponta da mesa, olhando, parecia um filme. Mas eu não podia nem olhar para ela, estava tão faminto que só comi. Eu não tinha almoçado no escritório porque estou tentando fazer dieta. Fofocamos muito. Não sei o quanto vamos poder colocar na revista. Robbie disse que me conhecia dos tempos de Dylan. Eu perguntei a ele o que aconteceu com a pintura "Elvis" que dei a Dylan, porque toda vez que eu encontro o empresário de Dylan, Albert Grossman, ele diz que é *ele* quem a tem e Robbie disse que em alguma época Dylan trocou-a com Grossman por um *sofá*! (*risos*) Ele achou que estava precisando dum sofazinho e deu o "Elvis" em troca. Deve ter sido na época de drogas dele. Então foi um sofá caro, aquele.

Bob telefonou e disse que tínhamos de ir à festa para o livro de Liz Smith na Doubleday's e aí fomos para lá. De carro com Geraldine Fitzgerald, que estava realmente agradável, parecia uma bruxa gentil. O cabelo dela. E eu disse olá para Iris Love. Depois deixei Catherine ($2.50) e fui para casa e me colei. Jed iria comigo à estreia de *The Greek Tycoon*. Ele estava um pouco atrasado e só chegamos lá às 7h45 (táxi $2.00). Foi incrível ver um filme em que eles contratam pessoas para ficarem parecidas com as pessoas com quem não deveriam se parecer. Anthony Quinn realmente se parece com Onassis.

Quando chegamos ao 54, Stevie disse que tinha acabado de levar Bianca ao aeroporto. Ele disse que está apaixonado por ela e que se ele não fosse gay realmente cairia por ela, mas que realmente não consegue ficar de pau duro. Mas (*risos*) eu acho que ele está aliviado porque ela se foi. Acho que Halston também está aliviado. É demais. Stevie disse que foram caminhar no Central Park às 8 da manhã como crianças.

Domingo, 14 de maio, 1978. Trabalhei toda a tarde enquanto chovia a cântaros lá fora. Eu não deveria comer nada porque vou fazer um exame de vesícula pela manhã, mas comi uma fatia de pão.

Segunda-feira, 15 de maio, 1978. Levantei às 8h para ir ao Doc Cox começar o novo tratamento com o remédio para me livrar das pedras da minha vesícula. Estava ventando. Eu estava atrasado, caminhei depressa. Uma mulher tirou radiografias e depois não conseguia encontrar o contraste e eu tive de voltar. E eu gritei por estar tirando radiografias. Eu não gosto, acho que dá câncer. Doc Cox só conseguia pensar na festa que está dando para mim e Larry Rivers. Quando saí, George Plimpton estava na sala de espera com febre do feno.

Paul Morrissey veio ao escritório.

Saímos de mansinho por volta das 10h e fomos ao Reginette's, onde Federico De Laurentiis estava dando uma festa de fim de filmagem para *King of Gypsies*, e foi o tipo de festa onde tudo é para a TV filmar, milhares de pessoas, uma tal armadilha, gente embolada, luzes brilhantes – não deveriam dar festas como essa, é muito perigoso. E Barry Landau estava lá grudado em mim, cada passo que eu dava ele estava ao meu lado e se eu tivesse pensado em algum novo passo esperto para me livrar dele ele ainda estaria bem ao meu lado. O que faz alguém fazer isso? Que tipo de pessoa é essa? É tão doente!

O mr. Universo estava lá – parecia Roma. E Eddie Albert, aquela gracinha de garoto. Shelley Winters estava bêbada no sofá e disse que eu deveria comprar *Neon Woman* para ela, a peça que Divine está fazendo no Hurrah's. Ela realmente daria para o papel. Levamos meia hora para chegar até a porta. Tão perigoso!

Terça-feira, 16 de maio, 1978. De táxi até a Olympic Tower ($3.25). Halston desenhou os uniformes para as líderes de tropa das escoteiras. Tantas mulheres me agarraram! Eu disse que Halston devia estar ganhando uma fortuna, mas ele fez tudo grátis. É uma grande maneira dessas mulheres conseguirem um

Halston barato – as calças custam só $25. Ele as desenhou num tom engraçado de verde – não é o meu verde favorito, mas com todas as mulheres vestindo ficou bonito.

Depois tivemos de sair, estávamos indo para a festa de décimo aniversário da revista *New York* no Citicorp Center, para a qual o editor Joe Armstrong nos convidou. Estava cheio de gente. Joe Armstrong nos recebeu, disse que tinha havido um incêndio naquela grande loja de mobília no térreo. Bella Abzug estava lá, ela disse que está de dieta, mas estava provando tudo que passava por ela. Os donos do Plato's Retreat vieram e nos convidaram para o Plato's. O homem disse, "Venham e fiquem só por uma hora, bebam um pouco". E a mulher disse, "As vibrações são tão bonitas, vocês não vão acreditar nas coisas que vocês vão ver". E aí eu disse, "Vamos lá, Bella. *Nós* somos um casal – o que estamos esperando?". E Bella chamou o marido e disse, "Martin, Andy acaba de me convidar para o Plato's". E Martin disse algo como, "Vá em frente, Bella. Aproveite!". Mas Bella disse que não ficaria bem nos jornais.

Quarta-feira, 17 de maio, 1978. Fui ver o Doc Cox novamente para mais exames. O Doc teve que ele mesmo fazer o exame de sangue, a enfermeira está em férias. Ele disse que não fazia aquilo há anos.

Mijei no banheiro, deixei uma amostra num jarro lá para o exame. Quando estava saindo percebi que a mulher na recepção estava escrevendo (*risos*) os convites para o garden party que o Doc está dando para mim.

Fui ao almoço para São Schlumberger, que Mercedes Kellogg estava dando no 775 Park Avenue. Aí depois do almoço mr. Bulgari – Nicola – queria levar Bob e eu para a casa dele e fomos para lá (táxi $3). Ele nos mostrou tudo, todos os cofres, e disse que nos daria anúncios. Havia salinhas separadas para onde eles levam os clientes – acho que as pessoas não gostam de ser vistas comprando joias – como cubículos para massagem. Ele me deu exatamente o que eu queria – um pequeno abridor de cartas de prata – mas deu três (*risos*) trilhas sonoras de filmes italianos para Bob.

Encontrei Henry Geldzahler, que finalmente foi como sua velha personalidade dos anos 60 comigo – realmente podre. Agora Henry é o comissário de Assuntos Culturais de Nova York. O prefeito Koch nomeou-o.

Quinta-feira, 18 de maio, 1978. De táxi ao Chemical Bank ($4). Caminhei até o escritório e havia um grande almoço para Peppo Vanini e seus eletricistas da discoteca, Xenon e Billy Kluver, o chefe da – como é que se chama? Experiments in Art and Tecnology – E.A.T.

Estou surpreso que a produtora de *Guerra nas estrelas* não tenha aberto discotecas *Guerra nas estrelas* por todo o país, mas aí, agora que estou pensando nisso, acho que coisas como essa nunca funcionam. Normalmente é aquela pessoa que fica por ali gritando que faz o sucesso de um clube.

Trabalhei toda tarde em algumas pinturas. Todo mundo ficou falando a tarde toda do grande leilão da noite, com as minhas pinturas que Peter Brant está vendendo. E Bob estava chateado porque não tinha sido convidado para a festa que Diane von Furstenberg está dando para Sue Mengers ou Barry Diller. Fred também não foi convidado e aí vou ter de ir sozinho.

Me colei para ir à casa de Diane (táxi $3).

Bob foi ao leilão e telefonou para mim na casa de Diane para dizer que um "Desastre" grande foi vendido por $100 mil mas que um "Mao" médio só saiu por $5 mil. Me pareceu ok e então eu disse que ainda podemos celebrar, fiquei aliviado que as pinturas venderam ok. Acho que agora as pessoas não querem comprar num leilão, porque não se pode conseguir um lucro grande.

Diane serve sempre a mesma comida. É como uma versão revisada. O mesmo sujeito chinês faz os mesmos rolinhos primavera e o mesmo bolo de chocolate e o mesmo tudo.

Sexta-feira, 19 de maio, 1978. Houve uma festa de aniversário para Tom e Bunty Armstrong no Union League Club e Fred tinha sido convidado mas Bob foi no lugar dele.

Fui para a 69 com Park, o Union League Club (táxi $4). As pessoas lá eram todas WASP. O convite dizia que teria dança, e eu acho que as pessoas pensaram que isso queria dizer que também teria jantar e todo mundo estava faminto mas não havia comida.

Leo Castelli estava lá, ele disse que o pessoal da BMW estava lançando um novo carro e aí não vão usar o desenho que eu fiz porque foi feito num modelo antigo, mas que eles querem que eu vá a Paris dia 12 de julho para pintar o novo. Peter Brant estava lá com ar feliz, realmente feliz, agora que ele se livrou de todas as minhas pinturas. E Leo me disse que os de Menil compraram todas as pinturas no leilão – François comprou a "Lata de Sopa" por 95, mrs. De Menil comprou o "Desastre" por 100 e Philippa comprou o "Funeral" por 75. Então isso foi bom. E Jed estava lá. As mulheres WASP pareciam todas malvestidas. Mas as salas estavam lindas, pinturas lindas em todas elas. Sentei com Philip e Dorothy Pearlstein e conversamos sobre os velhos tempos. Os Gilman estavam lá. Sai à 1h.

Quinta-feira, 25 de maio, 1978 – Zurique. Acordei às 7h com vontade de comer ovos quentes, dei gorjeta ao garçom ($2). Comprei alguns jornais ($1). Fui ao Kunst Museum para a conferência de imprensa (táxi $4). Não tive de falar, só estavam fotografando. Foi difícil olhar para a retrospectiva, eu só fingi que estava olhando para as paredes, não consigo enfrentar meus trabalhos antigos. Era antigo. Tive de autografar muitas "Latas de Sopa", portfólios, coisas assim. Isso durou duas horas. Peter Brant não emprestou as pinturas dele.

Sexta-feira, 26 de maio, 1978 – Zurique. Paulette telefonou e disse que achou a exposição excitante. E depois telefonei para Bob no escritório e ele estava de muito mau humor, mas não me disse qual era o problema.

Thomas Ammann nos levou a um bar gay chamado Man (táxi $3.50). Travestis dublando discos americanos. "There's No Business Like Show Business." Fred e eu queríamos vomitar.

Fiquei alguns minutos. E fomos a uma grande festa num velho castelo um pouco afastado da cidade para a qual o prefeito tinha nos convidado. Toda a sociedade de Zurique (táxi $4).

Domingo, 28 de maio, 1978 – Nova York. Ainda fora de rotina por causa da mudança de fuso horário. Bob telefonou de Nantucket. Pediu desculpas pelo mau humor no telefone e disse que tinha sido assaltado e essa tinha sido a razão, que depois do Studio 54 ele foi para o Cave e dois garotos de lá roubaram as joias dele, mas aí um deles trouxe tudo de volta no dia seguinte. Ele disse que tinha parado com as drogas e que estava parando de beber também.

Ah, e eu acho que Marina Schiano já espalhou por toda parte que Diana Vreeland e Fred tiveram uma briga enorme na porta do New Jimmy's em Paris. Quando entrou de volta ele mencionou o fato para mim mas eu pensei que eles só tinham discutido. A história verdadeira é que na realidade Diana bateu nele e YSL tentou ajudar e ela disse, "Não, é uma briga entre Fred e eu!", e ela estava chorando e tudo. Porque ela tem ciúmes de Lacey Neuhaus, ela pensa que Fred está trepando com Lacey e eu acho que ela quer que ele trepe com *ela*. Dá para acreditar? É tão louco!

A nova *Interview* está ótima. Paloma na capa e quinze páginas de anúncios.

Hoveyda estava dando um jantar para mrs. Saffra no Pierre (táxi $3). Fomos para um apartamento chique enorme lá mesmo no hotel. Sentei ao lado de Mimi Herrera sob um Motherwell. Ela estava usando um diamante de quarenta quilates. A pobre Gina Lollobrigida era a única pessoa usando bijuterias, eu acho. Esmeraldas de imitação. Ela realmente tem tetas enormes. Eu deveria entrevistá-la. Disse a ela que deveria fazer um contato com Dino De Laurentiis. Ela disse que não o conhece, que agora está fotografando profissionalmente. Aquele sujeito que conhecemos nos anos 60, Carlos, aquele que sempre disse que Edie roubou o tapete de pele de leopardo dele, fez o brinde. Lembro que ele mandou uma contessa até a Factory da Rua 47 para tentar conseguir o casaco de volta. Mas, você sabe, agora que eu estou pensando sobre isso acho que Edie provavelmente *roubou*, mas só de brincadeira.

Segunda-feira, 29 de maio, 1978. Fomos ao David Bourdon para algumas fofocas de arte (táxi $2). O edifício de David fica na Rua 10, no meio da feira de arte de rua do Greenwich Village e David estava furioso com isso – homens maneiros demais.

Caminhamos até o One Fifth para almoçar e no caminho vi Patti Smith de chapéu coco comprando comida para o gato dela. Convidei-a achando que recusaria, mas ela disse "Que bom!". Quando entramos, lá estava a best-seller número um, Fran Lebowitz, sentada com Lisa Robinson. One Fifth é bonito – iluminado e acolchoado.

Patti não queria comer muito e por isso comeu metade do meu almoço. Disse que só gosta de homens loiros e que queria ter um affair com um loiro. Eu só conseguia pensar em como ela cheira mal – não pareceria feia se se lavasse e se colasse um pouco melhor. Ela ainda está magra. Agora está numa galeria, desenhando e escrevendo poesia. A Robert Miller Gallery.

Ela teve um bebê, disse – por isso é que saiu de Nova Jersey, e disse que o bebê foi adotado na Rittenhouse Square. Ela ficou dizendo "o bebê" e David perguntou o que era "o bebê" e ela disse que era uma menina. Ela me lembra muito Ivy – tudo é invenção. Disse que estava na Itália no dia em que Moro foi sequestrado e que ela e Moro eram as grandes atrações na TV italiana aquele dia. Disse que não tomou drogas nos anos 60, que só começou recentemente e só por causa do trabalho.

Enfim, perdi meu almoço de garotas com David e não consegui nenhuma fofoca (almoço $35). Patti mora em cima do One Fifth e aí ela foi para casa e David e eu caminhamos até o Mays para comprar alguns materiais para o escritório ($32.89, $2.79). Fiquei cansado de caminhar no sol.

E a água quente aqui na Rua 66 está superaquecendo e vazando e eu tenho visões de uma explosão e o sujeito não vem.

Terça-feira, 30 de maio, 1978. Telefonei para o Doc Cox e queria perguntar sobre o remédio da vesícula mas ele não estava lá, acho que está muito ocupado com o seu garden party.

François de Menil telefonou e convidou Fred e eu para jantar, mas mais tarde telefonou e disse que tinha de ser só para drinques. Ele acaba de voltar de Hollywood, onde assinou um acordo com uma mulher chamada Hannah Weinstein para produzir quatro filmes e por isso íamos conversar conversa-de-cinema com ele (táxi $4). François parece mais gordo e mais feliz. Ele nos disse que a sua mãe está fundando um museu, que está doando $5 milhões. Deus, é tão incrível, ter tanto dinheiro, é tão abstrato! Você só fica sentado lá pensando em como ser criativo com todo aquele dinheiro. Ficamos lá até as 8h30.

Comecei a assistir a *The Valachi Papers* na TV, com Charles Bronson, e aí caí no sono e então acordei e corri até a janela quando ouvi uma voz dizendo, "Abra, aqui é o esquadrão de narcóticos", e aí me dei conta de que era a TV. Dá medo pensar que, quando a gente sonha, a gente está sonhando o que está na TV, e é tão real! Eu realmente achei que o esquadrão de narcóticos estivesse ali mesmo.

Quarta-feira, 31 de maio, 1978. Havia um evento na Gracie Mansion. Saí às 6h30 e o tráfego estava horrível, levou uma hora até lá (táxi $5.50). O prefeito ainda não tinha chegado, mas o comissário Henry Geldzahler já, e a primeira coisa que ele disse foi, "Eu não tenho nenhuma arte *sua* lá". Lá estavam Bob Indiana e George Segal e uma porção de cretinos. Parecia o pessoal que trabalha no departamento de assistência social da cidade.

Quinta-feira, 1º de junho, 1978. Acontece que era o aniversário de Catherine. E Robbie Robertson, do The Band, telefonou querendo que eu fizesse um pôster para *O último concerto de rock* e por isso Fred e eu estávamos indo encontrá-lo em seu apartamento no Sherry Netherland para falar disso, e quando Catherine descobriu disse que esse poderia ser o seu presente de aniversário. Aí todos nós tomamos um táxi às 6h30, tráfego horrível ($4).

Subimos para a suíte Scorsese-Robertson – Marty está em Roma visitando (*risos*) o túmulo de Roberto Rossellini. Robbie serviu champagne e depois foi aquela coisa de sempre, todos eles dizem, "Bem, você fará esse pôster para nós e depois nós o comercializaremos para você, não é maravilhoso?". E vem misturado com conversa de hippie e frases, e aí todo mundo estava constrangido de falar em dinheiro e finalmente Fred disse, "Olha, cara, e para o Andy sobra o quê?" (*risos*). Sim, ele realmente disse "cara". Ah, e o mordomo que atendeu a porta era aquele garoto sobre o qual Marty está fazendo o filme, Steven Prince. Depois de táxi até a casa de Suzie Frankfurt ($3.10). Fred e Catherine tiveram uma grande briga porque ela estava criticando os judeus dizendo novamente que se Hitler tivesse ganho... Fred perguntou como ela podia dizer isso numa casa judia. Eu realmente não sei se Suzie é judia ou não. Quer dizer, agora ela é católica – ela foi batizada este ano. Mas por que ela se tornaria católica a não ser que fosse judia? Não sei, acho que ela só é louca.

De táxi até a casa dos Eberstadt ($2.00). Quando chegamos, só Lord "Brookie" estava lá, Harrison Ford e Earl McGrath. Fred me perseguia, tentando me beijar, não sei por que, ele estava agindo de um modo estranho. E Keiko Carimati quebrou um quebra-nozes antigo que eles tinham, ficou em três pedaços, e a gente ficou sem saber se dizia alguma coisa ou não. E aí Catherine deixou cair uma taça de champagne e menos de um minuto depois Fred derrubou outra e havia champagne e cacos por toda parte e foi constrangedor. Provavelmente eles jamais nos convidarão de novo.

Sexta-feira, 2 de junho, 1978. Robert Kennedy Jr. está na TV por causa do décimo aniversário do assassinato do pai dele, então também faz dez anos que eu fui baleado – ele foi baleado um dia depois de mim. Ele está há duas semanas na casa de Fred, Robert. Com aquela garota Fraser, Rebecca. Eles estão profundamente apaixonados.

Sábado, 3 de junho, 1978. Encontrei Dino Fabio na rua, aquele que vendeu a casa em L.A. para os árabes, que eu encontrei em Milão, onde ele tinha uma casa com homens de metralhadora à volta. Enquanto estava conversando com ele, uns cinco carros passaram com gente gritando o meu nome e fiquei impressionado. Um deles disse, "Sou Andy Anka e estou convidando você pessoalmente para o Copa". Ele é o irmão de Paul mas eu ainda não sei o que ele faz.

Fred me contou sobre uma cena com Freddy e Isabel Eberstadt depois que eu saí na quinta-feira. Freddy começou a brincar com ele sobre Nenna ou algo assim e Fred começou a chorar incontrolavelmente, não conseguia parar. Isabel e Freddy tiveram de levá-lo para casa. Fred estava com um humor tão estranho naquela noite!

Averil Meyer me contou que está enfadada, que quer algo para fazer, aí eu a convidei para vir trabalhar no escritório. Pedi que fosse uma voluntária. Ela deve vir segunda-feira, mas não virá. É rica demais.

Domingo, 4 de junho, 1978. Vi os Tony na TV enquanto falava com Brigid no telefone. Liza estava lá com Halston e ela ganhou Melhor Cantora de Musical, e quando chamaram o nome dela Stevie Rubell pulou da sua poltrona ao lado de Halston. Liza estava concorrendo contra Eartha Kitt em *Timbuktu* e Madeline Kahn em *Twentieth Century*.

Catherine telefonou e disse que Steve Aronson foi à casa dela noite passada – a senhora que ele visitaria em Southampton não deixou que ele levasse seu cachorrão e aí ele não foi – e então ele e Catherine ficaram deprimidos juntos. Catherine está apaixonada por Tom mas não quer ir para Montauk e ser uma empregada, e Tom não quer nada sério e uma vez ela me disse que nunca pensaria a sério sobre o caso, mas agora está pensando a sério e está deprimida. E Margaret Trudeau fugiu com Jack Nicholson ou algo assim. E estamos furiosos se houver uma festa para Liza para a qual não nos tenham convidado. Sim, é claro que há.

Segunda-feira, 5 de junho, 1978. Caminhei pela Madison distribuindo *Interviews*. Agora as pessoas realmente me conhecem, eles pensam que sou um jornaleiro normal (táxi $3.50). Trabalhei até as 6h40 e então fui para casa (táxi $3.50) e me colei e fui para o Carlyle (táxi $2.25) buscar Jerry Hall e levá-la ao jantar que Hoveyda estava dando para o irmão do xá no Windows on the World.

    Mick atendeu a porta. Pensei que ele não estaria lá. Está a caminho de Woodstock. Eu perguntei a ele se é verdade que comprou duzentos acres lá e ele disse que não, que só está morando em cima de uma espelunca. Ele me mostrou o novo disco deles e a capa está ótima, encarte, recortes, mas eles estão novamente *travestidos*! Não é ótimo?

    Depois que saímos do Carlyle eu disse a Jerry que achava que Mick tinha estragado a capa que eu fiz para *Love You Live* ao escrever por toda ela – é a letra dele e ele escreveu bem grande. Os garotos que compram o disco poderiam ter uma ótima peça de arte se ele não tivesse estragado. E Stevie conseguiu colocar na coluna de Earl Wilson que Bianca está "tão emocionada" pela música "Miss You" que "desacelerou o processo de divórcio", mas Jerry disse que na verdade a música foi escrita para *ela*. Ela estava com o mesmo vestido verde Oscar de la Renta com o qual estava na última vez em que saí com ela, e quando entramos no elevador notei que ela cheira no sovaco, que não tomou banho antes de se vestir. Portanto acho que Mick deve gostar do cheiro. Eu não tinha uma limusine mas ela não se importou. Disse a Jerry que Barbara Allen telefonou da Inglaterra, para onde ela foi com Bryan Ferry. Bryan nunca devolveu as roupas de Jerry depois que ela o deixou por Mick – disse que ficaria com elas porque tinha certeza que ela ia voltar – e, depois que Barbara esteve lá uma vez, ela disse a Jerry que tinha experimentado as roupas dela e isso deixou Jerry irritada, mas ela disse que espera que Bryan e Barbara tenham sucesso como casal (táxi $10). O vento estava realmente forte no World Trade Center e aí foi que eu realmente notei o cheiro de suor... Fomos até o 107º andar e nossos ouvidos estalaram. O serviço secreto estava lá por causa do irmão do xá e Peter Beard disse que a garçonete e o barman eram do serviço secreto porque quando entrou ouviu a conversa deles. Hoveyda realmente ficou fascinado por Jerry, a fez beijá-lo na boca.

    A comida estava horrorosa e o pôr do sol foi lindo. Todo mundo estava a fim de Jerry. No caminho para casa numa limusine que conseguimos ali na frente, ela me contou a sua filosofia de Como Conservar um Homem: "Mesmo que você tenha só dois segundos, largue tudo e dê uma boa chupada. Assim ele não vai realmente querer sexo com outra pessoa". E aí ela disse, "Eu sei que posso contar isso a você (*risos*) porque você não vai contar para ninguém". Ela é tão engraçada, diz coisas tão idiotas! Mas aí ela é capaz de despejar os nomes de cada pessoa que conheceu quando esteve no Irã. Assim é que era quando a gente conversava com Jane Forth (limo $20).

Terça-feira, 6 de junho, 1978. Adrianna Jackson e Clarisse Rivers e a princesa Marina eu acho que da Grécia vieram almoçar (táxi downtown $3) e me contaram sobre uma visita na noite passada do médico que aplica enemas que Sam Green e Kenny Lane e Maxime têm consultado e que também (*risos*) lê a sorte. E eles todos olharam numa bola de cristal que o sujeito tem e ninguém podia ver nada porque tinha tanta merda e sujeira e luz de velas. O sujeito disse a Nicky Weymouth que tinha visto um acidente de avião mas mesmo assim mais tarde ela embarcou no Concorde, embora estivesse tremendo, e o avião não caiu. Mas todos estão dizendo que mesmo assim vão voltar lá. Como é que podem voltar quando sabem que aquilo que a pessoa disse não aconteceu?

Christopher Sykes também veio e ele cantou o jornal em falsete e ópera, uma coisa que eu sempre quis fazer. Cantou a história da garota que foi ao dentista erótico e outra história sobre uma galinha. Eu disse a ele que seria seu empresário e arranjaria datas no Reno Sweeney's e no Trax, mas ele disse que só faz isso para os amigos. É outro pobre-rico garoto inglês.

No Trax, Tom Sullivan disse a Catherine que sim, eles são namorado e namorada, mas que não devem deixar isso claro em público porque quebraria o charme dele com outras mulheres.

O assistente de Rupert me contou que loiros não são mais moda no mundo gay e é verdade – são os tamales quentes tipo Victor que estão na roda agora.

O novo clube chamado Xenon está abrindo esta noite. Stevie telefonou para Bob e pediu que ele espionasse para ele.

Quarta-feira, 7 de junho, 1978. De manhã um sujeito com sotaque estrangeiro telefonou para o escritório e disse que haveria uma "bomba na festa" naquela noite. Mas nós não sabíamos (*risos*) *qual* festa. Aí comecei a ter uma dor de cabeça. Nós íamos à festa na Fiorucci e depois no Barbetta's e depois no Museu de Arte Moderna.

A capa do *Voice* desta semana é "Studio 54 e a Máfia", e quando Bob telefonou para Stevie para convidá-lo para jantar, Stevie fez parecer que estava nos fazendo um grande favor – "Ah está bem, eu vou. Faço qualquer coisa por Andy".

Terminamos a noite na casa de Halston (táxi $4). Stevie estaria lá e Catherine disse que deveríamos mostrar lealdade na noite de estreia dos competidores. Stevie disse, "Vamos para o Studio". Estava lotado.

E esqueci de dizer que no outro dia Doc Cox me contou que o dr. Jacobs disse que eu não poderia tomar o novo medicamento afinal – aquele que dissolve as pedras na vesícula – porque minhas pedras são muito duras na superfície.

Domingo, 11 de junho, 1978. Fui à igreja, comprei revistas ($6) e fui ao escritório (táxi $4) porque Rupert levaria aquelas coisas das "Flores". Decidi não autografar as falsificações que estão surgindo por toda a Europa – aquelas que as pessoas dizem que compraram de Gerard. Talvez eu devesse fazer novas e aproveitar a onda das falsificações na Europa. Sei lá, veremos. Deixei Rupert (táxi $3.50) e fiquei em casa.

Esqueci de dizer que semana passada Jed e eu estávamos caminhando na Madison e encontramos Dustin Hoffman barbado com sua filhinha. Ele estava levando muitos discos da casa onde ele e a mulher dele, Anne, moram, atrás da casa dos Cerf, para a Rua 75. Naquela altura eu não sabia que ele estava saindo de casa, acabo de ler no jornal.

Terça-feira, 13 de junho, 1978. Quando cheguei no escritório Phyllis Diller já estava lá almoçando com Barry Landau. Ela parece realmente velha, mas estava ótima. Eu não acho que a plástica tenha ajudado muito, mas pensando bem talvez até tenha. Averil convidou a mãe dela, Sandra Payson, e o irmão dela, Blair Meyer, e John Reinhold estava lá também.

Deixei Vincent ($4) e depois de táxi com Jed ($4.50) para a estreia de *Grease*. Eddie Byrnes veio dizer olá e Randal Kleiser, o diretor. Acontece que ele é o garoto que escreveu cartas para Jed da Califórnia e depois foi o assistente do assistente do diretor de *Heat* que Paul e Jed filmaram em L.A. em 1972.

O gordão Allan Carr estava lá. Que bola de manteiga! – se a gente desse um empurrão ele saía rolando. Catherine estava lá com Stevie Rubell, que foi frio comigo, acho que ele leu na revista *New York* que eu estava na fila esperando para entrar na Xenon, mas eu não estava. O filme é ótimo. Travolta é tão bom! Em algumas tomadas de câmera ele parece uma tartaruga, mas nos ângulos certos parece o novo Rodolfo Valentino. Stockard Channing é bem bonita, mas um lado do rosto dela é melhor que o outro.

Caminhamos até o Studio para a festa do *Grease* e entramos pela porta dos fundos, onde estavam estacionados todos os carros dos anos 50 e os garçons estavam tirando a gasolina dos tanques porque acho que não é permitido trazer carros com o tanque cheio para dentro de edifícios. John Philip Law estava atrás de nós. Eles estavam distribuindo brilhantina e o lugar tinha um cheiro muito bom – só cachorros-quentes e hambúrgueres, tudo dos anos 50. Conheci mr. Nathan do "Nathan's", ele e a mulher estavam cuidando da barraca dos cachorros-quentes.

Domingo, 18 de junho, 1978 – Londres. Hospedado no Dorchester numa suíte grande e feia no estilo espanhol com vista para o parque. Fui até a Sotheby's ver a coleção Von Hirsch, a maior desde Scull.

Segunda-feira, 19 de junho, 1978 – Londres. Almoço no La Famiglia. Chris Hemphill veio para o café. Ele sempre consegue dizer alguma coisa errada. Com Bianca sentada ali na sua frente ele me pergunta, "Quando é que está saindo a capa com Jerry Hall?".

Caminhei na King's Road. Fred estava feito um mascate, tentando vender o autógrafo de Bianca e o meu por 50 "pence", mas ninguém estava interessado. Bianca ficou muito constrangida.

No Turf Club Ball Fred extrapolou – começou a chorar por causa do desaparecimento do século XIX – como tantas coisas bonitas tinham sido feitas e como todas as pessoas que as tinham feito já estavam mortas – e uma mulher o levou para uma sala sozinho. Fiquei no andar de cima com Bianca. Mais tarde soubemos que Fred parou num bar no caminho para casa e encontrou cinco escoceses e eles terminaram roubando os sapatos dele, que tinham ficado do lado de fora da porta.

Terça-feira, 20 de junho, 1978 – Londres. As telefonistas no Dorchester são ótimas, muito atiladas. Uma disse, "Há uma falsa mrs. Jagger na linha. Quer falar com ela?". Eu disse "ok" mas quando disse alô a mulher desligou. As telefonistas controlam todas as chamadas e sabem onde você está a cada minuto, elas não precisam procurar. Quer dizer, se o mundo inteiro fosse britânico funcionaria tão bem! Desta vez Londres foi muito divertido, melhor do que Nova York nos anos 60. Mas todas as pessoas ótimas estavam lá apenas para essas duas grandes semanas de eventos e aí...

Durante o almoço nós estávamos brincando com Bianca que de alguma forma os jornais descobriram que Fred tentou vender o autógrafo dela na King's Road e que ninguém queria comprar e ela acreditou e ficou toda chateada novamente.

Nicky Haslam nos deu uma festa memorável, realmente nos retribuiu pelo que fizemos por ele em Nova York. Foi na casa de Pat Harmsworth na Eaton Square. O marido dela é dono de *Esquire* e *Soho News* e do *Evening Standard*. As mulheres inglesas são tão lindas! Não sei como os ingleses fizeram tanta gente com jeito aristocrático. Me diverti falando sujo com Clarissa Baring, e falei com um sujeito que disse que inventou a cama d'água mas que agora que todo mundo copiou a ideia ele está lançando uma cama-nuvem. Os Gilman estavam na cidade por causa de Ascot, e Sondra estava falando sobre (*risos*) "encontrar Elizabeth". Conversei com a viúva de Laurence Harvey. Jimmy Connors estava uma graça, circulando e perguntando a todas as mulheres se queriam ir para casa com ele e foder. Fred continua agindo muito estranho – tentando me beijar e ir para a cama comigo, tão grotesco!

Fomos para a festa de Nona Gordon Summers em Glebe Place. Ela comprou um corrido de casas atrás de algumas outras casas e transformou-as numa grande casa com um telhado de vidro. Eu não gostava dela, mas agora gosto. É gentil e elegante. A festa era para Bob Dylan, e Bianca estava babando por ele e ele está a fim dela. Estava com seu ônibus estacionado do lado de fora. Nona disse a ele que deveria comprar uma pintura minha e ele logo respondeu e disse que já tinha uma – o "Elvis Prateado" que eu dei para ele – e que ele trocou por um sofá. Assim, é verdade o que Robbie Robertson me contou semanas atrás.

E aí Dylan disse que se eu desse para ele uma outra pintura ele jamais faria aquilo de novo. Ele me apresentou às mulheres que estavam com ele – todas lindas, meio sapatonas, que estavam espalhadas pelo chão de Nona. Gênero Ronee Blakley. Era um pouco como *As 1001 noites*, porque este é o tipo da casa onde

Nona mora. Bianca ficou reclamando que Dylan queria levá-la de ônibus e estava ofendida porque ele não chamou uma limusine para ela.

Quarta-feira, 21 de junho, 1978 – Londres. Fiquei lendo os jornais e não consegui acreditar – o *Evening Standard* realmente *tinha* uma história sobre Fred tentando vender o autógrafo de Bianca. O serviço de quarto não atendeu.

De táxi até a conferência de imprensa no ICA ($4). Uma multidão, a exposição parece realmente terrível. Dei entrevistas e tirei algumas fotos. Depois fui almoçar na casa de Marguerite Littman para encontrar Rock Hudson, mas o avião dele estava atrasado e tive de sair para dar mais entrevistas. Marguerite inventou uma coisa ótima para sobremesa – sopa de chocolate! É suco de laranja e Grand Marnier e chocolate, quente. Voltei para o hotel (táxi $4).

Vernissage no ICA. Muitos punks. Ann Lambton e eu fomos sentar na cafeteria onde estava a banda punk e nos divertimos. Depois Fred estava combinando uma pequena festa num dos restaurantes do Dorchester mas no final foram 45 pessoas. Rock Hudson veio com seu namorado grande e corpulento de sessenta anos. É tão engraçado quando eles têm namorados mais velhos do que eles! Thomas Ammann tirou uma foto de Rock e ele não gostou, mas Fred disse que de qualquer maneira Rock é um porre. Jack Nicholson veio, ele está em Londres filmando *O iluminado* e acho que esquecemos de convidar Shelley Duvall. Os garotos estavam fumando maconha e foram para os clubes – o Embassy Club, Tramps, Annabel's. Mas eu estava muito cansado.

Quinta-feira, 22 de junho, 1978 – Londres-Nova York. Londres estava tão divertida que tive de ir embora. Fred e Bob ficaram. Nicky Haslam deu um jantar muito agradável para Fred num restaurante na Kings Road. E acho que Fred está realmente vendo bastante Diana Vreeland. Quer dizer, nós a vemos muito e aí ele fica e a vê ainda *mais*. E não consigo entender por que ela ainda não tem câncer. Ela pinta o cabelo há tanto tempo, quanto, setenta anos? E perguntei a ela como não tem rugas e ela disse que a sua filosofia é fazer exatamente o que faz.

Embarquei no Concorde com Richard Weisman. Cheguei em casa e me colei, fui ao banco (táxi $5). Cansado o dia inteiro.

Vincent esteve em Montauk, disse que mr. Winters quer nos deixar – acho que não gosta que Tom Sullivan fique lá.

Victor telefonou e disse que está de novo com Halston, que eles são novamente verdadeiros bons amigos, que ficou com a limusine e estava fazendo compras e a vida estava maravilhosa de novo.

Segunda-feira, 26 de junho, 1978. Já contei que encontrei Cyrinda Foxe recentemente? Acho que ela cometeu um grave erro deixando David Johansen por aquele sujeito do Aerosmith, porque David vai ser muito importante.

Mandei Chris Makos procurar uma câmera Konica ($175.55) – tem um flash próprio, acho que vai ser ótimo, foco automático.

De táxi até aquela coisa da Martha Graham no Lincoln Center ($3). Martha fez um discurso de uma hora, acho que ela adora falar. Estava com um lindo Halston verde-escuro com fundo verde-brilhante, mas as luvas brancas que usa para esconder as mãos atrapalham. Acho que Halston provavelmente está tentando descobrir o que fazer a esse respeito.

O primeiro número foi maçante, mas os cenários eram de Noguchi. Saí para drinques ($10). Depois de volta para o segundo número – os cenários eram de Noguchi novamente, eram a melhor coisa –, mas também foi maçante. Drinques, de novo, desta vez duplos e triplos ($20). Aí o terceiro número foi "The Owl and the Pussycat", que Liza estava fazendo. Foi um bom número e se ela tivesse cantado teria sido ainda melhor. Depois Halston subiu para o palco.

Terça-feira, 27 de junho, 1978. Tive um encontro com mr. Kahn sobre o retrato dele. Ele tem um nariz enorme e eu diminuí um pouco, mas quando ele viu achou que preferiria o seu nariz realmente enorme, que eu deveria fazê-lo realmente grande. Perguntou para a mulher, "O que você acha, querida? Deveria ser meu grande schnoz?" e ela disse, "Querido, é o *seu* grande schnoz e eu adoro, e depende de *você*".

Quinta-feira, 29 de junho, 1978. Almocei com Truman e seu namorado, Bob MacBride, para discutir *Interview*. De táxi até La Petite Marmite, que fica na 49 nas Beekman Towers ($4). Truman disse que está voltando ao normal novamente e quando eu acreditei ele disse que eu era (*risos*) "muito ingênuo".

Truman gesticulava para todos os lados. Eu gravei e nós fofocamos o almoço inteiro.

Depois do almoço ele disse que ia ao analista e eu perguntei por que alguém como ele vai ao analista, e ele disse que era porque o analista é um velho amigo e ele não quer magoá-lo.

Truman parece tão ridículo, com sapatos abertos nos dedos e sem suéter, e ele disse que acabou de decidir que vai começar a usar *qualquer coisa*. Disse que Issey Myiake lhe mandou um casaco e ele vestiu imediatamente – ele chegou às páginas dos jornais quando o vestiu no Studio 54 com um chapéu branco. Bebemos muito e foi divertido e finalmente chegamos à razão pela qual Truman tinha me convidado. Bob MacBride, que sempre disse que era escritor mas que nós nunca conseguimos descobrir o que fazia, está esculpindo agora. Abandonou a mulher e as crianças.

Voltamos para o apartamento de Truman na United Nations Plaza. Ele o redecorou mas o bulldog já arrancou os botões e as franjas dos móveis. E Bob MacBride trouxe seus – brinquedos. Sua arte. Eram pequenos recortes, como aqueles que você faz no jardim de infância. Sabe? Como círculos e aí você cola outro círculo em cima e você faz hexágonos e essas coisas. Isso é o que ele faz. E eles queriam que eu o ajudasse a conseguir uma galeria. Eu disse que ele perdeu Leo Castelli por pouco, que ele acabou de sair da cidade, mas que quando voltasse a gente faria um almoço para Leo e ele, Leo vai achar divertido – almoço com Truman Capote.

Eu disse a Truman que o gravaria e que nós poderíamos escrever uma Peça-por-Dia, ele mesmo poderia fazer todos os personagens. (*risos*) Ele realmente poderia – fazer a avó dele e tudo.

Ele me contou toda a lama, destruímos Lee e Jackie. Lee conseguiu um novo namorado realmente rico em San Francisco, é por isso que ela está passando um tempo lá.

Truman disse que o *Ladies' Home Journal* ofereceu $10 mil a ele por uma crítica de um filme mas não quiseram contar que filme seria, e aí ele descobriu que era *The Greek Tycoon* e recusou. Acho que Truman gosta de mim porque eu gosto de tudo o que ele não gosta. Ele é tão louco, você fica constrangido de estar sentado com ele! E está sempre falando que está ganhando 100 mil por isso, 100 mil por aquilo, mas quem é que sabe?

Estava excitado, ele disse, com o seu programa no *Tom Snyder* uns meses atrás, achando que foi um dos melhores. Não sei por que ele não vai no *The Gong Show*.

Para casa me colar. Depois busquei Catherine e fui ao Doubles pegar o ônibus para ver a estreia de Lucie Arnaz em *Annie Get Your Gun* lá na Westbury Music Fair. Barry Landau é o responsável e acho que (*risos*) convidou todo o mundo do edifício dele. Eu realmente acho que fez isso. As pessoas estavam indo beber e Gary Morton não conseguiu entrar porque estava sem gravata. O porteiro era um idiota, eu disse para ele, "Você não sabe que este é mr. Lucy?". Lucille Ball parece muito velha, mas tem um lindo corpo e realmente foi uma beldade.

Na viagem para lá, Bill Boggs deu alguns avisos e aí Gary Morton deu alguns avisos como, "Aí vamos para a lata do lixo", coisas assim, e finalmente chegamos depois de uma hora e meia. O lugar parecia vazio mas aí, quando viram Lucy, todas as velhas de calças vieram como abelhas. Deus, por que as americanas se vestem tão mal? Será que elas querem ficar feias para não serem estupradas ou o quê? Quando foi que isso começou?

Mas Lucie Arnaz foi bem e eu adoro Harve Presnell, ele é realmente quem eu sempre amei. Tem 2m e Tammy Grimes teve um affair com ele. O show é realmente longo. Não sei por quê.

Ah, uma mulher veio e pediu o meu autógrafo e disse, "Sou Gloria DeHaven", e eu olhei e era. Aí eu acho que talvez tivesse uma porção de velhas estrelas lá que você não conseguiria reconhecer. Um garoto estava vomitando e foi engraçado porque nós ficamos ali só olhando.

Sexta-feira, 30 de junho, 1978. O príncipe Rupert Loewenstein disse que a madrasta ou o padrasto ou alguém relacionado com Catherine herdou há pouco $50 milhões e que eles ainda não tinham contado nada a Catherine, os ingleses nem se importam. Catherine encontraria o príncipe Charles no jantar na casa da mãe dela em Londres, a mãe acha que eles formariam um belo par (jornais e revistas $16).

Halston e Stevie disseram que Bianca está morando na casa de Mick no Cheyne Walk em Londres, mas não deveria estar lá, e portanto a casa está fechada mas ela ainda está dentro. Eles disseram que é realmente pequena, só uma sala em cima de outra sala – menor que a casa de Fred em Nova York.

Fomos à casa de Halston e Liza chegou por volta da meia-noite com seu novo namorado, Mark, o diretor de cena. Eles se encontraram há pouco, depois de trabalharem seis meses no show. Ele perguntou se ela queria conhecer o paraíso e ela disse sim, perguntou onde era e (*risos*) ele disse que era no quarto dele e aí eles foram lá e treparam. Ele faz esculturas em mármore. É muito bonito e muito grande – ou judeu ou italiano, não posso dizer o quê. Halston foi gentil, tentando fazer com que Stevie inicie uma coleção de arte e tentando convencer Liza de que ela deveria me deixar fazer um nu dela, então ela fez o seu número, dizendo como poderia ficar nua com aquele corpo e que botaria as tetas para fora e o sujeito estava começando a ficar excitado e aí ela diria, "Como é que eu ia cobrir minha cabeludinha?".

Sábado, 1º de julho, 1978. Estava um lindo dia. Trabalhei toda tarde e aí Victor veio e fomos bisbilhotar no Village, fomos ao Utrillo's, a loja de roupas usadas, e deixamos *Interviews* lá. Eles disseram que poderiam vender números *velhos* se a gente mandasse alguns. Depois nós fomos nas lojas de segunda mão na Sexta Avenida e um sujeito disse, "Ah, foi para você que eu vendi o cachorro empalhado!". E depois entrei noutra loja mais adiante e a mulher lá disse, "Ah, foi para você que eu vendi o cachorro empalhado!". Na verdade ela vendeu para Fred. Aí eu disse: "Como é que dois lugares podem vender o mesmo cachorro empalhado?", e ela disse, "Ah, nós éramos sócios". Essas pessoas sabem o preço de absolutamente tudo, até a menor peça de lixo dos anos 50 tem um preço que eles sabem qual é! Quer dizer, acho que seria mais fácil só comprar alguma coisa nova e ficar no negócio por dez anos e aí vender como antiguidade. Victor comprou aquelas cadeiras de plástico de 1965 – ou talvez mesmo de mais tarde – por $150. Será que foi um bom preço? Qual seria o preço de uma coisa dessas agora se fosse nova? E são bonitas. Moldadas. São como as velhas coisas de Mickey Mouse. Por que não comprar novo agora e não usar e aí você o teria novo daqui a dez anos em vez das velharias usadas que eles vendem? (material fotográfico $16.96)

Domingo, 2 de julho, 1978. Foi um belo dia, mas fiquei em casa trabalhando em alguns desenhos.

Victor telefonou o dia inteiro, queria que eu fosse lá ver o cachorro que ele quer comprar e ir passear e bisbilhotar, mas achei que seria uma boa chance para descansar e (*risos*) pensar. Será que eu já disse *isso* antes? Eu estava com a *cabeça abafada*.

Agora estou trabalhando em esculturas invisíveis e pinturas que parecem que estão se movendo, como o "Nu descendo a escada" de Duchamp. Acho que vou mudar as frutas de lugar.

Ah, e Truman telefonou. Ele disse que adorou a minha ideia de fazer uma Peça-por-Dia e que (*risos*) já escreveu oito. Ele disse que vai deixar o hospital na quarta-feira – está lá para um exame de sangue – e que deveríamos ir almoçar.

Terça-feira, 4 de julho, 1978. O Quatro de Julho. Chovendo lá fora, assisti a *The Brady Bunch* depois fui para o escritório (táxi $3.50). Victor ligou, queria que eu fosse ver o futuro-cachorro-dele. Tentei convencê-lo a não comprar. Disse que ele próprio era um cachorro.

Conversei sobre gravuras enquanto a gente passeava. As pessoas no Village estavam tão feias! Deus. Todos são sobras que não foram levadas para Fire Island no feriado. Deixei Victor no cais da Morton Street ($4.50).

Quarta-feira, 5 de julho, 1978. De táxi ao Chembank ($4.50) e depois caminhei até o escritório e dei alguns telefonemas. Depois de táxi ao La Petite Marmite ($3) para encontrar Truman e Bob MacBride. Eles não estavam bebendo mas eu pedi suco de laranja e vodka. Gravei as ideias dele para as peças mas ah, Deus (*risos*) eram tão maçantes. Ele disse, "Tenho tantas ideias. Eu realmente tenho tantas que vou contar três peças para você agora mesmo", e aí ele me contou a primeira. Ele disse [*imita*]: "Se chama *O ideal grego*; é sobre um jovem e sua mãe e ele é um especialista em Grécia e está indo para Harvard e talvez ele seja um pouco aleijado. Sua mãe lhe dá um presente antes de ele ir embora, ela o leva para uma ilha grega e é só o filho, a mãe e a ama" – acho que era uma ama – "e eles estão sentados na ilha e de repente a luuuuuuuuuuuuua nasce e de dentro da lua vêm centenas de ratinhos e o devoram. E a mãe veste um capuz negro". Bem (*risos*), eu não sabia o que dizer, falei, "Ah, mas é ótimo, Truman, mas têm de ser ratos? Quer dizer, tinha *Ben* e *Willard* e tudo...".

E aí Bob me disse, "Você não sabe que isso é daquela velha crônica de Truman, 'Passeio em volta do quarteirão', que ele escreveu anos atrás e todo mundo *copiou*?". E aí Truman contou a segunda peça, que não era tão ruim [*imita*]: "Um jovem de dezesseis anos lá no sul casa com uma menina de treze só pelo dinheiro e ele é precoce e paranoico...". Eu realmente não compreendi esta. E quando ele chegou à terceira peça ele disse, (*risos*) "Será improvisada e poderemos fazer QUALQUER COISA! Será chamada *Buracos profundos*". Aí eu disse, "Mas ih, Truman, será que eu não podia só gravar *você*, o verdadeiro, e fazer peças sobre pessoas *reais*? Será que eu não podia ir com você à sua academia de ginástica?".

Por isso temos um compromisso na sexta-feira às 11h.

Então depois do almoço fomos até o apartamento dele e havia duas cópias do artigo sobre ele que vai sair na revista do *New York Times* esta semana, uma cópia antecipada. E a fotografia não parece Truman, parece a mãe dele. Está usando um chapéu de palha e um lençol que o faz parecer grávido, de pé na grama. E o artigo diz exatamente o que ele fez na vida, que ele só gosta de homens que têm mulher e muitos filhos, porque eles são a família que Truman nunca teve, que ele gosta de ficar íntimo dos filhos. E o artigo descrevia o namorado de Truman, John O'Shea, que Bob e eu conhecemos em Monte Carlo alguns anos atrás. Era engraçado, nem falava de Bob MacBride, mas lá estava ele preenchendo a descrição, lendo sobre ela. Truman disse, "Não, não seis filhos, só quatro já é muito". Depois Truman leu o artigo e Bob me levou até o quarto para me mostrar outras das suas obras de arte. E Truman leu por quase uma hora. Aí Bob disse que precisava tirar uma sesta, aí Truman disse que tinha de sair e eu perguntei a ele se estava indo ao psiquiatra e ele disse não, à academia. A academia é exatamente onde a antiga Factory ficava, 47 e Segunda.

Na saída, no saguão do edifício dele, mostrou a fotografia dele mesmo no artigo para as pessoas do elevador. Ele disse, "Olhem, sou eu. O que acham?". E ficou falando sobre o artigo, o artigo citava a palavra "declínio" e ele disse, "Declínio? Que declínio? Eu sou o escritor sobre quem mais se escreve no mundo". Acho que ele estava confundindo "sobre quem mais se escreve" com "que mais escreve".

Quinta-feira, 6 de julho, 1978. A mulher de Detroit telefonou e disse que o retrato de Henry Ford está confirmado para o fim do mês. Ah, Deus, Detroit. Talvez o lugar onde Henry Ford mora seja ok.

Quando cheguei em casa Barry Landau telefonou e disse que estava uptown e que me buscaria para ver *Timbuktu*. Fomos aos camarins e dei algumas *Interviews* para Eartha, disse que gostaríamos de fotografar a filha dela, Kitt McDonald, e entrevistá-la. Vimos o show, drinques durante o intervalo ($10). Barry tem levado o são-bernardo de Eartha para passear e não contou para ela que ele e o amigo dele, Gregor Craig, levaram o são-bernardo até Christopher Street para um passeio gay.

Sexta-feira, 7 de julho, 1978. Fui encontrar Truman na United Nations Plaza às 11h (táxi $3). Ele desceu no elevador. Eu estava com o gravador ligado. Ele falava sobre Babe Paley, ela morreu há pouco e ele estava chateado, estava ligando para conseguir lírios do vale para ela. Disse que odiava Bill Paley por ter sido mau para ela ou algo assim.

Caminhamos até a academia e as pessoas estavam olhando para nós, parecíamos muito excêntricos. Depois passamos para uma sala onde Tony faria uma massagem nele e Truman tirou as roupas e eu (*risos*) tirei fotos. Ele está gordo mas tem perdido peso. No caminho ele estava perdendo as calças, como uma fralda solta – você podia ver o rego da bunda dele.

Aí depois do almoço Truman levou Bob MacBride, que àquela altura estava conosco, e eu ao psiquiatra dele. Truman tinha dito a ele que eu iria gravar e então lá (*risos*) estava Truman no divã e ele ficou falando do pai dele e da mãe dele e do padrasto dele e como o pai dele roubou o dinheiro dele e toda essa porcaria e o psiquiatra ficou dizendo todas aquelas coisas que eles dizem no cinema – "Agora vamos voltar para o sonho que você teve". E Truman se levantou e olhou pela janela e depois para nós e ele tinha lágrimas nos olhos, ele estava meio que chorando e aí quando terminou ele se recompôs e disse, "Não foi uma interpretação magnífica?".

Então eles estavam indo para casa para "uma pequena sesta" e finalmente eu me dei conta de que "uma pequena sesta" deve ser sexo com Bob – eles devem fazer todas as tardes e acho que eu tenho interferido – mas acho que Bob gosta que eu esteja, dá a ele uma desculpa para não ir para a cama.

Aí voltamos para a United Nations Plaza. Eu estava do lado de fora tentando gravar Truman mijando no banheiro, mas ele fechou a porta.

Então Bob disse que era hora do jantar. Era bem como férias, como estar fora – logo depois do almoço você faz o jantar. Truman realmente só come uma refeição por dia, acho, eu tenho observado.

Antes de sair Truman bebeu vodka pura. Aí fomos para o restaurante do outro lado da rua chamado Antolotti's. Bob dormiu na mesa e Truman o mandou para casa.

Truman me contou que a fantasia dele é trepar com o psiquiatra, que isso levaria a relação deles a um "novo nível" – que aí *ele* estaria "no poder". Eu ia perguntar se ele não achava fora de moda pensar assim, mas não perguntei. Vou deixar isso para (*risos*) outra sessão.

Ele me contou que chupou John Huston quarenta vezes e então me contou sobre Humphrey Bogart. Disse que Bogart ficava "reeeeeealmente com medo" dele e que uma noite ele levou Bogart para a cama, o acomodou e disse: "Você *tem* de me deixar fazer, Humphrey". E (*risos*) ele disse que Bogart estava realmente nervoso e disse, "Ok, mas não coloque na boca". E aí Truman disse para ele: "Ouça, Humphrey, nós estudamos na mesma escola, Trinity, e eu *sei* que você deve ter feito isso lá". Mas eu não acho que ambos *tenham* estudado em Trinity. Truman inventa tantas coisas! Depois mais tarde, Truman disse, eles se tornaram os melhores amigos e contou que uma vez estavam hospedados na casa de alguém como David Selznick e Bogart pulou para a cama dele de pau duro. Mas Truman contou que disse para ele que (*risos*) ainda era muito de manhã cedo.

Ah, e ele disse que John O'Shea roubou toda a novela *Answered Prayers* e por isso ela não foi publicada, mas eu acho que ele também está inventando isso.

E ele diz que não quer viver no presente, porque o livro dele termina em 1965 e está tentando terminá-lo. Mas quando será que ele consegue trabalhar?

Ah! E o que o deixa realmente irritado e nervoso é qualquer coisa anal. Se eu pergunto a ele sobre foda com a mão ele fica irritado. Diz que não quer falar sobre isso. – Quer dizer, como é que alguém pode trepar com Truman? Deus, quer dizer, *eu* jamais conseguiria trepar com Truman. (*risos*) Deus... (jantar $52.15).

Sábado, 8 de julho, 1978. Victor telefonou e disse que está com parasitas. Ele está hospedado na casa de Elsa Peretti, ela acaba de voltar à cidade, ele vai se consultar com o dr. Brown, o especialista em doenças de meninos.

Domingo, 9 de julho, 1978. Truman telefonou e disse que sentiu minha falta, que eu fosse jantar lá. Esse foi o dia da foto dele na capa da revista do *New York Times*. Disse que tirou o fone do gancho, mas não sei se eu deveria acreditar nisso. Às 7h fui à United Nations Plaza, levei oito fitas comigo e uma câmera (táxi $2). Falei um pouco com Bob MacBride e aí Truman telefonou para Jack Dunphy para que eu pudesse gravar. Jack foi namorado dele durante trinta anos. Mas ainda não tinha visto o artigo do *Times* e portanto não tinha nenhum comentário a fazer.

Truman também me disse que falou com Gerald Clarke, o sujeito que está escrevendo um livro sobre ele há mais ou menos cinco anos, e Clarke queria saber como a mulher que escreveu o artigo tinha conseguido falar com Jack Dunphy e *ele* não, e Truman disse que era porque ela o tinha encontrado na praia, tinha sido por acaso. Truman disse que Clarke telefonou para *ele*, mas acho que provavelmente Truman telefonou para Clarke. De qualquer forma, se Clarke realmente telefonou para ele, então o telefone não estava fora do gancho e aí de qualquer maneira ele estava mentindo.

Então fomos ao Antolotti's e pedimos pizza. E notei que lá os drinques com vodka e suco de grapefruit realmente fazem você se sentir pesado. Eu estava ficando bêbado. Aí levei Truman a pé para casa, estava de braço com ele. É mais divertido ver Bob MacBride levá-lo a pé para casa no braço *dele* – é *realmente* assustador. Mas quando eu o levo a pé no meu braço é assustador também. E ele fica cambaleando e é tão pesado que quase me derruba. Fui para casa (táxi $3).

Consegui três fitas completamente cheias essa noite.

Segunda-feira, 10 de julho, 1978. De táxi com Vincent até a 44 com a Sexta Avenida ($3) ao estúdio da Sire Records para fazer um comercial para o Talking Heads. Tive de repetir umas vinte vezes. Depois disse a Vincent que eu jamais poderia ser ator – realmente não tenho talento, tenho língua presa, alguma coisa acontece. Tudo o que tinha de dizer era "Diga que Warhol mandou vocês", e cada vez saía como se eu estivesse lendo.

Victor telefonou e disse que vai ter de ficar em cadeira de rodas por um mês. Ele consultou aqueles médicos todos e a perna dele continuava inchando até que conseguiu um sul-americano de oitenta anos de idade que deu uma injeção nele, agora estava chamando uma ambulância para levá-lo até o Studio 54 para a festa de Elton John.

Terça-feira, 11 de julho, 1978. Victor estava no escritório me esperando numa cadeira de rodas, agindo de uma forma muito estranha.

Estava com um amigo, Andreas, um garoto rico da América do Sul, que dizia a ele a mesma coisa que eu disse – que ele deveria ir para casa e parar de ficar saindo por aí. Ele não deveria estar deixando o sangue correr por todo o corpo, deveria ficar de perna para cima.

Sexta-feira, 14 de julho, 1978. Fui ver o Doc Cox para mostrar os comprimidos que Jay Johnson trouxe do Japão. Eles são vendidos lá, esses comprimidos que as pessoas tomam para fazer o fígado digerir comida. Ele olhou os comprimidos e não sabia ler japonês e aí disse, "Pode tomar, eu acho".

Busquei Bob para ir encontrar Truman e Bob MacBride no La Petite Marmite (táxi $3.50).

Truman trouxe outro *Times* de domingo, o que vai sair esta semana, a segunda parte do artigo sobre ele, mas desta vez ele não está na capa – disse que estaria mas não está. Eu o fiz autografar e me dar a revista. Ele disse que vai dar outra festa para os seus 540 melhores amigos e vai ser num estúdio e as mulheres vão usar véus. Truman pagou a conta.

De táxi para o escritório ($3). Susan Blond mandou uma limusine para levar Truman e eu ao Palladium para ver Rick Derringer e um outro show. Nos levaram para cima até um camarim onde encontramos uma garrafa de Jack Daniel's e um pouco de leite e biscoitos, e Truman preparou um Jack Daniel's com leite para ele, e um tipo-empresário-de-rock'n'roll entrou e começou a gritar, "Saiam daqui! Saiam daqui! Temos de falar em dinheiro". Aí todo mundo saiu menos nós, não sabíamos para onde ir, e ele disse para Truman, "Você não me ouviu dizer que é para sair daqui?". E aí eu disse, "Mas ele é Truman Capote", e Truman disse, "Mas ele é Andy Warhol". E o empresário disse, "Ah, desculpe".

Domingo, 16 de julho, 1978. Barbara Allen telefonou de manhã para irmos aos jogos de tênis em Forest Hills. Richard Weisman teve de ir cedo porque estava fazendo alguma coisa para a televisão ABC. Eu ia, mas quando vi como o dia estava nebuloso e cinza decidi assistir pela TV e trabalhar em casa. Mas fui à igreja, depois voltei para casa e vi os jogos pela TV. Era Nastase vs. Vitas Gerulaitis. Estava torcendo por Vitas e ele ganhou.

Aí Barbara e Bob telefonaram e disseram que Vitas estava dando um jantar para todo mundo no River Café no Brooklyn, na barca, e me convenceram a ir. Disseram que iam passar para me buscar. E passaram às 10h. Barbara estava nos mostrando o anel que Nastase deu para ela. Depois Nastase chegou com uma mulher linda, uma modelo, e Barbara foi para o andar de cima chorar. E aí Richard Weisman ficou dizendo como Barbara era idiota de ficar chateada quando ela sabia que de qualquer modo Nastase é casado e tem filhos e tudo. Truman disse que tem um sujeito realmente rico para Barbara e que ela teria três aviões e todo o dinheiro do mundo e uma casa no México e ela ficou animada.

Ficamos lá até as 2h. Vitas pagou. Disse que recém tinha estado em Londres e quando estava num clube conversando com Ringo Starr, Stevie Rubell ficou cutucando o braço dele e dizendo, "Vamos, Vitas, temos de ir, Bianca quer ir embora", e Ringo disse, "Quem é esse anão de quem agora você está recebendo ordens?". Vitas disse que Stevie é realmente inseguro quando não está no clube dele. E Stevie não conhece nada sobre a Europa – ele ainda pensa que o nome de Gianni Agnelli é "Johnny Antonelli", é assim que ele sempre chama. Uma vez ele disse, "Johnny Antonelli, ele é o sujeito que *realmente* é dono da Fiat – e não esses garotos Rattazzi".

Segunda-feira, 17 de julho, 1978. Tive de pensar que roupa usaria para a festa na casa de Halston mais tarde e aí mandei Robyn procurar uma peruca e ele voltou com uma perfeita – uma Dolly Parton cinza ($20.51) e eu a coloquei e usei um vestido que uma vez desenhei para um desfile de moda na Rizzoli e que são partes de seis vestidos exclusivos diferentes costuradas juntas. Fomos para a casa de Halston. A primeira pessoa que vimos foi Stevie, que estava vestido como Liza – ele achava – com lantejoulas vermelhas, horroroso. Todos os garçons que são tão bonitos no Studio 54 pareciam umas vagabundas na casa de Halston. Stevie ficou mostrando o caralho por baixo do vestido e eu fiquei surpreso, é grande. Barbara Allen era a melhor, ela veio vestida de homem com uma sunga. Com um paletó e um bigode. O boá de Stevie pegou fogo e ele teria se desintegrado se uma bicha não tivesse apagado. Halston travestido ficou parecido com Diane de Beauvau. Agora é fácil ver por que ele gostou tanto dela, é o tipo que ele gosta, um rosto gordo e rechonchudo.

Terça-feira, 18 de julho, 1978. A foto de Truman estava no jornal porque ele foi bêbado ao *The Stanley Siegel Show*. Não assisti ao show. Ele tinha dito a Stanley que não perguntasse nada sobre bebida, mas aí ele foi ao show bêbado.

Quinta-feira, 20 de julho, 1978. Fui ao médico esta manhã para um daqueles check-ups anuais em que eles fazem *tudo*. Quando é a mesma enfermeira não é tão ruim, mas Rosemary está fora e Doc Cox está com um enfermeiro e aí (*risos*) parecia que eu estava no Anvil. Primeiro tiraram uma radiografia pélvica e depois uma proctoscopia e foi embaraçoso demais. Doc Cox saiu do quarto para atender uma paciente e ela derramou água nele e quando ele voltou parecia que tinha se mijado. O Doc é tão gentil! Depois fui comprar algumas coisas para o escritório ($15.21) e cheguei lá às 2h30. O almoço era para Eartha Kitt e Barry Landau também trouxe Polly Bergen.

Brigid já tinha feito sua imitação de Eartha Kitt para Eartha e Ronnie estava emburrado, dizendo que era o "último dia" dele no emprego – ontem Fred gritou com ele dizendo que o lugar estava sujo, que ele não estava limpando direito. Ronnie e Eartha estavam brigando e ninguém o tirou da sala. A briga era sobre a personalidade de James Dean e se ele era "difícil". Acho que Eartha estava se julgando rebelde também e por isso estava do lado de James Dean, e não é a mesma coisa – ela batalhou pelos direitos civis, e James Dean era só uma pessoa que não aparecia para trabalhar. E a briga não seria tão violenta se Polly Bergen não tivesse ficado do lado de Ronnie, dizendo que ele estava certo, e quando Polly saiu da sala Eartha disse que ela é um monte de merda e aí quando Eartha saiu Polly disse alguma coisa assim sobre Eartha, mas não com essas palavras.

Bob achou que Eartha é interessante o suficiente para uma reportagem, mas não quero ouvir falar da Casa Branca, essa história é tão velha que eu não quero ouvir. Marcamos um encontro amanhã no Quo Vadis para almoçar com ela e sua filha, Kitt, e dei a Bob a tarefa de manter Barry afastado. E Ronnie decidiu ficar. Victor não veio me ver e aí parecia férias, mas ele me mandou um presente – um anel para o caralho, o dele.

Tentamos telefonar para Truman mas ele não atendeu.

Me vesti e fui buscar Catherine. Seu amigo inglês, Jamie Neidpath, estava com ela, ele é um barão da terra. Parece que tem vinte anos mas tem trinta. Se veste com roupas engraçadas, longas gravatas finas de seda como os Beatles costumavam usar e sobrecasaca e perguntei por que se vestia tão engraçado e ele disse que era porque uma vez decidiu que era assim que se vestiria para sempre e assim ele tem se vestido.

De táxi até o Bottom Line ($6). Steve Paul estava lá, acho que ele é empresário de David Johansen. Lou Reed estava numa mesa próxima e Catherine estava loucamente apaixonada por ele, por isso é que queria vir a esta coisa. E Fran Lebowitz estava noutra mesa com o braço no ombro de uma mulher (*risos*), e aí tirei umas fotos disso. E ah, David Johansen é uma graça, é tão adorável! A única coisa que ele faz de errado é ficar pulando, ele deveria aprender a não fazer isso, como Lou aprendeu. Lou nos convidou para irmos até a casa dele.

É na Christopher Street, entre Sexta e Sétima, meio onde o *Voice* era, em cima de uma loja de roscas. Quando estávamos entrando uns garotos ficaram cochichando, "Aquele é o Lou Reed". Ele disse para eles, "Vão se matar". Não é ótimo? Os dois dachshunds que ele comprou depois de ver os meus são adoráveis – Duke e Baron. Ele está meio separado de Rachel, o travesti, mas não completamente, eles têm apartamentos separados. Na realidade, o lugar onde Lou mora é mais como uma casa. É um lugar de aluguel controlado que uma namorada conseguiu para ele, seis quartos, e ele só paga $485 por mês. A melhor peça é um banheiro comprido e estreito, 70cm x 4m, e ele disse que está pensando em reformar e eu disse que não deveria, que é ótimo como está. E ah, a vida de Lou é tudo que eu gostaria que a minha vida fosse. Quer dizer, cada sala tem uma coisa eletrônica – uma TV grande grande grande grande, uma secretária eletrônica que você ouve quando o telefone toca, fitas, TVs, Betamaxes, e ele é gentil e divertido ao mesmo tempo e as duas coisas juntas são tão incríveis! E a casa dele é tão arrumadinha! Ele tem uma empregada que vem... bem, eu acho que cheira um pouco a merda de cachorro, mas... Aí, como estava no telefone, ele tocou uma fita do show, está tentando conseguir aquele velho estilo da Billy Name Factory Foto, com muito contraste. Catherine desceu e trouxe suco de grapefruit e roscas e suco de laranja. Lou só tinha uma garrafinha engraçada de scotch.

Sexta-feira, 21 de julho, 1978. Bob MacBride telefonou e disse que queria me ver, mas eu não quero me encontrar com ele sem Truman e disse que ligaria de volta mas não telefonei, e agora vou ter de mentir e dizer que tentei mas não consegui encontrá-lo.

Segunda-feira, 24 de julho, 1978. Bob MacBride veio almoçar, almoçamos McDonald's ($4). Ele está preocupado com Truman, certo de que ele vai se suicidar. Ele disse que Truman está internado num quarto privado numa clínica no mesmo edifício onde fica meu dentista, dr. Lyons, no 115 da Rua 61 Leste, mas que ninguém sabe. Truman está deprimido porque todo mundo anda dizendo que ele está acabado. Bob disse que na manhã do *The Stanley Siegel Show* deixou Truman lá e ele estava bem, aí ele acha que Truman deve ter tomado Thorazine ou algo assim. Truman diz que não lembra nada do show. Fiquei tentando fazer com que ele dissesse se Truman está ou não escrevendo o livro *Answered Prayers* e ele não disse nem sim nem não.

Ontem C.Z. Guest mandou o marido dela, Bob MacBride disse, para tentar convencer Truman a se internar num hospital em Minnesota. Eu não sabia se ele queria que eu desse conselhos ou o quê. Não sabia o que dizer para ele e aí só disse, "Se Truman for para o hospital, quando for visitá-lo tente me levar com você". Vou gravar. Porque você não pode deter as pessoas – se ele vai se matar, ele vai se matar.

Quinta-feira, 25 de julho, 1978. Esqueci de dizer que na noite anterior vi na TV o concurso de Miss Universo.

Na realidade Miss USA era a melhor, é do Havaí e se parece com Jerry Hall, mas quando chegaram na pergunta, "O que você acha dos Estados Unidos?", em vez de dizer algo sério como, "É a nação mais livre que cola tudo junto", ela estragou tudo e disse algo como. "Ah, eu adoro as praias!". A Miss África do Sul ganhou, parecia uma versão morena da Miss USA, mas deu uma resposta séria, e Miss Colômbia estava drogada demais para falar. (*risos*) Não. Estou só brincando, não estava... mas eles tinham umas 75 mulheres e a maioria era de países da América do Sul dos quais você nunca ouviu falar.

A ex-Miss Universo parecia realmente negra, mas talvez fosse minha TV.

De táxi ao escritório para buscar Vincent, tínhamos de ir a um almoço para seiscentas pessoas no Plaza dado por Gerry Grinberg, o presidente da North American Watch Company. Eles contrataram Art Buchwald e o ex-presidente Gerald Ford para falar (táxi $4).

E mr. Grinberg me levou para falar com o presidente Ford e ele disse, "Encantado em conhecê-lo". E eu disse que ele já tinha me visto na Casa Branca e ele respondeu, "Ah, sim, é claro". Parecia um pouco fora do ar. E perguntei a ele (*risos*) como estava sua mulher e ele disse que ela estava fazendo compras e eu disse, "No Halston's?", e ele disse (*risos*) sim, talvez ela esteja lá. Mas quando começou a discursar não parecia tão fora do ar assim, ele lembrou de todo o discurso. Foi um bom almoço, bife com batatas.

E na saída fomos até a loja de doces Teuscher no saguão do Plaza – aquela para onde eles trazem doces de avião todos os dias ou algo assim – e eu queria vender um anúncio para eles na *Interview* mas em vez disso terminei comprando $200 de doces.

Falei com Ronnie. Ele me disse que vai se semi-internar numa dessas casas para deixar de se drogar e beber. Disse que não dormiu a semana inteira. Perguntei se ele está tendo problemas com Gigi e ele disse que bem, sim, que ela jogou a aliança pela janela. Eu nem sei por que ela casou, sempre vai ficar circulando e Ronnie quer que ela seja como a mãe dele no Brooklyn, que nunca sai de casa. Agora ela está fazendo cabelos ou maquiagens no filme de Brian De Palma e isso vai levar a outras coisas e aí...

Fui para casa e liguei para Truman, mas ninguém atendeu. Eu deveria ter ligado antes de sair para trabalhar.

Quarta-feira, 26 de julho, 1978. Fui encontrar Truman e Bob MacBride no La Petite Marmite. Truman acabou de sair do hospital. Ele me disse que os Guest vão levá-lo a um hospital em Minnesota para secá-lo um pouco mais. Disse que recebeu umas cem cartas sobre o *Stanley Siegel Show* e me leu uma de Stanley Siegel que era supernojenta, dizendo que Truman tinha sido ótimo, e você sabe que se ele realmente se importasse não teria deixado Truman entrar no ar e este show realmente colocou Stanley Siegel no mapa, deu atenção nacional para ele.

Quinta-feira, 27 de julho, 1978. Depois do trabalho fiquei por ali. Vi *20/20* e em vez de "No futuro todos terão quinze minutos de fama", foi divertido ouvir Hugh Downs dizer, "Como Andy Warhol disse uma vez, em quinze minutos todos serão famosos". Gente de TV sempre entende alguma coisa errado, como – "No futuro quinze pessoas serão famosas".

Ah, e esqueci de dizer que Truman está ficando cada vez mais parecido com o bulldog dele. Fica sentado ali e massageia os olhos como se estivesse sovando massa e aí tira as mãos e os olhos estão completamente vermelhos – o branco está vermelho, as bordas estão vermelhas, ele realmente se parece com o cachorro dele, realmente abatido.

Sexta-feira, 28 de julho, 1978. Foi um dia calmo no escritório. Ficamos sentados comendo uma porção de frutas que tínhamos comprado para os almoços, para que não estragassem durante o fim de semana.

Sábado, 29 de julho, 1978. Jed e eu fomos caminhando até o Pierre e depois fomos ao Oyster Bar na Grand Central e estava fechado e aí fomos ao La Petite Marmite e estava fechado e aí de táxi ao Woods mas estava fechado ($3). Aí fomos ao lado no Le Relais porque queríamos ver se era bom e entramos e parecia que todo mundo estava lá – Charles Collingwood e Helen Frankenthaler e ela foi detestável, ela sempre é e sempre foi. Estava com um marchand europeu. Denise Hale estava no restaurante e perguntei a Helen se ela gostaria de conhecê-la e ela disse, "Por quê? Isso deixaria Denise emocionada?". Perguntei se ela estava indo a Washington na quarta-feira para a festa dos Mondale para os artistas cujos trabalhos estão na casa do vice-presidente e ela disse que sim. Eu vou com Fred. Perguntei como era a serigrafia grande dela – ouvi dizer que fez uma enorme – e ela disse, "Eu não faço serigrafias – isso eu deixo para você". E aí fiquei sem saber se ela fez ou não e aí eu disse, "Quer dizer, a matriz para os teus múltiplos", e ela disse, "Eu não *faço* múltiplos". Ela foi horrível. Bem, para começo de conversa ela casou com um Motherwell. O trabalho dela é terrível.

Fomos ao cinema (táxi $3) ver Patti D'Arbanyille em *Big Wednesday*. Ela diz três coisas: 1) "Ah, meu Deus", 2) "Úh-uh-mm", 3) "Eh-uu-uu".

Domingo, 30 de julho, 1978. Bob telefonou, voltou há pouco de Montauk, disse que Catherine quase o enlouqueceu lá.

Eu acho que Tom está realmente apaixonado por aquela modelo dinamarquesa, Winnie. E Ulli Lommel vai filmar lá, *Cocaine Cowboys*. Ele casou com uma mulher rica, Sukey Love.

Quarta-feira, 2 de agosto, 1978 – Nova York-Washington, D.C. A vida realmente se repete. A velha música volta de uma nova maneira e os garotos acham que é nova e os velhos se lembram e é um modo de manter as pessoas juntas, eu acho, uma maneira de viver.

Embarcamos na ponte-aérea para Washington, depois de comprar revistas e jornais ($3). A ponte-aérea estava lotada, sempre está. Paguei a minha passagem e a de Fred ($81). Depois de táxi ao Madison Hotel ($6.50), deixamos a bagagem ($3). De táxi para a casa dos Mondale ($4). Tudo é tão caro! Pela primeira vez notei a inflação, porque tudo no cardápio do hotel era o dobro. Um bife rápido que era $7.50 agora custa $15. E toda a vida te ensinaram – você cresceu sabendo o valor do dinheiro, os centavos e os dólares, e a inflação vinha aos centavos, mas agora um dólar é como um centavo, as coisas aumentam de preço aos dólares.

Washington estava quente e pegajoso. Joan e Fritz Mondale não tinham nenhum artista realmente importante. Só Helen Frankenthaler e eu. E a razão de eu ter sido incluído é porque eles têm a coleção "Sudeste" e minha "Flores Azuis" estava na doação de mrs. De Menil.

Eles moram na mesma casa que os Rockefeller tinham quando foram vice-presidentes, mas é claro que a cama Max Ernst foi levada embora.

Joan me colocou à sua esquerda com um sujeito hindu à direita. E aí Joan estava um pouquinho bêbada, eu acho, e começou a ficar muito triste e dizer, "Bem, esta é provavelmente a última vez que vamos nos ver porque você é um artista famoso e vai estar muito tempo por aí, mas acabam de fazer uma pesquisa em Nova Jersey e nós estamos no nível mais baixo do que nunca, mais baixos do que Nixon um pouco antes de o mandarem embora, e estamos caindo rápido". Disse a ela que as coisas vão melhorar.

Aí nós vimos aquele sujeito do Tesouro num canto e eu disse a Joan que ele deveria imprimir notas de dólar em braille para os jornaleiros cegos, como eles fazem na Suíça, e ela disse que era uma ideia maravilhosa, que eu deveria falar com ele, mas aí ela mesma foi lá antes e falou. O jantar foi muito ruim. O que estragou a comida nos Estados Unidos? Foram essas revistas como *Good Housekeeping* e *Family Circle* e *MacCall's*? Eles poderiam servir jantares simples e ótimos com bife e batatas e em lugar disso eles servem misturas extravagantes. Como vitela com molho de atum e alcaparras. Era um "jantar sob toldos" e sempre custa muito caro, cada vez que você ergue um toldo. E eles tinham todo o tipo de bebida alcoólica que agora a gente não consegue na Casa Branca. Aí por volta das 10h Helen Frankenthaler passou um recado perguntando se nós queríamos ir embora.

E então tivemos de voltar ao hotel e eu tinha contado a Fred como Helen Frankenthaler é horrível, como ela foi terrível comigo fim de semana passado, e subitamente ela estava mudada. Ela disse, "Tenho sido tão terrível ultimamente, eu não sei o que está errado. Eu vou ser realmente agradável esta noite". E ela foi! Não é surpreendente como uma pessoa pode mudar "assim" só porque decidiu mudar?

E bebemos drinques no hotel com ela. Fred estava cansado dela mas mesmo assim pagou os drinques. Ela ficou falando da sua empregada que queria $300 por quatro dias de trabalho, a empregada mora no emprego. Ela provavelmente só quer deixar Helen. Helen tem três ou quatro pessoas trabalhando para ela, ela disse. E odiou o vinho, embora Fred não tivesse visto nada de errado com ele.

Quinta-feira, 3 de agosto, 1978 – Nova York. Fui ao escritório, todo mundo estava estranho. Depois de todo o discurso de Ronnie dizendo que estava indo para L.A., lá estava ele, estranho. E quando fica assim fica muito louco.

Eu estava fotografando Bob Colacello e Ronnie olhava as fotos e dizia, "Bob, estas estão horríveis. Você está com três queixos", e Bob disse, "Não, não estou, já perdi dois, hoje eu estou bem". E era verdade, Bob estava bem, mas Ronnie continuou criticando cada foto e dizendo como estavam horríveis.

Brigid estava deprimida. Só Vincent estava feliz porque alguns cheques entraram.

Victor veio, o cabelo dele está cor de cenoura e ele está tentando deixar branco como o meu, mas com sobrancelhas escuras. Ele está acordado há três dias porque comprou uma coca boa.

Recebi algumas das minhas fotos de Truman, no divã do psiquiatra. Ele parece que não tem dentes nas minhas fotos. Será que ele tem dentes?

Sexta-feira, 4 de agosto, 1978. Brigid está novamente transcrevendo as fitas de Truman. Ainda não liguei para ele em Minnesota.

Sábado, 5 de agosto, 1978. De táxi até a manicure ($3.20). Fazer as unhas me custou $46.80 mais os $10 que dei de gorjeta para a cubana que me contou tudo sobre a vida dela e fez um trabalho podre nas minhas unhas. Eles servem drinques para os clientes e um garoto que trabalha lá me disse que fez o primeiro permanente em Candy Darling quando ela tinha quinze anos. Gostaria de saber que idade Candy tinha quando deixou de ser Jimmy Slattery e passou a usar vestidos o tempo todo.

A pé de volta para casa. Catherine telefonou de Montauk e estava sóbria. Ela disse que Tom estava com umas trinta pessoas lá filmando *Cocaine Cowboys* e que os banheiros estavam refluindo. Ela fingiu que sabia que Tom acaba de se casar com Winnie.

E mr. Winters telefonou para Vincent, enlouquecido por causa de tanta gente. Tom se mudou para o hotel no iate clube e Catherine estava feliz – ela passou o dia inteiro pedindo coisas no quarto e vendo TV.

Domingo, 6 de agosto, 1978. Era meu aniversário mas não pensei nisso até que Vincent telefonou e me lembrou.

Eu achei que veria *Ain't Misbehavin* em benefício do Actor's Fund mas eu estava uma semana adiantado. Aí telefonei para Tom Cashin e consegui ingressos para *American Dance Machine* (táxi $3, ingressos 4 x $13 = $52). Chovendo. Alguns fãs me enviaram recados.

Segunda-feira, 7 de agosto, 1978. Victor me disse que tinha um segredo – que Halston me daria uma festa surpresa de aniversário, incluindo um presente ótimo que eu iria adorar. Aí saiu para pintar o cabelo.

Me colei e fui apanhar Catherine às 8h50, mas quando estávamos saindo da casa dela Tom Sullivan telefonou e disse que nos pegaria na esquina com a limusine dele, esperamos lá mas não apareceu. Então tivemos de ir porque tínhamos de estar no "21" (táxi $2).

Quando chegamos no "21", Jay Mellon estava sentado lá, sozinho; ninguém tinha vindo para o meu jantar de aniversário. Aí bebemos durante uma hora e ninguém ainda tinha chegado. Catherine subiu para ver se por acaso eles estavam no salão lá de cima, mas não estavam. Aí eu saí para telefonar para Eartha e descobrir onde ela e a filha dela, Kitt, estavam, e Kitt atendeu o telefone e disse que a mãe dela tinha saído com Barry Landau! Aí, quer dizer, eu disse muito obrigado e desliguei.

Finalmente por volta das 10h Lou Reed chegou, ele me deu um presente ótimo, uma miniTV, e estava tão adorável, tão sóbrio e Jay e eu estávamos com roupas escuras mas os outros estavam com roupas claras – Lou estava com um terno completo e uma gravata-borboleta.

Aí Fred chegou com Nenna Eberstadt e ambos estavam de branco e Nenna estava um pouco constrangida, ela me deu um presentinho. E aí Tom Sullivan chegou e me deu a camisa que ele estava usando e me fez vesti-la. E Winnie não é tão bonita, fiquei surpreso que ele tivesse *casado* com ela. Mas ela realmente precisa de um green card. E Catherine também.

Halston chegou com o dr. Giller e Stevie, todos de branco. E todo mundo estava nervoso porque parecia que era só família e nós fomos para uma sala e estava realmente bonita e Catherine soube colocar as pessoas juntas e eram treze pessoas, eu acho. Eu estava bêbado e nervoso. O jantar foi bom, Catherine encomendou pato e sopa senegalesa e a uma certa altura Stevie disse que conhecia Lou da Syracuse University e contou todos os detalhes e aí é engraçado que os dois tenham ido à escola juntos, e os dois também são de Long Island.

Aí trouxeram um bolo e o garçom cantou "Parabéns a você". Victor não apareceu, acho que estava embaraçado por causa de seu cabelo, e depois Halston pediu licença e foi para casa, disse que queria apenas se aprontar para os drinques, que a gente fosse para lá e aí fomos eu acho que na limusine de Tom, não consigo nem lembrar, eu estava muito bêbado, e quando chegamos na casa de Halston havia uma multidão e eu recebi um telegrama de Bill Dugan e Nancy North cantado por uma mulher de chapéu-coco e ela realmente berrou, era uma boa cantora.

E lá estavam Barry e Eartha! Eu não conseguia acreditar. Ela é tão idiota! Acho que esse é o problema dela – ela não sabe a diferença entre isso e um jantar, e isto é o que está errado com ela – quer dizer, ela trabalha duro, mas não teria de trabalhar tão duro para conseguir o que quer se não fosse tão idiota. Os garotos mais gentis estavam lá. Pat Ast estava lá, ela está na cidade, e todo mundo do escritório. E o primeiro presente foi Stevie trazendo uma lata de lixo cheia de duas mil notas de um dólar e ele derramou em cima de mim e realmente foi o melhor presente. Victor me deu um chapéu de operário.

E Halston me deu um casaco de peles branco mas daí ele disse que parecia pequeno e pegou de volta e disse que me daria outro mais tarde e aí eu não sei. Jed ficou tentando juntar sua irmã Susan com Jay Mellon. Agora Susan está tão bonita!

Saí por volta das 4h, deixei todo mundo na festa.

Terça-feira, 8 de agosto, 1978. Ronnie chegou atrasado para o trabalho esta manhã e depois Gigi veio gritando e perguntando o que é que ele tinha feito com os gatos dela e foi chocante. Ele disse que quando chegou em casa da festa de Halston encontrou os dois gatos e um deles estava se sufocando com uma esponja que tinha tentado comer porque estava faminto e o outro estava unhando o que estava se sufocando e aí ele jogou os dois na banheira e os afogou e jogou os pequenos cadáveres no incinerador. Disse que estava saindo para se divorciar de Gigi. Ele disse que não tinha alimentado os gatos ou a si mesmo em cinco dias porque não tinha dinheiro, e, quando Brigid disse que era só ele pedir algum emprestado, ele disse que é "muito orgulhoso". Acho que ele deixou os gatos famintos só para se vingar de Gigi. Eu sabia que eles nunca deviam ter casado. Como é que se pode matar dois gatos inocentes? Eu não conseguia nem olhar para ele.

Depois os Carimati telefonaram e nos convidaram para jantar, mas era aquele estilo italiano de "Eu telefono para você e você me telefona antes das 5h e aí eu telefono para você e você me telefona de volta antes das 6h". Eles disseram que podiam nos conseguir 40% de desconto em qualquer coisa na Madison Avenue porque agora só tem italianos lá.

Quarta-feira, 9 de agosto, 1978. Fui à casa de Halston às 10h para ser fotografado pela *Newsweek* com o casaco de peles branco. Fred me buscou e levou a lata de lixo cheia de dinheiro para a rua para mim. Quando estávamos saindo, quinze garotos negros com vassouras estavam indo para o parque fazer limpeza, algum programa de limpeza da cidade para dar trabalho a eles, eu acho. Eles não pareciam contentes. Um deles tinha uma pá e estava cortando todas as flores pelo caminho. Eram lindas vassouras, também. Novas. Eles não me reconheceram, exceto uma garotinha que voltou correndo e ficou dizendo, "Você é Andy Warhol, você é Andy Warhol", e ficou me olhando e olhando Fred com a lata de lixo dele (táxi até a Olympic Tower $3).

Sábado, 12 de agosto, 1978. O papa morreu e Brigid ficou telefonando querendo que eu assistisse ao funeral na TV com ela. Quando trouxeram o corpo do papa, todo mundo que estava lá em Roma aplaudiu, toda essa gente, porque tudo estava muito bem produzido. Já houve 262 papas. Não é bastante? Normalmente eles são tão velhos quando chegam a papa que só duram uns quinze anos.

Domingo, 13 de agosto, 1978. Fui à igreja. Estava quente e úmido. Consegui ingressos para a sessão beneficente de *Ain't Misbehavin* para o Actor's Fund (6 x $17.50). De táxi até o teatro ($2) para encontrar Jay Johnson, Tom Cashin, Amy Sullivan e Ricky Clifton. Na outra noite pediram que Ricky fosse embora da casa de Halston porque Halston encontrou-o olhando nos armários. Ele não estava roubando, só bisbilhotando, estava bêbado e foi atrevido com Halston, eram 4 da manhã.

Vi o show. E agora os negros sabem como fazer sátiras deles mesmos e quando você chega a esse grau de sofisticação significa que você é parte da comunidade, e agora eles são parte da comunidade.

Quarta-feira, 16 de agosto, 1978. O grande drama foi mr. Winters telefonando para dizer que havia três carros de detetive e três carros de polícia lá em Montauk. O pessoal da cidade odeia Tom porque ele passeia a cavalo pela cidade e o grupo dele usa drogas. Finalmente não era nada, só o assistente de encanador que disse à polícia ter visto muitas armas por ali e aí Tom teve de se livrar, contando para a polícia sobre o filme que eles estão fazendo e que por isso eles precisam das armas.

Quinta-feira, 17 de agosto, 1978. Lei marcial foi declarada em duas cidades do Irã e aí o festival para o qual nós deveríamos ir no dia 8 de setembro está cancelado e estou bastante aliviado.

Domingo, 20 de agosto, 1978. Saí para levar Archie e Amos para passear. A nova lei de recolhimento de merda de cachorro não é tão ruim. Foi bem fácil, eles fizeram perto das latas de lixo e eu só joguei ali dentro.

Segunda-feira, 21 de agosto, 1978. Foi um dia tão bonito! Quente e seco e ventoso. Comecei a caminhar para downtown distribuindo *Interviews* lá no East Side. Entrei em algumas lojas e comprei algumas ideias para desenhos (Sarsaparilla $49). Era segunda-feira e a maioria dos lugares estava fechada. Eu estava procurando frutas de plástico, é isso que estou desenhando. Depois de táxi até o escritório ($2.50).

Eu devia ir até Montauk na quarta-feira para participar de *Cocaine Cowboys*, mas foi transferido para a próxima semana. Meu papel sou eu mesmo entrevistando Jack Palance no filme.

Terça-feira, 22 de agosto, 1978. Caminhei até o escritório e Brigid estava transcrevendo a toda. Ela acaba de chegar na parte sobre Humphrey Bogart na fita de Truman e a história com John Huston. Ah, e a história de Sam Goldwyn. De acordo com Truman, Sam Goldwyn foi atrás dele um dia e disse, "Você está me provocando há anos", e aí deu um grande e longo beijo de língua em Truman. Ele queria que Truman o chupasse, mas Truman não quis mas agora ele acha que poderia ter sido divertido. Truman disse que perguntou, "E Frances?", e que Sam Goldwyn disse, "Esqueça Frances".

E quando estava gravando esta fita eu falei bem de Brigid de propósito, para que ela ouvisse enquanto datilografava – disse que ela pesava 160kg e que agora está com 57kg e está linda. Aí ela estava trabalhando feliz. Eu estava pintando nos fundos quando ouvi uma grande confusão e era Bob gritando com Catherine, ele enlouqueceu. Ele estava conferindo as provas do novo número e dizendo que ela não tinha corrigido o texto de Fran Lebowitz e ela disse que Fran não *queria* que ninguém corrigisse. Bob disse que se Catherine não fizesse isso, *ele* faria. Ele estava com um copo de vodka na mão.

Quarta-feira, 23 de agosto, 1978. Às 12h Bob não estava no escritório e então telefonei para a casa dele e o acordei. Perguntei a ele como é que esperava que os garotos da *Interview* trabalhassem duro se ele ainda estava na cama ao meio-dia e aí ele disse que iria rápido para lá. Mais tarde o ouvi contando a Brigid que tinha encontrado um surdo-mudo e estava com ele quando telefonei.

Brigid estava datilografando furiosamente e aí eu a surpreendi comendo um doce e quando viu ela enlouqueceu, ficou se sentindo terrível. Tive de acalmá-la. Eu disse a ela, "Vamos, vamos, não é tão ruim, você só comeu quinze, o dia apenas começou, fique calma e relaxe".

Busquei Catherine e Jed de táxi ($4) e fomos ao Madison Square Garden ver Bruce Springsteen (ingressos $19). Nós tínhamos ido segunda à noite também, mas só vimos uns poucos segundos do final do show. Aí desta vez chegamos lá um pouco antes de começar e sentamos na plateia bem na frente, 30 mil garotos lá. Todos eram jovens e umas graças e por que *Interview* não tem apelo para eles? Deveria ter, é jovem e moderna. Minha cabeça não deve estar no mesmo lugar porque eles estavam pulando e gritando por Bruce e eu era o único que não estava fazendo isso.

Ah, e Susan Blond telefonou mais cedo e disse que uma mulher tinha lhe telefonado porque estava chateada porque Bruce Springsteen estava irritado por eu ter tirado uma fotografia dele na segunda à noite. Disse que ele não gosta que *ninguém* tire fotos dele – que a namorada dele é fotógrafa e até *ela* não pode tirar fotos dele. Mas o engraçado é que eu tinha acabado de receber de volta os contatos das fotos e estava sentado tentando descobrir qual a noite que eu estava olhando e de quem eu tinha tirado fotos – nem reconheci que era Bruce Springsteen – achei que fosse Al Pacino. Esqueci onde eu tinha ido! Mas por que Bruce Springsteen é importante? Ele fala de um jeito bobo. Como Sylvester Stallone. É isso que faz essas pessoas importantes? Porque eles falam dessa maneira e as pessoas se identificam com eles? Mas ele realmente trabalha duro.

Sexta-feira, 25 de agosto, 1978. O maior acontecimento foi Catherine Guinness chorando, dizendo para mim que está deixando *Interview*, que conseguiu um emprego na *Viva*. E engordou novamente, então vai sair tão gorda quanto entrou. Mas aí eu descobri que ela chorou para todo mundo, então não foi algo especial que tenha chorado para mim. E acho que talvez esteja com medo, porque lá ela vai ser editora chefe. Talvez esse seja o emprego que eles ofereceram a Bob ano passado. Eles vieram atrás dela e ela saiu atrás do emprego. Jonathan Lieberson e Steve Aronson a ajudaram a escrever uma resenha de como ela mudaria a revista deles. Todo mundo na *Interview* está tão excitado porque ela está indo embora! Fiquei surpreso – eu não sabia que eles pensavam assim.

Sábado, 26 de agosto, 1978. Fui ao Plaza entrevistar Shaun Cassidy. A entrevista foi terrível porque agora ele está se conservando realmente limpo porque os fãs dele são muito jovens. Ele tem círculos escuros sob os olhos e aí nós achamos que tem uma vida secreta. Ele é muito alto. Deu respostas ensaiadas. Ficamos lhe perguntando como ele se sente como um ídolo com milhares de meninas gritando e ele ficou insistindo que isso não muda a gente e aí nós caminhamos pelo saguão, no meio das meninas gritando e (*risos*) ele mudou. Ficou *tão diferente*! A limusine chegou e ele estava com uma personalidade totalmente diferente.

Fomos downtown porque ele seria fotografado para *Interview* por Barry McKinley. Shaun realmente se transforma em outra pessoa quando está sendo fotografado, algo acontece nele, ele imediatamente se apaixona por si mesmo. E Barry tem um estilo diferente de dizer coisas quando está fotografando – em vez de dizer as coisas que Scavullo e essa gente dizem, como "Divino, divino", Barry diz (*risos*), "Dá pra mim, fodão filho da puta. Põe *pra fora*. Põe tudo pra fora", "Como é que você se drogou, fodão filho da puta?". É tão inacreditável que eu fui lá e gravei.

Mais tarde no Madison Square Garden no camarim de Shaun havia uma mulher linda, a namorada dele, e ele estava com calças de malha mostrando o caralhão dele e chamou a banda para recomendar quando deveriam ir mais lento ou quando deveriam excitar as meninas de treze anos. Foi divertido.

Quando fomos para nossos lugares a mãe de Shaun, Shirley Jones, estava lá e eu me inclinei para dizer olá onde ela estava sentada e ela se assustou mas aí eu disse, "Sou Andy Warhol", e ela apertou minha mão e foi gentil e me apresentou ao marido dela, Marty Engels. Aí Shaun entrou em cena. Entrou através de uma argola, como um leão, e as meninas enlouqueceram. Eles me levaram para o palco e foi a primeira vez que estive no palco do Garden. Menininhas espertas ficaram gritando: "Andy". E ele faz coisas sexy com o microfone, põe entre as pernas e mexe no caralho um pouquinho, ele é um Mick Jagger para crianças.

Segunda-feira, 28 de agosto, 1978 – Nova York-Montauk. Fui ao dentista. O dr. Lyon fica meio furioso porque eu adio as radiografias. Contei a ele sobre o dentista na TV que disse que é idiota tirar radiografias, mas o dr. Lyon disse que não tem nada com isso, que se eu quisesse que ele fosse meu dentista teria de fazer o que ele quer.

Ah, e Bob MacBride telefonou e disse que Truman contou que está curado em Minnesota e volta esta semana, mas eu não consigo ver como, basta ele sair e vai continuar a fazer as mesmas coisas. E Brigid e eu estamos pensando todo tempo que talvez Truman nunca tenha escrito as coisas dele, que talvez sempre haja algum sujeito corpulento lá para fazer isso. Para reescrever. Porque, quer dizer, Truman me mostrou um roteiro que fez e era terrível mesmo e aí ele mostra uma dessas coisas que você não pode imaginar que ele poderia sequer pensar que são boas, são muito ruins. E, quer dizer, ele esteve com Jack Dunphy anos a fio e esses sujeitos se consideram "escritores" mas você não sabe realmente o que eles escrevem, e agora Bob MacBride está com o seu nome em coisas mas ele não é bom e talvez seja por isso que o trabalho de Truman tenha se tornado tão... porque ele não tem feito nada nos últimos dez anos e isso é um tempo muito grande. E, quer dizer, as coisas que Truman *diz* são interessantes e aí outra pessoa poderia encontrar maneiras espertas de fazer essas coisas ficarem boas no papel.

O carro veio me pegar às 3h50 e Catherine e eu fomos para Montauk, foi uma boa viagem. Paramos num Burger King e compramos uns sanduíches de carne para mr. Winters ($5). Quando chegamos a Montauk eu dei os sanduíches para mr. Winters e para a mulher dele, Millie, e também uma pintura, abstrata – era uma "Sombra". Também levei algumas *Interviews* e acho que a mulher dele gostou mais das revistas do que do sanduíche e acho que mr. Winters gostou mais do sanduíche do que da pintura. Pensei que ele poderia colocar a pintura de lado e conservá-la. Tentei colocar mr. Winters no filme mas ele não queria. Há tantos garotos lá. Vinte estavam filmando e ainda havia muitos outros. Disse olá para Winnie, a mulher dinamarquesa de Tom, que descobri que na realidade é linda, afinal.

Fomos ao iate clube e nos hospedamos. Tom trouxe o seu Betamax. Ulli e a mulher dele, Sukey, vieram. Jantamos no iate clube e estava terrível, o lugar é podre. Jack Palance, que está no filme de Tom, estava hospedado lá nos primeiros dias mas detestou, eles são muito rudes.

Aí à meia-noite fomos para Southampton num daqueles cinemas lindos para ver as cenas de ontem e o filme parece que é bom, muitos planos de avião e Jack Palance, e Tom parece bom e a banda toca no filme e eu acho que é por isso que ele está fazendo o filme na realidade, para apresentar a banda. Me deram uma carona de volta para o iate clube. Dormi de roupa.

Terça-feira, 29 de agosto, 1978 – Montauk-Nova York. Catherine veio até o meu quarto e Tom nos buscou e nos deu uma carona até a casa para o café da manhã. Aí Jack Palance veio, tinha estado fora toda noite bebendo. Ele tem 55 anos e parece que tem trinta. Está lá com o cachorro, Patches, e a namorada. Acho que ela é meio russa, meio ucraniana. Eu perguntei a Tom como é que eles pensaram em contratar Jack Palance e ele disse que tinham pensado em Rod Steiger – eles queriam alguém corpulento, um ator antigo corpulento – mas Jack tem uma fazenda na Pennsylvania e telefonaram para ele e ele faz qualquer coisa, diz que só gosta de beber, aí ele aceita qualquer papel.

Jack faz um personagem chamado Rof, que era o empresário de Jayne Mansfield, e Tom faz um chamado Destin, que é cantor numa banda. Fomos para fora filmar minha cena, na qual estou tirando fotos sem saber do pessoal que foge com a coca. Eles decidiram me colocar no início do filme e me dar algum texto e isso eu faço muito mal. Eu não sei mesmo como ser verdadeiro.

Entrevistei Tom durante o jantar e a história verdadeira da vida dele é exatamente como a história da vida do personagem no filme – ele queimou o corpo num acidente de avião na Colômbia e um pessoal o encontrou e o levou num avião particular para Nova York.

Desmaiei na limusine no caminho de volta e chegamos à cidade por volta das 2h30.

Quarta-feira, 30 de agosto, 1978. Falei com Brigid, que estava datilografando a entrevista que fizemos com Shaun Cassidy, e ela disse que não estava boa, que ninguém disse nada.

Quinta-feira, 31 de agosto, 1978. Bob teve uma briga com Fran Lebowitz no telefone, ela disse que não vai mais escrever para *Interview* porque ele mudou algumas palavras no texto dela e, quer dizer, por que Bob quereria *mudar palavras*? Será que é por causa das drogas?

Sexta-feira, 1º de setembro, 1978. Catherine vai segunda-feira para o trabalho dela na *Viva*. O salário será $30 mil e o novo acompanhante dela é Stephen Graham. Eles foram para a casa da mãe dele em Martha's Vineyard, então eu acho que também vão oferecer para ela a editoria do *Washington Post*. Espere até que eles descubram que ela não sabe fazer nada.

Fred foi convidado para o jantar de Avedon antes de sua exposição no Met. Ele está puxando o saco de Fred. Quer alguma coisa. Eu ainda o odeio. Ele se recusou a dar uma entrevista para

Interview porque disse que não seria "correto" para ele. Depois que conseguiu que Bob fizesse publicidade para ele na *Interview* ele se vira e diz isso, quer dizer, ele é só alguém que trabalha no *Bazaar*. Ele tirou aquelas fotos das minhas cicatrizes e de todos os garotos da Factory e cedemos os direitos para ele e tudo e ele nunca nos deu sequer cópias. Viva está no novo livro dele, mas pelo menos ela ganhou algumas cópias.

Sábado, 2 de setembro, 1978. Saí e comprei coisas para desenhar (fruta $23.80).

Consegui um carregamento de sapatos usados dos anos 50 na Canal Street por $2 o par. São exatamente os sapatos que eu costumava desenhar, todos os sapatos de Herbert Levine com as formas criativas. Primeiro os sapatos ficaram realmente pontudos em 1954-55 e aí ficaram redondos em 1957.

Voltei e tentei pintar mas minha pintura não estava muito boa. Estava trabalhando num sujeito alemão.

Domingo, 3 de setembro, 1978. Trabalhei nos desenhos "Frutas" e nos desenhos "Diamantes" e assisti à TV e minha pintura melhorou desde ontem. Voltei a ela, tinha estado tão ruim no sábado! E derramei tinta nos meus sapatos e aqui estou, tentando ficar com unhas grandes e caiu acrílico nelas e acho que acrílico atrai acrílico porque caiu mais e mais.

Terça-feira, 5 de setembro, 1978. Quando cheguei ao escritório, Brigid estava sentada junto à sua máquina de escrever aparentando a idade que tem, que vai ser quarenta amanhã. O que posso dar para ela? Uns chocolates? Vou dar outra fita para ela datilografar.

Quarta-feira, 6 de setembro, 1978. Fui ao bairro das roupas com as mulheres da *Interview* para vender cópias da revista lá, embora estivesse nervoso porque noticiaram noite passada que houve um novo surto de doença de legionários na Rua 35 entre Sexta e Sétima que agora acham que é causada por uma bactéria que se forma nos sistemas de ar-condicionado.

A Cruz Azul telefonou dizendo que Ronnie mandou uma conta médica para eles pedindo compensação – quando ele estava matando os gatos eles lutaram com ele e o arranharam.

Toni Brown veio e quer que eu faça a capa de *High Times*. Disse a ela que não deveria ter contado a Carole que eu disse que ela era louca e aí tive de telefonar para Carole e dizer, "Eu não disse que você é louca, eu disse que você é *louca*" e aí (*risos*) ela compreendeu. É muito engraçado quando você diz a mesma palavra mas de uma maneira mais pesada, e *aí* as pessoas compreendem.

De táxi até o Waldorf ($3). Havia uma festa em minha homenagem porque era o dia em que nós deveríamos ir para o Irã, mas aí começou a Guerra Civil. Os Hoveyda realmente estavam bronzeados e saudáveis. Mrs. Hoveyda disse que não sabe nada sobre o que está acontecendo no Irã porque o marido dela não conta para ela e ele só disse, "Se as coisas estivessem más, eu estaria sentado aqui esta noite?".

Quinta-feira, 7 de setembro, 1978. Telefonei para o apartamento de Truman e Bob MacBride atendeu e disse que Truman tinha chegado de Minnesota uma hora antes, que eles praticamente estavam entrando e que Truman ia até o dr. Otentreich para raspar e lixar o rosto.

Fui encontrar Catherine no La Folie para a festa do livro de Joan Fontaine (táxi $4). Eu a apresentei como nova editora chefe de *Viva* e que diferença isso fez. Subitamente todo mundo estava: "Ah, por aqui – ah, aí está", e eles realmente abriram caminho. Ela era Miss Big.

Deixei Catherine e perto da Rua 63 encontrei a nova editora dela, a mulher que a empregou e (*risos*) ela está superemocionada por ter contratado Catherine.

Bob conseguiu um carro e buscou Fred e foi para a festa de Alex Guest para sua irmã Cornelia, que está de viagem para Foxcroft. Havia uma mulher lá chamada Lisa Rance que está atrás de Robyn Geddes, mas ela é rechonchuda e eu disse isso a ela. Estava vestindo um Valentino branco e um garoto veio e jogou "tinta invisível" nela e logo desapareceu, mas aposto que não desapareceu realmente, que sob uma outra luz a gente ainda pode ver, acho que o vestido está arruinado.

Sexta-feira, 8 de setembro, 1978. Almocei com Truman. Ele não estava bebendo e estava chato. Paguei o almoço porque ele deu a impressão de estar sem dinheiro ($60). Gravei, tirei fotos e depois nós fomos até o banco dele, o Midland Bank. Bob MacBride foi para casa, ele está com uma alergia. Quando estávamos caminhando juntos alguém disse, "Vejam! Lendas vivas!". E no banco Truman estava retirando $5 mil em notas de $50 e o sujeito do banco perguntou se tinha certeza que queria assim, já que tinha retirado $25 mil oito meses atrás em notas de $100 e perdeu. A conta de Truman tinha $16 mil e a poupança $11 mil, e ele retirou $10 mil da poupança para transferir e aí ficou com $36 mil na conta. Então ele tem dinheiro, o dinheiro realmente entra. E aí nós caminhamos e estava começando a chover e uma mulher de Radcliffe veio atrás de nós, disse que está trabalhando no filme de Brian De Palma e que ficaria honrada em nos deixar usar o seu guarda-chuva e aí caminhamos um pouco com ela.

Domingo, 10 de setembro, 1978. Busquei Bob e fomos a pé até a United Nations Plaza e os cachorros realmente conseguiram ir caminhando até lá, fiquei surpreso, eles adoraram.

Truman não estava bebendo e estava chato novamente. Estava com um sujeito da Califórnia que vestia jeans e não suporto gente com cintura de 96cm que ainda usa jeans.

Truman tinha me dito que haveria caviar e batatas, mas em vez disso serviu um quiche ruim. Truman estava ouvindo discos. Donna Summer, eu acho.

O sujeito da Califórnia tinha maconha e ele e Bob e Truman fumaram e Truman disse que depois da maconha ele ficaria realmente excitante e interessante mas não ficou. Fiquei falando sobre o boneco Gay Bob. Robert Hayes tinha um na Factory, é um boneco que sai de um armário e está usando um brinco e um colar e uma camisa quadriculada e jeans e uma bolsa e um caralho enorme e acho que disse a coisa errada porque todo mundo lá se chamava Bob, mas se você quer dar alguma coisa para alguém, dê isso, é superdivertido.

Segunda-feira, 11 de setembro, 1978. Rupert veio. Trabalhei em algumas "Frutas" e "Panoramas" e "Joias". Catherine telefonou lá de *Viva*, está nervosa, ia almoçar com Delfina Rattazzi, que ainda trabalha na Viking para tentar penetrar na cabeça dela. Catherine está tentando descobrir como se descobre novos escritores. E hoje ela está almoçando com Victor Bockris para tentar penetrar na cabeça *dele*. Acho que ela está raspando o fundo de todos os tachos.

Ah, e esqueci de dizer que sábado minha casa tremeu. Explodiram uma bomba na embaixada cubana na 67 entre Quinta e Madison, e quando olhei pela janela, do outro lado da rua onde mora aquela mulher de cabelo cadete que trabalha para a YSL, o namorado dela estava na janela nu, é bonito.

Terça-feira, 12 de setembro, 1978. Descobri que Archie e Amos estão cobertos de pulgas e o que eu pensava que eram picadas de mosquitos são picadas de pulgas, então agora eles estão usando coleiras contra pulgas e eu também deveria estar usando uma.

Quinta-feira, 14 de setembro, 1978. Encontrei Barry Landau. É tão bom quando ele não me telefona! Bob contou a ele que eu estava furioso com ele e surpreendentemente isso fez com que ele parasse. Acho que é aí que ele se dá conta, quando alguém diz para ele "Você tem de maneirar". E aí é o que faz. Como Stevie uma vez lhe disse. Acho que muitas pessoas já disseram isso para ele.

Fomos para a casa de Halston e de lá de limusines para o Studio 54 para o aniversário do dr. Giller. Havia um bolo com uma seringa (*risos*) que dizia "Dr. Feelgood". Encontrei Barbara Allen e ela estava rindo. Disse que tinha estado há pouco no mezanino com um dos filhos de Robert Kennedy – aquele com os dentes salientes que realmente se parece com o pai – e ele tirou um baseado para fumar e quando acendeu o fósforo parou e olhou nos olhos de Barbara e disse, "Quando olho uma chama, posso ver o rosto de meu tio". Você sabe, a Chama Eterna. Saí e o porteiro me conseguiu um táxi e tentei lhe dar $10 mas ele não aceitou (táxi $2.50).

Sábado, 16 de setembro, 1978. Caminhei até a esquina para encontrar Bob e Joanne Du Pont e Paul Jenkins. De carro até Nova Rochelle, onde havia uma festa de aniversário para mr. Kluge, que é o presidente da Metromedia. Todo mundo lá é rico, realmente rico. A casa fica na praia e é pintada de amarelo. Eles armaram um toldo para a comida e um toldo para a dança, havia muitos seguranças. Sentei ao lado de uma senhora que disse que estava com o polegar machucado e perguntei a ela se era um "polegar de assassino". Ela foi terrível. Disse que era "mrs. Goldenson" e perguntei-lhe *quem era ela* e ela disse, "Se você não sabe, não vou dizer", e perguntei de outro modo e ela disse, "Você deveria saber, e portanto por que eu iria dizer para você?". Mais tarde descobri que o marido dela é um dos presidentes da ABC, Leonard Goldenson. Mas ela foi tão podre que não falei mais com ela pelo resto da noite.

Aí Bob me viu e disse que mrs. Potamkin – Luba –, que faz os anúncios de TV para o Cadillac Potamkin, estava louca para me conhecer e aí fui encontrá-la. E Bert Parks estava lá e eu estava muito excitado, Bob e eu tínhamos estado na mesa dele e comecei a conversar com mrs. Bert Parks e ela ficou um pouquinho atrevida, empurrando as tetas para o meu lado. E aí Bob viu que eu estava ficando em apuros e veio e colocou o braço em volta dela para distraí-la e ela apertou a bunda dele e aí Bert viu que ela estava ficando atrevida e disse, "Vamos dançar, querida".

Acho que lá todo mundo devia ser alguém. Todo mundo tão rico e hétero, uma nova gente! Todos gente velha e rica e mulheres jovens e atraentes para os velhos esclerosados. Começaram a servir o café da manhã à 1h. Tinha conchas marinhas enormes feitas de gelo. Bob ficou me dizendo que todos queriam retratos mas eu estava tão bêbado que para mim dava na mesma.

Segunda-feira, 18 de setembro, 1978. Levantei cedo. Dormi de roupa para não ser picado pelas pulgas. Tenho umas quarenta picadas pelo corpo todo e são de dias diferentes, isso dá para ver quando elas desaparecem.

Não tenho tido notícias de Doug Christmas, e se ele não nos pagar eu não irei para a Califórnia amanhã.

Terça-feira, 19 de setembro, 1978. Distribuí *Interviews* esta manhã. Telefonei para Vincent e perguntei se Doug Christmas mandou o cheque. Não mandou. Telefonei para Fred e ameacei não ir para a Califórnia. E aqui estamos na quarta de manhã e eu *ainda* não sei se vou, o avião sai às 12h. Não consigo decidir.

Quarta-feira, 20 de setembro, 1978 – Nova York-Los Angeles. De manhã estávamos esperando que chegasse o cheque de Doug Christmas para ver se iríamos à Califórnia ou não. Não veio de manhã e aí não pegamos o voo do meio-dia. Mas logo depois das 12h o cheque chegou e aí o motorista me buscou no 860 e então pegamos Fred e fomos até Newark tomar um avião. O motorista foi ótimo (gorjeta $10).

O avião saiu no horário. O que realmente nos levou até lá era um jantar de Marcia Weisman. Isso significa que perdemos a grande festa glamourosa YSL Opium em Nova York downtown no barco chinês no cais da South Street.

Nos hospedamos no nosso hotel, L'Ermitage. É para gente que não quer ser descoberta – se você está tendo um affair, lá é o lugar para ficar. Não há saguão e é chique de uma maneira meio descuidada. Foi muito elegante. Quando você pega sua chave eles deixam que você escolha uma combinação de quatro números, aí eu era 1111 e Fred era 2222.

Quinta-feira, 21 de setembro, 1978 – Los Angeles. Fui ao Getty Museum. Foi fascinante. Uma reprodução de um prédio que eles ainda não desenterraram na Itália – eles sabem onde está mas há um outro prédio em cima. Comprei um livro sobre pintura ($17).

Bob chegou em L.A. e descreveu-nos a festa da YSL Opium. Aí Joan Quinn chegou com cabelo fúcsia e uma porção de ametistas combinando. Fiorucci mandou uma limusine em troca de nós irmos ao vernissage deles. Primeiro fomos buscar Ursula Andress. Ela está hospedada com Linda Evans. A casa é muito grande, estilo campestre inglês, uma piscina e quadras de tênis. Ursula estava usando uma echarpe YSL sobre o gesso no braço quebrado. Ela estava surfando em Malibu com Ryan O'Neal quando o furacão Norman a atingiu e quebrou o braço dela, deslocou-o. Joan cochichou que todo mundo em L.A. está se perguntando se não teria sido o furacão Ryan que a atingiu.

Fomos à Fiorucci, onde encontramos Ronnie Levin com Susan Pile e Tere Tereba. Susan gritou que a festa tinha sido cancelada mas achamos que era só uma brincadeira e íamos desembarcar da limusine quando um guarda nos empurrou de volta e disse que estávamos atrapalhando o tráfego, que a festa tinha sido cancelada por ordem do Departamento de Bombeiros de Beverly Hills. Um travesti nos alcançou cartões de visita pela janela.

Então voltamos para o hotel e aí eu fiquei com Sue Mengers e todos os outros ficaram esperando o telefonema de Mick Jagger. Sue está realmente gorda de novo. E, Deus, a postura dela é tão vulgar. Não havia jantar e aí ela sugeriu que a gente parasse num Burger King no caminho para o show de Diana Ross. Foi tão abstrato! Você fala com uma máquina. Ela pediu um Whopper duplo mas aí ficou preocupada achando que dois hambúrgueres separados teriam saído mais barato.

Sue tratou o motorista como lixo e eu sei que, se algum dia eu dissesse uma coisinha que ela não gostasse, jamais falaria comigo novamente. Ela disse que apresentou Isabella Rossellini para Martin Scorsese e que eles estão vivendo juntos há dois meses. Detesta Jerry Hall porque ela contou a Bob Weiner que

Sue queria fazer uma viagem de ácido com Timothy Leary. "O que você pensa que eu *sooooou*." Como se tivesse arruinado a reputação dela. Tão vulgar. Meu Deus. Chegamos nos camarins e ela disse, "Sou a empresária de Miss Ross". Uma gracinha de garçom estava servindo almôndegas. Ela disse "Se a gente soubesse que haveria almôndegas a gente não precisava ter parado no Burger King". Fiquei realmente bêbado tomando Stolichnaya pura. Sue me contou que andou mesmo atrás de John Travolta, para ser a agente dele, mas ele lembrou que ela o tinha recusado quando ele estava em *Welcome Back, Kotter* na TV e ela não lembrava. Mas aí, ela disse, uma noite ela lembrou quando estava sentada na privada.

Aí Diana Ross apareceu, realmente encantadora. Emocionada por me ver, me beijou. Depois foi para o palco. Ela tomou um gole de brandy com o café antes de entrar em cena.

Estávamos sentados na sétima fila. Universal Amphitheater. Um avião passou por cima com luzes dizendo "Bem-vindos ao meu show". Raios laser no palco. Ela entrou através de uma tela enorme, descendo uma escada elegante. O irmão dela é uma graça. Quero que ele seja fotografado para *Interview*. Ela me disse que teve toda a ideia para o show quando viu a foto em *Interview* com os homens carregando-a escada abaixo.

Diana não disse que gostou da capa dela e sei que é só porque ficou parecendo negra demais. No final do show fez um número do *Wiz* e pediu desculpas por a música ser tão lenta e disse, "Perdoe-me, público"; não precisava ter dito porque ninguém notou a diferença.

Depois, nos camarins, Diana começou a chorar. Ela quer fazer um outro ensaio amanhã. Aí Berry Gordy e Diana tiveram uma briga, ele disse a ela que não gastaria o dinheiro com outro ensaio. Diana queria que Sue ficasse do lado dela, mas Sue disse que não era a área dela e disse para mim, "Vamos já embora daqui".

Sexta-feira, 22 de setembro, 1978 – Los Angeles. De volta à Fiorucci. Dessa vez o vernissage realmente aconteceu. Havia 3 mil garotos na rua vestidos em todas as formas possíveis de punk, mas é o punk limpinho de Los Angeles. E fomos empurrados contra a massa, exatamente como no Studio 54 numa noite cheia. Fui para trás do balcão, onde havia trezentas cópias de *Interview* e autografei todas. Um astro de *Raízes*, Levar Burton, pediu uma.

Ele estava coberto de suor por causa da dança. Transformaram a coisa toda numa discoteca.

Sábado, 23 de setembro, 1978 – Los Angeles. Wendy Stark nos buscou e fomos de carro até Venice. Fomos para a Ace Gallery para minha exposição "Torso". Estava um belo dia – 6° mas seco. A exposição esta ótima – caralhos, bucetas e cus. Eles tinham 1 mil cópias de *Interview* prontas para serem distribuídas.

Dei duas entrevistas – uma para a revista *Connoisseur* e uma para *Society West*. Wendy deu as entrevistas comigo e Fred estava se fazendo de engraçado e mentindo e dizendo para todo mundo que a vagina raspada na pintura era de Wendy.

Depois fomos para a casa de Polly Bergen em Holmby Hills. A casa de Polly é muito moderna e bem-decorada. Havia *Architectural Digests* por toda parte. E o quarto de vestir dela parece uma loja de departamentos, com prateleiras de blusas e saias e vestidos e toaletes e ela tem um telescópio que é para olhar as estrelas mas que usa para olhar as casas das estrelas, e olhamos a casa de Danny Thomas do outro lado do vale, mas nada estava acontecendo lá exceto alguns gerânios crescendo.

Então voltamos para nossa espelunca (chá no quarto com gorjeta $3, café da manhã $2). Wendy telefonou para Stan Dragoti para convidá-lo para o vernissage – ele está realmente infeliz porque Cheryl Tiegs fugiu para a África com Peter Beard. Aí era hora de irmos para a casa de Julia Scorsese e no telefone ela tinha dito a Fred que se certificasse de que ninguém que estivesse conosco levasse drogas porque ela está tentando ficar mais limpa.

Chegamos à casa de Julia e todo mundo estava sentado pelos cantos fumando maconha. Tony e Berry Perkins, Firooz Zahedi e a noiva dele, uma porção de jovens escritores e compositores. Tony nos perguntou como Chris Makos tem andado estes dias, disse que Chris era o maior aproveitador, mas que era tão sedutor que você acaba aceitando. Ele me perguntou se gosto do L'Ermitage e eu disse que era um lugar bom e quieto para ter um affair e ele disse, "Mas se poderia ter *dois* affairs lá?".

E Doug Christmas tinha nos dito que Ronnie Levin mandou um amigo dele entreter a recepcionista enquanto ele entrava, tirava um dos meus desenhos da moldura, o enrolava embaixo do braço e saía com ele. E depois teve a coragem de tentar vender o desenho de volta para a galeria e eles deram queixa e a polícia disse que a ficha dele tem dois quilômetros.

As roupas de Fred nesta viagem são as suas novas camisas de Londres – são realmente longas e parecem túnicas hindus – e Sue Mengers disse para Fred, "Em Nova York o seu cabelo é alisado para trás, você usa belos ternos e gravatas maravilhosas, e em L.A. sua camisa fica para fora das calças, não tem casaco, não tem gravata – ah eu conheço você, você provavelmente disse '*Isto* já é o suficiente para aqueles judeus de Hollywood'."

Domingo, 24 de setembro, 1978 – Los Angeles. Fomos buscar Ursula Andress e quando chegamos a Venice fui arrastado através da multidão. Marisa estava com uma boina dourada com lantejoulas e calças pretas justíssimas de malha – dava para ver a cabeludinha – e a irmã dela, Berry, estava com um vestido de algodão azul com listras brancas. Sue estava com um vestido bufante de chiffon cor-de-rosa forte. Três mil e quinhentas pessoas apareceram. Depois coordenamos tudo de maneira que eu entrasse rapidíssimo no meu carro e fosse levado para o restaurante, Robert's, onde era a festa. Ficava na praia.

Um sujeito veio e disse que tem o maior caralho de L.A. e aí eu me ofereci para autografá-lo e Marisa ficou tão excitada que se inclinou para olhar o caralho e o cabelo dela pegou fogo na chama da vela – foi como uma punição instantânea. E Ken Harrison estava no vernissage mas se perdeu no caminho e Sue estava louca para conhecê-lo. Todo mundo estava louco para conhecê-lo por causa do caralho enorme dele na minha exposição.

Segunda-feira, 25 de setembro, 1978 – Los Angeles-Nova York. A nova *Interview* chegou de Nova York e a coluna de Fran é tão maçante que eu disse a Bob que deveríamos despedi-la. Aí tivemos uma briga. Depois Wendy nos buscou e nos levou até o Giorgio's em Beverly Hills para vender alguns anúncios e Fred e Gale Hayman, que são os donos, ficaram emocionados de me ver. E agora eles estão vendendo suéteres de mink com decote em V e eu disse, "Ah, eu adoraria um", e ele disse, "Eu vendo a você pelo preço de fábrica". E aí eu me dei conta de que tinha dado um fora e disse. "Ah, não não não. Eu pego um na próxima vez que eu estiver na cidade".

Johnny Casablancas estava se hospedando no hotel e uma porção de rastafaris estava na frente porque Bob Marley estava hospedado lá (gorjetas para camareiras $30, gorjetas para porteiro $20, gorjetas para carregador $10, motorista da limusine $10, gorjeta para o bagageiro $5, revistas para o avião $14.50).

O avião ficou cinco horas no aeroporto para consertarem o sistema de combustível. Enquanto isso, a novidade do dia era o acidente aéreo em San Diego naquela manhã, no qual morreram 150 pessoas.

Terça-feira, 26 de setembro, 1978. Deixei Fred. Truman viria à Factory às 3h para a fotografia dele e minha para a capa do número de Natal de *High Times*. Truman chegou cedo, 2h30. Bob MacBride mijou para mim numa das pinturas "Mijo" nos fundos e ficou indo até lá para ver se as cores tinham mudado. Truman contou a Brigid sobre o lugar de desintoxicação e ela o entrevistou e é lá que sua irmã Richie também está.

Paul Morrisey estava deprimido e ele e Truman conversaram a tarde inteira sobre roteiros e essas coisas. Aí Toni chegou quatro horas atrasada, ela tinha uma fantasia de Papai Noel para mim e uma roupa de menininha para Truman. Mas Truman não estava com vontade de se travestir, disse que já estava vestido como um *menininho*. Truman estava realmente bêbado, abraçando todo mundo.

Truman suplicava a Brigid que conseguisse uma bebida para ele sem contar para Bob – isso foi depois que ela o surpreendeu bebendo na cozinha. Ronnie estava tentando faturar a mulher da maquiagem. Minha maquiagem não funcionou, não havia jeito, tenho muitas espinhas.

Quarta-feira, 27 de setembro, 1978. Uns fotógrafos alemães vieram. Rupert chegou e me ajudou nos desenhos "Fruta".

O roteiro para a noite:

5h30 Roberta-di-Camerino no "21"
6h00 Barneys para Giorgio Armani
6h30 Museu de Arte Moderna para o aniversário da revista *Rolling Stone*
7h00 Coquetel na casa de Cynthia Phipp
8h45 Jantar no La Petite Marmite
10h30 Festa de Joe Eula
11h00 Casa de Halston
12h00 Studio 54 para uma coisa em benefício dos animais
1h00 Flamingo's para júri de tetas que Victor arranjou para eu ir.

Quinta-feira, 28 de setembro, 1978. Bob estava rabugento porque o médico disse que ele não pode mais beber e agora ele fica de saco cheio com absolutamente todas as pessoas que encontra, é um chato. Só se apruma quando a realeza está em volta. Ele é tão ruim quanto Fred.

Sábado, 30 de setembro, 1978. Fui para casa e me buscaram de limusine para ir à projeção promovida por Jack Nicholson-Ara Gallant do filme que Jack dirigiu, *Com a corda no pescoço*. O filme para o qual Barbara Allen fez um "teste".

O filme – não tenho certeza, acho que era uma comédia leve. Mas eu não disse nada. É bom no começo e você pensa que alguma coisa vai acontecer, mas não acontece. A nova atriz, Mary Steenburgen, está ok – é boa, mas não é linda. Ela se parece um pouco com Anjelica e você sabe que é por isso que ele a usou, ele deveria ter usado Anjelica, mas foi na época em que eles estavam tendo os problemas com Ryan O'Neal.

E, você sabe, eu estava pensando estes dias sobre cinema comercial e sobre os grandes filmes de arte e cheguei a uma conclusão: filmes comerciais realmente fedem. Quando fica comercial para um mercado de massa realmente fede. Eu sei que sempre fico deslumbrado e digo que os meus filmes favoritos são *O outro lado da meia-noite* e *The Betsy*, mas acho que... vou mudar de estação. Você tem de fazer coisas que a pessoa mediana não entenda, porque essas são as únicas coisas boas. Aí eu vou recomeçar a ir ao New Yorker para ver filmes estranhos. Estou perdendo tanta coisa indo a festas.

Eu estava um pouquinho bêbado e cheguei até Jack e disse que realmente adorei o filme, porque Fred me disse que esse tipo de coisa realmente faz diferença para as pessoas.

Depois Catherine e eu fomos naquele lugar na Rua 54 que diz "Nus Femininos/Masculinos", e havia mulheres quase nuas numa enorme mesa de banquete comprida com homens à volta, é tão abstrato! Elas colocam as tetas e as bundas na cara dos sujeitos, uma polegada de distância, e os sujeitos só ficam sentados ali feito zumbis. E há um cartaz que diz, "Favor Não Tocar". E uma das pistoleiras olhou para mim e disse, "Ah, meu Deus, ah, meu Deus". E aí as mulheres vieram e uma disse, "Ah, será que você me paga um drinque?". E eu paguei – eu (*risos*) ainda não sabia que os drinques eram $8.50 cada um. E aí mais mulheres vieram e me fizeram sentir realmente bem, como se eu fosse hétero, e elas ficaram dizendo para ir lá para cima, que lá em cima seria muito muito muito divertido. O que você pensa que teria lá em cima? É lá que elas fazem a coisa? E a mulher disse que Catherine também adoraria lá em cima, ela estava tentando faturar Catherine e eu paguei drinques para as outras mulheres e aí foi 3 x $8.50 mais $5 de gorjeta ($30.50) e aí 8 x $8.50, mais $20 ($88), até que fiquei sem dinheiro. Depois nós saímos e fomos ao lado ver um filme pornô gay. Catherine queria ver e era um filme tipo buraco-glorioso e era esquisito demais e aí só ficamos dez minutos (táxi $3).

Domingo, 1º de outubro, 1978. Brigid e eu conversamos sobre os velhos tempos. Ela usou anfetaminas durante 23 anos. Não é incrível? Quer dizer, pense nisso, 23 anos. Aí começamos a ver *The Users* na TV e nos telefonamos umas cinco vezes. Jaclyn Smith estava tão bem! Eles também colocaram o comercial de cabelo que ela fez.

Segunda-feira, 2 de outubro, 1978. Doug Christmas quer expor minhas pinturas "Mijo" em Paris depois da nossa viagem a Dinamarca, aí vou ter de beber mais água e fazer mais. Agora consigo fazer duas por dia e Fred me disse para colocar duas delas juntas, que assim elas ficam mais interessantes.

Segunda-feira, 9 de outubro, 1978 – Paris. Fui à festa de Lolou de la Falaise. Shirley Godfarb estava lá, acaba de vencer o câncer. Está com 48kg novamente – tinha emagrecido muito. Só perdeu um pouquinho de cabelo por causa de quimioterapia. Está tão antipática como sempre e agora que está melhor as pessoas voltaram a tratá-la mal. O marido dela estava lá. Gostaria de ter tido um gravador para gravá-la. Está feliz, com ótimo aspecto. Loulou conseguiu um duplex com sacada. Serviram o bolo de aniversário mas não comi, estava muito entretido com Shirley.

Terça-feira, 10 de outubro, 1978 – Paris. Club Sept nos convidou para um jantar privado ($40 para o chofer). Chegamos lá e na realidade nossa mesa estava reservada para Bette Midler. Vi Isabelle Adjani, tão linda! Bette chegou e foi ovacionada. Ela me viu e me fez beijar sua mão. Contei-lhe que nos desencontramos pouco tempo atrás em Copenhagen, ela disse que sabia de tudo. Tentei conversar com ela mas ela me lembra demais Fran Lebowitz – como se estivesse com medo que fossem roubar seu material. A gente não se entendeu mesmo.

Valentino estava lá e ele e Bette ficaram matraqueando, ela perguntou como o comércio de shmatta vai indo e o que Jackie

O. comprou e que então queria quatro e qual era a nova moda. Ela dá as respostas de Sophie Tucker para todo mundo. Aí ela foi embora e a festa continuou.

Quinta-feira, 12 de outubro, 1978 – Nova York. Fomos ao novo estúdio de Bob MacBride e adivinhe onde é – 33 Union Square Oeste! No décimo andar! Aí fiquei angustiado indo lá, subindo pelo elevador até o andar onde era a redação da *Interview*. Bob MacBride está na sala ao lado. Mas é uma pena que não compramos o prédio todo, porque é estreito e naquela época *Interview* já precisava de quatro andares. As coisas de Bob, agora eu realmente gosto delas, honestamente gosto. São esculturas com madeira retorcida. Truman estava borboleteando por lá. Não sei se está bebendo ou não.

Telefonaram – o telefonema que eu não queria receber – dizendo que teremos de ir a Paris semana que vem, dia 20, sexta-feira, para as pinturas "Mijo".

Deixei Bob na Park às 7h ($ 3.20). A polícia acaba de prender Sid Vicious por ter assassinado a facadas a sua namorada-empresária de vinte anos de idade no Chelsea Hotel e aí eu vi no noticiário que mr. Bard estava dizendo, "Ah, sim. Eles bebiam muito e chegavam tarde da noite...". Eles deixam qualquer um entrar lá, aquele hotel é perigoso, parece que uma vez por semana alguém é assassinado lá. Eu estava cansado e aí fiquei em casa, fiz alguns desenhos, trabalhei, vi TV, peguei no sono. Aí o sistema de alarme disparou e fiquei com medo de descer e olhar, mas finalmente criei coragem e coloquei Archie embaixo do braço e desci até a cozinha mas não havia nada lá. Vi TV mas fiquei preocupado que alguém estivesse na casa. *All Fall Down*. Quando Brandon de Wilde chuta o retrato de Warren Beatty e Angela Lansbury o agarra e abraça, você sabe, é tão bom! Quem escreveu esse filme? Foi aquele que se suicidou, que era como o Tennessee Williams? Aquele que escreveu *Picnic*... Inge.

Domingo, 15 de outubro, 1978. Busquei Bob e fomos de táxi até a United Nations Plaza para almoçar ($2). Truman estava na cozinha. Ele disse que estava cozinhando mas acho que na realidade tudo tinha sido comprado. Estava realmente quente na cozinha, o forno estava ligado e o sol batendo, mas nada estava sendo cozido. Acho que na realidade ele estava ali só bebendo, *fingindo* que cozinhava. Havia uma garrafa de Stolichnaya no refrigerador. Ele ofereceu para Bob, que teve de recusar, e aí ele insistiu que *eu* aceitasse e pegou um daqueles copos duplos de vinho e encheu uns três quartos e depois colocou uma gota de suco de laranja. Eu peguei mas só fiquei segurando. Fui para a outra sala e conversei sobre escultura com Bob MacBride, mas fiquei indo até a cozinha para controlar Truman. Havia uns tomates na cozinha. Me mostrou uma torta que ele mesmo fez, ele disse, mas não acho que tenha feito. Acho que era comprada porque tinha papelão embaixo. Mas ele me deixou tirar uma fotografia sua segurando a torta, como se tivesse acabado de fazê-la. Ele ficou dizendo que é um grande cozinheiro, que fez ensopado de vitela na noite anterior.

Finalmente ele roubou meu drinque. Serviu sopa de feijão preto e insistiu que tinha de ser servida morna, aí depois de toda aquela atividade na cozinha a sopa estava fria. E parecia cinza. Eu realmente não comi nada, mas Bob – Bob Colacello – achou que estava ótimo. Despejei minha sopa de feijão no banheiro. Ninguém viu. Tive de passear um pouco pelo apartamento até chegar ao banheiro para que eles não notassem. Truman estava ficando mais e mais bêbado. Gravei toda a tarde. Ele nos contou que uma noite foi ao Flamingo com Liza e Stevie e havia cenas de sexo com garotos enjaulados e eles foram ao escritório do dono, era um sujeito de 35 anos que realmente parecia hétero e Truman perguntou, "Por que você abriu esta coisa?". E antes que contasse a resposta do sujeito, Truman olhou para nós e realmente fez suspense, disse, "Acho que essa é a melhor parte da história". Aí ele disse, "O sujeito olha para mim e diz 'De vez em quando eu fico com tesão'." E Truman ficou repetindo isso a tarde inteira e dando risada (táxi $2).

Segunda-feira, 16 de outubro, 1978. Fui convidado para jantar no Le Premier pela filha de Bruno Pagliai, o sujeito que é casado com Merle Oberon, Marie-José Pagliai (táxi uptown, deixei Rupert e Todd $4.50). O convite dizia 8h30, e aí pensei que haveria drinques antes e fiz tudo com calma e cheguei lá às 9h e fiquei muito constrangido, todo mundo já estava sentado. Marie-José teve medo que eu nem aparecesse. Andrew Young e a mulher estavam lá.

A coisa mais interessante – fiquei só pensando nisso depois que ela me contou – foram os cachorros de Marie-José. Ela estava falando dos seus escoceses branco e preto e confessou que o preto era um escocês mas que o branco era só um cachorro ajeitado para ficar parecido com um escocês! Ela fez o pelo ser preparado daquela maneira, disse que era uma coisa que sempre tivera vontade de fazer.

O jantar era para o pai de Marie, Bruno, que não foi porque estava chovendo.

Terça-feira, 17 de outubro, 1978. Bem, estive ontem à noite com Dolly Parton. Ela agora é uma das garotas Halston.

O sujeito Thurn und Taxis e Pierre de Malleray nos buscaram para ir jantar downtown no Ballatto's. O Taxis ficou bêbado e contou uma porção de histórias. Ele é o sujeito mais rico da Alemanha, tem um corpo ótimo mas o rosto é meio gorducho, ele é velho. Disse que uns negros chegaram nele no hotel e começaram a segui-lo com um taco de baseball, ficaram chamando-o de puto e ele se virou e disse, "Ouçam aqui, seus negros pretos", algo assim, ele gritou com eles e eles ficaram tão surpresos que foram embora. Ele disse que você tem de reagir para sobreviver.

Fomos para a casa de Halston e Dolly estava lá usando o vestido mais horrível, um Halston horroroso. Ela é gorda, gosta de comer.

Quinta-feira, 19 de outubro, 1978. Assisti a Steve Martin no *Donahue Show*. Ele estava bem. Fiquei pensando se foi ele quem pediu aqueles ângulos de câmera.

Quinta-feira, 26 de outubro, 1978. Nosso motorista da limusine mostrou um recorte dele mesmo no jornal. Foi absolvido da acusação de ter sequestrado o gato de um dono de bar, que se parecia com Morris, o Gato, que tinha morrido há pouco. O bar ficava na Nona Avenida na altura do 50. O motorista disse que tinha acabado de dar comida para o gato e depois o deixou sair como sempre fazia, só que desta vez o gato não voltou para o bar e o dono o acusou de tentar vender o gato como substituto de Morris. O júri deliberou três horas antes de declará-lo inocente, e aí ele estava se achando uma celebridade.

Sábado, 28 de outubro, 1978. Thomas Ammann telefonou. Ele está hospedado na casa de Fred. Fomos à Christie's e conseguimos catálogos, porque alguns dos meus desenhos antigos vão ser colocados à venda. Eles eram de Bill Cecil, que morreu num acidente de carro. A família dele negociava antiguidades americanas. Acho que foi assim que comecei a colecionar essas coisas americanas – comprei o meu primeiro armário deles, o armário que agora está no escritório da *Interview*, aquele onde guardam lápis e cola plástica (catálogos $6, $22, $8, $10).

Victor disse que Halston estava tentando entrar em contato comigo para me convidar para a festa beneficente para John Warner que Liz Taylor Warner daria aquela noite. Liz está muito gorda, mas muito linda. Chen, a secretária dela, estava lá. Mas John Warner nem estava lá. Liz ficou chateada porque a festa foi horrível. Halston disse a ela que ele mesmo teria *dado* $10 mil, se isso era tudo que ela conseguiria com a festa. Um cirurgião plástico que disse que eu o tinha conhecido três anos atrás na Califórnia começou a falar comigo, disse que tinha trepado a tarde inteira e gozado sete vezes, eu não sei por que ele estava me contando aquilo. Ele me perguntou que idade eu tenho e eu disse "35", e ele disse que eu parecia que tinha 45. Disse (*risos*) que se eu o consultasse eu poderia ficar parecendo "um de 35 anos normal" porque ele recomendaria dietas e essas coisas. Acho que era por isso que estava me contando que tinha trepado, que eu também gozaria sete vezes se consultasse com ele.

Aí Aline Franzen, que estava encarregada da festa, decidiu fazer o leilão dela mas ninguém naquela coisa estava a fim de comprar nada – eles só estavam usando as joias mais caras que podiam comprar no Bulgari ou algo assim. Aline disse, "Esta é a pintura que eu mesma fiz com todo meu coração, e quem vai dar lances por ela?". E ninguém deu. Finalmente Liz me bateu e disse, "É *melhor* que você dê um lance", e eu disse não, que eu queria dar lances para dois ingressos para o Studio 54 e finalmente Liz gritou, "Está bem, eu mesma fico com ela", e Aline disse, "Não, Liz, você *não pode*", e Aline se atirou no chão e ficou chorando e foi cômico e aí a secretária de Liz, Chen, disse que *ela* ficaria com a pintura e Liz gritou, "Não, Chen, você *não pode,* você não tem dinheiro". E Lee Grant também era leiloeira, ela leiloou dois dentes, de porcelana eu acho, por $2. Estou dizendo a você, ninguém naquele povo compraria *o que quer que fosse*. Ah, pobre Liz! E Aline disse, "Vocês ricaços estão sendo vulgares". E aí John Cabot Lodge se levantou e fez um discurso esquisito porque ele falou sobre o Inimigo

Vermelho e foi muito estranho. Aí Halston e Liz disseram que se encontrariam depois na casa dele.

Então Halston e eu fomos juntos para a casa dele. Liz se esgueirou mais tarde e ele lhe deu um pouco de coca e ela ficou drogada e feliz. Eu disse para ela, "Olhe, você tem nove dias até a eleição, você realmente tem de descer e falar com os negros". Eu disse, "Essa coisa de mulheres não vai dar certo". E ela disse, "Ah, deusinho deusinho deusinho". E eu disse, "Ouça, se você perder a eleição e abandonar seu marido, eu quero que você faça o papel de Truman Capote para mim na Broadway". E então ela começou a rir e entrou em transe e tentou falar como Truman, mas não conseguia lembrar como é que ele fala.

Aí Victor e eu fomos para a cozinha e demos batatinhas fritas para Linda por baixo da mesa porque não deveríamos fazer isso, e foi divertido, e Halston e Liz ficaram falando intimidades na outra sala e ele depois me disse que John Warner não tem trepado com ela.

Eu disse para ela, "Elizabeth" – você realmente tem de chamá-la Elizabeth – eu disse, "Elizabeth, seria tão ótimo ver você na Casa Branca". E ela foi uma graça, disse, "Ah, mas eu quero apenas ser a esposa de um senador, quer dizer, você pode me imaginar na Casa Branca? Uma judia casada sete vezes?".

Domingo, 29 de outubro, 1978. Acordei às 10h30 mas na verdade eram 9h30. Horário de inverno.

Aí Bob telefonou e disse que estava no Averil's e que tínhamos combinado encontrar Mike Nichols e o "Dr. Warhol", que é da Polônia e que Nichols está insistindo que eu tenho de conhecer porque disse que é um primo desgarrado. Eu não queria ir – não suporto Mike Nichols – mas tivemos de ir porque Ara Gallant tinha arranjado tudo. Deveríamos fazer o almoço de domingo no Carlyle, mas aí foi mudado para downtown no lady Astor.

Fui à igreja e depois busquei Ara e Bob e Averil ($5). Quando chegamos lá, Mike Nichols tinha ido embora. O assistente dele disse que Nichols estava furioso porque estávamos quinze minutos atrasados. Que coragem de ir embora depois de me ter feito ir até lá e ah, foi horrível – o tal doutor me dizendo que sou polonês. O nome dele se escreve W-a-r-c-h-o-l. Essa bicha polonesa me fazendo perguntas tipo se eu moro sozinho. Ele nos convidou para ir à Polônia setembro que vem. Mike Nichols o conheceu porque ele coleciona cavalos árabes – tem 120 cavalos em Connecticut – e quando vai para a Polônia Comunista todo setembro para conseguir outros o dr. Warchol o ajuda.

Fui cedo para a cama. Conversei com o sócio do negócio de decoração de Jed, Judith Hollander, sobre restauração de mobília e sobre brigas que tenho tido ultimamente com Jed.

Quarta-feira, 1º de novembro, 1978. Tom Sullivan veio nos mostrar *Cocaine Cowboys* num Betamax. Ele estava fumando maconha e era engraçado sentir aquele cheiro no escritório. Paul Morrissey assistiu a um pouquinho do filme e disse que era muito lento, e Brigid ficou entrando e saindo e também achou a mesma coisa, mas eu gostei.

E decidi que não estou mal nele. Só me deixaram filmar uma vez e acho que se pudesse ter feito mais eu teria saído melhor. Mas estou melhor que no "meu primeiro filme", *The Driver's Seat*. E *Cocaine Cowboys* tem uma música ótima. Mas é uma história idiota. Aqueles traficantes atiram cocaína de um avião e uma empregada e uma secretária encontram e roubam. Tom disse que custou $950 mil, para fazer, mas não consigo ver como, não é sindicalizado.

Ed Walsh veio mostrar as plantas arquitetônicas para o edifício que nós temos na Rua Great Jones [*Andy comprou esse conjunto de casas no 57 da Rua Great Jones e também um edifício de quatro andares no mesmo quarteirão – chamados "342" ou "o Bowery" – em 1970*]. Vamos arrumá-lo e depois talvez alugar.

Sexta-feira, 3 de novembro, 1978. No leilão da Parke Bernet na quinta-feira, o "Elvis" saiu por $85 mil. A previsão é que sairia por 100 e 125. O mercado de arte contemporânea já chegou ao máximo. Todd Brassner disse que o "Mao" estava saindo por $4 mil mas que aí ele deu um lance de $5 mil e então outra pessoa comprou e ele estava contente.

Thomas me buscou com a limusine e fomos para o La Grenouille. Falei com a senhora que gerencia o La Grenouille e ela disse que seu filho vai casar. O filho dela foi colega do meu sobrinho James, filho do meu irmão Paul, na Carnegie Tech. Agora James está em Nova York tentando ser artista e eu não vou ajudá-lo. Porque, bem, eu nunca gostei da mãe dele, aí me sentiria engraçado ajudando o garoto. Eu o levei a Montauk algumas vezes e ele só... eu não sei.

Sábado, 4 de novembro, 1978. Depois de ver *Platinum* tomamos uma limusine do lado de fora do teatro ($15) e adivinhe quem era o motorista? O matador de gatos! Aquele de algumas semanas atrás!

Segunda-feira, 6 de novembro, 1978. Rupert veio e trabalhamos nas "Uvas". De táxi até o estúdio de Maxime de la Falaise na Quinta Avenida com a Rua 19 ($4). Todo mundo esteve jantando. Susan Bottomly – International Velvet – estava lá. São estava lá e Patrick O'Higgins e John Richardson e Boaz Mazor, e Amina chegou de um desfile de modas beneficente no Studio 54 e estava linda. Ela disse que está escrevendo uma peça sobre homens que ficam se criticando num bar e eu disse a ela que todo mundo faz isso, por que não fazer modelos de moda que se criticam durante um desfile e ela disse que era uma ótima ideia, que faria só mulheres em lugar de homens.

Ricky Clifton me deu os brincos mais lindos, pequenos brincos John Travolta. E esse sujeito que conheci antes e que fez um filme sobre pessoas que abrem buracos nas suas cabeças estava lá com a namorada dele e os dois abriram buracos na cabeça.

John estava me contando que Boaz, quando o conheci, era o astro do primeiro filme comercial de Oliver Stone. Chamava-se *Michael and Mary*. Boaz era Michael. Estavam filmando nos fins de semana e John disse que era como Cocteau – beldades caindo por toda parte – e a mãe de Oliver, Jacqueline, deu poppers para todo mundo para fazê-los atuar melhor. Boaz disse que o filme ficou em cartaz uma vez no Thalia por algumas semanas.

Susan Bottomly está muito magra. Ela abandonou o namorado no País de Gales, disse que não aguentava mais. Ele queria ter um bebê e ela não.

Terça-feira, 7 de novembro, 1978. Era dia de eleições, muitos lugares estavam fechados. Catherine ligou e queria fazer alguma coisa. Ficamos no escritório até 6h30 ou 6h45 e depois fomos até 725 Quinta Avenida para o vernissage de Juan Hamilton na Robert Miller Gallery (táxi $4). E exatamente quando eu estava chegando lá um sujeito entrou e apresentou uma intimação para Juan. Eram acusações de uma mulher que trabalhava para Georgia O'Keeffe há anos, dizendo que ele está conspirando para ficar com todas as pinturas de Georgia.

Deixei Rupert na 66 e fui para casa e me colei. Eu tinha convidado os Hoveyda para sairmos, as coisas estão mal no

Irã, e a mulher Du Pont e Paul Jenkins. E aí Bob convidou Lily Auchincloss – o marido dela, Douglas, acaba de trocá-la por Kay Kay Larkin.

Fomos até o Quo Vadis. Hoveyda recebeu um telefonema dizendo que as linhas telefônicas do Irã para Paris e Nova York tinham sido cortadas e o xá tinha colocado as tropas armadas na rua. Os Hoveyda pareciam preocupados.

Aí ali perto vimos Truman. Ele estava arranjando Barbara Allen com um milionário. Acho que na realidade era o advogado judeu dele ou algo assim. E Truman é uma pessoa completamente diferente da semana passada. Você acha que descobriram uma nova droga para dar a ele? Realmente, esta semana ele está superesperto e semana passada estava alcoólatra.

Quarta-feira, 8 de novembro, 1978. Dotson Rader está na TV neste instante num dos show matinais. Ele é terrível. Sempre achei que trabalhava para a CIA e ainda acho. Não posso aguentar. Espere. Vou desligar essa coisa... Pronto, me sinto bem melhor agora.

O coquetel na casa de Tatiana Liberman foi divertido. Barbara Rose estava lá, sentada em cima de todas aquelas roupas que são tão caras, mas ela ainda não tem estilo. Eu disse a ela que nós alugaríamos um puto e ele circularia com ela e ele diria o que comprar e como combinar tudo. Eu disse: "Bem, agora você está morando num edifício chique, Barbara" – no Galleria – "e aí você deveria começar a *parecer* chique". Eu tentei ser diplomático, mas só consegui dizer a verdade.

C.Z. Guest deu um jantar no Le Cirque. Kim D'Estainville e Hélène Rochas estavam lá, disseram que tinham vindo há pouco da Califórnia e que andaram milhas de carro até as galerias em Venice porque queriam ver alguma arte "regional" e, quando chegaram, lá estava minha exposição pornô! Aí eles se divertiram bastante. Adoraram Big Sur.

Ah, e David Whitney telefonou e disse que vai para a Califórnia e Philip Johnson lhe deu uma passagem de primeira classe e ele disse, "Ah, Philip, você não deveria ter feito isso. Eu não preciso", e aí Philip mudou para classe econômica e ficou com o troco!

No jantar sentei ao lado de Doris Duke. Ela foi ótima. Depois todo mundo estava indo para o Studio 54 e Bob levou a maioria das mulheres na limusine prateada dele e Doris Duke tinha uma caminhonete, era muito chique. Entramos naquilo. Aí quando chegamos lá ela queria ir embora – não queria ser fotografada – aí eu a levei até o carro e voltei para dentro. Vi o garoto John Scribner e Robyn e James Curley – é um Mellon –, ele é aquela graça de garoto cujo pai foi embaixador na Irlanda. Catherine estava lá e ela não está contente com o seu trabalho na *Viva*. Disse que desejaria estar na *Interview* com Bob gritando com ela, disse que cada artigo tem de ser discutido em dúzias de reuniões.

Eu disse que a levaria para casa. Era por volta das 2h (táxi $4).

Sexta-feira, 10 de novembro, 1978. Adriana Jackson veio e eu tirei algumas fotos dela e de uma senhora suíça para um retrato. Gigi fez a maquiagem, então agora nós temos alguém para embranquecer os rostos para que as rugas não apareçam e os rostos imprimem melhor e se transformam em telas melhores e também as pessoas ficam achando que você está fazendo alguma coisa especial para elas. As fotos realmente saem melhor. A senhora suíça não gostou de seu nariz, que na realidade era bonitinho, e aí foi difícil tirar uma foto na qual ela gostasse do nariz.

Bob Markell, da Grosset & Dunlap, veio ao escritório. Ele disse que o livro de fotografias que Bob e eu estamos fazendo deve ser lançado até 31 de maio e aí começou a falar de eu ir à TV e eu só olhei para ele e saí correndo da sala. Ele tinha dito que todo mundo na Europa adorou todas aquelas "fotografias íntimas" das pessoas que conhecemos e então eu fiquei nervoso – (*risos*) e *se forem* íntimas?

Segunda-feira, 13 de novembro, 1978. Acho que agora talvez eu tente pincelar o mijo nas pinturas "Mijo".

Fui até a casa de Jamie e Phyllis Wyeth no número 1 da Rua 66 Leste para a festa de aniversário de Phyllis para a qual Jamie tinha telefonado me convidando à tarde. O nome de Joanne du Pont surgiu. Acho que Jamie não gosta muito dela, mas não sei por que – quer dizer, *ele* também entrou na família Du Pont pelo casamento.

Nan Kempner veio. Bo Polk chegou e todo mundo ficou contente porque Barry Landau não estava com ele. Aí Barry chegou. E Bo realmente deveria ter cuidado, porque Barry até tira polaroids agora e poderia magoar muita gente se algum dia alguém mostrasse fotos de todo mundo nas festas de banheira dele. Porque na hora tudo é só divertimento, mas se chegar aos jornais vai parecer outra coisa.

Terça-feira, 14 de novembro, 1978. Truman Capote deu uma passada, ele estava visitando Bob MacBride em seu estúdio no 33 Union Square. Truman talvez esteja tomando Lithium, porque de repente ele está superalegre. Mas a minha verdadeira teoria é que ele foi para Long Island e viu Jack Dunphy e Jack Dunphy finalmente concordou em escrever *Answered Prayers* para ele. E ele estava com o casaco mais chique. Courrèges. Um grande zíper e dois zíperes nos bolsos. Ele disse que já tem alguns anos. Mas as mãos estavam frias. Que droga é essa?

Trabalhei no escritório até 7h30. Rupert estava me ajudando a tentar pintar com um pincel, o mijo no pincel, mas foi difícil. Deixei Rupert ($4).

Ann Lambton está na cidade. Ela vai cruzar o país visitando os americanos que conheceu em Londres nestes últimos dois anos. É incrível a personalidade que ela tem agora.

Quarta-feira, 15 de novembro, 1978. Depois do trabalho decidimos abrir uma garrafa de champagne no escritório e ficar bêbados. Isso foi às 6h30. Aí Averil e Vincent e eu nos embebedamos e fomos embora. Averil parou uma limusine e perguntou quanto sairia para nos levar até a Bloomingdale's e ele disse $10 e aí entramos. Averil disse que todos os garotos Kennedy estariam nessa inauguração da loja Superman. Chegamos lá e parecia os anos 60 novamente. Quantas vezes eles vão ressuscitar a cafonice?

Quinta-feira, 16 de novembro, 1978. Naquela coisa de promoção de camisetas para *Viva/Penthouse* na Tavern on the Green o loiro dos Smothers Brothers – eles estão na Broadway em *I Love My Wife* – veio e disse, "Oi, Andy, como vai?". E aí mais tarde quando fui até o telefone e tentei telefonar para o escritório ele também estava esperando para telefonar. Falou de si mesmo e disse que acha que deixou de ser criativo provavelmente porque se sente seguro e me perguntou como eu me sinto e eu disse que não sou criativo desde que fui baleado porque depois daquilo eu deixei de ver pessoas bizarras. Aí um garoto disse para ele, "Você lembra de mim? Eu sou o motorista do fulano e também o primeiro houseboy a trabalhar na casa de Sharon Tate depois dos assassinatos". Não é um grande texto?

Há um rumor que *Viva* está quase fechando.

Sábado, 18 de novembro, 1978. Era um lindo dia. Setenta graus F. Vi pessoas de pula-pula no parque.

Domingo, 19 de novembro, 1978. Stevie Rubell telefonou mais cedo e perguntou se eu queria ir com Diana Ross a um show à meia-noite no Palace que um casal que escreve músicas para ela está fazendo. Ashford e Simpson. De limusine até o Palace Theater e fomos até os camarins. O marido é realmente bonito e a mulher é uma graça. Quando o público viu Diana, todo mundo se atirou para ela. Havia quatro guarda-costas conosco, todos os negros a adoram mesmo. *The Wiz* é um grande sucesso, eu não sabia. O show foi sensacional, gritaram bravo.

Depois havia uma festa de Valentino no 54. Acho que Stevie estava tentando fazer uma festa realmente ruim, porque ele fez os garçons se vestirem como puritanos e estava servindo peru. Disse que teve de explicar a Valentino por que estava fazendo a coisa daquela maneira. Ele contou que falou, "Bem, você sabe que a América foi descoberta por um italiano", e disse que eles (*risos*) entenderam. A frente do Studio 54 estava decorada como a frente de um barco. Eu me perdi de Halston mas o encontrei um pouco depois comendo uma perna de peru e ele me fez comer um pouco. O último lugar onde a gente quereria comer carne é numa discoteca, mas mais tarde eu vi Stevie comendo peru também, então acho que estava ok. Barbara Allen estava lá, indo para casa se encontrar com Bryan Ferry.

Segunda-feira, 20 de novembro, 1978. Truman vai estar no *The Stanley Siegel Show* novamente, mas só porque desta vez é gravado.

A revista *Viva* realmente fechou e agora Catherine está na rua da amargura.

Terça-feira, 21 de novembro, 1978. Thomas Ammann telefonou e me convidou para jantar com Cy Twombly. E aí Bob foi convidado. Thomas me perguntou onde a gente deveria ir. Contei a ele sobre o Palace – o restaurante na Rua 59 no Sovereign que tem estado nos jornais há mais de um ano, que parece que é muito caro –, contei que é $300 por pessoa e ele riu e disse que não poderia ser tanto, que seria bom e que lá é que iríamos. E aí Thomas telefonou para Barbara Allen e ela estava com Taki Theodoracopoulos e aí eles foram.

O Palace tem uma cortina de crochê na vitrine, parece um lugar onde se leem as mãos. Éramos os únicos mas havia umas dezoito pessoas à volta para servir. Era como se estivéssemos na casa de uma pessoa de muito mau gosto que tenta ostentar.

Como ir à casa de Barbra Streisand. Mau gosto do West Side. Cada mesa fica embaixo de um candelabro e os pratos têm bordas de ouro, esse tipo de coisa. Mas a comida era boa. Foram oito pratos. A conta chegou a $914 e acho que Thomas ficou chocado. Eu realmente acho que ele ficou muito chocado. Porque depois que viu a conta parou de fazer graça com o jantar.

Quarta-feira, 22 de novembro, 1978. A grande novidade dos dois últimos dias foi o suicídio em massa na Guiana num culto liderado por alguém chamado Jim Jones. Vai custar $8 milhões para o governo americano remover todos os corpos e trazê-los de volta. Colocaram cianureto num Kool-Aid sabor uva. (*risos*) Pense só, se eles tivessem usado sopa Campbell eu seria muito famoso. Estaria em todos os noticiários, todo mundo estaria me perguntando sobre o assunto. Mas Kool-Aid sempre foi coisa de hippie.

Quinta-feira, 23 de novembro, 1978. Assisti à parada do Dia de Ação de Graças na TV. Acho que Nova York está crescendo – quando você pensa que cada integrante de cada banda tem de passar uma noite num quarto de hotel. Me colei e fui trabalhar (táxi $3.50). Não tinha ninguém por lá.

Fui à casa de Halston para o jantar de Ação de Graças.

E enquanto isso durante todo o feriado estão encontrando mais e mais corpos na Guiana. Eles deviam saber que havia novecentos. Por que estavam tentando esconder isso no início? Como é possível que ninguém tivesse ouvido falar dessa gente antes?

Domingo, 26 de novembro, 1978. Telefonei para Bob e ele estava rabugento, disse que não podia conversar porque estava escrevendo a sua coluna "Out". Não sei por que ele estava rabugento, é só isso que ele escreve por mês!

Fui à igreja, estava lindo e frio fora dela. Depois trabalhei. Desenhei terras e luas e assisti à TV.

Segunda-feira, 27 de novembro, 1978. A história excitante nos noticiários é que o prefeito de San Francisco foi baleado e no início parecia que tinha algo a ver com o culto de Jim Jones, mas não tinha, foi baleado por um sujeito bonito que até parecia um repórter.

Quarta-feira, 29 de novembro, 1978. Fui ao Coronet Theater para uma projeção. *O franco-atirador* é um novo tipo de filme

– três horas vendo tortura. Se passa em Clairton, Pennsylvania, de onde são todos os meus primos, e no filme eles dizem que é russo-polonesa, só para tornar a coisa mais interessante, mas na realidade é tchecoslovaca. Tem John Savage e uma porção de garotos bonitos.

Quando começa, são três amigos bebendo. Durante uma hora inteira é um casamento polonês e eles poderiam ter cortado, mas é divertido – tão real e tão bonito! Então eles vão caçar uns cervos e aí você sabe que de lá vão cortar para o Vietnã. No final Chris Walken aponta o revólver para a cabeça e se mata com um tiro e Bobby de Niro pega a mão dele e diz, "Ah, querido, eu te amo, eu te amo", segurando a cabeça ensanguentada dele, algo assim.

Eu vi a mulher do *Daily News*, Liz Smith. Nenhum fotógrafo tirou fotos de mim, por isso eu acho que agora não sou grande coisa.

Ah, e Arthur Miller estava na projeção. Foi interessante vê-lo. Ele é muito bonito. Acho que as pessoas gostam de fazer este tipo, a aparência rico-tipo-judeu. Como eu vi outro dia num desses programas matinais aquele garoto de 26 anos chamado, eu acho, Schwartz que fala como um Kennedy, ele é um vereador ou algo assim. Arthur Miller parece refinado, um rosto mais reto que o de Avedon, mas bem assim. Como um Lehman. Acho que eles se casam com mulheres bonitas e têm filhos bonitos.

O noticiário noite passada mostrou imagens de todas as casas que as pessoas doaram ao Templo do Povo antes de se associar. Ah, Deus, é a coisa mais chocante, como é que as pessoas podem se desfazer de suas *coisas*?

Quinta-feira, 30 de novembro, 1978. Fui convidado para o jantar de Valentino para Marisa Berenson. Caminhei até a Mayfair House até Le Cirque. Lee Radziwill e Peter Tufo estavam lá e André Oliver e Baryshnikov. O cartão ao meu lado dizia "Jessica", e acontece que era Jessica Lange, que agora está saindo com Baryshnikov. E quando ela chegou eu disse, "Tenho ouvido tanto falar em você", e ela disse a mesma coisa. É grande amiga de Cory Tippin e Jay Johnson e Tom Cashin e Antonio Lopez. Disse que ficou na nossa casa em Montauk quando Tom e Jay estavam lá pintando e construindo o telhado. Disse que Dino de Laurentiis nem ofereceu outro papel para ela por um ano e meio depois de *King Kong*, então agora ela está fazendo um papel no novo filme de Bob Fosse – mas soa como se fosse um papel pequeno.

Sexta-feira, 1º de dezembro, 1978. Todo mundo estava trabalhando, se aprontando para o coquetel que Bob daria no escritório antes do jantar para Elizinha Gonçalves no 65 Irving. Ficaram mudando os móveis de lugar e abrindo espaço e Vincent saiu para comprar coisas. Tommy Pashun trouxe flores.

Stevie me deu um Quaalude e Halston disse, "Para a caixa, para a caixa". Victor contou para ele sobre meu hábito, que eu jogo tudo que as pessoas me dão ou que recebo pelo correio numa caixa no escritório. Victor costumava me trazer alguns dos bilhetes de Halston, como de Jackie O., mas aí Halston chegou à conclusão que deveria começar a guardá-los ele mesmo. Essas senhoras realmente escrevem bilhetes – quando é que elas encontram tempo? E fui convidado para a festa de Natal de Jackie O. mais uma vez. Mas acho que estamos na lista de outra pessoa, não na dela. Porque não fomos convidados para a festa que Jackie deu semana passada. Robert Kennedy Jr. contou a Fred que eles estavam em grande dúvida se nos convidavam e decidiram não convidar. Realmente Jackie é terrível, eu acho. Ela convidou Jann Wenner e Clay Felker. Esses ela convidou.

Domingo, 3 de dezembro, 1978. Taki me contou que Barbara Allen fez com que ficasse com ciúmes no telefone, dando a impressão de que tinha mais alguém com ela, aí foi até a casa dela no meio da noite e quase derrubou a porta e não havia ninguém lá. Ela fez isso para outra pessoa, também, aquele sujeito inglês muito gentil que veio até aqui porque viu a foto dela e ele derrubou a porta e também não havia ninguém lá.

Halston e Stevie Rubell deram um casaco de peles lindo para Bianca. O dr. Giller pagou pelo colarinho e Halston e Steve pagaram pelo resto do casaco. Custou $30 mil ou $40 mil. Estou surpreso que eles não tenham me pedido para pagar uma manga. (*risos*) E Halston disse, "Acho que todo mundo tinha de ter peles, joias e pinturas de Andy Warhol".

Terça-feira, 5 de dezembro, 1978. Doug Christmas veio ao escritório com uma senhora rica do Texas chamada Connie. Ele voou até aqui só por um dia para levá-la de volta porque acha que tem dinheiro alto lá. De táxi para encontrá-los ($4).

Ela quer um retrato em tamanho natural. A amiga dela é uma senhora do Kimbell Museum que eu desenhei, não consigo me lembrar o nome, e ela diz que não quer uma cabeça grande como eu usualmente pinto – quer algo diferente, um retrato em tamanho natural. Disse que não aceitou o sujeito que pintou o retrato de Jackie O. – como é o nome dele? Será Shickler? E disse que se eu vou fazer o retrato dela temos de "nos conhecer". AH, DEUS, AH, DEUS! Ela me convidou para ir à casa de $3 milhões que está construindo em Fort Worth. Quando voltou a falar de nos conhecermos melhor, eu finalmente fugi. Aí Fred fugiu. Mas depois voltou.

Victor telefonou e disse que está a caminho de Caracas e eu disse para ele, "Não faça isso, Victor, não faça isso". Acho que ele pode ser preso na fronteira, é tão perigoso! Tenho medo de que ele tente alguma coisa.

Fui convidado para a casa de William F. Buckley para ouvir música às 6h, eles fazem essas coisas.

Quarta-feira, 6 de dezembro, 1978. Esses garotos que a gente emprega aqui no escritório realmente não têm remédio. Durante as quatro primeiras semanas que Robyn trabalhou lá ficou depositando o cheque de seu pagamento de volta na conta do escritório por engano! Ele tem conta no mesmo banco e em vez de escrever o número da própria conta no talão de depósito ficava copiando o número da conta do cheque que estava depositando com seu talão de depósito! Vincent teve de explicar tudo isso para ele.

Sexta-feira, 8 de dezembro, 1978. Jackie Curtis veio. Ele insistiu em ligar uma semana antes para marcar um encontro para vir me ver e deveria trazer uma outra pessoa. Bem, foi como nos velhos tempos, Jackie veio com outras quinze pessoas. Dois são fotógrafos e ele estava com David Dalton, que está escrevendo um livro sobre ele, e Jackie não tem dentes e está gordo e está usando anfetaminas novamente. Mas ele ainda é tão esperto! Alguém esperto *tem* de fazer algumas coisas com ele, descobrir como usar o seu talento. Achei que agora que temos Ivan Karp e Truman escrevendo para *Interview* nós poderíamos serializar o livro de Jackie, mas os levei para ver Bob e Bob estava muito mal-humorado, ele ficou acordado a noite inteira pensando em seu fígado e disse, "Deixe o livro com um dos meus assistentes". Aí nós demos o livro para Brigid e mais tarde ela leu e me telefonou e disse que era meio chato, que eram só fitas, e ela não tinha nenhuma sugestão a dar, estava só sendo negativista.

Segunda-feira, 11 de dezembro, 1978. Teve uma festa na Xenon para a estreia de *Superman*. À tarde no escritório eu vi Bob deprimido num canto, parecendo para baixo, quer dizer, ele não pode estar tão infeliz, e não está trabalhando demais. Quer dizer, tudo o que ele faz é ir a festas (táxi $3). Tinkerbelle e eu começamos a falar de negócios. Ela fez há pouco uma entrevista com David Warner para nós. Tinkerbelle é tão ótima, não entendo como é que não conseguiu fazer sucesso.

Quarta-feira, 13 de dezembro, 1978. Chris Makos telefonou e disse que Donahue fez um programa sobre solteiros acima de (*risos*) cinquenta. Ele ligou porque deveríamos sair para procurar uma nova câmera. De táxi para encontrá-lo na loja de câmeras na 44 e Madison ($5). Depois caminhamos pela Grand Central Station e fiquei com nostalgia – era como vinte anos atrás, quando a Grand Central costumava ser o ponto central para mim quando eu trabalhava na *Vogue* e *Glamour*, que ficam ali perto, e meu banco também é bem ali perto.

Quinta-feira, 14 de dezembro, 1978. Fomos para o escritório e o tráfego estava ruim (táxi $4). O *Daily News* telefonou há pouco querendo uma declaração minha, disseram que cinquenta fiscais deram uma batida no Studio 54 por sonegação de impostos e prenderam Ian Schrager por causa de duas onças de coca.

Uma graça de sujeito veio ao escritório, um amigo de Averil, e ele não notou que caminhou sobre uma pintura que eu tinha acabado de fazer, ainda estava molhada. Foi engraçado.

Sexta-feira, 15 de dezembro, 1978. Comprei dois *Daily News* porque falam de Steve Rubell. Bianca está na capa (táxi $4). Fui para casa e me colei, depois fui para a casa de Halston. Ele estava dando um jantar porque foi decidido que Steve tinha de comer porque há três dias não comia nada – eu (*risos*) não sei quem decide essas coisas. Era, "Stevie tem de comer, ele precisa se alimentar". Será que isso quer dizer que o dr. Giller sussurrou no ouvido de Halston, "Stevie precisa se alimentar"? Quem começa essas coisas? E aí o próprio Halston estava cozinhando algo simples. Bife, batatas fritas e salada. Foi a primeira e única vez que vi alguém comer na casa de Halston. Ele já deu tantos jantares nos quais ninguém come nada! Mas dessa vez todo mundo estava comendo porque (*risos*) "Stevie" precisava se alimentar. [*NOTA:*

Depois da batida no Studio 54, Andy começou a se referir a Rubell como Steve e não Stevie.]

Isso foi lá pelas 9h30. E era só família e aí não deixaram Bianca convidar seu novo namorado-bailarino de Martha Graham. Steve nos contou tudo sobre a batida. Contou dezoito histórias diferentes. Ele não vai contratar Roy Cohn como advogado porque é muito óbvio. Não foram lá para prender ninguém, só 36 sujeitos da Receita Federal armados para sequestrar os livros, mas quando encontraram coca em Ian eles o prenderam. Agora Steve diz que era só um pouquinho, que era só um presente de Natal, e ficou repetindo todos aqueles comentários sobre "dinheiro que ainda não tinha sido lavado". Fiquei surpreso.

Sábado, 16 de dezembro, 1978. Halston disse que eu estava convidado para ir à casa do dr. Giller e que ele vinha me buscar. Coloquei minhas lentes de contato e Halston chegou num táxi. Eu disse que era a primeira vez que o via num táxi e aí ele ficou constrangido e aí eu fiquei constrangido e disse que *eu* sempre tomo táxis, que táxis são ótimos, mas aí ele ficou explicando o resto do caminho que ele toma muitos táxis e que eu é que ainda não o tinha visto num, porque ficar com um carro na porta todo dia é muito caro e aí fiquei cada vez mais constrangido. E disse que toda a vez que eu enxergar o carro dele na porta do 54 quando for tarde, que eu peça para me levar para casa. A casa do dr. Giller é uma miniatura exata da casa de Halston. As mesmas pinturas, a mesma disposição, as mesmas cores.

O que mais tem incomodado Halston sobre a batida no Studio 54 é que os agentes da Receita Federal descobriram uma outra salinha que ninguém sabia que existia e ele está magoado porque é amigo tão íntimo e Steve não tinha lhe dito nada sobre isso. Steve disse que tinha sido uma denúncia de alguém de lá porque ninguém sabia da sala exceto o pessoal que trabalha lá. Mas Steve e Ian são meio cruéis quando despedem as pessoas, aí pode ter sido qualquer um.

Mais tarde no Studio 54 perguntei a Potassa se ela alguma vez trepou com Dalí e ela disse, "Não, uma vez ele só pegou meu caralho e deu um beijo". Ela disse que Dalí está vindo para a cidade e que deveríamos renovar nossa amizade. E Potassa só bebe champagne. "*Schom-ponye*." Ela disse que quando Dalí beijou o caralho dela ele disse "*Magnífico!*".

Segunda-feira, 18 de dezembro, 1978. Brigid está com 63kg e está bem. Charles Rydell está hospedado no apartamento dela e ela é muito má com ele. É realmente má. Ele não pode ligar a TV dela, não pode pôr os pés em cima das coisas, não pode ir ao banheiro. Depois de tudo o que fez por ela – que dizer, ele distribuiu o material dela anos a fio.

Truman telefonou. Ele vai escrever longas histórias verídicas para *Interview*. Vamos gravá-lo e aí Brigid vai transcrever as fitas e Truman vai transformar tudo em artigos.

Terça-feira, 19 de dezembro, 1978. Estou assistindo a Calvin Klein no *Phil Donahue Show*. Halston disse que o perfume "Halston" é o número 1 em vendagem nos Estados Unidos. Será verdade? A última vez que estive na Macy's não vi ninguém no balcão dele. Ah, mas talvez eu não tenha olhado direito.

E Barbara Allen disse que Halston contou para ela que sou muito divertido quando Bob e Fred não estão comigo, que quando estou com eles não digo nada e deixo que eles controlem as coisas, mas que quando estou sozinho eu falo e me divirto. Halston faz uma ideia tão estranha de mim! Eu deveria ter telefonado para ele ontem. Mas é muito difícil quando estou completamente envolvido.

Fomos à galeria de Irving Blum na Rua 75 Leste para ver a exposição dos meus trabalhos antigos e uma das "Latas de Sopa" era falsa. Irving ficou embaraçado quando eu contei para ele.

Victor telefonou, voltou de San Francisco. Não se pode mesmo brincar com ele, porque você diz uma palavra e essa palavra vai fundo em seu cérebro e ele fica pensando nela e fica louco. Eu o chamei de "paranoico" e aí ele ficou se remoendo.

Finalmente decidi o que vou dar de Natal para todos da família Halston – Halston e Steve e dr. Giller e Bianca – pinturas do meu cupom de bebidas grátis no 54.

De táxi até a casa de Tom Armstrong ($3.50). Merce Cunningham estava lá e John Cage e Jasper Johns, mas já estavam saindo. Leo Castelli estava lá tentando dançar com sua mulher bêbada. Tirei fotos. Hilton Kramer estava lá, o crítico de arte. Eu nunca o tinha encontrado, aí encontrei. Ele é aquele que detesta o meu trabalho. Mark Lancaster estava lá. Me diverti com ele.

Ah, li uma coluna ótima no *Times*! Era algo como "Funky, Punky, and Junky" e estavam falando sobre isso na casa de Tom Armstrong – é sobre "gente boba" e fala (*risos*) muito de mim.

Nenhuma referência a Steve Rubell, nenhuma a Halston – só eu, Marisa, Bianca, Truman, Lorna Luft – a gente boba e os lugares bobos. E mais tarde na casa de Halston ele disse que ficou feliz de não ter sido mencionado porque disse [*imita*], "Eu! Não! Sou! Bobo!". E aí todo mundo começou a chamar Bianca de "cabeludinha boba, cabeludinha boba".

E Marisa veio e quando soube da coluna "boba" ficou chateada por ser "boba".

Ah, e será que eu disse que Bob contou que quando apresentou Jerry Hall a Tennessee Williams lá em Washington algumas semanas atrás Tennessee disse a ela que era a mulher mais bonita que tinha conhecido desde Candy Darling?

Quarta-feira, 20 de dezembro, 1978. Eu aceitei o convite para o jantar de Marisa no Mortimer's, mas quando estava saindo do escritório notei na agenda que era a noite da festa de Natal de Jackie O. e convidei Bob e ele disse que estava excitado, que tinha salvado o seu dia, que era uma coisinha para se esperar ansiosamente. De táxi até 1040 Quinta ($5). Quando chegamos estava mais ou menos terminando. Lee estava lá, saindo. Caroline se transformou numa beleza estonteante – está magra, o rosto é fino, a pela é perfeita, os olhos são lindos. Estávamos conversando com ela e aí uma graça de sujeito veio, Tom Carney. Perguntei a ela se era seu namorado e ela disse que sim. Ele escreve para *Esquire*, fez o artigo sobre Tom McGuane. Ela perguntou por sua antiga paixão de Londres, Mark Shand.

Jean Stein estava lá com o poeta russo que quer apresentar à sociedade – um nome como Andre Bosh-in-eck-shinsk. Ela ainda está escrevendo seu livro sobre Edie. Os coquetéis foram das 6 às 8h e aí o jantar estava sendo servido para as pessoas que não tinham ido embora. Comida realmente boa – presunto cozido e uma salada de batatas com alface vermelha de Cape Cod –, ela sempre vai às melhores lojas. Warren Beatty e Diane Keaton estavam lá e Bob ouviu – *ouviu por acaso* – Jackie dizendo que alguma coisa que Warren tinha feito no saguão tinha sido "nojenta", mas não conseguimos descobrir o que era. Saímos por volta das 9h. Tomamos o elevador com Pete Hamill e os Duchin.

De táxi ao Mortimer's para o jantar de Marisa ($2). Marisa estava linda em prata e Paul Jasmin estava com ela. Ela finalmente está deixando a cidade. Está furiosa com Barbara Allen porque ela está saindo com seu marido, Jim Randall, na Califórnia, e por isso não foi convidada. Steve nos disse que Warren tinha fodido Jackie O., que foi ele quem contou. Bianca disse que provavelmente Warren só inventou isso, que ele tinha inventado que tinha dormido com *ela*, Bianca, e que quando o viu no Beverly Wilshire ela gritou, "Warren, ouvi dizer que você está fodendo comigo. Como é que você pode dizer isso se não é verdade?", e ela disse que ele ficou constrangido. Mas aí Bianca disse que Warren tem um caralho enorme e Steve perguntou como é que ela podia saber e ela disse que todas as suas amigas dormiram com ele. Ah, e Diana Ross estava no jantar, ela foi divertida.

Aí depois do jantar todo mundo queria ir ao Studio 54. Steve estava com sua Mercedes e Diana Ross estava com medo de ir de carro com ele, mas assegurei que ele era um bom motorista, o que é verdade, mesmo estando drogado, e aí ela se espremeu entre nós. Chegamos lá e estava lotado – uma festa para a CBS Records. Desde a batida Steve não está cobrando ingresso para o bar. James Curley estava lá com uma mulher com quem disse que vai casar e por isso estava frio comigo. Estava de gravata branca e casaca, tinha ido a um baile de debutantes – os bailes são todos esta semana.

Ah, e Bob estava no céu quando saímos da festa de Jackie O., espalhando como ela tinha sido gentil com ele, dizendo corretamente o nome dele e dividindo seu copo de Perrier quando o mordomo esqueceu de trazer o dele – ela disse, "É *nosso*".

Quinta-feira, 21 de dezembro, 1978. Ontem Jackie O. ficou telefonando para o escritório atrás de mim. Ligou três ou quatro vezes. Mas não telefonei de volta porque os recados eram complicados – algo como, "Telefone para mim neste número depois das 5h30 ou antes das 4h se não estiver chovendo". E aí finalmente ligou para a minha casa – gostaria de saber como ela conseguiu o número – e foi estranho. Ela pareceu tão dura! Disse, "Bem, Andy, quando convidei você, eu convidei você – não convidei Bob Colacello". Disse que estava preocupada porque Bob "escreve coisas". E agora que estou falando nisso, Caroline fez algum comentário parecido durante a festa. E, quer dizer, havia uma porção de jornalistas lá – Pete Hamill e o novo namorado de Caroline. Eu disse a ela que não se preocupasse, que Bob não escreveria nada. Então alguma coisa deve ter acontecido lá sobre a qual ela não quer que se escreva. Acho que ficou pensando nisso o dia todo.

Catherine queria ir ao Cowboys (táxi $2). É ótimo ir lá, um buraco escuro com todos os garotos lindos e todos disponíveis. E aí uma de cada duas pessoas lá é alguém. Charlie Cowles estava lá. Henry Post estava lá, ele é um desses garotos de quem eu gosto mas que todo mundo diz que é terrível, mas há algo agradável e inteligente nele. Perguntei a ele o que estava fazendo lá e ele disse que estava pesquisando para uma história.

Sexta-feira, 22 de dezembro, 1978. Bob buscou Paulette Goddard e eles vieram me buscar. Quando chegamos à embaixada do Irã dei uma gravura para Hoveyda. E está nos jornais que o xá vai abdicar e que o filho dele vai tomar posse. Paulette estava agindo como louca – acho que está perdendo o senso – ficou falando sobre as pernas dela sendo metralhadas. E aí quando estávamos lá dentro à mesa o vento abriu as portas e Paulette se levantou e começou a rastejar para fora da sala em direção à sala do buffet... bem, não era bem rastejar, mas ela se levantou e tentou fugir da sala e Hoveyda disse, "Onde você vai?", e ela disse, "Quero me esconder". Foi estranho. Ela ficou dizendo que a noite era "mórbida" porque todos os iranianos estavam procurando outros empregos.

Bob me deixou em casa. Quando eu estava na cama, já dormindo, pelas 2h, Victor telefonou e disse que eu fosse ao Studio 54, que estava divertido, que havia neve pelo chão. Mas eu não fui.

Sábado, 23 de dezembro, 1978. Falei com Tinkerbelle e ela contou que trepa com todo mundo que entrevista, que estava trepando com Christopher Walken e que a mulher dele estava ficando irritada. Disse que cortou o braço quando caiu pelo vidro de uma claraboia – ela invadiu o apartamento de um amigo –, achou que eles teriam algumas drogas lá. Acho que Tinkerbelle é realmente da pesada.

Domingo, 24 de dezembro, 1978. Acordei cedo. Nova York estava supercalma, havia muitos táxis. Todo mundo deve ter ido embora porque estava ótimo, tudo estava aberto e nada estava cheio. Então de táxi até Union Square ($3). Convenci Rupert a vir me ajudar a trabalhar, decidi fazer cópias das pinturas "Ali".

Ah, e pela manhã telefonei para David Whitney para desejar Feliz Natal e Philip Johnson atendeu e disse que estava limpando tudo porque o vendaval tinha estourado um painel de vidro – ele estava na Casa de Vidro em Connecticut – e poderia tê-lo cortado em dois. Não dá medo? David não estava lá, estava na estufa. Truman telefonou e disse que está sozinho porque Bob MacBride tinha de passar o Natal com os filhos. Trabalhei toda a tarde, saí às 5h, deixei Vincent e Rupert ($4.50).

Tom Cashin veio até minha casa para um rápido jantar de peru antes de irmos para a casa de Diane von Furstenberg. E Diane não convidou Bob para a festa dela. Agora todo mundo está dizendo que só gosta de mim quando Bob e Fred não estão por perto, essa é a nova onda. Todo mundo está sendo cruel com Bob. Mas provavelmente em breve eles também vão se virar contra mim.

Mas quando chegamos na casa de Diane von Furstenberg ela estava tendo um ataque de culpa e começou a dizer, "Como pude ser tão má? Como pude ser tão podre com Bob!", e aí ligou para ele, e ele já estava indo para a casa de Adriana Jackson, mas disse que viria depois do jantar.

Estava realmente chovendo quando fomos para lá, realmente forte. Foi uma festa de Natal horrível com gente horrível – uns cinquenta – aí não consigo entender por que ela não poderia ter convidado Bob já de início.

Barry Diller estava lá e acho que a razão de ele e Diana serem um casal é porque ela lhe dá sensação de hétero e ele dá a ela sensação de poder. Ele é *muito* poderoso! E aquele produtor Howard Rosenman estava lá e alguém gritou, "Rosenwoman", e foi engraçado. Truman estava se divertindo conversando com Cappy Badrutt. Ela era a única pessoa divertida lá.

Aí fomos para a casa de Halston. Catherine estava lá e dei para ela uma pintura com um pouco da minha porra nela, mas aí Victor disse que era a porra *dele* e aí brigamos por causa daquilo mas agora, pensando bem, talvez *seja* a porra de Victor.

Halston serviu um peixe enorme. Bebi vinho tinto e estava ficando tão cansado que quando Tom Sullivan colocou um cristal de coca sob a minha língua pela primeira vez senti o efeito. Só um pedacinho e realmente me fez acordar. Estávamos indo para o Studio 54 e eu sabia que ficaríamos acordados até as 5h.

Segunda-feira, 25 de dezembro, 1978. Fui à igreja. Tom Cashin telefonou para desejar Feliz Natal.

O peru na casa de Halston ficou pronto às nove da noite. Estava realmente bom. Passamos em revista a noite passada. Halston revelou que Steve tinha passado todo o dia com Roy

Cohn e que só viria por pouco tempo porque tinha de voltar para ficar com ele ainda mais.

A Receita Federal encontrou uma sala cheia de dinheiro no Studio 54. E agora, quando você pensa nisso, sabendo quanto dinheiro Steve realmente tinha, ele poderia ter nos tratado maravilhosamente. Ele poderia ter sido tão generoso e gasto tanto dinheiro e ele não fez nada disso. Ele nos levou ao La Grenouille uma vez, mas poderiam ter sido muitas coisas mais.

E eles estavam falando do divórcio de Bianca, Steve disse que ela deveria contratar Roy Cohn e processar Mick por tudo, mas a coisa é muito complicada – Bianca quer se divorciar em Londres e Mick quer se divorciar na França, porque foi na França que ela assinou os papéis dizendo que não ganharia nada num acordo de divórcio.

Quarta-feira, 27 de dezembro, 1978. Halston telefonou me convidando para um jantar para Diana Ross na casa dele. Ela estava com calças pretas muito apertadas, como se ela tivesse sido derramada nelas, ela é supermagrinha – as calças eram tão apertadas que ela mal podia sentar. Ficou ao meu lado e conversou a noite inteira, me tocando, acho que estava com alguma coisa. Ela contou que disse para Cher que não faria o especial de TV dela, que Cher voou até Vegas para vê-la semana passada, mas ela recusou. Ela disse, "Essa não é minha cena por agora". Diana usa esses termos moderninhos, ela disse, "Não tenho nada contra ela, mas...". Mas uma vez elas não foram melhores amigas?

Domingo, 31 de dezembro, 1978. Fred está na Amazônia – não, espere, nos Andes. Falei com David Bourdon, ele vai à festa de Ano-Novo do Rosenquist. Rosenquist contratou uma banda novamente. Foi um sucesso tão grande ano passado que ele está repetindo outra vez.

Trabalhei toda tarde no escritório. É bom trabalhar na véspera de Ano-Novo, pintei fundos. Walter Steding veio me ajudar. Ronnie estava tendo um Ano-Novo com os Alcoólicos Anônimos e Brigid passou para apanhar algumas fitas.

Eu não sabia que a noite na casa de Halston seria tão chique, querida. Perguntei se poderia ir com Jed e Halston disse tudo bem e aí fomos. Catherine veio com Tom e Winnie – Halston também disse tudo bem. Tom me disse que estava dando porcentagens no filme e que tinham de refilmar algumas coisinhas, que podiam fazer isso porque alguém tinha recém-entrado com $15 mil. Bianca estava usando um Dior.

Ah, e Vincent ligou mais cedo e contou que mrs. Winters telefonou dizendo que mr. Winters tinha tido uma coisa que eles acham que é um infarto.

Diana Ross estava linda. E ela perguntou a Halston no telefone se ele serviria feijão-fradinho à meia-noite para dar sorte. Aí Steve saiu pela cidade comprando soul food. E quando ela chegou Halston estava cozinhando presunto de pernil e costelas. Algumas pessoas disseram para ela: "Você não gostaria de dar uma olhada no feijão-fradinho?". Eles sabiam que o feijão tinha sido ideia dela e estavam só tentando ser gentis. Mas acho que ela pensou que fosse ofensa porque disse: "Não, obrigado, queridos, acho que já dei uma olhada neles o que chega".

E Mohammed, o houseboy, estava com a namorada lá e ela é a filha de Jake LaMotta. Ele é o lutador de boxe que Bobby de Niro está interpretando no novo filme de Scorsese. Ela é bonita.

Quando estávamos sentados na casa de Halston estávamos com o rádio ligado e era "ao vivo do Studio 54" e ouvimos o locutor dizer, "Ah, sim! Aí vêm eles! Halston, Bianca e Andy Warhol! Estão chegando à porta neste instante!".

Aí nós todos fomos mesmo para o Studio 54. A decoração estava ótima, tinham posto pó prateado no chão e colocado alguém num trapézio e balões brancos. E estavam dizendo que Bobby de Niro estava lá desde as 10h. Era uma festa de imprensa.

Toda noite foi gasta perdendo e encontrando e procurando e encontrando e procurando. John Fairchild Jr. tem uma queda por Bianca e então ficamos procurando por ela e aí ela sumiu e aí ele sumiu e aí a encontramos e aí me perderam e aí me procuraram e aí ele sumiu...

Eu estava sóbrio. Bebi muita Perrier. O lugar ainda estava animado às 7h. Saímos, fora estava quente e ainda tinha gente querendo entrar, como se fossem só 10h. Só a luz era diferente.

Segunda-feira, 1º de janeiro, 1979. Maxime disse que me ofereceria um jantar, mas eu não queria. Então pedi que ela convidasse Bianca e os Herrera e fui buscar Catherine. E também convidei Allen Brooks, o astro pornô. De táxi até a 19 com a Quinta ($5). Gloria Swanson estava lá com seu novo jovem marido. Ela foi casada com o ex-cunhado de Maxime, o conde de la Falaise. E ela começou a dizer, "Sinto o cheiro de gases terríveis. Tenho de ir até a janela para escapar deles. De onde vêm? Deem uma olhada no forno. Eu tenho um olfato muito bom e sei que há um escapamento de gás". E eu tinha certeza que o que ela estava sentindo era o cheiro do meu perfume. Era jasmim de Shelly Marks. PH e eu estamos pesquisando uma nova linha de perfumes e eu estava fazendo uma experiência. Então eu não queria chegar perto de Gloria. Fui ao banheiro e tentei lavar o perfume, e pelo resto da noite fiquei a metros de distância dela, mesmo quando ela tentava falar comigo. Fugi e fui conversar com Sylvia Miles. Mas Gloria estava bem, com cabelo grisalho curto. Maxime serviu spaghetti.

Mario Amaya, aquela pessoa que passou pela Factory em 1968 e terminou sendo baleado no ombro por Valerie Solanis quando ela atirou em mim, estava lá, acaba de se demitir do emprego no Chrysler Museum em Norfolk.

Terça-feira, 2 de janeiro, 1979. Fui encontrar Truman no consultório do dr. Orentreich na 72 com a Quinta para gravar os dois para a primeira das "Conversas com Capote", de Truman, para *Interview*. Entramos pelos fundos e o dr. Orentreich nos deu amostras grátis e achou que era uma entrevista e começou a falar sem parar, contando tudo o que está fazendo. Depois removeu as veias do meu nariz. Eu já tinha feito isso antes, com o dr. Domonkos. Não dura, mas por um tempo fica ótimo. Uns três meses e aí a gente tem que fazer de novo. Ele disse que o médico que lixou meu nariz vinte anos atrás fez um péssimo trabalho, lixou muito fundo.

Truman vai fazer plástica no rosto, mas não com o dr. Orentreich – é outra pessoa do consultório quem vai fazer –, será só "supervisionado por" dr. Orentreich.

Sexta-feira, 5 de janeiro, 1979. Bianca convidou tanta gente para ver as pinturas que estou fazendo dela no escritório, que tudo se transformou num grande almoço. E eu convidei todos os garotos que ficam atrás de mim no Studio 54, acho que quando uma pessoa é vista na luz todo o glamour desaparece e então seria uma boa maneira de terminar tudo, deixar que eles dessem uma olhada boa e sem retoques em mim à luz do dia. Convidei Cunley, Justin e Pecker, o garçom que foi despedido do Studio 54 por servir drinques no banheiro feminino. Mas não sei por que se importaram, de qualquer maneira o banheiro feminino de lá está sempre cheio de homens.

Bianca tinha ingressos para o show de balé no gelo de John Curry no Minskoff Theater. Depois do show fomos aos camarins ver John Curry. Os camarins no Minskoff são novos e bonitos, com ar-condicionado e tudo. Jade estava conosco. Há algo muito bonito em John Curry, ele é adorável, quando eu estava saindo me beijou na boca. Estão pensando em encerrar a temporada porque ele realmente se machucou, mas ainda vão ficar em cartaz mais uma semana.

Sábado, 6 de janeiro, 1979. Walter Steding ligou e quer trabalhar de free-lancer, aí mandei que ele levasse uma pintura "Sombra" para John Curry (táxi $10).

Vincent telefonou de Montauk porque mr. Winters está piorando e mrs. Winters está chateada. Eu não consigo acreditar que alguém com uma aparência tão boa quanto mr. Winters tenha ficado mal de saúde. Mas ele *tem* estado rabugento, acho que foi o último verão com Tom Sullivan lá que realmente o fez ficar assim.

Depois Bob telefonou e disse que Rod Stewart e Abana Hamilton queriam nos encontrar para jantar e pareceu uma coisa divertida. Trabalhei em casa até as 10h e aí Bob veio me buscar e fomos ao Elaine's (táxi $2.50). Na realidade, era um jantar de Swifty Lazar e os Ertegun estavam lá e o empresário de Rod, eu acho, ou assistente, ele é engraçado falando gay com Bob. Bem, a festa estava tão entupida, o pobre do Rod parecia infeliz, dava para ver que ele realmente queria se divertir e todos queriam cheirar e não conseguiam nada. E aí Françoise e Oscar de la Renta foram embora e de repente – foi incrível – tudo se animou. Quem pensaria que a saída de duas pessoas causaria esse efeito? – toda a atmosfera do jantar mudou.

Rod e Alana estavam com os casacos mais lindos. Ele estava com um mink preto e ela com um mink branco combinando. Ele estava tão bem – melhor do que ela.

Depois fomos ao Studio 54. Truman estava lá. Ele sobe para a cabine do DJ e é como o seu escritório particular. As pessoas vão lá falar com ele e ele fica até as 8h. Truman contou que Ivan Karp viu os trabalhos de Bob MacBride e disse que vai colocá-los numa coletiva em dezembro do ano que vem.

Rod e Alana estavam nos fundos. Eu os apresentei ao gerente. Agora é difícil conseguir coca lá, eles realmente não estão vendendo. E um sujeito estava meio que me incomodando e John Fairchild Jr. veio e perguntou se eu queria que ele desse uma surra no sujeito e acho que tenho de conhecê-lo melhor porque ele deve ter um mau temperamento, o que é sempre interessante.

Domingo, 7 de janeiro, 1979. Chovendo forte. Quando eu estava saindo de casa, John Curry telefonou para agradecer a pintura "Sombra" que mandei para ele. Fui ao Elaine's jantar com Phyllis Diller (táxi $2.50). Barry Landau foi quem combinou tudo e estava lá.

Phyllis estava uma graça, é uma divorciada feliz. Enquanto conversávamos, ela finalmente se deu conta de que eu fui a pessoa que pediu para desenhar o seu pé lá por 1958. Naquela época, ela estava se lançando – pode ter sido no Bon Soir ou algum lugar e durante todo este tempo ela nunca tinha se dado conta de que aquele era eu e que esse sou eu, e aí disse, "Ah, *você* é o fetichista dos pés!".

Phyllis não comeu muito. Tommy Smothers estava conosco e Tommy Tune também. Ele disse que Elaine's serve a melhor comida que ele já comeu nos últimos tempos, e todo mundo olhou para ele como se estivesse louco. Deve estar.

Aí Adolph Green veio em direção à nossa mesa de braços abertos, e então (*risos*) Barry Landau cochichou rapidamente para Phyllis que ela tinha acabado de mandar uma garrafa de champagne para a mesa dele. Porque Barry tinha mandado uma garrafa e assinado por ela. E Tommy Smothers estava dando beijos de língua em Phyllis e aí eu disse, "Se você pode dar beijos de língua nela, você pode dar beijos de língua em mim". Aí ele me deu um quarto de beijo de língua e disse que me daria o resto quando me conhecesse melhor.

Depois fomos ao Studio 54 e estava bem vazio. John Fairchild Jr. estava lá e pediu dinheiro emprestado, aí eu rasguei ao meio uma nota de $100 e ele ficou irritado, mas foi um momento memorável. E não me dei conta na hora, mas provavelmente ele estava de casaco só porque não tinha dinheiro suficiente para deixá-lo na chapelaria.

E Halston é engraçado – não importa quantas vezes a gente se encontre na pista, ele me agarra e me abraça e me beija e diz, "É muito bom ver você, mr. Warhol". Paguei John Fairchild Jr. por ele ter ficado como meu guarda-costas ($20).

Andy faz body-painting em modelo nos anos 60. Com Gerard Malanga e Ultra Violet.

Com seu dachshund, Archie, no corredor de entrada da sua casa, na rua 66 Leste. (Foto de Pat Hackett)

Em uma de suas caminhadas diárias pela Madison, parando nas lojas para comprar e incentivar os donos a anunciar na sua revista, a *Interview*. (Foto de Pat Hackett)

Vestindo-se em casa.
(Foto de Pat Hackett)

Quando *Philosophy* foi publicado em 1975, o artista e vitrinista Victor Hugo (*deitado*) cobriu o chão do showroom de Halston (*de pé*), na Madison com a 33, com cópias do livro.
(Foto de Pat Hackett)

Com Mick Jagger, em 1975, na 860 Broadway, coautografando os retratos com ele. (Foto de Pat Hackett)

Com Mick Jagger e Archie, em 1975. (Foto de Pat Hackett)

Caminhando no Village com Jed Johnson (*esq.*) e Paul Morrisey, em 1972. (Foto de Pat Hackett)

Com Jack Nicholson em Nova York, em 1974. (Foto de Pat Hackett)

Halston.
(Foto de Andy Warhol)

Martha Graham.
(Foto de Andy Warhol)

Baryshnikov.
(Foto de Andy Warhol)

Fereydoun Hoveyda, embaixador iraniano na ONU (*esq.*), Marisa Berenson e Lester Petsky. (Foto de Andy Warhol)

John McEnroe e Catherine Guinness. (Foto de Andy Warhol)

Jantar com Mick Jagger e William Burroughs. (Foto de Andy Warhol)

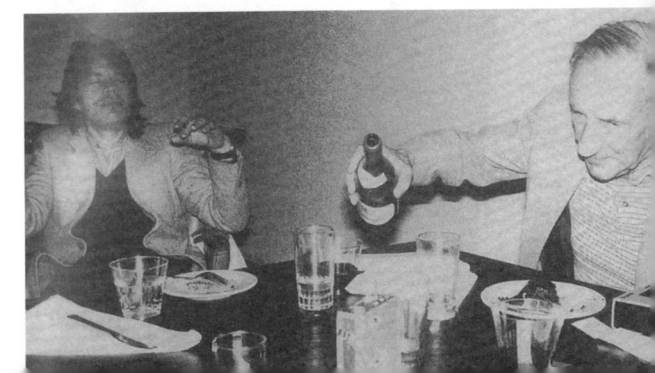

Brigid Berlin, em seu peso máximo, caracterizada como Estelle, no set de *Bad*, em 1976, com seu irmão Richard E. Berlin Jr. e a atriz coadjuvante Susan Tyrell. (Foto de Pat Hackett)

Barbara Allen. (Foto de Andy Warhol)

Halston em sua casa, na rua 63 Leste, com Diane de Beauvau e Bianca. (Foto de Andy Warhol)

Richard Weisman com Catherine Oxenberg e sua mãe, a princesa Elizabeth, da Iugoslávia. (Foto de Andy Warhol)

No showroom de Halston, na Olympic Tower. *Da esq. para dir.*: Benjamin Liu, Martha Graham, Jane Holzer e Liza Minnelli. (Foto de Andy Warhol)

Gigi e Ronnie Cutrone.
(Foto de Andy Warhol)

Suzie Frankfurt.
(Foto de Andy Warhol)

A Union Square Oeste, vista de cima, da janela da 860 Broadway.
(Foto de Andy Warhol)

André Leon Talley e Maxime de la Falaise McKendry. (Foto de Andy Warhol)

Lou Reed e Ronnie Cutrone no escritório de Andy. (Foto de Andy Warhol)

A sala de reuniões onde recebia os convidados para o almoço. (Foto de Andy Warhol)

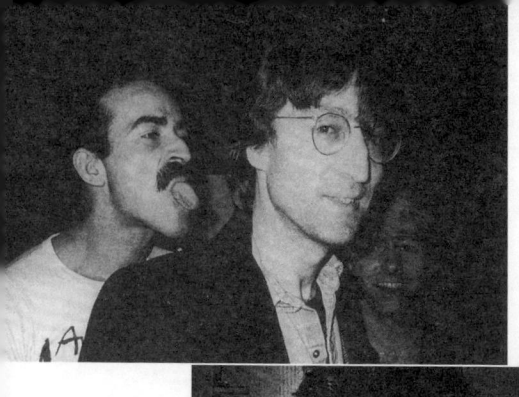

Victor Hugo, John Lennon e Rupert Smith.
(Foto de Andy Warhol)

Vincent Fremont.
(Foto de Andy Warhol)

Henry Geldzahler fazendo pose em cima de um radiador.
(Foto de Andy Warhol)

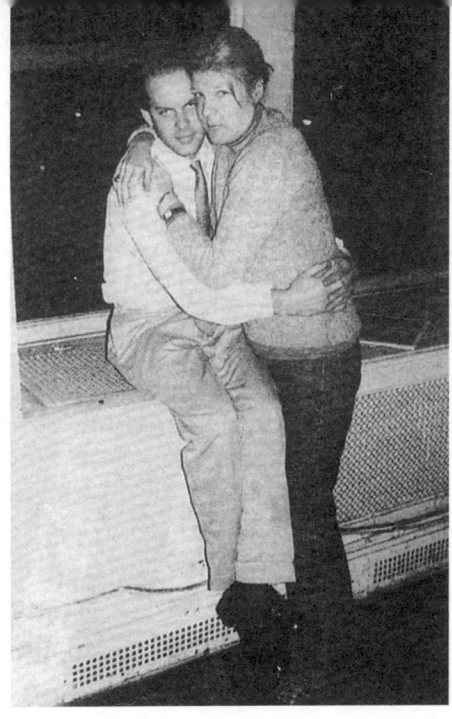

Robyn Geddes e Brigid Berlin. (Foto de Andy Warhol)

Jade Jagger, no ateliê de Andy, na parte de trás do loft. (Foto de Andy Warhol)

Robin Williams em um brechó no Village, em 17 de abril de 1979. (Foto de Andy Warhol)

Farrah Fawcett, na 860 Broadway, posa para a foto que Andy usaria para fazer seu retrato.

Bruce Springsteen, em 21 de agosto de 1978. (Foto de Andy Warhol)

Liza Minnelli posa para retrato polaroid, em 1978. (Foto de Andy Warhol)

Truman Capote nas proximidades do seu apartamento na United Nation Plaza, no verão de 1978. (Foto de Andy Warhol)

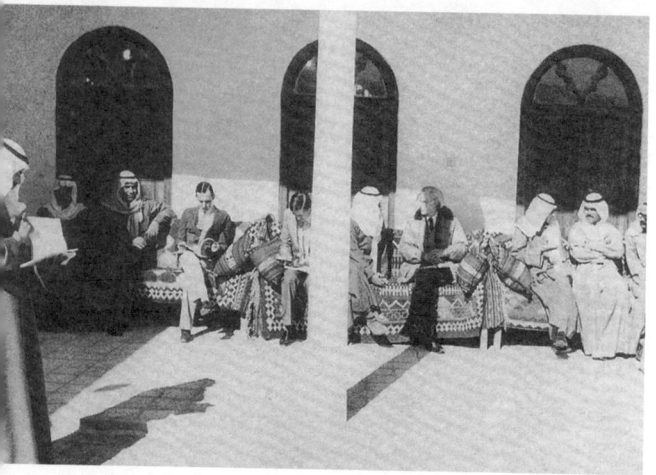

Fred Hughes, Jed Johnson e
Andy em temporada no Kuwait.

Com amigos no
Kuwait, em 1976.

Segunda-feira, 8 de janeiro, 1979. Vincent telefonou e disse que mr. Winters morreu.

Será que contei que Fred telefonou para o escritório outro dia? Ele nem chegou a Bogotá ainda, estão em alguma cidadezinha. Disse que ele e Rachel Ward caíram do barco e ela não voltava à tona, mas aí voltou. Disse que foi realmente perigoso. Está com três ou quatro Kennedy e Rebecca Fraser.

Terça-feira, 9 de janeiro, 1979. Eu queria assistir *The Wiz*, aí Jed e eu fomos de táxi até o Plaza (táxi $2, ingressos $10). O filme tem um ar barato e fizeram Diana Ross ficar muito feia e Michael Jackson ficar feio. Sidney Lumet deve detestar as mulheres – as filma "de cima para baixo", a gente consegue ver por dentro das narinas de Lena Horne. Ela é a ex-sogra dele. A peça era muito melhor, com os dançarinos de Geoffrey Holder.

Quarta-feira, 10 de janeiro, 1979. Falei com Vincent, ele foi a Montauk para ver mrs. Winters. Disse a ela que podia ficar lá se quisesse – ela tem um filho e mr. Winters tinha um filho, e aí talvez eles possam ajudá-la e ela possa continuar lá sozinha.

Quinta-feira, 11 de janeiro, 1979. Fred está de volta de sua viagem, muito feliz porque perdeu 9kg, voltou a 54kg, e está usando bigode, e está ótimo, muito jovem.

Me trouxe uma esmeralda, é a menor que eu já vi – se a gente pisca, desaparece. É um décimo de quilate e vem com um certificado que é realmente uma graça.

Fomos jantar no La Grenouille com Phyllis Diller e Barry Landau (táxi $4). Uma porção de gente pediu autógrafos para Phyllis e não para mim e depois ela (*risos*) disse, "Ah, sinto muito, querido, me senti tão *mal* por você".

Sexta-feira, 12 de janeiro, 1979. Tinkerbelle trouxe Christopher Walken para almoçar e assim conseguir ter um encontro com ele. Agora ele é um astro tão famoso que realmente me surpreendeu quando disse, "Uns dois anos atrás eu era o parceiro de dança de Monique Van Vooren". (*risos*) Não é incrível? Acho que foi quando Monique estava fazendo o show dela naquela sala que não existe mais. Não a Maisonette, talvez o Rainbow Room. Ele agora usa bigode. Disse que foi Monique quem deu o nome "Christopher" para ele.

Domingo, 14 de janeiro, 1979. Fui à casa dos Eberstadt para jantar (táxi $2). Earl e Camilla McGrath estavam lá e Sam e

Judy Peabody. De alguma maneira Isabel sentou no lugar errado e aí os cartões de todo mundo ficaram errados e Isabel disse que todos deveriam fingir ser a pessoa do cartão à sua frente. Aí fingi que era Isabel – estavam com o cartão dela – e (*risos*) fiquei pedindo licença para ir ao banheiro. Acho que isso talvez tenha sido cruel.

Segunda-feira, 15 de janeiro, 1979. Fred foi a Connecticut discutir a possibilidade de Peter Brant comprar os portfólios de Muhammad Ali. Peter o deixou uma hora esperando e aí complicou as coisas porque ele e Joe Allen ainda não conseguiram recuperar nada do que investiram em *Bad*.

Terça-feira, 16 de janeiro, 1979. O xá abandonou o Irã. Ele fez uma escala no Egito e está indo para o Texas, onde o filho está em treinamento na Força Aérea, e aí disseram na televisão que vai ficar com os Walter Annenberg na Califórnia. Eu não sei o que eles pensam que estão fazendo – praticamente mostraram um mapa na televisão, com vistas aéreas da área.

Tinkerbelle perguntou como eu pude dizer para as pessoas que ela tinha chupado Chris Walken, e eu falei que não tinha contado a ninguém, que nem sabia.

Quinta-feira, 18 de janeiro, 1979. Foi a primeira vez que eu vi gente voando de verdade pelas ruas, estava muito ventoso. De táxi até Union Square ($3) e foi lá que eu realmente vi pessoas pelos ares. Se a gente estivesse no lado ensolarado da rua estava ótimo, lindo, mas aí a gente dobrava uma esquina e era atirado longe. Gente se segurando nas coisas. Fui para o escritório. Stephen Mueller e Ronnie estavam terminando de ampliar as pinturas "Sombra" para minha exposição semana que vem.

Sábado, 20 de janeiro, 1979. Bob pediu que Brigid o ajudasse o dia todo, escrevendo o texto para o livro de fotos e, quer dizer, eles são loucos – me ligaram e leram alguns trechos e me colocaram no livro falando sobre Lee Radziwill e Jackie O. como se elas fossem minhas melhores amigas. Fiquei com vontade de vomitar. Trabalhei e assisti televisão.

Domingo, 21 de janeiro, 1979. Assisti ao Superbowl e foi excitante, muito bom. O marido de Jo Jo Starbuck é Terry Bradshaw, dos Steelers, e ele conseguiu dois touchdowns em catorze segundos. Ela é a estrela do show de John Curry. Aí os Cowboys conseguiram mais dois touchdowns. Mas os Steelers ganharam. Depois Tom Cashin e Jay Johnson surgiram e estavam indo ao cinema, mas eu não quis ir.

Terça-feira, 23 de janeiro, 1979. De táxi até a galeria de Heiner Friedrich na West Broadway ($5). Fred ainda não tinha chegado. Ronnie e Stephen Mueller estavam pendurando as pinturas. A exposição está boa, a galeria é muito grande.

Cheguei ao escritório por volta das 4h30. Bob estava irritado porque o *New York Times* telefonou e estão interessados em reeditar a coluna de Truman e, como o copyright é de Truman, agora Bob está preocupado que ele comece a escrever para o *Times* em lugar da *Interview*. Mas duvido que Truman vá fazer isso. Ele provavelmente vai querer transformá-las em livro daqui a algum tempo.

E Tom Sullivan veio e parecia um louco. Ficou dizendo que queria me dar 25% do negócio dele, de graça. Mas qual é o negócio dele? E disse que todo mundo pensa que o dinheiro dele vem da heroína ou cocaína, mas que não foi isso, foi outra coisa. Mas, quer dizer, o que mais pode ser? Maconha? Catherine vai receber o green card dela semana que vem. Levou três anos.

Quando cheguei em casa, mrs. De Menil tinha telefonado e deixado um recado dizendo que estava muito emocionada com minha exposição na Galeria Heiner.

Quinta-feira, 25 de janeiro, 1979. Brigid baixou para 54kg, mas a surpreendi no escritório de Bob comendo tudo o que não deve – batatas fritas, lulas fritas, maionese. Ela ficou o dia inteiro se preparando para o vernissage *Sombras*, foi para casa e colocou todas as suas joias.

O pessoal ficou entrando e saindo o dia inteiro. Me mandariam uma limusine e ela chegou às 5h. Me colei e levei alguns dos garotos comigo. Estava nevando um pouco.

Não havia muita gente a princípio. Na realidade, era um grande encontro de negócios. Barbara Colacello providenciou champagne, Seagram's, Evian e algumas outras bebidas e drinques grátis, dizendo que o pessoal de sociedade estaria todo lá.

Mas no final, das quatrocentas pessoas que o Bob convidou, só seis vieram. Seis de quatrocentas: Truman Capote, os Eberstadt, Fereydoun Hoveyda, que acaba de pedir demissão da embaixada, e os Gilman. Daí 394 dos nossos melhores amigos não apareceram no vernissage.

Sem Halston – está em Mustique.

Sem Steve – também está lá.

Sem Catherine.

No final foi mais um vernissage punk, todos os maravilhosos garotos fantasiados que normalmente vão a vernissages como esse. E René Ricard estava lá. Mrs. De Menil veio, ela foi gentil, e François, ele foi gentil. Mas Addie e Christophe de Menil não vieram. David Bourdon e Gregory Battcock, foi divertido vê-los, mas não tivemos oportunidade de nos falar.

Uma porção de garotos estavam com suas próprias câmeras, procurando em vão por celebridades para fotografar. Victor era a única pessoa bem-vestida – um guarda-chuva e pérolas negras.

O banheiro estava lotado, acho que as pessoas estavam cheirando. Formamos um grupo para ir jantar – Jed, John Reinhold, John Fairchild Jr. e a namorada dele, Belle McIntyre, William Pitt e Henry Post. Bob estava furioso comigo por eu ter convidado Henry Post, disse que ele escreve artigos tipo revelação, e talvez esteja certo, talvez isso me crie problemas.

Fomos de limusine até 65 Irving Place para o "65 Irving". No caminho, perto de Washington Square, vimos um cachorro ser atropelado por um táxi e uma mulher começou a gritar e nós oferecemos a limusine para ela levar o cachorro para o hospital, mas ela disse que o marido já tinha ido buscar o carro, e isso estragou a noite. Me senti estranho.

Philippa convidou René Ricard – a sua Fundação Dia acaba de contratá-lo como o poeta principal de eventos beneficentes – e aí ele veio até 65 Irving e ficou dizendo que o meu trabalho era apenas "decorativo". Isso realmente me enfureceu e estou muito constrangido, todos viram o meu "eu" verdadeiro. Fiquei vermelho e comecei a xingá-lo e aí ele gritou umas coisas tipo que John Fairchild Jr. era o meu namorado – você sabe como o René é horrível – e foi como uma daquelas velhas brigas com Ondine e todo mundo ficou surpreso de me ver tão furioso e fora de controle e reclamando aos berros. E você sabe que agora René tem um *agente*? E sabe quem é esse agente? Gerard Malanga. E, quer dizer, René age como se fosse um escritor maravilhoso, mas só tem uma ideia e fica repetindo e repetindo – sobre como tomou vinho e jantou com os ricos e como a gente deveria conseguir as coisas sem pagar, aquela coisa antiga. Felizmente Henry Post não viu a briga, estava numa outra mesa.

Tenho outro vernissage no sábado, esse foi só uma prévia. A exposição só parece boa porque é muito grande.

Sexta-feira, 26 de janeiro, 1979. Jenette Kahn – ela é presidente dos D.C. Comics, uma amiga de Sharon Hammond – telefonou e me convidou para assistir aos Knicks na segunda-feira porque quer que eu pinte o chão da quadra de basquete deles.

Paul Morrissey ligou da Califórnia e disse que Carlo Ponti telefonou para lhe oferecer um roteiro e Paul disse – Paul *disse* que disse – que não faria um filme com ele antes que ficasse resolvida a questão do dinheiro que ele me deve por *Frankenstein* e *Drácula*. Ponti provavelmente pensou que podia comprar Paul se oferecesse um filme. E estou certo que pode. Paul telefonou dizendo que Bobby de Niro talvez queira alugar Montauk e disse que deveríamos oferecer um preço baixo para garantir que ele alugue porque seria ótimo tê-lo lá, mas acho que devemos *aumentar* o preço – só os aluguéis não são suficientes para mantermos Montauk.

Sábado, 27 de janeiro, 1979. Foi o dia em que tive de voltar à Galeria Heiner para o vernissage verdadeiro.

E foi ótimo, uma sensação ótima, as pessoas perguntando quantas pinturas tinham sido vendidas e eu podendo dizer, "Todas foram vendidas".

Morreu o governador Rockefeller.

Domingo, 28 de janeiro, 1979. Acordei cedo e os meus ossos estavam doloridos por eu ter ficado de pé tanto tempo ontem, cumprimentando 3 mil pessoas. Fred telefonou e me convidou para ir encontrar os Kennedy na casa dele às 10h, antes da festa do Studio 54 para Pilar Crespi. E Tom Cashin veio para me levar a uma festa de modelos, mas eu estava cansado demais.

Vi um pouco de *Taxi Driver* na TV e o sujeito no final lendo a carta de Pittsburgh parecia que estava realmente (*risos*) lendo lá de Pittsburgh.

Ah, e no noticiário aquela senhora que sequestrou um avião e disse que estava com nitroglicerina e queria que Charlton Heston e a Mulher-Maravilha lessem uma carta dela na TV? Pois parece uma professora normal... é da Califórnia. Havia algumas pessoas famosas naquele voo – o pai dos Jackson Five e o sujeito que contracenou com Mary Martin em *A noviça rebelde* na Broadway.

Segunda-feira, 29 de janeiro, 1979. Rupert veio até o escritório e eu reclamei que andasse por aí dizendo que é ele quem faz as minhas pinturas. Mas está bebendo demais e aí ainda pensa que é ele quem faz as pinturas. Fui ao Madison Square Garden (táxi $3). Jenette Kahn queria que eu conhecesse Sonny Werblin, que é o presidente do Madison Square Garden, para conversar com ele sobre a pintura da quadra para os Knicks. Exatamente como Bob Indiana fez para o time dele lá em Indiana. Conversamos com Sonny e ele disse que parecia uma boa ideia. Pediu para ver o chão que Bob Indiana tinha feito e Jenette já tinha mandado buscar fotos dele. O jogo foi uma chatice. Os Knicks são lentos, um time bom mas lento, eles perdem muitas cestas – o outro time fez todas as cestas que tentou.

Depois tive de levar Jenette para jantar e ela disse que gostaria de ir ao Trader Vic's. Tive de fofocar por umas duas horas. Acho que ela tem uma queda por mim. É inteligente e charmosa com grandes tetas, uma boa cabeça. E é muito organizada. Diz exatamente o que quer dizer. Estou convencido de que quando se diz muito simplesmente as coisas que se quer dizer e tudo é dito para início de conversa, se terá sucesso nos negócios. Bob Denison consegue fazer isso. E Jenette faz isso com charme, vai direto ao assunto e diz coisas – tipo o que nós queremos de Sonny Werblin.

E no avião que foi sequestrado também estavam Joe Armstrong, Sue Mengers, Max Palevsky, Theodore Bikel e Dino Martin Jr. Como é que eles conseguiram se esconder das câmeras? Sue disse a melhor frase: "Se alguma coisa acontecer comigo, tome conta do meu casaco".

Terça-feira, 30 de janeiro, 1979. Reclamei outra vez de Rupert por estar dizendo que faz as pinturas por mim e ele resolveu parar de beber por um tempo.

David Whitney me contou que a casa na Rua 54 onde Nelson Rockefeller morreu era a casa que usava para se divertir. Diana Vreeland foi engraçada na outra noite, ela disse, "Mas é *claro* que Nelson estava com uma mulher – ele estava *sempre* com uma mulher. Nelson queria que todo mundo estivesse *feliz*. E por que não? Ele era um Rockefeller – podia fazer *todo mundo feliz*". E aí alguém disse "Mas, e Happy?".*

Quarta-feira, 31 de janeiro, 1979. Trabalhei toda a tarde. Depois, de táxi até o desfile de Delia Doherty na Lafayette com Canal Street ($5). Ela mostrou roupas de papel feitas de tubulação. As modelos tinham de ser enroladas nas roupas, não conseguiam caminhar nem falar. Foi absolutamente ótimo. Jane Forth estava lá, acaba de voltar da América do Sul, onde fez a maquiagem para um filme com Carol Lynley. Jane disse que vai voltar para a escola de maquiagem porque pode ganhar mais dinheiro criando cicatrizes e queimaduras do que fazendo maquiagem normal. E conseguiu uma ex-policial gorda para tomar conta de Emerson, o filho que ela teve com Eric Emerson. Ele agora tem oito ou nove anos. Está estudando balé, seguindo os passos do pai.

Sexta-feira, 2 de fevereiro, 1979. John Reinhold telefonou de manhã e disse que queria me levar até a galeria da mulher dele na Rua 78 (táxi $2). Ela viajou há pouco para a Europa para procurar mais alguns pôsteres e essas coisas. A galeria está com uma mostra maravilhosa de velhos cartazes de cinema, como Garbos dos anos 20, aqueles lindos cartazes enormes que eram impressos na Alemanha, eles têm mais ou menos 20 x 25cm – coisas como o *King Kong* original e Charlie Chaplin. Eu sempre comprei os cartazes americanos pequenos e eles não estão valendo nada. Os cartazes originais de Cassandre estão cotados a $35 mil. Dá para acreditar? E quando eu penso como os deixei escapar por entre meus dedos! Uma cópia de um deles vale $5 mil ou $10 mil. *Cartazes*. Dá para acreditar?

Almocei naquele lugar chamado Three Guys, na Madison com a 75, é uma loja de sanduíches realmente ótima, muitos garotos entraram, deve haver uma escola ali perto. E tinha uma garota atrás de nós dizendo "merda" e "foda" para a mãe dela, e tudo que a mãe dizia a garota respondia, "Você está me ofendendo, mãe" e você só tinha vontade de dar uma bofetada nela e chutá-la algumas vezes – um narizinho meleiquento. Tinha uns catorze anos e a mãe uns 35. Você sabe quando a gente pega a mãe para realmente incomodar fundo? Bem, essa garota ficou fazendo isso, foi nojento. Depois deixei John no escritório dele e fui para Union Square (táxi $4.50).

---

* Happy (port.: feliz). Trocadilho com Happy Rockefeller, esposa de Nelson Rockefeller. (N.T.)

Domingo, 4 de fevereiro, 1979. Fui mencionado num artigo de Hilton Kramer sobre arte vitoriana na revista do *New York Times*; ele fala mal de mim.

Segunda-feira, 5 de fevereiro, 1979. Halston telefonou e nos convidou para jantar com Liza e Liz e Dolly Parton e Lorna e então fui para casa me trocar. Fui a pé até a casa de Halston, mas aí Liza queria que eu e Jed fôssemos até a casa dela, 40 Central Park South, para ver uma escultura de Mark Gero, o namorado dela. Disse que só demoraria cinco minutos.

Ele não estava lá – estava jogando pôquer com seus amigos num restaurante mexicano na Rua 86 e ela decidiu ir lá se encontrar com ele – mas me fez deixar um bilhete dizendo que a coisa era boa e que eu tentaria conseguir uma exposição para ele. Eram tetas de mármore e alabastro e madeira, e ela ficou roçando as tetas enquanto a gente conversava. Liza ainda não se mudou para sua casa em Murray Hill. É triste ver o seu apartamento, porque realmente não tem gosto, e Halston está tentando dar gosto para ela, tentando que Jed decore o apartamento dela, mas acho que ela realmente só se preocupa em trabalhar, não se importa com decoração.

Deixamos Liza no jogo de pôquer e deixei Jed, era por volta das 2h, e aí voltei para a casa de Halston. Dolly não apareceu e Liz também não. Halston e o dr. Giller disseram que estão "descansando". Não sei do quê.

Quinta-feira, 8 de fevereiro, 1979. Trabalhei no estúdio e aí tive de sair cedo. Deixei Bob (táxi $4). Fui ao apartamento de Neil Sedaka, 510 Park Avenue, para coquetéis antes do jantar da Police Athletic League. Encontrei Leba algumas semanas atrás e ela disse que eles queriam um retrato. Os Sedaka estão subalugando este apartamento até que o deles fique pronto. A conversa toda girou em torno da dificuldade de serem admitidos no edifício porque são judeus e artistas, e um casal mais velho de lá foi quem conseguiu fazê-los entrar. Muita gente estava de black-tie. Eu era o pior de todos, com meus jeans velhos e um suéter, mas Neil estava esporte, com um suéter, estilo Califórnia, embora ele seja do Brooklyn. Ele parece bicha, mas não é. No entanto, não sei como o retrato dele vai ficar, porque ele é gordinho. O decorador que está fazendo o apartamento deles estava lá com o namorado, bebemos coquetéis, foi divertido.

Sexta-feira, 9 de fevereiro, 1979. Fred está indo para Berlim e Diana Ross telefonou e disse que quer que eu faça um retrato dela e dos filhos e que o empresário dela vai telefonar para falar sobre isso, e agora Fred está fora da cidade e acho que eu mesmo vou ter de tratar do assunto.

No Studio 54 conheci o jovem John Samuels, ele é realmente bonito, como um jovem Robert Wagner.

Sábado, 10 de fevereiro, 1979. Só fui para a cama por volta das 6h e aí Victor telefonou e começou a falar sobre ideias, se eu tinha alguma "ideia sofisticada". Disse que estava trabalhando no meio de uma festa para doze garotos que ele caçou no Anvil.

Fui à casa de Truman, para a festa da cirurgia plástica dele. Vai se internar na manhã seguinte, domingo, mas não disse a ninguém qual é o hospital. Eu estava com Janet Villella e um dos gêmeos "Du Pont" – aqueles dois irmãos gêmeos que dizem que o nome deles é Du Pont mas acho que é mentira. Quando chegamos à casa de Truman, Truman não ficou contente de ver o gêmeo porque, uma vez no Studio 54, Jacques Bellini, por quem este gêmeo está apaixonado, o fez ir até Truman e dizer coisas horríveis e Truman se lembra disso. O outro gêmeo é o namorado de Rupert. Bob Colacello estava lá e Bob MacBride e Halston estavam lá, e o dr. Giller disse que tentou me telefonar e ficou com ciúmes quando outro homem atendeu ao telefone. Foi Jed quem atendeu. Truman tentou me fazer comer bastante chocolate, ele acha que eu gosto muito, mas na verdade eu não gosto. O comissário Geldzahler estava lá com o novo namorado dele, que é uma graça. Henry contou que disse ao prefeito Koch que queria um distintivo por causa do seu cargo de comissário e o prefeito lhe deu um. Ele mostrou para nós. O namorado de Christopher Isherwood, Don Bachardy, estava lá.

Domingo, 11 de fevereiro, 1979. Mica Ertegun telefonou e avisou que o almoço no Mortimer's tinha sido transferido da 1h para a 1h30.

Fui à igreja e no caminho encontrei Gary Wells de calças verde-brilhante voltando de lá, e fiquei surpreso ao vê-lo tão cedo porque eu o tinha visto no Studio 54 muito tarde na noite anterior.

Depois da igreja, de táxi até o Mortimer's ($2). Estava lotado, mas fui a primeira pessoa a chegar para o almoço, que era para Hélène Rochas e Kim D'Estainville. Jerry Hall estava lá, falando mal de Bianca, agora que Bianca está processando Mick para ganhar metade do que ele tem. O caso está nos tribunais da Califórnia onde agora todos os processos de coabitação são julgados – foi lá que aquela mulher Hunt ganhou pensão para o filho ilegítimo de Mick. Disse a Mica que temos de transformar Ahmet em gay para que ele não fique beliscando todas as mulheres. Ele é realmente divertido – estávamos pensando em ideias idiotas para musicais, como jogging – *Jogging*! E todos estão surpresos que eu esteja falando tanto ultimamente, eles acham que sou uma nova pessoa.

Segunda-feira, 12 de fevereiro, 1979. Esqueci de lembrar a coisa mais importante – almoço sexta-feira na Christie's. Busquei Bob e fomos caminhando até lá e um sujeito tinha levado muitas joias para eu ver e disse, "Você pode comprar barato". E aí foi que comecei a me dar conta – essas casas de leilão podem bater o martelo *a qualquer momento que quiserem*. Certo? Certo? Só pense: a gente está na Sotheby's e o sujeito diz, "Viiiinte dólares... Triiiiinta dólares...". Você sabe, realmente forçando a coisa, muito lento. Mas aí numa outra vez é: "Nove mil-nove e quinhentos-dez-dez e quinhentos-vendido! Já *foi*!". Sabe? Muito rápido. Aí eles nos levaram para ver os meus desenhos que vão ser colocados à venda, e um deles é falso.

E Christie's vai fazer um grande leilão de vestidos, Diors e Schiaparellis e essas coisas. Eles vão ganhar de $8 mil a $10 mil por um Fortuny. Aí só tenho de localizar aquele sujeito que tem aquela loja ótima no Village – Fabulous Fashions. Ele teve de se mudar e agora está em algum ponto da West End Avenue, a loja é no apartamento dele. *Tenho* de encontrá-lo.

E o Irã realmente veio abaixo. É tão estranho ver aquilo tudo na TV, realmente poderia acontecer aqui. E Brigid estava me contando sobre o garoto no noticiário cuja mãe morreu e ele não contou para ninguém, só a conservou em casa durante oito meses.

Terça-feira, 13 de fevereiro, 1979. Truman disse que acha que *Interview* deveria ser como a *Vanity Fair* era originalmente. Ele estava contando várias ideias sobre *Interview* para Brigid, dizendo que queria ter um encontro regular de editoria todas as segundas-feiras com a equipe. Mas encontros como esses são apenas uma grande perda de tempo. Outras revistas fazem assim, mas todo mundo na *Interview* tem mais ou menos sua própria autonomia. Outras revistas marcam grandes e longos encontros e aí é que as ideias das pessoas sobre si mesmas e suas posições vêm à tona – as coisas do "poder". Os encontros apenas revelam se as pessoas pensam que *elas* são as melhores ou se os *outros* são os melhores.

Quinta-feira, 15 de fevereiro, 1979. John Fairchild Jr. telefonou e disse que me buscaria às 6h30 para irmos à Brooklyn Academy ver Twyla Tharp numa festa beneficente de *Hair* que Lester Persky programou. Ele chegou numa limusine com Henry Post, William Pitt, Manta e Teri Garr, ela é muito gentil. O motorista se perdeu mas chegamos lá a tempo. Todo mundo estava lá. Mike Nichols até me disse olá. Acho que se sentiu na obrigação, depois de ter me feito conhecer o Warhol polonês, dr. Warchol.

A dança, é um novo tipo engraçado de dança, escorregando e tropeçando, e parece disco dancing. É como se alguém criativo estivesse na pista da discoteca e tivesse terminado nisso (drinques durante o intervalo $10). Jack Kroll estava lá.

Henry Post me contou que John Fairchild Jr. colocou-o para dentro do Studio 54 noite passada – Henry foi barrado por causa do que escreveu sobre o clube em seu artigo, e quando Ian Schrager o viu, pediu que ele "se retirasse de maneira civilizada". Ele disse que começou a reclamar que aquele era um lugar público, mas aí ficou com medo.

Realmente não sei por que Pat Cleveland e Sterling St. Jacques não colocaram outras das suas danças num show. Embora Ronnie tenha me dito que Pat vai dançar lá no Mudd Club. É o mais novo clube para a garotada, fica lá na White Street. Ronnie é o *mais velho* lá – está contratando um concerto de reggae. Eles me deixaram em casa, nevava e estava bonito.

Sexta-feira, 16 de fevereiro, 1979. Liguei para os Neil Sedaka, eles tinham saído, mas o decorador estava lá e me convidou primeiro para ir ao escritório dele na 81 com Park e depois para ver o apartamento dos Sedaka que ele decorou antes que eles se mudem, na 85 com Park. Fui ao escritório do decorador, que parecia mais um vestíbulo de um grande edifício. É um escritório lindo mas com uma decoração horrível. Ele tem pinturas como as que já vi nos apartamentos de outras pessoas, são apenas garranchos e não creio que seja *ele* quem pinte, mas são pinturas de alguém. Nem consegui me atrever a perguntar de quem são. Mas ainda vou perguntar. Ele usa roupas da Christopher Street, botas militares e casaco de couro e calças de gabardine marrom, e tem barba e bigode. Ele se parece com Victor, como um boneco Gay Bob. Aí me levou para o andar de cima para ver o apartamento da sócia dele e ela tem um duplex com mais pinturas de garranchos.

Depois fomos até o apartamento dos Sedaka. O trabalho de decoração aparenta estar custando $3 ou $400 mil e estão fazendo coisas como mudar uma porta de lugar alguns centímetros. Mas instalaram sauna e essas coisas.

De táxi à United Nations Plaza ($3). Truman parece ter sido recém-operado pelo dr. Frankenstein. Está com cicatrizes para cima e para baixo e de um lado ao outro do rosto. Parece que só o parafuso está faltando. Depois fomos de táxi até o consultório do dr. Orentreich ($4) e nos esgueiramos pelos fundos. Era como esgueirar-se com Garbo. Ok, deixe eu descrever a roupa de Truman: ele estava com um cachecol sobre a cabeça e aí um chapeuzinho engraçado com dobras e uma babushka e um casaco e um cachecol sobre a boca e óculos de sol e um casaco de couro e um paletó. Quer dizer, com estes cachecóis e esses chapeuzinhos engraçados em cima ele era tão óbvio! De outra maneira ninguém o teria notado e ele seria só mais uma pessoa estranha com sangue escorrendo pelo rosto.

E ele resolveu que quer fazer mais – quer mais dor, eu acho – e então também quis corrigir a dobra no topo do nariz, ali mesmo. É uma operação que Truman diz que inventou e que o dr. Orentreich ensaiou antes em duas mulheres e agora está pronto para aplicar nele.

Havia oito enfermeiras realmente lindas. Era como ver Hugh Hefner e suas coelhinhas. E elas disseram para Orentreich, "Que grande esgoto o senhor é, doutor". Quando ele terminou de preencher a estria de Truman – a estria tinha um centímetro e a cicatriz tem uns oito –, eles o colaram. Truman estava consciente e disse que não doeu, mas não consigo entender como pode não ter doído. Marcou uma consulta na segunda-feira para tirar os pontos.

Depois de táxi de volta para a United Nations Plaza e Truman ficou falando da "nossa revista". E disse que, além dos grandes encontros editoriais, ele quer uma página de opiniões e uma coluna de cartas ao editor e agora estou só me preparando para alguma carta mandada pelos advogados dele.

Ele disse que a próxima melhoria vai ser transplante de cabelo. Disse que todos os problemas dele são causados por John O'Shea e que agora realmente o detesta. Mas mais tarde Brigid me contou que ele a fez enviar uma assinatura de *Interview* para O'Shea.

Sábado, 17 de fevereiro, 1979. Disse a Susan Blond que a encontraria no Palladium Theater na Rua 14 para assistir a um grupo inglês chamado The Clash (táxi $5). Ron Delsener nos levou para uma salinha. Ficamos sentados por lá e aí chegou um casal que não reconheci mas no fim eram Carrie Fisher e Paul Simon. Eu jamais o reconheço. Bruce Springsteen veio e eu também não o reconheci. Ele foi gentil, disse, "Olá, lembra de mim?", e tirou as luvas para apertar minha mão. Eu o conheci no Madison Square Garden quando tirei a fotografia dele que não devia tirar.

Blondie – Debbie Harry – estava lá e quando chegamos aos camarins lá estava Nico! Com John Cale! E está linda novamente, absolutamente linda, finalmente o seu rosto afinou. O cabelo dela é marrom-escuro, mas John a está fazendo pintar de vermelho-brilhante. Eles estão estreando no CBGB e ela vai cantar *Femme Fatale*, do primeiro disco do Velvet Underground, e John vai tocar violino. Está hospedada no Chelsea.

The Clash é uma graça, mas todos têm dentes ruins, com pontas e cotos. E eles gritam sobre livrar-se dos ricos. Um deles disse que não queria ir a nenhum lugar downtown – que queria que lhe mostrassem uptown. Aí eu disse ok, que a gente iria ao Xenon e ao Studio 54.

Segunda-feira, 19 de fevereiro, 1979. Aniversário de George Washington, trinta centímetros de neve.

Almocei com Peter Beard e Cheryl Tiegs. Ela é durona e provavelmente vai fazer Peter se casar com ela. Mas eu cheguei à conclusão de que Peter é só um playboy. Está realmente ótimo, parece que nunca envelhece (almoço $100, gorjeta $30). Cheryl disse que quer fazer cinema e aí eu disse que ela teria de fazer uma voz mais grave, como Betty Bacall fez – falar com os pulmões e não pelo nariz. Mas ela disse que as pessoas gostam dela assim. Eles dispensaram a limusine e aí foram a pé para casa.

Quarta-feira, 21 de fevereiro, 1979. Antes de sair do escritório recebi um telefonema de mrs. Neil Sedaka me convidando para uma festa para Neil, então fui de táxi até lá ($5). Todo mundo estava excitado por eu ter ido. Quando vi Neil não consegui evitar, eu gosto dele, e aí disse que ele simplesmente está muito gordo para ter o seu retrato pintado e que *tem* de perder peso. Nem posso pensar em pintá-lo assim tão gordo. Ele disse que a imagem dele é de gordo, que as pessoas gostam dele gordo, mas, quer dizer, tenho certeza de que come demais. Disse que bebeu só três vodkas. Talvez eu tenha ido longe demais. O retrato está marcado para a semana que vem.

Sábado, 24 de fevereiro, 1979. Acordei cedo. Brigid telefonou, está com quase 70kg. Estava quente e chuvoso fora e eu queria ir cedo até a Galeria Heiner para poder distribuir mil *Interviews* à tarde (táxi $6). Cheguei lá por volta das 12h30 e comecei a trabalhar. Não consigo acreditar que realmente tenha distribuído mil, mas foi o que fiz. Rupert e os gêmeos Du Pont vieram e para descansar eu os levei com os garotos da galeria até o Robata, o restaurante japonês ali perto ($90). Saí da galeria por volta das 6h30. Uma mulher disse que esteve no colégio comigo e trouxe uma cópia do livro do ano da escola e perguntou se eu queria vê-lo e eu disse que preferia que ela não me mostrasse.

Domingo, 25 de fevereiro, 1979. Fui à igreja, comprei pilhas ($12.22). De táxi até United Nations Plaza ($3). Truman estava oferecendo um almoço para Buckminster Fuller – Bob MacBride acaba de fazer uma entrevista com ele para *Interview*. Ele tem 83 anos, não ouve direito, é uma graça. Truman está ótimo. Esta semana vai fazer o transplante de cabelo. Ele vai até a Georgia fazer uma entrevista para nós, mas não quer dizer com quem. Eu cedi um gravador e uma máquina fotográfica para ele. Dois agentes de viagens e Bill Lieberman estavam lá, ele foi por muitos anos o curador de desenhos e gravuras do Moma, é um velho amigo.

Segunda-feira, 26 de fevereiro, 1979. De táxi ao Chembank ($4). Trabalhei toda a tarde pintando os fundos para os retratos no escritório. Joe Dallesandro telefonou de Paris. Disse que está bebendo uma garrafa de uísque por dia. Quer dinheiro e não sei o que vamos fazer com ele. Terry Dallesandro nos avisou que ele telefonaria, ela veio aqui outro dia. Ainda mora em Staten Island e estava ótima, maquiada. Disse que Joe não tem mandado nenhum dinheiro para ela. Será que está sendo sustentada pela

Previdência? Little Joe não estava com ela, tinha ido à escola. Tem oito anos agora. Terry continua não se interessando por nada. Disse que nem pega algo para ler, que realmente não consegue fazer nada, não sabe nem aquelas coisas de secretária, que só tem o primário. Perguntei pelo que Little Joe se interessa e ela disse que ele está (*risos*) tendo aulas de caratê.

Joe disse que está "com um filme no forno", mas isso foi o que disse da última vez. Ah, e Terry contou que seis meses depois que o irmão de Joe, Bobby, se enforcou, outro garoto que morava com a mesma família adotiva que criou Joe e Bobby em Long Island também se suicidou.

Rupert telefonou – os gêmeos Du Pont se mudaram para a casa dele na White Street.

Quinta-feira, 1º de março, 1979. A pé até o escritório e encontrei John Head e Lorne Michaels chegando para uma reunião que teríamos com eles sobre um programa de TV. Disseram que me dariam um programa se eu conseguisse passar para eles a imagem certa. Mas acho que só queriam vir e recolher ideias, porque quando a gente faz um programa de TV as ideias realmente se esgotam. Mas a não ser que a gente seja o produtor do nosso próprio programa a gente nunca ganha dinheiro, e aí acho que deveríamos iniciar de baixo e fazê-lo nós mesmos, aprendendo tudo desse modo.

Fui para casa e me troquei e de táxi até o Plaza ($2) para encontrar John Fairchild Jr. e Belle McIntyre e William Pitt e Rupert (drinques $70). John convidou uma porção de bichas para não haver ninguém competindo com Belle. Eles têm um relacionamento estranho – não acho que ele vá para a cama com ela, mas, seja como for, ele acha que vai e tem ciúmes.

A pé até o Regine's. Estava lindo lá fora. Belle começou a dançar com um dos gêmeos e John ficou com tanto ciúme que teve um surto e tentei segurá-lo nos meus braços – ele estava muito enlouquecido –, e aí William Pitt disse que a única maneira de parar com aquilo era ir embora, ir até o Studio 54. E fomos (táxi $4).

Sexta-feira, 2 de março, 1979. Brigid estava comendo sem parar e discutimos quando tentei impedi-la. Ela disse, "Eu como o que quero e não tente me impedir, vou chegar aos 70kg se quiser". Aí peguei a comida, organizei tudo na mesa na frente dela e disse, "Vá em frente. Coma".

Fui uptown para uma reunião com Bob Guccione. Ele queria falar comigo sobre fotografar mulheres nuas para doze ou treze páginas da revista. Ele mora numa espécie de lugar italiano renascentista na Rua 67 Leste. É horrível. Tudo parece tão sujo, aquela aparência, aquela atmosfera.

Domingo, 4 de março 1979. Um dos gêmeos Du Pont contou a Susan Blond que está muito apaixonado por mim. Contou para ela todas essas coisas loucas e, quer dizer, tudo que eu faço é (*risos*) segurar a mão dele e boliná-lo.

Aí Jim, o agente ou empresário dos Beach Boys – ele se interessa por arte –, me convidou para assistir ao show deles no Radio City e eu convidei Tom Cashin. Aí o telefone tocou quando eu estava saindo e pensei que era Dennis Wilson quando disseram "É Dennis", mas aí cinco minutos depois de iniciar a conversa me dei conta que era Dennis Hopper quando ele disse, "Os Beach Boys? Eles estão na cidade? Onde é que vão tocar?". Sugeri que ele nos encontrasse no Radio City (táxi $3).

Eu estava sentado me divertindo com os garotos num lado do palco quando Dennis Hopper me chamou para o outro lado onde estava se fazendo de louco e idiota com as namoradas e esposas. Groupies, na realidade. É tão engraçado ver groupies passadas dos trinta – nos trinta e *muitos*.

Saí discretamente durante o intervalo e mais tarde alguém me contou que fizeram um grande discurso no palco anunciando que eu estava lá, acho que agora devem estar me odiando. Fomos ao Laurent, onde Dalí tinha nos convidado para jantar, havia umas quarenta pessoas lá. Ele é realmente generoso com estes garotos. Então os garotos quiseram ir à festa da Xenon para Pelé. Nova York está tão cheia de brasileiros que parece que aqui é carnaval.

Segunda-feira, 5 de março, 1979. Fui ao almoço de Mercedes Kellogg para Ralph Destino, da Cartier. Fofoquei sobre Barbara Allen. Ela foi vista na Flórida ou em Barbados com Bill Paley. Um desses lugares. Nicky Vreeland viu e contou para Diana, que contou para Bob. Voltei para casa às 12h30 e desmaiei por causa da chuvarada.

Terça-feira, 6 de março, 1979. De táxi até Union Square e distribuí *Interviews* (táxi $4). Depois caminhei até o escritório, 1h. Neil Sedaka chegou e ele é mesmo adorável, é ótimo. Chamamos

Jane Forth para fazer a maquiagem e o pequeno Emerson estava com ela. Neil posou e foi difícil conseguir uma boa foto, o rosto dele está muito gordo. Trabalhamos uma hora nisso.

Quinta-feira, 8 de março, 1979. Jean Stein ligou para Brigid no escritório, quer entrevistá-la para o livro sobre Edie Sedgwick que ainda está escrevendo. É uma coisa absurda, ela tem umas dezoito pessoas trabalhando no livro – George Plimpton é o editor. Aí ligou para Brigid e Brigid mandou Robyn Geddes dizer que não estava lá, e alguns minutos depois Dennis Hopper ligou e Brigid atendeu e ficaram conversando e Brigid falou mal de Jean Stein dizendo que Jean a estava importunando e acontece que Dennis está hospedado na casa de Jean. Aí mais tarde Viva telefonou da Califórnia e começou a criar problemas – disse que se Brigid não colaborasse com Jean, Jean diria as coisas mais horríveis sobre ela no livro e que ela não poderia processá-la porque tudo é verdade.

E Dennis provavelmente nos detesta, também, porque não fomos ao coquetel dele. Não fui porque esqueci, mas sabia que não iria e foi por isso que não lembrei. Mas Dennis quer que eu vá ao México para conhecer uns amigos dele, e Dennis e o seu grupo sempre conhecem muita gente rica, só que eles são loucos e muito década de 60.

Tentei trabalhar com Brigid e Bob num texto para o livro de fotos, mas todas as vezes que eu dava uma sugestão Bob gritava comigo a plenos pulmões dizendo que estava bom assim e aí Brigid também gritava que estava ótimo. Bob levanta tanto a voz que eu realmente acho que ele é louco. Aí não sei por que querem que eu leia os textos, já que acham que estão fazendo um trabalho tão maravilhoso e que tudo é tão ótimo ótimo ótimo ótimo. Então os deixei sozinhos com seu otimismo. Na realidade, está uma droga. Mas eu gosto do título – vamos chamá-lo *Social Disease* – e as fotos realmente estão boas.

Domingo, 11 de março, 1979. Terminei o livro de Bob Thomas sobre Joan Crawford. Parece que afinal ela foi muito divertida e muito fácil de conhecer.

Gostaria que tivéssemos lembrado que ela esteve por aqui.

Brigid telefonou e disse que está trabalhando demais. Agora Truman está com aquele gravador e fica fazendo entrevistas com todo mundo e Brigid tem de transcrevê-las. Quer dizer, ele poderia ganhar $70 mil fazendo grandes entrevistas como essas e cá está ele fazendo-as grátis para *Interview*, mas aí os direitos autorais são dele e então talvez consiga reunir todas num livro.

Assisti a *All in the Family* e depois fui de táxi até a casa de Judy e Sam Peabody para encontrar Nureyev (táxi $2.50). Nureyev chegou com um aspecto terrível – realmente estranho. Acho que ele finalmente foi vencido pela vida noturna. O massagista dele estava junto. O massagista é também uma espécie de guarda-costas. Eu não sabia, antes de ir lá, mas Nureyev disse aos Peabody que se Monique Van Vooren viesse ele iria embora. Diz que ela o usou. Mas ele é terrível. Quando deixou barato e não queria se hospedar num hotel, Monique deu a cama dela para ele e agora ele diz que foi *ela* quem *o* usou. Ele é mau, realmente mau. À 1h30 os Eberstadt queriam ir embora e dei uma carona para eles (táxi $3.50).

Segunda-feira, 12 de março, 1979. Fui à estreia de *Hair* organizada por Lester Persky no Ziegfeld. Depois tomei uma limusine e fui até o edifício no cais onde era a festa e foi a maior festa do mundo – havia árvores suspensas e o lugar todo parecia o Central Park, mas sem os assaltantes. Elizabeth Ashley estava lá e foi gentil e adorável e amiga. Disse que me viu no jogo dos Knicks um mês atrás.

Ah, e a coisa mais estranha. Ah, é tão ridículo! Um velho vem correndo e me beija no rosto e na boca e foi nojento e acontece que era Leonard Bernstein e ele estava me passando uma cantada, todo mundo notou, dizendo que há 25 anos estava desesperado para me conhecer e que deveríamos nos encontrar e conversar e que precisávamos desesperadamente nos encontrar amanhã. Sério, todo mundo ficou olhando. E aí Doc Cox veio e disse que queria me apresentar o novo namorado dele e me levou embora, e aí Leonard Bernstein me encontrou de novo e foi de novo a mesma coisa, foi muito cafona. Quer dizer, lembro que em Pittsburgh um amigo meu disse que um maestro bicha estava na cidade tentando arranjar garotos e foi então que ouvi falar de Leonard Bernstein pela primeira vez. E ele ficou me abraçando e me beijando, e me criticando ao mesmo tempo. Como se ele estivesse me fazendo um grande elogio e em seguida uma crítica. Coisas como, "Sempre quis conhecer você mas todo mundo me disse que você é um canalha". Coisas assim. Por fim consegui escapar dele.

Quarta-feira, 14 de março, 1979. A BBC foi até o escritório para fazer uma reportagem com Fran Lebowitz e depois de nós dois entrevistando Jessica Lange (doces $17, $2.77).

Jessica quer ser uma atriz séria. Tem trinta anos e é bonita, mas acho que tem dentes postiços. Me perguntaram onde encontrei Fran e eu disse, "No esgoto". E aí perguntaram se li o livro dela e eu disse que não. Tomara que tenha saído direito. O que eles estavam querendo dizer na realidade é que, já que ela é tão boa, como é possível que escreva para mim. Pedi que Fran nos ajudasse a entrevistar Jessica e ela disse que não faz entrevistas. E aí ela não tinha aprontado a sua coluna para nós e ficamos irritados. Mas na realidade desta vez ela disse algumas frases divertidas. Disse a Jessica que adorou *King Kong* e Jessica disse que nem tinha visto o filme. E Jessica disse para Fran, "Adorei teu livro", e Fran disse, "Eu nem li".

Busquei Jed e Paulette Goddard e fomos de limusine até o arsenal para a festa de Cartier que Ralph Destino estava oferecendo em comemoração ao aniversário do relógio de pulso de Santos Dumont, e para a qual Bob ajudou a contatar celebridades. Truman estava lá com seu chapéu de marinheiro – parece que emagreceu muito. É estranho. É como se tivessem pego o rosto dele e tirado algumas camadas com um formão. Não é que ele esteja mais jovem. Só está mais magro. E as cicatrizes desapareceram. A única que sobrou é aquela na dobra do nariz. E Monique Van Vooren estava lá, disse que Nureyev iria. E eu perguntei se ela tinha certeza e ela disse, "Não se preocupe, se é para ganhar um relógio grátis ele virá". E naquele momento ele entrou. Realmente parece muito velho.

Mr. Destino gastou muito dinheiro para colocar aviões dentro do arsenal – o relógio de pulso foi inventado para um piloto – e a festa toda provavelmente custou uns $100 mil, mas não fez efeito.

A mãe de Robyn Geddes, Caroline Amory, estava lá, e Lynn Wyatt e Joanne Herring. E Catherine estava lá, muito gorda mas linda. Como uma inglesona sexy, um corpo lindo, mas todo cheio. Como um vidro de geleia.

Paulette estava com tantas joias que acho que tinha uns $3 milhões de rubis, disse que quer vender suas pinturas e ficou dizendo como tem dinheiro. Decidiu que não queria o relógio feminino, queria o relógio masculino, e foi dizer isso para mr.

Destino e ele disse que estava ok. Os relógios que eles estavam distribuindo eram de $1,3 mil, e deram oito, e acho que cada um custou $600 dólares para eles. Marion Javitz não sabia quem é mr. Destino e aí disse, "Esses relógios são uma porcaria", e ele respondeu, "Sou o presidente da Cartier". E ela enlouqueceu porque não sabia como se desculpar – enlouqueceu literalmente. Finalmente eu disse a ela, "Bem, veja, Marion, vai ser uma noite memorável para ele – ele nunca vai esquecer isso".

Bob e eu levamos Paulette para casa. E Bob estava efusivo e sentimental e ficou dizendo a Paulette que a adora, e só para melhorar as coisas eu disse, "Ei, Bob, você nunca diz que *me* ama". E aí cheguei em casa e peguei no sono e toca o telefone e é Bob dizendo que ele nunca tinha dito isso, mas que ele realmente me ama, e, quer dizer, o que há de *errado* com ele? Será que está perdendo o controle?

Quinta-feira, 15 de março, 1979. Paulette e eu aparecemos no *Post*, ao lado dos aviões. Os aviões conseguiram muita publicidade.

Telefonei para John Fairchild Jr. e o convidei para ver *O homem elefante*, ele disse que iria, e eu lhe respondi que provavelmente ele cancelaria mais tarde, e ele disse que não, mesmo que a vida dele dependesse disso ele não faria. Aí cheguei em casa e é claro que tinha um longo recado, cancelando, dizendo que "um amigo meu chegou à cidade sem avisar". E realmente não sei como tratar isso. O que devo fazer? A verdade é que eu já sabia que ele faria isso. Devo dizer isso a ele? Ou só dizer que eu não me importo, ou talvez ir ao extremo oposto e fazê-lo sentir-se realmente culpado porque sei que se sente terrível com essas coisas. Provavelmente ele não dormiu a noite inteira, mas, quer dizer, ele sabia que não iria e nenhum amigo chegou à cidade, e então por que é que disse sim logo de início?

O homem elefante é *Equus* com um elefante em lugar de um cavalo, mas não suporto *Equus* e aí como é que vou gostar disso? Mas os atores são todos bons.

Depois da peça fui ao Mortimer's buscar Catherine. Quando estávamos saindo, Sam Green insistiu que a gente fosse conhecer a nova casa dele antes de irmos para o Studio 54, e aí fomos lá e Sam tem realmente uma ótima casa. A gente abre a porta e lá está aquela escada enorme, e fiquei brincando e dizendo para Catherine bem na frente do Sam que ele é um grande traficante de cocaína, e ele não disse nada e portanto já não sei se é verdade. É um novo tipo de lugar – vazio, com nada dentro à exceção de um tapete, e aí uma foto dele com Garbo naquela exposição do rei Tut. E Sam realmente viaja, foi a toda parte com John e Yoko, conversou com o Dalai Lama e essas coisas. Catherine quebrou o salto do sapato, está realmente gorda.

E então, quando estávamos indo embora, do outro lado da rua havia uma festa para *Síndrome da China* e eles gritaram, "Será que Andy Warhol viria a esta festa?". Aí fomos lá e vimos Jim Bridges, que agora é realmente o diretor mais em moda. Disse que Jack não estava lá – Jack Larson, nosso velho amigo Jimmy Olsen de *Superman* –, que voltou para Hollywood. Jim é uma grande estrela da direção agora e aí não foi mais tão gentil, estava mais tipo Hollywood. Agora não tem com o que se preocupar.

Ah, e Bob ficou todo chateado à tarde porque esperava um telefonema de mr. Destino para receber um relógio Cartier de presente, mas ninguém ligou.

Sexta-feira, 16 de março, 1979. De táxi para o Chembank ($4), depois a pé até o escritório. Fred me contou que tenho de ir a Washington no dia 6 de abril para ensinar crianças aleijadas a pintar e não estou com nenhuma vontade de fazer isso. É para Phyllis Wyeth. Fred foi até a casa de Leo, porque Leo acaba de vender uma pintura minha, e isso vem exatamente quando temos de pagar mais imposto – por um segundo o choque fica mais leve.

David Mahoney estava comemorando o Dia de São Patrício no escritório de Halston. Busquei Catherine e fomos para o Olympic Tower (táxi $3). Curley estava esperando por nós. Disse que tinha sido convidado, mas na verdade não tinha, só queria entrar usando nosso nome. Os Kissinger estavam indo embora e contei à Nancy que acabo de conhecer a tia dela e ela disse, "Ah, sim, a louca". Conversamos com o governador Carey e ele gostou de Catherine.

Estava repleto de celebridades. Truman estava lá. Steve Rubell não foi muito gentil comigo, está frio, sei lá por que, acho que é porque estou sendo amigo de Henry Post. Walter Cronkite me cumprimentou, foi uma graça e nos apresentou à filha dele, que é atriz. E conheci os filhos de Mahoney, que agora estão todos bonitos. A menina era mais pesada e atarracada, mas agora está bonita. Estava usando o mesmo Halston verde do ano passado.

Segunda-feira, 19 de março, 1979. Halston veio me buscar e fomos para o estúdio de Martha Graham, acho que na 63, para vê-la ensaiar. Martha chegou e é ótima, bem jovem. Tem um sujeito que cuida dela. Depois fomos jantar na casa de Halston. Martha está indo para a Inglaterra fazer um espetáculo para a realeza e depois vai para o Egito e para Lisboa. Obviamente o espetáculo dela no Irã foi cancelado, mas não sei como ela pode fazer tudo isso na idade dela, é tão difícil viajar tanto assim. Conversamos sobre cirurgia plástica. Lembro de alguém ter contado que uma vez, quando Martha estava na rua da amargura, um casal generoso a protegeu e patrocinou uma cirurgia facial e aí a carreira dela reviveu. Ela disse que agora talvez faça uma operação nas mãos também, porque na realidade as mãos dela não são mais do que uns toquinhos.

Contei que a vi dançar em Pittsburgh em 1948, e ela disse que é de Pittsburgh e Halston ficou surpreso, não sabia disso, disse que raramente conversam. Ele lhe dá roupas, e uma outra pessoa deu o dinheiro para a redecoração, mas em vez de redecorar ela comprou uma única coisa muito cara em vez de fazer o básico, mas diz que é só porque não teve tempo de fazer o básico, que vai chegar lá. Halston serviu caviar e batatas cozidas. E quando Halston serve batatas cozidas e caviar é sempre algo como meio quilo de caviar. Mas não sei se agora é caviar de verdade, por causa dos problemas no Irã –, onde é que estariam conseguindo caviar? Talvez estejam só falsificando.

E os gêmeos Du Pont telefonaram para mim na casa de Halston, estavam ligando para toda cidade à minha procura, e não atendi, e então tiveram o topete de tocar a campainha da porta e eles estavam bêbados e rindo e fui até a porta da frente e os despachei.

Ah, e Halston está furioso com Bianca porque ela não chegou de Londres, e era o dia de folga de Mohammed e Halston o fez ficar em casa o dia todo; quando telefonou para ela em Londres ela disse que estava com intoxicação alimentar, mas ele não acreditou porque já a ouviu dar essa desculpa várias vezes para outras pessoas enquanto esteve hospedada na casa dele.

Terça-feira, 20 de março, 1979. Fred viu *Cocaine Cowboys* e achou horrível, disse que ficou constrangido comigo. Mas aí não sei, Fred não sabe o que é bom em cinema.

Sexta-feira, 23 de março, 1979. Fiquei uptown porque fui almoçar na casa de Brady Chapin no 225 Central Park Oeste, é uma gracinha de edifício. Era uma reunião para Scavullo, Nancy White e para mim, porque nós trabalhamos juntos na *Harper's Bazaar*. E John Tesh veio, o repórter de 2m de altura do Canal 2, e ele é muito bonito. Não comeu nada e trouxe uma namorada. Brady o conhece do jogging no parque.

Sábado, 24 de março, 1979. Levantei cedo. Thomas Ammann telefonou e veio me buscar às 10h30, queria ver as coisas de Nova York comigo. Fomos a algumas lojas, foi divertido (material de cozinha $50). Aí voltei para casa e me colei para a Fiorucci, cheguei lá à 1h30 e comecei a autografar *Interviews* e fiquei lá toda a tarde. Paulette apareceu e Keith Richards e Ron Wood, e foi a primeira vez que os vi à luz do dia e parecem velhos e estragados. As namoradas deles parecem jovens e novas.

Paulette foi gentil, disse que agora só compra lá. Os garotos que estavam atendendo não sabiam quem ela era. É tão estranho ser famoso num grupo, e aí outras pessoas não sabem quem a gente é. Mas expliquei a eles que ela tinha sido casada com Charlie Chaplin, e Charlie Chaplin eles conheciam. Fiquei lá até por volta das 6h e então levei alguns garotos para o Reginette ($70).

Domingo, 25 de março, 1979. Tenho de ir à festa de Monique Van Vooren no Studio 54. Ela telefonou algumas semanas atrás e me convidou para a sua festa, mas acho que de uma maneira abstrata estava me dizendo que queria que eu *desse* a festa, porque, quando perguntei quando seria, ela disse, "Qualquer dia, quando você puder" – e essa foi a maneira como ela me convidou para a festa, mas na hora não entendi. Aí ela usou a mesma conversa com Bob e ele entendeu e me explicou.

Segunda-feira, 26 de março, 1979. Lindo dia, mas mais frio. Saí distribuindo *Interviews*, parei na Primavera e encontrei Audrey, a dona, e decidi que ela seria uma boa pessoa com quem ir a novos lugares e aprender quais são as novas tendências; aí saímos pela cidade e nos divertimos. Audrey disse que uma senhora trouxe um Castellani e ela lhe pagou $100, e agora o valor é $10 mil. Bem, isso é o que a gente deve fazer, esse é o macete das antiguidades. Se é uma pessoa idosa que está vendendo a gente dá um refresco e paga *um pouquinho* mais, mas se a gente vai a um mercado das pulgas e vê algo que realmente vale muito e a pessoa que está vendendo não sabe disso – a gente não conta para ela. E os estilos desaparecem. É como o déco – a gente nem encontra mais peças déco. As pessoas apenas compram e então escondem, e elas somem do mercado, os estilos desaparecem (catálogos $8). Depois, como estávamos perto da casa de Suzie Frankfurt fomos até lá. Suzie está ótima. Está com uma aparência vulgar – cabelo crespo e puxado para um lado. E ombreiras realmente grandes. Extremamente. É como ela fica melhor. E parece realmente rica.

Terça-feira, 27 de março, 1979. Brigid telefonou e estava entrando em surto, disse que se sente como uma lata de lixo – está pesando quase 70kg – e não sabe o que fazer, e eu disse que deveria ir à igreja e rezar a Deus.

Sexta-feira, 30 de março, 1979. De táxi até a Parke Bernet, onde fui encontrar Suzie Frankfurt e Mark Shand, mas no final era só Suzie (táxi $2). Suzie queria ir até a Rua 47 e fomos de táxi até lá ($3). Ela disse que todas as joias antigas e boas estão em Londres, mas aí encontramos um sujeito da Philips Gallery de Londres comprando alguma coisa para levar para Londres na Rua 47, e então Suzie vai lá e compra a coisa e traz *de volta*. Ele disse que vem sempre aqui comprar coisas.

Sábado, 31 de março, 1979. Fui ao Studio 54 com Catherine e Stephen Graham. Catherine também convidou Jamie Blandford, o marquês bonito que vai ser o próximo duque de Marlbonough. Jamie me apresentou para o filho de Gunther Sachs – deve ser anterior a Brigitte Bardot, parece que tem uns vinte anos. O lugar estava lotado, era como um metrô. Stevie veio e me contou que algumas estrelas estavam lá, mas não consigo lembrar quem eram. Uma era "o novo Shaun Cassidy", um garoto loiro, Leif-alguma-coisa, dizem que está ganhando milhões. Garrett. Aí fiquei com John Scribner me contando num ouvido sobre John Samuels IV, e no outro ouvido Cindy, a Pistoleira de Columbus, me contando sobre John Samuels IV. E ela estava com ciúmes porque ele a deixou por Larissa.

O Studio 54 foi divertido. Fui ao mezanino e Halston estava lá com Lester, e se a gente diz, "Esse é Lester Persky, produtor de *Hair*", a garotada cai imediatamente de joelhos. Eles realmente caem de joelhos. E aí Halston me convidou para a festa de aniversário de Victor na noite seguinte. Jamie queria ir para o porão, mas Catherine e eu não queríamos ir com ele.

Domingo, 1º de abril, 1979. Jamie telefonou e disse que todo mundo no porão do Studio 54 estava pelos cantos, cheirando coca. Estão fazendo isso de novo lá. Decidi dar uma pintura "Dinheiro" de aniversário para Victor e dinheiro num vidro de conservas Kosher que dispara um alarme quando a gente abre. Quando Catherine e eu chegamos na casa de Halston havia poucas pessoas, apenas sentadas por ali – Halston, Nancy North, Rupert e o namorado que mora com ele. Victor ainda não tinha chegado. Halston me mostrou o bolo de aniversário e tinha dinheiro por cima. Halston ia queimar o dinheiro, mas eu disse que não, que todo mundo deveria ganhar o dinheiro com um pedaço do bolo quando fosse cortado; e aí Halston fez flores com o dinheiro em cima do bolo, ele é realmente esperto. Victor chegou com aquele casaco de peles verde de Halston com o qual fotografamos Sophia Loren para *Interview*. Ele trouxe seu amigo chinês de San Francisco, Benjamin, aquele que estava travestido na outra noite na Xenon e que realmente parecia com uma mulher bonita.

Arman e Corice estavam lá e deram a Victor um desses computadores de idioma que têm fitas diferentes e a gente tecla bom dia e eles escrevem *bonjour*. Victor não ficou impressionado com nenhum dos presentes e, em vez de cortar o bolo com dinheiro em cada pedaço, pegou todas as notas e colocou-as em sua sacola de compras. Foi nojento. Catherine e o dr. Giller estavam se entendendo muito bem.

Todo mundo me dá Quaaludes e eu sempre aceito, porque eles são muito caros e posso vendê-los.

Quinta-feira, 5 de abril, 1979. Busquei Catherine e fomos para o Regine's. Paloma Picasso estava lá com o marido e o namorado dele. Ou o namorado dele. Ou o namorado deles. Não sei como isso funciona. Neil, Leba Sedaka e os dois garotinhos deles chegaram e Paloma apaixonou-se perdidamente por Neil. Ela disse que quando tinha dez anos de idade, na Argentina, costumavam cantar "Sweet Sixteen" em português e espanhol, e aí cantou para Neil dessa maneira e ele adorou, ficou muito impressionado com ela.

E Regine estava uma graça, ela agora tem uma "sala dos fundos". Todo mundo quer uma sala assim como a do Studio 54

– Xenon também copiou isso –, mas como de hábito Regine fez a coisa toda errada. A sala dela é muito grande e muito almofadada e muito longe de tudo.

Segunda-feira, 9 de abril, 1979. O irmão de Fereydoun Hoveyda, o primeiro-ministro do xá, foi enforcado no Irã neste fim de semana.

Todo mundo está na cidade para o vernissage de Cy Twombly. Fiquei surpreso por não ter sido convidado para o jantar que Earl e Camilla McGrath deram para ele.

Me colei para ir ao Whitney para o jantar de Cy Twombly. David Whitney telefonou e disse que ele e Philip Johnson queriam vir me buscar, mas eu disse que ia me atrasar e David disse que sempre chegam pontualmente. De táxi até lá sob a chuva ($2). A exposição estava ótima. Marilyn e Ivan Karp estavam lá, e Marilyn me contou que o médium que ela tinha recomendado para Truman e que Brigid tinha visitado e que estava na *Interview* telefonou para perguntar sobre Fred Hughes, que tinha pedido uma consulta, e se era "Fred Hughes, o ator". Ela lhe disse que não sabia nada sobre um Fred Hughes ator – que este Fred Hugues trabalhava para Andy Warhol. Acho que é assim que eles descobrem tudo sobre uma pessoa por antecipação, para que quando ela chegue lá para a consulta eles já saibam tudo sobre ela.

Lily Auchincloss disse que mandou flores para mr. Hoveyda pelo que aconteceu ao irmão dele, e me perguntou se eu tinha feito alguma coisa, e eu disse que não, porque Bob está fora e eu não sei o que fazer.

Terça-feira, 10 de abril, 1979. Christophe de Menil me convidou para um concerto de blues no Carnegie Hall (táxi $4). Convidei Curley e o encontrei lá. Estava lotado. Allen Ginsberg me deu um grande beijo, estava com Peter Orlovsky. Nossos lugares eram ótimos. Todo mundo adorou o show. Agora o blues poderia realmente ser a grande moda. Os negros dos blues se vestem muito bem – chapéus e roupas lindas e dentes de ouro que se pode realmente ver, e joias; eles apenas deixam que as pessoas *façam* coisas para eles. Devem realmente ser grandes estrelas.

Cunley foi antipático – disse para um garoto vir encontrá-lo, e aí fiquei furioso e jamais vou levá-lo a outro lugar novamente. Ele não passa de um furão rico.

Quarta-feira, 11 de abril, 1979. A *Time* telefonou e disseram que aceitaram minha ideia gráfica para a capa dos três Fonda.

Tem de estar pronta quinta-feira às 4h. Estavam pesquisando as capas antigas deles e viram que eu fiz uma sobre Jane. Mandei Rupert comprar materiais e ele só voltou às 7h30, e aí eu berrei com ele. Bob voltou da Califórnia à tarde. Finalmente consegui a entrevista com John Savage e isso é ótimo. Disse que ele nunca tinha dado entrevistas antes, e talvez agora a gente consiga aquele pessoal da pesada que diz que *Interview* é muito frívola.

Na festa de Ahmet e Mica Ertegun joguei gamão com Ahmet e perdi quatro pinturas para ele, veremos quais.

Quinta-feira, 12 de abril, 1979. Os gêmeos Du Pont estavam no 860 – Richard e Robert – e Brigid e eu ficamos tentando descobrir como conseguiram entrar lá, e Brigid finalmente descobriu que *Fred* tinha convidado. E Brigid levou Richard para casa com ela e lhe deu $25 para que limpasse o forno, e aí ficou a noite toda bisbilhotando, enquanto ele combinava pelo telefone de ir ao Studio 54, pedindo que o irmão passasse as calças verde-claras – Robert passa a ferro para Richard porque é a única coisa que faz realmente bem. É o gêmeo que vivia com Rupert e que deixou Rupert por Fred.

E Truman veio ao escritório. Adorou o novo título do nosso livro de fotos, *Over-Exposed*. Bob pensou nesse título na Califórnia quando estava conversando com Irving Mansfield. No entanto prefiro o título *Social Disease*, porque, se não quisermos mesmo ser comerciais, deveríamos ser sempre algo que as pessoas evitassem.

A plástica de Truman é a primeira que vejo que funcionou realmente bem. A papada dele desapareceu e tinha estado ali durante anos. A única coisa errada é a cicatriz sobre o nariz, que ainda tem cinco centímetros. Acho que foi um erro. Desde a operação ele usa um pedaço de plástico sobre o nariz e isso poderia (*risos*) ter sido feito de início. Ah, e Truman pediu de volta os originais dos artigos dele e estamos tentando ficar com eles. Vou tentar dar um xerox para ele.

De táxi até o escritório ($3) e todo mundo estava esperando por mim. Lloyd telefonou, o garoto tipo-mafioso que trabalha no 54, e queria jantar comigo e com Catherine. Pediu que a gente se encontrasse num lugar chamado York's na 38 com Segunda (táxi $4).

York's é um lugarzinho divertido. Depois deixamos Catherine e fomos de táxi até o Regine's ($3). Acho que ele estava com um Rolls-Royce estacionado perto do York's mas não queria que a gente visse. Disse que queria conhecer Regine mas quando chegamos no Regine's ele já conhecia todo mundo. Conhece todo mundo em todos os lugares, e isso é estranho, ele é muito jovem – dezoito – mas age como se tivesse quarenta. Bebi meio drinque e ele bebeu mais três. Aí me contou que é bi. E então me deu medo porque sempre pensei que ele estivesse a fim de Catherine, e agora fiquei sem saber. Me contou sobre a família dele. Disse que o pai trabalha para Roy Cohn, mas me pareceu mais um arrecadador de dinheiro. Disse que o seu "papai" se levanta às 6h e vai todas as manhãs ao correio recolher o dinheiro das dívidas que ele obriga as pessoas a pagarem. Tem uma irmã de sete anos que vai ser uma beleza, ele disse – ele compra presentes para ela.

O marido de Regine veio e os apresentei. Aí não nos cobraram. E Lloyd ainda queria beber mais um pouco e sugeriu que a gente fosse ao Playboy Club, e a ideia pareceu divertida. Ele gosta das coelhinhas. Tem uma filosofia sobre as mulheres – só gosta delas se são muito bonitas. Ele é judeu e perguntei por que não estava em casa para a Páscoa judaica; ele respondeu que sua família não era muito religiosa. No bar três sujeitos ficaram olhando para mim, mas no final eles eram empregados do "21". Foi estranho. Lloyd bebeu outros dois drinques. Disse que sua mãe é linda – só tem 38 anos – e que nunca usa o mesmo vestido ou os mesmos sapatos duas vezes. Ele quer nos levar a um restaurante realmente ótimo em Westchester. Disse, "É melhor que o Elaine's". Não é engraçado? De todos os lugares que poderia ter mencionado. "Melhor que o Elaine's", ele disse. "Se você não achar que é tão bom quanto o Elaine's eu levo você para jantar durante um ano, mas você tem de ser sincero."

Ah, e levaram Steve Rubell para a prisão. Ainda não está nos jornais. Foi porque brigou com uns fotógrafos. Lloyd disse que a única vez que Steve o magoou foi quando tomou Quaaludes e Loyd disse, "Ah, Stevie, estou feliz que você goste dos meus pais", e Steve disse, "Eu não gosto. Eles são nada. São ninguém – é de você que eu gosto". Ele disse que isso realmente o magoou. Isso aconteceu quando ele estava dando uma carona para Steve.

Sexta-feira, 13 de abril, 1979. Estava lendo o livro de Margaret Trudeau. Ela escreve como Viva. Se Viva tivesse encontrado gente interessante na sua vida, teria escrito um livro como esse.

Fui ao Copa ver o show de Mork. Robin Williams. Ele é excelente. A irmã de Jed, Susan, foi a nossa garçonete (gorjeta $10). Depois a mulher de Mork nos convidou a ir ao Sherry, fomos, e Lucie Arnaz também estava lá, todo mundo sentado em volta de uma mesa enorme cheia de rosquinhas. Mork tem cabelo no peito e nos braços, mas lindos olhos azuis.

Segunda-feira, 16 de abril, 1979. Será que contei que na outra noite Nureyev estava no Elaine's? Nunca sei o que se deve fazer quando a gente encontra alguém lá. Ser muito frio e não incomodar as pessoas? Ou distribuir abraços? Porque, quer dizer, é ótimo quando Diana Ross faz isso.

Não fui à festa de soltura de Steve Rubell. Estão dizendo no jornal que enquanto esteve preso escreveu um diário em cartões do 54 que estavam em seu bolso. Não é ótimo? Ele disse que a cela era nojenta e que a primeira coisa que vai fazer é lutar por reformas nos presídios.

Terça-feira, 17 de abril, 1979. Liguei para Mork no hotel. Disseram que eu fosse imediatamente para lá. De táxi até o Sherry ($2.50). Pensamos que eles estariam de limusine porque éramos doze pessoas, mas aí tivemos de tomar três táxis para o Village. Queriam pagar o táxi, mas eu paguei ($6). Nos encontramos na Christopher com a Bleecken e aí fomos a uma loja de roupas usadas e eles se divertiram muito. Mork consegue dizer num segundo o que vai servir nele. Escolheu três ternos, experimentou, e serviram perfeitamente. O nome da mulher dele é Valerie e ela é realmente gentil. Disse que já tinha estado na Bleecker Street de manhã e tinha comprado mobília provinciana francesa para a casa deles em L.A.

Andamos pelas ruas laterais e é engraçado – quando os garotos veem Robin apenas dizem, "Oi, Mork", sem ficarem deslumbrados, é como se estivessem vendo alguém que conhecessem. São os adultos que ficam deslumbrados. Caminhamos até o lady Astor. Depois fomos encontrar Michael Sklar, que eu não via há anos e que participou dos nossos filmes *Trash* e *L'Amour*. Está com o rosto magro. É amigo deles.

Robin vai fazer um filme sobre Popeye. Sue Mengers acaba de se tornar agente dele. Valerie contou que quando percebeu

321

que Robin ficaria famoso e, já que estavam vivendo juntos há dois anos, disse que não queria atravessar tanto a vida quanto os jornais como a amiga de Robin Williams, e o fez se casar com ela. Eles são gentis e são (*risos*) "de verdade". Sabe? Eles não usam limusines. Embora com uma limusine tivesse sido bem mais fácil.

Será que contei ao Diário sobre o violento acidente com Henry Post? Ele estava dirigindo seu novo carro em Southampton e acordou no hospital. Não lembra nada. Bateu em dois postes. E aí eu deixei escapar uma coisa idiota – que não deveria ter dito porque quando uma pessoa está tomando comprimidos e sedativos fica paranoica –, eu disse, "Talvez seja por causa das histórias que você escreve, talvez alguém tenha sabotado com você".

Quarta-feira, 18 de abril, 1979. Dia de sol, caminhei até a Lexington, distribuí *Interviews* e depois fui ao Russian Tea Room encontrar Joan Hyler, minha agente, que vai conseguir papéis no cinema para mim. Ela é agente de John Savage e Meryl Streep.

John Fairchild Jr. telefonou e me convidou para ver *Manhattan* com os convites do pai dele, mas conferi a agenda e vi que tinha um jantar na casa de Alice Mason. Ela é aquela pessoa de negócios imobiliários de Neova York que fez Carter ser eleito presidente. Deixei Rupert (táxi $4). Fui para o nº 150 da Rua 72 Leste.

E eu queria ver o apartamento dela, porque afinal de contas ela negocia imóveis, e quando vi não consegui acreditar, é um nada, num sexto andar com (*risos*) tinta descascando. Nada especial mesmo.

Mas foi uma festa séria. Só com mulheres intelectuais grandes, altas, lindas, e solteirões velhos e ricos. Uma sala cheia de gente da pesada. Bess Myerson, John e Mary Lindsay, John Kluge, Jaquine Lachman – que está muito deslumbrada porque mr. Lachman morreu, mas agora Rita, uma ex-mrs. Lachman, está lhe causando problemas.

A filha de Alice Mason me levou até o quarto da mãe onde está o meu retrato de Carter e umas outras fotos dela com Carter. Eles têm umas coisas engraçadas pela casa. Por volta das 12h15 saí de mansinho.

Quinta-feira, 19 de abril, 1979. Tive de ir à cerimônia em memória do irmão do embaixador Hoveyda que foi executado no Irã. De táxi até Riverside Drive ($2.50). Todo mundo estava lá. Tiramos os sapatos. Havia um tapete no centro da sala e ninguém queria pisar ali porque seria como pisar no corpo, já que não havia nenhum corpo lá. Tinha música iraniana. Foi como o melhor coquetel, mas sem os drinques.

Li nos jornais que Steve Rubell está processando Ron Galella por ter provocado uma briga no Studio 54, diz ele. Fui convidado para o casamento de Ron Galella no sábado. Acho que vou.

Sexta-feira, 20 de abril, 1979. Conversei com Henry Post pelo telefone. Está melhorando. Refizeram o seu nariz.

Terça-feira, 24 de abril, 1979. Os jornais estão cheios de histórias sobre Margaret Trudeau abandonando o *Today Show* – ela realmente sabe conseguir publicidade – e depois aparecendo no Studio 54.

De táxi até downtown ($3.50). Distribuí *Interviews*. Caminhei até o escritório, onde encontraria David Whitney e David White e Fred às 12h para revisar todos os retratos que fiz para a exposição no Whitney.

Domingo, 29 de abril, 1979. De táxi até a casa de Ruth Warrick na Park Avenue, um pouco atrasado. Lucie Arnaz já tinha ido embora. Fiquei de pé por ali e um sujeito realmente bonito veio e aí me dei conta que era William Weslow, que foi do Ballet Theater há vinte ou trinta anos. Fui apresentado a ele algumas vezes e sempre me ignorou, nunca falou comigo porque naquela época eu era um ninguém. Agora é massagista, Henry Geldzahler é um dos clientes dele. Foi despedido da companhia de Balanchine por volta de 1970. Contou que Balanchine disse, "Ouça, querido, você é muito velho, já vimos você demais e você está acabado, querido. Espero que não vá se suicidar, não é, querido?". E ele disse que não iria fazer isso por alguém como Balanchine – não daria esse prazer a ele. Balanchine não gosta de homens, só gosta de mulheres altas.

E aí agora é massagista. Dick Cavett também é cliente dele – ele disse que Dick lhe mandou umas quarenta pessoas. Me fez apalpar suas pernas e (*risos*) caí na risada.

Foi uma festa muito estranha. É tão difícil quando a gente vai a lugares onde as pessoas são meio ninguém e a gente tem de pensar no que vai dizer para elas! Encontrei Kay Gardella, foi quem encontrei. A que faz crítica de televisão no jornal. E ela é realmente gorda. É a pessoa mais gorda que conheci nestes últimos anos – a maioria das pessoas deixou de ser gorda, são rechonchudas. Ninguém mais é realmente gordo.

Segunda-feira, 7 de maio, 1979. Fui à exposição de Hoveyda na Bodley Gallery. Ontem publicaram uma carta de Hoveyda sobre o irmão dele no *Times*, uma carta para os novos governantes dizendo que seu irmão não fugiu do país como todos os outros ministros porque acreditava no Irã, e Hoveyda chamou-os de assassinos, disse que o novo primeiro-ministro pode ficar esperando e também vai ser assassinado. Uma boa carta (táxi $4.50).

Bob fez um grande almoço, onde ficou sabendo muitas fofocas sobre Lee Radziwill. Todo mundo acha que ela só podia estar muito bêbada para não ter ido ao próprio casamento. Em San Francisco. Deixou o noivo esperando no altar. Mas acho que estava apenas deprimida; está tão magra que o equilíbrio químico dela mudou e ela fica sem saber o que quer.

Quarta-feira, 9 de maio, 1979. Os gêmeos Du Pont vieram e Brigid contou a eles que Freddy von Mierers ligou e disse que vai mandar a polícia atrás deles se não devolverem os dois suéteres dele. Eles ficaram vermelhos e ela disse que não fossem mais lá, já que roubam. Deixei Rupert (táxi $4).

Quinta-feira, 10 de maio, 1979. Outro dia realmente quente, acima dos trinta graus. Paul Morrissey está na Califórnia. Quer filmar *Trash II*, em que Holy vai ser uma entertainer e Joe estará morando no Bronx, ainda fazendo filmes, e o filho deles vende drogas na escola. Nelson Lyon está na cidade, disse que foi ele quem deu a ideia para Paul.

Sábado, 12 de maio, 1979. Acordei. Nelson ligou e queria saber por que saímos tão rápido do Studio 54 noite passada – perguntou se eu tinha ido a uma "festa melhor". Dá para acreditar? (*risos*) O mesmo velho Nelson paranoico.

Halston e Steve Rubell não estão mais se entendendo tão bem – vi uma foto de Steve na primeira fila do desfile de Calvin Klein.

Domingo, 13 de maio, 1979. Fui à igreja de tarde. John Fairchild Jr. não liga há uns cinco ou seis dias e por isso tentei telefonar para ele. Curley continua ligando, contando sobre as escapadas dele ao Studio 54.

Nelson telefonou de Tarrytown, onde está terminando o trailer de *Apocalypse Now*. E Bobby de Niro disse que talvez consiga arrumar o dinheiro para *Trash II*. Nelson está escrevendo o roteiro com Paul.

Ah, e voltei a encontrar Crazy Marty na rua seguidamente. Pedi que ele aparecesse no escritório. Quero gravá-lo e fazer com que isso se transforme no meu filme abstrato. Ele disse que está hospedado no Grand Union Hotel, na Rua 32 Leste.

Sábado, 2 de junho, 1979. Truman telefonou e está furioso com Lee Radziwill por ter deposto contra ele no processo de Gore Vidal. Foi assustador. Disse que ela vai "cagar giletes" depois que ele aparecer no *The Stanley Siegel Show* de terça-feira para "dizer umas verdades sobre ela". E ficou dizendo, "E aí, você não concorda? Você não concorda? Qual é o problema, você não está dizendo nada". Foi realmente horrível. Eu disse, "Olhe, Truman, ela está tão fraca agora que pode até se *suicidar*". E ele disse: "Tanto pior". E, "Se eu contasse a você todas as coisas que ela disse sobre *você*...". Eu disse que não me importava, que nunca pensei nela como uma amiga, que sempre soube que tipo de pessoa ela é, que só era alguém que estava alugando nossa casa em Montauk, e então não me importa o que quer que ela tenha dito. Já sei disso tudo. É assustador como Truman pôde se virar contra alguém que uma vez foi sua melhor amiga. Quando Truman briga, briga de verdade.

E achamos que Halston vai alugar Montauk. Vincent vai estar lá neste fim de semana mostrando tudo para ele. Victor está lá com eles e fiquei com medo, visualizei Victor pintando pegadas vermelhas por toda a casa.

Domingo, 3 de junho, 1979. Nelson telefonou e me contou o roteiro de *Trash II*: Joe está trabalhando numa pizzaria e Holly quer que eles se mudem do Lower East Side para um lugar melhor – (*risos*) – Lodi, Nova Jersey, a cidade dos vazamentos químicos –, mas eles não têm dinheiro, até que um dos filhos é atropelado por um táxi e eles processam a companhia de táxi e conseguem comprar uma casa.

Ah, e parece que todo mundo gostou do manuscrito de *Popism*. Bob e Fred e Rupert. Leram em Paris.

Terça-feira, 5 de junho, 1979. Assisti a *The Stanley Siegel Show* de manhã. Truman entrou numa personagem tipo "bicha sulista" e começou a repetir todas as coisas embaraçosas que Lee contou para ele durante anos sobre as pessoas – que Peter Tufo se parece com uma fuinha e que é louco por publicidade e sempre ficava grudado na saia dela, e que Newton Cope, de quem ela está noiva, ainda – mesmo depois de ter evitado o casamento umas semanas atrás –, não é um "bom partido", a não ser numa "cidade provinciana". E contou que tentou seduzir William F. Buckley Jr. pedindo conselhos espirituais, e que quando ele não reagiu ela o chamou de bicha. Se Lee já estava bebendo *antes* dessa briga com Truman, você pode imaginar *agora*? Ah, Truman está sendo tão idiota! Ao menos deveria estar bêbado.

Liz Smith telefonou para *Interview* para dizer que vai fazer uma matéria no noticiário do canal 4 às 5h45 sobre nossa entrevista com o garoto Mondale, por causa daquela parte em que ele diz que Nelson Rockefeller, no tempo em que morava na casa da vice-presidência, onde os pais dele moram agora, mandou instalar uma porta secreta ligando o quarto dele ao quarto de hóspedes.

Halston disse que está do lado de Truman, que Lee merece o que está recebendo. Aí ficamos conversando sobre Steve Rubell e Halston me confidenciou que acha que Steve está lutando contra a maré. Aí Steve chegou e contou que os advogados disseram que ele pode se livrar se denunciar ao governo o pessoal de Washington que esteve no Studio 54 usando drogas e essas coisas. Depois fomos buscar Diana Ross para levá-la ao Studio 54.

Quarta-feira, 6 de junho, 1979. Truman telefonou e disse que todos os jornais de Washington e da Califórnia colocaram a entrevista dele no *Siegel Show* na primeira página. Mas os jornais de Nova York não deram muita atenção ao assunto.

Daniela Morena me deu um casaco de linho preto de Giorgio Armani que é muito pequeno, mas é lindo, sem forro, como os italianos estão fazendo agora.

Tive de autografar um livro *Philosophy* e fiquei relendo e me perguntando por que não foi um sucesso – tem uns textos muito bons.

Quinta-feira, 7 de junho, 1979. Truman telefonou. Disse que recebeu um telegrama de um fã cumprimentando-o pelo *The Stanley Siegel Show* e dizendo que tinha sido a melhor coisa na TV desde que Ruby atirou em Oswald. Steve Rubell disse que o florista dele foi entregar flores na casa de Lee e ela não atendeu à porta.

Em casa coloquei meu novo casaco de linho preto de Giorgio Armani. É um bom linho pesado, como aquele que era usado sob as saias.

Bem, para mim a grande festa que o Studio 54 deu para *Interview* noite passada foi arruinada porque Jed teve problemas na porta com Mark, o porteiro. E, quer dizer, fiquei confuso, porque Steve disse que deixaria Jed entrar, mas Jed diz que Steve o *viu* e *não deixou* que ele entrasse.

Domingo, 10 de junho, 1979. Trabalhei em casa. Fui à igreja. E acabo de lembrar, John Fairchild Jr. disse que William Pitt foi a uma conferência sobre meditação em Nova Hampshire e enlouqueceu, e agora pensa que é Deus. Ele já passou pela meditação, era só um curso de reciclagem e deveria durar oito dias, mas no primeiro dia ele enlouqueceu. Pepe Balderago estava com ele lá e confirmou que ele enlouqueceu completamente, "se deu conta de que era Deus" e foi embora do curso. Então, quando fui para o andar de baixo do New York/New York e o encontrei eu disse, "Oi, Deus", e ele me chamou de gênio por ter me dado conta disso. E é verdade, ele realmente pensa que é Deus. Aí fui a pé com Pepe Balderago e Deus até o Studio 54. Conversei com Deus enquanto caminhávamos. Quando cheguei ao Studio 54 vi John e lhe disse que Deus estava na pista, e ele saiu correndo.

Segunda-feira, 11 de junho, 1979. Enquanto eu falava no telefone com Brigid, disseram na TV que dariam um noticiário extra, mas aí não deram, e mais tarde no noticiário normal anunciaram que John Wayne morreu.

Terça-feira, 12 de junho, 1979. De táxi até o Chembank ($3.75), caminhei pela Union Square e depois fui para o escritório. Oscar de la Renta e o amigo dele, Jack Alexander, que faz os anúncios, estavam lá. Almoço de negócios para conversar sobre anúncios na *Interview*. Bob disse a Oscar que a garotada não o conhece. Oscar lembrou que Jerry Hall é jovem e que *ela* usa as roupas dele. E Barbara Allen deu uma passada por lá, sentou e fez o almoço ficar mais interessante. Ela vai ao casamento de Maria Niarchos e falou com Bob sobre ele também ir.

Uma senhora que Ivan Karp mandou veio ver se queria ter o seu quadrinho pintado. Se a gente fechasse os olhos era como ouvir Lee Radziwill falando, acho que ela foi à mesma escola de Lee e Jackie. Disse que a ideia original era que Scavullo a fotografasse, e já que isso custaria $5 mil dólares ela achou que deveria ir ao extremo e investigar sobre um retrato de Warhol. Duvido que ela chegue a fazê-lo. Acho que só queria alguma coisa para fazer aquela tarde. Depois Oscar foi embora e Brigid e eu saímos voando e fomos até o Mays comprar alguns materiais para o escritório ($11.55, $22.68). Estava um dia lindo. Depois voltamos depressa para encontrar Famous Amos, o homem dos biscoitos. É bonito, um pouco como aquele negro da gravadora que empresariava Nico no início – Tom Wilson. Mas acho que ele tem talento. Os dentes dele são perfeitos demais. Mas não está tão bonito no pacote porque a foto fez com que ele parecesse um criulinho. Veio com sua namorada branca, Christina – moram no Hawaii. E trouxe o seu filho Gregory, uns dezesseis ou dezessete anos. Enquanto a gente conversava, Amos comeu alguns biscoitos, mas estou certo que a esta altura deve estar farto deles. Perguntei por que os biscoitos dentro do pacote não são como os da foto; ele disse que levariam muito tempo assando para ficar daquele jeito.

Encontrei Pepe Balderago – que disse que não sabe mesmo o que fazer com Bill Pitt, que ainda está louco pensando que é Deus. Aí Pepe telefonou para o pai de Bill e disse, "Olhe, vocês são a família dele, têm de interná-lo". Eu disse a Pepe para levá-lo à sauna – no caso de ser LSD, para purificá-lo – e aí ele disse que tinha tentado fazer isso, mas Bill não quis entrar quando chegaram lá.

Quarta-feira, 13 de junho, 1979. Bill Pitt telefonou e pensa que sou Walt Disney. Recomendei que ele descansasse, que fosse mesmo para a cama e ficasse lá um pouco. Curley telefonou e me convidou para a festa de aniversário dele. Liguei para convidar Henry Geldzahler, porque ele tinha dito que queria ir. Não consegui ligar de volta para Curley porque o pai dele deu uma secretária eletrônica de presente para ele.

Vincent telefonou para Doug Christmas, e ele é horrível. Eles juram de pés juntos que o cheque foi mandado e dão o número do banco e tudo, mas quando a gente liga de volta eles "foram almoçar". As mulheres lá na galeria dele devem se sentir horríveis tendo de dizer essas coisas. Se ele dissesse apenas "Não posso pagar vocês", a gente saberia onde está pisando.

E Philip Niarchos ainda está saindo com Manuela Papatakis, de quem eu não gostava a princípio, mas ela é realmente gentil e classuda – uma dessas mulheres baixinhas que se fazem de altas. Você sabe, usam esses sapatos de salto alto e não consigo entender como é que conseguem caminhar, é como se estivessem sempre na ponta dos pés. Já experimentei e é por isso que não entendo.

Bob Weiner telefonou e nos acusou de fazermos uma revista antissemita, por causa de uma frase na entrevista de Truman sobre empalhar judeus e colocá-los no Museu de História Natural. Disse que leu a frase para cinco pessoas e que todas concordaram com ele.

Quinta-feira, 14 de junho, 1979. Henry Post ligou de Long Island, onde ainda está se recuperando do acidente de carro. Disse que os ossos foram para o lugar e que já estava usando muletas, mas aí o médico foi examiná-lo e de repente virou-o por engano e quebrou todos os ossos que já estavam no lugar. Está sentindo dores terríveis.

E Pepe Balderago internou Bill Pitt no St. Vincent's Hospital, ele está realmente fora de órbita.

John Fairchild Jr. telefonou e me convidou para andar de patins sexta à noite.

De táxi até o Pearl's para o aniversário de Curley ($2).

Ficamos numa mesa redonda com dez garotos e aí tive de dizer a Pearl que era um jantar de solteiros com o pessoal do escritório. Todo mundo era loiro, exceto Henry Geldzahler e eu – que somos grisalhos. Henry foi muito divertido, mostrando o seu distintivo de comissário, contou uma piada depois da outra. Ele é muito divertido, muito inteligente. Depois fomos ao Studio 54 e meu presente de aniversário para Curley foi conseguir que todos entrassem.

Sexta-feira, 15 de junho, 1979. Um garoto que conheço me perguntou se eu conseguiria fazê-lo entrar na Xenon aquela noite com um amigo e eu disse ah, claro, porque seria muito fácil. Aí quando cheguei ao escritório telefonei para a Xenon. Disse para a mulher que atendeu quem eu era e ela disse, "Você não parece Andy Warhol". Eu disse, "Bom, mas sou". Ela disse, "Como é que eu posso saber?". E por aí foi e no final ela estava me ganhando, acho, porque disse, "Ligo de volta para conferir se é você". Aí o telefone tocou e eu disse, "Alô, isso é realmente constrangedor, quer dizer...". E ela disse, "Bem, dezoito Angelas Lansbury telefonaram para nós nesta semana, por isso...". E eu disse, "Bom, e daí, quer dizer, o lugar nem está tão lotado e cá estou falando a você sobre dois garotos que são uma graça e querem ir aí, e *pagar*! E um deles quer até ser sócio, e então...". E ela disse, "Só um minuto. Vou ter de ligar para você mais tarde". Alguns minutos depois ela ligou e disse, "Resolvemos que não queremos ver você nunca mais na Xenon". Eu disse, "O queeeeê?" Ela disse, "Estamos furiosos com o que você fez semana passada". Ou seja, a festa que *Interview* deu no Studio 54 na mesma noite do aniversário da Xenon, do qual só ficamos sabendo depois. Quer dizer, não sei se a mulher é louca, se estava só constrangida porque não acreditou que era eu logo de início e tinha de provar alguma coisa, ou se ela perguntou a Howard Stein e *ele* disse aquilo, porque se Peppo Vanini estivesse no escritório acho que ele não seria tão cruel e, além disso, acho que Peppo foi ao casamento de Maria Niarchos. Mas, quer dizer, eles estão desprezando $30. Foi um choque muito grande e aí me dei conta de que não devo nunca telefonar eu mesmo para os lugares. Mas ainda poderia ter sido pior, ela poderia ter dito, "Certo, mande seus amigos", e *aí* não deixar ninguém entrar.

Então (*risos*) telefonei para o garoto e disse, "Você não vai acreditar, mas não consegui fazer você entrar – disseram que também não querem *me* ver lá de novo nunca mais. Lamento". E ele ficou constrangido. Acho que outra pessoa teria inventado uma história para livrar a cara, mas eu apenas contei o que tinha acontecido.

Fui até a 55 com Broadway com John Fairchild Jr. e Belle McIntyre. Naquele lugar novíssimo de patinação, gerenciado por negros, do qual ninguém sabe nada ainda, foi ótimo. Nos deixaram entrar sem pagar e nos deram patins, coisa que eles normalmente não fazem. Foi ótimo patinar, muito divertido. Vou comprar uns patins hoje.

Depois fomos ao Stage Delicatessen e comemos uns bons sanduíches "Celebridades Judaicas". Mas o "Diana Ross" foi o pior – fígado com geleia e manteiga de amendoim. Depois ficamos na esquina e John foi para o 54 com Curley e eu deixei Belle (táxi $4).

Sábado, 16 de junho, 1979. Acordei e liguei para Curley, ele estava muito cansado para ir conosco até a livraria Brentano's de Manhasset, onde levaríamos Blondie para autografar *Interviews*.

Barbara Colacello veio me pegar e buscamos Rupert no Pierre porque fica perto da parada do metrô. Aí fomos buscar Blondie. Ela mora naquele edifício ótimo da 58 com a Sétima. Blondie – Debbie – foi gentil, o cabelo todo arrumado, e a gente nem acredita que ela já tem mais de trinta – sem rugas e tão bonita. Ela disse que a avó viveu até os 95 e que toda a família dela parece jovem. Ela gasta todo o dinheiro em maquiagem. Não deve ter sido bonita sempre, imagino, ou eu teria notado. Deve ter tentado parecer feia ou algo assim. Na verdade acho que algumas pessoas melhoram quando ficam um pouco mais velhas. Não sei como chamá-la. Acho que vou chamar de Debbie. Mas quando a apresento eu a chamo de Blondie. Embora Blondie seja o nome do grupo todo, e então... Ela foi realmente ótima durante a viagem, não se queixou de nada e não pediu nada.

Aí chegamos na Brentano's e a coisa era uma fraude. A loja não anunciou que estaríamos lá, a não ser nos jornais do próprio dia, que só saíram à 1h da tarde, então provavelmente até mesmo as pessoas que leram não iriam correr até lá. E os garotos que estavam lá foram apenas para ver Blondie, não se importaram comigo, é uma turma de garotos totalmente nova. O que eles faziam era ir até a loja ao lado e comprar o disco dela e pedir para ela autografar.

Então Debbie teve de voltar para ensaiar o seu novo disco. Chegamos por volta das 5h. Depois que a deixamos, Rupert e eu fomos almoçar fora do horário.

Pedimos aquavit e caviar ($70). Estávamos ficando bêbados, falando de negócios, nem ligamos quando um sujeito perto de nós ficou no chão gritando e finalmente disse, "Ah, pode me dar um autógrafo?", e aí vimos que era John Lennon! E só desejei que a gente tivesse percebido antes – ele estava com Yoko e a mãe dela; teria sido tão mais divertido! Agora John está muito magro. Não sei que tipo de dieta está fazendo, talvez arroz. Eles moram no Dakota. Depois fui para casa e estava tão bêbado que ir ao cinema ficou fora de questão. Realmente não posso beber à tarde.

Terça-feira, 19 de julho, 1979 – Paris. Que dia lindo, caminhei por aí, parei no Fauchon ($20). Passei pelo Beaubourg. Comprei algumas revistas e *Vogues* ($8). Fomos ao Flore, mas estava fechado. Fiz planos para jantar com Anthony Russell e Florence Grinda no Castel's. Ele ainda está trabalhando em seu rock'n'roll. De táxi até o Castel's ($3).

Lá estavam Florence e Anthony, o irmão de Florence e uma modelo alta e linda chamada Mango. Mick e Jerry chegaram. Mick está de barba. Jerry estava usando pérolas que ele deu para ela. E ele está gravando um disco. Contaram do namorado de dezessete anos de idade de Anita Pallenberg que se suicidou na cama. Jerry está entre idas e vindas a Houston, trabalhando no novo filme de John Travolta, *Cowboy do asfalto*. Está deslumbrada com isso, disse que John é adorável. Dividimos a conta. Fred caminhou comigo até em casa. Sentei para ler, telefonei para Curley para saber o que está acontecendo em Nova York – ele foi para Bermuda porque morreu o zelador da família dele lá.

Sexta-feira, 20 de julho, 1979 – Paris-Londres. Acordei muito cedo. Fred chegou às 8h30 da manhã e fingiu que tinha estado na cama e acordado há pouco. Mais tarde disse que esteve com Jerry Hall e não sei se estava brincando. Estava tão cansado que dormiu, e acordei-o às 10h30 porque tínhamos de fazer as malas e ir para Londres. Compramos passagens ($600) no balcão da Lufthansa (gorjetas $20, táxi até o aeroporto $25). Fomos pela British Airlines, foi ok, um avião muito grande, lotadíssimo, um desses DC-10, acho. De táxi do aeroporto até o Savoy ($30). No aeroporto, enquanto esperávamos as malas, ouvimos pessoas dizendo que Martha Graham chegou, que está velha, que deveriam ter mandado um carro buscá-la. Esperamos um pouco por ela, mas ela não apareceu.

Nos hospedamos no Savoy e Martha chegou com Ron Protas, estavam vindo da Dinamarca. Ron é o braço direito dela. E aí Martha e eu ficamos ali conversando, foi divertido, ela estava muito cansada. Fiquei sabendo que o dr. Giller estava hospedado lá, tentei encontrá-lo, mas tinha saído. Liza e Halston ainda não tinham chegado, vinham no Concorde (gorjeta para o carregador $5, serviço de quarto $5). Li o livro de Martha Mitchell, dormi uma hora.

Os quartos no Savoy são pequenos e insignificantes, em volta de um pátio que não é bem um pátio. Pequenos. Muito caros. Aí Nick Scott, o garoto inglês bonito e rico que foi mordomo de Bianca no período em que achou que tinha perdido todo o dinheiro, nos convidou para jantar com ele e a mulher no Savoy Grill – está cheio da grana novamente. Sabrina Guinness estava no jantar, ela anda saindo muito com o príncipe Charles, e nós achamos que eles estão fodendo. Fred encontrou Halston no saguão e aí disse que eu telefonaria assim que pudesse.

Foi um jantar realmente bom, o Grill foi ótimo, Sabrina e eu fomos para o quarto de Halston e eu comecei a gravar Liza para a sua entrevista em *Interview*. Steve Rubell estava lá com Randy, eles têm um quarto e uma saleta, e Halston tem um quarto conjugado com Victor Hugo, e no outro quarto está o dr. Giller. Ele tem o quarto mais bonito – é púrpura e branco, com vista para o rio – e foi divertido ver todo mundo num cenário diferente. Steve queria ir a uma discoteca, e ficava de um lado para outro com seu rádio portátil, aumentando e diminuindo o volume. Victor trocava a roupa, experimentou vários trajes diferentes. Bianca estava num outro quarto com Peter Sparling, o bailarino de Martha Graham.

Sábado, 21 de julho, 1979 – Londres. Acordei cedo e fui conferir o pessoal do Halston. Ele estava de carro e decidiu nos levar para passear. Fomos a umas duas camisarias com ele. Depois ficamos por aí, compramos alguns filmes e fitas ($60). Depois voltamos para o hotel, Fred queria ir até King's Road e queríamos que Victor fosse junto, mas Halston não queria ir com Fred.

Fomos todos jantar no Mr. Chow's. Comida horrível. Depois resolvemos ir às discotecas. Halston foi a pessoa mais divertida do passeio. Ele ligava para todos os lugares e dizia, "Alô, aqui é Steve Rubell, dono do Studio 54. Posso entrar sem pagar?". Ficou criando confusão o tempo todo – um guia de excursão. Bianca tinha de usar todos os Halstons dela enquanto estivesse em Londres e estava triste porque Mick ligou e brigaram por causa de Jade. Ele disse que pode ter mais filhos mas ela não pode, e ela se ofendeu e disse que pode. Eles usam Jade como um objeto e se tornam infelizes. Mick queria que Jade viesse para o aniversário dele, mas Bianca não quer deixar, disse que seria má propaganda, com o suicídio do namorado de Pallenberg.

Depois fomos ao Tramps, ficamos uma meia hora, foi divertido. Mais tarde ao Embassy. E em todas as discotecas Steve assume o papel de anfitrião. A primeira coisa que pergunta é, "Gostariam de beber vodka?". Queriam ir a mais lugares, mas era por volta das 4h30 e resolvemos voltar para casa.

Domingo, 22 de julho, 1979 – Londres. Na noite passada eu falei com Catherine Guinness por telefone e ela nos convidou a ir até a casa de sua mãe e de seu padrasto em Essex – Kelvedon, uma propriedade enorme. Catherine está realmente com tudo. Foi lindo. Drue Heinz e o marido dela estavam lá. E os pais de Guy Nevill. Umas 35 pessoas para o almoço. E mais Halston, Steve, Victor e Randy. O padrasto de Catherine, Paul Channon, é ministro no gabinete de mrs. Thatcher. Ele também é um Guinness, mas um Guinness ainda mais rico que o pai de Catherine. Sentei ao lado da mãe de Catherine, Ingrid, Halston sentou do outro lado e Victor sentou perto. Muito divertido, muito vinho, fiquei realmente bêbado. Halston teve de voltar para Londres, para os ensaios de Martha. Victor voltou também. Catherine me mostrou o lugar. Lindo. Steve jogou tênis, ele joga realmente bem.

Depois de ver como Catherine é rica, parece idiota que ela tenha morado numa espelunca em Nova York e trabalhado num emprego regular. Foi maravilhoso, nos divertiram muito, as pessoas foram muito gentis. Perdi minhas lentes de contato e Catherine me ajudou a encontrá-las. Estavam na pia. Estava tentando colocá-las e caíram.

Segunda-feira, 23 de julho, 1979 – Londres. Fui a algumas lojas punk com Victor e Catherine, uma era chamada Sedicionários. Compramos camisetas feitas com símbolos nazistas e que a gente mesmo pode montar, e uma camiseta com dois caralhos mijando numa foto de Marilyn Monroe, dizendo "Mijo". Catherine conhecia um restaurantezinho italiano onde a família dela vai aos domingos. Bom almoço italiano ($100), depois compramos flores para a mãe de Catherine ($20) e Catherine nos levou para visitar a mansão do padrasto em Cheyne Waik. Whistier morou lá uma vez.

Victor e eu voltamos para o hotel (táxi $7). Era a estreia de Martha Graham em Covent Garden. Nos aprontamos e nos reunimos no quarto de Halston – John Bowes-Lyon, dr. Giller, eu, Randy, Steve, Victor – Fred saiu com a acompanhante dele, Sabrina Guinness. Liza foi na frente. Todos nós tínhamos entradas para a primeira fila do mezanino.

Dançaram três números e então Liza narrou *The Owl and the Pussycat*. Depois Martha fez um longo discurso, uma meia hora. Todas estavam vestindo Halstons lindos. Lynn Wyatt estava ao lado de Fred, mais tarde trocaram para ficar ao lado de John Bowes-Lyon.

Depois, nos camarins, olás para Liza e Martha, e um pequeno coquetel no bar do Covent Garden. Covent Garden está muito bonito, se parece com o velho Met. Depois drinques, e aí voltamos a pé para o Savoy – Halston estava dando uma festa particular. Subimos e não sabíamos que a festa era em cima *e* embaixo. A festa embaixo tinha a princesa Margaret e Halston, Liza e todo mundo, e quando finalmente nos demos conta do que estávamos perdendo descemos para lá. Halston estava nervoso mas a festa foi fantástica, me diverti como nunca.

Victor queria me apresentar para a princesa Margaret e eu não fui, mas tirei duas fotos. Victor tirou duas fotos da princesa Margaret com Roddy Llewellyn. Eles não queriam ser vistos juntos e queriam tirar o filme dele, mas aí Fred intercedeu e disse que não, que Victor estava com Halston.

Saí da festa por volta das 4h e fui para o quarto de Liza. Ela estava com um vestido transparente realmente lindo, com o cabelo escovado para trás como a mãe dela costumava usar – é assim que ela usa o cabelo em *The Owl and the Pussycat*. Era uma peruca mas eu não notei.

Aí Halston e eu saímos do quarto de Liza e começamos a tirar os sapatos de todo mundo da frente das portas e a trocá-los de lugar. A coisa mais engraçada que já fiz. Depois fui para a cama e li um pouco mais do livro de Martha Mitchell.

Quarta-feira, 25 de julho, 1979 – Londres. Halston telefonou e disse que queria ir à loja de uma senhora horrível ver suas joias. Ele é muito pretensioso, eu estava certo de que iria comprar $50 mil em joias, mas estava apenas brincando. Victor ficou colocando as joias na boca e na bunda e eu fiquei fotografando. Deitou no chão e quando viu a câmera do sistema de vigilância olhando para ele perguntou o que era aquele "rubi no céu". Halston pediu um desconto e quando ofereceram 5% ficou chocado. Provavelmente havia microfones por toda a parte e eles ouviram tudo o que dissemos quando eles não estavam na sala.

Quinta-feira, 26 de julho, 1979 – Londres-Paris. Acordei cedo – tinha de fazer as malas, reunir todo mundo. Halston era o líder e Steve nem sabia a quem dar gorjeta, ele é tão ruim nisso, tão pouco generoso – realmente deixa tudo barato. Ele *sabe* exatamente quanto as coisas valem, só não quer pagar – quer ficar com o dinheiro, acho, não posso entender por quê. Depois que Halston pagou a conta ele gritou, dizendo para o sujeito que o hotel era sujo e feio e como eles achavam que um hotel poderia continuar assim com um serviço tão ruim. Perguntei como ele podia fazer uma coisa dessas e ele disse, "Você *tem* de fazer isso, você sempre tem de deixá-los na ponta dos pés, tem de fingir que você é rico, muito rico". Ficou gritando sobre o lugar e ninguém queria dar gorjetas. Demos aquele escândalo porque jamais vamos ficar lá novamente, uma espelunca. Quer dizer, foram $2,6 mil para duas pessoas em dois quartos idiotas, sem nem ter pedido nada.

Chegamos ao aeroporto no horário, o Savoy tinha um homem gentil lá esperando para pegar as passagens. Dei $15 para ele.

Entramos no avião, muito fácil. Depois chegamos a Paris, quarenta minutos de distância. Victor esqueceu de pedir o visto e ficou preso na alfândega. Esperamos por ele. Steve disse, "Aquela não é Jerry Hall?". Ela tinha acabado de chegar de Houston e do filme com John Travolta. O aniversário de Mick é daqui a alguns dias e ela vai levá-lo a um restaurante elegante. Finalmente Victor foi liberado da alfândega. Limusine esperando por nós (bagagem $5). Hotel Plaza-Athénée. Tempo lindo. A suíte mais linda e a melhor. A única coisa que Halston queria fazer em Paris era conseguir uma valise Vuitton para seu cachorro. Bagagem para Linda.

Victor brigou com o motorista. Gritou e pulou e disse que ele jamais nos veria de novo.

Halston foi divertido comprando sapatos no Hermès, ele diz que nunca compra, o que é verdade – ele realmente não tem tempo.

De limusine até o Club Sept. Victor ligou para lá e me disse que tinha se acalmado, disse que viria fantasiado, mas veio normal.

Depois, de limusine ao Palace. Halston telefonou antes e disse: "Mr. Steve Rubell, do Studio 54, irá ao seu clube esta noite – é claro que os senhores gostarão de deixá-lo entrar sem pagar com o grupo dele". Eu deixei que o motorista entrasse conosco porque estava com pena dele por causa da briga de Victor. Victor conseguiu que um dos garçons lhe emprestasse a roupa e ficou passeando, tomando os pedidos de todo mundo.

Sexta-feira, 27 de julho, 1979 – Paris-Nova York. Fui para a cama às 6h, e às 7h30 Halston estava batendo na minha porta. Ele detesta ficar longe de Nova York e queria voltar, mas foi um horror acordar. E o hotel é mesmo lindo, tem gerânios nas janelas e toldos vermelhos. Steve também não queria levantar e voltar, mas depois de meia hora conseguimos convencê-lo e ele se levantou. Tivemos de sentar e tomar café, foi uma tortura. Victor tinha seu próprio quarto lá em cima, conseguido depois de alguma discussão, e estava rabugento.

Halston realmente gosta de gritar. Quando é ele quem está pagando fica muito pretensioso, grita e fala mal de todo mundo porque o serviço é pobre demais pelo preço que estão pedindo, e quando paga a conta te faz sentir – bem, ele é como *eu*, mas pior. Ele diz que tem que voltar para Nova York e trabalhar como um escravo para ganhar dinheiro para que possa gastar e ah, Deus! – te faz sentir tão ridículo. Mas é realmente incrível o que os hotéis estão cobrando hoje em dia.

Finalmente Victor e todos entraram no carro e chegamos no Concorde a tempo, Steve não deu gorjeta para o motorista – que nem tinha dormido, tinha ficado conosco toda noite – aí dei cinquenta para ele.

Assim que entramos no avião todo mundo dormiu. A aeromoça acordou Halston e ele gritou com ela que seria melhor que não o acordassem de novo.

Eu queria ficar com os talheres do Concorde e pensei em acordar Victor e dizer a ele que pedisse comida para eu conseguir mais talheres – estou tentando chegar a um jogo de doze talheres – mas não o acordei e então só consegui um jogo. Foi um voo tranquilo. Depois passamos pela imigração e o sujeito da imigração era um motorista de táxi que já tinha me levado uma vez, aí ele me liberou sem olhar. Cheguei em casa e fui ao escritório. As tarifas de táxi estão mais caras ($4).

Era um dia quente e quando cheguei ao escritório ninguém estava fazendo nada. Brigid estava esperando que a mulher das tortas de Nova Jersey viesse entregar uma torta para o aniversário da mãe dela, mais tarde a levaria em viagem com ela.

David Whitney telefonou e disse que eu tinha de levar alguns dos retratos para Paris, e eu liguei para Fred, mas não consegui encontrá-lo. Trabalhei até por volta das 7h com Rupert. Li a correspondência.

Domingo, 29 de julho, 1979. Você sabe o que Jean Stein fez? Ligou para minha família na Pennsylvania e queria ir até lá para entrevistá-los para o livro dela sobre Edie – contou que está escrevendo "um livro sobre meus anos 60". Que *coragem*!

E falei com Henry Post. A perna dele ainda está engessada, mas a seguradora do carro conseguiu uma enfermeira para datilografar para ele, eles fazem essas coisas. Conversamos sobre John Berendt ter sido despedido da *New York* – Henry disse que sabia que isso aconteceria porque contrataram uma mulher três semanas antes de despedi-lo. Henry diz que existe uma lista de pessoas que compram drogas no Studio 54, que é atrás disso que a promotoria anda.

Curley telefonou e queria ir jantar mas eu estava muito cansado e exausto, ainda.

Segunda-feira, 30 de julho, 1979. Levantei cedo e assisti ao *Today Show*. Foi ótimo, foi tão bom ver a boa TV americana novamente! Depois saí caminhando e distribuindo *Interviews*, e também foi ótimo fazer isso novamente. Caminhei por midtown e depois em direção ao Pierre, onde Ronald Reagan discursaria no almoço da North American Watch Company. Fui encontrar Vincent lá. Achei que estava adiantado, então parei na Tiffany's. Pensei que eles iam servir coquetéis primeiro durante uma hora, e só iniciaram por volta da 1h, mas no final iniciaram imediatamente e, então, quando cheguei, às 12h55, Vincent já estava impaciente e entramos em seguida. Barbara Sullivan, da companhia de relógios, foi gentil, me apresentou a Ronald Reagan como "Andy Warhol, o artista". Mas os fotógrafos estavam atrás de nós e não tiraram nenhuma foto. Ao lado de Ronald Reagan estava Henry Platt, o presidente da Tiffany's, e então eu disse para ele que tinha me atrasado porque fui fazer compras na Tiffany's. E ele adorou. Estou de dieta, aí só comi bifes. Art Buchwald discursou, ele é realmente divertido, devia fazer TV. E aí Ronald Reagan fez um discurso, os republicanos vão ficar bem calmos e deixar que os democratas briguem entre si e aí provavelmente Teddy Kennedy vai tomar conta. Ronald Reagan está absolutamente ótimo, tem 69 anos. Ele chamou o governador Jerry Brown de "escamoso". O que quer dizer "escamoso"? Depois ele foi levado rapidamente do palco e não se misturou, acho isso terrível.

Trabalhei até por volta das 7h30 e aí deixei Rupert ($4). Telefonei para Barbara Allen e perguntei se queria ser minha acompanhante e ela disse que estava disponível. Aí às 8h30 fomos de táxi ao Le Club ($4). Quando entramos, Vitas não ficou muito contente, tem estado frio desde que saiu o artigo sobre ele na *Interview*, por causa da sua foto sem camisa com os braços em volta de um homem.

Barbara estava vestindo o pijama de alguém, mas estava bem. Disse que está se mudando para a Califórnia. Me mostrou um colar Cartier que Bill Paley deu para ela, de ouro, e diz que todos esses sujeitos tipo Gianni Agnelli e Bill Paley estão apaixonados por ela.

Ah, e havia tantos árabes em Londres! Se a gente conseguisse fazer retratos para os árabes... Eles ainda não vieram muito aos Estados Unidos, mas estão pela Inglaterra toda. E são podres de ricos – se ao menos conseguíssemos começar a fazer retratos.

Terça-feira, 31 de julho, 1979. Ron Feldman acrescentou Harry Guggenheim à lista de "Judeus Famosos" que quer que sejam pintados para a série. Discutimos sobre pintar Woody Allen e Charlie Chaplin, mas não temos certeza se Chaplin era judeu.

Fui para casa e depois fui a pé até o Le Relais para encontrar John Fairchild Jr. Ralph Lauren estava lá.

Agora John está com uma namorada mais velha. Robyn Geddes também. Mulheres de quarenta anos que ficam mandando neles (jantar $90).

Quarta-feira, 1º de agosto, 1979. John Reinhold me deu uma lupa de platina como presente antecipado de aniversário. Mas não contei que ele gravou a data errada – 5-8 em vez de 6-8-79. Ano passado ele acertou a data.

Quinta-feira, 2 de agosto, 1979. Mandei Rupert até a UPI procurar fotos para a série "Judeus Famosos".

Em casa comecei a assistir *Brief Encounter* e a princípio achei que era realmente bom, mas aí fiquei pensando: que história estúpida, sobre uma mulher que cria problemas mesmo estando feliz no casamento, é tão imbecil que acabei detestando. E aí Lisa Rance telefonou e perguntou se eu tinha assistido e se não era lindo, aí dei um grito e desliguei o telefone na cara dela.

Sábado, 4 de agosto, 1979. Busquei Rupert na casa dele na White Street. Rupert está tentando comprar o prédio onde fica o seu estúdio. Na realidade são dois prédios – o que ele mora e o que fica ao lado. Acho que Rupert tem muito dinheiro ou não estaria pensando em comprar prédios. A mãe dele é de Palm Beach, mas se parece só com uma mãe. Quando uma vez Rupert se travestiu para uma festa, ficou igual à mãe. Rupert Jason Smith.

Saí, comprei queijo e doces para meu aniversário na segunda-feira, e voltei para cima e trabalhei com Rupert por umas quatro horas. Depois fomos de táxi até Christopher Street ($2) e passeamos por lá vendo o que havia de novo.

Segunda-feira, 6 de agosto, 1979. Meu aniversário. Quando cheguei ao escritório fui logo cortar o bolo para não ter de fazer isso na frente de todo mundo. Gosto horrível. Brigid encomendou daquela mulher de Nova Jersey. Eu pedi que ela se certificasse de que seria um bolo de *noiva*. Tinha três andares. Mas no final não era grande o suficiente. Todo dia as pessoas ficaram entrando e saindo e comendo o bolo. Normalmente eu ignoro meu aniversário e dou ordem para todo mundo não mencionar o fato, mas neste ano eu estava com espírito de festa e não queria ir contra. Na realidade eu mesmo organizei a festa e convidei as pessoas.

Jackie Curtis e Mary Woronov ligaram. Suzie Frankfurt veio e De Antonio deu uma passada por lá, está um pouco mais magro.

Honey Berlin telefonou e toda a vez que descobre que sou leonino se surpreende. Madeline Netter veio e foi gentil e divertida, e aí se ofereceu para limpar tudo e depois fomos para 65 Irving. Fabrizzi nos ofereceu drinques grátis por causa do aniversário. Depois fomos de táxi até o Brooklyn ($5) para um jantar de carnes sob a Williamsburg Bridge na casa de Peter Luger. Voltei para casa cedo.

Terça-feira, 7 de agosto, 1979. Trabalhei até as 7h30. Halston ia me dar uma festa de aniversário. Ele sabia que meu aniversário era ontem, mas acho que não queria fazer a festa numa segunda-feira. Foi boa, só os garotos do escritório. Truman estava lá e D.D. Ryan contou para ele que gostou da entrevista que fez com os Siamese Twins sete ou oito anos atrás, e que foi como a que ele fez em *Interview* este mês. Ele ficou muito constrangido e de início negou ter feito algo parecido antes, mas finalmente admitiu.

Ronnie veio com uma mulher vestida de freira que é uma barwoman no Mudd Club. Depois trouxeram o bolo de aniversário que era um biscoito imenso, como o Famous Amos, só que parecia uma grande bolota de merda, era engraçado.

Halston não me deu um tipo de presente caro como fez ano passado. Acho que pensou que seria muito complicado passar por tudo aquilo todos os anos, aí quebrou a tradição e me deu vinte caixas. Uma tinha skates, outra tinha um elmo, outra tinha um rádio, depois fones de ouvido, depois joelheiras, depois luvas, e um livro, *Skate sem mestre*. E Victor estava com os seus próprios skates, também, e aí fomos para a rua e ficamos brincando de skate em frente de casa. Foi divertido. Jane Holzer e Bob Denison chegaram tarde. Aí chamamos uma limusine para irmos ao Studio 54. Ah, e Steve me deu um bom presente. Um rolinho com 5 mil tíquetes para bebidas grátis dos que ele imprimiu para o Ano-Novo.

Quarta-feira, 8 de agosto, 1979. O comissário Geldzahler telefonou e disse que está chateado porque Raymond está deixando a cidade. Fred trouxe as fotos de Liza e estão horríveis, quer dizer, estão claras e nítidas, mas Liza não é gorda e ficou gorda nas fotos, como um travesti. As expressões estão erradas, também. Richard Bernstein vai ter de fazer um grande trabalho criativo com estas fotos para a capa de *Interview*.

Mais tarde àquela noite fomos de táxi ao Studio 54 ($4). Steve estava na porta e disse que Valerie e Robin Williams estavam lá dentro e me levou até eles. Têm surgido histórias no jornal de que eles estão se divorciando, mas Valerie disse que não é verdade. Cheryl Tiegs veio com Peter Beard e acho que queria tirar uma foto com Robin, mas Valerie disse que não, sem fotos. Valerie é muito autoritária, orienta as coisas, e aí se virou para mim e perguntou se tudo bem que tivesse sido tão autoritária, se deveria ter agido assim. Disse que Robin foi convidado a ir até Fire Island no fim de semana mas que ela não queria que ele fosse. Disse, "Seria muita tensão para nós dois". Aí então acho que talvez ela tenha medo que ele seja bicha. Disse que em vez disso queria que fossem a algum outro lugar, como Nantucket.

Eu a apresentei para uma graça de garçom chamado Robert, que estava de folga, e ela deu a impressão de ter ficado deslumbrada com ele e eles dançaram mas daí ela ficou nervosa – talvez ela só quisesse que Robin ficasse com ciúmes por um momento. Ele ainda está vestindo as roupas que nós compramos aquele dia lá no Village. O corpo dele tem uma forma engraçada.

Steve estava puxando fumo e, quando a pessoa que tinha lhe passado o baseado pediu de volta, ele começou a gritar.

Domingo, 12 de agosto, 1979. Trouxe o manuscrito de *Popism* para ler em casa e trabalhei toda a tarde, depois liguei para PH e discutimos sobre ele. Fui à igreja por alguns minutos. O tempo estava péssimo, chovendo demais.

Sexta-feira, 17 de agosto, 1979. Fui ao edifício da Gulf + Western para uma reunião com a Paramount Pictures para fazer a arte do cartaz para o filme *The Serial*. Não tinha me dado conta de que seria uma grande reunião. Cheguei quinze minutos atrasado e havia vinte pessoas lá. Fred estava de ressaca, realmente nauseado, sem poder me ajudar. O sujeito – o nome dele era Cohen com "k" –, Kohen, apontou para a janela que dava para uma esquina e disse, "Você tem de fazer um bom trabalho para que eu possa colocar aqui no escritório". Ficou dizendo, "Vou saber se é bom quando enxergar o trabalho". Tão fora de moda!

Depois que saímos da reunião, Fred e eu caminhamos bastante porque ele estava muito nauseado. Chegamos à conclusão de que não será algo bom para fazer, então ele vai pedir um preço exorbitante e, se disserem ok, aí então faremos.

Li no *Post* que Truman perdeu o primeiro round na batalha judicial com Gore Vidal, a ação de milhões de dólares. O juiz decidiu não arquivar o processo.

Segunda-feira, 20 de agosto, 1979. De táxi até Irving Place, desci no Gramercy Park ($1.50). Vi um esquilo comendo uma noz. Fui até 65 Irving e De Antonio e a mulher já estavam lá. Pedimos que escrevesse para *Interview* e ele está procurando alguém para entrevistar.

Enquanto almoçávamos, os donos do 65 Irving estavam entrevistando candidatos a garçom num canto. Saí do almoço por volta das 4h15 (almoço $67).

Encontrei Barry Friedman na rua e ele fez que não viu. Não sei por quê. Estava com uma mulher, e estava drogado ou fora do ar, ou subiu na vida. Sei lá.

Terça-feira, 21 de agosto, 1979. Trabalhei até as 7h30 (táxi $4). Fui para casa e fiz alguns desenhos. Nem uma única pessoa ligou. Acho que todo mundo deve estar em férias.

Domingo, 26 de agosto, 1979. Barry Landau telefonou e disse que o *New York Times* esteve na casa dele perguntando se ele tinha visto Hamilton Jordan no porão do Studio 54, contou que tinha dito que sim, que não consegue mentir. Fui à igreja.

Segunda-feira, 27 de agosto, 1979. Não tinha almoçado, fui bem-comportado e não comi, mas aí Fred quis experimentar o novo lançamento que o McDonald's está anunciando – o sanduíche de carne e cebola. Tinha gosto de papelão e vinha em pedacinhos como se já tivesse sido mastigado. As cebolas são a única coisa boa, são de verdade. Isso é estranho, cebolas de verdade e todo o resto imitação. O molho é bom, mas é muito doce.

Caiu uma grande tempestade com trovões esta tarde.

Terça-feira, 28 de agosto, 1979. Na primeira página do *Post* há uma grande foto de Barry Landau dizendo que viu Hamilton Jordan no Studio 54 perguntando onde podia conseguir coca.

Quarta-feira, 29 de agosto, 1979. Acordei e fui de táxi até Union Square ($3.50). Caminhei até o escritório. Fred tinha comprado os jornais e ficamos lendo sobre o Studio 54 e fazendo piada sobre a coisa. Aí o telefone tocou e era o FBI e paramos de rir. Eu não queria atender à ligação, fiz Fred atender e hoje eles vêm falar comigo. Aí Halston telefonou e disse que o FBI tinha acabado de sair de lá, mas disse que não contaria pelo telefone o que tinha acontecido. É engraçado, estão perdendo tempo com esse negócio. Será que eles não têm mais uma lista dos Dez Mais Procurados? Quer dizer, eles estão tentando encontrar Barry Landau, a quem todas as outras pessoas estão tentando *não* encontrar!

Rupert e eu trabalhamos na série "Dez Judeus Mais Famosos". Ainda não me disseram certo quem está nela. Sarah Bernhardt. Talvez Woody Allen. Charlie Chaplin, Freud, Modigliani, Martin Buber. Quem é Martin Buber? Os Guggenheim. Ah, e Einstein. E Gertrude Stein. Kafka (fotos para pesquisa $2.20). Acho que estão pensando em Bob Dylan, mas li que agora ele é um cristão renascido.

Quinta-feira, 30 de agosto, 1979. De táxi até Union Square ($3.60). Caminhei até o escritório. Dei alguns telefonemas, almocei um pouquinho. Havia uma multidão de modelos lá onde Barry McKinley estava fotografando, na maioria modelos masculinos, todos muito bonitos. Por que agora há tantos para escolher? Porque ninguém está no Exército? Não seria ótimo fazer um filme inteiro só com garotos bonitos – o açougueiro, o padeiro – todos modelos?

Sexta-feira, 31 de agosto, 1979. *Interview* chegou e é a capa de Liza, com muitas manchas. Fiquei desapontado porque a revista não parece muito grossa. Apenas quarenta páginas de anúncios, o número tem só 88 páginas.

E a *Vogue* deste mês está tão grossa que parece uma lista telefônica.

Fui encontrar minha agente Joan Hyler no Elaine's para conversar com um sujeito que talvez me consiga uma participação em *The Love Boat* (táxi $3). Elaine estava lá, muito magra. E Joan Hyler, Bob Feiden, Steven Gaines, e esse tal Tim, do *The Love Boat*. Na mesa ao lado estava Jerzy Kosinski com sua namorada, Kiki, e com um garoto polonês, um assistente de câmera que acaba de fugir de lá e estava deslumbrado, era o primeiro dia dele em Nova York e estava *me* conhecendo. Porque ele leu o livro *Philosophy* na Polônia. Na realidade ele ainda não fugiu. Não se pode fugir num feriado, ele tem de esperar até terça-feira.

Depois fomos ao Studio 54 e Mark nos deixou entrar e fiz Curley dançar com Tim para diverti-lo. Ficamos até as 5h, e a levei os garotos para uma cafeteria e bebemos chá ($15), depois consegui um táxi. Steve Rubell estava no Studio 54, sóbrio, e perguntou se não era ótimo o que Barry está fazendo, e por um segundo eu esqueci que Barry está fazendo isso por Steve, e aí comecei a dizer que Barry é horrível, mas consegui me frear a tempo. É o acordo de Steve com o governo – se der nomes para eles, consegue um acordo melhor. E Barry está ajudando a dar os nomes.

Terça-feira, 4 de setembro, 1979. Bruno Bischofberger continua atrás de mim para que eu dê uma porção das minhas fotos antigas para a coleção fotográfica dele. Quando foi que comecei a tirar polaroids? 1965? Bruno quer que eu pinte a Estátua da Liberdade e ainda não decidi se vou fazer isso. Tentei tirar a Estátua da Liberdade da cabeça dele e interessá-lo nas pinturas "Coração" que tenho feito.

Encontrei Diane von Furstenberg, que disse que não tem ido mais ao Studio 54 porque acha que é errado Steve estar denunciando pessoas.

Quarta-feira, 5 de setembro, 1979. Lá fora, cinzento, iniciou a temporada dos furacões. Caminhei pela vizinhança, distribuí *Interviews* – as novas com Liza – e pensei em Montauk. Disseram que o furacão está seguindo o trajeto daquele de 1938, que foi quando Montauk foi atingida. Encontrei Charles Evans, ele me deu uma carona, e tivemos uma boa conversa a respeito de todas as mulheres que ele conhece.

Busquei Bob às 7h45 e fomos à sala de projeção Magno assistir a *Os ianques estão chegando*. Convidei Curley; ele e Bob adoraram o filme mas eu não o suportei. Era como um filme dos anos 40, mas se a gente quer ver um filme dos anos 40 é só ligar a TV a qualquer hora e a gente vê gente bonita como Tyrone Power, e não Richard Gere! O filme não tem nem guerra nem bombardeios.

Depois fomos ao desfile de modas de Claude Montana no Studio 54. Tinha terminado há pouco. Larissa disse que Claude Montana é um gênio e me perguntou se eu queria conhecê-lo. Vi o pôster com a fotografia dele lá na frente, uma figura de 2m40cm de altura, e aí ela veio com esse cretininho de 1 metro e meio, de bigode e com roupas americanas, e disse que era ele e que era tímido.

Quinta-feira, 6 de setembro, 1979. Acordei e David tinha chegado – o Furacão David. Acho que choveu a noite toda, imagino que foi isso que me incomodou no meio da noite.

Saí e distribuí *Interviews*. Encontrei David Kennerly na rua, o fotógrafo da Casa Branca, e ele disse que está na cidade para promover um livro. Só que não o reconheci a princípio, mas aí finalmente ele disse algo sobre a Casa Branca e isso fez com que eu me desse conta de quem era.

Caminhei um pouquinho e passei pelos mesmos lugares de sempre. O furacão não veio. As árvores do parque estavam meio inclinadas, mas não muito.

E as manchetes falam sobre David Kennedy indo ao Harlem comprar drogas. Ele é o louco que teve uma briga com Fred na Xenon. Foi uma graça quando ele disse na polícia, "Sou David Kennedy, por favor, não contem nada para minha família. Só quero ir para Hyannis".

Sábado, 8 de setembro, 1979. De carro até Forest Hills. Bons lugares. Fui até o vestiário. Billie Jean King me cumprimentou. Vi o jogo entre Martina Navratilova e Tracy Austin, mas detesto mulheres jogando, detesto o jeito que elas jogam, realmente não jogam muito bem, não suporto.

McEnroe e Connors jogaram, e eles são o mesmo tipo de pessoas.

Terça-feira, 11 de setembro, 1979. Levei Marina Schiano ao jantar de Charles Evans e tive de caminhar até o Arsenal para buscá-la. Estava numa feira de antiguidades com Jed. O ingresso custava $35, paguei por estupidez, porque ninguém me disse que era patrocinada pelo Folk Art Museum, do qual sou da diretoria. Encontrei o sujeito que dirige o museu, Bishop, que acha que minha coleção não é boa. Ele é um imbecil. De qualquer modo, odeio todas essas coisas americanas primitivas de agora, essas coisas berrantes pintadas – parecem lixo – os brinquedos e as bonecas e os carrosséis e as cestas indígenas.

Bo Polk estava no jantar de Charles Evans e conhecia todas as mulheres na sala. Ele e Stephanie McLuhan romperam, mas ela também estava lá. Bo me acusou de ter sido quem o apresentou a Barry Landau, mas ele sabe muito bem que eu realmente o preveni.

Sábado, 15 de setembro, 1979 – Nova York-Chadds Ford, Pennsylvania-Nova York. Suzie Frankfurt nos buscou numa limusine que pertence a um cliente de decoração dela. Fomos direto para o Brandywine River Museum e alguém lá nos levou até a casa de Frolic Weymouth. Ele armou um toldo e serviu uma ótima salada de galinha. Todas as pessoas certas estavam lá. Lady Bird Johnson, Henry e Shirlee Fonda, senhoras ricas parecidas com buldogues.

Depois fomos para a casa de Jamie Wyeth, que passou o tempo todo dando uma entrevista para o *Women's Wear Daily*, e Phyllis estava na piscina. Conversei com Shirlee Fonda. Ela disse que ia vender a casa deles no East Side de Nova York na Rua 79 para David Brenner, mas aí ele desistiu na última hora, disse que era famoso demais para ser dono de uma casa. Ela disse que se Henry Fonda podia ter uma casa David Brenner também podia. Mas ela está muito feliz porque agora a casa está alugada por $5 mil mensais e assim estão ganhando mais dinheiro. Enquanto esvaziava a casa, encontrou uma enorme cruz de ouro atrás de uma estante de livros, vale uns $20 mil, vão tentar descobrir quem foi o dono. Disse que não se sentiria bem ficando com ela. Percebi que Suzie ficou louca pela cruz, ela gosta de cruzes de ouro.

Voltamos para a casa de Frolic para mudar de roupa. As mulheres colocaram seus vestidos de baile. Ah, e Henry Fonda tem todos os dentes. Estava comendo maçãs verdes. Estou certo que tem porque as maçãs já estavam um pouco passadas.

Suzie estava enrolando um baseado e foi constrangedor. Eu estava com um daqueles drinques de menta, mint julep, e joguei fora. Suzie esqueceu de dar almoço para o motorista, foi horrível.

No museu, Frolic me apresentou ao governador Scranton e sua mulher e a algumas velhas senhoras. Bebi um pouco, fotos, jantar. Marina Schiano e Jed trocaram os cartões de jantar de lugar para ficar perto um do outro, não estavam contentes. Sentei com Nancy Hanks de um lado e a irmã de Henry McIlhenny, Bonny Wintersteen, do outro. Nancy Hanks é a diretora do National Endowment for the Arts, eu acho, ela conseguiu colocar Jamie em sua comissão consultiva, The National Council on the Arts. Bonny Wintersteen é fascinante e divertida. É gorda, com cabelo grisalho bem puxado para trás. Vendeu as suas dez pinturas mais famosas para os japoneses alguns anos atrás, quando eles estavam atrás dos preços mais altos, disse que cansou das pessoas que apareciam na casa dela e exigiam que ela mostrasse as pinturas.

Encontrei uma porção de garotos de smoking que disseram que me conheceram vinte anos atrás na Universidade da Pennsylvania, quando Edie e eu fomos lá para minha exposição. Saímos por volta das 10h30 e peguei no sono no carro.

Domingo, 16 de setembro, 1979. Fui à festa de Lester Persky para *Os ianques estão chegando* no Trader Vic's. No final era um jantar bem íntimo, só para umas catorze pessoas. Lester chegou com Richard Gere, John Schlesinger veio e Tommy Dean também. Agora Lester está de bigodinho. Richard Gere me perguntou como Lester e eu nos conhecemos e eu disse que nos conhecemos no esgoto dez anos atrás, e desta vez Lester não gostou e portanto esse foi o meu primeiro *faux pas*. Richard Gere disse que dez anos atrás veio de ônibus de Nova Jersey para ver nosso filme *Bike Boy* no Village, e disse que desde então está tentando ser ator – vai fazer onze anos, ele disse. Ele é alto e bonito. Conversamos sobre mulheres e ele contou que conheceu a mulher mais linda – Dalila DiLazzaro – numa festa no pátio de Zeffirelli em Roma – e contei que nós descobrimos que Paul Morrissey a viu fazendo um comercial de sabonete na TV italiana e a transformou na estrela de *Frankenstein* – e ele ficou impressionado. Vai fazer uma nova peça inglesa chamada *Bent* sobre homossexuais em campos de concentração. Perguntei se a família dele é italiana e ele disse que não, que é francesa e irlandesa.

Steve Rubell veio mais tarde. Quando Steve está normal, fica muito distante. Lester contou histórias engraçadas. Depois cometi outro *faux pas*, disse que estava tão divertido lá que ninguém deveria ir embora. E Steve estava sentado bem na minha frente. E eu nem me dei conta da festa no 54, estava só querendo fazer Lester gastar mais dinheiro nos divertindo porque ele sempre deixa tudo barato. John Schlesinger discursou.

Segunda-feira, 17 de setembro, 1979. De táxi até Union Square ($4). Havia um almoço para Jack Kroll, da *Newsweek*, e eu também convidei dois amigos dele, um deles fez um filme sobre Jack chamado *Anti-Clock*, e a mulher eu não sabia se era a namorada dele ou a relações públicas. É um filme sem pretensões, um filme de arte. Me disseram, "É o *seu* tipo de filme" (*risos*), aí você pode ter uma ideia do que é.

Bob me contou que a razão de estar atrás da *Newsweek* é que quer que eles façam uma matéria de capa comigo, mas eu não quero. Quer dizer, o que é que eles vão dizer? Repórteres só requentam. "Ele mora no Upper East Side com dois dachshunds e algumas vezes é a muleta de Paulette Goddard." Bem, talvez eles achem o mesmo que eu, que é muito maçante. Quer dizer, a gente tem que fazer algo diferente como casar e ter dois filhos, ou usar drogas, ou perder muito peso, ou morrer para se transformar numa boa matéria.

Deixei Rupert e Bob ($4) e fui para casa e vesti smoking. A mãe de Robyn, mrs. Amory, me convidou para o Baile do Câncer. Convidei Gael Malkenson.

Fui até a casa de Gael e ela estava com um vestido verde-brilhante. Bebemos um drinque lá. O namorado dela está fora. Trabalha para uma indústria de queijos, e ela engordou porque ele fica trazendo todos os queijos para casa. De táxi até o Lincoln Center ($2.50).

Havia uma orquestra e as antiguidades estavam na pista dançando o foxtrot, e há sempre uma senhora de 75, oitenta anos, que vai até lá e é a primeira a perder o controle. Essas antiguidades ainda querem homens que as levem para a cama. Parecem como as senhoras do Bonnie & Clyde, aquele bar de sapatonas no centro da cidade, onde cada mesa tem mulheres que se parecem com as nossas próprias mães.

Os Gilman estavam lá, agora são íntimos da mãe de Robyn, têm uma casa ao lado da dela em Tuxedo Park. E perguntei a

Sondra o que aconteceu com Adela Holzer e ela disse, "Meu querido, você não vai acreditar, ela está hospedada há oito meses na minha casa e vai ganhar no tribunal". Eis uma boa amiga, eu acho. Mas então, se é uma amiga tão boa, por que a deixou ficar quatro dias na cadeia?

Rifaram uma viagem a Milão. Por que alguém quereria ir a Milão?

Gael e eu passamos a noite falando sobre a revista, e Robyn e eu tentamos fazê-la contar coisas de Bob, mas ela disse que não falaria do seu chefe, disse apenas que vai para o outro lado da sala quando ele grita.

Terça-feira, 18 de setembro, 1979. Esqueci que Halston estaria no *Donahue Show* e não assisti.

Ronnie estava trabalhando, se aprontando para as duas semanas de férias na Califórnia quando vai visitar Gigi.

Quarta-feira, 19 de setembro, 1979. Acordei cedo porque haveria um grande almoço no escritório. Brigid convidou Stanley Marcus, da Neiman-Marcus. De táxi até Union Square e a pé até o escritório (táxi $3, utensílios de cozinha $125). Recém terminaram de pintar o saguão. Pintaram com cores porto-riquenhas e é detestável passar por ali.

Mr. Marcus é um homenzinho divertido. Eu tentei roubar um pouquinho de salada de repolho e ele me pegou comendo. Achamos que Fred tivesse chegado da Europa, mas não chegou. Rupert passou por lá. Curley veio e devolveu o guarda-chuva que os Heinz tinham me emprestado uma noite dessas. Jack Heinz telefonou para falar disso, disse que era o seu guarda-chuva favorito.

Pedi a Carole Rogers, da *Interview*, que tentasse registrar a palavra *Out* como nome de uma revista, e ela disse que a única maneira de conseguir o registro é realmente fazer um projeto da revista com esse nome. Quero começar outra revista – uma que seja *mais jovem* que *Interview*, porque agora *Interview* está muito solidificada. Deixei Rupert ($4), vesti smoking e fui buscar Suzie Frankfurt e Bob.

Caminhamos até o Pierre para o desfile de modas de Gianni Versace. Gianni Versace ficou na nossa mesa, mas só depois do desfile. E Carrie Donovan, que sempre me conseguiu meus primeiros empregos, estava lá. André Leon Talley ficou ao meu lado, ele é muito cafona. E aquele sujeito do *Women's Wear* que não gosta de nós, como é o nome dele? Michael Coady, estava numa mesa com a namorada, acho, e até que desta vez foi gentil. E Ludovic, o gerente do Regine's.

O desfile teve Joe MacDonald e mulheres europeias. Tecidos engraçados – renda, camurça e couro. Mas as roupas que ele fez este ano são muito femininas, meio drapeadas e feias. E no final me emocionei e (*risos*) chorei.

Ludovic nos convidou para o Regine's, mas primeiro fomos à festa que Nelson tinha nos convidado, para Michael O'Donoghue, que escreveu *Mondo Video*, um filme que está sendo lançado. Paguei a limusine ($15) até o Tango Palace na 47 e Broadway, que parece a antiga Factory, com papel prateado nas paredes. E as mulheres de um-centavo-por-dança agora custam vinte-dólares-por-segundo. Uma mulher com seios tão grandes quanto os de Geri Miller em *Trash* estava lá, vulgar, dançando. A festa foi nojenta, os garotos mais assustadores vieram falar comigo. Um grupo chamado The Clits estava tocando. Richard Turley estava lá e adorou tudo.

Quinta-feira, 20 de setembro, 1979. Tive de ir à projeção do filme *Anti-Clock* que os amigos de Jack Kroll fizeram, era só para mim e eu não queria ir sozinho, então convidei John Reinhold, Curley e Thomas Ammann, porque ele se interessa por cinema de arte. Fomos para a 48 com a Broadway (táxi $3). Cheguei cinco minutos atrasado e já tinha iniciado o filme. Fora de foco, só acertaram o foco depois de umas quatro tentativas. É em tela dupla, filmaram em vídeo e transferiram para filme, havia uma mulher se masturbando no chuveiro. Aí deu a impressão que o filme tinha quebrado e não sabíamos se tinha mesmo ou se era o final do filme, nenhum de nós se atreveu a perguntar, ficamos só sentados ali no escuro e quando finalmente um sujeito saiu da cabine de projeção carregando o filme chegamos à conclusão de que tinha realmente terminado. Não sabíamos o que dizer e a mulher que organizou a projeção queria que a gente dissesse alguma coisa, aí finalmente eu disse, "Gostei", e ela ficou aliviada.

Sexta-feira, 21 de setembro, 1979. Acordei e passeei, distribuindo *Interviews*. Fui à nova loja de sapatos de Manolo Blahnik na 65 com a Madison, ao lado da Kron's, realmente bonita, sapatos exclusivos. Fui à Kron's ($ 58.58). Estava chovendo, impossível conseguir um táxi, todo mundo esperando um. Mas Gene Shalit veio de carro e disse que me daria uma carona, e eu disse que era muito fora de seu caminho, ele disse que tudo o que eu quisesse não seria demais. Sempre diz que não fuma, não bebe, não usa drogas – só trabalha. Disse que conseguiu que Meryl Streep lhe desse uma entrevista e perguntei qual era o segredo dele, estamos tentando consegui-la para nossa revista, ele disse que conseguiu apenas porque se esforçou muito. Contou que ele mesmo telefona, que nunca deixa um assistente fazer isso. Me deixou em downtown e trabalhei toda a tarde, aí deixei Rupert (táxi $4).

Dei um jeito em mim, pois seria o acompanhante de Sharon Hammond na festa para Alexis Smith num restaurante chamado Dukes, antes de iniciarem a excursão de *The Best Little Whorehouse in Texas*. Sentei entre mrs. Long e Twyla Tharp, e Twyla ficou dizendo que ela já é do passado, que sua carreira no cinema está terminada, que foi arruinada por Lester e por *Hair*, que não utilizaram toda a coreografia dela, mas não consigo ver como poderiam ter utilizado *mais* do que fizeram. Ela estava com o seu namorado bonito, mais jovem do que ela, moram juntos há anos. Fingiu que não tinha nada a ver com os bailarinos Judson – os bailarinos da igreja Judson no Village nos anos 60 – e quando mencionei um dos nomes ela não quis dizer se conhecia, disse que só tinha andado no porão ou algo assim, mas depois de alguns drinques começou a contar coisas sobre os bailarinos que tinha fingido que não conhecia. E o namorado dela até disse, "Por que você fica fingindo que não tem nada a ver com os Judson?". Acho que ela era apenas uma bailarina imbecil que copiou o que eles faziam e de alguma maneira fez sucesso. Não sei como. E age como se agora a considerassem mais importante do que eles. Foi divertido conversar com ela.

Geoffrey Holder e Geraldine Stutz estavam lá, todos dos velhos tempos. Foi uma boa festa. E depois fomos para o New York/New York. Lester Persky estava lá e foi divertido, e Jack Martin, sempre me divirto com ele, é muito engraçado. Ele disse que o portfólio "Marilyn" que dei para Joyce Haber está mofando no porão e que conseguiu que Rona Barrett lhe desse o pôster "Marilyn" que eu dei para ela. Ele disse, "Ah, Rona, por que você tem essa coisa idiota?", e ela deu o pôster para ele. Jack conhece arte, tem algumas coisas. Dei o portfólio "Marilyn" para Joyce depois que ela escreveu aquele grande artigo sobre nós no *L.A. Times* no fim dos anos 60, tinha acabado de romper com o marido dela, Doug Cramer, aí achei que o portfólio faria bem para ela, foi antes que eu me desse conta do quanto valem. Agora são muito caros.

Sábado, 22 de setembro, 1979. No escritório. Atravessei a rua, fui à feira livre e comprei algumas coisas para a cozinha ($8). O pessoal da *Interview* estava trabalhando.

Thomas Ammann veio me buscar na sua limusine e fomos à Nippon encontrar todo mundo. Eram Wilson Kidde e Billy Kimball – é um amigo de Wilson que estuda em Harvard –, John Reinhold, Robert Hayes, Curley, Keller Donovan, o decorador, e Rupert e seu novo amigo – dez ao todo, todos garotos, embaraçoso. Ouvi um casal mais velho na mesa ao lado dizendo (*risos*), "Ah, devem ser alunos de escola preparatória com seus tutores", porque John e eu parecíamos os mais velhos e os garotos estavam todos de casaco e gravata. Nos divertimos (jantar $300). Depois resolvemos ir para o Cowboys e mais tarde ao Rounds. Lá um sujeito que disse que me conheceu no Tennessee perguntou se podia sentar conosco para descobrir a verdadeira Nova York ($105). Joe MacDonald estava lá e disse que o Flamingo estava reinaugurando e lá fomos nós, o sujeito nos deixou entrar sem pagar porque uma vez fui jurado num concurso de beleza masculina lá. O Flamingo foi ótimo porque está novíssimo, e aí às 3h Thomas Ammann me deixou em casa.

Domingo, 23 de setembro, 1979. Fui à igreja e depois para casa. Me colei, Curley me buscou e fomos até a rádio WPIX na Rua 42 para o *John Ogel Show*. Eu convidei Walter Steding para tocar seu violino mágico no ar, ele foi ótimo e disse coisas inteligentes na entrevista.

Aí Lou Reed chegou correndo e disse que estava muito feliz de nos ver. Disse que um dos dachshunds dele foi operado nas costas. Convidei-o para ir conosco ao Mudd Club mais tarde porque fariam uma Noite das Estrelas Mortas do Rock, ele disse que iria como ele próprio, mas eu disse que agora ele está bom demais para essa coisa.

Demos uma passada no One Fifth para jantar (táxi $3). Quando entramos, Jackie Curtis – que voltou a se vestir de mulher – estava no bar com, quem mais, Taylor Mead, que por acaso estava esperando por, quem mais, Viva. E todos estavam a caminho do Mudd Club. Tomamos drinques ($45.14) e aí eram 11h30. e também fomos para o Mudd Club (táxi $3). Havia uma sala onde uma Janis Joplin estava enfiando seringas no braço, e outra com um Paul McCartney – acho que por causa daquele rumor sobre a morte dele – e havia uma Mama Cass morrendo sufocada com um prato de sanduíches de presunto na frente dela e a gente podia pegar os sanduíches e comer. Foi realmente neurótico. Vincent e Don Munroe estavam lá fazendo um vídeo.

Viva leu poesias mas perdi, não vi. François de Menil estava lá. O ex-mr. Viva também. Havia mulheres de preto chorando e um carro fúnebre estacionou do lado de fora. Eu estava realmente cansado. Deixei todo mundo (táxi $15).

Terça-feira, 9 de outubro, 1979. Fui até Union Square às 12h45 para encontrar os Newhouse, a filha e o filho, Si e Mitzi. Trouxeram fotos do marido que morreu recentemente, mas não eram boas e aí vão mandar outras para fazer um retrato. Talvez ela também queira um retrato. Ninguém estava lá, então Victor se fingiu de garçom. Ela é uma mulher baixinha, tem 82 anos de idade. Perguntei ao filho sobre a revista *Self* – ele disse que todos os meses pesquisam tudo por computador, assim é que descobrem o que está acontecendo.

Tive de ir à festa de Richard Weisman para o governador Brown, organizada por Catherine. Curley foi comigo. Convite de Fred. Tráfego horrível. Castro está na cidade (táxi $3.50). Bo Polk estava lá e me convidou para a festa de George Bush. Aí Pat Hickey, o jogador de hóquei, chegou com sua namorada e ele parecia o anúncio da Tareyton, com o olho todo preto. O governador Brown veio e discursou, eu gravei e depois ele perguntou porque eu tinha gravado, e todos os garotos disseram, "Para nada – ele só joga as fitas numa caixa". Ele não disse muita coisa, mas quando alguém discursa o tempo todo, o que sobra para dizer?

Stephanie voltou para Bo Polk – Stephanie McLuhan –, mas notei que ela foi direto para o governador quando ele chegou, e beijou-o, embora não o conheça. E aí depois do discurso ela se levantou e fez uma pergunta engajada, acho que para mostrar que é inteligente, mas foi idiota e ele foi idiota. Depois ele veio me apertar a mão e pedir meu voto, disse alguma coisa referente a algo sobre arte, acho – aquela lei que faria com que os artistas ganhassem royalties ou algo assim quando suas pinturas fossem revendidas –, mas para mim não fez sentido. Diane von

Furstenberg disse que ele emagreceu demais, que perdeu suas "manivelas de amor" e que ela gostava delas. Eu queria que alguém perguntasse, "Jerry é bicha?", e Diane disse que não, que não é, que Jerry não é bicha. Judith Hollander e Jed estavam lá, deram uma passada a caminho da festa de aniversário de Tom Cashin no "21". Eu só queria ir para casa, mas Catherine queria que eu fosse ao Elaine's com Rod e Judy Gilbert, e Pat Hickey e sua namorada.

Elaine estava numa mesa com cinco mulheres e uma acho que era Candy Bergen porque mais tarde as pessoas disseram que era, mas não se parecia com ela, eu olhei, ela olhou, e não dissemos nada. Se era ela, está mais velha. Pat Hickey levou a namorada para casa e aí voltou porque Catherine flertou com ele a noite inteira. Richard tentou me fazer beber tequila e por volta das 2h fui embora (táxi $3).

Quinta-feira, 11 de outubro, 1979. Levantei e estava chovendo, frio novamente. Alguém se encontrou com Truman em Nova Orleans e, portanto, evidentemente ele não foi para Nebraska. Talvez estivesse apenas precisando de algum dinheiro – pediu $6 mil para nós e disse que ia a Nebraska fazer uma história para *Interview* e nós demos o dinheiro.

Trabalhei toda a tarde nos fundos.

Fred estava num dos seus humores, armando o cabelo das pessoas, e convidou Curley para ir conosco ao show de Larry Rivers em Marlborough.

O show de Larry é como uma retrospectiva de todo o seu trabalho. É engraçado, como se ele tivesse esgotado todas as ideias e decidisse repintar tudo. Encontrei no elevador a grega que acabei de pintar, mas não reconheci. Também encontrei Rupert, e ele disse que as minhas telas "Joia" saíram ok. No vernissage alguém disse, "Sou o cunhado de Larry e sou dono do edifício onde você tem escritório", e contou que tinha alugado há pouco o térreo para uma discoteca mas que nós não deveríamos ficar preocupados, não vai interferir no nosso escritório porque não vai funcionar durante o nosso expediente. Eu disse muito obrigado. Aí, quer dizer, não é ótimo? Os incêndios mafiosos das discotecas só vão queimar o edifício de cima abaixo *depois* do expediente. Não é maravilhoso ter uma discoteca como vizinha?

Depois fui jantar na casa dos Gilman onde encontrei um advogado que está em Nova York para fazer um curso sobre isenção de impostos.

Sexta-feira, 12 de outubro, 1979. Estava chovendo, outro dia horrível. Michael Zivian telefonou de manhã e me pediu para ir até lá autografar algumas das minhas "Frutas Espaciais", e aí caminhei pela Madison até a casa dele.

Henry Post telefonou e conversei com ele, mas fiquei com medo que estivesse gravando, então não contei nada. Ele me mandou um artigo que escreveu sobre Quaaludes para *New York*. Ainda está a fim de pegar Steve Rubell.

Domingo, 14 de outubro, 1979. Fui à igreja e estava bonito lá fora. Aí encontrei Bob por volta das 5h e fui ver o Dalai Lama na Catedral de São João, o Divino, na Rua 112 com a Broadway. Buscamos Fred e fomos para uptown (táxi $6). O Dalai Lama discursou, foi uma chatice, ele tinha um intérprete, mas não sei por que, porque depois ele falou muito bem em inglês. Estava com uma roupa laranja e vermelha. Depois houve uma festa nos fundos e todo mundo ficou de pé por ali, apertando as mãos. Bob disse que não se impressionou com o Dalai Lama, que o papa é melhor.

Aí saímos, tomamos um táxi, deixamos Bob e fomos encontrar Richard Weisman e Catherine no Madison Square Garden, onde aposentariam a camisa número 7 de Rod Gilbert (táxi $7). Catherine tem de ir ao hospital fazer novo ligamento de um nervo de uma das mãos porque ainda não consegue senti-la. A mãe dela está vindo para a cidade e Catherine espera que ela não perceba nada. Só Valentine e Jasper, seus irmãos, sabem o que aconteceu.

Segunda-feira, 22 de outubro, 1979. Priscilla Presley veio ao escritório e a entrevistamos. Estava com o seu namorado, Michael Edwards, o modelo. Admitiu que não comeu caviar durante todos os anos com Elvis porque ele detestava peixe e a jogaria para fora de casa se a visse comendo algum. Deus, que mulher linda. Mas fiquei me perguntando se ela fez uma plástica no nariz. Nas fotos antigas o nariz parece um pouco mais largo.

Segunda-feira, 29 de outubro, 1979. Tenho de fazer um retrato para a exposição do Whitney, então pensamos que, já que são retratos, eu deveria me autorretratar travestido. Foi ideia de Fred. Tenho de conseguir que Gigi faça minha maquiagem. E Ronnie está todo nervoso porque logo vai fazer uma exposição downtown – agora ele monta jaulas como se fossem arte.

Terça-feira, 30 de outubro, 1979. Encontrei Juan Hamilton, que depois veio ao escritório. Ele e Georgia O'Keefe estão no Mayfair (táxi $3.50). Quando cheguei no escritório, Joseph Beuys, o artista alemão, estava saindo de um carro com seus filhos e com Heiner Bastion – umas oito pessoas. Me beijou na boca e fiquei nervoso. Não sei o que conversar com ele. Heiner Friedrich e Philippa de Menil vieram. E Robert Hayes estava lá com Sally Kellerman e Barry Diller, e Barry McKinley, e não havia lugar para sentar. E Heiner Bastion disse que eu deveria fotografar Beuys para um retrato. Aí fotografei Georgia e Juan nos fundos. Fica difícil trabalhar com toda essa gente famosa no escritório ao mesmo tempo, uns não conseguem entender por que os outros estão lá. Trabalhei até as 4h com Georgia. Finalmente todos foram embora.

Mais tarde fui ao espetáculo de cavalos no Madison Square Garden. Fui com uma porção de especialistas em cavalos até o Statler Hilton para comer ovos mexidos e bacon, acho que isso é o que eles gostam de comer. Estava bom. Roubei alguns talheres e aí foi constrangedor porque caíram no chão e todo mundo viu. Eram talheres do Statler Hilton dos anos 40.

Depois disso, no Studio 54, encontrei Steve Rubell, que disse que sexta-feira vai ser condenado a dois meses de prisão, e que fez um acordo com o governo – eles arquivam o processo de drogas e ele se declara culpado por sonegação de impostos. Perguntou se iríamos visitá-lo.

Quarta-feira, 31 de outubro, 1979. Bobby Zarem deu um almoço por causa do livro de fotos – Bob e eu decidimos chamá-lo *Exposures*, afinal – à 1h no Maxwell's Plum. Então fiquei uptown toda manhã e aí fui encontrar Elizinha Gonçalves e Bob no Mayfair House e caminhamos até o Maxwell's Plum. Quando estávamos a meio quarteirão de distância, Bobby Zarem veio em nossa direção gritando que estávamos atrasados e como nos atrevíamos e que as pessoas iriam embora. Mas na realidade o nosso atraso foi conveniente, porque todos estavam esperando para nos ver. Estava cheio, tivemos de fazer força para entrar. Karen Lerner estava lá filmando para a história que vai fazer sobre mim em *20/20*. Colocou um microfone invisível em mim e aí eu tive de cuidar quando falava. Foi uma festa para a imprensa e estava basicamente todo mundo a quem Bobby deve favores, eu acho.

Construíram umas iniciais "AW" enormes em gelo, mas elas estavam derretendo. Não comi nada. Todo mundo recebeu um livro grátis, distribuíram pelo menos uns cem. Os garçons roubaram muitos livros e aí pediram que eu os autografasse na cozinha, mas não me importei porque eles foram ótimos.

Catherine ficou fazendo perguntas íntimas a Steve Rubell, como, "Quer dizer que você *realmente* ficou com todo o dinheiro?", mas ele não pareceu se importar. Agora está dizendo que fez um acordo com a Receita Federal para ir à prisão dois dias por semana para fazer serviços comunitários – ensinando as pessoas como montar discotecas em bases militares para os soldados. Que ideia brilhante. O próximo passo será ensiná-los a serem bichas e usarem drogas, certo?

Mais tarde fomos de táxi ao Studio 54. A Festa das Bruxas foi tão boa este ano, as pessoas realmente estavam fantasiadas nos carros, roupas com lâmpadas piscando. O Studio 54 estava muito bem decorado. As pessoas entravam e havia dez portas de cada lado, e a gente tinha de passar uma a uma, e havia camundongos plásticos correndo pelo chão. Em outra sala havia um buraco, a gente olhava por ele e via oito anões jantando e dava para falar com eles. Estavam comendo ossos de galinha. E aí na sala ao lado havia umas luvas de borracha e umas mãos de verdade. Foi melhor que um vernissage, melhor que uma exposição. Havia outras salas, mas não fomos. Foi tudo ótimo. Lotado de gente de cima a baixo, lindo, não sei de onde saiu todo mundo.

E Esme, o top-model, estava lá com Allen Finkelstein, mas não os teria reconhecido se Tommy Pashun, o florista, não tivesse dito para mim, porque estavam vestidos de judeus hassídicos, e disseram que estavam muito surpresos por as pessoas estarem agindo tão mal com eles. Um maquiador de uma peça da Broadway foi quem os preparou. Deixei Catherine às 3h (táxi $3.50).

Quinta-feira, 1º de novembro, 1979. De táxi downtown para o vernissage de Ronnie ($3). Conversei com Larry Rivers. O artigo dele sobre os anos 50 está na capa da *New York*. Todas as pessoas dos anos 60 estavam lá, como René Ricard, que não diz nada com nada, só fica dando voltas falando qualquer coisa. E Roger Trudeau, que disse que agora é decorador de interiores. Aí Fred e eu fomos ao jantar na embaixada alemã para Beuys.

No jantar sentei ao lado de uma mulher alemã que tinha me abordado na rua antes para pedir um autógrafo, foi engraçado.

Chegamos lá um pouco atrasados e perdemos o discurso. Disseram que tinha sido sobre excremento – e como Beuys o usa tão bem.

Estamos nos jornais por causa daquela coisa do Bobby Zarem, muitas citações no Jack Martin e na Liz Smith e na "Suzy".

Segunda-feira, 12 de novembro, 1979. Halston tinha me convidado para jantar mas aí Catherine ligou e disse que Steve Rubell e Ian Schrager queriam que a gente fosse antes ao Pearl's. Então fui para lá. Steve me contou que Liza está grávida e que vai se casar, mas é um grande segredo. Deveríamos ter deixado Steve fazer o pedido, porque senão ele fica rabugento. Fizemos o pedido enquanto ele estava no banheiro e aí ninguém comeu nada. Catherine comeu uma fatia de porco, está com seu corpo lindo e magro novamente. Estou só com 60kg.

Aí saímos e fomos de carro para a casa de Halston. Halston estava com o jantar pronto. Me puxou para um canto e me contou que Liza está grávida, mas que não é para contar para ninguém, que é um grande segredo. Catherine tentou se ajeitar com Ian. Estava bêbada, perguntando novamente para Stevie quanto mesmo ele tinha roubado.

Terça-feira, 4 de dezembro, 1979. Muito cansado, depois de três semanas na estrada promovendo o livro *Exposures* com Bob e Fred. A excursão iniciou muito chique em Washington quando sentei no camarote do presidente Carter no Kennedy Center, e terminou na sarjeta do Hollywood Boulevard naquela livraria B. Dalton, onde era a Pickwick Books. Enquanto eu estava lá autografando, uma mulher com um ferimento de faca na barriga entrou gritando, "Este não é Andy Warhol! Fui para a cama com Andy Warhol e ele tem 2m30cm de altura, não passaria por estas portas e não ia ficar numa livraria porque é paranoico demais!" (*risos*). E talvez ela tenha acertado. E no Neiman-Marcus de Dallas, onde deram uma grande festa para nós na sala das caldeiras, todos os garotos disseram que o livro era "bonitinho" e "cool". E o pessoal do Texas é supergentil e educado, dizem coisas como, "Foi tão gentil de sua parte viajar tanto para nos ver". Gostaria de saber falar dessa maneira – não consigo pensar nessas frases lindas. Ah, e um homem grande e amável em Dallas até insistiu em nos levar pessoalmente a uma discoteca depois porque, disse, "Vou contar uma coisa, vocês vão precisar de proteção – é um clima *mui-to* gay. Claro, acho que vocês estão acostumados com isso, vindos de Nova York e tudo". E rimos e olhamos para ter certeza de que estava brincando, mas não estava.

Terça-feira, 18 de dezembro, 1979. Contratei uma limusine para o dia todo. Busquei Paulette para irmos ao desfile de Halston. Ela estava deslumbrante, toda de casaco de peles branco. No desfile de Halston sentei ao lado de Martha Graham, que pela primeira vez me pareceu velha. Acho que é só o jeito que ela sempre usa a maquiagem, e não estava usando. O *Daily News* tirou várias fotos minhas com Liza. Eu falei que não sabia o que lhe dizer sobre o seu aborto, mas ela disse que está tudo bem.

Oferecemos um almoço no escritório para um fotógrafo amigo de Alexander Guest, que depois tirou fotos minhas e de Bob para a *Penthouse*. Uma mulher nos maquiou com olhos pretos e lábios sangrando. Ficou bem, parecia de verdade. Aí nos levaram até uma escola na Avenida C com a Rua 4. Toda a área parece que foi bombardeada. E aí a escola deixou que dez garotos saíssem (*risos*) para posar e fingir que tinham acabado de nos assaltar. Estava muito frio. Um garoto gritou para mim, "Não vá a tantas festas". Disseram que foram liberados da aula de datilografia. Não sei que tipo de escola era – eles também têm aula de caratê. Os garotos eram uma graça. Posamos na frente de grafites de verdade. E, quer dizer, não consegui acreditar que a escola estivesse liberando os garotos para posarem com bucetas para *Penthouse*, e depois descobri que nem estavam sendo pagos! E eu disse para o sujeito que estava dirigindo a coisa que era horrível não pagá-los e ele ficou sem jeito e aí anotou os nomes deles. Depois voltamos para o escritório.

Quarta-feira, 19 de dezembro, 1979. A equipe de TV de *20/20* foi ao escritório filmar. Trabalhei até as 7h30. Daí me colei em casa. Bob telefonou e disse que estava exausto, mas que queria muito ir ao jantar de Alice Mason, então me buscou e caminhamos até a 72 com a Lexington. Sentei ao lado de Norris Church Mailer. Contei que ainda estávamos interessados em fazer algo com ela para *Interview*, mas ela disse que engordou e que realmente prefere comer a ficar magra e desfilar na passarela. Depois fomos de táxi ao El Morocco. Norris e Norman e Bob e eu (táxi $5). Festa de noivado para Margaux Hemingway. Encontrei Jamie Blandford e briguei com ele, não sei por que, sempre faço isso, espero que ele não tenha (*risos*) se ofendido. E Mimi Trujillo estava lá. Foi casada com o filho daquele ditador e agora é desenhista de moda. Victor observa o que ela faz e aí conta para Halston – quer dizer, ela faz coisas como as de Halston, mas um pouco antes.

Millie e Bill Kaiserman estavam lá. Apresentei Norris a eles, mas creio que fiz isso de uma maneira estranha, acho que disse, "Essa é Norris Church, ela está a fim de roupas grátis". Mas eles *deveriam* ter gente bonita andando por aí com as roupas deles sem pagar. Havia muita gente jovem divertida. El Morocco está novamente no caminho certo.

Quinta-feira, 20 de dezembro, 1979. De táxi até a Rua 47 ($3). Caminhei por ali e depois fui para a festa de Natal do escritório. Fui para casa e me organizei. Fui até a casa de Tom Armstrong na 72 com Park, e Leo Castelli e Iris Love e Robert Rosenblum estavam lá. Robert disse que não entendeu por que todo o mundo escreveu críticas ruins sobre minha exposição no Whitney. Bobo Le Gendre estava lá e fui ruim com ela porque é muito falsa. É amiga de De Antonio. É herdeira da fábrica de tapetes. Serviram uma shepherd's pie mas eu já tinha jantado.

Aí levei John até a casa de Richard Weisman na United Nations Plaza. Ron Duguay estava lá, Rod Gilbert veio sem Judy, Fred estava lá, e Whitney Tower, e Averil, que está usando minissaias novamente e estava com uma da mãe dela, fez um furo na saia. Peter Beard estava lá, e Cheryl Tiegs, e acho que finalmente Duguay ficou excitado com Catherine depois de ver a foto dela nua da cintura para cima no livro *Exposures*. Vitas e a graça de garoto com quem o fotografamos em Paris estavam lá, e John McEnroe. E, no instante em que a festa estava ficando boa, John Reinhold me levou para o gabinete e começou a falar sério. Estava louco, dizendo que sou o melhor amigo dele e que quando não telefono ele enlouquece. Não sei o que queria dizer, estava apenas louco.

Catherine Oxenberg estava lá, e várias mulheres parecidas com aeromoças, e quando as mulheres se embebedam ficam detestáveis. Havia uma limusine esperando por mim, aí Catherine, eu e duas aeromoças fomos embora, e deixamos Catherine e depois me deixaram e dei uma gorjeta para o motorista ($40) e ele levou todos os outros para casa. E perdi a festa de Fred Mueller e a festa de Eleanor Ward e a festa de Keller Donovan e a festa da *Rolling Stone*.

Sexta-feira, 21 de dezembro, 1979 – Nova York-Vail, Colorado. Chegamos a Denver às 5h30. Catherine e eu nos embebedamos no avião e nos divertimos com uma senhora que coleciona joias enormes e que morou no Ritz Towers. Ela perdeu um anel de prata no avião, mas não se importou porque era só prata. Estava a caminho de Taos.

Havia uma espécie de caminhonete esperando para nos levar para Vail. Uma mulher linda da Redcap levou nossas malas pesadas (gorjeta $10).

Chegamos à casa de Jed às 7h40. A altitude realmente me pegou. Fiquei com dores terríveis no peito, acho que ainda é por causa do tiro que levei. Não foi ruim em Denver porque Denver está mais embaixo. Uma vez, quando estive na Cidade do México, eu senti uma dor assim, mas não tão forte. A casa toda parece uma sauna imensa. É a casa que Jed comprou com Peter e Sandy Brant. Foi projetada por Venturi. É de madeira, simples e limpa. O segundo andar são quartos de dormir. A cozinha é no terceiro andar, a sala é no quarto andar. A mobília é toda Stickley.

Caminhamos pela cidade até o restaurante Left Bank (drinques $30, jantar $200). Fran e Ray Stark estavam lá e Bob sabe que eles são republicanos e aí contou anedotas sobre Kennedy e convidou-os para coquetéis na segunda-feira. Ray gosta muito de Paul Morrissey. Paul está escrevendo um roteiro para ele. Assinei o livro de ouro do restaurante, Betty e Gerald Ford estavam lá e Bob Hope também, e aí subimos a ladeira e a caminhada foi horrível mesmo, senti a cabeça leve e fiquei muito mal.

Segunda-feira, 24 de dezembro, 1979 – Vail. Aurora cozinhou um presunto e um peru, mas ninguém veio ao nosso coquetel. Mercedes Kellogg ligou e disse que estava resfriada e os Starks não avisaram e não vieram.

Terça-feira, 25 de dezembro, 1979 – Vail. Os Ford apertaram a mão de absolutamente todo mundo. Betty Ford não parece tão bem como estava nas fotos depois da plástica, parece um pouco a mesma. Mas agora está loira. Antes tinha cabelo castanho, não? Agora é meio loiro-melado. Primeiro pensei que fosse mrs. Nixon.

Bob queria muito conhecê-los, mas me empurrava primeiro e eu dava para trás, e aí nunca nos apresentamos.

Distribuí *Interviews*, havia lugares realmente ótimos para fazer isso. Três pessoas pediram meu autógrafo. Todo mundo fica me olhando porque estou com meu casaco de lobo de Halston.

Fomos a um bar que mostra filmes de esquiadores e onde a gente bebe cerveja e assiste aos esquiadores. Ninguém veio tomar os pedidos, portanto não bebemos nada, só assistimos ao filme e fomos embora. Jantamos com Nan Kempner. Comecei a ler *Dress Gray* e tem aqueles nomes certos que parecem verdadeiros. Como a personagem principal, que se chama Ry.

Quarta-feira, 26 de dezembro, 1979 – Vail-Nova York. Cheguei em casa a tempo exato de pegar Vincent ainda no escritório, às 6h. Rupert foi para fora durante o Natal e não consegui fazer muita coisa. Conversei com John Reinhold e ele sugeriu que fôssemos ao Trader Vic's discutir ideias para joias. Peguei um táxi, achei que seria mais fácil, mas aí o motorista não se mexia, disse que estava atordoado porque era eu e que tinha perdido o sinal e eu disse, "Você sabe onde está indo?", e ele disse que sim, ao Plaza na 59 com a Quinta, mas aí ele passou da 59 e na altura da Rua 57 lhe dei $3 e desembarquei depressa.

John já estava lá e em seguida Curley chegou, se sentindo ótimo, e queria ir ao Studio 54 lá pela meia-noite, um pouco cedo (táxi $4). Aí fiquei nervoso, ele disse que havia uma foto minha com Steve Rubell num sofá na *New York*. No Studio 54 Bianca chegou com John Samuels, que veio de Harvard para passar os feriados em casa. Ele parecia bem apaixonado – está levando-a para o sol por alguns dias.

Quinta-feira, 27 de dezembro, 1979. Ah, estou tentando perder peso e temos muito queijo por toda a parte. O namorado de Gael Malkenson é importador e então ela consegue para nós pela metade do preço.

Ronnie e Gigi tiveram uma briga feia, ela fez as malas e foi embora e então ele está de mau humor. Brigaram porque ele estava comprando presentes para ela e ela não tinha dinheiro para comprar para ele e ficou furiosa. Ela é como um filme ruim da década de quarenta.

Mandaram uma cópia do livro de Steven Gaines, *The Club*, para nós, o "romance" sobre o Studio 54. E há um desenhista chique da Sétima Avenida chamado (*risos*) "Ellison" que trabalha no Olympic Tower e que tem um namorado peruano chamado "Raoul". Os nomes são horríveis.

Sexta-feira, 28 de dezembro, 1979. Caminhei por aí distribuindo *Interviews* e depois fui de táxi ($3) até 245 Park Avenue para minha reunião com Bob Denison para discutir investimentos. Entrei no edifício e subi de elevador até o vigésimo sétimo andar, a porta abriu e senti cheiro de queimado. Entrei no escritório de Bob e ele estava correndo tentando descobrir se o que estava queimando era uma de suas máquinas. Aí a secretária entrou correndo e disse que o edifício estava pegando fogo, que a gente devia dar o fora.

Bob queria pegar o elevador mas eu disse que não, que a gente fosse pela escada. A porta estava trancada. Exatamente como no *Inferno na torre*. Mas encontramos outra saída que não estava trancada e fomos para a escada. O pessoal disse que o incêndio era no trigésimo quarto andar. No vigésimo sexto mais pessoas vieram para a escada, e no vigésimo quinto mais, e no vigésimo quarto e em todos os andares foi a mesma coisa. Aí foi ficando cada vez mais lento porque mais gente estava vindo. Mas ninguém entrou em pânico porque sabíamos que o incêndio estava *acima* de nós. Umas duas pessoas quase desmaiaram. Quando chegamos no térreo havia centenas de pessoas na rua. Bob Denison e eu fomos fazer nossa reunião no Trattoria. E eu não conseguia acreditar que entrei no edifício e o ascensorista me deixou subir, mesmo sabendo que havia um incêndio! Àquela altura eles já *deviam* estar sabendo! E eu poderia ter ido para o andar do incêndio. Esses ascensoristas ficam ali feito uns imbecis.

O homem no Trattoria veio e disse que eu costumava ir muito lá, e perguntou o que tinha acontecido comigo. Eu estava nervoso demais para comer. Só tomei café.

Sábado, 29 de dezembro, 1979. Bianca ligou e Suzie Frankfurt também, mas não consegui lembrar os números delas e não pude ligar de volta. Eu realmente deveria ter uma agenda de telefones. Bebi um copo de vinho, ou quase, assisti a um pouco de TV, estava cansado e então dormi.

Segunda-feira, 31 de dezembro, 1979. Decidi simplificar as coisas e ir somente à casa de Halston para a festa de Ano-Novo.

Enrolei presentes para Jade. Fomos às 10h. Pouca gente lá, black-tie. Bob Denison e Jane Holzer estavam lá, acho que fizeram as pazes. Nancy North e Bill Dugan. Victor ligou da Califórnia e disse que estava se divertindo muito. Quando veio o Ano-Novo nos beijamos e depois jantamos. O dr. Giller estava lá. Foi muito agradável. Jade adorou todos os presentes que levei para ela. Steve Rubell estava lá. Às 3h Bianca resolveu ir à festa de Woody Allen na Harkness House, na 75. John Samuels estava de carro e estacionou em fila dupla.

A festa de Woody foi a melhor, gente famosa de cima a baixo, deveríamos ter chegado mais cedo. Mia Farrow é tão charmosa e tão linda! Bobby de Niro estava lá e ele está muito gordo. Muito, muito gordo. *Sei* que engordou para o filme sobre boxe, mas não será engraçado se não conseguir emagrecer? Está tão feio. Ele deve ser louco, porque está *realmente* gordo.

Mick chegou com Jerry, Bianca correu até eles e foi elegante. Não sei como fez, mas acabou com tudo, quebrou o gelo, conversaram durante uma meia-hora. Ela queria que Jerry ficasse nervosa e conseguiu. Mick raspou a barba e agora está realmente bem.

Fomos para o Studio 54 e a decoração era "gelo". Gelo de parede a parede e escorrendo por elas. Então Steve disse, "Vamos para o porão", e fomos. Ele apenas disse algo como, "Será que alguém tem cocaína?". Queria que fosse como nos bons velhos tempos. Estava muito sujo lá embaixo, com lixo e tudo. Winnie estava lá, sem Tom Sullivan – disse que ele está no Havaí.

Então, no andar de cima, Duguay e outro sujeito de hóquei chegaram e eu fiquei tentando apresentá-los a Marina Schiano, mas disseram que suas namoradas de verdade estavam lá, de Minnesotta ou Indianápolis ou algo assim, e eles não podiam fazer nada. Aí eram 6h da manhã e Marina e eu saímos, e havia um tumulto lá fora, gente ainda querendo entrar. Jack Hofsiss, que dirigiu *O homem elefante,* passou numa limusine e nos deu uma carona, havia uns vinte garotos lá dentro. E desembarquei na casa de Marina porque sabia que se ficasse me convidariam a ir com eles, e eu queria acordar e ir trabalhar.

Marina me convidou para subir e comer uma pizza e eu fui. Sempre ouvi dizerem que ela consegue a melhor comida por toda a cidade, que faz com que as pessoas que trabalham para ela tragam salame do Brooklyn e pizza do Queens e coisas assim, aí eu queria experimentar. Foi mais ou menos bom, um tipo de pizza barata, muita massa, um pouquinho de ketchup e um pouco de queijo. Como aquele queijo que não fica pendurado quando a gente come, porque não tem muito. E percebi que ela tinha uma pilha de comida no fogão e ela disse que era para dar sorte, a gente deve empilhar sobre o fogão no Ano-Novo. Então fiquei lá, conversamos, ela me perguntou sobre minha casa e contei o quanto custa mantê-la, e ela sentiu que eu estava sendo "verdadeiro" e que tinha realmente conseguido arrancar algo de mim e que isso significava que somos amigos ou algo assim, sei lá. Fiquei esperando que clareasse lá fora e nunca clareou. Quer dizer, eram 6h30 e ainda estava escuro, e pensei que o sol saísse às 6h, mas acho que ano passado, quando saí e estava claro lá fora, eram 7h e não 6h.

Terça-feira, 1º de janeiro, 1980. Acordei tarde, às 11h, mas como não bebi não estava tão ruim. Me colei e telefonei para Rupert. Ele disse que iria trabalhar às 12h.

Levei *Interviews* comigo, mas foi difícil distribuí-las porque não havia ninguém na rua. Cheguei ao escritório, trabalhei três ou quatro horas e depois fui para a galeria de Heiner Friedrich, onde estão reprisando a exposição "Sujeira", de Walter de Maria (táxi $3). Robert Rosenblum estava lá com seu novo bebê enrolado num pano. Era a mesma exposição, só que com uma nova sujeira preta enchendo a galeria.

Mais tarde fui para casa e fiquei trabalhando. Marina ligou e disse que eu fosse lá comer as coisas que tinham ficado empilhadas no fogão noite passada, pilhas e pilhas. Foi o que fiz, e era exatamente o tipo de comida que eu estava com vontade de comer – pastinaca e alho-poró e coisas assim. Fui a pé até lá. John Bowes-Lyons estava lá, levei um presente para ele porque noite passada ele disse que levaria um para mim, mas acho que só fez isso para que eu levasse alguma coisa, porque levou apenas uma gravata velha para mim, ele é horrível.

Quarta-feira, 2 de janeiro, 1980. Gigi foi até o 860 e realmente fez um bom trabalho de maquiagem em mim, embora a peruca não tenha ficado boa. É para o pôster do Whitney. Ronnie não foi, está doente. Gigi me contou que está grávida e que se Ronnie quiser o bebê ela fica em Nova York e vai tê-lo, mas se não quiser ela se divorcia e vai embora.

Whitney Tower telefonou e disse que Kenneth Anger jogou tinta novamente na porta da casa de Fred, na 89 com Lexington. Deve pensar que ainda moro lá – fica dizendo que sou o demônio ou algo assim. Não sei qual é o problema dele.

Quinta-feira, 3 de janeiro, 1980. Caminhei, distribuindo *Interviews* (táxi $3.50, material de desenho $54.88). De táxi até Union Square e a pé até o escritório. O almoço era para Lewis Allen, o produtor, e alguém que trabalha com ele, e convidei a princesa Pignatelli e seu marido quando os encontramos no Mr. Chow's. Bianca ligou e disse que iria com John Samuels para encontrar Lewis Allen.

Lewis Allen foi me ver porque quer produzir uma "noite" na Broadway comigo – como uma "noite" com os Beatles, sabe? – na qual eu fico sentado e leio partes do meu livro *Philosophy*. Nos anos 60 Lewis Allen tentou comprar os direitos de *Laranja mecânica* para transformá-lo num filme. Produziu *Annie* e essas coisas, e a mulher dele é Jay Presson Allen, escreve roteiros tipo *Funny Lady*.

Sexta-feira, 4 de janeiro, 1980. Fiquei uptown porque levaria Bianca para encontrar minha agente Joan Hyler, que também é agente de John Samuels – nós quatro combinamos um almoço no Russian Tea Room. Busquei Bianca e fomos de táxi para lá (táxi $3). Aquele tal Weissberger estava lá com Anita Loos, Maureen Stapleton e Imogene Coca, foi fantástico ver as rainhas da comédia. Frank Perry estava lá, um pouco mais gordo. Ah, e John não usa o sobrenome Samuels. Agora é "John Stockwell" – Stockwell é um dos sobrenomes dele e foi o que ele decidiu usar na carreira artística. Foi engraçado ouvi-lo sendo apresentado assim para as pessoas. E não o reconheci no novo anúncio do Armani. Viram John em *Interview* e o convidaram para fazer o anúncio.

E Joan me contou que tem um papel para mim em *The Fan* – um papel curtinho numa cena de festa. Ela é cafona. Diz que é uma boa agente porque sabe o que quer e toma decisões rápidas. Acho que as pessoas realmente agem como são – agentes agem como agentes e atores agem como atores... Ah, mas suponho que artistas ajam como artistas.

Fui para Union Square (táxi $3). Trabalhei toda a tarde com Rupert. Até as 8h. Estava nevando e é surpreendente ver neve, estava bonito, agradável, a neve se acumulando.

Sábado, 5 de janeiro, 1980. Trabalhei toda a tarde até as 6h nos retratos das senhoras alemãs, em alguns fundos, e nos "Gênios Judeus". John Samuels nos convidou para ir ao balé com o pai dele, que é presidente do conselho do City Center. Fomos para o teatro, os lugares eram ótimos, no primeiro ou no segundo mezanino. Peter Martins dançou e estava muito bom. Comprei drinques durante o intervalo ($20). Mr. Samuels nos levou nos camarins e a mulher que não se casou com Balanchine estava lá. Como é o nome dela? Shelly? Shirley? Suzy? Estava divertido.

Fui jantar no Russian Tea Room ($210).

Segunda-feira, 7 de janeiro, 1980. Caminhei até o consultório do Doc Cox para meu check-up anual. Levei algumas *Interviews* para deixar na sala de espera. Conversei com Rosemary. Ela e o Doc Cox ficaram brigando enquanto me tirava sangue, ela estava reclamando que quer mudar de profissão mas que está velha demais para estudar e se tornar uma especialista em cérebro. Eu disse que ela deveria entrar no mundo da moda, fazer maquiagem. Fiquei lá até as 2h e aí caminhei por ali um pouco distribuindo *Interviews*. De táxi até a Union Square ($5) e a pé até o escritório.

Comprei jornais. Os russos estão invadindo o Afeganistão.

Terça-feira, 8 de janeiro, 1980. Suzie Frankfurt veio até o escritório com Gianni Versace. Jane Forth estava lá para maquiá-lo. Fotografei-o durante uma hora. Um alemão da *Stern* telefonou e dei uma entrevista por telefone. Bianca deixou John Samuels sem mais nem menos, ele está arrasado.

Quarta-feira, 9 de janeiro, 1980. Fui levar Catherine depois do jantar e vimos duas limusines na frente da casa de Halston, e aí decidimos chegar de surpresa. Lá estavam apenas Steve Rubell com um resfriado, Halston com um resfriado e Bianca com um resfriado. Iam para o Studio 54 e nos fizeram ir junto.

O Studio 54 estava vazio, mas divertido. Sly Stallone estava lá, pesquisando para ver se é possível filmar lá. Susan Anton não estava com ele, ele ficou a fim de Bianca e me deu a impressão de que foram foder no porão. Enfim, desapareceram, ninguém conseguia encontrá-los. Stallone está bem, perdeu peso e está realmente bonito.

Sexta-feira, 11 de janeiro, 1980. Thomas Ammann nos convidou para jantar no La Grenouille às 10h. Bianca deveria nos encontrar lá, mas não foi, e Mary Richardson telefonou e acho que estava sugerindo que eu convidasse John Samuels, mas eu não entendi, ela deveria ter dito claramente. Foi confuso, todo mundo com uma maneira diferente de jogar.

Aí Catherine chegou com o marchand Heiner Bastion. Ela levou Heiner aos jogos de tênis por mim e, quando eles chegaram, mencionei acidentalmente algo sobre ela não ter conseguido um bom lugar para ele, aí ela ficou ofendida e até chorou um pouquinho, dizendo, "Eu levo o *seu amigo* aos jogos e agora você fica estragando a noite dizendo que eu não consegui bons lugares". Mas acho que ela estava chateada porque McEnroe perdeu.

Sábado, 12 de janeiro, 1980. Encontrei Peter Beard e Cheryl Tiegs no caminho para o Le Club e eles me deram uma carona. Cheryl está engessada, caiu em Montauk, garanto que foi Peter quem empurrou. Briguei com Peter no carro – era o carro dele –, estávamos conversando e ele disse que "tudo está vindo abaixo". E eu disse que se Cheryl quer ser a beleza número um do mundo, ela deveria ser mais elegante e linda ao sair. Ela estava bem, mas normal. Usa as piores roupas, as mais estranhas.

Domingo, 13 de janeiro, 1980. Acordei cedo, morto de cansado. Catherine ligou e queria ir aos jogos, mas eu estava cansado e fico muito nervoso com eles. Fui à igreja.

Tomei a pílula para a vesícula com vinho, devia ter tomado com água, eu não podia comer nada nas vinte horas antes de ir ao médico, que é o que vou fazer às 9h da manhã de segunda-feira.

Segunda-feira, 14 de janeiro, 1980. Acordei às 8h, me colei para minha consulta com Doc Cox. Fui para lá. Doc Cox estava brigando com Rosemary novamente. Na sala de espera, senhoras ricas como Dorothy Hammerstein. A mulher gorda me tirou uma radiografia mas não conseguiu encontrar as pedras da vesícula. Aí bebi aquele negócio branco e fiquei por ali esperando. Fiz um novo teste de respiração, em que a gente sopra num recipiente que fica andando em círculos. Terminei às 11h (táxi $4). Fui ao escritório encontrar David e Sam Aaron, que são donos da Sherry-Lehmann, a loja de bebidas. Querem um retrato de uma garrafa de vinho.

Os dois sujeitos da Receita Federal vieram e foram realmente horríveis, gritando, insistindo e dizendo que queriam conversar comigo. Fiquei escondido no escritório de Fred. Havia um sujeito alto que foi realmente horrível, e um baixinho que gostou das minhas pinturas e ficou me dizendo como eram boas. Mas o mais alto foi horrível, rude. Telefonamos para o Bob Montgomery, nosso advogado, que viria para uma reunião às 5h. Disse que a gente não falasse com eles.

A essa altura disseram que estavam atrás era de Rupert Smith. Fred disse que mesmo assim eu não devia falar com eles. O baixinho ficou tentando fazer com que eu dissesse alguma coisa. Finalmente me entregaram uma intimação e se foram. Eles querem apenas os livros, cheques cancelados ou coisas assim. Mas foram horríveis e rudes. E Bob Montgomery cancelou a reunião e marcou para outro dia.

Terça-feira, 5 de janeiro, 1980. Lewis Allen veio conversar sobre o musical – quer bonecos no palco com uma gravação da minha voz dizendo coisas de um dos livros – o livro *Philosophy* ou *Popism*.

Entrevistei Ron Duguay durante três horas e depois o levei ao jantar para Martha Graham na casa de Halston. Victor está novamente morando lá, acho que vendeu seu estúdio. Steve Rubell estava lá, disse que deveriam ter dado a sentença, mas adiaram porque querem que ele declare em juízo que Hamilton Jordan estava no Studio 54 cheirando coca e ele disse que não faria isso, e Halston falou, "Mas você já disse isso na TV", e Steve respondeu: "Claro, mas não é a mesma coisa do que jurar sobre a Bíblia" e, quer dizer, concordo – não é a mesma coisa.

Quinta-feira, 17 de janeiro, 1980. *Interview* patrocinou uma projeção de *Gigolô americano* no edifício da Gulf + Western (táxi $4.50). Richard Gere está muito bem e Lauren Hutton está ótima. Ela é a mulher de um senador que dá ao gigolô o álibi de que ele precisa para o assassinato. Richard Gere tem uma cena de sexo em que fica completamente nu. Nando fez a direção de arte e no final do filme tem uma cena onde um cafetão é jogado da sacada por Richard Gere e ao fundo dá para ver meus três pôsteres, os "Torsos". A cena se passa na frente deles.

Depois do filme deixei Catherine, mas naquele momento a limusine de Halston chegou e ele e Bianca disseram que estavam indo para o Studio 54 para a festa de despedida de Steve Rubell antes da sentença, aí meu táxi seguiu a limusine deles

($3.50). Quando chegamos, ficamos por ali, estavam tirando fotos. Halston é esperto, desapareceu, mas eu não me dei conta do que estava acontecendo. Estava muito cheio e era cedo. Deixei Catherine às 2h. Alguém disse que colocaram cadeados nos cofres de Steve.

Sexta-feira, 18 de janeiro, 1980. Steve e Ian foram condenados a três anos e meio cada um.

Segunda-feira, 21 de janeiro, 1980. Tentei encontrar novos espaços nos fundos do 860 para *Interview* ampliar seus escritórios. Bob diz que precisam de mais espaço porque é difícil mentir para os clientes quando outras pessoas estão escutando. Mas não acho que isso seja difícil de fazer com outras pessoas escutando. Acho que difícil é dar telefonemas pessoais com outras pessoas escutando.

Rupert veio e ele fez as "Sombras" cinco centímetros menores do que eu tinha dito – decidiu por conta própria – e não tinha o direito de fazer isso e gritei com ele e agora os bastidores vão ter de ser menores.

Terça-feira, 22 de janeiro, 1980. Trabalhei nos fundos no retrato de Beuys. Ronnie ficou em volta dizendo que se odeia e que vai com Brigid à reunião dos Alcoólicos Anônimos na Park Avenue. E Gigi telefonou e disse que quer o divórcio. Contou para ele que abortou. Foi o que ela lhe disse, mas com essas mulheres não dá para saber se é verdade. Quem vai saber se elas estão realmente grávidas?

Quinta-feira, 24 de janeiro, 1980. Victor Bockris veio com William Burroughs. Apresentei Bianca a William Burroughs. O cabelo de Bianca agora está bem curto, tipo corte militar, está horrível. Jade ficou pintando comigo nos fundos e sentou em cima da sua primeira pintura. Dei a ela um pouco de pó de diamantes para jogar na tela.

Sexta-feira, 25 de janeiro, 1980. Marina Schiano telefonou avisando sobre o jantar que Mica Ertegun estava dando à noite. Ficou complicado porque Bianca queria ir, mas a principio não queria se Mick estivesse lá e depois só *queria* ir se Mick estivesse lá – foi complicado.

Me colei. Catherine disse que poderíamos ir para casa de Halston e de lá para o jantar. Ele estava de limusine. Quando estava se aprontando, Bianca recebeu um telefonema de um amigo dizendo que no canal C estavam fazendo meu mapa astral, aí ligamos e era como um marajá fazendo o mapa e dizendo coisas engraçadas tiradas de recortes de jornais e foi muito estranho. Ele se parecia com Jerry Colonna. Ou com Gene Shalit, só que indiano. Eu não quis ver, era estranho demais. Lá estava ele fazendo meu mapa com duas mulheres comentando, um negócio realmente louco.

Depois fomos para a casa dos Ertegun e foi ótimo. Mick estava lá. Jerry está viajando. E era como se ele e Bianca estivessem namorando. Ficaram juntos flertando. Bianca ficou tocando nele, foi excitante. Bianca telefonou para Bob e fez ele conseguir que John Samuels fosse convidado para o jantar, para deixar Mick com ciúmes, acho, mas Mick estava sendo tão gentil que, quando John Samuels ligou, ela disse que ele não podia ir porque Mick estava lá e aí ficaria "complicado".

Depois voltamos para a casa de Halston e Bob vomitou na pia, tinha bebido demais. Aí Bianca disse que o levaria para casa e uma hora depois ainda não tinha voltado. Então saímos para ver onde estava o carro e não acreditamos no que vimos – o motorista estava saindo da parte de trás da limusine e um meio minuto depois Bianca saiu. E parecia hipnotizada. Quer dizer, ela *poderia* ter estado dormindo. Mas será que estava dando uma chupada nele? Ou ele dando uma chupada nela? Ou ele estava tentando assaltá-la? Não sabemos. Barbara disse que provavelmente Bianca fora se encontrar com Mick, que tinha saído antes dela. Mas foi estranho demais. Ficamos surpresos. E o motorista nem era bonito, realmente não deu para entender.

Sábado, 26 de janeiro, 1980. John Samuels vai para a Califórnia, está chateado porque Bianca pediu que ele não fosse buscá-la na noite passada. Bianca disse que talvez volte para Londres.

Deixei Rupert (táxi $3.50). Me colei e telefonei para "Susy", a colunista – Aileen Mehle –, e perguntei se queria caminhar até o Metropolitan Club e ela disse, "Caminhar? O que você quer dizer com 'caminhar'?". Eu não estava de carro, aí saí e cacei um táxi, foi difícil conseguir um. Quando cheguei ao edifício não consegui saber qual a campainha que deveria apertar, eu estava com minhas lentes de contato (táxi $5). Fomos no que uma vez se chamava o Baile dos Diamantes, até que roubaram todos os diamantes de uma das senhoras que voltava para casa, agora se chama Festa de Inverno. É para algum tipo de educação internacional para garotos, acho, beneficente. Muitas antiguidades, "Suzy" disse que não ia lá há uns cinco anos e que agora sabia por quê.

Frolic Weymouth, do Brandywine Museum, estava lá com uma senhora que se parecia com todas aquelas senhoras do D.A.R. "Suzy" disse que realmente precisava beber alguma coisa. As antiguidades ficavam vindo e contando sobre quem tinha acabado de morrer. Naquele dia mesmo. Ficamos numa mesa com os Zilkha e um embaixador da Turquia. Aí "Suzy" quis ir embora. Concordou em caminhar até em casa. Disse que eu deveria ir beber vodka chinesa com ela. Um dia desses.

Segunda-feira, 28 de janeiro, 1980. Acordei, um belo dia de inverno em Nova York. Trabalhei em casa, telefonei (táxi $4). Caminhei até o escritório. Parece que as obras na discoteca "Underground" estão quase terminadas. (*risos*) The Underground. Não estou brincando, é assim que vão chamá-la. Estão transformando numa fortaleza. Colocando máquinas imensas de ar-condicionado. Ouvi dizer que é o mesmo pessoal da Infinity, que incendiou toda.

Mandei flores para "Suzy" por ela ter sido minha acompanhante noite passada.

Quarta-feira, 30 de janeiro, 1980. Fui ao jantar na casa de Joanne Winship (táxi $2). No 417 Park Avenue, um edifício que eu nem sabia que existia. É o único edifício da Park abaixo da 57 que ainda tem gente morando, é na esquina da 55.

Patrice Munsel estava cantando ao piano com o vice-presidente da Benton & Bowles. Usava o chapéu mais escandaloso que já vi, como se fossem duas orelhas imensas de Mickey Mouse. Mary McFadden estava lá com um namorado, um garoto alemão muito bonito. A grande estrela da noite foi Polly Bergen, está morando novamente em Nova York, repetimos o velho papo sobre Barry Landau; "Como vai seu amigo?", "Pensei que fosse *seu* amigo", "Ele não é *meu* amigo, pensei que fosse *seu* amigo". Barry tem telefonado para o escritório mas já dizem automaticamente que não estou.

E Joanne Winship tem uma voz insuportável de sociedade que te faz subir pelas paredes! Fala sem parar e te enlouquece. E mr. Winship trabalha para a Associated Press. E se parece com mr. Milquetoast, tem aquele mesmo perfil e é muito calmo. Fui a esse jantar porque realmente queria ir, Joanne é tão louca que eu sabia que eu ia adorar.

Quinta-feira, 31 de janeiro, 1980. Busquei Ina Ginsburg para ir com ela e seu filho assistir *A Lady from Dubuque*, a nova peça de Edward Albee que está estreando com Irene Worth. A peça são três casais discutindo muito. Irene está ótima, mas por alguma razão ela nunca tem muito sucesso. Uma das melhores frases da peça é quando alguém diz, "Como é que você pode ter colocado aquele Jasper Johns na parede?", e um negro enorme responde, "É melhor do que aquele lixo do Andy Warhol", e aí todo mundo se virou para me olhar.

Sexta-feira, 1º de fevereiro, 1980. Fui à festa de Diane von Furstenberg pelo aniversário de Barry Diller. Convidei Catherine e buscamos Truman também. Agora ele está diferente, muito distante, nada gentil. Disse que teria alguma coisa para o número de abril de *Interview*. Tentei gravá-lo, mas ele não tinha nada a dizer. É estranho, ele parece uma dessas pessoas do espaço – os ladrões de corpos –, porque é a mesma pessoa mas não é a mesma pessoa. E está mais velho, ou ganhou peso ou perdeu peso ou algo assim, mas não está pensando de acordo com a aparência dele. Não consigo entender.

Chegamos à casa de Diane von Furstenberg. Diana Ross estava lá, ótima. Diana Vreeland também, e está ficando muito difícil conversar com ela.

Richard Gere estava lá e todo mundo comentava sobre a crítica de Vincent Canby no *Times* arrasando *Gigolô americano*. Mas ele disse que está entusiasmado, porque as filas dão volta no quarteirão, e talvez o filme seja um sucesso.

Paul Schrader estava lá, e Catherine ficou atraída por ele e ficou lá depois que saí, mas no final só ficou um pouquinho mais, então não aconteceu nada entre eles. Barry e Tony Perkins também estavam. Mr. e mrs. Helen Gurley Brown estavam lá e ela prendeu Truman num canto. Ele saiu cedo da festa, disse que está (*risos*) cansado de todas essas pessoas contando suas vidas íntimas para ele.

Segunda-feira, 4 de fevereiro, 1980. Tive de me apressar para chegar ao escritório às 11h30. Jean Kennedy Smith ia estar lá com Kerry Kennedy para buscar os pôsteres para a campanha de Ted Kennedy (táxi $4). Isso tinha de ser fotografado, toda imprensa estava lá.

Domingo, 10 de fevereiro, 1980 – Zurique. Fomos acordados às 11h30 por Bruno Bischofberger no Dolder Grand Hotel. Estava esperando para levar Fred e eu até o primeiro dos retratos encomendados. Fomos para uma casinha pequena – como uma casa do Lower East Side – e havia uma mãe e três crianças e Fred disse que uma delas era uma graça, mas não percebi. Estavam com calças de veludo e camisas rasgadas. Fred pediu suco de laranja e trouxeram suco de laranja enlatado. A mãe era só uma mãezinha. A mobília era velha e usada. Não havia nada naquele lugar que parecesse rico. Parecia tão pobre que dava vontade de não cobrar nada pelo retrato. Estávamos surpresos, mas Bruno disse que com os suíços não dá para saber, que os suíços escondem todo o dinheiro deles.

Segunda-feira, 11 de fevereiro, 1980 – Zurique. Dormi além da hora e Thomas Ammann me acordou para irmos fazer um retrato. Uma mulher linda com um marido gordo. Eu disse que ela não precisava de maquiagem. Foi fácil fazer, porque era uma beleza estonteante. O marido diz para ela que ela é feia – Thomas diz que é assim que os suíços tratam as mulheres porque não querem deixá-las confiantes demais. Demos um livro para eles e uma *Interview*, e mandamos o filme embora. Aqui é muito difícil encontrar um filme que não seja SX-70, estão deixando de fabricar os outros. Compramos jornais ingleses, eu paguei ($5).

Almoçamos no restaurante do hotel com Loulou de la Falaise Klossowski e seu marido, Thadée, e Thomas. Assinamos a nota. A comida estava boa. O lugar é lindo com vista para o lago e as montanhas. Éramos as únicas pessoas ali e o sol estava batendo nas nossas costas pela janela. Tinha caído granizo pela manhã. O tempo tem estado tão estranho! Loulou disse que YSL é realmente tão genial que não consegue aguentar, tem de tomar milhões de comprimidos, e que todo mundo no escritório fica deprimido, menos ela. Disse que está sempre feliz, não importa a situação. É por isso que fica doente, está sempre tentando parecer feliz e é muita tensão para o fígado dela. Ela não bebe há um ano e três meses mas não acha que cocaína seja ruim. Mas eu acho. Conversamos sobre o padrasto dela, John McKendry. Ela disse que ele tem muitos namorados. Casou com Maxime porque fantasiou que o filho dela, Alexis, fosse morar em casa com eles e que poderia ter um affair com ele. Mas o filho se casou imediatamente e se mudou para o País de Gales. Aí ele fantasiou sobre Loulou sempre trazendo garotos lindos para casa para ele foder. E realmente roubou os garotos dela.

Loulou disse que na verdade John McKendry está se suicidando lentamente porque sempre fantasiou que ótima e romântica e maravilhosa e romanesca a aristocracia deveria ser. Aí quando as conheceu e casou com uma condessa – a mãe dela – e começou a conhecer Jackie O. e gente assim todo o dia, por causa do emprego dele no Met, se deu conta de que são pessoas idiotas e normais como todas as outras pessoas. Não sobrou nada para fazê-lo continuar vivendo. Claro que acho que Maxime o enlouqueceu, embora eu não diga isso para Loulou. Depois tomamos um táxi para o centro da cidade ($10.50).

Quinta-feira, 14 de fevereiro, 1980 – Düsseldorf. Tivemos de pegar o carro de Hans Meyer e ir para o interior até uma cidadezinha para fotografar um açougueiro alemão. A companhia dele se chama Herta, é uma das maiores companhias de salsichas da Alemanha. Ele é uma graça. Tem um prédio muito interessante. Dá para ver todos os empregados. Tinha meu "Porco" na parede. Coisas por toda parte. Uma porção de brinquedos. Uma porção de vacas empalhadas, porcos empalhados. Porcos, porcos, porcos por todo lado. E havia arte. Coisas estranhas penduradas no teto. Aquarelas. Ele compra muita arte, diz que assim vendem mais salsichas porque as pessoas são muito felizes. Depois nos deu um guarda-pó branco e um chapéu branco. Descemos e observamos as mulheres fazendo salsichas. Realmente divertido. Dava para sentir o cheiro do chucrute cozinhando, mas não nos serviram nada. Ele tem todo o portfólio de Picasso, no qual eu trabalhei sobre a gravura que Picasso fez de Paloma. Folheamos o portfólio e aí tivemos de ver mais porcos e mais salames e mais presuntos e mais arte de presunto.

Aí tiramos algumas polaroids para o retrato e bebemos um pouco de chá. E a mulher dele veio. Não nos ofereceram almoço. Aí de repente ele perguntou se queríamos experimentar suas salsichas. Cozinharam algumas e cada um de nós recebeu duas. Uma branca e uma preta. Muito boas. Comemos com mostarda.

Ele disse que tinha que ir almoçar no refeitório. Fomos embora sem almoço, o que achei muito estranho. Entramos no carro e fomos até um restaurante num lugar chamado Bottrop.

Logo que entramos nos disseram que era um dia louco no qual todas as mulheres saem atrás dos homens. Cortam as gravatas deles. Mas já que sabíamos o que estava acontecendo – vimos umas mulheres bêbadas correndo por ali – tiramos nossas gravatas e escondemos nos bolsos. Mas aí pegaram a fralda da minha camisa e cortaram, e era uma camisa ótima e fiquei furioso. Mulheres realmente brutas. Voltamos para o carro e fomos até a galeria de Hans. Eu estava muito cansado e realmente chateado por causa da camisa.

Segunda-feira, 18 de fevereiro, 1980 – Nova York. Ainda estava sentindo o fuso horário e dormi além da hora. Fiz os garotos irem trabalhar num feriado porque ficaram duas semanas vagabundeando enquanto estive fora, mas acontece que o edifício não estava aberto e o aquecimento não estava ligado. E a discoteca no térreo ainda está sendo construída, tiveram a coragem de me mandar um convite para a inauguração. Estragaram o elevador e ele não está funcionando, e acho que o aquecimento também tem algo a ver com eles.

Ronnie está tentando memorizar o grande papel dele na extravaganza de Walter Steding, que vai ser daqui a alguns dias em algum lugar downtown. E já que sou o empresário de Walter, deveria descobrir onde será.

Foi ótimo estar de volta. Achei que estaria uns cinco graus positivos mas ainda estava cinco negativos. Caminhei um pouco distribuindo *Interviews*, depois de táxi até Union Square ($3.50). O aquecimento finalmente foi ligado na parte da frente, mas ainda estava frio nos fundos. Brigid estava trabalhando na mesma folha de papel de quando eu fui viajar. Quer dizer, será que pensou que eu não perceberia?

E eu realmente não sei mais onde pintar agora que *Interview* ocupou a minha sala antiga. David, que trabalha para *Interview*, acabou de pintá-la ($50 para David pela pintura).

Terça-feira, 19 de fevereiro, 1980. Levantei antes das 9h para ver o *Today Show* e tentar descobrir porque Gene Shalit não usou a história que fez comigo. Vai usar depois que eu morrer, e dizer, "Conversei com Andy Warhol em 1980 e aqui está um trecho". Devo ser um convidado horrível. Quer dizer, devo ser estranho demais para a TV, porque é sempre a mesma coisa – nunca sabem o que fazer com as reportagens. Bem, a coisa no *20/20* que Karen Lerner filmou durante a excursão do *Exposures* deve ir ao ar semana que vem. Dia 28.

Almoçamos pizza no escritório ($5).

Ah, e um sujeito da *New York* telefonou sobre a primeira parte de *Popism* que eles estão colocando como matéria de capa. Não seria ótimo que o livro fosse um sucesso enorme e não tivéssemos de viajar para promovê-lo?

Ron Feldman veio e ficamos analisando os "Dez Judeus". Foi mesmo uma ideia muito boa fazer isso, vai vender. E os alemães todos querem retratos. Talvez porque tenhamos uma ótima pessoa vendendo lá, Hans Mayer. Como é possível que a gente não consiga muitos retratos americanos?

E esqueci de dizer que quando eu estava caminhando por University Place um garoto colocou a cabeça para fora da janela do carro e disse, "Garotos não ficam muito mais interessantes de *carro*?".

Quinta-feira, 21 de fevereiro, 1980. Será que eu contei que algumas semanas atrás Bianca nos perguntou sobre aquela noite que ela deu uma carona para Bob depois que ele vomitou na pia na casa de Halston? Bob ficou um pouco chocado por ela voltar ao assunto. Foi a noite que eu vi o motorista desembarcando da parte de trás da limusine. Bob contou que disse para ela, "Bem, Bianca, você só me levou para casa. Todo mundo me telefonou na manhã seguinte para dizer que você tinha sido gentil por ter ficado uma hora e meia comigo. Eu disse que não tinha sido *comigo*. Me contaram que encontraram você e o motorista juntos no banco de trás". Ela disse que apenas desmaiou depois de deixar Bob porque Mick tinha servido três vodkas para ela na casa dos Ertegun e que ela ficou tão excitada ao vê-lo lá que as vodkas só fizeram com que ela desmaiasse. Ela disse que o motorista estava com ela no banco de trás apenas tentando fazê-la voltar a si. E Bianca me contou que nunca teve ciúmes de Jerry, que sabe que Mick só está com Jerry porque agora está passando por uma verdadeira fase sexual. E eu disse, "Bem, Jerry nos contou que chupa Mick antes de deixá-lo sair de casa", e Bianca disse, "Por que você não colocou isso na entrevista dela?". Eu disse, "Porque você já está suficientemente furiosa conosco só por termos colocado Jerry na *Interview*, imagine se ela falasse sobre sexo com Mick". Bianca disse que não se importava, disse que a única namorada de Mick de quem sempre sentiu ciúmes foi Carly Simon, porque Carly Simon é inteligente e tem o jeito que Mick gosta – se parece com Mick e Bianca.

Richard Weisman me perguntou se eu queria encontrar Stallone e almoçar com ele na sexta-feira no cenário de seu filme. Contou que talvez Stallone queira um retrato.

Um jornalista japonês veio. Foi conosco de Tóquio a Kioto, me copiando e gravando durante a viagem, mas nada foi dito (*risos*). O Warhol japonês. Aí ele está na cidade e pensei que poderia lhe fornecer algum material sobre o qual ele pudesse escrever, já que na última vez nada aconteceu, então o levei comigo à feira de antiguidades no Madison Square Garden (táxi $3). E no táxi eu disse, "Onde está o seu gravador?", e ele o tirou da bolsa – era a única coisa na bolsa, um gravador já gravando – mas no final a rotação estava mais lenta e as pilhas estavam fracas e ele ficou destruído, não conseguia acreditar e disse, "Ah, Jesus Cristo, ah, Jesus, ah, Cristo, ah, Jesus, ah, Deus, ah, Cristo", e eu disse, "Bem, lá se vai sua entrevista". Mas foi triste, ele realmente ficou muito mal, e eu disse, "Ah, você vai conseguir se lembrar". Enfim, foi ótimo no Madison Square Garden. Não consegui acreditar em todo aquele lixo (ingressos foram 2 x $4 = $8). Encontrei Tony Bill.

Sexta-feira, 22 de fevereiro, 1980. Richard Weisman ligou e disse que o almoço com Stallone estava confirmado para as 12h30.

Ah, e esqueci de dizer que Truman telefonou. Disse que foi atropelado por um esquiador gordo quando estava cruzando uma pista de esqui na Suíça. Estava mais parecido com o Truman dos velhos tempos. Acho que está de bom humor porque Lester pagou $450 mil por aquela coisa na *Interview*, "Caixões Esculpidos à Mão". Mas nós não ganhamos nada.

Fomos até a Primeira Avenida, onde Stallone está filmando, havia uns trezentos extras. O filme se chama *Hawks*, acho, e Martin Poll é o produtor, foi quem levou Stallone à minha exposição de retratos no Whitney. Martin e a mulher estavam lá. Há multidões lá. O cenógrafo veio e disse que foi o decorador de cenários de *Bad*.

Fomos a um restaurante ali perto. Acho que mandaram uma pessoa procurar a manhã inteira por um lugar sereno para o diretor almoçar. Éramos Richard, Martin Poll e a mulher, Stallone e eu. Stallone é uma graça, é adorável. Acho que perdeu uns 30kg. É sexy. Mas todos os astros sempre pensam que deveriam ser pintados de graça. Ele é inteligente, assumiu a direção do filme e agora está com problemas porque o sindicato filmou-o dizendo, "Luzes, ação!". Vai ser julgado por um comitê. Stallone contou histórias dos problemas que tem tido com o sindicato, que há um sujeitinho irlandês que ele queria muito quebrar a cara. Disse que preparou tudo para uma cena, todo mundo com seus figurinos, maquiagem com sangue e tudo para uma cena de briga, estava nevando, tudo perfeito, e disseram, "Ok, parem, intervalo geral para o jantar", e ele disse que praticamente se ajoelhou pedindo, "Por favor, vamos filmar só esse take, por favor. Sou um trabalhador como vocês. Sou Rocky!", e não deixaram. Fizeram intervalo para o jantar e depois ele teve de começar tudo de novo.

Perguntei como ele teve coragem de contar a verdade para os jornais – que *não* estava tendo um affair com Bianca. Eu disse que ele deveria ter dito que *estava*, deveria ter ido atrás do glamour. Ele disse que Bianca e ele estão só se corneando. Não sei o que quer dizer. Nos contou que foi buscá-la, ela estava espirrando e resfriada, e estava tão horrível que o romance morreu ali mesmo. Mas ele provavelmente não gosta de tipos latinos. Acho que gosta de louras enormes. O empresário dele nos adorou porque *Interview* acaba de fazer uma matéria sobre o outro dos dois únicos clientes dele, Ray Sharkey. Depois fomos embora (táxi $3).

Mais tarde a mulher de Martin Poll telefonou e disse que pediria um favor em nome de Stallone, um desconto, mas, quer dizer, ele é tão rico!

Segunda-feira, 25 de fevereiro, 1980. Dei carona para dois fãs esta manhã. Um disse que votou em mim para presidente nas últimas eleições.

Encomendei alguns livros *Popism* na Harcourt Brace, são bons presentes. Trabalhei toda tarde esperando por Philippa de Menil e Heiner Friedrich para jantar. Disseram que queriam um jantar à luz de velas no 860. Não consigo compreendê-los, são estranhos, não gostam de sair. Estamos tentando vender umas coisas novas para eles. Rupert trouxe algumas gravuras. Heiner e Philippa chegaram. Mostrei o trabalho. Robyn trouxe comida do 65 Irving e colocou no forno. Ficou para servir. Philippa não come nada, mas neste jantar comeu tudo, e aí ou estava nervosa ou estava com fome pela primeira vez, sei lá. Até repetiu a torta de banana. Estava divertida. Robyn encomendou coisas ótimas.

Perguntaram por que eu não tinha ido ao concerto de La Monte Young, a sua Dia Foundation é quem patrocina o trabalho dele. Não lhes disse que não suportaria ouvir nem uma nota. Heiner e Philippa acabam de voltar da Turquia. Ah, e eles mandaram todos os Whirling Dervishes fazer acupuntura com o dr. Giller. *Todos*. Disseram que ainda não encontraram um bom prédio para o museu Warhol. A Dia Foundation vai fundar um. O dono do prédio vermelho ao lado quer $300 mil só para *alugar*.

Quarta-feira, 27 de fevereiro, 1980. Truman telefonou outro dia e disse que não vai mais nos dar artigos. Disse que é porque vai nos dar *Answered Prayers* quando estiver terminado, em outubro. Eu disse a Bob que Truman está mentindo. Truman é uma pessoa diferente, agora, nos abandonou e não sei a razão.

No escritório, Jill Fuller ligou e disse que alugou um helicóptero para nos levar ao Nassau Coliseum para ver Pink Floyd, são amigos dela. Telefonei para Catherine, que agora está trabalhando para Richard Weisman, e ela ficou deslumbrada com a ideia do helicóptero, aí recuperei a coragem e fiquei achando que poderia ser divertido.

E o sujeito lá embaixo disse que a discoteca está inaugurando quinta à noite e que deixaria meu nome na porta. Ligaram a música ontem e é muito alta, tremeu tudo, eu podia ouvi-los através do poço do elevador gritando, "Mais alto, mais alto!", e era tão alto que nem dava para acreditar.

Busquei Catherine (táxi $4). Fomos para a casa de Jill. Jill nos deu uma garrafa de champanhe e tomamos um táxi até o helicóptero (táxi $3). Foi uma viagem ótima, bebemos champagne. Quatro limusines estavam esperando.

Então o show começou, e é tão complicado e caro que só vão conseguir fazê-lo na Califórnia, em Nova York e em Londres. Há estátuas enormes como no desfile da Macy's.

Quinta-feira, 28 de fevereiro, 1980. Busquei Catherine, de táxi até o apartamento de Harry Bailey na Rua 72 Leste ($2). Já foi o apartamento de George Gershwin. Barbara Rose estava lá com seu marido, o sujeito do "Hound Dog", Jerry Leiber, e ela é horrível. É a pior das pessoas, ela vem e diz coisas como, "Ah, adoro seu novo estilo literário que você não escreveu". Quer dizer, o que faz as pessoas dizerem essas coisas? Devem ser doentes. Era a mulher mais malvestida lá, estava horrorosa. Eu deveria ter dito, "Adoro suas roupas". Tenho de começar a pensar mais rápido. Não sei por que Harry queria jantar com Barbara Rose, a não ser que ele pense que ela sabe que arte ele deve comprar.

Sexta-feira, 29 de fevereiro, 1980. Almoçamos no escritório com Toiny Castelli e sua assistente e Iolas e Brooks e Adriana Jackson. Toiny quer patrocinar uma exposição minha. E Iolas está abrindo uma nova galeria.

O Studio 54 perdeu a permissão para vender bebidas alcoólicas – publicaram fotos de Sylvester Stallone pedindo a última bebida no bar – e os restaurantes de Steve em Long Island também perderam.

Sábado, 1º de março, 1980. Victor Bockris telefonou e disse que o jantar com Mick Jagger na casa de William Burroughs estava confirmado. Victor está escrevendo um livro sobre Burroughs. Decidi ficar no escritório e não ir para casa. O motorista não parou no 222 Bowery, estava indo muito depressa (táxi $3).

Subimos, eu não ia lá desde 1963 ou 1962. Certa vez foi o vestiário de um ginásio. Não tem janelas. É todo branco e limpo e parece que tem esculturas por toda a parte, com aqueles canos daquele jeito. Bill dorme num outro quarto. Não acho que seja um bom escritor, quer dizer, escreveu um único livro, *Naked Lunch*, mas agora é como se vivesse no passado.

Uma mulher que estava lá – talvez o nome dela seja Marcia – disse que está fotografando Kenneth Anger na casa dele na Rua 94. Eu disse que ela não deveria mencionar o meu nome ou poderia apanhar, que ele pensa que sou o demônio. Ela disse que o apartamento é todo vermelho e tem fotos de todo mundo na parede e que ele fica falando mal de todo mundo. Bill perguntou a Mick sobre a "cultura das drogas" e a "revolução" e todas essas coisas, e depois Mick e Jerry foram embora. Fiquei mais um pouquinho. Aí Victor Bockris foi caminhando comigo e esperamos meia hora até que viesse um táxi (táxi $5). Em casa às 11h.

Domingo, 2 de março, 1980. Muito frio lá fora. Fui à igreja. Depois me aprontei para fotografar Sylvester Stallone no Regency às 2h30. Fred estava esperando. Suíte 1526. Sylvester estava bonito. Voltou para a sua mulher. Sasha, que estava lá, e é uma graça e esperta, parece muito jovem. Não entendo como ele poderia deixá-la por Susan Anton.

Consegui que ele tirasse a camisa e ele estava usando uma espécie de medalha. Bati dez rolos de filme porque ele é muito difícil de fotografar. De frente o seu pescoço é magro, mas de perfil parece que tem um metro de largura. De frente tem um peito enorme e de lado não tem peito nenhum. Suas mãos são bonitas. Explorei as mãos dele, mas às vezes elas parecem pequenas e às vezes enormes. É como o Homem de Borracha.

Ele tem um guarda-costas que o Tom Sullivan usou em *Cocaine Cowboys*, então falamos sobre Tom. Sylvester contou sobre os prêmios da Academia, disse que odiou *All That Jazz*. Disse que a Academia ignorou Woody Allen e ele este ano.

Disse que vai filmar na Hungria um filme de aventuras, e depois quer filmar a história de Jim Morrison. Contei que fomos muito amigos de Jim e que Tom Baker foi seu grande amigo e que ele deveria falar com Tom, que aliás está na cidade e tem me ligado.

Disse a Stallone que ele deveria filmar o livro de Linda Lovelace. Ele falou que está com medo de se transformar numa pessoa de-um-filme-só, e disse o nome de várias pessoas que são de-um-filme-só. Disse o nome de alguém de *Os rapazes da banda*.

Ficamos lá quase uma hora. A mulher dele foi para outro quarto e não voltou para se despedir, não sei por quê.

Segunda-feira, 3 de março, 1980. De táxi até Union Square ($2, materiais $8.10, $20.50). Fui encontrar Carol, uma prima de Butler, Pennsylvania. Ela me enlouquece porque fala muito devagar. Aí ela foi embora e eu trabalhei toda a tarde. Mandei Rupert vir. Precisava que alguém fosse comigo à sessão de autógrafos dos pôsteres de Ted Kennedy. Fomos para lá, na Madison Avenue (táxi $4), na Brewster Gallery.

Mas Ted Kennedy não apareceu, estava em Massachusetts. Só teria sido bom se ele também estivesse lá autografando. Todos os Kennedy estavam. Kerry e uma de suas irmãs, e Kerry é mais bonita. Têm um ar engraçado, esses garotos. Pat Lawford estava lá e nos fizeram posar juntos. Estava nervosa e então ficou bebendo e discursou. Trabalhei muito. Kerry ficou circulando vendendo os pôsteres. Custam de $750 a $2 mil.

Terça-feira, 4 de março, 1980. Catherine Oxenberg veio almoçar à 1h por causa da capa da *Interview* com ela. Ela só tem dezoito anos, estava nervosa e realmente despejou tudo a respeito da mãe dela ficar dormindo por aí e sobre a irmã de Sharon Hammond, Maureen, que casou com o pai dela e que agora está vivendo com o meio-irmão de Catherine que talvez tenha só dezenove anos e ela deve ter uns quarenta, acho. A mãe dela é a princesa Elisabeth da Iugoslávia. Foi um almoço do Balducci, foi uma boa entrevista. Tom Baker veio se despedir, está indo viajar. Contei que Sylvester Stallone quer fazer o papel de Jim Morrison e ele disse que Stallone está velho demais para essas coisas.

Quarta-feira, 5 de março, 1980. Busquei John Reinhold e fomos caminhando até o Pearl's para almoçar. Conversamos sobre pó de diamantes. Na realidade é mesmo como um pó, mas os *cacos* é que ficariam bonitos e fariam uma pintura custar $20 mil ou $30 mil. Foi bom ver Pearl de novo.

Quinta-feira, 6 de março, 1980. O almoço foi para Richard Gere e sua namorada, Silvinha, que está neste número da *Interview*. Fred convidou uns suecos e Chrissy Berlin e Byron, o jogador de sinuca, que é um cara por quem Zoli se apaixonou mas que não quer ser modelo – joga sinuca e acha que modelar é frívolo demais. Ele sabe tudo – por exemplo, que nas terças e quintas na British Airways da Park Avenue a gente só assina o nome na entrada e pode ir até o bufê grátis de camarões.

Amina, a modelo negra que está escrevendo uma peça, ficou dizendo, "Onde está Richard Gere? Deveria estar aqui!". Mas aí, quando ele chegou, não deu a mínima atenção para ela e então ela deixou de gostar dele e foi para onde eu estava autografando os pôsteres "Kennedy". Robyn trouxe o almoço do 65 Irving, mas Brigid comeu tudo o que tinha sobrado e ele não conseguiu comer nada.

Estava um lindo dia, então sugeri que Brigid, Chrissy e eu fôssemos a University Place ver se Bea estava na sua loja de antiguidades. Distribuímos *Interviews* para os vagabundos que se mudaram da Park com 17 para a esquina da 14. Aí chegamos todos na loja de Bea e Brigid disse que voltaria logo, que ia atravessar a rua e comprar um maço de cigarros. E um segundo depois ouvi um estrondo e um baque e eu já sabia. Corri, e lá estava Brigid estatelada na rua com um caminhão a um centímetro daquele barrigão dela. Aí ela se levantou e começou a rir e a dizer, "Não, não, estou bem". Era o caminhão de um restaurador de arte. O garoto foi gentil, queria levá-la para o hospital, mas ela estava tão aliviada por estar bem que disse que não tinha problema e que não precisava. Levou o maior susto. Chrissy ficou tão nervosa que teve de ir para casa.

Fiquei tão feliz que Brigid estivesse viva que disse a ela que podia ganhar qualquer coisa que quisesse, e aí ela pediu sorvete ($.75 x 4 e $.90 biscoitos da Greenberg's e depois torta $12, Big Macs $8.52). Passeamos durante uma hora para nos certificar de que ela estava bem. Só conseguíamos pensar que a gente está hoje aqui, amanhã se foi. Espero que ela tenha aprendido a lição e seja mais cuidadosa.

Aí voltei para o escritório. Disse que ela podia ir para casa, mas acontece que estavam precisando dela. Foi à reunião dos Alcoólicos Anônimos e depois voltou. Fred estava completamente bêbado no escritório. Tinha ido à cerimônia em memória de Cecil Beaton. Estava falando como Diana Vreeland e dando telefonemas de negócios, só espero que tenha ligado para as pessoas certas.

Segunda-feira, 10 de março, 1980. Acordei e assisti ao *Today Show*, despediram o meteorologista de que eu gostava tanto. Aquele sujeito, Ryan, era ótimo. Depois o *Donahue Show* tinha quatro bichas. De novo.

Mandei Brigid comprar oito *Popisms* na livraria ($94.56).

Fiquei downtown e fui de táxi com Vincent e Shelly até a festa de Charles MacLaren no estúdio de Jennifer Bartlett na Lafayette. Uma festa enorme para uma garotada inglesa. Clare Hesketh, a mulher de Lord Hesketh, disse, "Ah, Fred é maravilhoso, ficou acordado até as 11h da manhã comigo". Eu disse, "Ah, é *mesmo*? Que interessante. Ele chegou no trabalho às 11h15".

Tom Wolfe estava lá, Evangeline Bruce e os McGrath. Ah, e também Steve Aronson, que me apresentou a vários escritores.

Terça-feira, 11 de março, 1980. Kenny Lane telefonou e me convidou para almoçar na casa dele para conhecer um sheik do Kuwait (táxi $3). A casa é muito bonita. Kenny me apresentou ao sheik e à mulher dele – as mulheres também se chamam sheiks – e ela disse, "Meu marido é baixinho, por isso quando vier falar com você talvez suba numa cadeira". Ela compra arte moderna e ele está aqui para comprar $200 milhões de arte para abastecer o seu museu – coisas como tapetes do Kuwait.

Marion Javits estava lá e fez uma coisa muito engraçada, disse para Bob, "Me faça perguntas como um repórter faria e vamos ver se eu sei responder". E então Bob perguntou por que ela fuma marijuana em público e por que vai ao Studio 54. E Marion disse, "Porque isso me excita". E Bob disse, "Mas você não pode dizer isso, Marion". E então ela disse, "Bem, talvez você não saiba, mas foi meu marido quem apresentou o projeto de lei para legalizar a marijuana".

Depois tivemos de voltar para o escritório (táxi $3).

Rupert veio, fechamos tudo às 7h.

Deixei Bob. Me colei e fui a pé até a casa de Diana Vreeland. Elizinha Gonçalves estava lá, Fernando Sanchez e Sharon Hammond, e gravei mrs. Vreeland. Ela nos contou uma história muito engraçada sobre ter assistido a *Garganta profunda*. Tem uma amiga que mora num outro andar no mesmo edifício, ela perdeu a visão mas um dia telefonou para Diana e disse, "Diana, estou enxergando. Minha visão voltou, quero ir ao cinema". Diana disse, "Aí caminhamos uns quarteirões e fomos assistir a *Garganta profunda*. Quando chegamos ao cinema, a bilheteira disse, 'As senhoras sabem no que estão se metendo?'. E minha amiga estava tão excitada porque ia ao cinema que ficou dizendo, 'Estou tão deslumbrada, tão excitada'. Então entramos no cinema e não havia ninguém, como em todos os cinemas que mostram filmes pornográficos. Só uns vinte homens, a maioria dormindo, já dormiram durante sete sessões e nem sabem onde estão, e o filme começou e a minha amiga arregalou os olhos. Ela não tinha visto nada nos últimos dez anos e agora estava vendo *Garganta profunda*. E por vários dias ficou me ligando e perguntando, 'Diana, será que a mulher não ficou toda machucada por dentro? Como é que ela fez aquilo? A garganta dela deve ter ficado toda machucada'. E eu disse, 'Bem, realmente não penso sobre essas coisas – para mim o filme todo foi um romance'." E Bob disse, "Diana, por que você fez isso com uma velha?". E ela disse, "O que mais eu poderia mostrar para quem não enxergava há dez anos? Pelo menos foi um estímulo!".

Depois ela nos levou para o Quo Vadis.

Quarta-feira, 12 de março, 1980. Trouxe cem *Popisms* da Harcourt Brace.

Gregory Battcock veio, dei uns livros para ele. Gerard telefonou pedindo duas cópias do livro. Ainda estamos procurando uma ideia para a próxima capa de *Interview*. Dei a fita de Diana Vreeland e Sharon Hammond para Brigid, mas esqueci que por uns dez minutos Sharon e eu falamos sobre Brigid. Contei para

Brigid sobre Diana Vreeland indo assistir a *Garganta profunda*. Pareceu engraçado e foi isso que pensei que estava passando para Brigid e foi isso que ela pensou que estava recebendo. Mas quando colocou os fones de ouvido para ouvir a fita, começou a ficar com o rosto de dez cores diferentes. Sharon dizia coisas como, "Sim, claro, se Brigid deixar o emprego eu adoraria entrar no lugar dela". E aí Brigid pensou que eu tinha sido maldoso, dando a fita para ela, mas eu apenas tinha esquecido que a gente falava dela. Ficou tão furiosa que ligou para a irmã, Chrissy, que veio para dar um apoio. Na fita eu digo que ela foi atropelada por um carro – bang! – e que depois lhe comprei cinco sorvetes, e Brigid ficou histérica quando ouviu isso – disse que foram só três sorvetes, que os outros dois foram para mim. Mas acho que a convenci de que quatro foram dela. Descrevi os sabores. Chrissy está ganhando peso. Está com 65kg e Brigid com 75. Brigid ficou em estado de choque o resto do dia, até as 6h30.

Liguei para Brigid quando cheguei em casa. Ela e Chrissy tinham ido jantar e pediram sobremesa. Eu tinha de encontrar um jeito de convencer Brigid a emagrecer e aí disse que daria $10 para cada quilo que perdesse, mas que ela teria de me dar $20 para cada quilo que ganhasse. Ela vai levar sua balança eletrônica para o escritório amanhã.

Sábado, 15 de março, 1980. Farrah Fawcett telefonou e disse que estava vindo para Union Square, chegou em meia hora com Ryan O'Neal. Olharam o seu retrato e acho que Farrah não gostou, mas aí ficou observando por meia hora e finalmente disse que adorou. Fiz Bob vir porque achei que ele poderia convencê-la a ser nossa capa e ela concordou.

Estava bonita, cabelo escorrido, muito bonita. Ela é amável. Quando foram embora fiquei sozinho com Rupert. Deixei-o em casa (táxi $4). Me colei porque tinha sido convidado para o jantar do príncipe Abudi para Marion Javits.

A casa dele fica bem perto, no 10 da Rua 68 Leste, e quando cheguei lá Ultra Violet estava entrando, com o mesmo vestido dos anos 60, com as mesmas moedas de ouro e eu disse, "Ih, Ultra, você não deveria fazer isso – já era cafona quando uma moeda de ouro valia $35 dólares, e agora então, valem, você sabe, $775 *cada uma*, você deveria ter cuidado". Mas ela disse que foi obrigada a vender as moedas melhores e que agora só estava com "pesos", "pesos" muito pesados. Foi divertido vê-la novamente, fiquei perguntando, "Bem, quem a convidou, como é que você chegou aqui?". Acho que é amiga de Marion. Tenho uma leve impressão de que ela faz serviços para as pessoas. Tenho uma leve impressão de que é isso – assim como quando há um sujeito, um sujeito mais velho talvez, ela sai com ele ou algo assim. Mas foi divertida. Fiquei a noite toda com ela porque a festa estava horrível. Abudi estava muito quieto. Embora seja um príncipe da Arábia Saudita, não havia nenhuma princesa jovem lá, só as pessoas que eu conheço, como Sam Green e Kenny Lane, e o namorado de Marion que faz hologramas. E ela gosta dele. Não sei o que vê nele, mas ele é quem manda. Como é que se chama o sujeito que uma mulher namora? Um "amante"? Um gigolô – não, um amante, eu acho.

E quem mais estava lá? Ah, os Bulgari foram, mas não consegui falar com eles, porque Ultra Violet foi até o prato de caviar e disse que o cheiro era de lata e Kenny Lane veio e disse que era o melhor caviar que se pode comprar e então ela decidiu comer um quarto de quilo. E disse que vai escrever suas memórias. Ah! E finalmente me contou como adoeceu. Foi por causa de Ruscha, o artista, Ed Ruscha. Se apaixonou loucamente por ele, mas ele era casado e não conseguiu controlar a situação e ela enlouqueceu porque estava apaixonada demais, deixou que todo o sistema nervoso viesse abaixo. E foi aí que ela começou a comer um pedaço de ouro por dia – alguém tinha dito que os hindus comem ouro ou algo assim – e o ouro furou o seu estômago.

E agora Ruscha abandonou a mulher mas não é mais a mesma coisa. Ela está procurando por alguém jovem. No final ficamos lá até as 3h.

Domingo, 16 de março, 1980 – Nova York-Washington, D.C. Fui a Washington, para ir à Goldman Fine Arts Gallery e ao Museu Judaico do Centro Judaico de Washington. Fomos até a galeria. E tinham *Popisms* e *Exposures*. Foi difícil. Cada pessoa achava que tinha de me fazer uma pergunta inteligente: "Você usou todos esses diversos tipos de papel para mostrar todas as diferentes facetas da personalidade de Gertrude Stein?". Só disse sim.

Segunda-feira, 17 de março, 1980 – Washington, D.C. – Nova York. Bem, Dia de São Patrício. Bob pediu café da manhã. Não dormi bem. Assistimos *The Match Game*, foi uma partida rápida em que a resposta era "Andy Warhol" e uma pessoa ficou achando que era "Peter Max" e depois "Lata de Sopa" e depois "Artista pop".

Nosso café da manhã na Casa Branca foi cancelado. Acho que o governo Carter não quer mais nos ver porque fiz o pôster para Ted Kennedy. Mas ficamos contentes de não ter de levantar tão cedo para estar lá às 7h30. Dormimos até as 11h30.

Uma mulher veio e nos levou aos Kramerbooks, que é uma livraria/cafeteria, e aí todo mundo estava bebendo. Bob adora o lugar porque é onde ele caça garotos quando está em Georgetown. As pessoas ficavam atirando qualquer coisa para eu autografar e eu autografei tudo – roupa de baixo, uma faca. Ah, (*risos*) e um bebê.

Tínhamos de embarcar na ponte aérea às 9h (passagens $153). Comprei alguns jornais e a *Newsweek* ($2). A *Newsweek* tem uma crítica ótima de *Popism*.

E esqueci de dizer que na livraria, em Washington, Sargent Shriver fez a maior força para vir me cumprimentar. Antigamente ele era muito bonito. E, ah, Deus, é tão difícil conversar com essas velhas senhoras como às vezes tenho que fazer – são muito velhas e com dentes quebrados, e tudo que dá para ver são aquelas bocas e é muito difícil aguentar, e acho que chega de filosofia por hoje. Fui para a cama, tomei um copo de vinho, caí no sono.

Terça-feira, 18 de março, 1980. Convidei Ultra Violet para vir almoçar e à luz do dia ela parece uma mulher muito velha, mas à noite, maquiada, fica deslumbrante.

Aí Divine foi ao escritório. Contou que tinha $2 mil para gastar num presente para Joan Quinn e eu disse que não tínhamos nada tão barato. Mas mais tarde percebi que com certeza ele só estava comprando algo para o marido de Joan dar para ela, que ele devia ter dado o dinheiro para Divine, e aí esse era o jogo. Porque, quer dizer, Divine nunca teria $2 mil.

E não sei por que Divine é tão gordo, comeu um sanduíche e aí ofereci outro e ele disse, "Ah, não, muito obrigado". E Divine é realmente a única pessoa que não dá para dizer se é homem ou mulher. Talvez por causa daqueles brincos compridos. Como os brincos de Edie Sedgwick. Na realidade, o rosto dele é como o de Edie, só que gordo.

Rupert veio e ajudou.

Bob estava nervoso, daria uma conferência no Bard College à noite, e foi embora às 4h. Sua primeira conferência sobre fofocas.

Karen Lerner telefonou e disse que a história no *20/20* foi adiada mais duas semanas. Mas fiquei pensando, acho que não querem mesmo colocar no ar, porque quando falam da gente na TV o que acontece é que pessoas *demais* se dão conta que a gente existe. Enfim, acho que estou ok com o pouquinho de publicidade que tenho conseguido. Porque também usam você. E dá medo. Sim, acho que sobrevivo só com um pouquinho de publicidade constante.

Carmen d'Alessio telefonou e disse que visitou Steve Rubell na prisão e que ele dorme, come e joga handball. Está negociando a venda do Studio 54 com Neil Bogart. Diz que quando sair da prisão quer fazer algo completamente diferente.

Aí saí para encontrar Richard Weisman e Catherine no Mayfair House. Catherine tem trabalhado para ele e estavam batendo boca. É que ela tinha acabado de pedir demissão. Era um trabalho fácil – ela só comprava presentes em lugar dele, acho (drinques $20).

De táxi até a casa de Diane von Furstenberg ($4). Discuti com o motorista de táxi, que queria ir por seu próprio caminho. Richard não tinha sido convidado, mas foi acompanhando Catherine. A primeira pessoa que encontrei foi Laverne, do *Laverne and Shirley*, e conversamos sobre a pintura "L" que vou fazer para ela. Richard estava se comportando como se fosse o anfitrião – de algum modo sempre faz isso. Ele é muito inseguro e te enlouquece, mas é gentil. Agradeceu por Diane o ter convidado, mas ela não convidou. Harry Fane estava lá e Barry Diller. Foi uma festa para Nona Summers e seu marido, que nunca lembro o nome, aí acham que estou fora do ar. Agora as pessoas andam dizendo que estou fora do ar. A *Newsweek* disse que estou fora do ar.

As mesmas pessoas de sempre... Berry Berenson e os garotos Niarchos, que são tão engraçados de ouvir depois que se ouve a imitação que Fred faz deles. E Barbara Allen ficou circulando dizendo que todos os namorados dela estavam lá – Mick Flick, Mick Jagger, Philip Niarchos e Bryan Ferry. Barbara estava deslumbrante.

DVF disse que está louca para ler *Popism*, que todos têm adorado. E aí Silvinha chegou com Richard Gere e disse que eu era os anos 60 dela, e então ela tentará ser os meus anos 80. Silvinha está estudando pintura com Matti Klarwein, que tem um filho com Caterine Milinaire.

Aí Silvinha e uma amiga ficaram conversando e Silvinha contou que está saindo com o amigo de Max DeLy, aquele garoto italiano, Danilo – ela contou isso com Richard por perto – e aí disse, "Não sei o que fazer com Richard, ficamos na rua até as 4h e às vezes a gente faz sexo e às vezes não, e quero abrir a cabeça dele e levá-lo a galerias de arte".

François de Menil estava lá, nem percebi. E no quarto estavam cheirando. E Harry Fane estava dando em cima de Silvinha ou da amiga dela, ele armou aquela cara de "Me fode". E Barbara Allen ficou circulando, perguntando com quem ela deveria ir para casa. E quando tentei sair sem que ninguém notasse, Richard Weisman me viu e gritou, "Andy! Andy! Você está *indo embora*?". Ele também queria ir embora e fez aquela coisa de se despedir de todo mundo, exatamente o que eu não queria fazer. E no carro ele disse, "Você acha que eu errei noite passada, quando fui para a cama com Catherine?". Eu disse, "O quê?". Quer dizer, eu sabia que ele e Catherine tinham trepado uma vez muito tempo atrás, mas ali estava ele dizendo que *recém* tinham trepado e, quer dizer, jamais vou poder contar para Catherine porque é muito constrangedor. E Richard disse que se sente muito culpado e se eu achava que foi por isso que Catherine deixou o emprego, porque, quando a gente trepa com o patrão, a gente fica achando que vai ter de trepar *sempre*.

Quarta-feira, 19 de março, 1980. Fomos assistir a *Heartaches of a Cat*, a peça que Kim d'Estainville produziu. No Anta Theater.

Fui buscar Paulette e fomos para o teatro. Paulette deu autógrafos. A peça é uma graça, bem fora do normal. Máscaras de animais realmente lindas. Todos os atores têm cara de animais, como brinquedos dos velhos livros franceses. Todo mundo adorou. Pode ser um sucesso. Quer dizer, se as crianças adoram *Peter Pan* vão adorar isso. Eles são o grupo argentino que rompeu com o marido de Paloma. Claudette Colbert estava lá com Peter Rogers, e por alguma razão sempre fica feliz quando me vê. Jerome Robbins estava lá, acho que deu uma mão no espetáculo.

Quando discursaram em francês deve ter parecido muito elegante, mas Miss Piggy fala muito melhor em inglês.

Depois fomos para o Gallagher's, do outro lado da rua, para uma festa after-the-show.

Bianca, fiquei sabendo, não veio porque ficou três horas no aeroporto esperando por uma pintura para Thomas Ammann, estava furiosa ($10 para a limusine).

Uma senhora gentil veio perguntar a Paulette se ela daria um autógrafo para sua filha, e Paulette pegou a mão da mulher, afastou-a do ombro, e disse, "Detesto mãos engorduradas tocando meu vestido branco".

Sábado, 22 de março, 1980. Trabalhei até 7h30. Depois fui de táxi até a casa de Si Newhouse ($4) na Rua 70 Leste – uma casa muito ampla. Uma festa de arte. Bruno Bischofberger estava lá. E Mel Bochner, o artista que foi casado com Dorothea Rockburn, a artista, e que copiou todas as ideias dela. E Mary Boone, que disse que patrocinará uma exposição para Ronnie, mas ele não está interessado porque ela liga para ele todas as noites às 4h da madrugada. Carl Andre estava lá. Convidei a filha dos Newhouse para almoçar na segunda-feira, ela é tímida, mas aí descobri que os pais dela se divorciaram quando era pequena e não sei se ela entrou no dinheiro ou não. Mark Lancaster estava lá.

Bianca telefonou antes de eu ir para a casa dos Newhouse e me convidou para ir à casa de Halston mais tarde, mas não podia levar Mark porque Halston fica chateado quando a gente leva outras pessoas. Então de táxi até a casa de Halston ($1.50).

Bianca estava falando ao telefone com Steve Rubell na prisão, e Steve tinha que colocar moedas a cada três minutos. Porque a gente não pode telefonar nem escrever cartas, ou é ele que não quer que a gente faça isso, ou algo assim. Alguém perguntou se o telefone estava grampeado e ele disse, "Não, não". Mas aí uma outra pessoa contou que quando falaram com ele antes, ouviram quando um sujeito disse para ele ter cuidado com o que ia dizer. Um outro presidiário dando conselhos.

Steve disse que está gostando, que engordou 5kg, que comeu arroz em papa no jantar. Disse que se conseguir recuperar a licença para vender bebidas alcoólicas no Studio 54 vai liquidar com tudo, porque vai ser mais fácil se livrar daquilo se tiver a licença.

Disse que as melhores pessoas estão lá na prisão. Acho que falou em Sindona, mas não estou certo. Disse que Ian dorme o tempo todo. Bianca disse todas aquelas coisas para ele, que iria ao Magique mais tarde só para experimentar e que esteve na Xenon noite passada. Acho que ela pensa que esse é o tipo de conversa que deixa Steve excitado. Ele continua colocando moedas. Bianca convidou John Samuels, ele cortou o cabelo e ficou com cara de quinze anos.

Segunda-feira, 24 de março, 1980. Comprei *Wrestling*, *Petland* e *Jet* – uma porção de revistas diferentes – para ver como são e para conseguir ideias para *Interview* ($8.50, táxi $3).

Eu tinha de ser fotografado por uma agência de publicidade, eles arranjaram tudo e aí perguntaram por que sou tão criativo e eu disse, "Não sou criativo". E isso destruiu a coisa toda, ficaram sem saber o que mais perguntar. Depois fui de carro até a Bloomingdale's. Quarenta e cinco minutos atrasado, eles estavam furiosos. Autografei uma porção de livros. Mais tarde me levaram de carro para casa. Estava chovendo.

Fui ao jantar de Bob para *Popism* no La Boîte. Discursos horríveis de Henry Geldzahler, que disse que sou o espelho de nosso tempo, e de Ahmet, que disse que todo mundo me adora. Richard Gere foi gentil, disse que leu o livro e adorou. Stallone entrou de furão com duas namoradas, e ele e Bianca tiveram uma briga enorme porque ele a ouviu falando mal dele. Todo mundo cantou "Parabéns a você" para John Samuels, que estava fazendo vinte anos. E nosso editor Steve Aronson estava lá e ficou divertindo o pessoal da mesa dele.

Domingo, 30 de março, 1980 – Nápoles. Lucio Amelio nos hospedou no Excelsior Hotel e ficou dizendo que reservou a suíte "Elizabeth Taylor" para nós. Mas deram uma suíte maior para Beuys no andar de cima – por isso é que ficaram me falando esse negócio de Liz Taylor. Mas os quartos são grandes, muito grandes, com vista para os camelôs que vendem cigarros.

Aí descansamos e nos levaram para a casa do irmão de Graziella que mora de frente para o mar e nos prepararam um jantar. Havia uma velha ex-estrela de cinema e um ex-desenhista de moda. Serviram muita comida mas Graziella e seu irmão não comeram nada, e isso faz a gente se sentir estranho, acho que aprendi a lição – de agora em diante, quando convidarmos pessoas para almoçar, vou comer junto.

Segunda-feira, 31 de março, 1980 – Nápoles. Tivemos de filmar nas ruas, nas favelas de Nápoles. Suzie escondeu as suas joias. Caminhamos por lá e foi ótimo ver aquela coisa de antigamente, as roupas penduradas sobre a rua de uma janela à outra.

Voltamos para o hotel para encontrar Joseph Beuys, depois jantamos com Beuys e sua família num estranho restaurantezinho italiano. Ele foi gentil. Realmente muito divertido.

Terça-feira, 1º de abril, 1980 – Nápoles. Acordei às 10h, entrevista com *Expresso* novamente. Lucio veio nos buscar e nos levou para a galeria porque tínhamos uma conferência de imprensa com quatrocentas pessoas. Agora Joseph Beuys adora a imprensa porque é candidato à presidência da Alemanha pelo Partido do Céu Livre e comigo junto ele pode ganhar mais cobertura – não, é o Partido Verde, é isso. Depois São Schlumberger veio e nós a convidamos para almoçar num lugar de frente para o mar. Aí nos buscaram para o vernissage e tinha pelo menos 3 mil ou 4 mil pessoas lá, não dava para entrar, foi horrível, e finalmente demos o fora, iam nos oferecer uma festa num lugar chamado acho que City Hall, um nightclub de travestis. Finalmente, depois de esperarmos três horas, apareceu um travesti com cabelo no peito, eu estava conversando e ela me mandou calar a boca, e aí de repente me puxou para um lado, brigou comigo e saiu furiosa, não entendi o que tinha acontecido, mas alguém disse que ela estava muito emocionada porque estava cantando para mim, ela fica assim. Foi muito chato. Fred ficou ofendido porque as luzes da TV ficaram acesas sobre nós tempo demais e reclamou de Lucio, disse que foi a noite mais ridícula do mundo, que Lucio nos fez perder tempo porque aquele tipo de noite não faria vender quadros, e que estava nos usando só para entrar no show business. Só fomos para cama por volta das 4h.

Quarta-feira, 2 de abril, 1980 – Nápoles-Roma. Fred e eu tínhamos uma audiência privada com o papa às 10h, aí saímos de Nápoles às 7h. Quando chegamos nos arredores de Roma o motorista não sabia como entrar na cidade. Tivemos de seguir um táxi para chegar ao escritório de Graziella e pegar os dois ingressos para nossa audiência. Suzie estava muito chateada porque a audiência era tão exclusiva que ela não podia ir conosco, então entregou uma cruz para Fred e pediu que ele a trouxesse de volta abençoada.

Pegamos nossos ingressos e aí o motorista nos deixou no Vaticano. Quando vimos outras 5 mil pessoas ali, também esperando o papa, tive a certeza que Graziella não tinha conseguido uma audiência privada. Mas Fred se encheu de razão e foi até os guardas e disse que tínhamos uma audiência privada com o papa e eles caíram na gargalhada.

Finalmente nos levaram para nossos lugares com as outras 5 mil pessoas e uma freira gritou, "Você é Andy Warhol! Pode me dar um autógrafo?". Parecia Valerie Solanis, e fiquei com medo que ela puxasse um revólver e me desse um tiro. Aí tive de dar mais cinco autógrafos para outras freiras. Fico tão nervoso na igreja! E o papa veio, num carro dourado, andou à volta e finalmente se levantou e fez um discurso contra o divórcio em sete idiomas diferentes. Tinha uma claque grande gritando, "Ha, Ha, Papa". Isso levou três horas. Foi realmente chato, e aí o papa veio em nossa direção. Apertou a mão de todo mundo, e Fred beijou o anel e conseguiu que a cruz de Suzie fosse abençoada. O papa perguntou a Fred de onde ele era e Fred disse Nova York e eu fiquei tirando fotos – havia uma porção de fotógrafos por ali –, e ele apertou a minha mão e eu disse que também era de Nova York. Não beijei sua mão. O pessoal ao nosso lado deu uma placa de ouro para ele, eram da Bélgica. As multidões atrás de nós vieram para a frente, foi assustador. Aí Fred ia tirar uma polaroid mas eu disse que eles iam pensar que era uma metralhadora e atirariam em nós, então não conseguimos uma polaroid do papa. Logo que Fred e eu fomos abençoados, demos o fora.

Resolvemos que seria divertido inventar uma boa história para contar para Suzie e aí fomos almoçar na Piazza Navona ($45). Inventamos que tínhamos estado numa audiência privada com o papa e que ele tinha gostado tanto de Fred que nos convidou para almoçar e aí esqueceu de nos devolver a cruz de Suzie.

Sábado, 5 de abril, 1980 – Paris. Fomos à nova loja de Kim D'Estainville, perto do Arco do Triunfo. Um bairro estranho. Kim está se recuperando do fracasso de sua peça na Broadway. Não havia ninguém para quem vender anúncios. Jantamos no Club Sept (táxi $4).

Conseguimos uma mesa enorme mas ficamos desapontados, havia modelos lá, mas todos os mais bonitos tinham sido convidados para lugares fascinantes e os que ficaram na cidade não eram nada bonitos. Ficamos lá uma hora, quase, e aí Francesco

Scavullo e Sean Byrnes vieram e sentaram conosco, nós os convidamos para jantar. E aí Francesco me contou sobre as sujeiras que ouviu dizer que fiz no Studio 54, e eu não podia acreditar, todos os garotos que eu tinha levado para casa, fiquei chocado. Quer dizer, não sei onde ele consegue as suas informações, e tentei descobrir de onde surgiram essas fofocas para entender por que estão dizendo todas estas mentiras.

Ah, e ele me disse que o Studio 54 fechou – foi a primeira vez que ouvimos a notícia. Steve e Ian venderam. Então é o fim de uma era.

E também ficamos sabendo que Halston foi à Xenon com Bianca pela primeira vez. E a loja de roupas Bonds vai reabrir brevemente como uma discoteca na Broadway. Scavullo pagou o jantar – eu não queria que ele fizesse isso porque nós é que o tínhamos convidado, mas ele pagou.

Domingo, 6 de abril, 1980 – Paris. Páscoa. Passei uma noite horrível. Tive dois pesadelos com aviões se partindo ao meio e pessoas caindo. Fred saiu e encontrou Shirley Goldfarb, ela disse que sua mãe, que tem 88 anos e mora em Miami Beach, acaba de mandar $25 para ela, como faz em todas Páscoas judaicas, para comprar matzás.

Segunda-feira, 7 de abril, 1980 – Paris-Nova York. Acordei às 8h em Paris. Passei uma noite agitada porque achei que tinha ouvido Fred sair. Ouvi a porta fechar e ruídos de fechadura, dava a impressão que ele tinha saído sorrateiramente. Mas de manhã, quando perguntei, ele disse que não saiu, aí não sei. Tudo que precisava ter feito era ir olhar, mas não fui. E me dá tanto medo quando fico sozinho num lugar e não tenho o número de telefone das pessoas – eu deveria ter, mas não tenho. A partir de agora vou ter.

Fomos tão depressa para o aeroporto Charles de Gaulle que ficamos com uma hora e meia sem nada para fazer até o voo. Aí havia um negro na sala de espera e eu fiquei pensando (*risos*) como é que ele tinha dinheiro para voar de Concorde. E então ele disse, "Você ainda não me fotografou". E eu ainda não tinha descoberto quem era. E aí de repente me dei conta de que era Dizzy Gillespie! Esteve há pouco na África e disse que a coisa está ótima lá. Foi adorável, uma graça. Disse que adorou a África, que há muita sujeira no chão, que ele gosta disso.

Disse que uma vez foi fotografado por um fotógrafo famoso e não conseguia se lembrar do nome, mas aí acho que disse que foi Carl Van Vechten, e faz sentido porque Carl é um personagem da biografia de Somerset Maugham que acabei de ler e era uma pessoa de jazz, sempre andava com o pessoal do jazz. Dizzy contou que lançou um novo livro e nós lhe dissemos que estamos interessados em entrevistá-lo, e ficamos com seu número em Nova Jersey.

Andrew Crispo também estava no mesmo voo. Comprou toda a coleção art déco de alguém. Estava levando um vaso Dunand com ele, é uma graça de garoto.

Não vi Dizzy desembarcar do avião (gorjetas $10). Foi fácil passar pela alfândega porque o funcionário ficou muito impressionado com nossa foto com o papa, em cima das malas. Saímos e o carro não estava, aí tomamos um táxi ($.75, pedágio). Por todo o caminho, mesmo com a greve dos transportes, não havia tráfego! O motorista ficou dizendo que não conseguia acreditar. Caminho livre. Mas na Rua 89 Fred desembarcou e uma senhora que não falava inglês subiu no táxi, porque há uma lei que diz que deve haver pelo menos duas pessoas num carro durante uma greve. Vi um guarda obrigando uma mulher num carro a dar uma carona para um garoto. Aí todas as pessoas estão conhecendo outras pessoas.

Foi um dia realmente lindo. Havia muitas pessoas caminhando por causa da greve dos transportes. Caminhei com calma até o escritório. Brigid e Robyn estavam lá. Trabalhei toda a tarde, esperei por Rupert, que só chegou às 6h30 porque veio a pé. Brigid e eu saímos para distribuir *Interviews*. Um mendigo começou a gritar dizendo que se eu parasse quieto ele conseguiria tirar uma foto de mim. E aí eu perguntei se eu poderia tirar uma fotografia *dele* e ele disse que não, mas tirei assim mesmo. Ele realmente tinha uma câmera com flash funcionando. Talvez fosse alguém escrevendo uma peça de teatro ou um artigo sobre como é ser mendigo. Tinha uns quarenta anos.

Terça-feira, 8 de abril, 1980. Rupert veio e trabalhamos nos "Gênios Judeus". Truman telefonou e parecia o dos velhos tempos, disse que está trabalhando duro. Que o livro *Chameleon* vai sair pelo Clube do Livro, e perguntei como a gente consegue isso e ele disse (*risos*) que basta ser um bom escritor.

Karen Lerner telefonou e disse que Hugh Downs vai dar uma atualizada na matéria do *20/20*, e que é certo que vai ao ar na quinta-feira. Ela acha que terá treze minutos e estou apavorado, suponho que todo o nosso negócio virá abaixo depois desse tipo de publicidade enorme numa rede de TV. Cheguei a essa conclusão.

Assisti uma entrevista no *Today Show* com um negro de 47 anos que foi lutador de boxe e depois dentista durante dezessete anos, e agora decidiu voltar ao boxe, uma história muito otimista.

Comprei uns comprimidos de alho porque acabo de ler num livro que alho é o antídoto das doenças e acredito nisso, acho que está certo. Esqueci de dizer que no coquetel da noite passada uma mulher veio, me beijou na boca e disse, "Estou muito doente, estou morrendo". Por que as pessoas fazem isso? Será que querem passar a doença para alguém para que *elas* possam se curar?

Quarta-feira, 9 de abril, 1980. Caminhei na chuva até o escritório. A greve dos transportes continua. Trabalhei toda a tarde. Fechei tudo às 6h. O namorado de Gael Malkenson, Peter Love, conseguiu um caminhão e levamos uns quarenta minutos só para sair do quarteirão. No caminhão estavam Robyn, Aeyung, da *Interview*, a irmã de Bob, Bob e Tinkerbelle. E Tinkerbelle falou mal dos judeus e perguntamos, "Você é judia?", e ela disse, "Ai, meu Deus, não, claro que não!". Eu disse, "Mas Tinkerbelle é um nome judeu, quer dizer, 'belle'."

Quando cheguei em casa cancelei aquela coisa no Regine's, minha dor de garganta estava piorando. É por causa da mulher que me beijou na outra noite e aí disse, "Estou morrendo". Tomei um comprimido para dormir e fui para cama, mas não ajudou, minha garganta continuou piorando.

Ah, e Carmen D'Alessio contou a Bob que tem ido visitar Steve na prisão uma vez por semana. Se encontram na mesma sala de espera onde os outros presidiários se encontram com seus visitantes. Ela conheceu o braço direito de Sindona, que roubou muito do Vaticano. Disse que todo mundo é muito simpático na prisão, exceto um sujeito com tatuagens que é o assassino da bola de boliche. Carmen assinou um contrato com Mark Fleishman, o novo dono do Studio 54, para continuar fazendo festas e publicidade. Ele acha que vai recuperar a licença para vender bebidas alcoólicas dentro de doze semanas.

Quinta-feira, 10 de abril, 1980. Vão me filmar para outro programa da ABC, *Omnibus* – vão ressuscitá-lo –, e o carro vem me pegar às 10h.

O pessoal do *Omnibus* chegou ao escritório às 7h30, ontem combinaram tudo com Vincent. É um programa com Carly Simon sendo pintada por mim, e por Larry Rivers, e por Marisol. Eu disse que não faria mais nada sem ser pago e Vincent conseguiu um contrato com eles – Carly vai pagar a maior parte.

Estava sozinho na limusine e fomos pela West Side Highway. Levei uma câmera porque decidi fotografar todos os lugares onde vou para provar que realmente vou a todos esses lugares todos os dias. Os vidros do carro eram pretos e aí eu tinha de abaixá-los. Algumas pessoas na West Side Highway disseram, "Hi, Andy". Aí saímos da highway na Rua 23, e um garoto negro disse, "Seu ricaço branco, você só pensa em dinheiro". E havia outros por ali e fiquei com medo. Fred me disse mais tarde que eu deveria ter respondido, "*Vocês* só pensam em dinheiro! E em assaltos para conseguir dinheiro!". E seguiram o carro. Me deu tanto medo!

Cheguei ao escritório e me colocaram um microfone e mandaram o carro buscar Carly Simon.

Carly estava nervosa demais para subir, até que mandamos vinho para ela no carro. Aí ela subiu e foi amável. Pedimos que ela pudesse batom e depois que terminamos o trabalho ela estava com fome e mandamos buscar sanduíches naturais no Brownies e ela adorou. Gravei tudo (Brownies $8.30, $23.44). E aí Ara Gallant veio com Susan Strasberg e forçou Bob a entrevistá-la, acaba de escrever um livro.

Às 6h Jodie Foster veio até o 860. Está linda. Com a mãe. Ela e a mãe formam um time. É como um casamento – Jodie é o pai. É muito inteligente e foi aceita em todas as universidades para as quais se inscreveu, a não ser Harvard, Yale e Princeton, que vão dar resposta na segunda-feira. Contamos de John Samuels para ela, no caso de ir para Harvard, e que ele é uma graça, mas não sei qual é o tipo dela porque na verdade se veste como um rapaz – tudo comprado nos Brooks Brothers.

Enquanto estávamos lá Brigid ligou dizendo que a matéria comigo no *20/20* há pouco tinha ido ao ar e que tinha sido ótima. Hugh Downs fez a narração. E Brigid é tão crítica a meu respeito que fiquei aliviado. Quer dizer, se nem ela não viu nada de errado deve ter sido ok.

Estão vendendo tudo de Kitty Miller. Christie's está vendendo. Quer dizer, a roupa de baixo usada, os pegadores de panelas usados, tudo. Ela tem (*risos*) três blusas Halston que nunca usou. E algumas peles da Revillon que custam $80 mil mas que sairão por $3 mil. Peles não têm valor de revenda... Sei que matar animais para fazer casacos é triste mas, veja, é a mesma coisa matar vacas para comer, são tão grandes e lindas. E *tudo* tem vida – até as plantas gritam.

Ainda estou pesando 63kg, não entendo, não como tanto assim, meu metabolismo deve ter se alterado. Deveria estar pesando 61. E agora estou comendo nozes, chocolate e coisas que não devo comer por causa da vesícula, mas acho que os comprimidos para a vesícula estão me ajudando e aí fico pensando no que *posso* comer. E estou engordando por causa disso, vou ter que parar.

Walter Steding está com um espetáculo no Squat Theater da Rua 23 – aquele teatro onde fizeram aquela coisa chamada *A última fita de Andy Warhol*.

Sexta-feira, 11 de abril, 1980. Henry Geldzahler veio conversar comigo sobre um pôster para a prefeitura de Nova York e Fred achou uma boa ideia. E aí Henry queria sair imediatamente e fotografar uma árvore para o pôster. Ele precisa do pôster dentro de duas semanas. Mas estou começando a achar que talvez Henry seja louco. Ele contou que Ellsworth Kelly queria pintar em cima do retrato que fiz dele e eu disse, "Claro", mas aí ele admitiu que queria que eu fizesse outra cópia, então só estava tentando conseguir que eu desse para ele um retrato grátis para Ellsworth Kelly poder pintar em cima. Ele ainda está usando o distintivo que o prefeito Koch deu para ele, sob a lapela.

Rupert veio e ficamos numerando os portfólios. O portfólio "Dez Gênios Judeus" vendeu muito, e por isso agora Ron Feldman quer fazer um dos "Dez Astros do Rock", mas isso é cafona, não é? Ou "Dez Fantasmas", como o Papai Noel. Mas acho que os "Gênios Judeus" só venderam porque são *judeus*, então deveríamos fazer "Dez Alguma-Outra-Coisa Judeus". Como "Dez Astros Judeus do Rock".

Liguei para a Harcourt Brace e gritei com eles por não terem entregado os oitenta livros que paguei. Jackie Curtis veio buscar um e me ouviu gritando no telefone, entendeu a coisa e deu o fora rápido. Gritei com algumas pessoas e finalmente uma mulher disse, "Bem, você pagou com um cheque pessoal e temos de esperar pela compensação". Dá para acreditar? Acho que o próprio Jovanovich deve ser mesquinho, porque ele dirige a pior companhia do mundo, eles são tão insignificantes, têm um nome, Harcourt Brace, mas é só. E a gritaria levou a tarde toda.

Sábado, 12 de abril, 1980. Acordei cedo e assisti aos desenhos animados. Tinha de levar um portfólio até downtown para uma senhora que vai permutar por um anúncio (táxi $4). E aí ela olhou todas as cópias e encontrou um borrão numa delas, ela tem ódio de sujeira. Foi Rupert quem me disse. Ela olhou uma por uma do início ao fim.

Telefonei e perguntei a Brigid como é que vai a transcrição da fita de Jodie Foster e ela disse que tem trabalhado horas nisso, que a fita é ótima. E pedi-lhe mais detalhes e ela disse que a melhor parte é quando Jodie percorre o escritório e, quer dizer, isso levou só dois minutos, e aí descobri que Brigid não tem feito nada e comecei a berrar.

A Random House quer que a gente faça uma tiragem especial de quatrocentas cópias do nosso catálogo de retratos. Mas acho que eles vão ganhar mais dinheiro com isso do que nós, aí estamos tentando descobrir o que fazer.

Segunda-feira, 14 de abril, 1980. Fui para a rua com algumas *Interviews*, estava curioso para ver se as pessoas ainda continuam me reconhecendo por causa do *20/20* na TV, mas não me reconheceram. Isso quer dizer que a TV faz a gente famoso por um dia e depois tudo desaparece. Distribuí *Interviews*, caminhei e tomei uns dois táxis, mas fiquei chocado como nunca – as tarifas já aumentaram (táxis $4.05, $ 5.05). Realmente está muito mais caro. Acho que vou ter de ir a pé para o trabalho. Ou até a metade do caminho. Finalmente cheguei a Union Square.

O almoço era para Henry Geldzahler. De manhã a Harcourt Brace finalmente mandou os oitenta *Popisms* e distribuí para todo mundo, mas agora vou ser mais controlado com eles, por causa da inflação. Henry queria que eu saísse para fotografar uma árvore para o pôster da prefeitura, mas enquanto a gente almoçava começou a chover.

Ah, e esqueci de dizer que durante o almoço Fred veio e me disse que um companheiro de cela de Steve Rubell queria falar comigo e eu disse não! Quer dizer, por que razão Fred veio e me disse aquilo? Por que eu quereria falar com uma pessoa daquelas? E Fred disse que achava que eu devia falar com ele e aí fui até lá e um sujeito totalmente marginal ficou dizendo coisas como, "Steve disse que não pode falar ao telefone porque está grampeado" – como se eu telefonasse muito para ele, certo? E disse, "Steve quer comida italiana". Aí finalmente Bob perguntou, "Bem, o que é que *você* veio fazer aqui?", e o sujeito disse que queria dinheiro para comprar comida italiana para Steve. Aí Bob deu $20 e ele disse, "É pouco". Aí Henry deu mais $20 e depois eu tive de reembolsar os dois ($40). Mas o sujeito só estava nos enganando. E depois que saiu gritei com Fred por ter sido tão idiota, deveria ter se livrado do sujeito. Quer dizer, Fred deve ter ficado acordado a noite inteira e não devia estar com a cabeça no lugar ou algo assim.

Depois fomos até o apartamento de Polly Bergen na Park Avenue (táxi $3.50). A festa dos Oscars. Ficamos todos na sala da TV e não vimos as outras pessoas que estavam lá. O ex-prefeito Wagner e sua mulher, Phyllis, que foi casada com Bennett Cerf, estavam lá, e Helen Gurley Browns.

E Dustin ganhou. A coitadinha da Bette Midler não ganhou, deu tudo o que tinha para aquele papel, até o último – peido.

Terça-feira, 15 de abril, 1980. Será que eu contei que David Whitney disse que o pessoal tem visto o carro de Truman estacionado em Silver Hills, por isso ele fez algumas averiguações e descobriu que Truman está lá? Tem ido às lojas de lá comprar aquelas quinquilharias que ele gosta.

Fui ao Village com Henry Geldzahler até onde era a Casa de Detenção Feminina, agora é um parque cercado e chaveado. As árvores eram absolutamente perfeitas para fotografar. Dei uma *Interview* para a senhora que tinha a chave do parque. Depois Henry me deixou no Village e fui abordado por um garoto que disse que cresceu num orfanato com Joe e Bobby Dallesandro, e disse que era muito amigo de Bobby. Aí tive de contar que Bobby se suicidou e ele ficou chocado. Deixei-o ali na rua, chocado.

De volta ao escritório, Bob estava de mau humor. Deixei-o (táxi $5.50). Me colei, busquei Catherine e fomos de táxi até a casa de Bill Copley. A secretária de Bill me contou que ele se esqueceu de Tommy, o cachorro, que foi a melhor coisa da festa, no terraço no dia mais frio do ano, e alguém viu e chamou a polícia para tirá-lo de lá. Eu disse que queria levar Tommy para casa comigo e Bill talvez deixe eu fazer isso, está pensando no caso.

Clarisse Rivers estava lá, voltou há pouco do México, e Vincent e Shelly, e Michael Heizer. E Christophe de Menil estava com o ex-marido de Viva, Michel Auder – ela vai atrás das pessoas mais horrorosas. Estava linda, como uma gravura antiga. Cabelo puxado para cima e corpo bem magro.

Quarta-feira, 16 de abril, 1980. Henry Post veio ao escritório e ficamos chocados, porque o advogado dele mandou uma carta para Bob dizendo que Henry poderia nos processar se quisesse, porque Bob escreveu na *Interview* que tudo o que Steve Rubell contou no artigo que Henry escreveu para *New York* é mentira. E Henry costumava ser amigo. Ele está ótimo, tem feito ginástica. Mas acho que está usando maquiagem, rouge. Fomos àquela coisa do Roy Cohn para presidiários que são artistas, prisioneiros que pintam. Havia umas quarenta pessoas lá. Roy convidou representantes de bairro e presidentes da Revlon. E Cindy e Joey Adams estavam lá, e Joey fez um discurso, disse, "Pensei que esta festa fosse para os clientes de Roy, Ian e Steve. E será que *eles* não pintam?". Andrew Crispo organizou a coisa toda e comprou uma pintura. Foi constrangedor porque não comprei nada.

Fui para casa, me colei e caminhei até o Quo Vadis para entrevistar Nastassia Kinski. É linda e alta e fala bem inglês. Ficamos com medo de perguntar alguma coisa sobre Roman Polanski até o final da entrevista, e aí ela nos contou que não teve um affair com ele. Ela é muito interessante, mas não tão fascinante quanto Jodie Foster. Fala seis idiomas e poderia refilmar todos os filmes de Ingrid Bergman. Se parece com a pessoa que Isabella Rosellini poderia ser. Demos uma carona para ela até o Navarro. Está na cidade há três semanas e quer ficar para sempre. Está hospedada na casa de Milos Forman e acho que estão tendo um affair, porque disse algo sobre ter feito um jantar para ele na noite da entrega dos Oscars. Contou que ele tinha lhe oferecido um ótimo papel, o papel de Evelyn Nesbit descendo as escadas nua em *Ragtime*, e fiquei com pena de dizer que esse é o papel que Milos oferece para todas as mulheres de quem ele está a fim – Margaret Trudeau e duas outras. É a história dele. Aí a deixamos (táxi $5).

Depois fomos para a festa da Tavern on the Green para a estreia de *The Watcher in the Woods*. Uma festa para Bette Davis, nos convidaram por telegrama. Fui falar com ela e pensei que fôssemos amigos porque uma vez tivemos uma longa conversa e ela sabia que eu tinha sido baleado e foi muito gentil e tudo. Aí fui até ela para renovar a amizade e disse, "Ah, oi – sou Andy Warhol, lembra?". E ela olhou para mim e disse "Siiiiim". E deu as costas e saiu. E aí mais tarde alguém na mesa dela disse, "Ah, você já foi apresentada a Andy Warhol?", e ela disse, "Sim, já fui apresentada a Andy Warhol". Muito fria. Aí não sei qual é o problema.

Sylvia Miles estava lá e foi buscar sua bolsa cheia de recortes de jornal sobre *Hammett* e alguns outros filmes para me mostrar. Lewis Allen estava lá. Ainda estamos discutindo com ele sobre a possibilidade de transformar os livros *Exposures* e *Philosophy* em peças de teatro.

Sábado, 19 de abril, 1980. Fred telefonou e disse que eu tinha de ir buscar Lynn Wyatt, que a limusine estaria na minha casa às 8h. Os jornais de sábado estão ótimos. Assassinatos na banheira, um sujeito que diz que mata umas coisas mas não se lembra – coisas como a mulher dele e a filha – e que faz o mesmo com animais, também, se acorda e olha em volta e estão todos mortos. E toda a história sobre Barry Landau, que é o melhor amigo de Miz Lillian, e que está indo a Washington para depor novamente.

Saí do escritório às 7h40 e quando cheguei uptown a limusine já estava esperando por mim (táxi $5.50). Aí entrei, me colei e Lynn Wyatt telefonou e disse que Jerry Zipkin estava dando um coquetel antes, na 95 com a Park, e eu comentei que era no Harlem. Mas fomos para lá assim mesmo.

Depois fomos até o St. Regis para a festa dos 35 anos de François de Menil e subimos até o terraço. François estava com sua nova namorada texana. E algumas das ex-namoradas também. Lynn queria ficar na mesma mesa que Diana Vreeland e Fred. E com o irmão mais velho de François, George, que é muito discreto.

Bob Wilson estava lá, está namorando aquela Schlumberger de Washington, Katy Jones. Little Neil estava lá, a bailarina inglesa. Aileen Mehle estava lá. Foi uma festa ok. Não tinha nenhum grande astro de cinema ou de rock, estranhamente foram apenas os amigos dele.

Lynn não pode vir ao 860 para ver seu retrato, vai para Paris amanhã.

Segunda-feira, 21 de abril, 1980. Quando cheguei ao escritório percebi que Robyn estava datilografando uma dessas coisas que diz o que a gente já fez – como se chama? Um currículo.

Iolas vinha almoçar com alguns clientes e precisávamos de uns garotos para animar a coisa. Liguei para Curley e ele trouxe o seu primo, David Laughlin, que trabalha na Coe Kerr Gallery. Iolas chegou e a sua lente de contato permanente se perdeu dentro do olho e ele me fez procurar, mas não consegui encontrar. Jackie Curtis veio vestido de mulher de alto a baixo, com mocassins cor-de-rosa, e ficou me interrompendo para perguntar se estava interrompendo alguma coisa. Eu disse que não porque na realidade não estava. Não comeu nada porque contou que está de dieta e já tinha comido duzentos gramas de presunto e três ovos no café da manhã. Queria alguns *Popisms* e eu dei. Estava a caminho de um desfile de modas e então foi embora. Mas voltou mais tarde. Desta vez ele *estava* interrompendo e estava bêbado. Mas Kimiko e John Powers vieram e Kimiko adorou Jackie e, acredite se quiser, nem se deu conta que era um homem. Jackie está ótimo, emagreceu. Disse que quer ficar com o emprego de Brigid, de datilógrafa, e que seria muito bom, que ficaria datilografando num canto. Mas, ah, ele fala sem parar. Jackie estava com uma camisa de lantejoulas e um bracelete que disse que eu dei para ele mas não lembro. Aí ele deu os braceletes para Brigid e para Kimiko, tentando ganhar a simpatia delas.

Terça-feira, 22 de abril, 1980. Cheryl Tiegs e Peter Beard vieram. Obviamente Peter queria que eu desse meus trabalhos e uma performance grátis. Tive de mostrar o escritório para eles.

Saí cedo para conseguir chegar àquela coisa de Martha Graham às 6h30 (táxi $6). Chegamos lá e primeiro Martha discursou por uma hora, como sempre faz. Ela quer ser atriz. Nureyev foi horrível, realmente não sabe dançar balé contemporâneo.

Quinta-feira, 24 de abril, 1980. Levantei às 8h porque Vincent disse que deveríamos estar no estúdio de TV às 9h em ponto para aquela matéria com Carly Simon onde Larry Rivers e Marisol e eu vamos mostrar os retratos que fizemos dela. Fomos para lá e Larry e Marisol chegaram de limusine. Fomos apresentados ao diretor, que tinha um sotaque aristocrático falso. Larry foi divertido. Resolveu fazer o diretor trabalhar e disse, "Onde é que eu fico? O que é que eu digo? Como é que eu me arrumo?

O que é que eu penso?" e coisas assim. Creio que Carly achou que o meu retrato é o melhor de todos porque está pagando por ele. Eu só levei um retrato, mas Larry levou cinco e um deles tinha um casal chinês fodendo ao fundo e não deixaram que ele mostrasse. E aí depois queriam nos filmar na frente de cavaletes vazios escutando Carly, e Larry disse que não, que ele tinha aceitado que eles tirassem o casal fodendo, e que então não faria uma coisa cafona dessas.

Depois Larry e Marisol vieram almoçar no escritório. Marisol foi uma graça. Me convidou para a festa de seus cinquenta anos no Chanterelle, aquele restaurante pequeno e muito chique downtown, mas pediu que eu não contasse a ninguém que está fazendo cinquenta anos.

Trabalhei até as 8h. John Reinhold foi me buscar. Henry Geldzahler veio nos encontrar, conversamos um pouco mais sobre o pôster, depois pegamos um táxi ($2.50) e fomos jantar no Da Silvano da Sexta Avenida. Foi bom, mas não como da primeira vez em que fomos lá (jantar $98.40). O dono saiu e comprou o *Times* porque Henry tinha uma entrevista de meia página com ele, ficou com medo que tivesse alguma crítica, mas não tinha. Depois fomos a pé até o Ninth Circle porque Henry queria flertar um pouco. O lugar estava repleto de bichas intelectuais que queriam conversar sobre arte comigo, mas Henry disse a elas que sou burro demais para essas coisas.

Henry pensou numa boa citação sobre *Popism*: "É um verdadeiro abridor de latas". Não é ótimo? Ah, e ia esquecendo a coisa mais charmosa do dia, Jackie O. telefonou duas vezes para minha casa e não me encontrou, e telefonou uma vez para o escritório, pedindo que eu escrevesse alguma coisa para o livro de Diana Vreeland que está sendo lançado e que só tem fotos e legendas. Ela disse, "É como o seu livro *Exposures*", ou algo assim.

Sábado, 26 de abril, 1980. Robert Hayes tem faltado muito ao trabalho e Bob descobriu que é porque está cheirando muita coca, o que não é típico dele, mas os fotógrafos e os estilistas distribuem coca muito generosamente, especialmente para os editores, porque querem trabalho, e aí ele liga e diz que está "resfriado", faz coisas que não costumava fazer.

Tive de ir ao Lincoln Center assistir a *Clytemnestra*. A coreografia foi boa, realmente ótima, e Martha estava excitada porque tinha se preocupado muito com tudo. Nureyev dançou, foi horrível. Encontrei-o no camarim, disse olá. Bianca estava usando um vestido Halston com um casaco Ossie Clark. O vestido era lindo, cor de pele com um decote em V parecendo um tomara que caia.

E a melhor coisa foi Diana Vreeland comendo uma banana. Havia uma banana jogada no camarim de Martha e Diana realmente estava com vontade de comer, e aí descascou e comeu ali mesmo, foi engraçado. Ela é velha o suficiente para que essas coisas pareçam engraçadas. Adora bananas.

Depois fomos até a casa de Halston para um pequeno jantar. Tentamos convidar alguns bailarinos mas Halston disse que Martha não iria gostar. Aí éramos apenas Martha e Bianca e eu e Diana e John Bowes-Lyons. E Liza e Mark Gero vieram. E um inglês que disse que escreve músicas para Charles Aznavour. E uma mulher estava com ele – filipina, acho – e disse que viveu com Michael Caine e, já que Bianca também viveu com ele, a mulher abriu o coração para Bianca e Bianca também falou mal, disse que nunca tinha conversado sobre ele antes. Concordaram que, quando ele se embebeda, fica gritando horas a fio. E a mulher disse que faria qualquer coisa por ele, acordar às 5h para preparar o café da manhã, e aí ir para o estúdio, e sair meia hora antes para ir para casa fazer o jantar. Ambas disseram que trepar com ele foi "memorável", mas não sei se queriam dizer que foi muito bom ou muito ruim.

Domingo, 27 de abril, 1980. Nastassia Kinski veio ao escritório. Não fui gentil com ela, porque descobri que ela já foi a capa da *Vogue* e agora não queremos que ela faça a capa da *Interview*, embora ela seja realmente linda. Busquei Catherine. De táxi até o Hector's na Terceira Avenida com a 82 ($4). Stuart Lichtenstein é o gerente, o garoto que era gerente do Max's. Festa de aniversário para Averil Meyer. Não nos colocaram com ela, estava numa mesa com Diana Vreeland e Mick Jagger. E esperamos para ver onde colocariam John Samuels, com quem ela dormiu noite passada.

Então Fred convidou todas as bichas para virem depois – Robyn, Curley e o namorado de Curley, e John Scribner e sua namorada atual. Não são realmente bichas, mas é aquela coisa. Me diverti com Bill Pitt. Perguntei se ele ainda acha que é Deus e ele disse que sim, mas não tanto quanto antes. Seu pai e o pai de Averil são grandes amigos. Estava com uma nova câmera que avança o filme automaticamente.

E o pai de Averil ficou dando em cima de Catherine, realmente bêbado, quase tirando o vestido dela, e com sua mulher parada ali ao lado. Pensei que Catherine poderia ser a nova mãe de Averil, mas descobrimos que o pai dela não tem dinheiro. E Averil ficou engraçada dançando com John Samuels porque com aqueles sapatos estava muito mais alta do que ele.

Terça-feira, 29 de abril, 1980. Bianca queria andar de patins e aí fomos ao Roxy na limusine de Thomas Ammann. Bianca realmente quer casar com Thomas. Fica voltando ao assunto todo o tempo. Está louca de vontade de casar com ele. Patinamos uma meia hora. Bianca patina como uma menininha, e aí me contou que uma vez andou de muletas depois de romper os tendões patinando em L.A., e então lembrei vagamente que quando ela e Mick estavam se divorciando os jornais publicavam fotos dela indo ao tribunal na Califórnia (*risos*) de muletas.

Bianca se deu conta de que John Samuels está na casa de Averil em Manhasset. Se deu conta e eu confirmei. Ela disse que Averil sempre fica com o que já foi dela, que é previsível. Bianca e John romperam na noite em que todos fomos assistir a Martha Graham. Ela disse, "Ele é uma criança".

Quinta-feira, 1º de maio, 1980. Calvin Tomkins escreveu uma crítica enorme sobre *Popism* na *New Yorker* e só elogia. Eu deveria mandar o pessoal da Harcourt Brace se foder. O que estão fazendo lá? Quando é que vão publicar o anúncio no *Times*?

De manhã busquei Bianca e Victor e fomos para o Olympic Tower porque eu tinha uma reunião com Halston para ver os seus lançamentos esportivos ($4.50). Bianca estava com uma linda blusa Halston e uma saia azul e a bunda dela está *realmente* enorme. Estava com sapatos Manolo e um cinto Elsa Peretti. Chegamos lá bem na hora. Halston continua usando os seus velhos modelos porque acha que eles foram leais com ele e agora quer ser leal com eles.

De táxi até 860 ($5.50). Catherine ofereceu um almoço para Alexander Cockburn e aquele sujeito, P.J. O'Rourke, do *National Lampoom*. Um redator fotógrafo da *Stern* queria ser fotografado comigo para o prefácio de seu livro e Henry Wolf, um velho amigo meu, estava lá para fotografar. Ele foi diretor de arte da *Harper's Bazaar* em 1960 e mudou o aspecto da revista. Foi ele ou Marvin Israel, não sei bem qual dos dois, quem usou pela primeira vez mulheres feias com narizes enormes e essas coisas. E acho que mrs. Vreeland provavelmente os apoiou porque era um pouco como, agora que estou pensando sobre isso, colocar ela própria na capa.

Aí a limusine veio às 2h30 para nos levar até Princeton para uma tarde de autógrafos organizada por Wilson Kidde. Ian Maxtone Graham, da Brown, foi conosco.

Colocaram a mesa de autógrafos fora. Não era uma livraria farta como a Harvard Coop. Era mais uma pequena livraria num edifício, e aí foi melhor que tenha sido fora porque a garotada enxergava aquela multidão e parava para ver o que era. Depois nos levaram para conhecer o campus. Parece realmente rico. Um time de rugby passou por nós, todos nus só usando sungas, algum tipo de iniciação ou algo assim.

Depois Wilson nos levou para jantar num clube exclusivo para homens, o Ivy Club, e só algumas mulheres vieram para os drinques. Punch de champagne. Toda aquela garotada endinheirada. O neto dos legumes congelados Seabrook. O filho de J.D. Salinger, Matt. Muito bonito. Quer ser fotógrafo e também escreve. Um primo de Frolic Weymouth de Chadds Ford estava lá. E um garoto que não pertence ao clube, Ritt, que foi modelo da Elite, mas que não se parece com um modelo – tem um nariz enorme e olhos lindos, mas é baixinho.

Comprei livros. Um é o livro de Liddy ($20.92).

O jantar nesse clube masculino foi só de sobras. Como spaghetti *al dente*, com queijo em cima. Bolo de sorvete com Häagen-Dazs, feito por Ritt, com sessenta centímetros de largura por trinta de altura. Quatro garrafas de vinho.

Voltamos às 9h, a viagem foi ótima.

Sexta-feira, 2 de maio, 1980. Não sei se vamos aceitar os 25% que aquele sujeito de Hollywood, aquele que trabalha para Alan Ladd, está oferecendo por *Trash II*, que agora Paul está chamando de *Trash-ier*. Trabalhei o dia todo. Rupert estava lá. Até 9h ou 9h30. Deixei Rupert ($5). Aí Jed estava com febre e pensou que talvez estivesse tendo um infarto, e então tive de levá-lo ao New York Hospital às 4h da manhã, e Doc Cox estava esperando lá, mas eram só dores no peito como numa gripe, e ele está em casa mas a temperatura continua alta.

Domingo, 18 de maio, 1980. John Powers telefonou e me disse os preços dos leilões de arte, o "Tríplice Elvis" saiu por $75 mil.

Disse que era um preço razoável e fiquei me sentindo ok, mas aí me contou que um Lichtenstein saiu por $250 mil e fiquei me sentindo horrível. Ah, e as três "Jackies" saíram por apenas $8 mil, quase a preço de liquidação.

Segunda-feira, 19 de maio, 1980. Assisti ao *Today Show* e vi a erupção do vulcão. O homem que não queria descer do vulcão deve estar morto, não conseguiram encontrá-lo.

Gerry Ayres telefonou e está escrevendo o roteiro para um filme chamado *Painting* – ele escreveu o roteiro para o filme de Jodie Foster, *Foxes*. É o sujeito do estúdio que nos levou para Hollywood em 1969. E queria conhecer Henry Geldzahler. Aí combinei de fazer um almoço para eles na quarta-feira.

Encontrei Bob em frente à casa dele e caminhamos até o Plaza para o J O B Ball – Just One Break – e chegamos tarde para o coquetel. Todas as antiguidades compareceram. Nan Kempner estava lá com Jerry Zipkin. A mãe de Robyn foi muito gentil. Ficou conversando com Bob, estão com o mesmo problema – alguém está fazendo várias assinaturas de revistas em nome deles e as revistas ficam chegando pelo correio. Sentei ao lado de mrs. Tony Curtis. Aí eu disse, "Ah, queria estar em casa para assistir Tony Curtis em *Moviola*". E ela disse que sim, que gostava muito de Tony mas que estão se separando. Estavam casados há doze anos. Foi gentil.

Sharon Hammond estava lá com seu novo namorado, Lord Sondes. Engordou uns dois ou três quilos e está parecendo uma porca. E o lorde também tem barriga. Não acreditei quando a vi comendo um pão inteiro. Tirei-o da mão dela.

Todos os antigos presidentes do baile estavam lá. São e Chessy Patcevitch, e a mãe de Sharon, mrs. Long, e Nan e Jean Tailer e algumas outras senhoras da pesada. Rifaram prêmios.

Aí Bob e eu fomos para a festa de Linda Stein para nossa agente Joan Hyler. Quando chegamos lá um dos fotógrafos me disse, "Você é a pessoa mais importante aqui", e foi deprimente. Paul Morrissey estava lá com duas sobrinhas e Susan Blond e Sylvia Miles, que disse, "Você tem que escutar minhas músicas", e eu disse, "Ah, claro, mal posso esperar". E ela disse, "Você não é obrigado – mas estão aqui mesmo na minha bolsa". Aí fiz Linda Stein colocar o disco e me pareceram boas, mas havia umas oito pessoas de gravadoras lá e não se impressionaram. E aí Linda veio até Paul e disse, "Ah, ouça, quer dizer, você é a única pessoa aqui que se deu conta que estou com brincos de esmeralda e tenho mobília Regency e Lalique, e se não fosse você ter contado para eles, pensariam que isso tudo é apenas lixo. E, portanto, muito *obrigada*."

Legs McNeil, que criou a revista *Punk*, estava lá.

Quarta-feira, 21 de maio, 1980. Henry Geldzahler vai usar a gravura amarela e verde para o pôster da prefeitura, disse que Milton Glaser está trabalhando nele e eu detesto o tipo de coisa que ele faz. Henry foi almoçar no escritório para que Gerry Ayres pudesse conhecê-lo e perguntar tudo sobre o mundo da arte. O roteiro que Jerry está escrevendo na verdade se chama *The Painter* – e não *Painting* – e é para Jack Nicholson. Eu deveria soprar no ouvido de Jack que ele deveria comprar a história de Jackson Pollock.

Rupert Everett estava lá, foi expulso do Blackstone e agora está no L'Elysée, ou vice-versa. Henry levou o seu novo namorado, que ele caçou na NYU, e me pediu para tirar fotografias deles se beijando. Está indo para a Califórnia em breve para ver o antigo namorado, Raymond, que está posando para David Hockney – Raymond viaja de avião só para posar. No final do almoço Henry disse para Gerry Ayres, "Mas o que é que o pintor vai pintar? Quer dizer, a história é *essa*, então vai pintar o quê?".

De táxi até uptown ($4.50) para me colar e depois a pé até a casa de Sharon Hammond. A mulher de Tony Curtis, Leslie, que está hospedada com Sharon, me recebeu na porta, ela está realmente em parafuso. Disse que é uma socialite rica de Boston, e então como poderia ter sido capaz de casar com um ator judeu? Sharon estava no banheiro. O seu namorado, Lord Sondes, recém saiu da cidade, e ela ficou comendo o tempo todo e era a primeira vez que ia ao banheiro depois de toda comida, e Leslie disse que a tinha surpreendido se espremendo. E aí Sharon também é tão meticulosa que a maquiagem dela leva um tempo enorme. Ficou surpresa quando eu disse que gostaria de tomar uma vodka. Ela tem tetas enormes.

Levei cópias de *Popism* para dar a Marty Bregman, que encontraríamos mais tarde, achei que se interessaria em transformá-lo num filme, mas é claro que tive de dar o livro para Leslie. De táxi até a Rua 57 Leste ($3), apartamento de Marty Bregman e Cornelia Sharpe. Fomos para a cobertura. Foi uma daquelas festas engraçadas com mulheres envelhecidas e umas pessoas meio engraçadas. Imagino que aquelas pessoas devam ser importantes, mas as estrelas hoje são tão insignificantes que a gente nem nota. Só depois de meia hora percebi que Al Pacino estava sentado num canto.

Não deixei Sharon comer porque está engordando muito. Apresentei-a a Al Pacino e ela gostou. Ele disse, "Oi, Andy". Leslie caçou um sujeito de mãos enormes. Era um amigo de Cornelia da mesma cidade, e ela disse, "Não se preocupe" – (*risos*) – "Leslie estará em boas mãos". Cornelia está gorda. E Alan Alda estava lá com uma senhora de olheiras fundas e que no fim era a mulher dele. Parecia Anna Magnani. Não é a mulher que você acha que seria a dele, mas é amável – estou certo que deve ser, já que ainda continuam casados. Descemos no elevador com eles. Leslie ficou com um drinque na mão. Deixamos Sharon ($3).

Quinta-feira, 22 de maio, 1980. Um japonês alto e magrinho veio me entrevistar, uma graça, muito nervoso, tremendo todo, disse que estava conhecendo o astro da vida dele. É do *Studio Voice*, a *Interview* japonesa. Me trouxe uma camiseta.

Estou refazendo o retrato de Lynn Wyatt. Mandei flores para Sharon Hammond e Cornelia Sharpe.

Gael Malkenson disse que vai se casar no sábado. Numa igreja católica. Mas ela sempre diz coisas que não sei se são verdade. Trabalhei até as 7h. Uma mulher enlouquecida me seguiu até a Park Avenue quando saí, parecia uma daquelas mulheres estranhas que a gente encontra quando chega pela primeira vez em Nova York. Deixei Rupert ($4) e cheguei em casa por volta das 8h.

Procurei nas minhas coisas algo para dar de presente de aniversário para Marisol e finalmente decidi dar uma pequena pintura. Mas quando fui buscar Victor ele quis ficar com ela e aí dei a pintura para ele. Fomos até o Chanterelle no Soho, aquele restaurante que todo mundo elogia e diz que é tão pequeno e é tão difícil de conseguir lugar. Bem, não é tão pequeno, na realidade é até bem grande. E a comida é só ok, nem estava muito quente. Marisol ficou dizendo que era a primeira festa que ela dava e Halston tranquilizou-a dizendo que estava realmente ótima. A primeira pessoa com quem conversei foi Ruth Kligman, que agora é uma cristã renascida. Ela está diferente. Muito gentil e calma, mas aí comecei a contar do filme *The Painter*, que Gerry

Ayres está escrevendo para Jack Nicholson, e ela ficou parecida com a velha nervosinha de antigamente. Disse, "Deveria – você acha que eu deveria telefonar para Jack?", e, "Você acha que meu advogado deveria telefonar para Gerry Ayres?", e eu disse, "Ele está só escrevendo ficção! Calma. Depois que ele fizer isso, histórias de artistas vão ser mais populares e aí é que você vai poder vender seu livro *Love Affair* para o cinema". Ruth disse que talvez devesse falar com Nick Nolte para interpretar Jackson Pollock. E explicou que quando a gente se transforma num cristão renascido a gente se purifica todo, que não importa o que se fez antes. É como uma confissão, só que a gente pode se confessar todos os dias, mas acho que só se pode renascer uma vez.

John Cage estava lá e Merce Cunningham e Louise Nevelson, que veio no fim do jantar, tinham reservado um lugar para ela. George Segal e a mulher dele. Joe Brainard. Foi bom vê-lo depois de todos estes anos, mas na verdade não cheguei a falar muito com ele.

Marisol está bem para quem está fazendo cinquenta anos. Ela fez um lindo bolo de aniversário naquela tarde – lindos bonequinhos de marzipan, lindos bonequinhos fodendo, e ela me deu um bonequinho e outro para Halston, eram como pequenas joias.

Dissemos a Marisol que ela não deveria contar a sua idade porque ninguém jamais ia descobrir, e ela disse que já sabiam porque está sempre nos catálogos, e eu disse que as pessoas não leem catálogos e ela disse (*risos*) bem, então só as quase quarenta pessoas que tinham ido ao jantar saberiam.

Sexta-feira, 23 de maio, 1980. Esqueci de contar sobre a pessoa mais importante no jantar de Marisol, sentada ao lado dela – Edward Albee. De boca presa, mas tentei fazer com que relaxasse e falasse, mas na verdade nada aconteceu. Disse que leu o que eu disse sobre sua última peça, aquela com Irene Worth, que era "a melhor peça que vi na minha vida", e agradeceu. Acho que eu disse isso para um jornal. Disse a ele que deveria escrever uma peça como presente de aniversário para Marisol.

O almoço no escritório deveria ser para Lewis Allen, mas ele esqueceu. Seria um almoço para assinar os contratos da peça, mas houve uma estreia na noite anterior e ele estava cansado e esqueceu, e aí vai assinar terça-feira.

Segunda-feira, 26 de maio, 1980. Dia dos Soldados Mortos. Nenhum tráfego. Fui ao escritório. Trabalhei nuns seis ou sete retratos.

Curley voltou do casamento de seu irmão. E será que contei que outro dia o senador Kennedy telefonou para mim no escritório e não consegui fazê-lo desligar e não sabia o que conversar com ele. Acho que ele não tem nada para fazer. Mas Fred me explicou por que ele continuou na campanha eleitoral – para angariar fundos para os cofres dos democratas. Sua irmã Smith ligou um dia desses mas não atendi, sabia que seria para que eu fizesse uma doação ou algo assim.

Será que lembrei de dizer que quando fui assistir ao filme *O império contra-ataca* vi um garoto de quinze ou dezesseis anos chupando o dedo na minha frente, com os pais dele? Não creio que fosse retardado. Não parecia retardado.

Terça-feira, 27 de maio, 1980. Lewis Allen veio e quer fazer a nossa peça, *Uma noite com Andy Warhol*, com um boneco igual a mim no palco, dizendo textos baseados nos meus livros *Philosophy* e *Exposures*.

Sexta-feira, 30 de maio, 1980. Fiquei uptown porque ia encontrar Nicola Bulgari às 12h30 com Bob. Depois de ver a coleção de joias, ele nos levou até o Knickerbocker Club e foi ótimo. É em frente ao local onde ficava a casa Dodge, que foi demolida. A comida é ótima, purê de batatas, pudim de arroz e ovos. Bulgari ficou dizendo coisas como, "Esconda o gravador" e "Não vão te deixar entrar se virem você com isso", e estava agindo como "não é esse tipo de lugar, é classe alta demais". Como se não quisesse ser expulso. Muito cafona. Depois do almoço ficamos numa outra sala durante uma hora. Não sei por que, ele só queria jogar conversa fora. Ele é (*risos*) contra o comunismo.

Sábado, 31 de maio, 1980. Trabalhei em casa. Vi um filme antigo ótimo sobre patinação com Dick Powell. Não era realmente sobre patinação, mas todo mundo patinava. Uma graça, exatamente como o Roxy. Patinação esteve tão na moda no início dos anos 40, acho, mas aí desapareceu nos anos 50 – não, acho que nos anos 60. *Tudo* desapareceu nos anos 60.

Segunda-feira, 2 de junho, 1980. Rupert telefonou e disse que estava chovendo onde ele mora e que não poderia trazer as cópias, mas não estava chovendo aqui e aí fiquei sem saber se acreditava nele. Tinha um almoço marcado com Richard Gere (táxi $5.10).

Barbara Allen foi a primeira a chegar, depois Richard Gere e Silvinha, e a mulher de Taki Theodoracopulos, com quem na verdade ele ainda não casou. Barbara está tentando organizar um casamento-surpresa para Taki – convidá-lo para a casa dela e apresentar um juiz de paz para casá-los. Mas pensei que Barbara estivesse saindo com Taki, que estivesse tendo um affair com ele, aí não sei como ela pode ser tão amiga da namorada dele. Ah, e aquele artista psicodélico, Mati Klarwein, também estava no almoço.

O japonês da *Studio Voice* estava lá e está realmente louco por mim. Queria que eu desse um novo nome para ele, aí eu o chamei de "Filé Assado".

Fui jantar no Côte Basque. Marquei um encontro com o comissário, porque tinha de conversar com ele sobre mais pôsteres para a prefeitura, mais ideias. Tinha uma porção de ideias, mas não eram lá (*risos*) muito boas. São melhores quando a gente está bêbado – como um apontador de lápis de ouro. Acho que isso já foi feito. E Brooke Hayward estava no Côte Basque com Philip Johnson. Conversamos um pouco com ela e ninguém falou no filme horrível que a TV fez de seu livro *Haywire*.

Sean McKeon veio. Ele é um modelo de Wilhemina.

Quarta-feira, 4 de junho, 1980 – Nova York-Houston. Chegamos à casa de Lynn Wyatt, cinquenta pessoas para jantar, e ela serviu creme de caranguejos, churrasco de filé mignon que ficou marinando durante 24 horas, e fruta com curry apimentado e um Rice-a-Roni feito em casa que Joan Quinn, que estava lá, disse que era igual a arroz armênio. E creme de espinafre, e depois uma sobremesa fantástica com sorvete de frutas dentro de um merengue imenso. E o jantar era para Diane von Furstenberg e Barry Diller. Lá estavam todos aqueles loucos de Dallas e Fort Worth. Eles são todos muito ricos com diamantes enormes, e são realmente vulgares e divertidos. Divorciados e procurando se divertir.

E aí depois do jantar fomos para a sala e todo mundo adorou o retrato de Lynn. Diane disse que adorou tanto que quer que eu pinte o retrato dos filhos dela, mas não sei se ela realmente quer. E depois John Travolta chegou com umas trinta pessoas. Viria jantar mas queria trazer trinta pessoas e Lynn tinha dito que não. E ele é muito bonito. Estava com uma camisa de seda preta e um casaco de linho verde brilhante e calças pretas, e seus olhos são bem azuis. Estava com uma gracinha de mulher e uma porção de guarda-costas, e com Jim Bridges, que dirigiu *Cowboy do asfalto*. E também Debra Winger, que é a estrela do filme, e ela é ótima, queremos fazer alguma coisa com ela. Me falou sobre doenças do cólon e disse que ela é uma bosta. Sua família estava lá, e seu namorado também. Uma graça, judeu.

E Barbara Allen e Jerry Hall ficaram fazendo piadas com as senhoras com joias ali mesmo na frente delas. E Maxime Mesinger, a colunista de fofocas, também veio com John Travolta, tinha dado um jantar para ele antes. Depois Barry e Diane nos deram uma carona. Barry ficou furioso porque Jerry, sua irmã Cindy e Fred estavam tão bêbados que não o deixaram sair do carro na frente do seu hotel, ele não estava mesmo de bom humor, Barry é assim. Mandou Jerry calar a boca e ela realmente ficou magoada. E Fred ficou fingindo que enfiava o dedo em Jerry e na irmã dela e depois passava o dedo no nariz de todo mundo.

Quinta-feira, 5 de junho, 1980 – Houston. Fomos todos almoçar no Cadillac Bar, que tem comida mexicana realmente ótima. E sentei com aquele pessoal de Dallas-Fort Worth.

No almoço encontrei Travolta novamente. Ganhei um autógrafo num guardanapo.

Todos têm o mesmo sotaque de Jerry Hall. E todos adoram Jerry porque podem falar como verdadeiros texanos com ela. Comemos pernas de rãs, carne, galinha e camarões, tudo feito na brasa com chili e com guacamole. Estava muito quente lá, uns 35 graus. E o ar-condicionado parou de funcionar e os texanos disseram, "Liguem o ar-condicionado! Talvez você esteja precisando um pouco de fréon, Charlie". E aí fomos até algumas lojas de cowboy comprar nossas roupas para a estreia de *Cowboy do asfalto*.

Finalmente voltamos para o hotel por volta das 5h. Todo mundo se reuniu no meu quarto, Jerry vestindo uma roupa de cowboy justíssima, dourada e com diamantes de imitação, com um chapéu combinando que foi presente de George Hamilton, que o tinha usado no filme de Hank Williams, e ela disse que Alana queria muito o chapéu mas que ele não tinha dado e que então ninguém contasse nada para ela.

Aí fomos de limusine para o teatro Gay Lynn, o nome é por causa de Lynn Wyatt. E havia milhares de paparazzi e fãs porque nunca houve uma estreia em Houston antes. E eles gritavam "Andy! Andy! Andy Warhol!". E Jerry e eu posamos para fotos. E aí Jerry e Lynn Wyatt ficaram em frente ao teatro com a equipe de TV e Lynn se transformou em Barbara Walters: "E agora temos aqui o famoso artista Andy Warhol, Jerry e Cindy Hall, que são as estrelas deste filme, e diga para nós, Jerry, onde você conseguiu esta roupa?". Muito profissional, vestindo camurça púrpura com aquele seu corpo fantástico. Entramos no teatro, sentamos e na nossa frente estavam Liz Smith e Iris Love com roupas de cowboy combinando. E o irmão de Liz, porque Liz é do Texas.

E Diane von Furstenberg ficou indo e vindo pelos corredores como se fosse a dona da festa. Com calças justas, uma blusinha e um colete com uma estrela de xerife dizendo, "Discoteca é um porre". Com duas toneladas de joias de diamante e ouro dos anos 40. E Barry Diller estava sentado bem atrás de nós, e aí John Travolta chegou com milhares de pessoas à volta e sentou atrás de nós e todo mundo enlouqueceu com os fotógrafos e aquelas coisas, ficaram todos vindo com suas câmeras. Aí o filme começou e todo mundo adorou.

Depois fomos de limusine até o Gilley's, onde foram feitas as filmagens. Saímos do cinema um segundo antes e aí chegamos lá antes das multidões (gorjeta $20 para o motorista).

Uma multidão ficou em volta do lugar onde Barry Diller e eu estávamos sentados, porque John Travolta sentou bem ali ao lado. Os olhos dele parecem tingidos de azul-esverdeado. Quer dizer, um azul realmente profundo. E ele tem um sorriso lindo. Deve polir os dentes todos os dias. A pele dele é muito bonita. E ele é muito gentil. Diz coisas gentis para todo mundo. E ficou falando muito com uma mulher que pensou que estava conosco, mas era um groupie de DVF. E Diane fica tão desesperada para ser reconhecida que se alguém diz, "Você é Diane von Furstenberg, adoro você", ela diz, "Vem comigo", e os faz segui-la pelo resto da noite para que ela fique com um séquito, e aí distribui presentes – sempre leva batons e estojos de maquiagem para distribuir, e dá autógrafos.

E quando Travolta sentou conosco ficou realmente impossível, porque a multidão estava à nossa volta e um guarda atrás de nós tentava nos proteger e estava bêbado e eu disse, "Não olhe agora, Bob, mas perto do seu pescoço há um revólver e um caralho". E o guarda disse, "Posso ajudar em alguma coisa?", e Bob riu e disse, "Apenas fique onde está". E ele ficou. E estava com dois revólveres no coldre, muito bonito, ficou nos abraçando e batendo em nós e roçando o caralho em nós e dizendo, "Vocês precisam de alguma coisa, querem alguma coisa?". Mas foi ótimo porque ele ficou gritando para a garçonete e conseguiu um monte de comida para nós. Para a mesa toda. Muitos drinques e cerveja. E disse para Bob, "Você não comeu seu pimentão", e Bob disse, "Está brincando? Está muito apimentado, só dei uma mordida", e ele disse, "Bom, então vou mostrar a você como se come um pimentão", e aí pegou aquela coisa enorme e enfiou na boca, comeu e piscou para Bob.

Eu era o segundo maior astro depois de John Travolta. Mas um segundo astro muito distante. Os fãs estavam era atrás dele. No palco ficaram gritando que todos teriam de sair se não dessem espaço para John Travolta.

Voltei para casa por volta da 1h. Comecei a ler *Princess Daisy*, é um livro horrível, mas sou citado nele, então é alguma coisa para colocar nas minhas caixas. Diz que Daisy era chique demais para ir a uma festa de Andy Warhol em Londres.

Sábado, 21 de junho, 1980 – Nova York. Uma senhora do Arizona – que Edmund Gaultney encontrou – veio ao escritório para falar sobre um retrato (táxi $5). No final era uma mulher linda e trouxe o seu filho de um ano de idade. O bebê realmente nos criou dificuldades. Bebês são difíceis de fotografar, nunca param quietos, estão sempre com dentes crescendo ou algo assim e puxam a boca para cima e ficam de mau humor e eu odeio isso. Aí Edmund telefonou do Arizona e disse que deveríamos fotografar o bebê sozinho, mas àquela altura estava tudo terminado – só fotografei o bebê com a mãe e a mãe sozinha.

Deixei Rupert ($5). Me colei e fui encontrar Alan Wanzenberg e Stephen Webster, amigos de Jed. Fomos ao Inagiku. Tenho bebido muito vinho ultimamente, por isso bebi apenas Perrier e comi um pouco de peixe cru. Alan é um arquiteto que trabalha para I.M. Pei. O outro garoto é um advogado e dei a ele a tarefa de contestar a nossa estimativa de renda, porque os impostos subiram de $400 para $12 mil quando eles juntaram os dois prédios da Bowery, o que eles não tinham o direito de fazer, e aquele lugar é só uma espelunca e não sei por que os impostos são tão altos.

Depois fui beber a saideira no Trader Vic's ($25). O maître me convidou para a exposição de esculturas dele na semana que vem. Cheguei em casa por volta da 1h30.

Domingo, 22 de junho, 1980. Fui à igreja. Depois, fui encontrar Rupert e trabalhei bastante. Refiz algumas pinturas – a igreja de Colônia, o castelo de Bonn, uns dois alemães.

Thomas Ammann telefonou. Perguntou se eu queria ir a um jantar de negócios com ele e eu disse que era uma boa ideia. Trabalhei toda a tarde. Todos os clones estavam entrando no Underground. Todos têm bigodes, camisetas com o jacarezinho, jeans, ou aquele outro estilo: calças de couro, paletós e óculos de sol.

Barbara Allen telefonou para saber quem estava a fim de quê. Eu disse que Thomas Ammann está na cidade, aí ela ligou para ele e conseguiu ser convidada para o jantar.

De táxi até o Mr.Chow's ($4). Chegamos meio atrasados e Thomas estava furioso conosco. Na entrada encontrei Rita Lachman e o ghostwriter dela para *The Rita Lachman Story*. Sentaram perto de nós. Alan Wanzenberg, o arquiteto, e Stephen Webster, o advogado, estavam lá, e Barbara e Fred, e Jed e uma outra mulher. Barbara sentou ao meu lado e fiquei dizendo que ela deveria trazer Bill Paley para ser retratado. Aí aconteceu de eu mencionar que Truman está escrevendo um texto sobre Babe Paley e então Barbara disse que queria ler para se assegurar que mr. Paley não se ofenderia. Ela é tão ridícula! Disse que mr. Paley deu uma coisa para ela, algo realmente ótimo, mas não queria dizer o que tinha sido – obrigou cada um de nós a confessar alguma coisa e depois disso ainda não queria contar. Bebeu uma garrafa inteira de sakê. Disse que está loucamente apaixonada por mr. Paley, que é o único homem que ela ama. Mas aí ficou a fim de Thomas porque sabe que Bianca fica muito excitada por causa dele.

Segunda-feira, 23 de junho, 1980. Acordei às 8h e assisti ao *Today Show*. A nova apresentadora é bonita demais. Prefiro Jane Pauley. Ela está de licença porque vai se casar com aquele tal Trudeau do "Doonesbury", que ganhou um retrato meu num concurso de sociedade, e ficamos dando o fora nele mas finalmente ele veio com um chapéu e um cachecol e aí eu fiz só um retrato de nada porque não me dei conta de quem ele era.

E gritei com Ronnie porque ele recebeu três telefonemas que duraram 45 minutos cada um.

Terça-feira, 24 de junho, 1980. O que está acontecendo com Richard Pryor? Está melhor ou pior das queimaduras?

Trabalhei até as 6h30. Fred foi de metrô até o Mitzi Newhouse Theater, onde a peça de Bob Wilson, *Curious George*, está estreando. Quando cheguei ao teatro Fred estava esperando com Katy Jones e a irmã dela. O pessoal do mundo da arte estava lá. A peça tem água caindo do teto, relógios de parede dando as horas. Belas cores, o cenário é de Bob Wilson. Levou pelo menos duas horas e aí terminou.

A festa depois foi na casa de Leo Castelli. Fomos os primeiros a chegar. A comida estava ótima mas Chris Makos disse que eu estou gordo, e aí olhei para Fred, que nunca come e sempre está tão bem, e aí só comi um pepino e bebi água, e circulei e falei com as pessoas.

O garoto Knowles, astro da peça, parece tão normal quando a gente fala com ele, não dá para perceber que é autista. Ele responde a todas as perguntas que a gente faz, mas o problema é que nunca diz nada se não perguntarem. Conversei com Jennifer Jakobson sobre a morte de mr. Ballato. Ele já tinha mais de oitenta anos. Trabalhou no restaurante até o último minuto, adorava aquilo.

Fred tentou convencer Katy Jones a ir embora mas ela estava a fim de Bob Wilson e não quis. Nós todos esperamos por Bob Wilson para ir na limusine dele. Richard Weisman estava lá com Patti LuPone, que ficou deslumbrada quando a apresentei a Bob Wilson. Ela ganhou um Tony e ficou me perguntando o que deveria fazer com sua carreira e eu disse que aguente firme e continue em *Evita* o mais que puder porque ela é a única grande estrela da Broadway e pode crescer ainda mais. Ela disse que sim, que estava certo.

Bob Wilson foi várias vezes ao banheiro e voltou sempre deprimido. Deixou Katy e eu. Quando eu estava saindo do carro ele ficou dizendo coisas como, "Segura minha mão". E depois juntei todos os fatos: quando ele dizia coisas como, "Você acha – você acha –", o que queria era saber se eu acho que ele está usando Christopher Knowles, explorando seu autismo ao fazê-lo estrelar uma peça. Cheguei em casa às 2h.

Quarta-feira, 25 de junho, 1980. Um calhorda que fica me mandando cartas apareceu e Vincent disse que eu estava dando uma entrevista mas ele se recusou a ir embora e aí, quer dizer, confirmei que ele é uma calhorda, porque gente normal não faz essa coisa de ficar insistindo. Certo? Eu estava dando uma entrevista para o *Miami Star*.

Chris Makos telefonou de sua câmara escura. Quero sair com ele pela cidade para fotografar. Há tempos ninguém fotografa a Rua 42 e a Estátua da Liberdade.

Aí, quando estávamos saindo do escritório, já tínhamos trancado o elevador e estávamos prontos para sair, enquanto eu estava atravessando a sala, o calhorda que tinha vindo antes pulou detrás de um caixote. Quer dizer, é por isso que sempre peço que Vincent dê uma olhada, porque as pessoas podem realmente se esconder atrás das coisas. E mais tarde Adam Robinson, de Oxford, que tinha vindo e que ainda estava conosco, disse que viu a caixa se mover, mas não falou nada. Então aquele garoto ficou escondido atrás da caixa enquanto eu dava a entrevista para o jornal de Miami. Disse que aquilo era uma "Performance Art". Quer dizer, dava para ver de saída que era um calhorda. Vincent conseguiu se livrar dele de alguma maneira, mas eu fiquei realmente aturdido. Fomos embora, deixei Rupert às 7h30 ($5). Quando atravessamos a rua para apanhar um táxi, Rupert e eu, um táxi parou e Hiram Keller ficou abanando e tive de ir beijá-lo no táxi, e ele estava absolutamente lindo, como no dia que o conhecemos, deslumbrante e cheio de vida, e não posso acreditar que não tenha se transformado num grande astro depois de *Satyricon*. Será que é porque existem tantas belezas por aí?

Um garoto que eu conheço do Studio 54 me ligou e primeiro eu não ia atender, mas ele me disse que teve um colapso nervoso na Califórnia e que eu era a única pessoa para quem ele ligaria, aí atendi. Está voltando para a Califórnia.

Quando cheguei em casa ainda estava tenso por causa do invasor e bebi um brandy. O que me levou ao armário dos doces, o que me levou a ver TV a noite inteira. Vi o *Concurso de beleza de mães e filhas* na TV. E uma reprise com Farrah Fawcett.

A peça de Bob Wilson recebeu críticas horríveis. E fiquei vendo uma reprise com Carol Burnett e aquelas pessoas eram mesmo muito boas, talentosas, divertidas. Quer dizer, Bob Wilson tem um garoto autista e faz algumas coisas criativas, mas é só.

Quer dizer, quando a gente vê Carol Burnett a gente se dá conta de que Bob Wilson não é nada.

Quinta-feira, 26 de junho, 1980. Havia algumas coisas interessantes para ver no P-B 84 Warehouse na Rua 91 (táxi $4). E encontrei Stuart Pivar e vi uma porção de pinturas. Uma "Liz" estava pendurada lá e havia um Pollock, também. Me contaram que uma das pinturas era do "namorado de Seurat", mas eu não sabia que Seurat tinha um namorado. Todas as pessoas queriam autógrafos, então autografei.

O novo número da revista chegou e Godunov está ótimo na capa, mas parece alguém da Christopher Street. Não sei se vai vender.

Steve Rubell telefonou para Barbara Allen e John Bowes-Lyons e disse que está sendo transferido para Atlanta.

E Joe Dallesandro telefonou para Fred pedindo dinheiro – acho que ele quer ser sustentado a vida inteira – e gritei com Fred, que ele dissesse para Joe pedir para *Paul*. Joe quer dinheiro para ficar sem fazer nada, acho, bebendo uma garrafa de Jack Daniel's por dia.

E Vicky Leacock veio. É a filha de Ricky Leacock. Disse que sua mãe morreu recentemente – a mãe dela foi modelo nos anos 50 – e que estava indo para Boston ficar com o pai. Passou por lá porque estava um pouco aborrecida. Os rins de sua mãe não estavam funcionando bem e Vicky a levou para o New York Hospital e lá as pessoas foram horríveis – ficaram discutindo umas com as outras e enquanto isso Vicky olhou e viu que os olhos da mãe estavam abertos e vidrados e chamou o médico e ele disse, "Ela desmaiou", e Vicky tentou reanimá-la e depois eles também, mas não conseguiram. Vicky ficou no escritório apenas alguns minutos e foi embora.

Sexta-feira, 27 de junho, 1980. Fomos ao novo clube de John Addison, Bonds, a imensa loja de roupas na Broadway que transformaram numa discoteca. Procuramos por ele mas o lugar é enorme e não o vimos. Foi de graça, mas eu dei gorjeta para o garçom ($20). A escada é musical. É muito bonita.

Sábado, 28 de junho, 1980. Telefonei para Bob para confirmar a entrevista com Paloma Picasso – estava confirmada e Lester Persky ia fazê-la no Quo Vadis. E Paloma gosta muito de Patti LuPone, e então telefonamos para ver se ela ainda teria uma mesa para nós em seu show no Les Mouches.

Caminhei até o Quo Vadis. Fui o primeiro a chegar, aí Bob chegou, e então Lester e Paloma. Por causa da minha dieta só comi melão e rúcula, mas a galinha que Bob e Paloma dividiram parecia ótima. O que será que os restaurantes fazem com a carne que sobra junto aos ossos? Jogam fora ou usam para fazer guisado?

Lester entrevistou Paloma e ela é ótima, conta absolutamente tudo. E disse que poderíamos fazer a parte final da entrevista na exposição Picasso no Moma e que ela falaria enquanto percorrêssemos as galerias. Depois do jantar fomos ao Un Deux Trois, aquele lugar na Rua 44 que dizem ser parecido com La Coupole.

Aí era muito cedo para ir ao Bonds. Então fomos ao Les Mouches. E fizeram Bob pagar. Bob continua detestando Patti LuPone, mas não tanto como antes. Se ela tivesse vindo e dito, "Ah, Bob, você é o editor de *Interview*! Eu adoro *Interview*!", ele a teria adorado. Acho que sou igual. E Ron Duguay estava lá. Primeiro não estava interessado em Patti – esses atletas sempre gostam do mesmo tipo de loiras – mas eu disse, "Ela realmente está a fim de você e é ótima". E depois ela veio e sentou com ele. Patti é divertida, canta aquelas músicas sofisticadas e aí fica nervosa e põe a língua como o Pato Donald ou alguém assim. Eu gosto dela. Acho que é ótima.

Segunda-feira, 30 de junho, 1980. Um homenzinho de Munique chegou às 4h para ver seu retrato e ficou surpreso quando o viu, tinha muita personalidade. Porque Fred fica me dizendo para não disfarçar muito as rugas e tudo desses velhos, porque é bom deixar algumas. Aí o homem de Munique tinha veias vermelhas e eu as pintei de preto e coloquei cores brilhantes em suas roupas, que são sempre discretas. Fiz a filha dele linda, muito elegante. E Fred ficou nervoso quando o homem estava olhando o retrato, se sentiu responsável pelo resultado. Mas o sujeito era uma graça, realmente gentil.

Stephen Mueller e Ronnie estavam lá, descansando. Robyn tentou vender um portfólio para duas senhoras que caçou noite passada, conseguiu vender uma gravura com desconto e estava deslumbrado. Fiquei no escritório até as 7h.

De táxi ($2.10) até a casa de Leonard Stern na 76 com a Quinta. É o sujeito da Hartz-Mountain. Acabou de comprar a casa e ela não tem ar-condicionado, e foi estranho encontrá-lo às 8h porque não era para jantar, embora a gente pensasse que seria.

Ele quer duas "Flores" grandes para duas paredes e quer antes de 16 de setembro porque é quando vai dar uma festa. Acaba de abandonar a mulher. Ela ficou com a casa na Park na altura do 70, que ele reformou oito anos atrás. Foi constrangedor porque eu o chamei de mr. Stein e Fred também o chamou de mr. Stein. Quando saímos de lá decidimos ir à casa de Barbara Allen ali perto na Rua 77. Ela estava com Whitney Tower, ele engordou, está tentando não ser tão magro e louco porque quer que sua avó, que é uma Whitney, lhe dê alguma grana. Você conhece esses garotos ricos que vão e dizem, "Ah, vozinha querida, custa dinheiro casar e ter filhos e fazer todas as coisas que você gostaria que eu fizesse".

Terça-feira, 1º de julho, 1980. Acordei cedo para encontrar Bob para encontrar Paloma e Lester no Moma (táxi $3). Caminhamos pela exposição com Paloma, ela ficou falando e Lester foi divertido, e foi cansativo, são três andares. Um sujeito de cadeira de rodas me pediu um autógrafo e eu disse, "Você não quer um de Paloma *Picasso*?". E ele disse que sim, aí Paloma autografou, e eu autografei, e então fomos embora porque Paloma tinha de voltar para a Tiffanny's, onde vendem suas joias.

A velha mrs. Newhouse veio ver os retratos de seu marido, o filho dela estava junto e se apaixonou pelos retratos com pó de diamantes.

Ah, e David Whitney veio, estamos conversando com ele sobre talvez refazer a exposição no Jewish Museum, e estou fazendo um retrato dele porque ele tem sido muito bom. Trouxe o smoking, ficou realmente uma graça. Me convidou para jantar quinta-feira com Philip Johnson, disse que vai mandar um carro, que qualquer pessoa tão importante quanto eu deveria ter um carro – foi divertido.

Brigid está numa fase de doces. Disse que ia sair só para comprar cigarros mas Robyn notou que ela levou mais dinheiro do que precisaria para comprar cigarros, aí quando voltou perguntei, "Vejo chocolate na sua boca". Não vi nada, na verdade, mas funcionou e ela admitiu que tomou um sorvete.

Me colei e fui ao Côte Basque ajudar Suzie Frankfurt a comemorar – acaba de conseguir quase $1 milhão pela sua casa e comprou uma mais barata. Mr. e mrs. Law chegaram. Acho que a fortuna de mrs. Law vem da Standard Oil, e não sei o que o marido dela faz exatamente, talvez faça investimentos com o dinheiro dela. É o que normalmente acontece quando a gente se casa com uma mulher rica. Ou talvez ele também seja rico, sei lá. Ela quer que eu retoque o seu retrato porque clareou o cabelo. Provavelmente vai ser um daqueles "retratos vivos" que vou ter de ficar retocando.

Fomos ao Bonds. E John Samuels estava lá e agora ele está muito ruim comigo. Acho que *tenta* ser gentil, mas não consegue se controlar, diz coisas agressivas. Vou ter de perguntar por quê. Ficamos lá uns três minutos. Mr. Law ficou dançando e a mulher disse que assim ele vai ter um infarto. Ah, e Bob estava lá de mau humor. Acha que não consegue se divertir sem beber. Ele e Fred são iguais – se não há príncipes, ficam muito desanimados.

Quinta-feira, 3 de julho, 1980. Philip Johnson e David Whitney vieram me buscar para irmos ao La Côte Basque. Beberam martínis e eu também. Philip está projetando o novo edifício da AT&T na 56 com Madison. Depois do jantar fomos ao apartamento onde eles moram, na Quinta em frente ao Met, o edifício cuja fachada foi projetada por Philip. E Philip e David não estão contentes com o apartamento deles – é pequeno, não há lugar para as pinturas, mas eles têm minhas "Vacas" no quarto e vinte gravuras de Jasper Johns nas paredes. Gosto do apartamento, é gostoso e bem-organizado. David é mestre de jogar coisas fora – se compra cinco camisas novas, joga fora cinco velhas. E os apartamentos deles nunca têm nada, nenhuma frescura, nenhuma flor, nenhuma coisa na geladeira. Ah, mas eu vi umas cuecas numa cadeira, quase comentei sobre aquilo porque foi a primeira vez que vi algo assim no apartamento deles. A limusine nos trouxe em casa.

Sexta-feira, 4 de julho, 1980. De táxi para encontrar Debbie Harry às 7h30 no apartamento dela e de Chris Stein no 200 da Rua 58 Oeste. Na cobertura. Levou uma hora para chegar lá porque todo mundo estava indo para o Central Park por causa dos fogos de artifício às 9h. O tráfego estava realmente ruim (táxi $4). Quando chegamos, Chris e Victor Bockris tinham colocado suas fitas. Debbie tem olhos lindos.

Debbie trabalhou o dia todo tentando encontrar um lugar interessante para irmos jantar e (*risos*) encontrou. Fomos para a Rua 119 com a Morningside Drive, um restaurante com uma vista fantástica. A comida era tão boa quanto a do La Côte Basque.

Mas não sei como é que o pessoal do bairro pode pagar, porque é muito caro. Talvez médicos e professores.

Mas primeiro tomamos coquetéis na casa de Debbie. Ela realmente está enriquecendo com o anúncio para os jeans Vanderbilt, e agora eles vão comprar um edifício. Chris quer alugar um apartamento no Lower East Side para dar entrevistas, porque não querem arruinar a imagem de vida pobre que eles têm, e Debbie também vai dar entrevistas lá. Acho que realmente vão fazer isso. Mas se você visse o apartamento deles e ele fica dizendo que não quer que as pessoas saibam que eles moram (*risos*) tão *bem*. Tem muita tralha. Parece uma sala transformada em dezoito salas. Talvez fosse um andar utilizado como depósito. Há pelo menos cem discos de ouro na parede, não sei por que tantos – ah, talvez cópias, acho. Mas o porteiro é ótimo.

Sábado, 5 de julho, 1980. Tinha marcado um encontro com Rupert. Ninguém está na cidade e foi fácil encontrar um táxi ($4.50). Estou fazendo pinturas "Flor" novamente, e estava muito abafado e tive uma sensação estranha, como um flashback de 1964, porque são as mesmas "Flores" e o mesmo calor e a mesma atmosfera de quando eu as pintei pela primeira vez naquele verão. Perguntei a Rupert como ele se sentia ao me ver pintando aquelas famosas imagens dos anos 60. Ele disse que não sentia nada. Mas eu senti. São encomendas. Mas vou fazer algo diferente com elas – talvez colocar pó de diamantes.

John Reinhold telefonou e me convidou para visitar o apartamento dele, que Michel Graves terminou há pouco. Estava chovendo demais. Henry Geldzahler nos encontraria para jantar num lugar chamado Petit Robert, o nome me pareceu familiar mas nem pensei no assunto. No final era o restaurante de Robert Biret, que conheço desde 1948. Ele me deu um emprego na *Glamour* e na Bonwit Teller, e foi meu melhor amigo, a gente costumava jantar juntos nos anos 50. Foi na casa dele que encontrei Halston pela primeira vez. Depois Robert saiu de Nova York e foi para Paris. O restaurante é lá embaixo na Rua 11. Conversei mais com Robert, parece que está bem. Conversamos sobre nossas mães. Acho que a dele voltou para a França. A comida tinha muito alho. Comi carne cozida com alho e depois me arrependi, de manhã ainda dava para sentir.

Domingo, 6 de julho, 1980. Levantei e tentei evitar os telefonemas de Tom Sullivan. Ele anda inventando histórias sobre amigos no hospital precisando de alguns dólares, acho que ele está sem dinheiro. Talvez tenha gasto tudo o que tinha em *Cocaine Cowboys*. Quer dizer, se só tinha uns $2 milhões não iria durar muito do jeito que ele andava esbanjando, viajando a cada minuto.

Me colei e fui para o Mt. Sinai visitar Sandy Brant, que está esperando trigêmeos, 101 e Quinta. De táxi ($3) pela Madison, e parece que estão recuperando alguns quarteirões para os brancos. Estão construindo edifícios altos e os brancos estão lentamente se mudando para uptown. Agora estão vendendo apartamentos ali por uns $200 mil.

Não pretendíamos contar para Sandy sobre o incêndio em Greenwich que destruiu o estábulo e nove cavalos, mas *ela* nos contou. Acham que pode ter sido provocado. Agora colocaram um guarda 24 horas por dia. Não tinham um sistema de prevenção de incêndio. Ficamos lá uns 45 minutos, até as 9h. Depois trabalhei em casa. Nenhum telefonema. Assisti aos noticiários que vão ao ar o dia inteiro no canal de Ted Turner.

O tempo mudou e estava frio, ventoso e lindo, meu cabelo ficou voando para todo lado. Fred foi para Manhasset com os Payson para uma grande festa que Averil estava dando em Greentree por causa do fim de semana do Quatro de Julho.

Quarta-feira, 9 de julho, 1980. Fui jantar no Castel's, sentamos no andar de baixo e encontramos Jean, o namorado de Clara Sant, e Clara contou a Fred que seu namorado passou por maus momentos no nosso estúdio em Nova York porque não lhe demos muita atenção. Ele não compreendeu que é o nosso estilo, que nós ignoramos *todo mundo*, mas fiquei com pena de não termos nos esforçado e convidado mulheres lindas e pessoas interessantes para ele, porque quando as pessoas são amáveis conosco na Europa nós deveríamos retribuir quando elas vão para Nova York. Paguei a conta, foi caro ($400).

Quinta-feira, 10 de julho, 1980 – Paris-Monte Carlo. Não preguei o olho a noite passada porque deixamos Fred bebendo no Castel's e eu sabia que ele não conseguiria nos acordar de manhã e aí tomei duas xícaras de café. E então às 6h ouvi alguém mexendo na porta e era Fred tentando encontrar a fechadura e levou uma meia hora nisso, eu ia levantar e gritar com ele mas eu estava num estado de estupor.

Chovendo, horrível, cinza e frio, realmente gélido. Fomos para Monte Carlo, para a exposição conjunta de Jamie Wyeth e eu. Finalmente chegamos lá e estava ensolarado e lindo. E as primeiras pessoas que vimos foram Pam Combemale – o nome dela de solteira é Woolworth – e Jamie Wyeth, que recém tinham desembarcado do Concorde. E perderam as roupas de Jamie e a bagagem de Phyllis, e aí ela estava sem nada para vestir.

Fomos para o saguão às 6h e vimos a exposição, estamos organizando tudo. Dei uma entrevista para a revista *Time* e aí fomos para um restaurante muito parecido com o Trader Vic's, chamado Mona's. Os Portanova estavam lá, e Liz Smith, Iris Love, e os Larsen, e muita gente estava dançando e Jamie foi ótimo, dançou com Phyllis e eu estava bêbado e fui em sua direção e caí. Em cima deles. E então eu fiquei dançando com todo mundo – todas as mulheres – e foi uma coisa nova para mim. Bebi duas vodkas, acho que foi isso que me deixou assim.

Jamie é muito divertido porque só cria problemas. Está sempre dizendo coisas sobre as pessoas – como dizer que o rosto de uma mulher cheia de marcas de varíola parece ter sido usado como o alvo de um jogo de dardos. Ele vai direto ao assunto, destruindo todo mundo, é divertido.

Sexta-feira, 11 de julho, 1980 – Monte Carlo. Buscamos Jamie e Phyllis e me desculpei com Phyllis por tê-la derrubado noite passada. Contei que ela e Jamie estavam tão bonitos dançando que fiquei com ciúmes. Quando comecei a dançar com Phyllis eu não sabia que ela não consegue andar para trás e aí eu caí em cima dela e então Jamie caiu em cima dela e alguém nos segurou mas foi uma coisa louca. Pedi desculpas e entramos todos no carro e fomos para Cap Ferrat ver Lynn Wyatt, que agora mora na antiga casa de Somerset Maugham, a Villa Mauresque, sobre a qual eu acabo de ler na biografia dele, e era tudo que eu realmente queria ver e observar. Demorou até chegarmos, o tráfego estava ruim.

Lynn estava com um vestido aberto nos lados, dava para ver seus seios, e ela estava usando apenas um biquíni pequenino e estava linda, tem um corpo lindo. Acho que estava tentando excitar Jamie. E os dois têm mais ou menos o mesmo sobrenome. Todo mundo pensa que é o filho dela que está expondo lá.

E aí Sandra Hochman chegou e estava muito chata, falando sem parar, me contou que teve um namorado que acaba de comprar um apartamento em Monte Carlo. Disse que ele descobriu a fast food – é dono dos Tad's Steak Houses – e que quando eu quiser dar um festa chique ela organiza tudo para mim.

Pedi para Lynn fazer uma entrevista para *Interview* porque David Niven e a mulher chegaram, contei a David que acabei de ler tudo sobre ele nos jornais, ele está processando David Merrick. Está ótimo, bastante magro, e a mulher dele é magra como um palito. E Sandra ficou falando sem parar sobre todos os seus livros e foi muito insistente, não conseguíamos compreender como é que ela conhecia Lynn e no final descobrimos que as duas estudaram no Bennington.

David Niven foi uma graça, contou ótimas histórias e Jamie se apaixonou por ele. Depois tivemos de voltar para o hotel porque encontraríamos a princesa Grace às 4h no saguão para mostrar a exposição para ela, está armada numa das salas de refeições.

Fomos para nossos quartos, nos colamos, e aí descemos. Apenas Jamie, Phyllis, Freddy Woolworth e Fred foram convidados, Jed ainda estava na praia. E tivemos de entrar numa fila para sermos apresentados para a princesa Grace. Eu era o primeiro, e ficamos fazendo piadas sobre ficar em fila e aí, quando nos viramos, lá estava ela, e ela tem uma barriguinha. Deveríamos beijar sua mão mas eu me recusei, apertei sua mão e ela realmente não gostou de mim, só de Jamie. E aí, quando Grace descobriu que Phyllis é uma grande Du Pont, ela é mesma uma arrivista, quis ficar íntima e foi muito amável. Então tínhamos de ir mostrar os quadros para ela e tentei ser divertido, mas não deu muito resultado. E conversamos um pouquinho sobre Cousteau e o museu marítimo que fica perto de seu palácio, e Jamie disse que seu pai conhecia o pai dela, e que agora moram em Nova Jersey, e não na Filadélfia. E ficamos conversando sobre, não sei, coisas realmente chatas, ela não relaxou. Contei que ouvi dizer que ela pinta, e ela disse que são só colagens e no fim me disse que está no circuito de conferências dos Estados Unidos lendo poesias. Fez uma excursão com Truman umas semanas atrás, quer dizer que leva alguma grana para casa. Finalmente depois de 45 minutos dessa conversinha ela decidiu ir embora. E quando saiu achou que o segurança de revólver que vigia as pinturas na Coe Kerr Gallery era Freddy Woolworth. Foi muito divertido, porque disse para ele que adorou a exposição.

Fred e eu subimos porque eu ia fazer um retrato. Mrs. Benedetti, que se acha parecida com Marilyn Monroe. E a fiz tirar a roupa e colocar maquiagem. Ficou posando como Marilyn, com a boca aberta e coisa assim, e ela era velha, mas foi fácil, eu estava com minhas lentes de contato e não conseguia realmente enxergar, mas tudo correu bem.

Fomos a um coquetel no Loews, um hotel decorado pela mãe de Sharon Hammond, mrs. Long, mas lá eles também têm apartamentos privados. Douglas Cooper estava dando uma festa e uma senhora chamada Madame Plesch – Ettie Plesch – estava dando outra, e os dois não se falam e a gente tem que ter cuidado e não dizer que foi à outra festa.

Então Regine nos convidou para irmos ao Jimmy'z e John Larsen estava lá com sua mulher e ele é realmente ótimo, um velho amigo de Edie Sedgwick e meu, e agora é grande amigo de Jamie. Ele e Jamie são grandes dançarinos. Começou a ficar tarde e eu estava cansado. Aí Bo Polk chegou e trouxe uma mulher linda com ele, e Phyllis viu Jamie dançando de rosto colado com a mulher e foi até eles na pista e deu uma bengalada em Jamie. E ele ficou constrangido porque estava *realmente* dançando colado.

Cheguei em casa e estava sem chave e tive de acordar a camareira e ela me deixou entrar, era por volta das 3h.

Sábado, 12 de julho, 1980 – Monte Carlo. Encontrei Sylvester Stallone, que raspou a barba e está ótimo, acaba de chegar de Budapeste com sua mulher e eu disse que queria fazer seu retrato de novo sem barba, porque ficou muito bonito. Então ele ficou de vir às 6h para que eu pudesse refotografá-lo.

Depois nos encontramos de novo, na praia, e todas as pessoas ficaram tirando fotos. Ele fica ótimo sem roupas, é bem magro, parece um modelo de musculação, um mr. América de bíceps pequenos, e eu lhe disse que jamais deveria engordar novamente. Mas ele contou que vai ter que engordar para filmar *Rocky III*, e então lhe disse que deveria usar roupas mais largas. E aí voltamos para o hotel para nos refrescarmos e esperar por ele. Então me colei porque já estava na hora de descer para o saguão para o vernissage da exposição. Fiquei pronto antes de todo mundo e resolvi descer e trabalhar, desci uns cinco minutos depois das 7h e Pam Cambemale e Freddy Woolworth estavam lá recebendo as pessoas, fiquei ao lado deles apertando a mão de quem entrava, como numa fila de cumprimentos. Eles me apresentavam e estavam lá aquelas antiguidades, quer dizer, as pessoas mais velhas do mundo. E então Jamie desceu e ficou ao meu lado, e na fila estava Raymond Loewy! O sujeito que desenhou a carteira dos cigarros Lucky Strike e tudo o mais! Fiquei tão deslumbrado por conhecê-lo que dei pulinhos e perguntei se podia tirar uma foto sua. E ele foi ótimo. E aí as antiguidades: havia tantas que não dava para acreditar. Acho que vamos conseguir alguns retratos para pintar e vai ser ótimo. Depois Stallone veio vestido de branco, realmente lindo, e Iris Love, e Liz Smith, que disse que era o vernissage mais chique que já tinha visto.

Mary Richardson veio, e Kerry Kennedy, Mona Christiansen, e uma graça de mulher, Vicky, que é filha de Frank Gifford. Mona contou que Garbo a encontrou na Madison Avenue umas semanas atrás e levou-a para tomar chá em sua casa, mas depois nada aconteceu, ficaram apenas comparando os queixos. Não acredito nela, mas foi divertido ouvir. Mona bolinou todas as mulheres, realmente bolinou.

Domingo, 13 de julho, 1980 – Monte Carlo. Fred me buscou e fomos até o quarto de Stallone para fotografá-lo, transferiram-no de uma suíte enorme para um quarto menor e ele estava reclamando. Só com uma sunga azul. Terminamos as fotos, só usamos três filmes, conversamos um pouquinho e aí ficamos um pouco nervosos e fomos embora. Convidamos para jantar, mas ele disse que está muito ocupado.

Segunda-feira, 14 de julho, 1980 – Monte Carlo. Murray Brant acaba de telefonar para dizer que Sandy Brant teve trigêmeos e o menino pesa dois quilos e meio e as duas meninas dois quilos e um quarto cada uma.

Estávamos indo a um coquetel na casa de Donina Cicogna e todas as mulheres estavam lá embaixo, foi muito divertido, a gente encontrou todo mundo no saguão e aí tomamos um táxi até a casa dela (táxi $30). Quando chegamos estava cheio demais, lady Rothermere estava lá e ficamos com um velho amigo de Fred, uma graça, chamado David Rocksavage, é um conde, um dos garotos mais ricos da Inglaterra. Depois fomos para o Jimmy'z.

Mona e eu estávamos chateados e decidimos procurar o príncipe Albert, sabíamos que deveria estar em algum lugar, saímos a procurar e não conseguimos encontrar, aí eu disse algo como, "Ah, merda, não conseguimos encontrar o príncipe Albert", e ele estava logo ali atrás de mim. E aí Mona foi realmente impetuosa com ele e disse que nós o adorávamos e que queríamos conhecê-lo e foi abrindo caminho, e eu disse, "Você quer conhecer todas as mulheres importantes como Kerry Kennedy?", e ele disse que não. Nesse momento Regine nos viu, foi pedir bebidas e colocou drinques em nossas mãos, e o príncipe Albert sentou ali, bebeu todos os seus drinques e nos ignorou. Aí Regine foi suficientemente esperta para saber o que fazer, desceu e trouxe garotas como Kerry e Mary Richardson e as apresentou para ele, e Mona pisou no pé do príncipe Albert, que disse, "Faça isso de novo". E aí ele disse que não ficaria, tinha de encontrar alguém para ir ao Paradise. E Mona e eu dissemos que os encontraríamos lá, e fiquei realmente excitado porque nos esforçamos muito para conseguir chegar a esse ponto. E não trouxe meu gravador porque estava vestindo o casaco de Jed e ele não me deixou colocar nada nos bolsos para não deformar. E aí não consegui gravar.

Fomos para o Paradise e lá estava o príncipe Albert, e Mona se agarrou nele e realmente tentou caçá-lo, mas ele disse que tinha que ir embora porque jogaria futebol no dia seguinte bem cedo, ficamos um olhando para a cara do outro.

Terça-feira, 15 de julho, 1980 – Monte Carlo. São Schlumberger nos convidou para ir a Cap Ferrat, e também convidou as mulheres, e Rocksavage, e Warren Adelson, da Coe Kerr Gallery, e a mulher dele, LaTrelle, e o filhinho deles. Para a casinha que ela alugou lá. Eu estava faminto, não tinha comido nada desde o café da manhã, e aí comecei a comer tudo e a fotografar, a casa é bonitinha e tem uma vista linda. Ficamos até as 5h. E Mona foi a St.Tropez e as mulheres foram para Veneza, para o palácio de Gianni Volpi, mas Kerry tinha que esperar seu irmão e Vicky Gifford tinha de esperar o namorado. Que são a mesma pessoa.

Quarta-feira, 16 de julho, 1980 – Monte Carlo. A TV francesa veio e me perguntou como era ter vindo "do underground" e chegado a este lugar fascinante, e eu disse a eles que isso era besteira porque eu já tinha estado lá muitas vezes e não vim "do underground". Depois fiz um programa de rádio e subi, e vi que Jed tinha conseguido uma cópia de *L'Uomo Vogue* comigo na capa com aspecto horrível, dentro havia muitas pessoas bonitas vestindo jeans.

Nos dividimos pelos carros e fomos almoçar com Hélène Rochas, Charlotte, a irmã de Juliette Greco, e o arquiteto marido dela. Todo mundo foi nadar e nós ficamos bebendo bullshots, que estavam ótimos, e aí almoçamos, serviram o melhor peixe que já comi, a melhor comida, tão elegante, peixe empanado com anis, depois ficamos bebendo anis à beira da piscina e fofocando sobre todo mundo. Saímos por volta das 5h e Rocksavage nos deu uma carona.

Havia um jantar de aniversário para Lynn Wyatt, mas eu ainda não tinha comprado nenhum presente para ela. Johnny Carson estaria lá e eu estava ansioso para conhecê-lo. Encontramos Maxime Mesinger no saguão, é aquela maravilhosa cronista de fofocas de Houston, veio só para a festa de aniversário de Lynn.

Me vesti e fomos de táxi até a casa de Lynn em Cap Ferrat ($35). Achamos que estávamos adiantados, mas não estávamos. Quando chegamos Estée Lauder estava lá e Lynn deu um giro comigo para me apresentar às pessoas. E a primeira pessoa a quem me apresentou foi Johnny Carson. Foi realmente excitante. Não é baixinho. É alto. Tem cabelos grisalhos e parece muito saudável. Tirei muitas fotos dele. E a mulher dele, Joanna, é linda, foi modelo na Norell, e aí fofocamos sobre vestidos, moda e esse lixo todo, e não tirei fotos, eu estava muito – achei que seria um pouco demais. Todo mundo estava com medo de sentar na mesa de Johnny Carson, mas David Niven sentou com ele e nós sentamos com Liz Smith, que estava na última mesa perto da piscina. E aí o rei ou príncipe da Iugoslávia disse que tinha uma das minhas pinturas "Mao".

Todo mundo cantou "Parabéns a você" para Lynn e aí explodiram fogos de artifício ótimos, por toda a nossa volta. Muito brilho e fumaça cor-de-rosa e explosões realmente fortes.

Os jornais têm falado tanto de Ronald Reagan que parece que ele está a caminho de se tornar presidente, é assustador. Eu votei apenas uma vez. Nos anos 50, não lembro em qual eleição, puxei a alavanca errada porque fiquei confuso, não sabia como fazer aquela coisa funcionar. Não havia nenhum modelo de teste fora da cabine, foi numa igreja da Rua 35, entre Park e Lexington. Foi quando eu morava no 242 Lexington. É aí me chamaram para ser mesário e eu respondi que tinha mudado de endereço. Nunca mais votei.

Sábado, 19 de julho, 1980 – Paris. Pierre Berge nem telefonou de volta.

Fomos ao Flore mas estava fechado. Deux Magots estava aberto e sentamos por ali, com esperança que Shirley Goldfarb aparecesse, mas acho que Shirley está ensaiando para o grande show que Pierre está patrocinando, quinta-feira à noite, no qual ela vai cantar o menu de cada restaurante de Paris. O show será no teatro de Pierre e ele queria que a gente ficasse para assistir. Além dos menus, ela vai cantar músicas como "Noite Feliz" e "Auld Lang Syne", acho que vai ser um grande trauma porque imagino que ela vai fazer tudo realmente a sério e vai ser horrível. *Soa* mais engraçado do que vai ser, a não ser que ela possa realmente fazer uma porção de menus ótimos.

Segunda-feira, 21 de julho, 1980 – Paris-Nova York. O avião decolou exatamente às 11 da manhã, no horário, e quando isso acontece é perfeito. Mas a comida está ficando um pouco chata. E eles servem muito rápido. A gente termina em uma hora e meia e fica o resto do tempo ali sentado e nervoso. E roubei tantos talheres que fiquei com medo da alfândega, não sei se é permitido ou não entrar com eles. Cheguei à alfândega e, embora eu tenha passado por aquela coisa sem apitar, um sujeito me levou até uma sala e me fez esvaziar os bolsos, e eu estava com minhas vitaminas, não gosto que passem pela revista eletrônica, e ele examinou-as e aí procurou nos meus sapatos e abaixou minhas meias e aí disse, "O que é isso?" quando viu meus outros comprimidos, os para a dor, e quando comecei a tentar explicar o que eram ele se impacientou e disse, "Ah, vá embora". Vou ser realmente cuidadoso com o que levo comigo porque já posso imaginá-los procurando nas minhas coisas e perguntando por que estou levando tudo aquilo.

Passamos do frio gélido de Paris para os 38 graus de Nova York, e foi chocantésimo. Esta palavra é de Diana Vreeland (táxi $40).

Terça-feira, 22 de julho, 1980. Encontrei uma pessoa na rua que perguntou se não é ótimo que um astro de cinema seja presidente, que é tão pop, e (*risos*) quando a gente olha por esse ângulo é ótimo, é bem americano. Só que nunca falam do divórcio de Reagan. Sempre achei que divorciados não pudessem se eleger presidente.

Trabalhei até 7h30, deixei Rupert (táxi $5). Whitney Tower telefonou e disse que quer conversar sobre algumas ideias para filmes e me convidou para drinques. Começou a chover. Aí tocaram a campainha e eram Whitney, Averil e Rachel Ward. Os cachorros já estavam dormindo e acordaram. Deixei os garotos lá fora na chuva enquanto me aprontava, e aí caminhamos até o Le Relais. John Samuels estava no bar, ia jantar na casa de Suzie Frankfurt – um jantar para o pai de John e o namorado dele.

Whitney me convidou para ir às Adirondacks. Foram lá no fim de semana passado e contaram que Mick ficou mudando as fraldas do bebê e que ele é excelente fazendo isso, que Bianca nunca conseguiu fazer, e ele contou que sempre mudou as fraldas de Jade.

Ah, e a melhor coisa foram os cartões que Jerry Hall mandou para agradecer os presentes de aniversário. Recebi um, Jade recebeu um exatamente igual, e Averil recebeu outro exatamente igual. Escritos num papel floreado com uma caligrafiazinha de nenê e dizendo exatamente a mesma coisa, linha por linha, espaço por espaço, palavra por palavra. (*risos*) Eu deveria telefonar para todos que deram presentes para ela e recolher os cartões e transformá-los num livro. Seria engraçado, não seria?

Quinta-feira, 24 de julho, 1980. Rupert trouxe as provas das gravuras que ele decidiu finalizar sem sequer me mostrar. Tentou ser artístico e é claro que foi, claro que foi. São os "Sapatos" com pó de diamantes. Tinha terminado todos, com o pó de diamantes e tudo. Não sei por que fez isso. Estou pintando sapatos para voltar às minhas raízes. Na verdade, acho que não deveria fazer outra coisa senão (*risos*) sapatos daqui para a frente.

Sábado, 26 de julho, 1980. Acordei às 7h30, me colei, fui encontrar Rupert às 11h15 no escritório (táxi $4.50). Fui à feira na Union Square para renovar os mantimentos ($18). Uma porção de caminhões novos. Não dá para dizer quem são os agricultores de verdade e quem são as pessoas que compram as coisas em algum outro lugar e trazem para cá. Acho que os agricultores de verdade (*risos*) são aqueles que têm legumes que parecem horríveis – velhos, deformados e com parasitas – coisas que parecem que vieram do quintal dos fundos. Trabalhei no escritório das 12h às 7h30.

Domingo, 27 de julho, 1980. Acordei às 7h30, vi TV. Rupert telefonou. Eu devia ir trabalhar mas o tempo me deixou tão cansado que fiquei em casa lendo revistas e livros. Todo dia vi a morte do xá na TV, no canal que passa notícias o dia inteiro. Não sabia que uma das irmãs do xá tinha uma casa em Teerã projetada por I.M. Pei, mostraram na TV e é realmente bonita, com uma sala de jantar. Gostaria de saber para quem ela dava jantares. O palácio onde nos colocaram era uma espelunca.

Segunda-feira, 28 de julho, 1980. Há pouco li o livro de Gloria Swanson sobre o açúcar e ela me colocou lá como o melhor exemplo do mal, porque leu o livro *Philosophy* e entrevistas comigo nas quais eu digo que gosto muito de doces. Ela diz que perdemos a guerra do Vietnã por causa do açúcar, que onde quer que os americanos vão eles levam Coca-Cola e refrigerantes artificiais de laranja, e aí pegam arroz bom e o transformam em outra coisa. E faz sentido, vou tentar não comer mais tanto açúcar.

O *Donahue Show* falou sobre o problema dos que andam sem roupa. E um problema novo, grande, importante, certo? Homens que andam sem roupa. Uma mulher e o marido que andam sem roupa estavam lá, no escuro, e homens de negócios e advogados que andam sem roupa.

No escritório recebi um telefone de Arma Andon, da CBS, me convidando para jantar no Russian Tea Room e depois ver Eddie Money no Trax. Aí, depois que eu aceitei, Vincent disse que mais cedo eu tinha um compromisso para jantar no Pierre, naquela coisa da North American Watch. Normalmente não demoram muito, fazem discursos e terminam rápido, então achei que poderia fazer as duas coisas. Trabalhei, deixei Rupert (táxi $5). Me colei e fui a pé até o Pierre. Walter Cronkite estava chegando com sua mulher. Foi o orador principal, agora está em férias do noticiário. Gerry Grinberg me recebeu e me colocou ao lado de uma mulher que tinha a obrigação de saber quem eu era, quer dizer, o cartão com meu nome estava lá e tudo, mas ela disse coisas como se eu fosse Truman Capote, como, "Ainda uso sua lista do Baile de Máscaras Preto e Branco para distribuir convites". Aí ou ela pensou que eu era Truman ou achou que aquela festa do Preto e Branco foi minha. E sempre detesto corrigir uma pessoa, por isso tentei mudar de assunto, mas ela ficou falando naquilo.

Eram 9h30 e por essa hora eu deveria estar no Russian Tea Room. Mas aí Walter Cronkite começou a falar e foi muito interessante. Contou uma história sobre um sujeito da Rolex que deu um relógio para ele antes de uma entrevista com o presidente Johnson, e subitamente Johnson ficou olhando para o pulso dele e disse, "Aquele desgraçado disse que só presidentes ganham esse relógio". E depois Johnson ficou pensando apenas nisso e não conseguiu responder mais a nenhuma pergunta.

Finalmente às 11h consegui sair de mansinho. Porque eu estava bem lá na frente e não podia sair antes. Não consegui um táxi e corri até o Russian Tea Room e quase tive um infarto, e quando cheguei lá o homem disse que eles já tinham saído, mas fiquei feliz quando ouvi que eram "eles", significava que Arma estava com alguém, provavelmente Fred, que eu mandei até lá porque achei que ia me atrasar um pouquinho. Fui de táxi até o Trax ($3), que não consegui encontrar, e caminhei por lá e finalmente encontrei.

Don Mahoney, o irmão de Eddie Money que é policial, veio e apresentou Eddie, e o irmão é muito bonito, realmente gostei dele. Aí Eddie Money cantou, ele é ótimo, como um John McEnroe que canta. E é muito familiar, como alguém do Max's, aquele tipo, fico achando que já o conheço. Vitas estava lá, e Richard Weisman. E eu sei que Vitas pinta e enrola o cabelo, acha que está perdendo o seu look. Aí fomos apresentados a Eddie Money e ele foi uma graça, disse que ficou torcendo por mim no Columbus Hospital em 1968, quando fui baleado, porque naquele tempo ele era policial da delegacia do mesmo quarteirão. E Fred estava cansado, tinha chegado aquela manhã no Concorde.

Terça-feira, 29 de julho, 1980. Aniversário de Fred, Richard Weisman deu uma festa-surpresa, o telefone tocou o dia inteiro e Robyn tinha de convidar as pessoas sem que Fred percebesse, aí ficamos cochichando o dia inteiro.

Deixei Vincent (táxi $4.50). Suzie Frankfurt disse que eu tinha de chegar à casa dela no horário, às 8h, porque era uma festa-surpresa. Cheguei às 8h55. Todos os garotos do escritório estavam lá acompanhados.

Fred chegou e ficou realmente surpreso, chocado. John Samuels estava lá e foi amável, me convidou para ir à casa de seu pai em Long Island que uma vez pertenceu a J.P. Morgan. John Scribner estava lá, e D.D. Ryan. E Eddie Money veio com Vitas e Arma Andon. Por $500 uma mulher saiu de um bolo e foi um fracasso. Um grande nada – Suzie ficou reclamando do preço. Richard pagou. Averil mandou um telegrama cantado. Embora estivesse lá. Estava bêbada e me dando beijos de língua, e ficou furiosa porque eu não correspondi. Os dois garotos Frankfurt estavam lá. Fiquei na cozinha comendo uns canapés kosher ótimos.

Curley foi o maior bêbado da festa. Diana Vreeland não veio, estava muito cansada. Patti LuPone, seu irmão e a mulher dele estavam lá, ele é realmente bonito. Tentei gravar um pouco da música de aniversário mas tinha barulho demais. Jay Johnson e Susan estavam lá e Tom Cashin, que esta semana vai sair do elenco de *The Best Little Whorehouse in Texas*. Vai para a Califórnia fazer o mesmo papel. Me fartei de comer canapés.

Quarta-feira, 30 de julho, 1980. Sotheby's organizou um leilão de figurinos à 1h e uma das coisas a serem leiloadas era o figurino que fiz nos anos 60 para os gêmeos Dalton – o vestido "Este lado para cima". O pessoal da Sotheby's só jogou o vestido com as outras roupas, não se deram conta que fui eu quem desenhei. Se alguém tivesse colocado uma moldura em volta, provavelmente sairia por $10 mil, mas alguém provavelmente vai comprar por $25. É a última coisa do leilão.

Mr. Stern telefonou e disse que vem às 5h30 ver as pinturas "Flor". São fluorescentes com pó de diamantes.

Sexta-feira, 1º de agosto, 1980. Tinha um compromisso marcado com o novo Lone Ranger, Klinton Spilsbury, no escritório. Robert Hayes e eu íamos entrevistá-lo. Ele vai estar na TV esta noite e talvez eu dê uma olhada. É realmente bonito. Cabelos compridos, 1m95cm de altura, e um rosto que é um cruzamento entre Warren Beatty e Clint Eastwood. Trouxe uma garrafa de vinho. Contou que estudou arte lá na Califórnia, foi casado e teve um filho, mas a mulher dele – era rica – o deixou porque ele precisava de tempo demais (*risos*) para seus próprios pensamentos. Ele contou que estava dirigindo filmes e quis saber como era ser ator, teve aulas de interpretação e aí um agente o viu, procurou um papel e conseguiu logo o primeiro, o Lone Ranger. Mas a princípio não queria assinar o contrato porque incluía todas as coisas extras que teria de fazer, como vestir um figurino e cantar coisas, então tiraram isso do contrato. Disse que já foi modelo, que realmente não queria ser, mas que alguém uma vez pediu que ele desfilasse, e foi o que ele fez. E foi ficando muito bêbado e me deu seu cinto. Aí começou a falar de verdade, me contou que tinha estado no Studio 54 e que eu tinha ido até ele e dito, "Tenha cuidado, você está dançando com um travesti". Klinton disse que é amigo de Dennis Christopher, que se apaixonou por Dennis Christopher e depois por Bud Cort, aquele garoto que fez *Harold and Maude*. Aí disse que foi caçado por Halston e se acordou na cama com ele. Foi uma loucura, ficou me contando tudo aquilo e demolindo sua imagem.

Meu vestido "Este lado para cima" saiu por $450 no leilão.

Sábado, 2 de agosto, 1980. Houve uma grande tempestade mas não refrescou a cidade. Busquei John Reinhold para jantar, fomos ao Côte Basque. Saímos de lá e eu tinha roubado um prato do restaurante que deixei cair no chão, e de repente a polícia apareceu – estavam ali perto e acharam que era uma vitrine sendo quebrada. Mas me reconheceram e falaram, "Ah, tudo bem, mr. Warhol". Poderia ter sido pior. Poderiam ter me levado para a delegacia.

Domingo, 3 de agosto, 1980. Me vesti e caminhei no calor até a igreja. Pretendia ir trabalhar mas estava quente demais. Não queria ver ninguém. Era o aniversário de Archie, acho que ele tem oito ou nove anos, talvez até mais. Dei uma caixa de biscoitos Hartz Mountain para ele.

Terça-feira, 5 de agosto, 1980. Perdi o *Today Show* com Truman mas parece que foi o mesmo de sempre. Brigid tentou ligar para Truman mas ele deixou o telefone fora do gancho. A crítica sobre *Music for Chameleons* no *Times* não menciona que algumas das histórias apareceram na *Interview*.

Halston quer que eu dê uma festa no dia do meu aniversário mas eu disse que vou ao teatro com Stephen Graham. Vou convidar Susan Johnson para ir com ele porque ele adora mulheres burras. Gostaria de saber se vão se entender. Não, ela não vai gostar dele.

Halston me deu uma caixa cheia de sapatos horrorosos como presente de aniversário.

Quarta-feira, 6 de agosto, 1980. Meu aniversário e não dormi a noite inteira, e aí às 7h da manhã tomei um comprimido para dormir, mas fez o efeito contrário. Desta vez realmente me senti parte da velha geração. Não posso acreditar que sou tão velho porque isso quer dizer (*risos*) que Brigid é velha também. É tão abstrato! Não posso mais nem pisar numa barata porque é um ser vivo, uma vida. Me colei e queria caminhar. Muitos telefonemas pelo meu aniversário. Todd Brassner ligou e eu disse que ele viesse e me trouxesse um presente, mas não trouxe. Victor Hugo mandou orquídeas com fitas lindas. Da Renny, deve ser um lugar muito chique.

Fui encontrar Chris Makos no 860 (táxi $5.50). Aí os garotos foram chegando. Curley trouxe uma quinquilharia, uma luz de avião. Pedi que ele ficasse para o almoço.

Richard Weisman telefonou dizendo que vinha, eu disse que estávamos indo almoçar no 65 Irving, que nos encontrasse lá. Fomos para lá, uns dez ao todo. Pingle – a princesa Ingeborg Schleswig-Holstein – veio, agora trabalha na *Interview*. É parente da rainha Elizabeth. E Brigid veio. Bebemos piña coladas e daiquiris de morango, e aí Richard teve a ideia de pedir daiquiris de amoras. Foi divertido.

Rupert me deu trezentas gravatas. Robert Hayes me deu um conjunto prateado com discos de Elvis, todos os discos que ele gravou. Mimi Trujillo trouxe dois vestidos para me mostrar e Victor a fez dá-los para mim, são ótimos. Aí tive de ir para o teatro. Halston enviou um telegrama cantado por três pessoas. Eram horríveis. Estão tentando entrar no show business e eu lhes pedi que não exagerassem e cantassem baixinho. Halston mandou um bolo enorme na forma de um sapato e devia ser muito bom porque Brigid comeu tudo.

Me colei, estava atrasado, mas Susan Johnson estava ainda mais atrasada, gritei com ela. Stephen já estava no corredor do teatro quando chegamos. *Annie* é maravilhoso (táxi $6). Lotado, não dá para perceber que há uma recessão. Gente de pé. O público adorou, na maioria gente velha, tentei não cair no sono. Depois fomos até os camarins. Não vi Alice Ghostley. Estive no colégio com o marido dela.

Conseguimos uma limusine horrorosa para ir ao Mr. Chow's. Mr. e mrs. Chow nos receberam. Eu não quis assinar o livro de ouro porque quero fazer isso com minha própria caneta na próxima vez. Tina Chow me desejou um feliz aniversário. Bebemos champagne. Robin Williams veio me cumprimentar, perguntei se queria ficar conosco mas ele disse que estava com uma outra pessoa no bar, que ia ver. Com uma amiga. E lembrei que alguém me disse que ele conheceu uma mulher no dia de seu casamento e que desde então estão tendo um affair. Enfim, ele não voltou. Estava com uma camisa de mangas curtas e os braços dele são muito cabeludos, foi por isso que Susan o reconheceu. Tomara que *Popeye* seja um sucesso, porque o seu show de TV não deu em nada. Stephen convidou uma mulher para jantar conosco, uma escultora que mora perto de Rupert. Ela fez uma escultura com um guardanapo como um presente para mim, mas aí não notamos quando o garçom levou embora. Stephen estava nervoso e quase começou a beber. Ficou na 57 com a Segunda, depois deixei Susan (táxi $5).

Quinta-feira, 7 de agosto, 1980. De carro até Old Westbury com Whitney Tower para ver o estúdio da bisavó dele, Gertrude Vanderbilt Whitney, e ver se *Interview* quer fazer fotos lá (pedágio $1, gasolina $30). A casa é absolutamente linda. Whitney disse que foi projetada por William Adams Delano. Tem uma sala inteira com murais de Maxfield Parrish. As esculturas dela estão por toda parte. Depois fomos até a casa ao lado, da avó de Whitney, mrs. Miller, mas ela já tem mais de oitenta anos e estava "descansando", então ficamos apenas passeando por ali.

De volta à cidade ($1). Passei pelo apartamento de Philip Johnson, conversei com David Whitney durante uma hora. Ele está trabalhando no projeto para o Jewish Museum. Diz que a exposição deve ser simples, sem truques. Acho que deveria ser engraçada, não sei, acho que um projetista pode realmente tornar uma exposição interessante. Mas creio que o museu não tem dinheiro para gastar.

Richard Weisman me convidou para jantar com Ann Miller, Patti LuPone, Phil Esposito e ele no "21" às 11h. No "21" olharam para os meus jeans e iam dizer alguma coisa mas entrei depressa. Finalmente convenci Bob a colocar Patti LuPone na capa da *Interview*. Ela é muito divertida e Bob finalmente se apaixonou por ela.

Eu só conseguia ficar olhando para Ann Miller. O rosto dela é perfeito. Nenhuma ruga, nem mesmo uma linha de riso, e ela disse, "Um dia desses vou ter de fazer uma plástica no rosto". Acho que ainda não fez, na verdade, porque a pele não está puxada para trás – o rosto dela é gordo mas sem linhas, e não foi puxado. E tem mãos minúsculas com dedos compridos. Já se casou duas vezes e meia – uma foi anulada. Ela disse, "Casei com os texanos mais ricos do mundo, mas assim que o casamento começou o romance terminou". Ela é uma graça, jantou como uma starlet de Hollywood em sua primeira noite – pediu guisado de galinha. É o estilo de Hollywood. E o nariz dela é tão fino, tão perfeito, *tem* que ser um nariz falso.

Ann disse que quando estava no fundo do poço as pessoas a ignoraram e que agora essas mesmas pessoas mandam flores por causa de *Sugar Babies* e ela responde, "Obrigada por nada". E a pessoa que realmente fez o pior foi Betsy Bloomingdale, a melhor amiga de Bob. E ela disse que Denise Hale é "lixo". E conhece Reagan há anos e não votaria nele. Mas ela é como eu – depois de cada crítica ela diz, "Ah, mas não me interprete mal, Reagan é maravilhoso, só que eu não votaria nele".

Bob me levou a pé para casa e quando chegamos na Rua 66 havia um incêndio enorme em frente ao meu prédio, do outro lado da rua, em frente ao edifício da Uganda. Uma árvore nova em folha estava queimando porque alguém pôs fogo no lixo que estava ali embaixo, e uma família inteira estava sentada na escada olhando o fogo – parecia Porto Rico – e eu fiquei furioso – parecia a África –, e eles ficaram apenas olhando aquela árvore linda que colocaram em frente à minha casa queimar, nem chamaram os bombeiros! Não entendo, os porteiros daquele quarteirão também devem ter visto e ninguém fez nada. Aí Bob e eu entramos, chamamos os bombeiros, eles chegaram num segundo e apagaram o incêndio, mas não sei se a árvore vai sobreviver.

Sábado, 9 de agosto, 1980. Vincent estava no escritório com toda a sua equipe de TV. Don Munroe e todo mundo. Me filmaram fazendo algumas apresentações para os programas que ele filmou, para me dar maior destaque nos programas. Acho que vão chamá-los *Andy Warhol's TV*. São entrevistas com pessoas – só pessoas falando para a câmera. Pintei no escritório até as 8h. Bill Schwartz telefonou, veio de Atlanta para a convenção do Partido democrata e me convidou para jantar, está hospedado no Mayfair House.

Me colei e caminhei até o Mayfair House. Quando cheguei lá um homem na recepção disse, "Você pintou minha mulher". E não o reconheci e aí a mulher dele estava lá e também não a reconheci. Foi horrível porque não havia muitas outras pessoas por ali. Ela pintou o cabelo de loiro e foi isso que me confundiu. Eram mr. e mrs. H&R Block. E eu fiquei olhando sem reação para eles. Foi realmente ruim. Convidei-os para virem ao escritório.

Domingo, 10 de agosto, 1980. Bob telefonou e disse que eu devia encontrá-lo às 7h30 para buscarmos Ina Ginsburg e iniciar a cobertura da convenção nacional do Partido Democrata com a festa para a *Newsweek*, no Rainbow Room, que Katherine Graham estava dando. Fomos ao Metropolitan Club onde Ina está hospedada. Ina estava com um vestido preto com um ombro à mostra preso com um broche de diamantes, e talvez fosse um Halston. Estava de sapatos brancos, foi gentil. De táxi até o Rainbow Room ($3.50). Liz Carpenter estava lá, ela foi a secretária social de lady Bird. E ela é enorme e gorda e texana e estava com um vestido tipo bandeira americana com uma melancia desenhada na frente. E Peter Duchin disse, "Sei que aquele vestido deve ser patriótico... de alguma maneira".

Eram todos ricos e famosos, de ponta a ponta, e a gente não pode entender como é que todos estão na cidade, é agosto, e é aí que a gente vê que essa é uma grande cidade, se a convenção conseguiu reunir toda essa gente. Tom Brokaw estava lá e Barbara Walters com seu namoradinho, e Ina conhecia todo mundo e ficou nos apresentando mas eu só consegui lembrar metade dos nomes das pessoas que *eu* conhecia e isso não foi bom para ela.

John Tunney veio e falou mal de Reagan, e Bob ficou furioso. John Tunney me chamou de "Peter" (*risos*), me agradeceu por ter feito o pôster para Kennedy. Achou que eu fosse Peter Max. E foi engraçado porque aí outra pessoa veio e disse, "Ah, obrigado por ter feito o pôster para Carter". Vi Art Buchwald, e Jan Cowles estava lá com seu marido e mrs. Graham disse olá e mais tarde disse até logo. Sua filha Lally estava lá com Alexander Cockburn.

Ina nos apresentou a uma garota chamada Dolly Fox, uma garota rica que está hospedada no Ritz Towers e é do grupo e tem um ingresso cor-de-rosa e isso quer dizer que no Sheraton ela tem acesso até o presidente. Ainda está no colégio, mas se comporta como uma pessoa mais velha. A mãe dela, Yolanda, foi Miss América nos anos 50. Convidamos Dolly para jantar conosco no Pearl's.

Pearl's estava lotado com o pessoal da convenção. Conseguimos uma mesa. E aí Ina percebeu que o garoto Blair e o pai dele, Bill Blair, embaixador na Dinamarca, também estavam jantando e os convidou para nos acompanhar, mas o garoto disse que era seu aniversário de dezoito anos e que queria jantar só com o pai e que viriam para o café. Liz Carpenter estava lá com I.M. Pei e a mulher dele, e uma mulher que é secretária de Educação, Shirley alguma coisa, que eu acho que estava bêbada e foi ríspida, e quis saber minha filosofia sobre educação e eu disse que não podia pensar nisso e ela disse, "Você tem de pensar! Rápido!".

Pedimos o jantar. Bob gritou e enlouqueceu por um segundo quando Ina disse algo contra Reagan, mas se deu conta e pediu desculpas. Ina e Jerry Zipkin querem que Bob os convide para o almoço que Richard Weisman vai dar para Miz Lillian. Aí o garoto Blair veio até nós, ficou conversando e ele e Dolly meio que se entenderam. Mas Dolly tem dezessete anos e age como se tivesse quarenta e ele tem dezoito e age como se tivesse dez. O jantar foi barato e pedimos até champagne para o garoto ($125).

Depois de táxi até a Park Avenue para uma festa para a qual Ina nos convidou, para a delegação de Rhode Island. Uma porção de empresários ricos. Alice Mason estava lá, parecia uma mãezona de turbante e vestido vermelho. Se aproximou e disse que estava deslumbrada em me ver. Bob achou que era crueldade dela, mas ela foi amável. Todos acham que Carter vai ganhar no primeiro turno e aí vão ter que trabalhar realmente duro para reelegê-lo. Muitos democratas à volta. Serviram um café ótimo – dá para ver que a festa é boa quando o café é bom. Deve ter sido aquele tipo de café de restaurante que vem num container. Sei lá.

Saímos quase à meia-noite, levamos Ina de volta para o Metropolitan Club a pé. Em casa por volta das 12h30.

Segunda-feira, 11 de agosto, 1980. Dia cheio no escritório. Mr. Stern ligou e disse que as pinturas "Flor" estavam amassadas quando chegaram a Hartz Mountain em Nova Jersey. Robyn telefonou para conferir.

Trabalhei nas pinturas e paguei contas na parte da frente, onde o ar-condicionado está funcionando, porque lá atrás estava muito quente para trabalhar. A princesa Holstein fica à minha volta quando estou trabalhando. Levei-a até Ronnie para que ele lhe mostrasse como é que se desenha. Robyn decidiu investigar sobre os Holstein e descobriu que têm muitos títulos de nobreza mas nenhum dinheiro. Ligamos a TV para assistir à convenção.

Deixei a princesa (táxi $4.50). Quer me ajudar nas pinturas em vez de trabalhar na *Interview*, mas eu consigo trabalhar mais rápido sem ela.

Todo o pessoal americano de verdade que veio para a convenção está pela cidade e é até excitante. Vi muitos com chapéus de cowboy.

Fui para casa e me colei. Victor disse que nos encontraria na casa de Halston. Cheguei lá e Bianca estava dormindo embaixo das cobertas com um vestido de noite branco que achei que fosse uma camisola.

Halston trabalhou até tarde, tem de terminar a coleção para a China, ele vai à China e ao Japão.

Li os jornais e comi batatinhas fritas.

Decidimos ir até o Elaine's. Queria conseguir o garoto Blair para Bianca mas não lembrei o primeiro nome nem o número de telefone dele. Ficamos numa mesa nos fundos. Elaine está um pouquinho mais gorda.

Bianca abanou e Nick Roeg achou que era para ele e veio. Estava bêbado e antipático – uma daquelas pessoas que me assustam porque se transformam de uma hora pra outra. Dirigiu Mick em *Performance*. Acabou de concluir *Bad Timing* com Art Garfunkel. Ficou dizendo para Bianca que a adora há anos e eu disse, "Por que você não a coloca num filme, ela está disponível!", e ele gritou, "Como você se atreve, que coisa mais desagradável de dizer, que mau gosto!", e Bianca também reclamou. Mas ela foi gentil com ele, não falou mal. Acho que realmente espera conseguir trabalho com ele. Ele ficou abraçando e beijando Bianca. Disse que adorou *Bad*.

E aí disse que viu "minha mãe" na TV na Inglaterra, aquele "documentário" idiota de David Bailey sobre mim no qual Lil Piccard fingiu ser a minha mãe, e Nick ficou falando sobre isso e como ela era maravilhosa e como era gentil e como era ótimo ter uma mãe que me amava tanto e que queria ter uma mãe assim, e não tive coragem de dizer que aquela não era minha mãe. Ele disse que foi tão emocionante que o levou às lágrimas. Ficou falando e nos enlouquecendo. Ele tem 52 anos e disse que tinha sido muito bonito e que a gente olhasse para ele agora, que tudo desabou há pouco.

Aí Victor e ele discutiram. Victor estava com seu walkman e Nick Roeg perguntou como ele se atrevia a ser tão rude e não escutar nossa conversa. E Victor disse, olha, aquela era a mesa *dele* e ele podia fazer o que quisesse, que Nick era o convidado e como se atrevia a reclamar se não tinha sido convidado, e aí quando Nick se deu conta que Victor era inteligente ficou se abraçando nele e pedindo desculpas.

Terça-feira, 12 de agosto, 1980. Encontro às 12h com Debbie Harry no escritório (táxi $4). Cheguei cedo e Debbie e Chris estavam no horário. Trabalhamos toda tarde. Debbie foi ótima, todas as fotos saíram perfeitas. Vincent ficou gravando para o *Andy Warhol's TV* e pediu que Lisa Robinson fosse lá entrevistar Debbie e Chris. Fiquei sentado por ali só para dar mais força para o programa. Lisa é uma boa entrevistadora. Ficaram lá até as 4h.

E decidi que não vou mais telefonar para mulheres e convidá-las para sair porque elas são muito difíceis. Liguei para Sean Young, uma atriz lindíssima que conheci com Linda Stein, porque achei que Richard Weisman ia gostar dela. Mas ela se recusou a me dar o telefone de sua casa para que eu pudesse ligar de volta, aí fica muito difícil. Perguntei se queria ir ao jogo de baseball e respondeu que uma vez já tinha ido a um. Ela está num filme de James Ivory que vai ser lançado em breve.

Saí cedo porque tinha convidado Bianca para assistir à Ópera de Pequim, ela tinha dito que sim, também convidei John Samuels. Fomos correndo para o Met Opera House e chegamos logo depois do início, tivemos de ficar esperando com chineses gritando e perguntando por que não podiam entrar. Acho ridículo que o Met tente ser sofisticado e não deixe as pessoas entrarem se chegaram vinte segundos atrasadas. Especialmente com algo como a ópera chinesa, porque de qualquer maneira os chineses ficam falando e fazendo barulho durante as suas óperas.

Aí, depois de dez minutos nos deixaram entrar. Fran Lebowitz estava lá com Jed. A ópera foi chata. Bons figurinos, muitos saltos mortais. Travestis.

Vi Margaret Hamilton, a bruxa do *Mágico de Oz*, foi excitante, e fui até lá e disse que ela era maravilhosa. Agora está fazendo os comerciais para a Maxwell House. É realmente baixinha.

Bianca está tentando fazer com que Halston consiga uma passagem para John Samuels também ir à China. Perguntei por que ela foi ao programa *Tomorrow* se não tinha nada a dizer. E ela respondeu que tinha o que dizer porque está no novo filme de Burt Reynolds, *Cannonball II*. Grande coisa – só está numa cena, trabalhou apenas uma semana.

Quarta-feira, 13 de agosto, 1980. Fiquei em casa fazendo tempo para ir ao almoço de Richard Weisman para Miz Lillian. O final da entrevista de Truman no *Donahue* foi substituído pela convenção. Jerry Zipkin foi buscar Bob. Aí fui encontrá-los na casa de Bob e fomos para a United Nations Plaza. O pessoal da imprensa estava do lado de fora, tiraram algumas fotos, mas não havia nenhum grande astro. Suzie Frankfurt e Patti LuPone estavam lá e um jogador de basquete de 2m10cm. Não sei o nome dele, é branco, uma graça, ficou tentando ser amável. Miz Lillian estava numa outra sala. Havia muita imprensa e muita gente.

Uma namorada de Robyn estava lá e ficou perguntando por ele. Ela trabalha com LeRoy Neiman como voluntária, carrega a bolsa dele, eu acho. E LeRoy Neiman estava lá, está desenhando Miz Lillian para o *Daily News*. Aí circulei e encontrei Miz Lillian conversando com Barbara Walters. Lillian fica dizendo que o retrato que fiz dela angariou $65 mil, mas nunca ouvi nada sobre isso. Trouxeram um bolo e eu gravei o "Parabéns a você". Então LeRoy disse que estava de carro e que nos daria uma carona, aí saímos todos com Miz Lillian. E era mesmo um carro, não uma limusine. Minha fita trancou e coloquei outra, que também trancou, e aí descobri que não era a fita, era o sujeito do Serviço Secreto que tinha feito aquilo. Ele era uma graça. As pessoas ficaram olhando e abanando para o carro, estavam com balões com o nome de Miz Lillian. Ela disse, "Todo sorriso significa um voto".

No hotel havia irmãs e irmãos e primos da Georgia. E ela disse "Maninha!" para uma mulher, mas não sei se realmente era a irmã dela. Fomos para a cobertura e aí pegamos outro elevador para o andar onde fica o quarto dela e ela disse que quando os tempos eram outros ela ocupava uma suíte inteira.

LeRoy desenhou aquelas coisas horríveis que ele faz, enquanto perguntava e dizia qualquer coisa para ela. Foi ótimo. Ele contou anedotas pornográficas e ela também. Ele contou uma sobre um urso que usava um coelho para se limpar depois de cada trepada, e ela riu. Ela tinha deixado as bebidas que Phyllis George mandou na casa de Richard, alguém foi lá buscar.

Phyllis George fica mandando uma porção dessas coisas, quer que seu marido faça a apresentação de Jimmy ou algo assim, mas Miz Lillian diz que é impossível, uma questão de protocolo. Phyllis também mandou duas fotos do nenê dela. E um casaco de lantejoulas para Miz Lillian, e Miz Lillian disse "E quem disse que posso usar esta coisa?". Dei meu livro *Philosophy* para ela. Ignorei Ruth Stapleton Carter porque não a reconheci. Havia muita gente do Serviço Secreto por ali porque Carter estava no quarto ao lado ou alguns quartos adiante. Me senti como um groupie.

Miz Lillian criticou o pessoal de Harvard, detesta-os, quase chegou ao ponto de dizer que um sujeito de Harvard que esteve com ela no Corpo de Paz era bicha, mas não disse.

Eu disse a LeRoy que ele é um ótimo entrevistador, que gostaria que trabalhasse para *Interview*. Ele disse que conseguia conversar tão abertamente com Miz Lillian porque ela é parecida com a mãe dele. Fui embora e caminhei pela avenida. Estava dando autógrafos e uma mulher veio e me deu um button "I Love New York", e aí me pediu dinheiro e quase dei, mas ela era tão horrível e agressiva que devolvi o button e aí ela pegou meu dedo, fechou-o dentro de seu livro e apertou, e quase dei nela com meu gravador.

Distribuí *Interviews* e às 4h tive um encontro com os H&R Blocks no escritório (táxi $3.60). O escritório estava animado. Eles vieram com a filha e um senador do Missouri, eu acho. São de Kansas City. Ficaram encantados com o escritório. Dei *Popism* para eles. Trabalhei até as 7h30, deixei Vincent (táxi $5). Bebi um pouco e fiquei muito cansado, decidi ficar em casa e assistir à convenção, que estava chata.

Quinta-feira, 14 de agosto, 1980. Cheguei ao escritório e havia gente do Serviço Secreto por todos os lados, por todo o quarteirão. Distribuí *Interviews* para eles. Aí lembrei que tinha convidado o garoto Mondale. Liz Carpenter estava lá, uma cafona, cabelo estilo Bo Derek, com continhas. Quer que eu faça uma conferência sobre educação artística no Ministério de Educação.

Esqueci de dizer que tenho encontrado muito Robb, a filha de LBJ, a alta. Lynda Bird. Poderia ser uma beleza estonteante, mas acho que não quer, usa óculos e um penteado cômico.

Liz Carpenter veio com umas oito pessoas. Nancy Dickerson estava lá. E Wilson Kidde veio com um amigo de Princeton, Matt Salinger, o filho de J.D. Salinger, que tentamos entrevistar para *Interview* mas ele recusou. Disse que seria muito complicado dar uma entrevista e seria mais fácil não dar. Ele é muito bonito.

E William Blair telefonou e não conseguiu vir almoçar, disse que seu pai não quer que ele trabalhe na *Interview* e não conseguimos compreender por quê. O almoço foi para Pat Ast, nós a colocamos ao lado do garoto Salinger e aí ela se divertiu. Discursei e distribuí alguns *Philosophys*. Disse que não acredito em arte, que acredito em fotografia. Oatsie Charles estava lá e me deu um cachecol Mondale. E o pequeno William Mondale é uma graça, ficou lá o tempo todo. Perguntei sobre o Serviço Secreto e ele respondeu que isso atrapalha o seu estilo. É tão bonitinho!

Rupert veio e fiz alguns desenhos e pinturas. Hans Mayer telefonou da Alemanha, vou ter de refazer um dos retratos.

Bob pegou o telefone e ligou para a Califórnia para dizer que eu concordei em fazer o retrato de Reagan, tudo porque interpretou mal uma brincadeira que fiz, e agora estou tendo pesadelos ao me dar conta de que realmente posso ser obrigado a fazer isso. Essas coisas são muito perigosas. Bob enlouquece querendo ficar por dentro dos republicanos.

Sexta-feira, 15 de agosto, 1980. Acordei e distribuí *Interviews*, agora levo muito mais comigo. Deixo nos táxis. E é muito mais fácil escapar das pessoas que param a gente na rua quando a gente dá uma *Interview* para elas. Acham que estão ganhando algo, um desenho ou uma coisa assim. Vincent disse outro dia que eu deveria começar a vendê-las em vez de distribuí-las, que seria mais divertido para mim.

Terça-feira, 19 de agosto, 1980. Bob ficou de mau humor o dia inteiro. Contei que temos de colocar Patti LuPone na capa e ele abriu um berreiro. Disse que ela é igual a Paloma. Ambas são latinas. Mas, ah, Bob é tão imaturo! Faz escândalo como uma criança quando quer alguma coisa e depois fica cheio de culpa. É tão previsível! Acha que tem muito para fazer. Que não tem vida pessoal. Diz que não gosta de sair com essas senhoras velhas, que só faz isso por mim, admitiu que algumas vezes não se importa com as viagens, que algumas vezes não se importa com as velhas, mas que preferia estar com seus amigos. Que amigos? Sei lá. Pessoas que ele encontra no trabalho! E nessas horas a gente sempre chama Fred, que depois das suas próprias noites de bebedeira tem que vir, se fazer de maduro e de sabe-tudo e acalmar Bob.

E, depois que a princesa Holstein ficou semanas pedindo para me ajudar, eu finalmente disse que podia me ajudar a tracejar, e aí ela desapareceu por uma hora e tive de fazer tudo sozinho, e quando voltou perguntei onde tinha estado e ela disse que tinha ido telefonar. Está se transformando na assistente de Ronnie – senta ali e conversa com Ronnie porque ele não tem nada para fazer. Enquanto isso Robyn passa os dias inteiros ligando para seus amigos para descobrir quem são os parentes da princesa. E é essa a situação do escritório.

Quarta-feira, 20 de agosto, 1980. Bob está um pouquinho melhor, pediu desculpas por ter se feito de louco ontem. Encontrei-o para jantar e discutir a entrevista de Patti LuPone, e também convidei Rupert porque temos de discutir a viagem à Flórida com Ron Feldman. Nos encontramos no Le Relais (jantar $130).

Quando cheguei em casa telefonei para Bob e conversamos até as 3h da manhã, porque eu estava esperando Jed chegar em casa. Ele foi jantar com Alan Wanzenberg, o arquiteto, que agora está trabalhando com Jed na casa dos Brant em Palm Beach.

Quinta-feira, 21 de agosto, 1980. Era aniversário de Suzie Frankfurt, então oferecemos um almoço para ela. Convidou todo mundo que queria (decoração da festa $84). Lester Persky foi o sucesso da festa. Suzie está decorando a casa dele em Beverly Hills. Ele disse a todo mundo que é um grande produtor. Renny, o florista, mandou um garoto da loja enrolado em celofane dentro de uma caixa para dar rosas a Suzie. Lester tentou rasgar o celofane. Tommy Pashun mandou orquídeas. Tudo acabou por volta das 3h e Suzie levou o que estava na mesa para casa – os chocolates e as flores. Aí Tommy Pashun teve de pedir as orquídeas de volta, porque eles mandam as orquídeas mas a gente não pode ficar com elas, são raras, e o florista vem buscá-las depois para colocar de volta na estufa. No dia seguinte mandam para outra pessoa.

Segunda-feira, 25 de agosto, 1980. Bob disse que Ina ligou e que vamos assistir à estreia de *42nd Street*. Fomos até o Winter Garden (táxi $4). Havia fotógrafos e todo mundo ficou nos empurrando. Mary Tyler Moore entrou exatamente quando a peça estava iniciando. O show é ótimo. Tammy Grimes está realmente ótima como uma velha estrela. Apresentam cinquenta sapateadores no número de abertura. É assim que os shows deveriam ser, realmente grandes. Os cenários mudam. Disseram que Gower Champion está no hospital.

O show foi realmente deslumbrante, mas a coisa mais surpreendente é que Carol Cook finalmente se transformou numa estrela! Não consigo acreditar. Eis aí alguém que conheci 25 anos atrás no Nathan Gluck e que ficava dizendo a todo instante que tinha que ser uma estrela, tinha que ser. E agora, 25 anos depois, finalmente conseguiu. Ela faz o papel que foi de Joan Blondell. E é aquela coisa de sempre – "o show tem que continuar". Carol faz aquilo que Brigid costumava fazer – se olha no espelho e fica feliz porque vê um rosto lindo, mas nunca olha abaixo do pescoço porque se fizesse isso veria 250kg de gordura. Desilu contratou-a uma vez e ela fez alguns *I Love Lucy*. Agora emagreceu.

Quando o show terminou começaram a gritar bravos, gritaram muito mesmo. Oitenta e cinco chamadas de cortina. Aí fizeram silêncio. E David Merrick veio, colocou a mão na testa e disse, "Este é um momento trágico. Gower Champion acaba de falecer". E ninguém sabia o que fazer. A atriz principal começou a chorar. Parece que tinha se mudado há pouco para a casa de Gower. Foi como num filme, o ator principal dizendo, "Fechem a cortina, fechem a cortina!".

E do lado de fora Joshua e Nedda Logan estavam em prantos, e uma porção de atores fingindo. Aí fomos para os camarins e nos deixaram entrar. A atriz principal passou correndo com lágrimas pelo rosto e disse algo como, "Busquem meu vestido" para alguém e "O show tem que continuar e tenho que ser uma estrela". Então aquele seria o grande momento dela e ela estava aborrecida porque Merrick estragou tudo.

Fomos para o camarim de Carol Cook e Ina começou a me apresentar e Carol disse, "Ah meu Deus! Ah meu Deus! Andy Warhol! Faz 25 anos que não vejo você! Lembra quando você me deu um desenho e eu dei um gato para você? Ah, meu Deus!". Foi tão cafona! "A gente tem de se encontrar."

Compramos os jornais mas não publicaram nenhuma crítica da peça ($1). Não tenho certeza sobre essa nova seção do *Times* que Clay Felker está editando. Não acho que vá dar certo. Se parece demais com um jornal de Long Island – *Newsday* – e acho que as pessoas realmente preferem jornais que se pareçam mais com o *Post*.

Quarta-feira, 27 de agosto, 1980. Doc Cox telefonou e disse que me buscaria para a projeção de *Union City* estrelando Debbie Harry. Fechamos tudo cedo. Deixei Robyn e Fred (táxi $5.50). Doc estava um pouco atrasado, finalmente chegou de limusine. Me contou que rompeu com seu namorado de dezenove anos de idade porque o garoto era muito ciumento, muito estranho. Charles Rydell está no filme, como um motorista de táxi. Está bem. Taylor Mead também, fazendo uma ponta, aparece um minuto como um bêbado. Achei o filme ótimo, mas Bianca, Ina, Bob e Doc Cox detestaram. E no filme havia cenas com médicos e o Doc ficou cochichando coisas como, "Não está certo, não é assim que se faz". Depois fomos encontrar Tammy Grimes no Elaine's.

Helen Frankenthaler veio até nossa mesa e estava bêbada. Eu disse, "Você gostaria de conhecer Bianca Jagger?", e ela fez um gesto com a mão e disse, "Não me interessa". Disse que queria que eu fosse à sua mesa conhecer Clement Greenberg e Kenneth Noland, que seria fascinante, e aí eu fui.

Então Tammy chegou e ficamos nos lembrando dos velhos tempos. Uma vez desenhei seus pés. Ela está muito bem. Eu a desafiei de novo e disse, "Sei muito bem que é a *sua* voz naqueles comerciais de TV porque ninguém consegue imitar a sua voz, e você me disse que não é você, mas eu *sei* que é". E aí ela confessou que era.

Quinta-feira, 28 de agosto, 1980. Alguém tem ligado todas as manhãs às 7h, deixa tocar três vezes e desliga. E é *para este* número – o número que poucas pessoas conhecem. Atendi uma vez, coisa que não costumo fazer. Não é estranho?

Sexta-feira, 29 de agosto, 1980. Fui olhar um edifício para comprar na Rua 22, mas é muito caro – $1,3 milhão. Tem dez andares mas é ao lado daquelas escadas de incêndio que obrigaram a colocar, pintadas de amarelo brilhante. Mas seria um bom prédio para a revista. Caminhei por lá procurando outros edifícios mas todos foram engolidos pelas pessoas nestes dois últimos anos, todo mundo tem comprado.

Liguei para Donald Ambrose, o amigo de Curley que mora perto do Gramercy Park, e convidei-o para jantar porque precisamos de alguém para substituir David, que deixou *Interview*. David era muito desbocado. Nunca se sabia o que sairia da sua boca. Esteve pintando no escritório e um amigo de Wisconsin, Jay Shriver, estava ajudando. Jay tinha acabado de chegar em Nova York e estava morando com ele. Aí notei que Jay era muito ordeiro, um bom trabalhador, organizado, e achei que ele seria uma boa pessoa para ter trabalhando no escritório, alguém como um zelador, embora não fôssemos *chamá-lo* assim, e até para me ajudar nas pinturas e nessas coisas porque Ronnie está ficando muito fino, tudo o que faz o dia inteiro é falar no telefone e agora vai à Europa para uma exposição organizada por Lucio. Enfim, eu disse a David que gostaríamos de convidar seu amigo Jay para trabalhar conosco e ele ficou irritado e perguntou como eu sequer tinha a coragem de *pensar* nisso. E foi por isso que pediu demissão.

De táxi até o Trader Vic's ($2). Encontrei Donald Ambrose no bar (drinques $20). Havia umas pistoleiras sentadas ali perto e quando nos levantamos para ir jantar uma delas agarrou David. Ricky e Cathy estavam lá e convidei-os a sentar conosco, mas recusaram. Estavam com uma mulher recém-chegada de L.A. que disse que conhecia um amigo meu, Ronnie Levin, e eu disse que ela não deveria nem *conhecê-lo*, quanto mais dizer que o conhecia, que isso lhe causaria problemas, aí ela ficou nervosa. Estava com joias de ouro. É um tipo engraçado, como a filha de alguém de Hollywood (jantar $100 mais $5 para o maître). A comida estava absolutamente horrível.

Domingo, 31 de agosto, 1980. A eleição presidencial é idiota demais para assistir. Agora detesto até John Anderson, que por um segundo me pareceu que seria ótimo. E aí a gente vê Ronald Reagan nesses bairros pobres e quase consegue ouvi-lo dizer, "Ah, meu Deus, o que é que estou fazendo aqui?". Mas o cabelo dele é ótimo. Na minha TV parece cabelo natural, nem parece pintado.

Terça-feira, 2 de setembro, 1980. Fui à casa de Halston. A NBC está fazendo um programa de entrevistas. David Brinkley filmou os ensaios do pessoal de Halston para a viagem ao Extremo Oriente e depois a equipe vai acompanhá-lo à China. Estava tudo muito elegante na casa de Halston, muitas orquídeas, tão cool, as mulheres circulando com suas malas novíssimas. Halston fez quinhentas novas peças de roupa para a viagem, algumas das mulheres estão recebendo as roupas como pagamento e outras estão recebendo (*risos*) apenas dinheiro. As roupas são lindas.

Depois decidi caminhar até a Rua 42 e ahhh, foi como uma peça louca. Negrões à espreita esperando para arrancar a próxima corrente de ouro. Os balconistas das joalherias com revólveres amarrados nos tornozelos. E os negros encostados nas lojas com todos aqueles diamantes, como se estivessem no bar da esquina. Foi como um filme de fantasia. Tive um compromisso no escritório às 3h.

Brigid emagreceu um quilo e meio. Está comendo três refeições por dia, mas tudo dietético. Ela telefona para os seus amigos do G.A. – Glutões Anônimos – uma noite antes, eles planejam exatamente o que vão comer no dia seguinte e depois disso não podem alterar nada, se decidiram comer hambúrguer, ou algo assim, não podem mudar para peixe. Um controla o outro. Ela baixou para 75kg.

Quarta-feira, 3 de setembro, 1980. Levantei e a grande novidade é que Johanna Lawrenson, uma velha amiga de Viva, filha de Helen Lawrenson, está vivendo com Abbie Hoffman, que acaba de anunciar que vai se entregar. Duvido que Viva soubesse, porque senão teria dado com a língua nos dentes.

A princesa Holstein, da *Interview*, ficou irritada porque estou fazendo um pôster para a Festa Verde de Joseph Beuys, disse que é uma tragédia que alguém como eu faça isso, que é uma festa socialista e eu fiquei sem saber o que fazer. Ela disse a Bob que não sabe se vai continuar a trabalhar para uma pessoa que faz declarações políticas sem nem saber o que significam. Fred disse que ela não se metesse onde não era chamada.

Quinta-feira, 4 de setembro, 1980. Hermann-o-alemão-Wunsche acabou de desembarcar do Concorde. Está fazendo um catálogo de todas as gravuras desde o início. Almoço para Hermann.

Brigid ficou tentando ligar para Viva para descobrir se ela sabia que Johanna Lawrenson estava vivendo com Abbie Hoffman. Brigid estava emocionada, era como voltar aos anos 60. Abbie Hoffman está horrível, não se modificou em nada embora digam que tenha feito plástica. E a mulher dele simplesmente jogou um processo de pensão alimentar e pensão para os filhos na cara dele.

Ron Feldman telefonou e disse que a viagem a Miami vai ser muito excitante, vão me dar três chaves da cidade. É assustador.

Sexta-feira, 5 de setembro, 1980 – Nova York-Miami. O voo Nova York/Miami é o pior de todos, todo mundo é tão feio e porto-riquenho e cubano e sul-americano, é um nojo. A Flórida realmente se modificou, está muito diferente, é um novo mundo (revistas e jornais $12).

Nos buscaram de limusine e nos levaram para o Turnberry Isle, o tráfego estava tão ruim que levamos uma hora e meia, e tive de me colar para um coquetel lá embaixo, durante o qual eu tinha que tirar fotos para três retratos. Havia um bufê enorme com uma comida ótima, mas não consegui comer nada porque tive que conversar com todas as pessoas que queriam meu autógrafo. Conversei com uma senhora e ela queria que eu fizesse o seu retrato ali mesmo, aí tivemos de sair e subir e, ah! ela estava com umas pérolas que eram um espanto, iam literalmente do pescoço até a cintura, eram muito bonitas. Só não lembro o nome dela, mas é uma grande amiga de Liza. Perguntou se eu queria cheirar e recusei, era o tipo da mulher louca. Fiz seu retrato, aí a dona do hotel estava oferecendo um jantar lá embaixo, muito elegante. Sentei entre a anfitriã e uma outra retratada e me diverti bastante.

Depois do jantar tive de subir para o quarto e retratar outras duas senhoras e pedimos que Rupert fosse o maquiador. A primeira mulher era pálida porque é elegante demais para tomar banho de sol e ficar com rugas, e as outras mulheres eram morenas e bronzeadas, e aí foi muito difícil, realmente tivemos de refazê-las sem um especialista em maquiagem. Usei muita maquiagem branca. E finalmente terminamos tudo às 2 da manhã, quando fomos todos para cama, e eu estava tão exausto que não consegui dormir.

Sábado, 6 de setembro, 1980 – Miami. Uma tal de excursão de ônibus para ver os prédios art déco, com cinco estações de TV e cem câmeras. Uma mulher descreveu todos os hotéis art déco. Jed não foi na excursão, ainda está trabalhando em Palm Beach, disse que voltaria por volta das 6h30.

Depois fomos ao Famous Restaurant, e cada um dos repórteres veio conversar comigo e havia cem deles, autografei bastante e falei bastante, e tive de ser fotografado comendo de tudo, até guefilte-fish. Nunca tinha provado. É ok. Foi um trabalho duro, estávamos exaustos, então nos levaram de volta para o hotel e descansamos até o vernissage. Jed veio com Alan, o arquiteto, e aí tomamos limusines e fomos para o vernissage. Tive de autografar, dar entrevistas, multidões, *Popisms. Exposures*, pôsteres.

Domingo, 7 de setembro, 1980 – Miami. Quente de verdade. Acordei e tinha que ir tomar café com os donos, mr. Sopher e sua esposa – Donald e Carol. Fiz o retrato dela dois dias atrás. Me atrasei um pouquinho e quando cheguei já estavam todos lá, duas mesas cheias de gente chique e interessante. A gente tinha de entrar na fila para o bufê, mas era comida muito, muito boa – salmão, dava para pedir ovos mexidos com qualquer coisa, serviram rosbife e rosquinhas e queijo cremoso e peixe. Não sei por que gastam tanto dinheiro com comida, mas estava realmente bom.

Ron Feldman estava lá. Conversei com o dono e ele me lembrou que é de Pittsburgh ou McKeesport. É proprietário de todo esse império, oitocentos acres de pântano que ele transformou neste lugar ótimo. Dei muitos autógrafos e entrevistas. Foi exaustivo.

Voltei para o hotel e assisti a *Stage Door*, com Ann Miller e Katharine Hepburn, e foi melhor do que assistir aos jogos de tênis porque não suporto ficar olhando para alguém que pode perder.

Segunda-feira, 8 de setembro, 1980 – Miami-Nova York. O Rolex feminino que Thomas Ammann me deu de aniversário não funciona direito, está duas horas atrasado. Fiquei circulando pelo saguão do aeroporto. Comprei revistas ($8). Num dos jornais há uma reportagem sobre Dade County, que é onde ficamos, onde há um assassinato por minuto. É o lugar mais perigoso do mundo. Uma pessoa se hospedou num hotel e não olhou embaixo da cama e aí no dia seguinte olhou e havia uma mulher de 81 anos que tinha sido estrangulada. Aí você pode imaginar que tipo de lugar é. Bem, é muito quente lá, acho que lugares quentes enlouquecem as pessoas. Fritam o cérebro da gente. Finalmente subimos e fui ao banheiro do aeroporto, estava realmente apavorado de entrar lá sozinho, fiquei pensando em todos aqueles assassinatos, e havia umas duas pessoas atrás de mim, achei que seria assaltado, mas quando me virei nem tinha lavado as mãos o sujeito só queria um autógrafo e apertar minha mão. Era um funcionário do aeroporto. Branco.

No avião, uma mulher na poltrona à minha frente pediu um autógrafo e eu autografei um saquinho de enjoo para ela.

Tinha um encontro com Sharon Hammond para jantar, buscamos Ann Barish e fomos para o Elaine's (táxi $4). E naquela noite Woody Allen, Mia Farrow e aquela mulher que faz *Saturday Night Live*, Jean Doumanian, estavam lá. Ela é uma velha amiga de Woody Allen, achei que fosse sua namorada mas é só uma velha amiga. Sharon disse que não pode beber depois da meia-noite porque vai fazer uma plástica nos olhos pela manhã com o dr. Rees e nós lhe dissemos que era uma idiota, que não precisava disso, mas ela disse que queria tirar os excessos e era uma boa ocasião para começar. E depois vai colocar silicone nas bochechas para encher as estrias em volta da boca, ela está começando cedo.

Dustin Hoffman estava lá com sua namorada e passou por nós e não me disse nada. David Merrick era o grande herói, todo mundo foi apertar sua mão. Fiquei dizendo para Sharon que estou acabado, que ninguém nem me cumprimentou. Mas aí todo o serviço secreto entrou e como-é-o-nome-dele veio me cumprimentar. Jack Carter. E então foi uma noite ótima.

Quarta-feira, 10 de setembro, 1980. Feriado judeu, aí as coisas começaram a se acalmar por volta das 3h. Trabalhei com Rupert até as 7h30 ou 7h45 no retrato de Debbie Harry (táxi $5). Busquei Barbara Allen e John Samuels, que agora formam um casal. Fomos para a casa de Diane von Furstenberg, onde não tinha absolutamente ninguém que nós conhecêssemos e Diane não estava por ali para nos apresentar, então sentamos e ficamos dando risada. Richard Gere e Silvinha chegaram. Acabam de voltar de Fire Island. Marina Schiano e Thomas Ammann vinham atrás deles. Ficaram falando mal de Fire Island e eu disse que era o melhor lugar do mundo. Disse a Richard que eu podia apostar que ninguém tinha pedido seu autógrafo, porque você sabe como as bichas de lá são discretas, e Marina teve de fazer um comentário, "Bem, não pediram o *seu* autógrafo, mas pode ficar certo que o *dele* eles pediram". Você sabe como Marina é. E Richard disse para Bob (*risos*): "Fotos não, por favor". Serviram galinha assada que até podia ser do Kentucky Fried Chicken e bolo de chocolate. Os filhos de Diane são lindos. Quando estávamos indo embora ela disse, "Ah, meu Deus, será que vocês foram apresentados ao príncipe da Tailândia?", e apontou para um garoto que nós pensávamos que fosse um garçom, quer dizer, podia trabalhar na quitanda da esquina vendendo legumes. Ela nem nos apresentou! E estávamos morrendo de vontade de conhecê-lo. É menor que Rupert. Cabelo preto.

Deixei Barbara, Silvinha e Thomas Ammann olhando para Richard Gere. Deram o fora em Richard Samuels – ele estava muito nervoso, olhando à volta e querendo ir ao Ritz ver um grupo chamado "The Coconuts" ou algo assim. Passei a noite em claro.

Quinta-feira, 11 de setembro, 1980. Assisti a mrs. Allison, a parapsicóloga, no *Donahue* falando sobre os "anjos" que ela encontra – os corpos de crianças desaparecidas. Foi fascinante, mas não sei se acredito mesmo nisso. Ela seria ótima se pudesse dizer onde uma criança desaparecida está menos de uma hora depois que desapareceu, isso é que realmente ajudaria. Deveria fazer plantão telefônico.

Me colei e busquei Bob e Diana Vreeland para irmos jantar na casa dos Winships. Diana estava com um Valentino lindo (táxi $2). Chegamos lá e foi muito acolhedor, era um jantar para Zandra Rhodes. Os Carimati estavam lá, e Ralph Destino e André Gregory. Ralph me disse que está apaixonado e que vai se casar, e pelo terceiro dia consecutivo dei uma aula a alguém sobre o porquê de não casar, tenho de parar de fazer isso. E depois fiz uma aposta com ele e estou com medo de descobrir quem ganhou. Uma aposta do tamanho de um retrato. Sobre se Rita Hayworth nasceu no Brooklyn. Eu disse que não nasceu. Pedi 40% de desconto na loja dele, a Cartier. Com 40% eles ainda têm um lucro de 10%.

Zandra Rhodes estava com o cabelo pintado de púrpura e cor-de-rosa. A Winship estava com um vestido Zandra simples. O noivo de Zandra, Couri Hay, veio depois do jantar. Está querendo jogar pesado com Zandra, aí eu toquei no assunto da mulher dele. Ah, você sabe, a "mulher dele", aquele garoto. Ele fica dizendo a Zandra para ser mais louca e tenho dito a ela que não faça mais isso, que o cabelo colorido dela está meio fora de moda. Quando perguntei, na frente dela, por que não é citada nas colunas dele, ele disse que é porque ninguém sabe quem ela é.

Sexta-feira, 12 de setembro, 1980. Feriado judeu, ainda. Dia agradável, quente, tudo muito vazio, só táxis circulando. Fred veio e disse que foi ver Milos Forman dirigindo *Ragtime* em Irving Place. E que foi divertido, tinha bosta de cavalo e tudo.

Sábado, 13 de setembro, 1980. Decidi ir à festa dos Kennedy para comemorar o casamento de Michael com Vicky Gifford. Não queria ir sozinho, aí esperei na esquina por Fred e Mary Richardson que vieram me buscar e fomos de táxi até a 55 com Sutton Place, no Le Club. Os paparazzi estavam todos lá, Ron Galella e todos os outros. Caroline e John-John estavam lá e Eunice Shriver – acho que era ela – e Ethel. Os únicos adultos que não estavam eram Jackie e Ted. E Jean Kennedy Smith.

Fred e eu sentamos na mesa dos velhos. Eunice me contou que gosta de madonas e contei que estou fazendo "Madonas Modernas" e vou ligar para convidá-la a ir ao escritório. Michael discursou e disse que gosta muito de Frank Gifford e que era como ter um novo pai. E o garotinho de dez anos de idade discursou e disse que Michael, quando está dirigindo e fica com vontade de ir ao banheiro, mija numa garrafa de cerveja, e todo mundo ficou tentando fazer com que ele calasse a boca, mas ele não calou. E Robert Jr. fez o melhor discurso, provavelmente vai ser melhor do que Teddy, provavelmente será o melhor de todos. Mas o Kennedy mais divertido é o que ficou dançando com a bolsa da namorada e se fingindo de bicha. Eles todos dançam muito bem. Kerry fez algumas músicas e todos cantaram. Mary beijou todos os garotos, conhece todos.

Fui convidado para uma festa que Calvin Klein e Elton John estavam dando num barco chamado Peking, onde Yves St. Laurent deu a festa do Opium que eu perdi, e aí fiquei com vontade de ir. Elton John fez um show para 400 mil adolescentes no parque. Fred queria levar Mary, Kerry e uma porção de garotos, então chamamos uma limusine para ir até downtown. Estava uma noite linda. Vi algumas pessoas interessantes, como Joe Dallesandro. E o veterinário de Archie e Amos, dr. Kritsick, que é muito bonito, estava lá. E John Samuels. Todos os modelos da cidade. Lester Persky ficou correndo atrás de todos os modelos que estavam lá.

Domingo, 14 de setembro, 1980. Brigid contou que finalmente falou com Viva que disse que o motivo pelo qual Abbie se entregou é que ele descobriu que Viva descobriu tudo e sabia que ela falaria.

E Barbara Loden faleceu. Ela era gentil.

Segunda-feira, 15 de setembro, 1980. De táxi até o Jewish Museum, onde a revista *Time* ia me fotografar ($3.10). Era o mesmo fotógrafo que há anos me fotografa. Ron Feldman estava lá.

Eunice Shriver ligou de manhã e disse que queria vir ver as "Madonas Modernas" sobre as quais eu tinha falado, e a convidei para almoçar, mas mais tarde ela desmarcou. O escritório estava animado, todo mundo à volta. Um dos garotos de Las Vegas que Edmund Gaultney trouxe decidiu ter o seu retrato pintado. Mas não conseguimos encontrar ninguém para fazer a maquiagem, aí eu mesmo fiz, e acho que na realidade eu sei fazer isso, ficou muito bom. O garoto estava muito bronzeado. Passei branco.

Fui downtown para a festa de aniversário do dr. Giller. Gente bonita, todo mundo conhecido. Rupert entrou de furão e quando faz isso fica vermelho e sorri. Tommy Pashun estava lá.

E também um advogado de defesa chamado Ed Hayes, que se parece com alguém de *Laverne and Shirley*, como um vegetal que as pessoas convidam para as festas só para vestir roupas engraçadas, pular e fazer as coisas mais "louquinhas". Roupas tipo anos 40, cabelo escovinha, uns 29 anos. Ele disse, "Posso te livrar de qualquer coisa".

Terça-feira, 16 de setembro, 1980 – Nova York-Filadélfia-Nova York. Mudei de ideia sobre ir de trem até Filadélfia ver a exposição de Jamie Wyeth no Fine Arts Museum. Pedi que Fred conseguisse um carro. Bob e eu fomos de táxi até o Doubles ($5). Almoço com Jean Tailer e Pat Buckley. Deixei minha maleta na portaria, bebi, fomos almoçar. Um almoço de mulheres, todas as senhoras gostam de ir ao Doubles almoçar porque é barato e a gente pode comer o quanto quiser e repetir à vontade, e a comida é horrível, peru defumado e presunto defumado, e me deu azia. Todas essas senhoras ricas gastam dinheiro em roupas mas não em boa comida. Bob foi o melhor fofoqueiro. Pat Buckley disse que ficou muito excitada porque *Shogun* está na TV. Disse que noite passada levou uma bandeja para cama e assistiu às três horas de filme e telefonou para as amigas durante os comerciais – nem foi encontrar George Bush, que estava jantando lá embaixo com seu marido. E está muito desapontada que hoje à noite só passam duas horas.

Chegamos à Filadélfia e não conseguimos encontrar Delancey Street, o motorista era muito velho e mal-humorado. Avistamos o sino rachado. Encontramos Walter Stait. Dissemos que não passaríamos a noite lá, que tínhamos de fazer um retrato em Nova York de manhã cedo. Tomamos chá, trocamos de roupa.

Emlen Etting estava lá com uma capa preta e um chapéu preto, está muito velho, parece uma dessas bichas engraçadas. Demos uma carona para ele até o museu. Todas as antiguidades estavam lá. Encontrei Jamie, fiz TV. Seu pai e sua mãe não apareceram. O irmão, Nicky, e a cunhada, Jane, que trabalha na Sotheby's, estavam lá. Arnold Schwarzenegger não foi e Nureyev também não. Vi Bettie Barnes, que deixou meu gato morrer. É um homem. B-E-T-T-I-E. Uma vez dei um gatinho para ele e o gatinho chorava muito, então achei que queria a mãe e também a dei. Ficamos só com dois gatos, minha mãe e eu já tínhamos dado 25. Isso foi no início dos anos 60. E, depois que dei a mãe, ele a levou para ser esterilizada e ela morreu na mesa de operação. Minha querida Hester. Foi para o paraíso dos gatinhos. E me sinto culpado até hoje. Acho que deveríamos ter iniciado *Popism* assim. Foi então que decidi não me importar mais. Não quero pensar nisso. Se eu mesmo a tivesse esterilizado sei que teria sobrevivido, mas *ele* a deixou morrer.

Então foi a grande exposição de Jamie. Tive de ficar em frente com o meu retrato. Agora Jamie está pintando umas telas maiores – mais pop. Eu falei que deveria fazer outras ainda maiores mas ele disse que achava que não encontraria bastidores tão grandes, e aí eu disse que existem uns tão imensos quanto o céu.

Phyllis Wyeth foi uma das minhas companhias para o jantar e a outra foi Bonny Wintersteen, que é podre de rica.

Warren Adelson e sua mulher estavam lá, ela com o mesmo vestido de Monte Carlo, e eu disse, "Mas este é o mesmo vestido que você estava usando em Monte Carlo", e ela disse que quando se vestiu para vir pensou, "Ninguém vai se lembrar deste vestido exceto Andy Warhol. Ele vai dizer, 'Mas este é o mesmo vestido que você usou em Monte Carlo'." Foi divertido, achamos graça.

Walter Stait foi divertido. Fiquei muito bem até o momento em que Fred contou que o lugar para onde fomos depois do museu, o Fairmont Hotel, foi onde detectaram a doença dos legionários, e aí fiquei com mais dor de garganta ainda. Mas dizem que foi completamente reformado.

Fomos embora discretamente e voltamos para a casa de Walter para pegar a mala de Fred. A viagem de volta levou duas horas. Eu queria dar uma gorjeta realmente grande para o motorista, mas Fred disse que isso o deixaria mal-acostumado ($20).

Quarta-feira, 17 de setembro, 1980. Cansado da viagem à Filadélfia.

Muitos jornais judaicos estão vindo me entrevistar sobre os "Dez Gênios Judeus" – *Dia Judeu, Semana Judaica, Mês Judeu* – e Fred acha que eu não deveria mais dar entrevistas por um tempo, tenho dado entrevistas demais. Ele tem razão.

Caminhei até em casa, me colei. Thomas Ammann veio me buscar para irmos à festa de Sondra Gilman. Era para Nick Roeg, mas ele já tinha saído quando chegamos. Estava muito quente, pessoas suando. Sylvia Miles estava lá, e ela age de uma maneira estranha, acha que nós a abandonamos e diz que quer "renovar nossos laços". Mas sempre que ela me convida para acompanhá-la a algum lugar é sempre alguma coisa para a qual eu também fui convidado, aí tenho de dizer que iria de qualquer maneira e já tinha combinado de levar outra pessoa. E ela me contou a melhor fofoca dos últimos tempos – que agora Joe Dallesandro está morando com Paul Jabara. Então é por isso que ele não tem ligado para pedir dinheiro.

Sondra convidou umas pessoas interessantes – como Tony Walton, o cenógrafo. Sondra estava ótima, num vestido de seda amarelo-brilhante lindo – a cor que usei no retrato de Debbie Harry que a deixou com um ar jovem, oito anos de idade. Perguntamos quem tinha desenhado o vestido porque era muito bonito, e ela disse, "Vocês vão desmaiar se eu contar". E aí nos contou e Bob e eu desmaiamos – era um Diane von Furstenberg. Estava à venda por $120. Realmente bonito.

Sondra produziu o novo filme de Nick Roeg, *Bad Timing*, com Art Garfunkel e aquela mulher que acho que encontrei lá, Theresa Russell, que não se parece com nada. A comida estava horrível. Fomos embora e Sondra continuava servindo ovos de codorna, ela tem uma criação de codornas.

Quinta-feira, 18 de setembro, 1980. Fui ao escritório e briguei com Carole Rogers porque ela jogou uns envelopes no lixo. Ela disse que custam apenas 35 centavos, mas provei que custam $2. O humor de Bob estava melhor porque ele se mudou para um escritório maior. Jay Shriver é ótima nessa coisa de organizar tudo.

A mulher do senador Heinz ligou e disse que tenho de ir ao jantar dela na semana que vem em Washington; contou que está planejando tudo em torno de Jamie e de mim e que vai ser em minha homenagem. O pessoal de Ronald Reagan Jr. ligou para dizer que ele concordou em ser entrevistado por mim para *Interview*, eu nem sabia disso.

Joanne Winship ficou me ligando o dia inteiro para saber se eu buscaria Carolina Herrera e a levaria ao seu jantar em benefício dos Escoteiros Italianos. Eu ia fazer isso, mas queria demorar a ligar para Carolina só para deixar mrs. Winship louca. Mrs. Winship ameaçou mandar um carro buscar Carolina se eu não dissesse naquele momento se ia ou não buscá-la, mas eu sabia que ela não faria isso. Busquei Carolina, que estava com uma das suas próprias criações, tem uns vinte modelos que ela mesmo fez, está entrando no mercado de moda, é por isso que está em Nova York. De táxi até o Pierre ($3). Monique Van Vooren estava lá e queria tirar uma fotografia comigo, aí tiramos, e então eu dei as costas mas ela me pegou pelo braço e perguntou como eu me atrevia a "dar o fora" nela, e eu disse, "Ah, por favor, Monique, não seja louca". Ela disse, "Como é que você pode me dar um fora! Ano que vem eu vou ser a maior".

Depois Monique sentou conosco e Joanne Winship disse "Essas pessoas nojentas que sentam onde não devem!", e Monique disse, "Ah, sua puta". E Joanne disse, "Sua falsa, você é minha convidada e vai sentar onde eu quiser!". Foi muito louco, Joanne estava fora de si. Adorei. Eu queria tanto ter um gravador!

Fred saiu por um segundo e quando voltou Joanne o viu sentando ao lado de mrs. Vreeland, no lugar onde ele estava antes, e gritou, "Como você se atreve a sentar aí?". Pobre Fred, só tinha se levantado para ir ao banheiro.

Aí Ron Link, que dirigiu o desfile de modas antes do jantar, veio sentar conosco e Joanne gritou com ele e ele a odiou e foi embora, e aí Joanne disse a Monique que ele tinha ido embora por causa *dela*. Quer dizer, ela está pinel, totalmente maluca. Me diverti muito.

Sábado, 20 de setembro, 1980. John Reinhold veio me buscar para irmos à festa de casamento de Bill Copley (táxi $5.25). A porta estava aberta quando chegamos lá. Havia um toldo armado nos fundos, Donald Bruce White organizou tudo. Fiquei com inveja da noiva porque ela estava usando um colar de pérolas da Tiffany's de $145 mil. Ela foi uma cafetina de verdade e que Bill contratou para a peça dele onde Maxime de la Falaise e Denise Bouché também estiveram. Não coloquei o nome dela no presente que levei – de propósito. Foi um "Sapato".

Festa para pouca gente. O novo dachshund de Bill é Ludwig, diferente do pequeno Tommy que foi atropelado, mas ótimo. Dei comida e ele gostou de mim. Quando estavam cortando o bolo um sujeito veio, disse que queria falar comigo, me levou para um canto e achei que diria alguma coisa boa mas de repente começou a dizer coisas cruéis! Era o namorado da namorada da cafetina. Não sei qual era o problema dele. Fiquei com medo de me levantar, achei que ele podia me bater.

John Reinhold e eu fomos embora depressa e John me disse, "Se você tivesse dado uma boa olhada na roupa dele, você nem teria falado com ele".

Domingo, 21 de setembro, 1980. Tentei ver TV mas não havia nada bom.

Ah, sim, tem razão, o debate. Não aguentei ver nenhum dos dois – Reagan está tão velho, tão amassado! E o outro sujeito, Anderson, é parecido demais com Chris Hemphill.

Segunda-feira, 22 de setembro, 1980. O secretário de Raquel Welch ligou e disse que ela gostaria de antecipar nosso almoço de 1h30 para 1h, então fiquei uptown e depois fui a pé até o Quo Vadis.

Raquel se atrasou meia hora, só chegou lá à 1h30. Está ótima, para quem tem quarenta anos. Seu novo marido é um francês produtor de filmes. Raquel é amável, agora que caiu um pouco na realidade.

Terça-feira, 23 de setembro, 1980. Bob deu um grande almoço para Paige Rense, o editor de *Architectural Digest*, foi um grande sucesso. Eugenia Sheppard e Earl Blackwell e Lily Auchincloss e Pat Buckley estavam lá. E Lee Radziwill, que Paige Rense entrevistou para *Interview* – e Cris Alexander estava lá para tirar fotos dos dois. Jean Tailer estava lá, e Christina Carimati, Marion Javits e Joe Eula, que eu não via há meses. Vinte e sete pessoas.

E Victor ligou de Paris. Halston e o grupo fizeram sucesso na China. Ele disse que foi maravilhoso, que perdi uma coisa ótima.

Quarta-feira, 24 de setembro, 1980 – Nova York-Washington D.C. Chegamos ao hotel, nos hospedamos. Às 7h fomos ao coquetel de Steve Martindale, onde encontramos Liz Carpenter, que disse que ainda quer um retrato, mas depois perguntei a Ina Ginsburg se Liz estava falando sério e Ina disse, "Bem, acho que você devia dizer o preço para ela". Talvez não saiba que custa $25 mil. Ina disse que ela provavelmente terá um infarto. Liz Carpenter ficou repetindo, "Você tem de tirar um xerox meu". Em vez de polaroid. "Quando é que você vai me xerocar, querido?"

E aí fomos para uma festa para os Sapatões do Ano. Você sabe, aquelas tipo sapatão, como se chamam? "Mulheres de

Destaque." E a primeira pessoa para quem me apresentaram foi um calhorda que disse que Viva está na cidade e que vai ser seu advogado num processo. Disse, "Viva está muito infeliz com os acontecimentos do passado", deixando subentendido que quer nos processar, e eu disse, "Bem, Viva cria os *seus* próprios problemas, quer dizer, não são meus problemas". Um calhorda, um absoluto calhorda. São esses os que criam problemas. Querem criar problemas por causa de uma coisa de nada. Ah, mas na verdade, quando penso nisso, acho que Viva jamais conseguiria ficar junto desse sujeito, nem por um minuto.

Aí levamos os bolinhos de chocolate que Ina tinha no carro para a casa do senador Heinz. Jamie e Phyllis Wyeth estavam lá. E aí Liz Taylor chegou com John Warner, veio até nós e foi amável, e mais tarde voltou para nossa mesa e jantou conosco. John me trouxe um cálice cheio de vinho, mas levou só um dedo de vinho para Liz, e ela perguntou, "O que aconteceu?" e ele disse, "Ah, não sei, acho que foi o barman que não encheu o copo".

Conheci mrs. Kassebaum, a filha de Alf Landon, a única mulher entre os senadores. Havia uma porção de mulheres da pesada, mas muito divertidas. Havia um violonista português lá, porque mrs. Heinz é portuguesa de Moçambique. Nos levaram para conhecer a casa, linda, eles têm pinturas ótimas, caras. Têm um Copley. E mrs. Heinz cozinhou, foi pato português e arroz, mas só me servi uma vez.

Ina nos deixou no hotel. Subi e tinham deixado uma caixa de bombons Godiva lá e comi os recheios deles. Abri todos os bombons. E também deixaram uma garrafa de brandy, que também bebi. E uma cesta de frutas, e comi todos os kiwis. Fiquei cheio de açúcar e acho que desmaiei, acordei uma hora depois.

Quinta-feira, 25 de setembro, 1980 – Washington, D.C.-Nova York. Li *Conversations with Joan Crawford* no avião. Adorei o jeito que ela diz "merda" e "foda" e coisas assim. Ah, Deus, teria sido fantástico se eu tivesse conseguido que Paulette fizesse algo parecido quando tentamos escrever o livro sobre ela. Vou ter de pedir para ela fazer isso agora, como presente de Natal: me deixar gravar uma boa fita cheia de histórias ótimas para que eu possa utilizar algum dia. Gostaria de saber se realmente posso pedir isso – "Ah, Paulette, por favor – só um presente (*risos*) para me dar dinheiro". É uma boa frase, certo? Sim, acho que vou dizer isso..

A chuva chegou conosco a Manhattan. Bob tinha despachado as malas e então tivemos de esperar um pouquinho (táxi $20). Fomos todos deixar as malas em casa. 11h30.

Ron Reagan Jr. foi ao escritório. Os fotógrafos vieram, o cabeleireiro veio, os desenhistas de moda vieram, os diretores de arte vieram – então às 6h o escritório estava cheio, umas 25 pessoas. E Bob circulando, enlouquecido, dizendo, "Precisa tudo *isso* para tirar uma simples foto de um garoto bonito?". E continuaram chegando – os assistentes dos assistentes dos assistentes e finalmente era loucura demais e mandamos todo mundo embora e ficaram só umas três ou quatro pessoas.

Aí Ronnie Reagan Jr. chegou de mãos dadas com a namorada. E um negro que cuida dele e que ele chama de "Chocolate Boy". Quem organizou tudo foi Jamie Kabler, que é casado com a filha de mrs. Annenberg. Ele correu até onde eu estava e disse, "Dá para acreditar? Lally Weymouth ligou pedindo para entrevistar Ron, e quando ele disse 'Desculpe, mas não dou entrevistas – só vou dar uma entrevista e é para a revista *Interview*' ela disse, 'Como é que você pode trabalhar para essa revista homossexual? Nós dois somos mais o mesmo tipo de pessoas. Quer dizer, *eu venho* de uma das melhores famílias e *você vem* de uma das melhores famílias, e você vai dar exclusividade para essa revista?'." Jamie disse que Ron ficou realmente chateado e queria cancelar, mas Jamie saiu e comprou uma *Interview* e Ron leu e não achou que fosse homossexual, e disse que de qualquer maneira não se importava, que ainda queria fazer a entrevista porque queria "conhecer Andy". E jantar comigo. É realmente um garoto ótimo. Deus, foi tão amável, o único problema é que ficou alisando a namoradinha. Os dois moram juntos. Chocolate Boy é só um amigo íntimo.

E ele é muito esperto. Não falou muito, mas quando falou foi esperto. Falou baixinho, uma graça. E ficou meio que sentado ali, parecia nervoso. Aí tiraram fotos e ele bebeu. Bebeu mais do que qualquer pessoa que eu conheço, não sei se era só para não ficar nervoso ou o quê.

Depois fomos fazer a entrevista no 65 Irving. Eu não sabia sobre o que conversar com ele, sou muito tímido e ele também. Mas aí Bob tomou coragem e começou a perguntar sobre o pai dele. Perguntei (*risos*), para ajudar Bob, se seu pai pinta o cabelo. Ron disse que todo mundo pergunta isso. Eu disse que era culpa de Bob. Então Bob disse que era culpa minha. Ron disse que não, que o pai não pinta o cabelo, e que a mãe é muito gentil, muito adorável. E então fiquei mais ousado e toquei no assunto de *Gente como a gente,* contei que tinha detestado Mary Tyler Moore e que, depois que vi o filme, se a encontrasse na rua, lhe daria um chute. E a esta altura ele estava quase a ponto de dizer alguma coisa sobre Nancy, mas aí de alguma maneira se deu conta e mudou de assunto. Porque acho que a mãe de *Gente como a gente* é exatamente como mrs. Reagan. Fria e esperta. Aliás, o pequeno Timmy Hutton, o astro do filme, nos deu o fora, não quer dar mais entrevistas.

Ok, aí estávamos no 65 Irving. Contei que nunca tinha provado pernas de rãs e ele foi muito delicado, pediu algumas para que eu provasse. Ele é realmente gentil, tem um corpo lindo e olhos lindos. Só que não tem um nariz bonito. É muito grande. Lábios carnudos. Não se parece com ninguém de sua família, é surpreendente. Não sei se é bicha. Ficou sentado lá agarrado na perna da namorada, tocando nela. Ela tem 28 anos, o nome é Dona, se conheceram na Califórnia. Ela nos convidou para um jantar Cuisinart – ele deu um Cuisinart para ela de aniversário. E eles têm uma televisão de dez polegadas, uma Quasar.

E mais tarde, lá fora, encontramos Annie Leibovitz, que está recuperada do "infarto". Está ótima. Tirei uns polaroids e distribuí a todos de lembrança, e dei os meus livros *Philosophy* e *Exposures*. E o pequeno Ron escreveu no livro do amigo negro, "Para meu crioulo favorito", e o garoto disse que vai mostrar para todo mundo quando for para a Casa Branca. Depois falamos sobre Merce Cunningham e Ron disse que a coreografia que Merce fez com as almofadas cheias de gás é a preferida dele, então contei que fiz umas "Almofadas Prateadas" e ele disse que nem sabia, que não tinha sido por isso que tinha tocado no assunto. Bob se apaixonou por ele, achou-o ótimo. Jamie Kabler estava de limusine e levamos os garotos Reagan, eles moram na Rua 10 entre Quinta e Sexta. Se divertiram bastante, acho que gostaram de nós, aposto que vamos ser convidados para muitos jantares Cuisinart.

Será que contei que perdi a aposta com Ralph Destino sobre o lugar de nascimento de Rita Hayworth? Ela *realmente* nasceu no Brooklyn, e agora vou ter de pintar o retrato da mulher com quem Ralph vai se casar.

Sábado, 27 de setembro, 1980. Acordei às 9h. Tive de me colar para encontrar Fred Dryer e entrevistá-lo no Quo Vadis.

Ele é um dos Los Angeles Rams. Chegou e estava sem camisa e sem gravata, e os dois grandalhões que vieram junto também estavam, mas conseguimos que o restaurante nos colocasse numa mesa nos fundos, a mesma que nos deram quando entrevistamos Burt Reynolds. Fred Dryer tem 2m de altura e é tão bonito que me apaixonei. Quer fazer teatro. Fiquei constrangido quando ele me perguntou qual era o seu número no time e eu não soube responder. Pediu quatro saladas e carne.

Domingo, 28 de setembro, 1980. Brigid ficou no curso de meditação todo o dia. Tiraram os relógios. Só chegou em casa às 5 da manhã. Eram duzentas pessoas e acho que foi fedorento. Ficaram olhando nos olhos das pessoas e peidando. Se chamaram de bundões e agora Brigid é uma bundona. É ridículo demais.

Quarta-feira, 1º de outubro, 1980. Resolvi ficar no escritório com Rupert e trabalhar um pouco com pó de diamantes. Se fosse de verdade custaria $5 por quilate e seriam $30 mil ou $40 mil em cada pintura, só de pó de diamantes. Aí John Reinhold nos buscou para irmos assistir a *Reverse Psychology* com a Ridiculous Theatrical Company, de Charles Ludlam, lá em Sheridan Square (táxi $6, ingressos $32).

Bons lugares e a peça era boa porque era muito realista. É sobre um casal de psiquiatras que tem uns pacientes que vão para uma ilha e tomam uma droga chamada PU que faz as pessoas gostarem de quem não gostavam e vice-versa. É divertido, merece ser vista porque as brigas são tão reais.

John e eu decidimos conferir Bobby Short no Carlyle (táxi $450) e Bobby estava lá cantando a plenos pulmões e fiquei relembrando quando lhe assistia nos velhos tempos, mas aí John me trouxe de volta para a realidade – contou que Shirley Goldfarb foi para o céu. Então Bobby ameaçou vir até a nossa mesa e aí pagamos e fomos embora rapidamente ($68.30). Cheguei em casa por volta da 1h30.

Quinta-feira, 2 de outubro, 1980. Nelson Lyon veio com Michael O'Donoghue, o redator de *Saturday Night Live*, ele é um sujeito divertido mas não parece irlandês. Disse que tirei uma foto sua numa festa, mas acho que eu estava focando alguém atrás dele. Age como se quisesse ser Buck Henry. Eu não os tinha convidado para o almoço, mas como viram todas aquelas sobras do grande almoço que Bob tinha acabado de dar, tive que inventar uma desculpa, e de qualquer maneira Nelson é paranoico.

Richard Weisman disse que precisava de algumas mulheres para aquela coisa no "21" antes da luta de Ali e então convidei Barbara Allen. Ela queria levar John Samuels, e aí falei sobre isso com Richard e ele concordou.

Trabalhei até as 7h30 nos retratos com Rupert. Descobri que a luta só começaria às 11h e fiquei imaginando por que deveríamos chegar no "21" às 7h30. Atendi a telefonemas. Depois, de táxi para uptown ($5).

O "21" fez uma coisa especial para os fregueses da casa, acho eu, coquetel às 7h30 e jantar às 8h30. Depois distribuíram ingressos para assistir à luta no Radio City Music Hall e disseram que voltássemos para lá mais tarde para uma ceia rápida. John McEnroe Pai estava lá com um amigo do escritório de Paul Weiss que disse que é nosso advogado, mas não o conheço. Havia pôsteres de Ali e buttons "Eu Sou o Maior". Tentei não beber demais. Nos chutaram para fora dizendo que perderíamos a luta. Fomos até o prédio da Warner e de lá até o Radio City. Ainda estava na luta de Spinks, depois começou a luta de Muhammad Ali mas eu nem consegui ver, roí um lado de todos os meus dedos. O público não acreditou quando ele perdeu. Foi tão irreal! E estava maquiado, tão bonito, como uma maquiagem branca, e o seu rosto não estava brilhante, e o rosto de Holmes estava negro e brilhante. Aí voltamos para o "21" e apresentei Barbara Allen a John Coleman. John Samuels se apaixonou por Walter Cronkite e ficaram conversando no bar, mas aí tirei John de lá porque ele estava bêbado.

Depois Richard queria nos levar para um novo restaurante de solteiros disponíveis e convidou três loiras e Barbara não gostou. Ficou falando com John Samuels e dizendo, "Ah, veja, ele é igual a Peter Beard – caminha como Peter, fala como Peter, ah, veja, corre como Peter, come como Peter!". Eu disse, "Do que vocês estão falando?". Porque, quer dizer, os dois não são nada parecidos.

E Barbara disse que não podia nem esperar até Bianca voltar e encontrá-la com John – "O que você acha que Bianca vai achar? O que será que vai dizer? Bem, talvez eu deixe que ela fique com ele quando voltar. Mas o que será que ela vai pensar?". E aí John cochichou para mim, "Não posso nem esperar que Averil volte – vou esperá-la no aeroporto".

Bob conseguiu um baseado para Barbara, porque ela tinha pedido, e ela ficou mais deslumbrada com aquilo do que com qualquer outra coisa. Aí saímos e estávamos voltando a pé para casa quando na altura da Rua 79 ouvimos carros de polícia e vimos uma multidão e John correu até lá e era um morto na rua. Perguntamos o que tinha acontecido e finalmente um porteiro nos disse que três sujeitos tinham passado por ali e ele os achou estranhos, e aí eles foram para cima de um policial à paisana e tentaram roubá-lo e o policial atirou e matou um deles. E John só queria ficar lá e Barbara ficou irritada. Foi horrível ver a luta de Ali, violenta, e depois aquilo, então entramos num táxi e para mim o motorista tinha cara de louco. Barbara disse que parecia grego, mas acho que era porto-riquenho e ficou dizendo umas loucuras porque achou que era um porto-riquenho que tinha sido baleado. Deixei Barbara, e esperei que ela entrasse no prédio, e então, quando passamos pelo Lenox Hill Hospital, estavam entrando com o corpo que tínhamos visto um pouco antes estendido na calçada! (táxi $4).

Quando cheguei em casa queria telefonar para Barbara e dizer que tinha chegado a salvo mas não tinha o seu número, aí liguei para Bob para pedir o número e ele me contou que Barbara disse que todo mundo está a fim de John Samuels – "especialmente Andy" – e eu disse a ele que telefonasse e a colocasse no lugar dela – que se eu estivesse a fim de John Samuels eu o teria conhecido *antes* dela, e que eu só convidei John para aquela coisa porque achei que *ela* ficaria mais feliz. E que na realidade Richard está a fim de *outra* mulher, não *dela*. *Viu só*?

Domingo, 5 de outubro, 1980. Igreja. Diana Vreeland ligou e me agradeceu por ter comprado dez cópias de seu livro, *Allure*. Fui passear com os cachorros e pensei ter visto uma nudista – estava com uma capa de chuva e nada mais, dava para perceber. Passou por mim e aí voltou pela mesma calçada. Parecia estranha, mas talvez só tivesse brigado com alguém e saído de casa. Se você lê o *Post*, todo mundo começa a parecer estranho.

Segunda-feira, 6 de outubro, 1980. Cornelia Guest veio. Bebeu, tem só quinze anos e é linda.

Vincent está organizando um show resumindo seis horas de material em uma, está ótimo, realmente profissional. Don Munroe foi a uma conferência de vídeo em Nice. Trabalhei até as 5h30 (táxi $7). Fui para casa, me colei e coloquei um smoking. Fomos até a casa de C.Z. Guest para drinques. Lá um sujeito me disse,

"Temos algo em comum". Disse que sua família é proprietária de todos os brandys e cherrys da Espanha e que nos anos 60 Nico fez todos os anúncios nos pôsteres e metrôs e revistas, ficou famosa em toda a Espanha. Queria saber onde aquela mulher linda estava agora e eu disse que tinha se transformado numa pessoa completamente diferente, que ele nem acreditaria, que está gorda e viciada em heroína. Ele queria se encontrar com ela e eu disse que se ela ainda estivesse em cartaz no Squat Theater poderíamos ir até lá.

C.Z. pegou a caminhonete e nos levou até o Met para o jantar-desfile de Cardin. Foi o mais longo desfile do mundo. Gostei, mas as mulheres acharam chato. Vi Bill Paley, Barbara Allen e Slim Keith. Gostaria de ter tirado fotos, as pessoas certas todas juntas.

Pensei que os diamantes nos olhos da raposa de São fossem verdadeiros, mas ela disse que não. Perguntou onde poderia conseguir um bracelete de rubi não muito caro e eu disse que tinha visto um por $42 mil. Ela disse que era para um homem e acho que é Patrice Calmette, porque é com quem está saindo, ela rompeu com Naguib, ele a deixava muito descontrolada.

Bob Denison estava lá com sua nova namorada, China Machado, e acho que vou cometer um milhão de *faux pas* porque sei que jamais vou reconhecê-la.

A mãe de Catherine Oxenberg, princesa Elisabeth da Iugoslávia, estava lá. É linda, e me dei conta de que era ela a partir do momento em que abriu a boca, elas falam igual, têm a mesma voz. Estava com um dos vestidos de Carolina Herrera. E conversei com a mãe de Paloma, Françoise Gilot.

Conversei sobre orquídeas com C.Z. A coluna de jardinagem dela está agora em seis jornais. Me diverti muito. Daríamos uma carona para São até o Carlyle, estávamos lá fora esperando um táxi quando André Oliver veio e insistiu que fôssemos em sua limusine. No final vi Pierre Cardin e disse que achei o desfile dele ótimo – gostei mesmo, porque ele conservou muitos vestidos de 1950-1980.

Ah, e o jantar foi no salão Templo de Dendur e todos receberam livros sobre o Templo de Dendur e trufas de chocolate, e amassei algumas trufas entre as páginas de alguns livros e ficou parecendo merda e São adorou. Um sujeito perdeu o livro e aí dei o meu para ele e quando abrir vai parecer que tem merda dentro. São me fez autografar seu livro. Deixamos São, depois me deixaram e depois deixaram a princesa Polignac, que é relações públicas de Cardin, e finalmente deixaram Bob. Em casa por volta das 12h30.

Terça-feira, 7 de outubro, 1980. Hermann-o-alemão disse que está 90% certo de que vai conseguir o papa para eu retratar. E noite passada, numa festa, Mario D'Urso disse, "Estou tentando conseguir o papa para você". Todo mundo acha que eu quero muito fazer o papa. Claro que quero, mas não com esse desespero.

Recusei fazer a capa da *New York* com Ronald Reagan. Os jornais dizem que eu sou um republicano de última hora.

Trabalhei pintando fundos. Rupert voltou da sua busca por retratos de Mickey Mouse para a série "Novos Mitos" que estou fazendo para Ron Feldman – Mickey Mouse, Pato Donald, o Sombra. Teremos de fazer algo diferente como jogar pó de diamantes neles.

Me colei, fui buscar Carolina Herrera e resolvemos caminhar até a casa de Halston. Ela tirou os brincos e deu-os para mim. Bebemos. Victor estava com calças de samurai bem grandes. Depois pegamos duas limusines e fomos para o jantar de B. Altman em homenagem aos desenhistas de moda americanos, em benefício da Biblioteca Pública de Nova York. Mary Lasker estava lá e Estée Lauder e Mary McFadden. Conversei com "Suzy" – Aileen Mehle. Está linda, aprumou os seios, dava para enxergar tudo.

Sentei com Halston. Resolvemos que eu só devia fotografar os vinte garçons. Victor e eu fomos ao banheiro e ele tirou as calças de samurai e as vesti como uma capa. Pensamos que não havia ninguém no banheiro mas quando estávamos saindo uma pessoa saiu de uma das privadas. April Axton estava na festa com Sam Wagstaff, que parece mais velho. Acusei April de ser judia e ela perguntou como podia ser, se eu a tinha visto na minha igreja, St. Vincent Ferrer. Lembrei que uma vez ela me acusou de ter estuprado seu cachorro no banheiro. O cachorro me seguiu e quando eu saí ele saiu comigo. Ela é horrível mas é divertida. Eu disse novamente que as fotos que tirei dela nos anos 60 e que ela deu para Sam agora valem $1 mil. Esfreguei na cara dela.

Aí Carolina e eu fomos ao jantar de Carmen D'Alessio para os seus quarenta amigos no Mr. Chow's. Lester Persky fez milhões de brindes, estava bêbado. Brindou a Henry Geldzahler, que nem estava lá. Então *me* forçou a fazer um brinde e meu brinde foi, "Bebida grátis de Lester para todo mundo".

Quarta-feira, 8 de outubro, 1980 – Nova York-Port Jervis, Nova York-Nova York. Busquei Brigid (táxi $7). Íamos de carro até a casa de Charles Rydell em Port Jervis para entrevistá-lo sobre sua participação em *Union City*. Aí fomos buscar o Doc Cox na Rua 72, estava atrasado. Doc Cox nos levaria até lá no seu Rolls. Disse que Brigid não podia fumar no carro, que arruinaria o cheiro do couro, e ela começou a pirar – toda a vez que queria fumar tinha que pôr a cabeça para fora, ficou de mau humor.

Chegamos lá, o Doc preparou martínis e Brigid tomou um, o primeiro do dia. Tirei fotos. Brigid saiu para colher "tomates frescos", mas no fim do dia estava tão bêbada que já não sabia mais o que eram. Saí, colhi ameixas e comemos – mesmo com todos os pesticidas estavam muito boas. Brigid estava bebendo martínis na horta dos tomates e perdeu seu copo lá.

Brigid e Charles ficaram falando sobre "almoço no Flo-Jean, almoço no Flo-Jean", e dizendo, "Você nunca viu nada como o Flo-Jean na sua vida". E quanto mais diziam isso, mais a gente ficava odiando a coisa toda. Mas fomos lá e, bem, você nunca viu nada como o Flo-Jean na sua vida. Acho que é o restaurante mais neurótico que já conheci. Um lugar enorme e barulhento gerenciado por Flo e Jean e cheio de baby dolls, um milhão de baby dolls. De todas as cores. Porque o lugar é muito colorido. Guardanapos rosa e verde e amarelo – nada além de muita cor. Flo ou Jean disse que o seu marido morreu em 1929. A comida foi o pior de tudo, e havia muita. Engordei dois quilos e a única coisa que comi foi purê de batatas e picles doces. Bebemos muito, Brigid já entrou no restaurante com os seus martínis. Charles pagou a conta mas eu comprei souvenirs. Todo mundo se divertiu. O restaurante tinha salões e salões que não acabavam mais, onde fazem casamentos e festas. Ocupa quase um quarto do rio Delaware.

Brigid estava bêbada, beijou todas as garçonetes. Aí começou a contar histórias que nunca tinha contado antes sobre comida, que uma vez foi ao Oyster Bar da Grand Central Station e pediu uma lagosta de um quilo e meio e uma garçonete muito gentil trouxe, mas Brigid achou que não tinha um quilo e meio. Disse, "Sou uma glutona compulsiva e conheço a comida que como, e *isto* não é uma lagosta de um quilo e meio". Custava algo como

$39. A garçonete disse, "Ah, tenho certeza de que é". E Brigid disse, "Então vamos pesar, e se a lagosta tiver um quilo e meio dou $10 para você". Foram para a cozinha, colocaram na balança e pesou menos do que meio quilo! Aí a garçonete ficou realmente constrangida e disse que não cobrariam nada.

Depois Brigid ficou quase fora do ar, bêbada, realmente bêbada. Vi TV no Betamax de Charles. Charles tem filmes pornográficos, mas são hétero, como aqueles de Debbie Dallas. Ele só gosta de pornô hétero porque (*risos*) só gosta de homens hétero. E então fiquei vendo esses filmes.

Terminamos de almoçar às 5h30 e Charles nos levaria para jantar às 6h.

Ah, e descobrimos que Brigid trepou com um capataz da fazenda ao lado, uma vez que foi visitar Charles. Charles perguntou, "Você fodeu com o garoto da fazenda aqui ao lado? Ele está diferente desde que você passou por aqui". E ela confessou que sim. Foi numa tarde quando estava sozinha e ainda pesava só 60kg. Resolveu que queria *crème fraîche* e que iria direto às vacas. Aí caminhou, caminhou e encontrou o capataz. E agora ele fica sem graça perto de Charles porque acha que fodeu a mulher ou a namorada dele.

E um garoto de programa veio e disse que só cobra $30 porque é uma cidade pequena. É realmente uma Caldeira do Diabo gay.

Doc Cox nos trouxe de volta e nos deixou.

Sexta-feira, 10 de outubro, 1980. Bob telefonou e disse que Jamie Kabler cancelou a ida ao Brooklyn College de noite para ver Ron Reagan dançar, então ficamos sem saber como faríamos para chegar lá. Mas aí Bob ligou de volta e disse que uma limusine nos buscaria às 6h30. Assistimos a três balés esperando por Ron. Aquela coisa criativa chata. Aí Ron fez aquelas coisas dele, foi ok. Depois de ter dito a Bob que não dançava jazz, lá estava ele dançando um número de jazz, e muito bem. Na verdade ele provavelmente poderia ser um bom ator de canto e dança, como aquele sujeito loiro que foi popular durante a guerra, você sabe, Van Johnson.

Estava chovendo. Uma mulher do comitê de Reagan veio falar com Bob e disse que tinha ligado o dia todo, que a entrevista dele com Patti Davis, a filha dos Reagan, poderia ser no dia seguinte, e Bob ficou excitado. Patti é a que viveu com os Eagles.

Aí ela própria veio e é alta e até bem bonita, eu achei, mas estava com umas roupas engraçadas, um suéter ou algo assim. Vincent gravou em vídeo. Disse-lhe que quando fizéssemos a entrevista talvez ela pudesse usar umas roupas mais produzidas, e ela disse, "*Estas* são minhas roupas mais produzidas". Eu disse, "Bem, então talvez você pudesse usar algo com uma boa etiqueta". E ela disse, "Não, provavelmente irei à entrevista ainda mais à vontade". Então desisti e disse, "Ah, esqueça". Aí ela me pareceu até simpática mas depois vendo o vídeo fiquei me perguntando como esses garotos puderam perder a boa aparência dos pais. Quer dizer, o papai deles é tão lindo!

Segunda-feira, 13 de outubro, 1980. Saí do escritório e caminhei em direção à grande parada do Dia de Colombo. Caminhei até a 42 com a Sexta (táxi $5.50).

O dia foi realmente depressivo porque tive de conversar sobre impostos o dia inteiro com os contadores. Comi crackers e bebi café.

Bob me buscou com uma limusine e pegamos São para irmos à festa de Jackie O. para o livro *Allure* de Diana Vreeland no International Center of Photography, na 94 com a Quinta. Uma festa pequena, só setenta pessoas foram convidadas. São disse que há pouco evitaram um assalto no Carlyle. Três sujeitos armados às 4 da manhã. Ela ficou com medo quando eu disse que eles provavelmente estavam lá porque sabiam que *ela* estava lá. E acho que realmente foi isso.

Jackie O. chegou. Fiquei com medo de tirar fotos, então dei minha câmera para um fotógrafo de um jornal para que ele fotografasse. Chris Hemphill, que trabalhou no livro, estava no paraíso, fez tudo para que eu sentasse ao lado dele. Ele nunca soube me puxar o saco da maneira certa. E no casaco dele está escrito que ele (*risos*) é "sócio de Andy Warhol". Sua acompanhante era Deborah Turbeville. Um garoto nervoso atrás de uma escada perguntou se podia tirar uma foto minha. Ele disse, "Sou um artista".

Jackie estava lá com o sujeito da Morgan Library, Charles Ryskamp. Pôs Gloria Vanderbilt em sua mesa. E os De la Renta. Ah, odeio aqueles dois! Françoise não me beija mais. Ótimo. Quiseram ir para casa mais cedo.

Cheguei em casa e havia música tocando a todo volume – Aurora estava recebendo um amigo e fiquei constrangido por ter chegado mais cedo do que ela esperava. Estavam tocando meu novo disco dos Bee Gees.

Terça-feira, 14 de outubro, 1980. Foi o dia de Paloma Picasso. Fui ao café da manhã que a Tiffany's organizou para ela. As joias eram bonitas, mas aquela mesma coisa que eu comprei nos anos 40. São cópias dos anos 40. E Paloma fez aquela coisinha em forma de coração. Tudo tão caro – $27 mil por um bracelete.

Depois do trabalho me colei e fui no jantar para Paloma no Mr. Chow's (táxi $4). Vi Fran Lebowitz, disse a ela que tem de encontrar alguém e ter um tórrido love affair, porque se algum dia ela tiver de escrever sobre uma coisa dessas pelo menos vai saber do que se trata. Perry Ellis está realmente sexy de cabelo comprido. Todo mundo era alguém. Thomas Ammann está na cidade, veio da Argentina, contou que lá tudo está muito caro, não sabe como as pessoas vivem. Ele estava de limusine e cheguei em casa à 1h.

Quarta-feira, 15 de outubro, 1980. Paloma esteve no *Today Show*, ela não deveria fazer essas coisas – falar sobre todas as joias que tem – vai acabar sendo sequestrada.

Tive um encontro com uma senhora sul-americana que veio buscar sua pintura. Estava com duas lindas senhoras venezuelanas. E o infame Ronnie Levin veio. Alguém tinha me avisado que ele estava na cidade e por isso não fiquei chocado. Ninguém lhe deu atenção no escritório, ficou por lá como se fosse o dono e depois foi embora.

Quinta-feira, 16 de outubro, 1980. Vincent preparou o vídeo para gravar a entrevista que John Richardson ia fazer com Paloma. Ela veio com seu marido Raphael e um amigo, Xavier. Alguém da Tiffany's trouxe as joias.

E David White trouxe uma carta de Rauschenberg – David agora trabalha para ele – dizendo que aquelas mesas que eu tenho foram feitas por ele, na época em que Jane Holzer tentou entrar no ramo do mobiliário no final dos anos 60 ou início dos setenta, aí o negócio não deu certo e fiquei com elas. Portanto é ótimo que Rauschenberg tenha escrito dizendo que foi ele quem fez as mesas, porque aí talvez concorde em autografá-las algum dia.

Depois Juan Hamilton ligou dizendo que ele e Georgia O'Keeffe estavam no Mayfair e viriam às 4h30, e eu disse que viessem imediatamente porque Paloma já estava lá, e aí vieram. Todo mundo ficou deslumbrado com todo mundo.

As pessoas pensaram que Juan se casaria com Georgia, mas ele acaba de se casar com outra pessoa, e agora sua mulher está esperando um filho. Georgia estava com uma coisa preta em volta da cabeça. Desta vez parecia realmente velha. A gente tem que cuidar todo minuto para que ela não sente numa cadeira que não está ali. Mas no vídeo que Vincent fez ela está jovem e lúcida. Realmente sabe tudo que está acontecendo, só que agora ela se move como uma pessoa mais velha.

Aí todos foram embora. Rupert veio e então consegui trabalhar um pouco.

Trabalhei até as 8h30 e Jay Shriver também concordou em ficar até mais tarde. Aí, já que tinham trabalhado extra, convidei Rupert e Jay para jantar no 65 Irving e pedi que John Reinhold fosse nos encontrar lá. Jay é de Milwaukee. Disse que a mãe é tcheca. Não tcheco-americana, mas 100% tcheca.

Ah, e o filho de Mary Tyler Moore se suicidou e agora *Gente como a gente* realmente vai faturar e todo mundo vai detestá-la, vão pensar que ela é exatamente daquele jeito.

Terça-feira, 21 de outubro, 1980. Encontrei John Curry na rua, mas não o reconheci quando ele me cumprimentou – só o reconheci três quarteirões mais tarde. Aí resolvi telefonar e comprar ingressos para assistir-lhe em *Brigadoon*.

Ah, e encontrei um garoto que faz as compras para John e Yoko, roupas e essas coisas. Perguntei se alguma vez pediram para devolver alguma coisa e ele falou que só uma. Perguntei se alguma vez eles *vestem* as roupas que compram, já que nunca saem, e ele disse, "Eles estão preparando a sua volta. Têm usado as roupas para ir ao estúdio". Ah, e a melhor coisa que disse foi que quando começou a trabalhar para eles teve de assinar um papel dizendo, "Não escreverei nenhum livro sobre John Lennon e/ou Yoko Ono". Não é ótimo? Disse que adora o emprego. Eu deveria encontrar alguém que me ajudasse a fazer compras – me mostrasse onde estão todas as coisas novas e boas.

Ah, e tive uma briga com um sujeito da imobiliária. O edifício que eu queria tanto na Rua 22 e que tinha avisado que ele ficasse de olho foi vendido na sexta-feira. Fiquei furioso. E aí ele me disse que temos hora marcada para ver o edifício da Con Ed na Rua 12. É um ótimo prédio, mas muito lá embaixo.

Não quero nem pensar. É 1,5 milhão, e mais outro milhão para colocar tudo em ordem.

Perdemos o começo de *Brigadoon*. John Curry não está ótimo, apenas adequado, mas é um bom ator. Adorei o show. O sujeito na nossa frente era da George Lois e tem um nome irlandês autêntico, talvez Callaghan, é um que trabalhou comigo quando fiz o comercial para a Braniff com Sonny Liston. E me contou a melhor piada maldosa que já ouvi. O que Bing Crosby e John Wayne vão ganhar de Natal? Steve McQueen.

Nos camarins eu disse a John Curry que o show foi muito excitante e ele perguntou por que não o tinha reconhecido na rua e eu disse que tinha sido por causa do penteado que o reconheci três quarteirões depois. Convidei-o para jantar, mas ele disse que jantaria com uns amigos.

Quarta-feira, 22 de outubro, 1980. Vincent tentou trazer os Copley até o escritório porque Bill Copley sugeriu pintar o retrato de sua nova mulher, Marjorie, a cafetina. Foi ele quem sugeriu. Bill está muito feliz, mas ela obrigou-o a despedir todos os empregados que trabalhavam lá antes do casamento, e isso tudo é muito estranho. Espero que nada aconteça com ele.

O garçom bonito da Glorious Food que vai ser mestre em psiquiatria pela Columbia University me convidou para jantar. Mas aí fiquei com medo e disse que tinha de fazer uma entrevista com Bob, uma mentira. Ele ia me mostrar o campus. É que não consigo sair com gente que não conheço. Mas, aí, é difícil levar mulheres aos lugares porque a gente tem de buscá-las. É mais fácil com garotos, porque *eles* é que te buscam. Estou ficando como mrs. Vreeland.

No canal 2, reportagem com câmera secreta mostrando funcionários do censo de 1980 bebendo e cheirando cocaína no trabalho, e depois sentando e inventando nomes para colocar nos questionários porque recebem $4 por nome.

Sábado, 25 de outubro, 1980. Rajadas fortes de vento, fiquei na esquina por 25 minutos até conseguir um táxi. Sean McKeon, o modelo da Wilhelmina, ligou do Japão. É domingo lá. Bob está pesquisando sobre os dez homens hétero para o jantar de São, como havia lhe prometido, continua tentando encontrar alguns héteros. Todos os héteros cancelaram. Acho que não querem sair conosco sem Richard Weisman e os atletas. Deixei Rupert (táxi $6.50).

Bob tocou a campainha, estava na limusine com São. Fomos ao apartamento de Hélène Rochas e Kim D'Estainville no Olympic Tower para coquetéis. Estava ventando. São tinha acabado de fazer o cabelo e disse que jamais poderia morar lá porque, quando a gente entra, a corrente de vento é tão forte que o penteado sempre desmancha. Disse que conhece duas senhoras que se mudaram de lá por causa disso. Antes de ela entrar, tivemos de pedir para o porteiro fechar a porta interna, e isso fez parar o vento e aí ela entrou.

Depois fomos jantar no 65 Irving. Pegamos Franco Rossellini numa esquina com nossa limusine. Gritamos "Mary!", e ele não ouviu e aí, "Rainha Pornô!", e ele também não ouviu, e estava vestindo uma capa e finalmente nos viu. Mais cedo ele tinha dito a Bob que está deixando o cinema porque fez muito dinheiro com *Calígula*.

Domingo, 26 de outubro, 1980. Parece que o Irã vai soltar os reféns. Mas parece que são os republicanos que estão dizendo que eles vão ser soltos, e se não forem vai ficar pior ainda para Carter. Como o *Post*, que colocou a notícia na primeira página, eles são pró-Reagan. E no noticiário dizem que Israel está dando peças para o equipamento militar do Irã. Lá de uma cidadezinha o sujeito da TV a cabo disse que é verdade, mas o governo nega.

Vi *Sabrina* na TV e William Holden e Audrey Hepburn parecem muito velhos. É meio fora de moda falar em Long Island e em North Shore. Passeei com os cachorros. Assisti a *Hooper* e, meu Deus, é ótimo, só Burt Reynolds e seus textos habituais. Ele interpreta um dublê de cinema.

Segunda-feira, 27 de outubro, 1980. Bob e eu ficamos conversando sobre como é difícil encontrar dez homens hétero e alguém disse que esse deveria ser meu próximo portfólio – dez homens que jamais tiveram uma experiência homossexual.

Tive de encontrar Marjorie Copley, que ia tirar umas fotos para um retrato. Rupert foi o maquiador. Ela é leve, estava de coque e aí soltou o cabelo e ele chegou até a bunda, tinha acabado de lavá-lo e cheirava bem. Almoçamos. Ela está estudando. Estudou Ciências mas não é inteligente o suficiente e agora quer estudar Ciências Sociais e eu disse ah, não, Bill está ótimo. A única coisa que ainda nos preocupa é que ela despediu todas as pessoas que trabalhavam para ele. Mas não pareceu agressiva ou dura como eu esperava. Fez apenas o que pedi. Foi gentil.

Jed comprou o apartamento em frente ao de Stuart Pivar no prédio da Rua 67 Oeste perto do Café des Artistes. Vai usá-lo como escritório para a sua empresa de decoração, para que os clientes e operários dele não fiquem mais entrando e saindo da casa o dia todo, vai ser um alívio.

Liguei para Jane Holzer. Disse que a buscaria para a festa de Diane von Furstenberg para Diana Vreeland. Trabalhei até as 8h, depois de táxi ($5.50) para buscar Jane no Volney na 74 com Madison, onde agora ela tem uma cobertura com Rusty. O apartamento é pequeno mas agradável. Rusty atendeu a porta e engordou, acho que passou o verão com o pai, Lenny, mas ele é muito charmoso. É como ouvir Cary Grant falando. Ele diz, "Amo você, mamãe". Jane agora está investindo em imóveis e cinema.

Então fomos de táxi até a casa de DVF ($3). Logo que entramos no prédio, Warren Beatty entrou atrás de nós, mas quando nos viu deu meia-volta e saiu, não quis subir no mesmo elevador. Contei a Jane que ele tinha entrado e depois saído e ela disse que se *a* tivesse visto não teria feito aquilo. Logo depois que chegamos lá em cima Warren chegou e beijou Jane e eu disse, "Ah, Warren, você é tão cruel, não quis andar de elevador conosco", e ele disse que estava procurando por alguém que deveria estar lá embaixo. Mas ele não chegou com ninguém, então... Warren é sexy mas está um pouquinho mais velho e um pouquinho mais inchado – o cabelo é tipo Hollywood, você sabe, parece um chapéu. Richard Gere estava lá e o apresentei a Jane e ele disse, "Ah, Baby Jane, você é uma lenda. Li sobre você em *Popism*". Apollonia estava lá, e Iman e uma jovem linda chamada Diane Lane – não sei se estava com Lou Adler ou não.

Quinta-feira, 30 de outubro, 1980. John Cale veio ao escritório, quer que eu faça uma capa de disco para ele. Está ótimo. Veio com uma mulher. Autografei todas as capas dos discos antigos dele.

Lewis Allen veio com aqueles fabricantes de manequins que estão fazendo um robô parecido comigo para a peça dele. Tivemos de ficar com eles por uma hora, para que pudessem analisar meu rosto e ver se eu posso me transformar num bom manequim. E são engraçados, gente do Walt Disney ou algo assim. E se um manequim se move e faz, digamos, três movimentos com a boca e dois movimentos com os olhos, precisa de cem motores, e toda a vez que a gente acrescenta um movimento tem de acrescentar mais vinte motores ali dentro. Ainda não assinamos com Lewis Allen porque mandamos o contrato para Paul Weiss e disseram que era uma folha de papel ridícula porque era muito comprometedora.

Sexta-feira, 31 de outubro, 1980. Halston deu uma festinha no showroom dele no Olympic Tower pelo aniversário de Hiro. Aí Victor disse que deveríamos ir downtown naquele novo lugar enorme chamado The Saint que fica no velho Fillmore East. O antigo Village Theater.

Fomos e Victor se ajoelhou e suplicou que nos deixassem entrar. Descobri que o dono é nosso velho amigo Bruce Mallman, que era gerente do St. Mark's Baths e andava sempre com projetos e essas coisas. Provavelmente estava no The Saint quando estávamos lá, mas provavelmente eu não o reconheceria. É melhor que o Studio 54. Tem uma sala nos fundos e todo mundo se parece – bluejeans sem camisa, bigodes, mulheres não entram, só que deixaram Pat Cleveland entrar e permitiram que dez lésbicas se associassem. Há uma lista de espera para os próximos dois anos e dizem que a gente só pode entrar se alguém se demite. As luzes são fantásticas, como o Planetário Hayden. E aí saí com Halston quando ele foi embora, às 3h.

Quarta-feira, 5 de novembro, 1980 – Düsseldorf-Baden Baden-Stuttgart. Acordei às 3 da manhã e fiquei sabendo da triste notícia que Carter perdeu tão desesperadamente para Reagan. Foi a primeira vez que um presidente entregou os pontos tão cedo. Ele estava com lágrimas nos olhos.

Não consegui dormir e tomei um Valium.

Quinta-feira, 6 de novembro, 1980 – Frankfurt-Düsseldorf. Conheci o dr. Siegfried Unseld, que é o editor de Hermann Hesse e Goethe, muito bonito.

Achei que ia ser fácil fotografá-lo, porque é tão bonito, mas foi muito difícil. Sua fisionomia não se revelou para a câmera.

Levei Chris Makos comigo nessa viagem para me ajudar, mas ele não fez nada, nem segurar a mala – só se preocupou em se fotografar.

O próximo compromisso foi a mais ou menos uma hora e meia de distância, em Darmstadt. Fui fotografar uma senhora que é uma espécie de Diane von Furstenberg alemã, é uma importante fabricante de roupas – a companhia dela é chamada Tink ou Fink. A casa era linda. Estava vestida como uma verdadeira mulher de negócios, um traje de veludo com lencinhos saindo por todos os lados. Foi muito amável e todas as fotos saíram boas.

Depois de uma longa viagem de carro até Düsseldorf, Chris e eu brigamos porque as paredes do Breitenbacher Hof Hotel são muito finas e através delas dava para ouvir Christopher telefonando em seu quarto, e fiquei nervoso porque ouvi discar dezoito dígitos e sei que estava fazendo uma ligação internacional para Peter Wise em Nova York e isso é caro.

Sexta-feira, 7 de novembro, 1980 – Düsseldorf. Havia um artista louco no vernissage de Rodney Ripps na galeria de Hans Mayer, e tive de ir ao banheiro com ele, então pedi para Christopher me acompanhar e o artista louco me fez sentar na banheira com as mãos no chão e tirou polaroids, e aí me fez tirar os sapatos e tirou polaroids dos meus pés, e eu parecia um cachorro, de quatro, foi tão ridículo! Dizem que ele é o novo Beuys; é um louco careca com calças xadrez, muito alto e acho que tem um caralho enorme. E não sei, você acha que é bicha? Não, é sério demais para ser bicha.

Sábado, 8 de novembro, 1980 – Düsseldorf-Paris. Demorei até as 11 da manhã para acomodar os pratos de souvenir numa maleta e mais os cartões postais e todas essas coisas. Tinha de chegar rápido ao aeroporto. Voamos para Paris.

De táxi até o apartamento de Fred ($30). Thomas Ammann chegou para passar só um dia na cidade com um atirador de disco de decatlo. Passamos por todas as lojas maravilhosas e havia tanta art déco que nem dava para acreditar.

Mais tarde Jerry Hall telefonou e disse que queria que fôssemos encontrá-los em seu novo apartamento na ilha no meio do Sena. Mick estava no estúdio de gravação. Ela me pediu que levasse duas garrafas de champagne, aí comprei algumas ($200) e fomos para lá.

Conversei com Thomas e realmente o forcei a me contar tudo que sabia sobre o caso de Jed e finalmente ele me contou. Thomas Ammann foi quem colocou Alan Wanzenberg na parada. Thomas é que o conhecia.

Aí Fred quis ir dançar e eu só queria ir para casa, então Thomas me deu uma carona. Cheguei em casa, esperei que o telefone tocasse e ele não tocou, fiquei deprimido, coloquei os fones e ouvi *La Bohème*.

Domingo, 9 de novembro, 1980 – Paris. Thomas telefonou de Nova York, tinha embarcado no Concorde de manhã cedo. As coisas que me contou noite passada realmente me deixaram chateado. Pediu que eu não passasse nada adiante porque ele não gosta de se envolver com esses assuntos pessoais. Mas na realidade ele não contou nada que eu já não soubesse, foi apenas irritante de ouvir.

Segunda-feira, 10 de novembro, 1980 – Paris. Philippe Morillon telefonou e disse que me traria um material para *Interview* às 7h.

Mick vinha às 4h e eu queria evitá-lo porque, não sei, o que se pode dizer para Mick Jagger? E de qualquer modo o que ele queria era ficar a sós com Fred Hughes – Fred é a única pessoa com quem ele conversa, sei lá sobre o quê.

Christopher e eu fomos a pé até a Cerutti e estava passando *Bambi* ali perto, e como era feriado todas as mães estavam paradas lá com seus filhos e era uma fila longuíssima de crianças querendo ver o filme. Me parece tão triste que essas crianças tenham de esperar, deviam abrir as portas e deixá-las entrar.

Fomos ao Café Flore procurar o fantasma de Shirley Goldfarb (táxi $8). E o fantasma de Shirley não andava por lá. Sentamos lá dentro e não enxergamos ninguém conhecido.

Fomos a uma livraria e finalmente me deparei com a próxima ideia sobre a qual quero trabalhar – mães com bebês sugando as tetas. É tão erótico. Acho que é um bom tema. Na verdade foi Eunice Shriver quem me deu a ideia, e noite passada vimos uma madona no apartamento, um bebezinho em cima de uma mulher sexy, um querubim chupando uma teta, e há algo nisso que me parece bom. Agora Christopher vai descobrir algumas mães com bebês recém-nascidos.

Como o hotel de Chris ficava ao lado do Flore, ele me levou para mostrar seu quarto, pelo qual nós é que estávamos pagando, e achei simplesmente uma espelunca, mas ele conseguiu uma TV e estava bem contente.

No *Herald Tribune* descreveram a morte horrível de Steve McQueen. Eles realmente desceram aos detalhes.

Rocksavage nos convidou para conhecer sua casa. Havia um piano enorme e pedi que tocasse e ele tocou a música mais linda do mundo. Fazia tempo que eu não ouvia boa música tocada num piano. Não sei – esses períodos diferentes pelos quais a gente passa, nunca mais fui a um concerto.

Mais tarde Fred me encheu um copo enorme de Mirabelle e acho que cheguei a contar a ele que estava com problemas pessoais e aí conversamos sobre coisas de arte para fazer. Fred acha que deveríamos fazer uma série Disney/Warhol, com Branca de Neve e uns dois anões e Bambi e qualquer coisa – e o Pato Donald. E fiquei realmente contente depois que resolvemos isso, espero que Ron Feldman ache uma boa ideia.

Fiquei lendo *Interview*, Bob quer realmente despedir Tinkerbelle, mas de alguma maneira ela conseguiu fazer a entrevista com George Burns – que eu acho que está acabado – ficar muito interessante. Tem um bom texto e acho que deveríamos conservá-la. Ela irrita Bob, mas é uma das nossas boas redatoras.

Sábado, 15 de novembro, 1980 – Colônia-Paris. Queríamos ir a um mosteiro e tínhamos de estar lá até o meio-dia porque se chegássemos um minuto depois não nos deixariam entrar. Herman dirigiu realmente rápido naquela chuva. Depois que chegamos lá não podíamos falar nenhuma palavra um com o outro. Fomos para o refeitório e aí um monge demorou vinte minutos lendo uma coisa enquanto almoçávamos – cidra azeda de maçã e sopa de lentilhas com gosto de sopa enlatada, mas quando eu disse isso todo mundo me olhou como se eu estivesse louco, só que – conheço a sopa que tomo.

Havia só um padre realmente bonito e eu fiquei de costas para ele. Depois fomos embora e voltamos para Paris.

Domingo, 16 de novembro, 1980 – Paris-Nova York. Cheguei a Nova York e deixei Fred (limusine $80). Tinha um encontro com Bruno Bischofberger no escritório às 11h. Nos convidou para irmos ao estúdio de Julian Schnabel na Rua 20. É um amigo de Ronnie, um artista que agora está com Castelli. Chegamos lá e havia três limusines na frente – Bruno realmente sabe como deixar artistas mal-acostumados rapidamente. Julian mora no mesmo prédio de Les Levine e fiquei com ciúmes, ele comprou o estúdio muito barato quatro anos atrás. Acaba de casar, me apresentou para uma mulher mais ou menos bonita. E faz umas pinturas mais ou menos feias. É muito impulsivo. Há um grupo de garotos fazendo arte feia, acho que são influenciados por Neil Jenney. Aí Bruno vem e diz, "Compro tudo", e os garotos se acostumam com muito dinheiro e não sei o que vão fazer quando tudo tiver acabado – ah, mas com eles vai ser diferente, acho eu.

Fui à igreja, agradeci pela viagem e por ter voltado com vida. Dei alguns telefonemas e fiquei meio hipnotizado. Fiquei tão nervoso com todos esses garotos novos pintando sem parar e eu apenas indo a festas, cheguei à conclusão de que é melhor que eu trabalhe para valer. Thomas Ammann telefonou convidando para um jantar com Richard Gere, mas eu estava muito cansado. Assisti a *Os embalos de sábado à noite* na TV e foi ótimo.

Terça-feira, 18 de novembro, 1980. Tinha um convite para almoçar no Met, aí fiquei uptown. Todas as pessoas que estavam lá eram muito classudas, elegantes e espertas, e quando tentei fazer alguns pequenos comentários ninguém quis me ouvir. Todos ricos e jovens e charmosos e ingleses.

Bebi um martíni com um pouquinho de vodka. Precisava de coragem porque aquelas pessoas eram muito cheias de si. O príncipe e a princesa Michael de Kent chegaram e foram realmente classudos. Ela estava com um pequeno chapéu e um vestido enorme e explicou que está grávida – *ela* foi amável comigo. Me mostrou uma foto de seu bebê que tem um ano e meio. O príncipe estava com um terno bem-cortado – os ingleses sabem como dar um novo corpo para as pessoas através de um terno, colocam as coisas nos lugares certos. Saí de lá e fui trabalhar.

Pedi que John Reinhold fosse minha companhia para o jantar, aí ele veio me buscar de táxi (táxi $5). No salão de baixo do Italian Pavilion. Joe MacDonald estava tentando dar o fora porque disse que tinha uma "foda certa". Terminamos o jantar à meia-noite (táxi $4.50). Depois que cheguei em casa John telefonou e disse que sua mulher não estava em casa, que era a primeira vez que isso acontecia. Fiquei sem saber o que dizer, já tinha tomado um Valium e não sabia o que fazer.

Quarta-feira, 19 de novembro, 1980. Caminhei pela Madison, resolvi visitar Jane Wyeth na Sotheby's. Temos dois grandes anúncios da Christie's mas ainda estamos tentando conseguir a Sotheby's. Os leilões estão prosperando. Não consegui nem carregar todos os catálogos que me deram. Mas esses lugares de leilões são uma mentira. Só recolocam as coisas para leiloar se não conseguirem vender, e aí finalmente um idiota daqueles que nascem a todo minuto vem e compra. Gostaria de ter criado esta frase – "Há um idiota nascendo a todo minuto" (táxis downtown $3.50, $3).

Encontrei Edmund Gaultney, o vernissage da minha exposição na galeria dele era à noite. É uma exposição de algo que você acha que eu não faria num lugar onde você acha que eu não exporia, mas ele não me contou sobre a melhor coisa de todas até depois de terminar o vernissage – que era só por *uma noite*! Não é ótimo? E ele não contou para ninguém.

Henry Post me entrevistou para um artigo da revista *New York* que ele está escrevendo sobre elegância, sobre coisas que o dinheiro pode comprar. Suponho que provavelmente vá propagandear aquele negócio de decoração elegante de Jed no artigo. São amigos. Fred e eu tivemos uma conversa de negócios. Bob conseguiu alguns anúncios de Washington por causa das entrevistas com os garotos Reagan, nos últimos números.

Fomos à galeria, é no 24 da Rua 82 Leste, e foi uma graça. Tom Cashin estava lá, disse que fez testes para *Oklahoma*! e eu disse que deveria tentar *Brigadoon*, que ele é melhor que John Curry. Fiquei ao lado do marido de Paloma, mr. Picasso, mas nunca consigo lembrar o nome de ninguém, aí não pude apresentá-lo às pessoas e acho que ele deve ter ficado furioso. Chris Makos estava lá com Peter Wise e o vice-presidente gay da Paramount, Jon Gould.

Fomos ao Gibbon jantar. É comida meio francesa, meio japonesa. Gosto mais da metade japonesa. O maître finalmente se entregou, é totalmente bicha. O jantar deve ter custado uma fortuna para Edmund. Em casa à meia-noite.

Quinta-feira, 20 de novembro, 1980. Telefonei para o escritório ($.25, porque eu não tinha uma moeda de $.10). Caminhei pela Madison. Uma pessoa falou comigo com muito mau hálito. Tenho tentado limpar os dentes de Archie mas sem resultado. Adoro a pasta de dentes natural que o Brownies vende – canela e hortelã – mas o que eu adoro mesmo é Close-Up e Ultra-Brite. A Close-Up é muito boa, parece um veneno. E quando Brigid e eu vamos ao May's dá para ver as pessoas abrindo os tubos de pasta de dentes e provando. Brigid faz isso.

Trabalhei até 7h30. Deixei Rupert. Barbara Allen telefonou e estava chateada com o que Scavullo disse no jornal – que não sabe como certas pessoas entram na alta sociedade sem saber nada, por exemplo: Barbara Allen. E ela falou com aquela voz de alta sociedade que ela tem (táxi $6).

Aí fui para a festa de Lee Thaw na 72 com a Park para o marajá de Baroda, porque ele terminou há pouco um livro chamado

Palaces of Jaipur, publicado por Alex Gregory, que publica todas essas bombas. E o marajá disse que vai estar no *To Tell the Truth* semana que vem, o que é engraçado porque, quer dizer, nessas festas a gente ouve as pessoas dizendo que vão estar no *Today Show* e no *Meet the Press* e essas coisas, e aí *ele* diz, "Vou estar no *To Tell the Truth*". Decerto vão tentar adivinhar quem ele é.

Conheci Shirley Lord, da *Vogue*, ela é inglesa. Editora de beleza. Foi divertida. Tem tetas grandes. E ao lado dela estava Daniel Ludwig, o homem mais rico do mundo, ele não estava falando nada e ela tentou fazê-lo falar, ela sabe todas essas informações estranhas, que os cientistas examinam bebês no microscópio e predizem onde terão rugas. E aí conversei com Mary McFadden e ela foi muito cafona. Disse, "As pessoas criticam os teus retratos, mas eu defendo. Digo 'Pelo menos as cores são bonitas'." Em casa à meia-noite.

Sábado, 22 de novembro, 1980. Acordei cedo. De táxi ($4) até o escritório para encontrar Diana Vreeland e o príncipe e a princesa Michael de Kent.

Pintei um fundo e achei que secaria antes que chegassem, e então poderia enrolá-lo. Mas eu o tinha colocado no chão e subitamente eles chegaram, e o príncipe Michael foi direto por cima dele, achou que era a cobertura do chão. Aí Fred pediu que ele o autografasse. E ele autografou "Michael", ele não usa o "príncipe".

Segunda-feira, 24 de novembro, 1980. Bob disse que Cal – o amigo que Ron Reagan chama "Chocolate Boy" – telefonou e disse que Ron acaba de casar, então Bob combinou um jantar para amanhã, terça-feira. Aí Bob estava sendo entrevistado por um jornal e disse para a mulher que estaria jantando com eles no Le Cirque e fiquei furioso porque Bob não deveria ter dito, então ele trocou para o La Grenouille, porque senão teriam mandado um fotógrafo para o Le Cirque. A notícia do casamento chegou aos jornais às 5h30.

Fred interceptou uma ligação de um "Filé Assado" para mim, achou que fosse um louco, mas na verdade era o garoto japonês que me entrevistou uma vez e que pediu que eu lhe desse um nome.

E no saguão o painel de informações foi apedrejado exatamente no meu nome. Me deu uma sensação lúgubre.

Terça-feira, 25 de novembro, 1980. Mike, o zelador, subiu e disse que não vai haver calefação durante o feriadão de fim de semana. Fiquei muito desapontado, porque era quando eu queria fazer todo meu trabalho, por isso que eu ficaria na cidade.

O garoto Reagan telefonou para cancelar o jantar, como eu tinha dito a Bob que faria. Depois saiu nos jornais que os Reagan estavam comemorando a lua de mel com o grupo de Warhol no Le Cirque.

Quinta-feira, 27 de novembro, 1980. Acordei e assisti à parada do Dia de Ação de Graças na TV. Por acaso vi Berkeley, a filhinha de John Reinhold – o balão do Super-Homem subiu e praticamente tocou neles lá no vigésimo andar.

Chris Makos telefonou, está em Massachusetts visitando Jon Gould, da Paramount Pictures.

Trabalhei no escritório sozinho. Curley telefonou e me convidou para o jantar do Dia de Ação de Graças no apartamento dos pais dele, na Park Avenue. Eu disse que iria depois do jantar. Aí Catherine ligou. Perguntei se queria vir e fingir que era um pouco como ano passado. Ela tinha acabado de chegar de Londres e comido peru no avião, disse que era a única viajando pela Laker. Acho que ninguém viaja no Dia de Ação de Graças. De táxi até a casa de Curley com Catherine ($3).

Terça-feira, 2 de dezembro, 1980. Richard Weisman telefonou e me convidou para uma festa no Doubles para George Hurrell, o famoso fotógrafo de Hollywood. Cheguei lá e Douglas Fairbanks Jr. estava saindo, perguntei por que e ele disse que ficou em frente à sua foto e foi fotografado pela imprensa, e aí era a hora de ir embora.

As grandes estrelas eram Lilian Gish, Maureen Stapleton, Tammy Grimes. Conheci mr. Hurrell, e ele é realmente forte e rijo, e Paul Morrissey tinha dito que estava a ponto de estourar a qualquer minuto, mas lá estava ele e sabia tudo sobre mim, e se entusiasmou, e foi amável, perguntei se podia fotografá-lo e ele disse "Claro".

Maureen O'Sullivan ficou ao meu lado e disse, "Ah, tenho jogado fora tantos Hurrells e Clarence Bulls! Estamos nos mudando". Perguntei como tinha sido ficar tão próxima do corpo de Johnny Weissmuller, e ela disse que tinha sido bom mas que só se interessa por intelectuais, queridinho. Eu perguntei, "Então Mia vai mesmo casar com Woody Allen?". E ela disse que realmente não sabe, e aí eu lhe disse que estava apenas brincando, que isso nem me importava. E encontrei Teresa Wright, que está ótima.

Diana Vreeland ligou e disse que gostou muito de sua capa na *Interview*. A capa fez com que parecesse ter vinte anos, e ela disse, "O único problema é que estou começando a pensar que sou como a mulher da capa".

Quinta-feira, 4 de dezembro, 1980. Vamos levar os garotos Reagan para jantar no sábado, só Bob e eu, porque sua mulher, Dona, quer trabalhar para *Interview* – eles vão ficar quatro meses excursionando e ela quer escrever uma coluna para nós quando estiver on the road. Jerry Zipkin disse que eles gostam de comida chinesa ou japonesa, que é o que mais faz o estilo deles.

Sexta-feira, 5 de dezembro, 1980. Catherine disse que vai passar uma semana na França porque o avô nazista dela acaba de falecer, Sir Oswald Mosley, e sua família está se reunindo lá e ela acha que vai ser uma boa coisa para o livro sobre os Mitford que ela está ajudando o pai a escrever.

E será que contei que Florinda Bolkan veio para ser retratada, não queria fazer nada sem que Marina Cicogna dissesse ok – nem mesmo mexer a cabeça.

E Marina parece um motorista de caminhão, empurra todo mundo, e se isso é que é amor, então acho que isso é que é amor.

Sábado, 6 de dezembro, 1980. Telefonei para Bob para conferir se nosso jantar com Ron e Doria Reagan ainda sairia e ele disse que sim. Ruppert estava esperando no escritório quando cheguei lá, e Jay veio. E aí Joe Dallesandro ligou da Califórnia, de um lugar perto de Sacramento, acho. É claro que era por causa de dinheiro, disse que estava num caminhão com a mãe, moram num caminhão ou num trailer, sei lá. Eu lhe disse que deveria ir a Los Angeles para ser descoberto. Ele é absolutamente chato – nunca liga para perguntar se quer que a gente faça algo juntos, é sempre só por causa de dinheiro.

Trabalhei toda a tarde. Decidi fazer compras de Natal. Rupert levou algumas *Interviews* e descemos para o Village. Parece que as pessoas estão fazendo compras mais cedo. Acho que vão ser as mais gigantescas vendas de Natal, realmente acho. Pelo país afora.

Ron e Doria já estavam no Nippon quando chegamos lá. O dono os levou até uma saleta reservada. Ron estava com sua camiseta do jacaré para mostrar os músculos. O Serviço Secreto lotou o lugar. O dono ficou nos trazendo brinquedos – deu aos Reagan uma espécie de abridor de garrafas tipo revólver que funciona e com o qual a gente pode até matar uma pessoa. Bob perguntou se poderemos ir à posse em janeiro e eles disseram que vamos receber convites. Disseram que vão para as Bermudas em breve e Bob disse que ia se encontrar com Lily Auchincloss e aproveitaria para perguntar se tudo bem eles se hospedarem na casa que ela tem lá. Doria é realmente amável e charmosa. Bob estava muito feliz. Nós os deixamos com o Serviço Secreto e fomos para casa – a pé – por volta das 12h30 ou 1h (jantar $200). E a vida fica a cada dia mais excitante, mas aí eu tenho de voltar para minha horrível vida caseira na qual a situação com Jed piora a cada dia.

Segunda-feira, 8 de dezembro, 1980. Caminhei até a casa de Halston. Todas as mulheres vestiam roupas desenhadas por ele. Na frente da casa estavam três limusines e fomos para o Met Museum, para o jantar inaugural do Costume Institute de Diana Vreeland. Havia 650 das nossas pessoas mais conhecidas. Alguém que tinha acabado de chegar disse que John Lennon tinha sido baleado e ninguém acreditou, aí alguém telefonou para o *Daily News* e disseram que era verdade. Foi apavorante, as pessoas só conseguiam falar naquilo. Foi baleado em frente ao seu edifício.

Quando cheguei em casa liguei a TV e disseram que John foi assassinado por alguém para quem ele tinha dado um autógrafo mais cedo naquela mesma noite.

Terça-feira, 9 de dezembro, 1980. As notícias são as mesmas da noite inteira, fotos de John e velhas cenas de filmes. Tive de levar Archie e Amos para o escritório para serem observados pelo pessoal do manequim de Lewis Allen (táxi $5). Quando cheguei lá Howdy Doody estava me esperando. Estou fazendo o retrato dele, é um dos "Grandes Mitos".

Depois que fotografei Howdy, sentei na cadeira de barbeiro que o pessoal do manequim trouxe. Fizeram a parte de trás da minha cabeça, me colocaram uma peruca. Havia dois fotógrafos e Ronnie tirou fotos em 3-D. Colocaram uma massa e cobriram minhas orelhas e meus olhos. Disseram, "Dê um beliscão se você quiser sair". Comecei a ficar enjoado, estava resfriado e com catarro e não podia tossir, foi horrível. Finalmente tiraram o molde mais aí deixaram cair. Disseram, "Podemos arrumar, podemos arrumar". Mas depois disseram que talvez tivessem de fazer outro e *eu* disse, "Não, não farão". Colocaram minhas mãos na mesma massa mas aí perderam alguns dedos na primeira vez por causa das bolhas de ar. Fizeram meus dentes. E, enquanto isso acontecia, Ron Reagan chegou, tinha acabado de almoçar com o pai no Waldorf. Eu estava tão estonteado que nem consegui falar. Bob dispensou Doria pelo resto do dia – agora ela está trabalhando para ele –, mas ela não foi ao almoço no Waldorf porque Nancy ainda não se acostumou com a ideia de o filho ter casado sem pedir licença.

E Bob estava se sentindo ótimo porque o número de colecionador do *Daily News* com a manchete "John Lennon Assassinado" é o que tem uma matéria enorme sobre ele – "O homem por detrás de Andy Warhol". Um artigo longo, mas chato.

Vi o noticiário sobre John Lennon e foi asssustador. Quer dizer, outro dia o garoto chamado Michael que tem escrito cartas para mim há cinco anos conseguiu entrar aqui – alguém abriu a porta para ele – e simplesmente me entregou mais uma carta e foi embora. Onde é que ele mora? Num reformatório?

Quarta-feira, 10 de dezembro, 1980. Os jornais ainda falam de Lennon. O assassino era um artista frustrado. Falam no pôster de Dali que ele tinha na parede. Sempre entrevistam zeladores e os velhos professores e essas coisas. O garoto disse que foi o diabo que o mandou fazer aquilo. E John era muito rico, dizem que deixou uma fortuna de $235 milhões.

E a "vigília" ainda continua no Dakota. É tão estranho! Não sei o que essas pessoas acham que estão fazendo.

Domingo, 14 de dezembro, 1980. Eu estava num táxi com um motorista negro durante os minutos que deveriam ser de silêncio para lembrar John e pedir pela sua alma. O rádio estava ligado numa estação de música negra e aí iniciaram os dez minutos de silêncio e o disc jockey disse, "Estamos aí com você, John", e o motorista riu e disse, "Eu não, cara, estou bem aqui embaixo". Aí ele mudou de estação e *esta* estação estava (*risos*) falando sobre os minutos de silêncio.

Catherine está deslumbrada porque Tom Sullivan voltou para a cidade e fica dizendo que a ama, mas ele só diz besteira e ela devia tomar cuidado. Ela tem deixado a chave da casa dela para ele na caixa do correio.

Bob disse que no jantar de Anne Getty que fomos noite passada ele ouviu Diana Vreeland falando mal de "Suzy" por ela ter dito em sua coluna que as luzes da exposição de Diana no Met estão muito fracas. Diana disse, "Ouça bem, Aileen, caso você não tenha percebido, o Metropolitan Museum não é uma loja de departamentos. Nada lá está à venda e por isso não precisamos colocar luzes como se fosse a Bloomingdale's". E Suzy estava furiosa mas não conseguiu pensar em nenhuma boa resposta.

Segunda-feira, 15 de dezembro, 1980. Perguntei aos caçadores de autógrafos na frente do Regency quem eles estavam esperando e disseram que James Cagney estava se hospedando lá e que é realmente difícil abordá-lo.

Uma senhora da Rua 67 tocou a campainha e disse que estávamos inundando a sua casa, fui até os fundos e havia muita água mas fiquei sem saber o que fazer até Jed chegar em casa. Era um cano quebrado, jorrando água para cima.

Terça-feira, 16 de dezembro, 1980. Truman estava fazendo uma leitura no Lincoln Center e Brigid decidiu não ir porque está se achando muito gorda, mas me fez prometer que eu juraria que ela tinha estado lá se ele perguntasse. Jane Holzer mandou uma limusine me buscar. Era no Mitzi Newhouse Theater, sentamos na quarta fila, centro, ao lado de Halston e Martha Graham. Lester estava lá e Suzie Frankfurt e Rex Reed. Não estava completamente lotado, mas estava bem cheio. Truman foi uma graça, antes de cada coisa deu explicações, ficou na ponta dos pés e estalou os dedos, e era como uma discoteca e foi a melhor coisa. Leu e encarnou os personagens. Leu a história da empregada, leu "Lembranças de Natal" e umas outras duas. Depois todo mundo ficou dizendo para ele como tinha sido maravilhoso, porque todos são seus amigos. Rex disse que a leitura tinha "tocado a sua alma". Truman estava tremendo. A primeira coisa que me perguntou foi onde estava Brigid e jurei que ela estava lá e ele disse, "Bem, então *onde* está ela?", e eu disse que teve que ir para casa, mas acho que ele desconfiou.

Quarta-feira, 17 de dezembro, 1980. Fiquei chateado porque duas pinturas racharam, talvez por causa do frio. Depois uma limusine chegou e tive de sair com Robert Hayes para ir ao

Mayfair encontrar o alemão de Düsseldorf que queria me conhecer. Tomamos apenas alguns drinques com ele, champagne. Fui divertido, disse que queria desenvolver uma linha de "roupas invisíveis". E quando eu estava indo embora ele disse (*imita*), "Só manda parrra mim as detalhes, eu quer trrrabalhar com você neste linha". E estava falando sério.

Quinta-feira, 18 de dezembro, 1980. Chamada urgente do escritório dizendo que um astro de rock estava no 860 esperando para ser retratado por mim. Liguei para Fred tentando descobrir quem era mas ele não lembrava. Disse que iria imediatamente para lá mas levei 25 minutos (táxi $5.50). No final era Ric Ocasek, do Cars. Eles são de Boston e ele usa um brinco e tem dentes recapados, não é muito bonito porque pinta o cabelo de preto, mas é amável e tão charmoso quanto David Bowie. Na realidade o almoço era para Diane Lane, que Ara Gallant tinha convidado. Ela tem quinze anos e é linda.

Aí Bob estava ocupado no telefone e tínhamos de encontrar Doria, Ron e Cal, o amigo deles, no filme *Flash Gordon*, na Rua 53. Estavam na penúltima fila com o Serviço Secreto atrás. O filme não é muito bom, mas é divertido de ver. Aí depois do filme eles entraram em seu carro e não nos ofereceram carona, então pegamos um táxi e fomos ao restaurante Gibbon encontrá-los. Esses garotos não vão ter muitos amigos, porque é assustador estar com eles com todos aqueles grandalhões à volta, você fica pensando que vão te jogar para um lado. E o Serviço Secreto alugou uma peça do apartamento de uma senhora no prédio deles – a sala de visitas – e ficam lá de porta aberta vigiando o tempo todo. Acho que os sujeitos do Serviço Secreto não gostam de comida japonesa, porque só beberam café.

Cal disse que nossos convites para a posse já foram enviados e Bob perguntou a Ron e Doria se fomos convidados para as festas certas e responderam que acham que sim. Disseram que não iriam de limusine, que estão tentando alugar um caminhão do Exército. Bob disse que seria bem mais fácil se fossem juntos de limusine.

Bob contou suas histórias sobre Liz Taylor, mas aí começou a falar sobre o porão do Studio 54 e não sei o que deu na cabeça dele. Doria vai entrevistar Adam Luders, do New York City Ballet, para nós.

Sexta-feira, 19 de dezembro, 1980. C.Z. Guest telefonou e realmente vou ter de decidir se vou lá na véspera de Natal. Cornelia apareceu no escritório toda arrumada para ser fotografada. Quer ser modelo.

John e Kimiko Powers vieram e trouxeram um presente.

Sábado, 20 de dezembro, 1980. Vincent estava dando uma festa, fomos de táxi até lá ($5). Acabou sendo uma ótima festa. Tirei fotografias de um garoto lindo que achei que fosse um modelo e depois fiquei constrangido porque descobri que era John-John Kennedy. Foi Fred quem o trouxe, junto com Mary Richardson. E Chris Makos estava lá tirando fotos da festa. E Debbie Harry me deu um presente e disse que era para abrir ali e eu disse que não, que esperaria até chegar em casa, e ainda bem que fiz isso, porque realmente não sei o que pode ser. É uma coisa preta. Gostaria de saber se é um anel para caralho, porque é de borracha com uma coisa espetada, mas tem uma outra peça que não faz sentido.

Monique está se preparando para divulgar seu livro e quer ser capa de *Interview*, o que na verdade pode ser divertido.

Domingo, 21 de dezembro, 1980. Jed resolveu se mudar e não quero falar nisso. Decidiu que também quer morar no apartamento que comprou na Rua 67 Oeste só para trabalhar.

Fui à igreja. Trabalhei no escritório gelado e decidi não pagar o aluguel.

Segunda-feira, 22 de dezembro, 1980. Dia horrível, nenhum espírito de Natal, e ficou ainda pior durante o dia. Gritei com todo mundo e fiz as pessoas se sentirem mal, foi assim o dia todo. Não consegui me controlar, nem à noite. Curley começou a chorar e eu disse que parasse porque eu estava a ponto de estourar.

Tinha de ir almoçar com De Antonio, mas não queria. Encomendei algumas coisas e De e eu almoçamos na sala de reuniões, a temperatura estava gélida e Mike, o zelador, o único que sabe como tirar um pouquinho de calor da caldeira, tinha saído. Fiquei num estado terrível, senti que ia me resfriar, não consigo trabalhar no frio.

Hans Mayer veio buscar algumas pinturas e eu enrolei em plástico almofadado. Dei uma pintura para Hans e uma para De, tentando entrar no espírito de Natal, mas não consegui. Paguei algumas contas.

Acho que o jantar de véspera de Natal de C.Z. Guest é exatamente o que vai me fazer finalmente entrar no espírito, aí Bob e eu resolvemos ir lá e levar Jerry Zipkin e Liz Smith e Iris Love, e está decidido. Vou levar *Popisms* de presente.

Curley telefonou e me convidou para jantar e aí Whitney Tower telefonou e disse que Mick e Jerry queriam me ver, perguntei então se podia levar Curley comigo e ele disse que sim. Fiquei com uma estufa elétrica ligada a tarde inteira, mas se eu me movia um centímetro dava para sentir o gelo.

Mandei rosas para Jon Gould – quero que ele consiga que a Paramount anuncie em *Interview*.

Curley veio me buscar de limusine às 9h e aí pegamos Whitney. Jerry está num novo apartamento no 135 Central Park Oeste, acaba de comprar uma fazenda no Texas com seu próprio dinheiro e quer comprar um trator. Ela me deu um presente, exatamente o que sempre quis – um *conjunto completo* de porcelana do Concorde! Fiquei tão surpreso, tão deslumbrado, não sei como descobriu que era o que eu queria. Mas é tão engraçado ganhar algo que a gente realmente quer! E Mick foi muito amável, pela primeira vez, falando e falando, como se nós fôssemos grandes amigos, contando que vai para Paris no dia 27 para o filme de Herzog, *Fitzcarraldo*. E contando tudo sobre aquilo, realmente amável.

Enquanto isso Curley ficou se embebedando e quando começou a chamar Mick de "Michael" e a tirar fotos desconfiei que tinha de tirá-lo rapidamente de lá. Curley ainda acredita que meu pai morreu nas minas de carvão de Pittsburgh e se sente culpado, porque a família da mãe dele, os Mellon, são donos de Pittsburgh, é muito engraçado. Então tirei Curley de lá e achei que poderia curar um pouco da sua bebedeira se o levasse à Brasserie. Ele tem bebido muito nos últimos dias, e ainda é divertido, mas se continuar assim acho que pode acontecer alguma coisa. Pedi de tudo na Brasserie ($50). Aí Curley começou a chorar e eu disse que parasse e então ele se comportou e começou a rir e brincar novamente. Me deixou, era só 1h30 e ainda estava muito frio.

Terça-feira, 23 de dezembro, 1980. Tenho estado no espírito mais antinatalino de toda a minha vida. Acordei um pouco resfriado. Telefonaram do escritório para dizer que estão sem calefação e fiquei pensando nisso, e então começou a nevar e os flocos eram grandes e lindos, mas antes que eu pudesse chegar à janela com minha câmera já tinha parado.

Festa de Natal no escritório, disseram que estavam esperando por mim, que havia peru, presunto e bebidas. Eu queria fazer compras de Natal mas aí cheguei à conclusão que mais tarde seria muito difícil conseguir um táxi, então fui direto para lá ($7). John-John Kenedy estava no escritório, mais Cornelia Guest e John Samuels e Jimmy Burden – todos aqueles garotos que conheço desde que eram bebês, é estranho. E este ano Jackie O. não me convidou para sua festa de Natal. Distribuí *Popisms*. Ronnie me deu um de seus trabalhos, realmente ótimo – uma lança.

O artigo do *New York Times* sobre Françoise de la Renta é tão nojento, dá a impressão que ela e Oscar levam uma vida ótima, quando eu sei que é só ele e o amigo dele e ela sofrendo por causa de tudo. E desconvidaram John Richardson para ir a Santo Domingo porque ele foi citado no artigo, e ele nem disse nada de mais. Bob me contou que no fim Françoise nem nasceu em Paris, nasceu em Moçambique ou algum lugar assim. Ela é só – lixo.

Quarta-feira, 24 de dezembro, 1980. De táxi até o apartamento de Jerry e Mick para um almoço de Natal. Cindy, a irmã de Jerry que está grávida, acaba de casar com Robin Lehman e todo mundo está feliz. A mãe de Jerry estava lá. Jerry estava de avental e tinha um zíper que se a gente puxasse fazia sair um caralho enorme, e aí fiquei tirando fotos daquilo, Jerry cozinhando peru de caralho na mão.

Earl McGrath estava lá e Ahmet Ertegun deu uma passada rápida. A comida ficou pronta às 5h quando deveria ter ficado pronta às 2h. Mas tudo estava ótimo, um peru maravilhoso, tudo muito fresco, as ervilhas e tudo, aí me fartei.

A limusine veio às 6h30 para nos levar para a casa dos Guest. Buscamos Barbara Allen, que estava com um vestido de tafetá verde YSL, e então fomos para a "borda do Harlem" – é como Jerry Zipkin chama o seu bairro – e pegamos Jerry, que estava com Nelson Seabra. Foi um jantar à francesa e o peru estava horrível. Parecia enlatado, molho de Cranberry enlatado, e dezoito sobremessas diferentes mas nenhuma boa. Sentei ao lado de "Suzy" e Bob ficou ao lado de Liz Smith e Iris Love, e Iris estava com um *quilt* e me deixou descobrir com minhas mãos se estava vestindo roupa de baixo. Cornelia estava linda.

Depois fomos para a casa de Halston e subitamente a temperatura caiu de quatro graus positivos para 26 graus negativos.

Halston me deu um vestido verde de contas para eu pendurar no meu armário. É um vestido de $5 mil. É a arte dele. Mas não é meu tom favorito de verde, embora seja um verde agradável. Gostaria que fosse vermelho.

Senti que estava me resfriando novamente e queria ir para casa dormir, mas como a casa está vazia não fui. Dei uma caixa de chocolates artesanais que fiz, não muito bons, e uma pintura "Diamante" para Halston, e dei uma pintura "Sapato" para Victor. Cheguei em casa por volta da 1h30 e abri meus pacotes. John Reinhold me deu uma pequena TV, uma Sony Trinitron de duas polegadas.

Quinta-feira, 25 de dezembro, 1980. O dia mais frio de todos os tempos. Eu tinha ficado com medo de ir dormir porque estou sozinho em casa. Gostaria que Agosto, o irmão de Nena e Aurora, fosse meu guarda-costas, embora ele só tenha meio metro de altura, mas esteve na Marinha e diz "Sim, senhor!" e "Não, senhor!" e é ótimo. Eu ia trabalhar mas, já que não havia calefação, decidi não ir.

Busquei John Reinhold e fomos para a casa de Sharon Hammond para o jantar de Natal (táxi $5). Não havia ninguém interessante lá.

Sharon me levou para uma outra sala e me mostrou uma foto do seu lorde inglês mijando e o caralho dele é como o de um cavalo. Ela não sabe se deve casar com ele, mas eu disse que deve, com um caralho daqueles. Ele não lhe deu as almofadas que queria de Natal, só deu uma TV para o banheiro. E nenhuma joia. Tinha dado joias em seu aniversário e cinco minutos depois ela esqueceu num táxi, então ele decidiu não dar mais joias para ela.

Sexta-feira, 26 de dezembro, 1980. Um dia depois do Natal e estou fazendo cartões para o próximo Natal encomendados por John Loring da Tiffany's. Já que ele anuncia na *Interview* tenho que fazer isso, e é realmente uma boa ideia – diamantes com pó de diamantes de verdade, um conjunto de nove. Cada cartão é uma parte de um diamante e quando a gente coloca todos juntos forma um diamante. É artístico, aí se não gostarem... O que sempre lembro quando penso na Tiffany's é que uma vez nos anos 50 deixei meus desenhos lá e alguém roubou.

Telefonei para Marina Schiano para desejar Feliz Natal. Está indo para Nápoles visitar a mãe, que está no hospital. Me deu condolências por Jed ter saído de casa. E mencionou que ele está no Colorado esquiando com Alan Wanzenberg.

Quarta-feira, 31 de dezembro, 1980. Ainda nenhuma calefação no escritório, é tão difícil trabalhar! Brigid telefonou e chamou o dono de filho da puta, ele está na Flórida.

Wilson Kidde telefonou e disse que trepou com uma mulher.

Fiquei ocupado até as 8h e aí fomos embora. Deixei Rupert. Fui para casa, me colei, depois para a casa de Halston. Victor estava ajudando seu amigo Benjamin Liu a se vestir de mulher. Quando está travestido se chama Ming Vauze. Depois fomos para o Olympic Tower para a festa de Ano-Novo de Halston. Lá as pessoas disseram que Steve Rubell tinha acabado de ligar e que vai sair da prisão dentro de duas semanas.

Halston continua com aquele mesmo ar deprimido, por isso estava com todas as garotas e garotos que trabalham com ele. Me contou que vestiu as mulheres com tule para fazer com que o lugar parecesse cheio de gente. Da janela dava para ver a bola descendo em Times Square e os fogos de artifício no parque. Marisol estava deprimida. Todo mundo era conhecido, então tive de beijar todos.

Sábado, 3 de janeiro, 1981. Trabalhei toda a tarde. Fui à festa de aniversário de Chris Makos. O presente de Peter Wise foi um quarto de hotel, conseguiu um naquele hotel do Central Park South onde parece que ninguém vai mais, o St. Moritz, então fomos todos para lá (táxi $3). Peter foi ótimo, trouxe todos os artigos de toilete de Chris e Chris adorou, ficou maravilhado. Jon Gould, o vice-presidente da Paramount, chegou com um comissário de bordo. Acho que as rosas que tenho mandado para o escritório dele estão começando a deixá-lo constrangido, talvez seja melhor parar. Ele fica se fazendo de macho.

Depois fomos para o apartamento de John Reinhold para ver como está ficando o trabalho de decoração de Michael Graves, que há nove meses está redecorando só uma sala – fazem a janela alguns centímetros a menos ou a mais, aí têm de fazer tudo de novo.

Domingo, 11 de janeiro, 1981. Liguei para Vincent e o acordei. Ele disse que várias pinturas minhas racharam no escritório por causa do frio.

Assisti a *Assim caminha a humanidade* na TV, da 1h às 5h30. É tão comprido. Até fui à igreja durante o filme e quando voltei ainda não tinha terminado. O pior de tudo é a interpretação de James Dean quando ele tem de se fazer de velho. Mas fizeram a coisa certa – quando ele está bêbado e fala direto para o microfone, parece uma estrela de rock, fica bem em cima do microfone e saem só uns ruídos, é abstrato.

Bebi um pouco de vinho e tomei umas aspirinas para me livrar da dor nas costas. Também tenho tentado tomar duas aspirinas por dia para não ficar senil, li há pouco que aspirina impede o endurecimento das artérias. Mas não sei, minha mãe tomou milhões de aspirinas e não adiantou nada.

Bob disse que a posse é sábado. Não me dei conta de que era logo agora. Bob não se interessa mais por discotecas, está feliz só com todos os seus republicanos – Doria e Jerry Zipkin ficam ligando para ele.

Segunda-feira, 12 de janeiro, 1981. Sol forte, decidi trabalhar lá na frente, na mesa de Ronnie. Tinha de fazer alguns Joseph Beuys. Mas Ronnie é descuidado, deixou tinta no meio da sala, virei a lata com o pé e a tinta derramou na minha bota e nas minhas calças, levei toda a tarde para limpar – foi a primeira vez que isso aconteceu. E aí o líder do Cars, Ric Ocasek, disse que queria trazer a banda para ver o retrato dele, e foi o que fez.

Terça-feira, 13 de janeiro, 1981. Procurando ideias para a série "Novos Mitos". Procurei imagens da Mamãe Ganso. Mas acho que o melhor que decidimos fazer foi pedir para as pessoas virem com fantasias de personagens, e nós mesmos vamos tirar as fotografias, porque aí não teremos de nos preocupar com os direitos autorais.

Quarta-feira, 14 de janeiro, 1981. Fiz Brigid escrever um bilhete de agradecimento a Gloria Swanson dizendo que gostei muito de seu livro e que graças a ela estou tentando diminuir o açúcar. O objetivo dessa coisa toda é receber bilhetes de volta – aquela coisa da Joan Crawford. Ah, e Steve Aronson fez uma das suas boas e longas entrevistas com Gloria Swanson na *Interview* e ela ligou para o escritório pedindo o telefone dele e o convidou para um chá sem açúcar.

Passei os olhos pela entrevista de Bob com aquele sujeito Borchgrave e Bob é muito bom em entrevistas políticas, conhece os fatos.

Terça-feira, 20 de janeiro, 1981 – Washington, D.C. O motorista nos buscou na casa de Ina Ginsburg às 10h, o nome dele era Carter e nos levou o mais perto possível do Capitólio, e aí tivemos de caminhar uns dois quarteirões, havia multidões por toda parte, muitos garotos, muitas tropas, marines, polícia. Finalmente passamos por todas as barreiras, encontramos nossos lugares na seção E, e fiquei reclamando que estávamos muito atrás, mas aí vimos um marine negro marchar até dois marines brancos e fazer continência, eles disseram (*risos*) – bem, nós achamos que diriam algo como "Os chefes de estado chegarão em breve e a segurança está sob absoluto controle", mas disseram "Robert Goulet e Glen Campbell estão sentados na fila 64". E aí os três saíram marchando e procurando por outras estrelas. Estávamos com binóculos. Foquei em Rosalyn, ela estava muito triste.

O senador Pell conseguiu um lugar para Ina no palanque presidencial para ver os juramentos.

Durante os juramentos um marine parou na frente de cada fila de cadeiras e disse em voz baixa, "Os reféns acabam de deixar Teerã, caso os senhores ainda não saibam". E havia helicópteros por todo o lado, patrulhando o céu. E tinham colocado vidro à prova de balas em volta de todo o palanque.

Depois no Capitólio encontramos Ron e Doria junto à uma escada que dizia "Só para senadores", e aí foram todos aqueles nossos grandes olás. Os dois foram levados dali, nós descemos para um outro salão, e subitamente uma voz disse "Andy! Andy!", e era Happy Rockefeller, ela disse, "Andy, por que você não vem ver as pinturas que você fez de mim?". Estava com um casaco de mink. O salão já estava praticamente vazio e havia um marine com um walkie-talkie ao lado dela. Na realidade nós éramos as únicas pessoas em todo o prédio sem marines ao nosso lado.

Durante o discurso de posse cheguei a me inflamar e me sentir um republicano. Mas quando terminou e olhei à volta, vi as caras de todos os republicanos. Fiquei feliz em ser democrata – realmente há diferença.

Sexta-feira, 23 de janeiro, 1981 – Nova York. Me colei, tinha de encontrar Jill Fuller no Le Cirque para jantar. O Le Cirque é o novo restaurante republicano, acho eu, pois vi Sirio lá na posse. Por falar nisso, recebi minhas fotos, e pelo menos há algumas fotos boas dos garotos Reagan. Levei aquela graça do primo de

Curley, David Laughlin, para Jill porque tinha dito a ela que toda a vez que tivéssemos um encontro eu levaria um garoto que achasse que ela ia gostar, alguém que fosse jovem, rico e bonito.

Sharon Hammond estava lá com um sujeito que mora no Dakota. Ele tem uma cadela bulldog que estava dando cria, e decidiu levá-la imediatamente ao veterinário, no caminho um filhote saltou bem no local onde John Lennon foi assassinado e morreu ali mesmo.

Quarta-feira, 4 de fevereiro, 1981. Eu estava no escritório com Victor e de repente alguém disse, "Veja quem está aqui!". E eram Steve Rubell e Ian Schrager. Disseram que estavam ali perto e resolveram fazer uma visita. Victor deu o maior abraço neles e contou que Halston está planejando um jantar para eles no sábado. Disseram que o jantar vai ter que começar às 6h porque têm que estar de volta na prisão-albergue às 11h. Steve está muito bronzeado. Não sei como conseguiu. Estava cheio de roupa para disfarçar que engordou com a comida da prisão. Ian está realmente bem.

Sexta-feira, 6 de fevereiro, 1981. Vincent e eu tínhamos de ir encontrar o pessoal do Home Box Office. O contato foi feito através de uma mulher que conhece Louis Waldon, o ator de *Lonesome Cowboys*, e que trabalha lá. Ela disse para Vincent que eles estão interessados em fazer alguma coisa com o nosso programa de TV a cabo. Bem, aí chegamos lá e começaram a falar mal de mim, exatamente como nos velhos tempos. Começaram a dizer coisas como, "Você é muito avançado" e "A média dos americanos não sabe quem você é". Eu estava pronto para levantar e sair mas aí pensei, bem, nunca se sabe se a gente vai reencontrar essas pessoas, Vincent também ficou furioso mas também se controlou. Finalmente nos levantamos e saímos. Só queriam que eu fosse para que eles pudessem me ofender. Voltamos para o escritório.

Sábado, 7 de fevereiro, 1981. Bob MacBride telefonou e disse que John O'Shea internou Truman num hospital em Miami e perguntou se conhecíamos alguém lá que pudesse ir conferir. John O'Shea foi o companheiro de Truman antes de Bob MacBride.

Terça-feira, 10 de fevereiro, 1981. Acordei às 9h, continuam anunciando uma grande tempestade, mas nada aconteceu. Fiquei uptown porque tinha um almoço no Le Cirque que Bob estava oferecendo – na realidade era uma cortesia de Sirio – e Averil e o noivo, o médico Tim Haydock, estariam lá. Eles estão indo para a Tailândia numa viagem de pré-lua de mel e Averil queria encontrar Mercedes Kellogg e seu marido, Fran, porque os dois são amigos da rainha da Tailândia.

Esqueci de dar gorjeta para o garçom porque era um almoço de cortesia. Sempre esqueço que a gente tem de dar gorjeta mesmo assim, embora seja grátis (chapelaria $2). Pela manhã os Kellogg tinham ficado sabendo que ele não vai ser nomeado chefe de Protocolo como queria. Mrs. Annenberg foi nomeada. Acho que foi por causa de Mercedes, ela é iraniana.

Quinta-feira, 12 de fevereiro, 1981. Fred ia para a Europa, mas a sua mãe ligou e disse que o pai acaba de falecer, então ele vai para o Texas.

Convidei Jon Gould para ir ao jogo de hóquei dos Rangers, mas ele disse que eu deveria ter ligado mais cedo.

Sexta-feira, 13 de fevereiro, 1981. Chris Makos disse que eu fosse à sua casa às 7h para discutirmos projetos e examinar fotos. Jon Gould estaria lá.

Trabalhei até as 8h com Rupert. Me deixou na casa de Chris. Falamos sobre vários projetos e depois fomos jantar no restaurante Coach House. Descobrimos que um dos garçons é o garoto que uma vez me trouxe um desenho meu que tinha comprado num leilão na Parke Bernet. E quando vi o desenho, eu sabia que *não era* meu e me recusei a autografá-lo, mas disse a ele que se viesse de novo talvez pudéssemos pensar em algo para lhe dar em troca. É uma "Lata de Sopa" invertida e não lembro de ter feito algo assim, embora pareça realmente minha. Mas não lembro daquele tipo de papel. E é invertida, aí eu teria de ter fotografado e tracejado, e não lembro ter feito isso. Não fiz tantos desenhos assim e todos foram feitos em pouco tempo. Mas, quer dizer, se nem *eu* consigo me lembrar... O jantar foi ótimo ($300).

Aí Jon Gould estava com uma amiga chamada lady McCrady, que mora na Park Avenue e que escreveu uns vinte livros infantis, e fomos para o apartamento dela, que estava cheio de amigos dela, aquele tipo de pessoas das escolas de Boston, foi como estar de volta aos anos 50, o mesmo tipo de apartamento – todos os garotos eram bailarinos, artistas e espertos, como

Jonathan Roberts, o garoto que teve a ideia de fazer o *The Preppie Handbook*. O apartamento estava uma maravilha. Jon conhece a maioria dessa garotada por causa de um curso de editoria que ele deu durante o verão em Radcliffe. Jon trabalhava na *Rolling Stone* antes de se transferir para a Paramount.

Sábado, 14 de fevereiro, 1980. Fomos a um vernissage na galeria Gray-Gaultney e quando estávamos saindo encontramos o governador Carey lá embaixo e ele disse que eu deveria convencer o prefeito a deixar Christo enrolar o Central Park em plástico, que isso daria muitos empregos para os porto-riquenhos.

Domingo, 15 de fevereiro, 1981. Quando Brigid chegou em casa na sexta-feira ficou procurando o seu gato Billy, mas não conseguiu encontrá-lo. Aí correu até a loja de animais antes que fechasse e *comprou um outro gato*! Você acredita que alguém faça uma coisa destas? Por $300. Levou o gato para casa e então ouviu um miau, abriu o armário e lá estava Billy dentro de um balde. Ela devolveu o gato novo.

Minhas duas sobrinhas vieram de Pittsburgh e fiquei com elas durante umas duas horas. São parecidas. E estão como há dez anos, não envelheceram. Fui à igreja.

Segunda-feira, 16 de fevereiro, 1981. Acordei às 9h, feriado. Dia dos Presidentes – colocaram Washington e Lincoln juntos e transferiram para uma segunda-feira.

Fred veio. Ninguém perguntou sobre o velório do pai dele.

Trabalhei nos "Mitos" – Drácula e a Bruxa Má. Fico bem vestido de mulher e achei que seria divertido se eu mesmo posasse para o retrato, mas Fred disse que eu deveria me retratar travestido noutra ocasião, que não desperdiçasse a ideia neste portfólio.

Como é que a gente evita ficar com bolsas sob os olhos? Sei que é por causa da retenção de líquidos, mas ah, não quero ter bolsas sob os olhos.

Terça-feira, 17 de fevereiro, 1981. Ontem estava assistindo a um programa de auditório, *Blockbusters*, com Bill Cullen, e havia dois negros, um guarda de prisão e o primo dele, contra uma branca, e na categoria "Letras" a pergunta foi: "Andy Warhol é um 'V'." E (*risos*) ela deu a resposta certa: "Virgem". E aí Bill Cullen disse, "Está certo, aos 51 anos de idade". Ela ganhou $500 e ficou com $12 mil.

Ah, e recebi uma carta da Alemanha escrita em alemão sobre *Bad*, parecia uma carta oficial e a única frase que consegui entender é muito engraçada: "Neste filme um homem morre atropelado por um *Volkswagen*!".

Quarta-feira, 18 de fevereiro, 1981. Doria Reagan veio aprender com Brigid como datilografar as entrevistas. Convidei-a para ficar para o almoço. Não vi ninguém do Serviço Secreto, mas Ron veio mais tarde com cinco sujeitos em volta.

Quinta-feira, 19 de fevereiro, 1981. Queria distribuir *Interviews* mas era muito tarde. Tinha de encontrar Christopher Gibbs, da Inglaterra, no escritório (táxi $5.50). Doria Reagan estava lá, datilografando e não havia ninguém do Serviço Secreto com ela e talvez ela esteja grávida, quer dizer, será que não se importam com um possível neto?

E Brigid e eu finalmente vamos encontrar Mary Tyler Moore na segunda-feira. Ela está tentando mudar a imagem, mas tem um problema – se nega a usar Halstons elegantes para as fotos e não quer vir almoçar com os elegantes Basses e não quer ir jantar no elegante Quo Vadis – quer nos encontrar no John's Pizza Parlor da Bleecker Street.

E será que esqueci de dizer que Faye Dunaway ligou outro dia? Está filmando *Mommie Dearest*, fazendo Joan Crawford, e queria saber se eu comprei o broche em forma de coração de Joan Crawford e se eu podia emprestá-lo. Mas não comprei. Faye pega o telefone, ela mesma liga, é divertido, talvez *eu* ligue para ela algum dia. Vou conseguir seu número com Ara. Talvez fosse uma boa história. Acabo de ver *Hurry Sundown* na TV e ela está linda.

Convidei Jon Gould para assistir a *42nd Street* porque ele está procurando ideias para a Paramount e quero sugerir *Popism* para ser transformado em filme, então levei uma cópia. Não seria ótimo se a Paramount comprasse a ideia? Aí eu poderia trabalhar com ele – ele sabe tanto, todos aqueles fatos e números e pesquisas – é uma pessoa ótima de conhecer.

De táxi até o Wintergarden ($4). Da primeira fila a gente não consegue ver os pés dos sapateadores (*risos*), dá para ver só até os joelhos. Aí depois do show caminhamos até o Russian Tea Room para encontrar Chris Makos, que foi assistir a *Sphinx* e adorou.

Domingo, 22 de fevereiro, 1981. Jerry Hall ligou. Disse que o coitado do Mick está no Peru filmando com Herzog e chove o dia inteiro e ele tem de dormir num colchão molhado, e Jason Robards foi internado com pneumonia num hospital de Nova York e não quer voltar. Convidei-a para almoçar com os Basse do Texas.

Quando estava indo para casa encontrei Alan J. Weberman, o "Rei da Lixologia", telefonando na esquina. Sei quem é ele porque me passou um currículo com todos os seus títulos de lixo. Disse que acaba de pesquisar o lixo de Roy Cohn e o de Gloria Vanderbilt. Acho que iniciou a carreira com o lixo de Dylan. Fiquei com medo que ele descobrisse onde moro e aí caminhei na direção oposta.

Finalmente cheguei em casa, me colei e caminhei até o Arsenal. Festa de aniversário para Roy Cohn. De gala. Mas os sujeitos tipo-mafiosos não estavam de black-tie. Steve e Ian não vieram porque não querem publicidade. Havia umas duzentas pessoas. Muita gente importante. Donald Trump, Carmine DeSapio, os D'Amatos, David Mahoney, Mark Goodson, mr. LeFrak, Gloria Swanson, Jerry Zipkin, C.Z. Guest e Alexander, Warren Avis, Rupert Murdoch e John Kluge. E só consigo lembrar tantos nomes porque Joey Adams discursou e mencionou todo mundo que estava no salão.

Fiquei conversando com um sujeito e falei que era terrível que quisessem demolir este Arsenal lindo, e ele disse que achava uma boa ideia porque o negócio dele é construção. Trouxeram uma porção de bolos – cada um tinha uma letra e formavam "Feliz Aniversário Roy Cohn". Roy estava com toda a imprensa lá, o *Times* e o *Post*.

Segunda-feira, 23 de fevereiro, 1981. Ara ligou e disse que a gente fosse encontrar Mary Tyler Moore no John's Pizza às 8h30 em vez das 8h, resolvi ficar downtown e trabalhar até a hora de ir.

Jay Shriver deixou Brigid e depois me deixou (táxi $10). O lugar estava vazio porque chovia forte. É um lugar pequeno, uns 6m x 12m. O dono tinha começado a beber, estava nervoso porque estávamos lá. Não servem fatias, só pizzas inteiras. Brigid ainda está de dieta e só bebeu Tab. Mas o dono ficou oferecendo vinho para ela e mostrando sessenta diferentes tipos de pizza e ela começou a enlouquecer. Tantas tentações amoleceram seu cérebro. O dono ficou arrasado.

Mary e Ara chegaram cinco minutos atrasadas e ela foi realmente amável. A música mecânica era Sinatra dos anos 40 e estava muito alta. O dono puxou uma cadeira e se integrou ao grupo. Ele imprimiu uma crítica do *New York Times* sobre o restaurante nos guardanapos.

Bem, Mary Tyler Moore está tentando se transformar numa nova mulher. Brigid contou a Mary que adora os pés de galinha que ela tem, é verdade mas soou ofensivo. Brigid estava tentando levar a conversa para o lado da cirurgia plástica, mas largou o assunto ali mesmo, não foi adiante. E aí disse, "Há só uma coisa que eu queria perguntar – você está saindo com Warren Beatty?". Mary engoliu em seco e Ara fez uma cara estranha, disse, "Bem, 'sair' é tão... você sabe, 'sair'." Portanto, sem resposta. Mary se parece com uma Barbie... velha. É perfeita – cabelo curto, corpo lindo, como a mãe da Barbie. Se parece com a Doris Day dos anos 50. E come um bocado. Depois notei que ela caminha rápido e nunca olha para ninguém para que ninguém fique no seu caminho. É um dínamo. Aí uns policiais vieram buscar umas pizzas, eram bonitos. Perguntei a um deles se queria conhecer Mary Tyler Moore e fazer algumas perguntas. Ele era mesmo uma graça, disse que tinha cantado num grupo chamado Passions ou algo assim nos anos 60 ou cinquenta e que chegaram a ter alguns hits. Perguntou se ela queria montar no cavalo que estava lá fora e ela disse que sim, imediatamente, mas aí ele ficou com medo que algo pudesse acontecer, então em vez disso deu um cartão de policial honorário para ela. Estavam flertando.

Mary está estudando Ciências Políticas e, quer dizer, com aquela voz ela realmente poderia ser a maior coisa em política desde Ronnie Reagan. Ela vai ao psiquiatra duas ou três vezes por semana. E aí ficou com vontade de tomar um sundae com chocolate quente, então eu disse que Serendipity era o melhor lugar de todos, ela gostou da ideia.

Quando entramos no Serendipity todo mundo cochichou – "Olha a Mary". Sentamos sob um lustre igual ao que eu tinha na minha sala 35 anos atrás. Pedi meio sundae, Mary e Ara também.

E ela é tão "segura de si" que chega a ser engraçado. Você sabe o que quero dizer? É quase cômico.

Segunda-feira, 2 de março, 1981 – Paris. Demos vários telefonemas para descobrir quem está na cidade e aí pegamos o carro e fomos até o Chateau La Flori para o jantar que Bergitte de Ganay ofereceria para Charlotte Greville e seu marido Andrew Fraser. Estão lá para a caçada. É onde fazem a caçada desde os tempos antigos. Charlotte tem quarenta cartas de apresentação, pode ir a qualquer lugar do mundo. Mas agora alguém está tentando tornar a caça de cervos ilegal na França. Na realidade deixam que os cachorros destrocem os cervos. Ou matam à faca, ou algo assim.

Durante a viagem de volta Fred enlouqueceu e foi muito constrangedor. Tudo estava bem e de repente ele se transformou numa outra pessoa por dez minutos e depois tudo voltou ao normal novamente. Mas o motorista realmente se assustou e quase parou o carro (carro $320). E aí Fred reclamou que ninguém é bom para ele. Na realidade nós dois ficamos reclamando – também me sinto rejeitado.

Domingo, 8 de março, 1981 – Düsseldorf. No coquetel na casa de Hans Mayer noite passada havia uma porção de gente que já retratei mas que não reconheci, aí pensei que seriam possíveis novos retratos (*risos*). Ah, Deus, não me surpreende que as pessoas achem que estou pirado.

Tomamos café da manhã com Joseph Beuys, ele insistiu que eu fosse até a sua casa para conhecer o estúdio, ver a vida que ele leva, tomar chá e comer bolo, foi realmente agradável. Me deu um trabalho seu que tinha duas garrafas de água efervescente que acabaram explodindo na minha maleta e molhando tudo que eu tinha lá dentro, e agora não posso mais abrir a caixa porque não sei se ainda é uma obra de arte ou se são apenas garrafas quebradas. Aí se ele vier a Nova York vou pedir que autografe a caixa porque ficou tudo uma nojeira.

Segunda-feira, 9 de março, 1981 – Munique. Muito sol e muito frio. Fomos à galeria onde estão fazendo uma pequena exposição dos "Sapatos" brilhantes, dei entrevistas e fotos para o jornal alemão e depois voltamos para o hotel para sermos apanhados pelo pessoal do "2.000" – é um clube de vinte pessoas que se juntaram para comprar 2.000 garrafas de Dom Perignon. Vão colocar numa sala vedada até o ano 2.000 e só aí vão abrir e beber, então a piada é descobrir quem ainda vai estar vivo.

Foi divertido porque os homens eram realmente hétero e foi divertido estar com eles. Alguns trouxeram as esposas. Foi um jantar de oito pratos com uma porção de vinhos diferentes para acompanhar cada prato. O primeiro foi fígado fresco, mataram o pato na cozinha e tiraram o fígado, cortaram em fatias e esquentaram – meio quente pelo calor, meio quente pelo pato. Estava delicioso, mas depois, quando pensei no que era, fiquei com vontade de vomitar. O segundo prato foi sopa. Depois lagosta com pequenas perdizes – um peitinho de perdiz do tamanho de uma unha. Realmente bom, mas muito triste, como comer o peito de uma barata. E entre os pratos tomamos um sorvete de frutas parecido com os trabalhos de Jackson Pollock, simplesmente amassaram kiwis e morangos frescos e atiraram num prato. Artístico. Depois serviram cordeiro empanado e foi o melhor cordeiro empanado que já comi.

E os vinte homens ficaram trocando de lugar para sentar ao meu lado porque acharam que seria um bom papo, mas eu estava completamente bêbado.

Quinta-feira, 12 de março, 1981 – Nova York. Vincent me contou que a mulher de Bill Copley, Marjorie, a cafetina tcheca de Pittsburgh – de quem eu acabo de pintar o retrato –, o abandonou e foi a Tiffany's e gastou uma nota, limpou a conta bancária deles. Levou os dois retratos. Ela sempre vai de avião particular de Miami para Key West e Bill ficou esperando por ela no aeroporto com um buquê de rosas mas quem desembarcou foi um sujeito com uma petição de divórcio.

Agora o corpo de Bill está coberto de queimaduras de terceiro grau. Quando estavam em Key West ele ficou fumando na cama enquanto Marjorie dormia num outro quarto, e aí as duas putas – amigas de Marjorie – que tinham voado até Key West com ela saíram e quando voltaram às 5h viram o fogo. Ele poderia ter morrido. E ela disse que dormiu o tempo todo e não viu nada nem sentiu o cheiro de nada, mas metade da casa incendiou. Os bombeiros foram até lá. Bill está fazendo transplantes de pele e tudo, já foi operado algumas vezes. É realmente horrível. E está sempre sozinho porque ela despediu seu assistente e sua secretária.

Li minha correspondência e fui para o escritório ($5.50). Brigid está entusiasmada para fazer a plástica nos olhos. Até já fez o pagamento. E Ronnie está feliz porque conseguiu uma namorada rica.

Johnny Pigozzi veio e estava com uma nova câmera que fotografa 360 graus, aí mandei Ronnie comprar uma igual para mim. E ele foi gentil, talvez porque me viu pintando, sempre tinha desconfiado que eram outras pessoas que pintavam por mim.

De táxi às 11h30 para o Ritz ($5.50). Nos deram cupons para drinques grátis e Walter Steding entrou em cena precisamente às 11h30 e foi realmente ótimo. É tão estranho ver alguém que trabalha para a gente como zelador mostrar tanto talento.

Sexta-feira, 13 de março, 1981. Brigid estava transcrevendo uma fita do dia em que fomos a Port Jervis encontrar Charles Rydell, e disse que depois de ouvir a si mesma decidiu jamais beber de novo.

Ara me convidou para uma festa no 212 Rua 49 Leste às 11h30 para Jack Nicholson. Modelos de ponta a ponta. Contei a Jack que o achei ótimo em *Postman* e que todo mundo acha Jessica Lange ótima. Conversei com um garoto que trabalhou na equipe de *Cocaine Cowboys* e ele me contou a verdadeira história de Tom Sullivan – ele usa heroína há anos e a mãe dele foi motorista de ônibus em Tampa. O garoto disse que agora Tom está sem dinheiro, que todo o dinheiro dele vinha do tráfico de maconha – não cocaína – da Colômbia. E Winnie estava na festa, está se divorciando de Tom. Fiquei até as 3h. Franco Rosselini estava lá. Bob Raphaelson também, ele é realmente gentil. E Ara foi muito amável.

Sábado, 14 de março, 1981. Fui à igreja Loyola para o casamento do garoto Michael Kennedy com Vicky Gifford às 11h. Fred estava lá (táxi $4). As ruas estavam lotadas de gente e policiais.

Igrejas sempre me deixam tonto. Flores lindas em todos os bancos. As damas de honra chegaram e o mais engraçado é que quando Bob esteve na Suíça estavam fazendo os vestidos para as damas de honra e disseram, "São para o casamento Kennedy, encomendaram todas estas *camisolas*". Então ali estavam todas aquelas meninas e eu sabia que estavam vestindo umas camisolas que provavelmente custaram $75 cada uma. Púrpura, com sapatilhas de balé cor-de-rosa. Kerry Kennedy foi dama de honra com a irmã de Mary Richardson. E então a noiva entrou, era a mais bonita que já vi na minha vida. Realmente a noiva mais linda. Fazia você ficar com vontade de se casar. Fui apresentado a ela em Monte Carlo. É a filha de Frank Gifford.

De táxi até o St. Regis, a recepção foi no terraço ($4). Lindo lá em cima. Tive de cumprimentar todos novamente.

Robert Kennedy queria trocar de gravata comigo, e aí foi estranho, também queria trocar as calças. Ele é outro que também é bonito, está saindo com Rebecca Fraser. Realmente, esses garotos são todos bonitos, um salão cheio de 75 dos garotos mais bonitos e 75 das garotas mais bonitas e umas vinte pessoas mais velhas. Caroline Kennedy não falou comigo, fez que não me viu, sei lá por quê. Mas John-John foi amável, me cumprimentou e tudo.

Passei rapidamente pela fila dos cumprimentos. O senador Kennedy foi muito amável, agradeceu novamente por ter feito os pôsteres para ele. Ele e Joan estavam juntos na festa.

Fui convidado para a casa de Stephen Graham e aí Franco Rossellini ligou e me convidou para jantar no Le Cirque, sabíamos que o presidente Reagan também jantaria lá.

Caminhei até lá e ficamos com os piores lugares, não dava para ver nada, aí Franco pegou um dos melhores lugares e começou a nos descrever todas as coisas que o grupo do presidente estava fazendo. Todas as mesas tinham repórteres jantando para cobrir o presidente. O lugar estava cheio de estrangeiros, Bob e eu éramos praticamente os únicos americanos.

Resolvemos ir embora e decidimos não passar pela mesa do presidente porque pareceria coisa de groupie – todo mundo estava passando por lá –, então fomos pelo outro lado, mas aí nos chamaram, Jerry Zipkin ficou gritando e me apresentou para mrs. Reagan, que disse, "Ah, você tem sido tão bom para os meus garotos!".

Depois fomos para o Sovereign encontrar Stephen Graham. Um garoto me pediu para ir para casa com ele e fiquei sem saber o que fazer porque ninguém nunca me disse algo assim. Quer dizer, não com essas palavras (táxi $5). Cama. Aí Chris Makos ligou. Eu sabia que estava telefonando dos Baths e aí ele admitiu que estava.

Domingo, 15 de março, 1981. Realmente um lindo dia. Chris me convidou para tomar café da manhã com ele e Jon Gould mas achei que a magia desapareceria se eu visse Jon de dia. Resolvi convidá-los então para virem até minha casa. E aí fiquei nervoso demais para ir ao escritório – fiquei em casa e dei uma arrumada. Ah, e Jon me contou noite passada que gostou de *Popism*, mas para Chris ele disse que acha que a Paramount não vai aceitar. Quem sabe no final alguma coisa aconteça. Talvez ainda seja muito cedo. Ah, e Jon disse que o achou "mal revisado", aí não sei se ele sabe ler direito.

Organizei um chá com bolo. Jon trouxe sua roupa suja para lavar enquanto estava aqui, porque tinha dito que não podia vir porque precisava lavar a roupa numa lavanderia da Columbus Avenue e eu disse que tinha uma máquina boa aqui. Queria que ele se sentisse em casa.

Janet Villella ligou e disse que mandaria um carro me buscar para o balé. Chegamos ao Met. Lotado de estrelas. Um espetáculo beneficente para o Joffrey, o balé foi absolutamente chato. Só umas danças sexy meio complicadas. Bebi durante o intervalo ($20). Ron Reagan Jr. dançou na primeira parte, mas não tinha muito o que fazer – era o último garoto na última fila com a última garota –, mas está dançando bem melhor, melhorou muito. E aí na segunda parte ele sentou no camarote presidencial com a mãe e o pai e ele e Doria abanaram. Estão viajando este mês, aí não sei se Doria vai ou não fazer seu trabalho na *Interview*.

Segunda-feira, 16 de março, 1981. Mrs. Mahoney, que é a mulher do diretor da Norton Simon, que comprou a Halston, deixou escapar que Halston está no hospital e aí disse opa, por favor não conte para ninguém, fui correndo contar para Bianca e ela ligou para a casa de Halston e Mohammed mentiu e disse que Halston estava dormindo e que Victor ligaria para ela mais tarde. Telefonei para os hospitais mas nenhum Frowick ou alguém parecido estava internado lá. Gostaria de saber qual é o problema dele.

Chuvoso de manhã, mas não frio, mas no final do dia estava dezoito abaixo de zero. Mrs. De Menil e mrs. Pompidou foram até o escritório, seis seguranças vieram antes e outras seis pessoas estavam com elas. Mrs. Pompidou é linda e alta. E mrs. Malraux estava com elas. Não sei se ela é a viúva ou a nora ou o quê. Dei livros *Philosophy* para todos. E mrs. De Menil está muito magra. Está construindo um museu em Houston, mas me pediu para guardar segredo. Madame Pompidou só ficou dez minutos e então foi embora – só descobri no dia seguinte que ela tinha ido se encontrar com Nixon. E ela disse, "Enxerguei sua cabeleira branca lá do camarote dos Reagan noite passada". Ela faz parte do círculo dos íntimos.

Esperei no escritório até a hora de ir para a casa de mrs. De Menil (táxi $4). Aí depois Arman e sua mulher, Corice, ofereceram um jantar para Madame Pompidou.

Quarta-feira, 18 de março, 1981. Tinkerbelle ligou para me agradecer porque a recomendei para o pessoal de vídeo do *That's Entertainment*, estão procurando alguém parecido com Rona Barrett. Disse que vai pedir para o seu agente ligar para eles.

Almoço com Raquel Welch. Ela cancelou algumas semanas atrás, esta era a nova data. Desta vez levaria o marido. Na primeira vez tinha exigido que absolutamente ninguém mais estivesse lá, e desta vez eram bem umas vinte pessoas.

Foi um almoço estranho. Raquel e o marido só queriam falar de assuntos intelectuais, aí dei para eles os meus trabalhos com PH – o livro *Philosophy* e *Popism*.

E Raquel ficou sentada num sofá, todo mundo fingindo não estar olhando para ela. Susan Blond perguntou se ela gostaria de ir até o News Club e ela disse, "Não, estou tentando trazer de volta a Velha Guarda, que representa qualidade, não é como esses garotos andando por aí fazendo coisas". Quer dizer, dá para acreditar? Ela disse que deu uma conferência na UCLA.

Bob estava chateado porque diz que quando se dá um almoço tão grande não se consegue muito resultado, que ninguém sabe por que está lá, enquanto que num almoço pequeno todos sabem que estão lá para comprarem espaços para anúncios. Ele disse que Mary Boone não sabia por que estava lá.

Anna Wintour, que trabalhava para *Viva* e que conseguiu o emprego para Catherine lá, veio me mostrar uma ideia para Bob sobre um encarte de moda para *Interview* no qual ela trabalhou três meses porque acha que é uma boa ideia, ele só olhou por um segundo e disse que era um lixo, e ela começou a chorar. E ela é durona, jamais imaginei vê-la chorando, mas acho que foi seu lado de mulher que veio à tona.

Mais tarde tínhamos que ir ao Bolero, o novo clube que está fazendo propaganda, e foi muito estranho. É como uma casa de dois andares, você entra e colocam a gente num elevador, e as portas se fecham, ele sacoleja, as luzes apagam e aí as portas abrem e você está realmente no mesmo andar, no outro lado! Acho que eles querem que você pense que foi a algum lugar. É como uma casa de dois andares de mentira – paredes com lambril e uns candelabros.

E as mulheres disseram lá, "Aquela área está reservada e acho que você sabe o que isso significa – significa que ali você pode fazer *qualquer coisa* que quiser, qualquer coisa que quiser". É tão cafona.

Quinta-feira, 19 de março, 1981. Tinha de decidir se convidava ou não Chris Makos para ir à Europa conosco me ajudar a fotografar prédios, aí decidi convidar.

Sexta-feira, 20 de março, 1981. Tínhamos de fazer nossa entrevista com Rex Smith, Bob e eu, e resolvemos que seria mais fácil ficar uptown porque ia ser no Quo Vadis. Nos apaixonamos por ele. Tem aquele tipo encaracolado de Vitas Gerulaitis, mas é muito mais bonito.

E aí ouvi uma voz dizer "Andy Warhol!", e era Yoko Ono. Que surpresa. Estava muito elegante, como a Duquesa de Windsor, com o cabelo puxado para trás e óculos de sol imensos e maquiagem linda e peles Fendi e joias – um anel de esmeraldas com um rubi enorme e brincos de diamantes de Elsa Peretti. Aí eu disse que queria ligar e convidá-la para almoçar e ela me deu o número de seu telefone. Foi realmente estranho, uma Yoko totalmente nova.

Segunda-feira, 23 de março, 1981. A história sobre Halston que Victor fica contando em sussurros e em frases que nunca se completam é que ele ainda está no hospital – parece que o teto de espelhos desabou sobre a cama e o cortou, e aí a prata do espelho entrou no ferimento e infeccionou, mas talvez seja uma fantasia do Victor tentando ser criativo.

Chris Makos chegou às 3h. Estávamos fotografando uma madona chamada Jackie, com um bebê, uma graça de garotinha, um bebê realmente lindo. A madona era como uma versão linda de Viva, mais como as irmãs dela.

Terça-feira, 24 de março, 1981. Enquanto Vincent e eu estávamos pagando contas por volta das 5h30 ouvimos uns estouros que pareciam fogos de artifício e aí olhamos para Union Square e havia uma pessoa morta na rua, parece que a polícia tinha atirado nele, e então as equipes de TV chegaram e as luzes eram tão fortes que da janela dava para ver o sangue ao redor do corpo.

Quarta-feira, 25 de março, 1981. Agora Brigid está mais magra, a gente percebe os ossos dela. Hoje ou amanhã vai fazer a plástica nos olhos.

Vicente procurou a história do homem assassinado na Union Square nos jornais e finalmente encontrou no *Post*, parece que havia muitas drogas no carro ou algo assim, porque o policial deu cinco tiros.

Me vesti depressa para ir ao jantar de Walter Hoving para John Kluge no 635 Park. Corri para lá e Hoveyda estava entrando ao mesmo tempo e foi ótimo vê-lo. Perguntei se queria ser meu acompanhante. Disse que tinha pensado em telefonar para ele. Jane Pickens Hoving nos recebeu, era uma gente da pesada – os Trump, os Bronfman. E John Kluge e Patricia Gay vão casar em maio.

Todo mundo na festa era muito velho, mas gostei. E todo mundo era hétero e casado e eu era a única bicha. Também conversei com uma mulher linda da Califórnia que está namorando Andrew Stein, que estava lá conversando com alguém sobre orçamentos, ele é bonito, amável e esperto. E aí todo mundo deveria apresentar algum número. Uma vez Jane Pickens e suas irmãs foram cantoras, tiveram realmente uma grande carreira. E me pediram para fazer algumas coisas e eu disse que não podia, mas tirei uma foto e fiz que agradecia aplausos e acharam que eu tinha enlouquecido. Patricia Gay é uma beleza estonteante, 1m80cm de altura.

Quinta-feira, 26 de março, 1981. Joan Lunden telefonou de manhã e disse que estaria me esperando para almoçar no Le Cirque com Barbi Benton. Barbi está na cidade para fazer o programa de Joan amanhã. Mas eu sabia que Jed estaria lá, aí disse que não podia ir. Joan foi namorada de Jed no colégio em Sacramento e Barbi foi namorada de Jay, o irmão dele.

David Hockney veio almoçar e Vincent fez um vídeo com ele. Depois fomos para a outra sala e fizemos a entrevista. David é uma graça, ele tem magia.

Julie Sylvester, que é da Fundação Dia e trabalha para Heiner, veio, contou que Philippa agora está querendo ajudar os pobres, dando dinheiro para eles, espero que isso não interfira no que ela faz pela arte, ela é realmente generosa.

Barbi Benton ligou e me convidou para assistir *Pirates of Penzance*, e eu disse que tinha outro compromisso, o que era verdade, mas ela disse, "Você está desprezando uma coelhinha da Playboy? Jamais alguém me recusou! *Você* é quem usa calças compridas – pode fazer o que *quiser*. *Desmarque* o seu compromisso". Aí eu disse ok, que desmarcaria. Quer dizer, ela foi tão agressiva – mandando em mim – que eu tive de desmarcar. Disse que a buscaria às 7h30 no St. Moritz e perguntei se um táxi estaria bem, ela disse que sim.

Consegui um táxi rapidamente. Me dei conta que estava sem troco, só tinha uma nota de $100, aí tive de pedir $20 emprestados para Barbi. Ela queria assistir à peça porque resolveu que vai conseguir o papel de Linda Ronstadt na montagem na Costa Oeste. Disse que (*risos*) Sonny Bono vai interpretar o papel de Kevin Kline.

Depois da peça, Barbi disse que Joe Papp tinha permitido que ela fosse falar com Linda Ronstadt e aí fomos lá, foi tão cafona ouvir aquelas duas conversando. Linda quer fazer uma outra peça que vai estrear no outono e Barbi disse, "Tudo isso vai levar a sua carreira para um território novo e maior. Agora você está competindo com Barbra Streisand". E comentaram que são tremendamente tímidas. Rex Smith estava lá de calças justas com seu caralho enorme, ele olhou para Barbi e disse, "*Esta* é a minha nova aventura", porque quando fizemos a entrevista ele contou que estava procurando uma "nova aventura".

Convidei Rex para jantar conosco no Pearl's, me colei, enrolei um baseado e não atendi uns telefonemas e algumas pessoas. Barbi também está muito bem, realmente muito bem. Aí fomos para o Pearl's, chegamos lá às 11h, já tinham fechado a cozinha mas mesmo assim nos atenderam.

Rex estava jogando pesado com Barbi e perguntei sobre seu casamento anterior e ele disse que tinha sido com uma mulher mais velha, que ele gosta de mulheres mais velhas, perguntou a idade de Barbi e ela disse 31, e tudo estava indo bem até que ele perguntou, "*Você* é casada?", ela disse sim e aí ele ficou parecendo um balão murcho, o jantar praticamente acabou ali mesmo.

Deixei Rex caminhando na calçada, meio que se virando para olhar para trás mas aí – sei lá – talvez tivessem marcado um encontro, porque estava indo em direção ao St. Moritz, mas não sei. Barbi tinha de acordar às 5h30 para ir ao programa de Joan Lunden, *Good Morning America*.

Sexta-feira, 27 de março, 1981. Tínhamos marcado com outra madona e filho para as 3h e tenho certeza que esta série vai ser um problema. É uma coisa estranha demais, mães e bebês e mamadas.

Sábado, 28 de março, 1981. Cheguei à casa de Halston às 9h45. Steve Rubell estava lá com Ian. Halston está treze quilos mais magro e ficou bebendo ginger ale. Me contou a verdadeira história do que aconteceu. Disse que ele e Martha Graham se picam com B-12, eu já sabia, mas que uma das seringas estava contaminada com chumbo e a perna dele começou a doer e ele foi ao médico e o médico disse que deveria ir imediatamente para o hospital mas Halston disse que não, que iria para casa. Mas aí a outra perna começou a doer e ele quase nem podia caminhar e aí o levaram imediatamente para o hospital, acharam que ele poderia perder uma perna, operaram. Acho que tudo isso é verdade, porque Halston não inventa histórias, realmente não inventa. Ficou feliz porque os jornais não descobriram o que aconteceu.

Depois saímos e Steve não contou para Halston que (*risos*) ia até a casa de Calvin Klein. Steve me deixou e fui para a festa do pai de John Samuels no 123 da Rua 79 Leste. O namorado de John Samuels Sr., David, tocou piano e disse que estuda cinco horas por dia. Mr. Samuels o conheceu quando o contratou para ser seu professor de piano. Havia flores lindas lá e David disse, "Atreva-se a pegar uma gardênia na saída e nunca mais falo com você".

Domingo, 29 de março, 1981. Havia uma parada grega acontecendo e não sei por que era tão grande, a não ser – ah, deve ser isto, a nova namorada do governador Carey é grega.

E, ah, tem um artigo sobre Lou Reed em *People*. Com sua mulher "nascida na Inglaterra". Ainda não sei por que não fui convidado para o casamento. Deram uma recepção enorme e tudo.

Segunda-feira, 30 de março, 1981. Quente e chuvoso. Fiquei uptown porque Bob e eu entrevistaríamos Dominique Sanda no Quo Vadis à 1h. Acharam que tínhamos pedido uma mesa para doze e aí havia espaço de sobra. Bob e eu nos apaixonamos loucamente por ela, é tão maravilhosa, tão mágica. Ficamos de olhos arregalados. E quando *Bob* fica seduzido você sabe que é paixão. Ela ri. E fala um inglês perfeito, exceto por um pequeno sotaque britânico. Contou que um dia chegou à conclusão de que detestava seu sobrenome e resolveu se chamar Sanda. Acho que o nome dela tem muito a ver com sua magia. Depois quis caminhar na chuva, aí demos uma *Interview* para que se protegesse e lá se foi ela.

Sharon Hammond deu uma festa de aniversário. Fomos para lá e estava realmente festivo. Acho que todo mundo tinha estado muito nervoso por causa do atentado a Reagan, mas como ele está fora de perigo, agora estão aliviados. O lorde de Sharon estava lá. Ouvi Lester Persky falando com outro produtor sobre *Popism* e ele disse que quer "comprá-lo", mas já que era Lester quem estava falando não sei se queria dizer que quer comprar os direitos de filmagem ou só uma cópia do livro.

Quarta-feira, 1º de abril, 1981 – Nova York-Paris. Deixamos Chris Makos no Hotel Lenox, no 9 da Rue de l'Université, e fomos para nosso hotel (táxi $50). Rocksavage deu uma espécie de jantarzinho.

Quinta-feira, 2 de abril, 1981 – Paris. Helmut Newton viria às 12h para fazer uma daquelas suas sessões de fotografias de moda. Trouxeram uns buquês enormes com flores lindas que depois deixaram conosco. Helmut chegou finalmente e deixou que eu tirasse fotos suas e de seu bonito modelo.

À noite, mais tarde, Christopher me convenceu a ligar para Jon Gould na Califórnia, eram 5h lá, fingi que estava sóbrio e falei com aquela grande voz sóbria, não sei como consegui, e a secretária disse que ele estava numa reunião e que sairia em quinze minutos e que é claro que telefonaria de volta e aí perguntou se ficava bem me chamar de "Andy" porque sou o deus dela, e estava me parecendo tão íntima que senti que algo estava errado, sabia que ele nunca ligaria de volta. Mas fiquei por ali esperando o telefonema e devo ter caído no sono, e tenho certeza de que o telefone nem tocou. E aí Fred chegou e trouxe um grupo grande com ele, pareciam uns franceses arruaceiros, tinham umas vozes horríveis e eu não sabia quem eram, e ficaram falando e falando e falando e Fred tocou "Diamonds Are a Girl's Best Friend" no volume máximo e eu pensei que ia enlouquecer, estava tão desesperado porque não recebi meu telefonema que quase quis me matar. É assim a vida, criança. Os amigos de Fred só foram embora às 4h da manhã. Olhei pela janela quando os ouvi saindo e nem me pareceram bonitos, mas Fred disse que eram garotos ricos.

Sexta-feira, 3 de abril, 1981 – Paris. Acordei ao meio-dia porque almoçaríamos com São Schlumberger no Maxim's (táxi $12). E São estava sentada lá sozinha, com medo de que tivéssemos esquecido dela. Nos deu gravatas hindus maravilhosas. Acaba de vir de lá com Patrice Calmette. Contou que foi "aberta demais" com seu último amigo, Naguib, e aí todo mundo concordou – e ela devia, uh – a melhor maneira é – bem, acho que não consigo lembrar porque ninguém *sabia* qual é a melhor maneira.

Aí depois do almoço decidimos ver a exposição de Gainsborough, muita gente linda e seus cães. E já que estávamos tão perto de Givenchy, resolvemos ir até lá, Hubert desceu com um guarda-pó branco e nos mostrou tudo, nos divertimos bastante.

Sábado, 4 de abril, 1981 – Paris. Tomei um Valium e quase tirei uma sesta mas muita gente ligou e tínhamos convidado pessoas para drinques – um sujeito chamado Yorgan, eu acho, trouxe duas pessoas divertidas da Inglaterra – Vivienne Westwood, que é estilista de moda, e Malcolm McLaren, que foi empresário do Sex Pistols.

Depois fomos jantar e depois ao Club 78 no 78 Rue qualquer coisa e ao Privilege. Chegamos em casa às 4h da manhã e liguei para Jon Gould, da Paramount Pictures, em L.A., eu estava bêbado e acho que disse uma porção de coisas que não devia.

Segunda-feira, 6 de abril, 1981 – Paris. Assisti ao desfile de Christian Dior e ao de Valentino. Com modelos masculinos, todos os modelos que parecem realmente héteros são gays e todos os modelos que parecem gays são héteros. E Christopher e eu decidimos começar a dizer para as pessoas que, apesar da nossa aparência e da nossa fala, não somos gays. Porque aí as pessoas não sabem como agir com a gente.

Quarta-feira, 8 de abril, 1981 – Viena. Acordei cedo. Sonhei com Billy Name [*v. Introdução*], que ele estava morando embaixo da escada da minha casa e dando cambalhotas, tudo era muito colorido. Foi estranho, porque os amigos dele meio que invadiram minha casa e agiam como loucos numas roupas coloridas, pulando para cima e para baixo e se divertindo e tomando conta das coisas, controlando a minha vida. Foi tão estranho. Eram como palhaços. Todo mundo era um palhaço de uma maneira estranha, estavam apenas morando lá sem que eu soubesse, apareciam de manhã quando eu não estava e se divertiam bastante, e quando eu voltava eles se escondiam, moravam no armário. Aí levantei e Christopher tinha deixado todas as luzes acesas e as janelas estavam abertas e estava tudo muito bonito.

Fui procurar um casaco de lã impermeável que quero comprar para Jon Gould. E Bruno Bischofberger disse que os melhores casacos de lã impermeável são os de Zurique, e Fred disse que os melhores são os de Paris. Mas acho que os melhores são os de Viena.

Depois tinha de ir encontrar um garoto chamado André Heller, que já tem discos de ouro e que é dono de uma porção de pinturas e quer que eu faça um desenho para a capa de um disco seu. Ele ia nos levar para um subterrâneo para ver mortos petrificados, todos vestidos com roupas do século XVIII. Fred disse que talvez fosse uma boa ideia, que talvez a gente tivesse ideias lá.

Aí o encontramos e ele nos deu umas vinte caixas de doces. Depois descemos para as catacumbas e tivemos de dizer ooooh e aah para todos os corpos, estava realmente frio lá embaixo e ele nos fez deixar os doces lá em cima, não queríamos deixar mas deixamos, e o lugar era detestável. Eu odiei demais. Fred adorou.

Depois Bruno nos levou de volta para o hotel. Fred queria sair para caminhar de novo, mas Christopher queria caçar no parque, aí deixamos nossas coisas e caminhamos pelo parque inteiro, foi um bom exercício.

Quinta-feira, 9 de abril, 1981 – Viena. Bruno veio porque tínhamos uma reunião realmente pontual às 10h30 no ministério com uma senhora do Ministério da Cultura de Viena. Encontramos o curador da minha exposição "Reversos" no Vienna Museum of Twentieth-Century Art, esqueci o nome dele, e vimos os catálogos lindos, bem finos e compridos, que eles imprimiram para a exposição. Depois fomos para o hotel e descansamos antes da exposição, às 6 da tarde. Conversei com Vincent em Nova York e ele disse que a Zoli mandou minha foto de publicidade. Será que eu disse para o Diário que resolvi me tornar modelo? Aí Fred ficou muito nervoso – acha que sou louco de querer modelar. Mas é uma coisa que quero fazer, aí nem me importei com o que ele disse. Chris diz que Fred está apenas com ciúmes.

Aí chegamos no museu e era uma festa inacreditável aberta ao público, eu nunca tinha ido a Viena antes e aí era tipo, "Veja Andy agora ou você nunca verá de novo". E levou duas horas e tive de autografar sapatos e bundas e nem consegui levantar a cabeça uma única vez.

E finalmente Christopher não aguentou mais e disse que tínhamos que ir embora, aí passamos por todas as equipes de TV e pulamos para dentro do carro e fomos para um restaurante vienense comer salsichas. Depois fomos a um clube ótimo chamado Chaca – todos garotos jovens e bonitos. Tangos e velhas músicas de Elvis, foi excelente.

Chris e eu levamos um garoto adorável, Martin, de volta para o hotel. Conseguimos que ele tirasse a camisa e depois as calças e ele estava usando as cuecas mais loucas, tipo Op Art, e tiramos fotos, e ele fez umas poses ótimas e aí emprestamos nosso carro para que fosse para casa. Uma coisa que Chris me ensinou é que se a gente diz a alguém para fazer alguma coisa, eles fazem exatamente aquilo. Especialmente modelos e atores. E aí li um telex de Jon Gould, está de volta a Nova York, era um recado realmente gentil e aí fiquei me sentindo ótimo.

Segunda-feira, 13 de abril, 1981 – Paris-Nova York. Fiz as malas até as 2h30 da manhã, depois tomei um Valium e dormi profundamente. Fred bateu na porta e Chris Makos ligou, já pronto para ir. Chris é a companhia perfeita para mim. É tudo o que eu sempre quis. É ativo, mas aí não é ativo. E é uma criança. Vai a festas de sexo e volta satisfeito, de alma lavada, e está bem apaixonado por seu amante, Peter, é muito atencioso, e quando vai aos lugares fica só esperando a hora de ir embora – exatamente como eu – e me faz correr por todos os lugares, embora agora ele é que me faça carregar sua mochila. Não me importo, porque é tudo excitante e ele me faz sentir jovem. Ofereci uma recompensa a Chris – o relógio de pulso que ele quer – se conseguir que Jon Gould se apaixone por mim. É confuso, porque Jon tenta manter uma imagem hétero, me diz que não é gay, que não pode... mas, quer dizer...

Voamos de Concorde, cheguei em casa às 9 em ponto. Telefonei para Jon Gould e ele disse que não podia conversar, que a banheira estava transbordando.

De táxi ($4) até downtown. Conversei com Marc Balet, que estava no escritório, ele projetou o catálogo da agência Zoli em que colocaram minha foto – o catálogo de modelos. Já me ofereceram trabalho, agora sou oficialmente modelo.

Doria Reagan veio trabalhar. E aí olhei pela janela e vi Ron andando pela rua sozinho e vestindo vermelho berrante e, quer dizer, se eu conseguia identificá-lo da janela... E Doria sabia onde estavam todos, ela disse, "Há três homens do Serviço Secreto na frente e quatro atrás". Vieram pela escada porque o elevador está estragado.

E aí eu queria ver Barbara Stanwyck à noite no Lincoln Center, vão dar o prêmio anual da Film Society para ela, e liguei para Sue Salter, a relações públicas, e ela foi podre. Disse, "Ah, querido, estamos com lotação esgotada", e eu disse para ela, você sabe, "Nós já fizemos tanto por vocês", e ela disse que tentaria conseguir um ingresso mas que eu teria de pagar, e que poderia conseguir dois ingressos mas que custariam $250, e eu disse, "Está ótimo". Ao menos agora não vão mais poder pedir favores. Talvez a melhor coisa seja sempre pagar e aí ninguém pode pedir nada em troca. Mas ano passado me deram ingressos grátis.

Jon Gould pediu que eu fosse buscá-lo e aí Chris Makos e eu fomos. Caminhamos até o Alice Tully Hall e havia uma porção de lugares vagos e fiquei realmente odiando Sue Salter do fundo da alma. Pelo menos os lugares eram bons, fila J. E as cenas de filmes de Barbara Stanwyck eram ótimas, embora no final tenha ficado chato porque repetiram sempre as mesmas. Às 11h30 Chris me deixou em casa.

Terça-feira, 14 de abril, 1981. Trabalhei até as 5h30. Jon Gould me convidou para uma projeção de *Atlantic City* que ele promoveria para um pessoal. De táxi até o Paramount ($7). Lady McCrady, Jonathan Roberts e Katy Dobbs, que fez aquele curso de editores em Radcliffe com todos aqueles garotos, estavam lá.

E encontrei um sujeito que viu meu retrato no catálogo da Zoli e me ofereceu trabalho. Fred ainda está furioso, diz que eu deveria ganhar milhares de dólares fazendo propaganda e não trabalhar em troca de um salário de modelo. Mas acho divertido ser apenas outro rosto bonito no catálogo da Zoli. Disse a ele que mantenha a calma.

Quarta-feira, 15 de abril, 1981. Não consegui dormir. Vi o *Today Show* com os astronautas voltando no ônibus espacial. São umas graças. Você já notou como parecem velhos depois de voos espaciais? Mandam uns sujeitos lindos lá para cima e voltam umas pessoas cansadas.

Fui até Carl Fischer fazer meu primeiro comercial para a Sony. Já estavam esperando, arrumando as coisas. E ficaram falando dos outros artistas que querem conseguir para essa série, mencionaram Duchamp e Picasso. Sério. Não estou mentindo, acho que não sabiam que já morreram. Maurice Sendak foi o único vivo que eles mencionaram além de mim. E de Peter Max.

E havia comida ótima numa outra sala mas não me ofereceram, os executivos vinham comendo queijo e dizendo coisas como, "Vai ser um grande encarte", coisas que soam exatamente como nos comerciais. Aquele pessoal realmente fala assim, realmente se parecem com gente de publicidade.

Todo mundo disse que eu fico ma-ra-vi-lho-so magro, mas me sinto muito fraco.

Fui à Xenon, estava divertido. Encontrei aquela mulher Moynihan, Maura, e sua companheira de quarto, Aysie, filha do senador Warner – a mãe dela é uma Mellon. E aí meu cabelo começou a parecer muito falso sob à luz negra e (*risos*) cheguei à conclusão de que era hora de ir embora.

Quinta-feira, 16 de abril, 1981. Acordei cedo e estava lindo lá fora, mas estou num período em que fico pensando, *O que significa tudo isso? A gente faz isso para que, a gente faz aquilo para quê?*

É verdade, estou num período estranho, tenho evitado contar para o Diário meus problemas emocionais porque no último Natal, quando briguei com Jed e ele se mudou, eu nem conseguia falar sobre aquilo, e agora estou morando sozinho e de certa maneira estou aliviado, mas não quero ficar sozinho nesta casa enorme só com Nena e Aurora e Archie e Amos. Fico com uma sensação de desespero, de que tudo não vale nada. E aí resolvi que tenho de me apaixonar e é o que estou fazendo agora com Jon Gould, mas é tão difícil. Quer dizer, a gente pensa constantemente numa pessoa e é só uma fantasia, não é real, e aí a gente se envolve com ela e tem de encontrá-la todo tempo e então tudo se resolve, e no fim é um trabalho como outro qualquer, aí já não sei. Mas Jon é uma pessoa ótima de a gente se apaixonar porque tem sua própria carreira, posso desenvolver ideias para filmes com ele, sabia? E quem sabe ele também até consiga convencer a Paramount a anunciar na *Interview*. Certo? Neste caso, minha queda por ele talvez seja boa para os negócios.

Ah, e a coisa mais interessante foi encontrar Lou Reed no Village com sua mulher. Ela não é nada especial, apenas uma garotinha sexy. Contei que tinha acabado de ler sobre ele na *People* e perguntei por que ele não vem nos ver e ele disse que é porque não conhece mais as pessoas, e aí perguntou se Ronnie ainda está por lá e eu disse que sim, e se Vincent ainda está por lá e eu disse que sim, e se PH ainda está por lá e eu disse que sim, foi engraçado. Fui para casa.

Fiz um jantar de Páscoa antecipado, o cheiro era como nos velhos tempos quando PH vinha e cozinhava repolhos com sementes de cariz e cebolas. Jon se atrasou um pouquinho porque passou na Macy's para devolver uns lençóis. Me trouxe uma cesta de Páscoa, bem simples. Mostrei toda a casa para impressioná-lo, fiquei dando toques dizendo que tudo podia ser dele, que havia um quarto com seu nome na porta.

Depois fomos ver *Excalibur*. As cenas de sexo são um pouco cafonas mas benfeitas. Um sujeito de armadura trepando. E com o foco esmaecido. E fiquei confuso, sempre pensei que Camelot fosse um lugar de verdade. Aí depois do filme voltamos a pé para casa. Dei um coelho-marionete para Jon e ele ficou abanando para as pessoas com ele. Vai passar a Páscoa na casa da família em Massachusetts.

Sexta-feira, 17 de abril, 1981. Estava deprimido, resolvi distribuir *Interviews*. Depois fui para o escritório e encontrei aquela mulher Moynihan, Maura, que veio almoçar com dois dias de atraso (táxi $5). E como esta semana o *Soho News* colocou Dominique Sanda na capa, seria muito de mau gosto colocá-la na nossa, e aí talvez a gente use essa Moynihan porque ela é uma graça e muito esperta – estudou em Harvard – e tem uma banda de rock.

Chris Makos telefonou de Palm Beach, onde há sol, estava com seu namorado, Peter, e isso me deprimiu, os dois tinham acabado de chegar lá.

Trabalhei até as 6h30. Rupert me convidou para uma festa só de garotos na Bleecker Street, mas eu estava deprimido demais. Jantei na Brasserie ($40). Fui para casa sozinho e desanimado porque ninguém me ama, e é Páscoa, comecei a chorar.

Sábado, 18 de abril, 1981. Chris Makos ligou da Flórida às 9h, estava muito feliz, fiquei deprimido novamente. Já consigo fazer dez apoios, mas minhas flexões são horríveis. Fiquei por aqui, minha cabeça está realmente em outro lugar. Comecei a trabalhar às 12h30 e terminei às 7h. Ligaram umas trinta vezes para Rupert e nenhuma para mim.

Busquei John Reinhold e fomos encontrar Tom Baker no Playhouse da Rua 48 Oeste para ver o one-woman-show de Sylvia Miles (táxi $5, ingressos $45). Os cenários são muito benfeitos, é uma reprodução do apartamento dela, tem minha "Marilyn" e a peça fala disso algumas vezes. Depois fomos até os camarins e Sylvia tinha afixado os telegramas e distribuído as flores e os pôsteres, é o tipo de coisa que ela adora, fiquei constrangido por não ter mandado nada desse tipo, vou mandar champagne para ela. Depois deixamos John Reinhold em casa, estava se sentindo culpado porque era a Páscoa judaica. Tom e eu conversamos sobre Jim Morrison e Tom disse que tinham caçado três mulheres e que Jim desmaiou e ele teve que foder as três. Ficamos até as 4h. Táxi deixou Tom ($5).

Domingo, 19 de abril, 1981. Páscoa. Estava realmente deprimido. Era domingo, Jed veio e levou os cachorros para trazer de volta à noite. Chorei três vezes. Resolvi dar um jeito em mim e ir à igreja.

Segunda-feira, 20 de abril, 1981. O tempo estava um pouquinho mais frio e aí coloquei um casaco e peguei minha mochila. Vincent conversou com o síndico do 860 e ele disse que o aluguel do quinto andar, que está vazio, é $7,5 mil por mês! Pagamos uns $2,3 mil pelo nosso andar, aí quer dizer, eu *realmente* deveria comprar o prédio. Precisamos de mais espaço para *Interview* e esses aluguéis são ridículos. E quando o aluguel subir, vai subir mesmo.

Janet Villela telefonou e disse que me buscaria de limusine para irmos à estreia do American Ballet Theater no Lincoln Center.

Suzie Frankfurt ligou e disse que executaram a hipoteca da casa do pai de John Samuels na Rua 79. Foi vendida fora do tribunal para os brasileiros.

Tentei encontrar meu black-tie. Janet me buscou às 7h.

A coisa mais surpreendente que aconteceu no ballet foi uma mulher que veio e disse, "Olá, sabe quem eu sou?", e eu disse que não e ela disse, "Lila Davies". Estudamos no Carnegie Tech e foi uma das pessoas com quem morei na Rua 103 nos anos 50. Seu filho de dezoito anos estava com ela. Moram em Cleveland. E aí me senti velho, porque o filho se parece com ela quando a conheci. Me senti velho e grisalho e cansado e por fora. Convidei-a para um almoço no escritório. E agora estou achando que todos os meus problemas são porque estou me sentindo velho. E ando vendo todos esses garotos florescendo. Creio que descobri meu problema.

Godunov distendeu as costas e não dançou, e Gelsey Kirkland estava realmente ótima. Aí Misha dançou "Push Comes to Shove" e todo mundo adorou porque ele é uma estrela. Depois fomos a um jantar para convidados lá mesmo. Sondra e Chris Gilman estavam lá. Anna Sosenko, que escreveu músicas para Hildegarde, estava lá. Agora tem uma loja de autógrafos e quando lhe contei quantas *Interviews* autografo por dia ela disse que eu deveria parar imediatamente, que meu autógrafo vai perder todo o valor.

Terça-feira, 21 de abril, 1981. Acabam de encontrar outro corpo em Atlanta, o vigésimo quinto, acho. E fiquei pensando sobre isso, se eu tivesse uma filha e ela fosse assassinada, eu mesmo mataria o assassino, mesmo que terminasse na cadeia. Eu faria isso. Tenho certeza. É incrível como eles conseguem não ter pistas de 25 assassinatos.

Brigid convidou Rod McKuen para almoçar, ele dormia no sofá na casa dela quando não tinha dinheiro. Acaba de se mudar para a cidade e ligou para ela. Ela foi ao Balducci's e comprou tudo do bom e do melhor. E aí sentamos e almoçamos e, olhe, tentei descobrir o que é fascinante nele, porque é considerado tão importante, e não consegui.

E John Wallowitch ligou. Contei que adorei quando ele tocou piano na TV a cabo, disse que viesse ao escritório. Estava ligando para me contar que seu irmão Eddie, meu primeiro namorado, vinte anos atrás – ele acaba de vir da Flórida, onde foi visitar Eddie, e o encontrou inchado e morto dentro de casa. Andou bebendo, saiu dos Alcoólicos Anônimos, teve um ataque. Ele sempre foi depressivo e eu nunca descobri por que, era bonito e era fotógrafo. John não queria ver o corpo, aí um amigo identificou.

Fui ao jantar na casa de Ashton Hawkins no 17 da Rua 89 Leste, meu antigo bairro, e fiquei me sentindo estranho. Os verdadeiros boas-vidas da pesada estavam lá – Brooke Astor, Laurance Rockefeller, Alice Arlen. E não acredito que o cabelo de Mike Nichols seja falso, está ótimo, Ashton contratou uma empregada, um daqueles velhos tipos irlandeses da Schrafft's, aquelas graças de irlandesas com penteados tipo sapatão de Vassar, com uniformes pretos e colarinhos brancos. Brooke Astor disse que está tentando recuperar o sul do Bronx – os velhos e os pobres. Mary McFadden estava lá com seu escorte, Stephen Paley, e fingi que Bob não tinha me contado nada sobre seu divórcio, sobre o sujeito roubando todas as coisas dela. Eu disse, "Você está bem", e ela disse, "Estou desesperada". Disse-lhe que deveria simplesmente sair e comprar um vestido Yves St. Laurent, aí ela começou a bater em mim, ela é forte.

Depois perguntei se queria jogar queda de braço, jogamos, e aí ela começou a gostar de mim e isso foi meio estranho. Me senti mal porque acho que machuquei sua mão.

Fui para casa. Liguei para Jon Gould no Beverly Wilshire. Depois fui para cama e passei uma noite muito maldormida. Acordei às 3h e tomei um copo enorme de brandy e um Valium.

Quarta-feira, 22 de abril, 1981. Não dormi bem. Tenho de parar de beber tanto café e começar a comer coisas mais saudáveis, e também reduzir a bebida. Fiz meus exercícios com pressa, já cheguei a dez apoios e também a oito mais oito flexões.

Lila Davies telefonou e cancelou o almoço porque conseguiu ingressos para *Amadeus*.

Sexta-feira, 24 de abril, 1981. Distribuí *Interviews* pela manhã. Tinha um encontro com Donald Trump no escritório (táxi $5.50). Marc Balet foi quem marcou a reunião. Fico esquecendo que Marc desistiu da arquitetura para se tornar diretor de arte, mas ainda constrói maquetes em casa, foi o que me contou. Está projetando o catálogo para as lojas do saguão da Trump Tower e disse para Donald Trump que eu deveria fazer o retrato do edifício que vai ficar pendurado na entrada da área residencial. Aí vieram para conversar sobre isso. Donald Trump é realmente bonito. Uma mulher chamada Evans estava com ele e uma outra senhora. Foi estranho, esse pessoal é muito rico. Disseram que ontem compraram um prédio por $500 milhões ou algo assim. Ficaram encantados com o almoço do Balducci's mas só comeram um pouquinho. Acho que é porque vão a muitas coisas onde há comida. E também não beberam álcool, só Tab. Ele é um sujeito do tipo corpulento. Nada ficou combinado, mas mesmo assim vou fazer algumas pinturas e mostrar para eles.

Domingo, 26 de abril, 1981. Um dia lindo. Jon Gould foi a pé comigo até o escritório, depois foi para a academia e eu fui trabalhar. Fiz algumas "Madonas". Fui à igreja por alguns minutos. Chris Makos telefonou e eu disse que estava muito exausto para fazer reservas em qualquer lugar para jantar, aí ele fez isso por mim, reservou no Da Silvano. Jon telefonou e disse que estava livre, aí passei no trabalho dele e fomos de táxi até o Da Silvano ($8). Apenas comida italiana cara que eles tentam preparar bem (jantar $140). E Anna Wintour, a amiga de Catherine Guinness, estava lá com Michael Stone, e de início não consegui lembrar o nome dela, mas por fim lembrei. Acaba de ser contratada pela revista *New York* para ser a editora de moda. Queria trabalhar na *Interview* mas não a contratamos. Talvez devêssemos tê-la contratado, precisamos de uma pessoa de moda, mas não acho que ela saiba se vestir, na realidade se veste muito mal.

Jon me deixou, cheguei em casa, me arrastei até a cama e caí no sono.

Quarta-feira, 29 de abril, 1981. Brigid disse que "Jon Gould da Paramount Pictures" telefonou quatro vezes para o escritório, foi sarcástica, mas eu lhe contei que estamos trabalhando num roteiro. Quando liguei de volta ele tinha saído para o almoço.

E Christopher trouxe dois pesos e mal consegui levantá-los. Já consigo fazer duas séries de dez apoios e uma série de dez flexões. Jon ligou de volta e disse que o carro que alugou foi rebocado da 75 com Columbus e que foi culpa minha porque eu disse que naquele lugar não seria rebocado. Primeiro pensou que o carro tinha sido roubado, mas aí a polícia ligou para a Hertz.

Donna, uma das garotas de *Can Can*, ligou e me convidou para a peça no sábado, liguei para Tom Cashin para descobrir se Jed vai, porque se ele for eu não vou. Donna é a mulher de *Best Little Whorehouse* com quem Tom estava saindo durante a temporada. Ele substitui outra atriz e nas quintas-feiras sempre entra em cena.

Faye, do escritório de Halston, ligou para saber se eu quero ser o acompanhante dele na estreia de *Little Foxes* no dia 7 de maio, mas é o dia do aniversário de Jon. Então perguntei a Faye se me conseguiria mais um ingresso, porque aí o problema do aniversário fica resolvido. Faye não pareceu muito contente. Acho que Halston na verdade queria ir só comigo.

Quinta-feira, 30 de abril, 1981. Fui ao 667 Madison para uma limpeza de pele com Janet Sartin. Me jogaram dentro de uma sala e uma gorda me fez tirar toda a roupa. Aí Janet veio e disse, "Esta jovem vai trabalhar em você", e a jovem tinha uns 65 anos. Colocou uma toalha quente em mim, foi como o paraíso. Janet está bem – rosto bonito –, mas tem uma porção de pés de galinha. E acho que é porque acredita em adstringentes – tenho certeza de que essas coisas secam a pele. Me disse que Bianca tem ido lá e que "Bianca tem a melhor pele do mundo", e disse "Aquela é a *minha* pele!".

Nena e Agosto, o irmão de Aurora, vieram até o escritório, ele é aquele pequenino adorável que foi marine. Vincent conversou com ele sobre o emprego.

Fui para casa, depois busquei Jon (táxi $4, ingressos $60) e fomos para o Minskoff.

Bons lugares em *Can Can*, mesma fila de Ethel Merman. Disse a Ethel que quero vê-la novamente no palco. E aí encontramos Donald Trump, o sujeito da campanha em benefício da cidade que tem uma construtora, Walsh, e suas mulheres. Foi muito divertido encontrar Donald Trump tão rápido num outro lugar. Bati um papo com sua mulher tchecoslovaca e Jon Gould bateu um papo com Trump. Adoro sair com Jon porque é como um namoro de verdade – ele é alto e forte, e sinto que pode cuidar de mim. E é excitante porque ele age como se fosse hétero e tenho certeza que as pessoas acham que ele é hétero.

Quando cheguei em casa havia um recado de Jenette Kahn pedindo para eu ligar assim que chegasse, não importava a hora. Aí liguei e ela disse que Sharon Hammond vai casar com o lorde amanhã às 5h e queria me convidar para a recepção das 6h às 12h.

Segunda-feira, 4 de maio, 1981. Recebi uma ameaça de morte, falo nisso daqui a pouco.

Corri até o consultório de Janet Sartin para minha consulta. Ela veio e disse, "Ah querido, ligaram do seu escritório uns dez minutos atrás, Vincent e Robyn, e eles disseram que é muito importante". Aí liguei para eles e disseram que aquele garoto, Joey Sutton, telefonou umas quarenta vezes. E tinha me mandado um recado semana passada – Vincent não leu, fui eu quem leu – dizendo, "Cuidado com 5 de maio, é Vida ou Morte". Ele está desvairando uma teoria que eu roubei a música "Miss You" *dele* e dei para Mick Jagger gravar. Não sei do que ele está falando... Nem sei se esse garoto realmente escreve músicas. É... perturbado.

Aí, depois da consulta com Janet Sartin, fui ao Sporting World comprar um chapéu para me disfarçar. Comprei um chapéu de caçador camuflado ($27). Dei telefonemas ($2). Liguei para Jon para contar que alguém estava me ameaçando de morte e quando finalmente consegui encontrá-lo (*risos*) ele nem se importou. E as pessoas continuavam pedindo autógrafos, aí comprei *mais* disfarces ($15.74) e fui de táxi até a Park com a 18 ($5.50). Robyn estava lá esperando por mim. Um detetive Rooney ou algo assim do Departamento de Polícia de Nova York veio. E Risa Dickstein, a advogada da *Interview*, disse que há um detetive que podemos contratar, mas vou contratar Agosto como meu guarda-costas para ir comigo a todos os lugares.

Bem, embrulhei presentes e depois Jon Gould me buscou e fomos para a La Grenouille encontrar Chris Makos e Peter Wise (táxi $6). Estava cheio de gente divertida de Miami Beach. Conseguimos uma mesa bem na frente. E todas as outras pessoas do restaurante ficaram com ciúmes porque estávamos nos divertindo tanto, queriam ficar junto conosco. Tínhamos comprado presentes uns para os outros e ficamos abrindo tudo. Pedimos dois soufflés e champagne de sobremesa. E, como dinheiro é o melhor presente, dei a Jon e Peter $100 para cada um em notas de $1. E também dei a Peter $25 naqueles rolinhos de um centavo que são tão pesados. E dei a Jon $80 daqueles dólares Susan B. Anthony. Jon deu um bule de chá para Peter e um prato fundo enorme. Dei grampos de prata para correspondência para todos. Ficamos lá nos divertindo até quase meia-noite, ficamos fazendo bolinhas de sabão e Marcel, o maître, ficou um pouco irritado com aquilo (jantar $400).

Terça-feira, 5 de maio, 1981. Vincent contratou alguns seguranças. Não quer que eu vá ao escritório, mas tenho que trabalhar.

Peter Wise me disse que eu deveria comprar um colete à prova de balas, que sabia onde conseguir um. Fiquei falando pelos cotovelos porque estava muito nervoso. Fomos até a 11 com University Place, uma loja engraçada no segundo andar (táxi $6). Peter tinha telefonado para Christopher nos encontrar lá e tirar fotos. Comprei um colete à prova de balas ($270). O sujeito era realmente um calhorda, disse que os negócios aumentaram muito depois do atentado a Reagan. Tinha vestidos e casacos, tudo à prova de balas, e havia um casaco esporte que pedi para guardar para mim, que eu voltaria para buscar, e parece que também é quente para o inverno. Perguntamos o que mais ele tinha e ele disse que não diria na frente da imprensa, porque um jornalista de *Stern* estava lá conosco, então Christopher ficou louco de vontade de voltar lá e ver o que era que o sujeito não queria contar. Aí Christopher estava de bicicleta mas fiquei atrapalhado com a minha mochila. Telefonei para Jay Shriver no escritório e ele foi nos encontrar nos fundos do prédio. Subimos pelo elevador de carga.

Aí foi o dia mais movimentado de todos. O policial que contratamos não conseguia acreditar em quantos loucos temos lá. E sempre há uma nova mulher na *Interview* que abre a porta para *qualquer pessoa*. Liguei para Jon na Paramount, estava em reunião. Bob não veio ao escritório.

Brigid está com ciúmes porque emagreci, mas ela fica melhor de rosto um pouquinho cheio. Se livrou de Billy, seu gato, porque estava com uma virose, ela é muito desalmada e cruel. Eu lhe disse, "Você é má". E ela apenas diz que não quer falar no assunto, está esperando que a loja lhe consiga um novo gato.

Jackie Curtis veio e acaba de pintar o cabelo, está curto. Ele esteve em Gstaad e veio com um namorado muito bonito, não sei como consegue, é gorda, cheira a álcool e manca, realmente patética. Ela me trouxe um saco para compras. [*NOTA: quando Andy fala de homens que se vestem de mulher ou se maquiam, se refere a eles indistintamente como "ele" ou "ela".*]

Ah, e aquele sujeito daquela loja disse que fez uma capa de chuva à prova de balas para o papa. E disfarces parece que não funcionam comigo – amanhã vou ver se consigo um chapéu de pescador. Acho que é o melhor, um como mrs. Winters costumava usar.

Busquei Jon na esquina da 18 entre Oitava e Nona e fomos para a casa de Chris Makos em Waverly Place (táxi $9). Encontramos um caixa automático do Citibank e Jon usou. Eu nunca tinha feito isto antes e é excitante, a máquina faz perguntas.

Quarta-feira, 6 de maio, 1981. Telefonei para Jay Shriver no escritório e ele desceu para me encontrar e me levar para dentro são e salvo, o lugar estava cheio de gente. O almoço era para Sylvia Miles, que já estava lá.

Jon telefonou e disse que estava tentando conseguir uma reserva no "87" para Charles Bluhdorn, seu chefe na Gulf + Western que queria levar Barry Diller para jantar, queria saber se eu podia ajudar. É um novo restaurante, muito pequeno e difícil de conseguir reservas. Mas, quer dizer, nenhum restaurante é tão difícil assim. Aí telefonei para Henry Geldzahler, o comissário, e ele disse que ok, iria ligar e tentar, mas só porque Charles Bluhdorn tinha dado $2 milhões para a cidade ano passado. Aí ele tentou e disseram que seria impossível. Liguei para Jon e ele pensou que perderia o emprego, mas aí Bluhdorn terminou cancelando o jantar.

De táxi até o Ritz ($4). Neil Bogart estava dando uma festa de debutantes. Embaixo havia um desses fãs chatos dançando e fumando maconha e se fazendo de louco e queria subir comigo mas não tinha convite. Decidi comer um cachorro-quente, era do Nathan's, estava ótimo. E aí o garoto conseguiu subir e ficou sentado conosco e aí Eva, a jornalista da *Stern*, fez uma coisa ótima – disse a ele que não sabia o que estava fazendo com o sósia de Andy Warhol. Disse que era uma repórter de segunda linha da *Stern* e que nem tinha conseguido o Andy Warhol *verdadeiro* para entrevistar, e o que poderia fazer numa posição tão secundária, e de algum modo ele acreditou nela, se levantou imediatamente e saiu e não falou mais comigo o resto da noite. Achou que eu era um Andy Warhol falso. Não é ótimo? Depois fomos embora e convidamos a jornalista alemã para ir até a Xenon ver o show de Grace Jones.

Quinta-feira, 7 de maio, 1981. De táxi até Mercer Street para ser fotografado com minhas gravuras "Mitos" (táxi $8). Rupert estava esperando na esquina porque não tinha certeza de onde deveria ir. O pessoal da *Stern* já estava lá. Só me colocaram na frente dos "Mitos" e quase vomitei, parecem tão anos 60. Não estou brincando, realmente parecem.

Me colei, busquei Jon Gould e fomos para o teatro assistir *Little Foxes* e havia uma multidão imensa. Tínhamos lugares na primeira fila, na frente de Halston e Liza e Mark. A mãe de Liz Taylor estava lá, uma graça, como Janet Gaynor. Muitos aplausos no final, parecia que não iam parar de aplaudir. Empurraram Lilian Hellman para o palco. Depois fomos para os camarins. O senador Warnen me cumprimentou. Eu disse para a atriz que faz a empregada negra que ela estava ótima e Dennis Christopher também está ótimo.

Jon e eu saímos e fomos para a festa de aniversário que lady McCrady estava dando para ele no 15 ou 17 Park Avenue, que na realidade é nos fundos de onde eu morava, em Murray Hill. E conversei com uma loura por alguns minutos e um sujeito disse, "Aposto que você não sabe com quem está falando", e eu disse que não, não sabia, e ele disse, "Essa é Rita Jenrette, a mulher do congressista, ela posou para a *Playboy*". Disse que mora no centro do Harlem – acho que ou não tem dinheiro ou tem um namorado negro. Parece realmente pirada, realmente esperta. Jon me deixou em casa, entrou por cinco minutos e depois foi embora.

Domingo, 10 de maio, 1981. Tentei ligar várias vezes para Jon. Depois fui à peça de Ron Link e quando estava chegando em casa Jon ligou, mas naquela altura eu estava tão irritado que não consegui nem falar. Fui para a cama às 12h30.

Segunda-feira, 11 de maio, 1981. Marquei uma consulta com Doc Cox para terça-feira porque emagreci tanto que estou com medo de ficar doente. 54 quilos.

Bob combinou de irmos ao jantar que Earl Blackwell e Eugenia Sheppard estão organizando para os Sackler. Aluguei uma limusine, me pediram para levar uma mulher, aí fui buscar Barbara Allen e fomos para o Doubles. Eu estava de black-tie mas deveria ter usado calças pretas porque estava de jeans, e os garçons ficaram me olhando de um jeito engraçado. Foi realmente um jantar da pesada. Todas as pessoas certas estavam lá. Andy Stein estava lá e eu disse que se quisesse ter uma pele realmente linda deveria consultar com Janet Sartin, e ele me disse que eu deveria ir à sua academia, aí vamos trocar números de telefone.

Tocaram "Parabéns a você" nas caixas de som e todo mundo pensou que era aniversário de mr. Sackler mas no final descobrimos que tinham mandado o som para a sala errada. Eu não vou aguentar outro aniversário de taurinos, são detestáveis. Dançamos um pouquinho. Eugenia estava uma graça, é leonina e disse, "Meu namorado é de touro", e aí acho que ela e Earl formam um casal. Acho que é como uma mãe. Bem, também estou nessa categoria.

Aí liguei para Jon e Barbara Allen e eu fomos até o apartamento dele no West Side, fiquei uma hora contando centavos com ele – estava fazendo o orçamento – e ele está relendo *Popism* e fez perguntas sérias e profundas sobre o livro e eu não aguento, foi idiota demais. Fui embora à 1h.

Terça-feira, 12 de maio, 1981. Acordei às 7h30 e telefonei para Chris Makos para discutir a noite anterior com Jon Gould. Ofereci uma recompensa para Chris – aquele relógio de ouro que ele quer – se conseguir convencer Jon a fazer algo comigo, mas mesmo que nada romântico aconteça agora, continuo querendo que Jon se mude para cá, porque aí veríamos o que aconteceria a partir de então.

Consulta às 10h com Doc Cox, resolvi fazer exercício e ir a pé até o consultório dele, mas não foi uma boa ideia, caminhei demais e estava exausto quando cheguei lá. E o Doc realmente não se importou comigo. Pintou o cabelo, engordou e só quis fofocar. Me deu um unguento e depois disse que tenho de me vacinar contra pólio, tétano e pneumonia e não quero, disse que faria isso outro dia, mas Rosemary me agarrou na saída e me deu todas as vacinas, disse que eu não teria reação alguma, mas me senti estranho o dia todo.

Quarta-feira, 13 de maio, 1981. Tinha um almoço ao meio-dia, Charlie Cowles vinha com Sid e Anne Bass e quando cheguei já estavam lá e todo mundo estava em volta da TV e o papa tinha sido baleado, comecei a gritar, fiquei furioso – "Perdemos um retrato naquele dia que Reagan foi baleado e não quero que isso aconteça de novo! Desliguem essa TV!".

Aí os Bass vieram e olharam os seus retratos e vou ter de alterar uns lábios e fazer toda uma nova série. Cheguei aos 53 quilos e meio e fiquei apavorado. Meu estômago encolheu.

Ronnie foi comigo até o studio de Art Kane na 28 com a Broadway para posar para um encarte de dez páginas da *Vogue* italiana. Havia um modelo da Zoli lá que estava fazendo os testes por mim, tinha um corpo ótimo. O encarte é sobre um sujeito com meias pretas no rosto assassinando uma mulher. O modelo é neto de Goldwater e vamos fazer algo com ele para *Interview*. Aí as meias caem do rosto dele e na verdade sou eu que estou apunhalando a mulher nas fotos. Aí levei só uma hora para fazer tudo, foi muito fácil – ela me chutou com o salto e foi muito divertido. Aí saímos e foi ótimo caminhar, já é primavera realmente.

Jon ligou de Hollywood. Depois tentei ligar o dia todo para Bill Copley tentando marcar um encontro no qual gravaríamos para aquela peça sobre a vida dele que estou morrendo de vontade de fazer.

Tinha oito convites para jantar.

Fui à casa de Halston e Liza Minnelli estava lá. Tinham um exemplar do *Post* que dizia "PAPA BALEADO" em vermelho. Era ótimo. E aí ficamos conversando sobre coletes à prova de balas. Liza diz que não tem medo de negros (*risos*) porque seu pai deu um emprego para Lena Horne.

Quinta-feira, 14 de maio, 1981. Chris Makos chegou e fomos para o edifício Trump com Marc Balet fotografar a maquete arquitetônica do prédio para fazer um retrato (táxi $5). Estou tão magro que resolvi tomar uma Coca-Cola e foi difícil porque meu estômago encolheu muito.

Depois de táxi até a casa de Bill Copley ($8), e Bill estava sóbrio, emagreceu. Disse que em Key West estava fumando e se queimou, foi parar no hospital, ficou bom e o mandaram embora, e aí sua mulher mandou os papéis do divórcio. Mas ele ainda é louco por ela – está decidido a comprar os dois retratos extras que fiz dela, não sei o que vai fazer com eles. Lembre-se, a mulher é aquela ex-cafetina.

Domingo, 17 de maio, 1981. Fomos para o Savoy. Festa de aniversário de François de Menil no seu novo clube, gente de ponta a ponta. Eram esperadas umas seiscentas pessoas e parecia que havia isso, e acho que eu conhecia cada uma delas. Earl McGrath, Ahmet e Mica Ertegun, Debbie Harry, que agora está com cabelo castanho e parece muito normal e comum, uma graça. Ninguém tirou fotos do companheiro de Ina Ginsburg, Godunov, acho que pensaram que era um hippie loiro de cabelo comprido vestindo um casaco de couro preto. Bob estava com a senhora Stassinopoulos, a que escreveu o livro sobre Maria Callas.

Aí me encontrei com pessoas estranhas que disseram que são "coproprietárias" do clube e comecei a ficar preocupado com François.

Philippa de Menil estava apresentando Heiner como seu marido, aí talvez tenham se casado. Fiquei bêbado, me levantei para dançar e as pessoas fotografaram. Eu e a namorada de Stephen Graham. E então as Pointer Sisters chegaram para cantar "Parabéns a você". Foi divertido ver Zoli, meu chefe, lá – me senti como uma secretária. E fui até John Belushi e disse, "Você nunca se lembra de mim", porque isso é o que *ele* disse para *mim* duas vezes, quando eu não sabia quem era ele. E aí dançamos juntos, foi divertido.

Cheguei em casa às 2h e Christopher ligou e disse que tinha estado há pouco nos Bath. Liguei para Jon no Beverly Wilshire.

Quinta-feira, 21 de maio, 1981. Havia um recado de Jon Gould quando cheguei em casa dizendo que viria no noturno, chegaria em Nova York às 7h da manhã e esperava que Christopher fosse buscá-lo às 8h para irmos a Cape Cod. Tinha tanta coisa para colocar na valise – roupas, filmes, câmeras, rádios, TV – que não consegui fazer tudo.

Sexta-feira, 22 de maio, 1981 – Nova York-East Falmouth, Massachusetts. Peter Wise estava esperando por Jon, Chris e eu quando aterrissamos. O avião custou $800 mas paguei com um cheque. Peter nos levou para a sua casa e nos mostrou tudo, inclusive a estufa. E cada um ficou com um quarto, Vincent e Shelly planejaram vir depois do trabalho, e passamos o dia todo e a noite toda esperando por eles.

Vi um barco enorme na água, pintado pela metade, e era tão bonita e tão louco, parecia que dava para fazer uma festa nele. Aí Peter e Christopher nos levaram para conhecer a cidade. Peter comprou sopa de peixe no Mildred's Chowder House em Hyannis, dizem que é a melhor sopa de peixe de New England. Vincent e Shelly finalmente apareceram. Levaram oito horas para chegar até aqui quando deviam ter levado só cinco.

Sábado, 23 de maio, 1981 – East Falmouth. Levantamos por volta das 11h e Peter preparou café da manhã com panquecas de maçã e bolinhos de maçã com maple syrup e bacon de verdade. Depois pegamos o carro e fomos até o mercado das pulgas de Mashpee. Fomos ao Thornton Burgess Museum – ele escreveu *Peter Cottontail* – e demos comida para os cisnes e patos com o Wonder Bread que Christopher comprou. Aí fomos almoçar num lugar que serve mariscos fritos, em Sandy Neck, e só pedimos mariscos fritos e muito ketchup e milkshakes e frappés ($35, incluindo a gorjeta). Depois voltamos para casa.

Peter e eu fomos conversar num outro quarto e quando estávamos lá ouvimos uma confusão no quarto dos fundos, ao chegarmos lá havia um grande duelo com revólveres de água. Ninguém queria parar até que finalmente Christopher se rendeu porque tinha sido encurralado no banheiro. Shelly e Jon venceram porque foram mais velozes. Nisso Chris deu um tapa direto no rosto de Jon, foi dramático, não deu nem para acreditar, e Jon só ficou ali mas disse que não doeu, que achava que tudo era uma brincadeira. E me contou que tem que ser o vencedor em tudo, tem que decidir o que é certo e o que é errado, que ganha o que quer e não se importa com o que não quer, e que tem de decidir o que quer e isso é tudo o que quer. Acho que realmente gostou quando Chris lhe deu um tapa. Talvez goste mesmo de ser esbofeteado. E aí tudo se acalmou.

Domingo, 24 de maio, 1981 – East Falmouth. Fomos até Falmouth Harbor e alugamos aquele barco de vinte metros de que eu tinha gostado. Levou uma hora para chegarmos a Martha's Vineyard. E Jon estava com um colar de pérolas que dei para ele e que chegava ao chão, e até ficou bonito nele, parecia um pescador de alto-mar. Chegamos a Oak Bluff, onde fazem aquelas casas de pão de mel, e fotografamos um casamento. A mulher era irlandesa, casando com um sujeito da América do Sul. Depois fomos de carro até Edgartown. Estávamos famintos. Atravessamos a rua até o Colonial Inn e as pessoas lá buscaram seus exemplares de *Popism* e *Interview* para que eu autografasse, foi o que fiz. E um garoto veio com um pôster "Marilyn" da Tate Gallery (almoço $120). Depois tomamos o ferryboat até Chappaquiddick com o carro ($5). Fotografamos um sujeito que nos contou toda a história do que aconteceu e de como aconteceu e por que ele não acredita nela. Percorremos todo o caminho para descobrir se Ted Kennedy foi realmente culpado daquele acidente e chegamos à conclusão de que sim.

Quando chegamos em casa, Jon ligou para a sua família em Amesbury e disseram que o avô tinha tido um infarto e o cachorro tinha tido uma recaída, aí em vez de voltar conosco para Nova York ele pediu que o deixássemos em Amesbury.

Segunda-feira, 25 de maio, 1981 – East Falmouth-Nova York. Tomamos o avião em Hyannis de volta para LaGuardia. Todo mundo comeu amendoins e pipocas e subitamente o avião realmente ficou de cabeça para baixo e nem me importei com a possibilidade de morrer porque eu estava muito infeliz. Achei que nessa viagem faria alguns progressos com Jon, mas não aconteceu nada. Ele nos deixou e foi ver sua família, que realmente o adora. Ah, mas de agora em diante não posso mais contar coisas pessoais sobre Jon para o Diário, porque quando disse a ele que estava fazendo isso ele ficou furioso e disse que jamais fizesse isso de novo, então agora só vou contar os assuntos de negócios para o Diário – ele vai ser apenas uma pessoa que trabalha para a Paramount Pictures com quem estou tentando desenvolver roteiros e filmes.

Dei uma gorjeta para o piloto do avião ($100) e uma para o motorista da limusine ($20).

Tina Chow ligou convidando para uma festa para David Bailey e Marie, a mulher dele. No final foi uma festa enorme. Marie está realmente linda, estava com um vestido decotado. Eric Boman e Peter Schlesinger estavam lá. Contei a todo mundo que agora sou modelo. Fiquei tentando conseguir trabalho. Jerry Hall apareceu e explicou como se chupa caralho e se lambe buceta, contou algumas anedotas e foi divertido, e aí David começou a contar anedotas. Paloma Picasso estava lá e me deu um grande beijo.

Terça-feira, 26 de maio, 1981. Doria Reagan estava datilografando cartas para Bob e nem a reconheci, passei reto. Estava com uma camiseta e de shorts, uma graça. Convidei-a para almoçar mas ela disse que tinha muito trabalho para fazer, está trabalhando quatro horas por dia – consegue terminar as coisas bem rápido.

Fui para o 927 Quinta Avenida ao jantar dos Zilkha para o pessoal da Dior. Foi amável da parte de Cecile Zilkha ter me convidado, porque era realmente um jantar da pesada. Happy Rockefeller ficou feliz em me ver. Deveria ter conversado mais com ela. Annette Reed estava com um colar de diamantes que tinha uns cinco centímetros de largura com uma safira de cinquenta quilates. Lindamente vestida. É irmã de Sophie Englehard, a amiga de Jane Holzer, que conheci em Washington e que namora um negro jogador de futebol. As mulheres pareciam estátuas. Dina Merrill estava lá com seu marido, Cliff Robertson. Alex Liberman estava com sua mulher, Tatiana. Carolina Herrera estava lá e roubou o novo número da *Interview* que eu tinha levado porque tem uma fotografia dela.

Todas as bichas estavam lá. E era um estilo antigo de vida. Se esse estilo sobreviver vai ser incrível. Como pode sobreviver? O primeiro prato era caranguejo com aspic de tomate, que são coisas que a gente não encontra mais. E aí galinha com frutinhas frescas e arroz com nozes e mousse de chocolate com bolo esfarelado e bom vinho servido lindamente. E arranjos de flores até o teto. Bill Blass estava lá e Pat Buckley vestindo um Bill Blass. Mas todo mundo parecia muito velho. Aí acho que me adaptei bem. É engraçado que tivessem pensado em me convidar. Agora estou muito bem, poderia conseguir qualquer uma dessas velharias. Eu deveria ir atrás de Yoko Ono, mas na certa estaria fazendo isso na época errada – eu ligaria no momento em que ela teria encontrado alguém.

Cheguei em casa e ninguém tinha telefonado da Califórnia.

Quarta-feira, 27 de maio, 1981. Trabalhei em alguns retratos de Lynn Revson. Finalmente Jon me telefonou da Califórnia. Achei que nunca mais telefonaria, mas resolvi que deveríamos ser educados, é mais fácil, aí conversamos sobre o tempo.

Zoli me contou que quando chegou a Nova York realmente morou no terraço do prédio de Chris Makos na Waverly com a 11 durante todo o verão porque não tinha dinheiro. Podia-se chegar até o terraço e lá havia uma boa espreguiçadeira.

Sexta-feira, 29 de maio, 1981. Telefonei para Halston e disse que gostaria de transferir meu convite para irmos a Montauk para uma outra ocasião. Tenho de trabalhar numas pinturas neste fim de semana.

Maura Moynihan ligou e disse que adorou a capa da *Interview*, que nem se parece com ela. É uma das melhores capas que Richard Bernstein fez. Maura disse que gosta de dois garotos – um é hétero, o outro é bi, e ambos estão na banda que ela acaba de abandonar, ela quer os dois e eles estão brigando por ela, e são bons amigos.

Sábado, 30 de maio, 1981. Tive uma longa conversa filosófica com Brigid e chegamos à conclusão de que talvez tenhamos sido ultrapassados pelo tempo. Me detestei tanto quando me vi naqueles filmes amadores que fizemos em Cape no fim de semana passado. Eu caminho de uma maneira engraçada e tenho um aspecto estranho. Se pelo menos eu tivesse sido um ator cômico no cinema eu teria sido parecido com uma marionete. Mas é tarde demais. O que há de errado comigo? Olho para Vincent e Shelly e *eles* parecem normais. E já não fico bem com botas de cowboy, acho. E creio que vou comprar tênis. Vou pedir que Jay me leve ao Paragon para comprar.

Segunda-feira, 1º de junho, 1981. Encontrei Marc Balet para mostrar o retrato da Trump Tower que estou fazendo. Marc fez a coisa de maneira que meu retrato seja a capa do catálogo que ele está projetando e assim os Trump vão ter de ficar com esta pintura do edifício deles. É uma grande ideia, não é?

Ronnie está indo para Basel mostrar seu trabalho numa feira de arte com Lucio Amelio.

Gravei Maura para o diálogo de uma peça da Broadway que quero fazer chamada *Runaway*, fomos ao prédio onde os dois namorados dela moram e é um lugar incrível, me deu ideias. É inacreditável – sessenta bandas de rock diferentes no mesmo prédio e uns loucos são os donos. Subimos três andares e pedimos aos garotos que nos mostrassem os outros apartamentos, aí eles bateram numa porta e disseram algo como, "Qual é o teu babado?", e responderam, "Somos os Spikes", e aí noutra porta responderam, "Bongo e os Ursos". Todos pagam $480 por mês por um lugar muito pequeno. Vou voltar lá e realmente analisar o prédio. *Runaway* pode se passar nesse prédio e ser a história da pessoa que a mulher escolher, uma história de amor. É um lugar tão louco, você entra no saguão e só ouve barulho. O namorado bi contou que largaria Maura se eu conseguisse David Bowie para ele, e eu disse que vou tentar.

Maura mora na casa de Louise Westergaard, que é produtora de Sondra Gilman – cuida dos garotos e em troca pode morar lá. E tem que acordar cedo para prepará-los para o colégio, aí fomos para casa. O namorado hétero perguntou a Maura se tudo bem ir para casa com ela e ela disse que sim. Se beijam todo minuto e de uma forma muito bonita, com as mãos.

Terça-feira, 2 de junho, 1981. Acordei cedo. Chris me buscou para irmos à exposição no Whitney com aquele artista que já conhecemos há tempos, aquele influenciado por mim e que faz aquelas polaroids de rostos tipo-cartaz – não consigo lembrar o nome... Chuck Close.

E aí descemos para ver aquela coisa do Guglielmi. A mulher dele nunca conseguiu vender suas pinturas e agora ali estão elas, no Whitney, numa exposição enorme. Gostaria de saber se ela ainda vive e ia perguntar a alguém que trabalha lá, em vez disso terminei distribuindo *Interviews*. Ela me convidava para jantar nos anos 50, era até generosa. Morava no Café des Artistes.

Aí vimos a exposição dos anos 40 e fiquei achando que Chuck Close é bem melhor do que os pintores daquela exposição.

Depois fomos até o Port Authority Bus Terminal (táxi $6). Ainda estão reformando tudo. Fomos ao Walgreen's para fotografar algumas pessoas de verdade e perguntamos à moça da caixa se poderíamos fotografar e ela foi perguntar para o gerente e ele disse que sim, com a condição de não fotografarmos o nome "Walgreen's". Mas só queríamos fotografar a moça da caixa e ela tinha Walgreen's escrito pela roupa toda (Walgreen's $7).

Quinta-feira, 4 de junho, 1981. Acho que fiquei resfriado porque bebi um daiquiri muito gelado. Deu para sentir, me penetrou.

Telefonei para a Califórnia e me disseram que ele estava muito ocupado para atender.

Me aprontei para ir ali perto a uma festa para Bob Guccione na casa de Roy Cohn. Roy foi ótimo, tirei fotos, quero ser amigo dele, mas um amigo *distante*. E lá tinha uma Coelhinha – um Bichinho de Estimação – e eu não sabia o que dizer para ela, e então disse que ela tinha um corpo ótimo. Aí LeRoy Neiman chegou e ficou excitado porque vamos fazer uma exposição individual (*risos*) juntos e eu só – bem – quer dizer, Philip Morris deu dinheiro a um sujeito para fazer uma exposição conjunta comigo e com Neiman. De qualquer modo, não irei lá. Perguntei a LeRoy porque Bob Guccione se veste como uma bicha com aquelas joias todas. Havia uns Rembrandts, e mr. Newhouse me disse que são reproduções, e também havia Chagalls e Picassos e não sei se também eram reproduções. A casa tem piscina.

E esqueci de dizer que noite passada tive um blackout como aqueles que eu tinha quando era criança. Primeiro pensei que fossem flashes, mas não tinham flashes lá, e fiquei com medo que estivesse com tumor cerebral ou com cegueira progressiva.

Sábado, 6 de junho, 1981. Estou começando a odiar estar morando cercado de antiguidades, fazem com que você se pareça com elas. Verdade.

Terça-feira, 9 de junho, 1981. Telefonei para o consultório de Doc Cox e perguntei a Rosemary se poderia tomar uma injeção de B-12 antes de ir a Seattle para minha exposição lá (taxi $3). Rosemary também me daria uma injeção contra pneumonia, é para que a gente não tenha resfriados ou dores no peito. Antes, quando contei que estava emagrecendo, me disseram que eu tinha de tomar essa injeção, mas achei que não precisava. Não levei a sério. Tive uma febre de 38 graus e Rosemary ficou furiosa e disse que eu podia estar com pneumonia e me mandou direto para casa, e que se eu não ficasse na cama durante dois dias não poderia ir a Seattle. Tiraram uma radiografia do meu pulmão. Aí fui para casa e me meti na cama, embora estivesse me sentindo ok.

Fred teve de vir com os papéis para conseguir enviar minha declaração de imposto de renda, na realidade talvez eu não vá a Seattle. O Doc disse que tenho de tirar outra radiografia do pulmão na quinta-feira. Há muito tempo tenho uma teoria de que sempre vou poder escapar de tudo, mas não está funcionando.

Quarta-feira, 10 de junho, 1981. Archie está realmente agindo como se estivesse doente e não sei se é porque está preocupado comigo porque tem me visto em casa ou se está doente porque quer ir lá fora. Bem, minha filosofia é: a vida não é digna de ser vivida sem saúde e saúde é riqueza – é melhor que dinheiro e amizade e amor e qualquer outra coisa.

Não contei que Lynn Revson ligou e disse que adorou o retrato mas que as maçãs do rosto ficaram muito gordas. Eu sabia que ela criaria problemas.

Recebi outro telefonema da Paramount Pictures. Ele está vindo para Nova York na sexta, exatamente quando vou viajar.

Quinta-feira, 11 de junho, 1981. Acordei sem febre. Tinha uma consulta com o Doc Cox (táxi $3). Tirou radiografias, a infecção ainda continua. Me disse para não ir a Seattle ou à Califórnia. Fiquei deprimido o dia inteiro.

Sexta-feira, 12 de junho, 1981. A pneumonia está passando. O Doc disse que eu podia sair, mas que tivesse cuidado.

Jon está na cidade e disse que achou que eu estaria fora e por isso fez planos para o fim de semana, aí acho que toda a nossa relação foi por água abaixo. Disse que ligaria e não ligou, foi cruel. Tenho de me recuperar e ir em frente. Tenho de conseguir uma filosofia totalmente nova. Não sei o que fazer. Assisti *Cowboy do asfalto* e John Travolta dança lindamente. É um filme realmente ótimo. Um filme da Paramount, e isso me fez pensar ainda mais em Jon e me sentir pior. Chorei até adormecer.

Agora tenho certeza de que a pneumonia foi por causa do daiquiri gelado que tomei. E provavelmente se não tivesse ido ao médico não teria descoberto e teria ficado tudo bem. Estou com um vaporizador no meu quarto.

Sábado, 13 de junho, 1981. Passei um dia horrível, deprimido. Achei que ia explodir se não saísse de casa e quis ir trabalhar.

Fui encontrar Rupert no escritório, mas ele ainda não tinha chegado, então chamei o elevador, o elevador estava ali mesmo no primeiro andar, as portas abriram e lá dentro estavam dois rastafaris. Um homem e uma mulher. Foi tão estranho. Dei meia-volta e saí, e finalmente Rupert chegou, entramos, dissemos que eles fossem embora e eles foram. Acho que estavam chapados. Estavam apenas ali de pé feito uns manequins.

Domingo, 14 de junho, 1981. O dia foi melhor, não foi tão deprimente. Decidi ficar em casa perto do vaporizador assistindo TV. Resolvi ver TV a cabo e descobrir como é um filme de Neil Simon, assisti *Chapter Two* e me atingiu em cheio. Gostei muito. O texto é realmente engraçado. Aí o telefone tocou e era Jon falando como se nada tivesse acontecido, como se não tivesse desaparecido durante o fim de semana sem ligar nem uma vez.

Segunda-feira, 15 de junho, 1981. Quando cheguei ao escritório, Robyn estava fora da realidade. É um bom garoto, mas a cabeça dele não se concentra no trabalho. Mas Jay Shriver é um bom empregado, a gente pode confiar nele.

Richard Weisman ligou e disse que Margaret Trudeau está na cidade e gostaria de ir jantar. Jon ligou e o convidei, e ele disse que seria divertido conhecer Margaret Trudeau. Fui encontrar todo mundo no restaurante de George Martin às 9h10. Margaret chegou, engordou um pouquinho. Acho que ela deveria voltar à sua versão mais magra, porque agora parece um pouquinho mais velha. Estava com Bruce Nevins, que dizia que nos conseguiria anúncios da Perrier, mas nunca conseguiu. E George Martin apareceu e foi ótimo, me apresentou Rick Cerone, que disse, "Quero que você faça meu retrato". Foi realmente amável.

Bianca estava lá também e até que enfim, para variar, Jon não ficou reclamando que tinha de voltar para casa para trabalhar. Aí finalmente eu disse que estava cansado e tinha de descansar, e fui embora.

Terça-feira, 16 de junho, 1981. Acordei cedo, fui à minha consulta com Doc Cox às 10h30. Estava me sentindo bem, medi minha temperatura, estava normal. O Doc disse que estou totalmente curado da pneumonia.

Depois fui encontrar Jon no Citibank da Park com a 57, onde ele está tirando um empréstimo. Era o meu banco e de certa forma ainda é, porque tenho um cofre lá, sobre o qual faz tempo que não me dizem nada. Deveria cuidar disso. Acho que tem a escritura da casa da Lexington com 89. Quando eu era cliente desse banco havia só um caixa, agora há filas dobrando a esquina.

Encontrei Pat York. E Gene Simmons, do Kiss. E também um antigo representante meu.

Eva, de *Stern,* me mandou o artigo que escreveu e não consegui acreditar. Quer dizer, abri meu coração para ela e ela escreveu um artigo tipo picadinho – "Pai morreu em minas de carvão/Warhola/Carnegie Tech" – abri meu *coração* para ela. Realmente dei uma boa entrevista porque ela ficou dizendo que queria fazer algo realmente *diferente*. Quer dizer, até *contei* que meu pai foi operário de construção e *ainda assim* "Pai morreu em minas de carvão". Quer dizer, eu só contei tudo aquilo porque gosto do sujeito que é dono de *Stern* e que foi tão bom para nós em Munique. Aquele que está comprando bebidas que vão ser guardadas até o ano 2000. E ela não falou em nenhuma das coisas *jovens* que fizemos. As coisas modernas. Quer dizer, tivemos uma ótima noite no Ritz que foi realmente interessante, ela até disse para o garoto que eu era o sósia de Andy Warhol – e *nem isso* ela usou.

Fui consultar Janet Sartin e confessei que o seu tratamento não está funcionando, que estou com dezoito espinhas e vou voltar para o método Orentreich porque ele tem aquele negócio que faz espinhas secarem da noite para o dia.

Fiz alguns desenhos "Revólver" e algumas pinturas "Revólver".

Ah, e fiquei sabendo que Susan, a irmã de Jed, vai casar com o filho de Mel Brooks! Quer dizer, não vou aguentar se aquela garota mimada der o golpe do baú.

Quarta-feira, 17 de junho, 1981. Fred está indo para a Europa, não sei para quê. Deveria ficar aqui cuidando dos negócios. Mas por alguma razão acha que pertence à cena de Londres. Por alguma razão se identifica com os garotos ingleses que o sugam como uma esponja. E nunca trabalhamos na Inglaterra para nenhum deles. Sei lá.

E Tom Sullivan morreu. Aos 24 anos. Do coração.

John Reinhold nos convidou para drinques e para ver o seu apartamento decorado por Michael Graves. Fomos lá e antes eram quartos enormes e agora Michael Graves transformou tudo num apartamento tipo estrada de ferro. Realmente, se você alguma vez viu um daqueles apartamentos bem antigos, é assim que se parece. Dezoito milhões de colunas e portas que se abrem e coisas que balançam e um milhão de detalhes com muitas cores diferentes, é ridículo. Quer dizer, provavelmente fotografará bem, podem fazer com que pareça realmente grande, mas ele pegou aqueles ótimos quartos Robert Stern e transformou-os em três quartos e oito armários. Quer dizer, é realmente detalhado, você nem acredita quanto, mas é só – não sei qual é o sentido. Fiquei cansado. Fomos para casa às 11h30, tomei codeína para a tosse e fui para a cama.

Quinta-feira, 18 de junho, 1981. Fui a Tiffany's. As joias de Paloma são bonitas, verdade. Não são nada diferentes, mas ela tem estilo. O negócio de Elsa está vendendo. O filho de Margaret Truman que encontramos uma vez estava lá vendendo envelopes.

Finalmente conversei com Jon. Ele disse que tudo bem se eu fosse lá enquanto ele fazia as malas para ir à Sundance Foundation, de Robert Redford. Aí entrei em surto e fui ao Côte Basque no Olympic Tower e comprei nossos almoços ($25). De táxi até a casa de Jon ($3). Fiquei ali enquanto arrumava as malas e ele fez um escândalo porque as suas calças Armani ficaram dois centímetros mais curtas. Não deu para acreditar. Resolvi molhar as plantas. Ele ia embora no avião das 4h30 aí o deixei no edifício da Gulf + Western e fui para o escritório (táxi $6).

Não bebo há algum tempo e estou me sentindo ótimo. Mas aí, não sei, talvez seja por causa dos antibióticos. Não sei o que está fazendo com que eu me sinta bem.

Fui ao jantar dos Kennedy no Metropolitan Club. Caroline Kennedy apareceu e foi muito divertida. E Ted Kennedy veio e foi adorável. Caroline estava sentada ao lado de um cirurgião chinês que não enxerga, mas que dizem que ainda opera. A mulher dele estava cortando a comida para ele.

Tip O'Neill discursou, foi ótimo. Contou uma anedota de vinte minutos que não era engraçada, mas que tinha um final ótimo. E Bill Bradley estava lá, disse que tem um Rauschenberg e uma coisa minha na parede.

O senador Moynihan emagreceu, estava ótimo, adorável. Foi um jantar de $1 mil o lugar. Tinha gente dançando e "jigs" irlandesas. Aí um indiano chamado Hassim quis dançar com

Caroline, ela recusou e ele disse, "Bem, talvez você dance com meu filho", e trouxe o filho que era realmente bonito. O pai disse que no início dos anos 60 foi poeta e que frequentava a Factory e eu o ignorava. Não lembro. Aí Caroline ficou realmente interessada nele porque estava falando sobre coisas mágicas, você sabe, aquelas coisas tipo Harvard, por exemplo, o que uma lâmpada tinha sido antes de se tornar uma lâmpada. A mulher do sujeito se parecia comigo, mas mais refinada. Pele muito branca. Uma beleza tcheca. Fui embora para casa. Esperei por um telefonema de Jon e finalmente ele ligou às 2h e aí consegui dormir.

Sexta-feira, 19 de junho, 1981. Esperei um telefonema de Jon lá de Utah. Telefonou e pareceu muito gentil.

Não tenho bebido e estou me sentindo ótimo, mas tenho de tentar não tomar Valium. Estou emagrecendo embora continue me alimentando, e isso me assusta porque não sei se é porque não estou bebendo ou se é pelos antibióticos. Mas, aí, gosto de ser magro. Embora a minha resistência fique menor. Acho que a gente deveria perder peso lentamente ao longo de um ano.

Sábado, 20 de junho, 1981. Fred deveria estar por aqui para cuidar das coisas em vez de estar na Europa. Fred realmente pensa que é da realeza inglesa, é nisso que ele se transforma quando bebe. Se identifica com eles, sei lá por quê.

Chris Stein me mostrou algumas das fotos de Weegee de 1950, são ótimas. Weegee foi um fotógrafo de jornal que era sempre o primeiro a ser avisado dos crimes e essas coisas, e aí conseguia esse tipo de foto. A maioria das que Chris trouxe são de uma festa em Greenwich Village que parece uma festa dos anos 80 – é exatamente a mesma coisa! É engraçado como as coisas realmente não mudam. Quer dizer, as pessoas acham que mudam, mas não mudam. Havia pessoas usando roupas com broches e dois garotos se beijando numa janela com uma mulher olhando, e na época isso se chamava "Viver em Greenwich Village", e agora é chamado New Wave ou algo assim. Mas é a mesma coisa.

Domingo, 21 de junho, 1981. Notei que minha pele fica melhor quando uso o vaporizador, conserva o nariz limpo e impede que a pele se resseque.

Jon finalmente ligou e disse que já voltou de Utah, está no edifício da Gulf + Western e veio com o mesmo papo, que está muito cansado para vir até aqui, que perdeu a bagagem e as chaves, mas que aguentou tudo, esse papo é difícil de aguentar – disse que estava chovendo e não estava – resolvi que agora é o fim de tudo. Fui para a cama com um Valium.

Segunda-feira, 22 de junho, 1981. A manhã foi mesmo um desastre, passei a pior noite. Não devia deixar que essas coisas acontecessem para mim, mas... E minha perda de peso é assustadora. Quer dizer, gosto de ser magro, mas é assustador.

Jon ligou e se desculpou por não ter vindo e disse que talvez pudesse dar um jeito. Combinamos de jantar. Ele veio e tivemos uma conversa séria. Estava usando abrigo. Fomos ao Le Relais e não se importaram com a roupa dele. Sentamos perto de Edmund Gaultney. Aí Rita Lachman se aproximou com um xerox do convite dela para o casamento de Charles e lady Diana. Bob disse que ela colocou o original num cofre. Eu sei muito bem que vão desconvidá-la – vão dizer que foi um engano ou algo assim (jantar $59). Quando a gente não bebe, as refeições são tão baratas!

Tive uma conversa interessante com Jon. Ele disse que não sou uma pessoa suficientemente séria, que sempre que ele diz algo importante eu faço um comentário insignificante. Aí vou tentar ser mais sério. Falamos sobre negócios de cinema. Ele detesta ficar entre Barry Diller e o outro chefe.

Agora tenho mantido o vaporizador ligado todo o tempo, realmente acho que está fazendo bem para a minha pele.

Quinta-feira, 25 de junho, 1981. Tive de autografar uma pintura "Revólver" para Chris Stein. Debbie Harry me deu uma cera para remover pelos. Estou usando pelo corpo todo e realmente dói.

Sexta-feira, 26 de junho, 1981. Fui tomar uma vacina B-12 no consultório do Doc Cox, mas Rosemary errou e fiquei com um hematoma e com sangue na camisa. Na saída um sujeito tentou me caçar. Disse que era um engenheiro de som, que morava com um detetive particular e que às vezes o detetive particular o obriga a se vestir de mulher e que está farto disso. Fugi dele.

Aí Jon ligou, tínhamos combinado de ir ao cinema, mas ele disse que está à beira de uma pneumonia e aí não podia sair, então eu disse que levaria as transcrições das minhas fitas com Maura Moynihan para ele trabalhar enquanto estivesse de cama. Estou tentando imaginar como todo esse diálogo pode ser transformado numa peça. Deixei Rupert em casa (táxi $6). Fui para a casa de Jon e fiquei lá umas duas horas, e fui para a cama às 11h30.

Quinta-feira, 2 de julho, 1981. Um dos B-52 veio ao escritório e comprou um portfólio "Fruta Espacial". E ele sempre me acha muito abstrato porque nunca sei quem ele é. O nome dele é Fred. É um amigo da namorada de Jay Shriver, Karen Moline.

Fui à festa de Mick e Jerry no Mr. Chow's (táxi $7.50). Me diverti conversando sobre abortos e sexo, mas tenho de abandonar esses assuntos e falar sobre política ou algo assim, porque quando leio as entrevistas que faço, as perguntas são muito ruins. Idiotas. Qualquer outra pessoa que passasse um dia gravando alguém conseguiria fazer trabalho melhor. Estou sendo rigoroso comigo mesmo.

Sábado, 4 de julho, 1981. Choveu demais. Dia do casamento de Averil com Tim Haydock. Suzie Frankfurt veio nos buscar de limusine para irmos a Manhasset.

Christopher telefonou de Cape para mim. Peter quer ficar lá todo o verão, trabalhar e cuidar do jardim que não tem sido cuidado desde a morte de seu pai. Ele acha que será um bom plano ficar todo o verão trabalhando e voltar para a cidade e vender durante o inverno, mas Christopher não suporta vida familiar, a mãe de Peter está lá e embora ela goste da ideia de que Chris e Peter estejam juntos, Christopher realmente não suporta vida familiar. O pai dele é grego e mora com um chinês, a mãe mora na Califórnia, é italiana.

Fomos para Manhasset. Averil estava linda. O garoto Kennedy que trocou de gravata comigo no casamento do irmão estava lá, usando a gravata que trocou comigo, ele tem imaginação. Disse que sempre vai usar aquela gravata em casamentos. Eu deveria estar usando a dele. Catherine estava lá, foi dama de honra e o cabelo dela está mais claro, acho que pintou.

Os garotos tinham de buscar as garotas e levá-las para os seus lugares e estavam quase *(risos)* me levando quando se deram conta que eu não era uma garota, apesar de tudo. Tocaram "America the Beautiful" e todo mundo ficou falando e gritando durante a cerimônia. Toda a família de Averil estava lá, são todos muito altos. E Fred estava lá com seu casaco matinal. E Vincent e Shelly. E Rachel Ward foi uma das damas de honra, acaba de terminar um filme com Burt Reynolds e vai para a Califórnia fazer um com Steve Martin, acho que ela realmente conseguiu chegar lá. Jerry e Mick estavam lá e Jerry está louca de vontade de casar, dava para sentir a tensão.

Estava chovendo demais e fomos de limusine para a recepção. Uma casa ótima. Conversei com Catherine, ela disse que recebeu uma carta de Winnie sobre a morte de Tom Sullivan que começava assim: "Alguém que te amou muito morreu". Essa foi exatamente a frase que ela escreveu para mim. Nem sei por que Winnie se importou, parecia uma carta padronizada.

E disse para John Samuels – John Stockwell – que a esta altura ele já devia ter conseguido alguma coisa como ator e ele respondeu, "Veja, só tenho vinte anos", e aí me dei conta que tem razão! Fico achando que ele tem 25. Me convidou para ir à casa de seu pai em West Island, em Glen Cove, onde uma porção de gente que estava no casamento passaria o fim de semana. É uma mansão Morgan de noventa quartos e havia uns trinta hóspedes e um empregado – Nona Summers contou que tinha mencionado que ia querer café na cama e riram na cara dela. E John Samuels contou que Michael Kennedy ficou se balançando num lustre, mas aí quando alguém vai à casa *deles* eles dizem, "Não toquem em nada, senão pode quebrar!", e ficam apontando para uma cadeira que não vale nada. Disse que eles reservam todo o seu senso de destruição para quando vão visitar os outros, é por isso que são tão bagunceiros em qualquer lugar que estejam – porque têm que ser muito cuidadosos com suas próprias coisas.

Todos os garotos dançaram e caíram nus na piscina. Às 8h30 ainda estava chovendo. Aí saímos para ir para casa e um garoto saltou dentro do carro, sentou na frente. Sei lá quem era. Demos uma carona até a casa dele.

Domingo, 5 de julho, 1981. Jon telefonou ao meio-dia e disse que viria e que poderíamos dar uma caminhada. Está com cinco quilos a mais e eu perdi peso. Voltei aos 53kg. Acho que deveria comer, mas tenho de pensar sobre isso, porque gosto de ser magro.

Segunda-feira, 6 de julho, 1981. Victor foi convocado para um júri. *(risos)* Dá para imaginar a cena?

De táxi até 666 Quinta Avenida, para a projeção que Halston fez de *Arthur*, o filme de Liza ($7). Adorei o filme. Dudley Moore é tão engraçado. Depois Jon disse que era um "filmezinho" e eu disse, "Mas você riu o tempo todo", e ele disse, "Bem, não é *Caçadores da arca perdida*".

Não sei o que está acontecendo com Jon. As coisas não avançam. Mas agora *tenho* que me apaixonar ou vou enlouquecer. Tenho que sentir alguma coisa. E fico com ciúmes porque Jon tem uma família que ele adora e gosta de encontrar, mas sempre que a minha família tenta me visitar digo que estou fora da cidade. Será que disse para o Diário que Jon tem um irmão gêmeo? Não te dá arrepios? Exatamente como Jed. E adivinhe o nome do irmão gêmeo. Jay.

Quarta-feira, 8 de julho, 1981. Jerry Hall veio com uma modelo de Halston, Carol, e modelos ficam falando como bebês, as mulheres *e* os rapazes – a gente sempre sabe quando está conversando com um modelo.

Peguei um táxi e o chofer estava reclamando da mulher que não queria pagar o adicional que é cobrado depois das 8 da noite porque disse que ainda era um minuto antes da 8h. Ele disse que eram dois minutos depois das 8h, mas ela apontou para o meu relógio e disse que era um minuto antes. Tenho que começar a pedir recibos ($6). Vou carregar meu próprio bloco.

Todo mundo diz que gosta do meu novo corte de cabelo. É quase um corte cadete. Fred diz que eu me visto como os garotos que sempre estão comigo, ele gosta. Acho que o jeito arrumadinho está realmente na moda por causa do *Preppie Handbook*. Estou usando todas as roupas que eram de Jed, as que ele deixou para trás. Estou tão magro que elas servem em mim.

Quinta-feira, 9 de julho, 1981. Halston me convidou para irmos a Montauk, aí vou para lá sexta-feira às 6h no avião que ele alugou. É tão bom ser convidado para a casa da gente pela pessoa que está alugando – você se sente em casa e ainda por cima ganha dinheiro. Convidei Chris Makos e Jon.

Sexta-feira, 10 de julho, 1981 – Nova York-Montauk. Quando chegamos à casa de Halston ele olhou para Christopher e disse, "Ah, *você* também vai?", e Chris ficou desapontado e eu também. Eu tinha ligado para Faye no escritório de Halston e também para Victor dizendo que Chris iria comigo.

Há uma banca de frutas que algumas pessoas de lá construíram na entrada da nossa propriedade, de muito mau gosto. Fora isso, tudo está igual, é lindo.

Sábado, 11 de julho, 1981 – Montauk. Fui para a cozinha da casa principal tomar café. Pat Cleveland estava lendo seus livros de latim e sobre controle da mente. Contei a ela sobre o Silver Mind Control Place em Nova York ao qual Jon disse que vai. Como é o nome? Silva. Silva Mind Control. Ela ficou atrás de Jon, mostrando como se caminha com uma moeda na bunda e isso eles fazem muito bem. Ela fala como uma modelo. E toca flauta. Só três notas. E faz ioga. Todas essas coisas. Ela tirou a roupa e ficaram nus tomando banho de sol e fodendo as pedras. Tem um corpo ótimo e Jon também, e Chris está um pouquinho gordo, mas tem um corpo ótimo e eu passei protetor contra o sol e fiquei a salvo exceto pelos meus pés que queimaram porque fui caminhar. Almocei com Halston, foi adorável. Tentei ler uns roteiros. Caminhei na praia até a casa de Dick Cavett. Jon disse que tinha de voltar para a cidade, mas Chris e eu o convencemos a ficar mais uma noite.

Depois do jantar assistimos *Grease* e às 12h30 resolvi que iria para a cama mais cedo.

Domingo, 12 de julho, 1981 – Montauk-Nova York. Cansado porque tentei dormir de costas para evitar rugas, mas é tão difícil, jamais vou conseguir. O avião chegou às 9h da manhã. Lindo dia, o voo levou quarenta minutos e voamos sobre todos os estados mais ricos ($500 mais $20 de gorjeta).

Brigid ligou para mim, acaba de vir do hospital. Tem pedras na vesícula do tamanho de grapenuts. Contou que querem operar, eu disse que *sempre* querem operar, é como pintar retratos, você nem se importa com quem você está retratando, contanto que tenha alguém para retratar. Porque é assim que eles conseguem grana. Disse que pedisse ao médico comprimidos contra a dor e ela contou que já fez isso e eles não querem dar, disseram que ela tem que sentir a dor para que possam saber quando operar. Acho que deveria fazer a operação em setembro, a não ser que a dor seja muito forte. A vida é muito difícil. Liguei para Rupert.

Depois folheei o livro com minhas pinturas antigas e vi todas as coisas espertas que eu costumava fazer, agora não consigo mais pensar em coisas espertas para fazer. Talvez eu devesse pintar "Latas de Sopa" novamente. Aí Chris Makos ligou e disse que Schnabel está na moda, que o expressionismo abstrato está voltando. E disse que vai me trazer uma lata – sopa Campbell de Won Ton, com caracteres orientais. Telefonei para Jon e ninguém atendeu. Vi um filme maravilhoso na TV, *Coal Miner's Daughter*, e gostaria de ter gravado. Ah, como eu gostaria de ter casado com um marido daqueles! Ah, uma graça, tão maravilhoso.

Segunda-feira, 13 de julho, 1981. Fiz quarenta apoios.

Me colei e busquei Jon e Catherine Guinness na esquina da 63 com a Park. Ela está com aspecto vulgar. Se veste muito mal. Essas mulheres inglesas não sabem como se vestir. Estava com uma saia vermelha vulgar e sapatos abertos no calcanhar e seu novo cabelo loiro e aqueles brincos de diamante de gala que a mãe deu para ela. Foi agradável, conversou e fofocou durante horas. Vamos ver as fofocas: ela disse que Fred foi seduzido por uma mulher belíssima, Natasha Grenfell – é afilhada de Zeffirelli e também de Tennessee Williams. Nos divertimos na Xenon (táxi $4) vendo John McEnroe naquela coisa de tênis beneficente.

Quarta-feira, 15 de julho, 1981. Tentei organizar aquela coisa em Newport com os Pell no fim de semana que vem, foi Bob quem fez os contatos, é uma coisa contra o suicídio. Eu tinha dito a Bob que eu faria algo assim, desde que fosse *a favor* do suicídio, e ele enlouqueceu e não soube o que dizer. Disse que era melhor eu não abrir a minha boca. E também acho que é melhor eu não me matar.

Consegui uma reunião para Mary Richardson discutir sobre a possibilidade de um emprego com Halston, ela me pediu, mas daí ela disse que nesse meio tempo almoçou com Bill Blass e que ele vai pagar $500 por hora para ela modelar e estava emocionada que nem vai mais se encontrar com Halston. Depois de toda a minha dificuldade para conseguir a reunião. Mary tinha resolvido dar um pequeno jantar na casa de Fred, mas acabou se transformando num grande jantar e ela me convidou, e Fred ficou furioso porque disse que vai ter que arrumar a casa para que eu não fique chateado quando chegar – ele está com uma porção de garotos ingleses lá, parece uma casa de cômodos.

Na casa de Fred estavam Steve Aronson com Shelley Wanger e seu novo namorado, David Mortimer, que é muito bonito. Aí Steve – ah, Deus, ele sabe de tudo e se lembra exatamente das coisas que você gostaria que ele não lembrasse. Olhou para Jon e perguntou. "Como é mesmo o nome dele? Como é o nome? Não foi *ele* que você me contou que disse que *Popism* foi mal publicado?", e eu respondi, "Ahhh, *por favor*, Steve, agora não".

E o que não consigo entender é por que eu teria contado isso a Steve, dizendo até o nome de Jon. É fascinante. Por que eu teria feito isso? Por que fui criar problemas?

E quando Steve ficou sabendo que Fran vai ser capa da *Interview* disse que também queria ser capa quando o livro dele, *Hype*, for publicado. E aí ficou dizendo que obteve informações sobre Jon – sobre qual é precisamente o trabalho dele na Paramount – e que ele é o "vice-presidente encarregado dos relatórios interdepartamentais" e finalmente eu disse que se ele não calasse a boca eu não o colocaria na capa. Então ele contou que acaba de entrevistar Roy Cohn e que tinha planejado perguntar, "Você é uma bichona?", mas aí terminou simpatizando com ele e não perguntou, então disse que já que aquela pergunta ficou faltando, talvez *eu* quisesse admitir que *eu* sou uma bichona.

Quinta-feira, 16 de julho, 1981. Na festa depois da projeção de *Amor sem fim* conversei com Don Murray e contei que tinha acabado de ler no jornal que Liza estava pensando em refilmar *Bus Stop* e que, se naquela idade ela ainda podia interpretar a garota, então ele podia interpretar o cowboy virgem, e que deveria ter uma reunião com ela e dizer isso. E ele riu. Ainda é muito bonito e alto.

Segunda-feira, 20 de julho, 1981. Acordei. Nos noticiários estava a tragédia do fim de semana, a passarela que desabou num hotel de Kansas City e matou uma porção de gente. Ah, e estou lendo sobre Kate Jackson e Andrew Stevens no *Enquirer*. Kate esteve conosco na casa de Halston em Montauk fim de semana passado. Estava com Rock Brynner, filho de Yul. Kate faz coisas tipo olhar para o mar e dizer como é lindo ou sair sozinha e ficar olhando para a lua ou caminhar sozinha pela praia e juntar uma pedrinha e jogar no mar. *(risos)* Falando sério! Essas coisas cafonas. Sei lá. Ela é do sul, mas mesmo assim...

Passei pelo escritório de John Reinhold para perguntar sobre a nova descoberta de diamantes na Austrália, o preço de diamantes baixou. Fui para o escritório (táxi $5).

Fiquei realmente chateado com Rupert porque ele esteve na Jamaica por semanas e agora metade dos seus assistentes também está entrando em férias, fiquei realmente furioso com um deles, Horst, porque disse a ele que era melhor que Rupert se cuidasse e que se eles não pudessem me ajudar eu procuraria outro silkscreener. E Horst ficou rindo de mim como um alemão

– disse, "Deveria ter trazido uma rosa para você, para melhorar o seu humor". E eu disse, "Olhe, não me fale de *rosas* – quando Rupert ganhou este emprego foi porque Alex Heinrici entrou em férias – férias *longas* como as que Rupert está tirando agora – e aí só precisei procurar à volta e encontrei outra pessoa. Posso fazer isso de novo".

E fiquei perdendo a paciência o dia inteiro – desliguei o telefone na cara de algumas pessoas, mas é algo que elas vão ter para contar nas suas autobiografias.

Terça-feira, 21 de julho, 1981. Jon ligou cancelando nossa viagem a Newport.

Quarta-feira, 22 de julho, 1981. Acordei cedo, dia bonito. Ia caminhar e distribuir *Interviews*, mas tinha um almoço com Mercedes Kellogg, ela veio com o tal Von Bülow que está sendo acusado de tentar matar a esposa com injeções de insulina, ela está em coma há meses. A filha dela do primeiro casamento é Ala von Auersperg, ela e o irmão estão com um processo contra ele. Ele tem uns 55 anos, eu acho. Contou anedotas.

Às 4h a equipe de filmagem de Walt Disney veio e me filmou na frente dos meus desenhos "Sapatos" e "Walt Disney". Me perguntaram qual é o meu personagem favorito de Disney e eu disse, "Minnie Mouse, porque ela pode me levar para perto de Mickey".

Sexta-feira, 24 de julho, 1981. Jon apareceu e me mostrou seu carro novo, saímos para dar uma volta. Nada está acontecendo ainda e estou começando a pensar em relaxar e não ter expectativas, que é suficiente estarmos juntos. Sei lá.

Segunda-feira, 27 de julho, 1981. Encontrei Winnie Sullivan na rua. Achei que está um pouquinho gorda. Perguntei como ela vai, se realmente sente muita falta de Tom e ela disse, "Ele morreu, mas estou grávida". Perguntei se o bebê é de Tom e ela respondeu, "Tenho visto muito Jack Nicholson". Winnie calcula bem as coisas. Mas quem é que vai saber, talvez *seja* de Jack e ele se case com ela. É bonita.

Sábado, 1º de agosto, 1981. Já consigo fazer cinco séries de quinze apoios. E eu disse para o pessoal do escritório que é melhor que não planejem nada para meu aniversário semana que vem, que se planejarem eu não vou nem dar as caras.

Domingo, 2 de agosto, 1981. Jon veio do West Side, jogging. Chris Makos nos buscou às 3h30 e fomos para o Whitney ver a exposição de Walt Disney (ingresso $8). Estava cheio de gente e foi engraçado ver todas aquelas coisas do Walt Disney nas paredes. Mas não organizaram muito bem. Na maioria só Mickey Mouse.

Depois vimos a exposição de Georgia O'Keefe num outro andar e ela faz aquelas flores e cortes e só pinta vaginas. E vimos as coisas de outras pessoas e dá para perceber que são coisas de mulheres porque são simples, negócios simples. Dá para perceber.

Depois saímos de carro e queríamos ir ao River Café, mas não estavam mais servindo, aí paramos num lugar qualquer ao ar livre no Village e a comida estava horrível ($70). Mas vimos todo mundo, pessoas com peitos ótimos, acabando de chegar de Fire Island, e pessoas caçando de calção com as bolas balaçando para fora de propósito – gente horrorosa.

Segunda-feira, 3 de agosto, 1981. Caminhei pela Quinta Avenida e quando entrei numa loja de discos estava tocando "Heroin", do primeiro disco do Velvet Underground, aquele que eu produzi e fiz a capa. Não sei se me viram entrar e rapidamente colocaram o disco ou se já estava tocando. Foi tão estranho ouvir Lou cantando aquelas músicas, ainda soa tão bem. Me levou de volta para aqueles tempos. Aí me pediram para autografar o disco. Ainda é a capa original, com a banana que dá para descascar. Será que MGM continua relançando o disco? Nunca recebi nada por esse disco.

Terça-feira, 4 de agosto, 1981. Os Herrera voltaram do casamento real e me convidaram para jantar com Jerry Zipkin, disseram que ligariam às 6h. Disse que aceitava, mas sabia que cancelaria porque estou muito cansado dessas pessoas elegantes, só quero estar com a garotada.

Aí fiquei sem *Interviews* e estava perto do escritório de John Reinhold, então fui até lá e fomos a uma loja de sapatos de McCreedy & Schreiber na 46 e ficamos lá sentados por uma hora porque tinha ar-condicionado. Cheguei à conclusão de que ser vendedor de sapatos é realmente um emprego sexy, algo assim, mesmo para um homem vendendo sapatos de mulheres. Dei uma passada pelo Jean's e olhei um relógio. Jon foi para Califórnia.

Quarta-feira, 5 de agosto, 1981. Os Trump vieram. Donald Trump, sua mulher e duas senhoras que trabalham para ele, eu acho. Mrs. Trump está no sexto mês de gravidez. Mostrei as pinturas que fiz da Trump Tower. Não sei por que fiz tantas, oito. Em preto, cinza e prata, que achei que vai ficar muito chique para o saguão. Mas foi um erro fazer tantos, acho que os confundi. Mr. Trump ficou muito chateado porque as cores não combinam. Angelo Donghia está fazendo a decoração, aí eles voltarão com amostras do material para que eu possa fazer as pinturas combinando com os tons de rosa e laranja deles. Acho que Trump é meio vulgar, tenho essa sensação. E Marc Balet, que organizou tudo, ficou um pouco chocado. Mas talvez mrs. Trump resolva fazer um retrato, porque deixei os retratos de Lynn Wyatt à mostra atrás das pinturas do prédio, talvez tenham entendido a mensagem.

Jon telefonou de Hollywood.

Quinta-feira, 6 de agosto, 1981. Meu aniversário e eu disse a todo mundo no escritório que quem mencionasse esse fato seria despedido. Brigid queria tirar o dia de folga, mas me fiz de mr. Mau Humor. Deixei que todos saíssem cinco minutos mais cedo. E a coisa mais engraçada foi que de manhã Brigid foi até a delicatessen e no rádio o DJ disse, "Feliz aniversário a Andy Warhol, que hoje completa 64 anos", e ela ficou rindo porque me deram onze anos a mais.

John Reinhold me mandou quinhentos quilates de pó de diamantes de presente. É como metade de uma lata de sopa de tomates. E me mandou 27 rosas. Pó de diamante é letal. É uma boa maneira de matar alguém.

Ligaram de Hollywood. Jon não lembrou meu aniversário, o que foi ótimo.

Sábado, 8 de agosto, 1981. Jane Holzer telefonou e disse que eu deveria ir até o 4 da Rua 66 Leste, onde um garoto que estuda na Columbia Film School e um grupo de amigos estavam fazendo um filme underground com equipamento caríssimo de 35mm. Fui lá e fiquei deprimido porque faz vinte anos que fiz *meus* filmes underground e aí estão garotos jovens, ricos, bonitos – até mais ricos e com apartamentos maiores que os garotos que participavam dos meus filmes. E dava para ouvi-los dizer que não queriam gente velha na frente da câmera. Fiquei um pouco deprimido e fui embora.

Segunda-feira, 10 de agosto, 1981. Tinha de fotografar a coisa de Halston e Galanos para o *Los Angeles Times*. Jon me buscou e fomos para a casa de Halston. Halston estava com a limusine esperando, mas Liza se atrasou. Ele ficou falando com Liz Taylor pelo telefone e ela o chamou de cu e aí ele chamou-a de cu e disse que o cu dela é maior que o dele e que eu deveria fotografar para tirar a prova. Foi engraçado a conversa deles, é assim que falam um com o outro.

Fui ao Olympic Tower para a festa. Hope Lange estava lá com John Springer. E Christopher tinha me contado há pouco que aquela tarde no *Live at Five* Hope Lange estava no ar com John Cafferty e disse, "Não foi Andy Warhol que uma vez disse que todo mundo seria uma celebridade durante quatro minutos?". E aí John Springer falou nisso e disse que na realidade eram dez minutos, e Hope Lange riu e disse que de qualquer forma a TV está fazendo com que a vida ande mais rápido. Ela foi mais ou menos ótima. Agora se parece com uma matrona.

Lauren Bacall e Harry Guardino estavam lá. Marty Scorsese estava lá com sua mulher Isabella Rossellini, que agora é modelo. Gostaria de saber o que Julia está fazendo. Como é que um católico pode se casar várias vezes? Bobby de Niro chegou e mandei que Pat Cleveland fosse até lá porque sei que ele gosta de negras, mas ela estava bêbada e ele saiu assustado. Fui embora às 2h30. Bebi champagne e agora estou com ressaca, realmente detesto beber.

Terça-feira, 11 de agosto, 1981. Estou com minhas lentes de contato permanentes, mas não consigo nem ler nem desenhar com elas. Será que existem bifocais que a gente pode usar com as lentes de contato? É tão assustador acordar no meio da noite e conseguir enxergar.

Caminhei um bom pedaço até o escritório (táxi $3.50). Pintei alguns fundos para o retrato de Diana Ross – gostaria de saber de que cor devo fazê-la – gostaria de saber se ela quer preto ou branco.

Depois fui para o prédio da Con Ed, que está à venda na Madison, e no final são três entradas – uma na Madison, uma na 32 e uma na 33. Fica no meio do quarteirão, em forma de T. Havia um vagabundo sem sapatos varrendo a calçada. Todos ficam por ali, acho que é porque ninguém sai atrás deles. Mas não conseguimos abrir as portas, aí fomos para a Rua 22 com

Sexta Avenida ver um outro prédio. Aquele está por $1,9 milhão. Depois voltamos para o escritório. Calor horrível.

Quarta-feira, 12 de agosto, 1981. Não posso aguentar o *Donahue*. Hoje de manhã são *(risos)* Gays Aposentados. Velhos gays num campo de férias de verão.

Agora estou com 52kg, posso sentir meus nervos roçando nos meus ossos.

Fui à ópera chinesa no Lincoln Center e Stella Adler discursou. Está com mais de oitenta, mas parece tão jovem quanto Angela Lansbury. E escreveu o nome do diretor chinês na mão e toda vez que tinha de dizer dava uma olhada.

Quinta-feira, 13 de agosto, 1981. Maura Moynihan deveria ter me dado convites para a estreia de sua peça, mas de alguma maneira conseguiu escapar. Disse que seu pai estaria lá e acho que ficou com medo de me ver lá com o pai.

Esperei que Rupert chegasse com as cópias das fotos. Vi que junto das minhas fotografias havia algumas fotos pessoais das férias dele na Jamaica. Acho que mandou suas próprias fotos para serem reveladas com as minhas, mas não vou dá-las para ele, são fotos dele trepando.

Jon foi passar todo o fim de semana no interior.

Sábado, 15 de agosto, 1981. Engordei e cheguei aos 54kg, mas gosto mais quando estou com 52, então decidi não comer. Trabalhei toda a tarde em Greta Garbo e Mickey Mouse e Diana Ross (brownies $15).

Domingo, 16 de agosto, 1981. Fui caminhando até a igreja. De táxi para encontrar Rupert à 1h ($5). Liguei para Fred em East Hampton e contei que ele fez um péssimo negócio com Ron Feldman, que estou com Leo Castelli e não devo fazer nenhuma exposição com Ron Feldman, e que uma exposição tão *grande* minha tornaria a galeria dele famosa e que os quadros são grandes demais e horríveis demais. Ron programou uma exposição minha para 18 de setembro ou algo assim. Fiz os fundos para o Superman e Drácula. Tenho que fazer pelo menos quatro por dia para recuperar o tempo perdido.

Jon ligou à meia-noite, disse que trabalhou um pouco no roteiro e aí fui até lá buscar (táxi $3). Estava de volta em casa à 1h05.

Segunda-feira, 17 de agosto, 1981. Compromisso às 11h30 para ver o prédio da Con Ed na 32 com a Madison. É um prédio lindo, mas comprá-lo seria como comprar uma obra de arte, um espaço lindo. E tem uma sala principal em forma de T que poderia ser um ótimo escritório para *Interview*, mas o resto não vai dar para alugar. Tem cinco andares sem calefação, é como se fossem só as paredes, mas é tão perfeitamente bonito. Eu poderia instalar calefação e banheiro e seria um espaço para os artistas. Mas aí fico pensando no prédio da 895 Broadway na altura da Rua 10, é apenas um prédio normal e sólido e tem cinco andares, todos alugados, e aí temos a renda dos aluguéis e poderíamos desocupar um dos andares para nós. Mas esse prédio da Con Ed é como uma fortaleza e a melhor coisa são oito telefones públicos na banca de jornais da esquina para onde poderíamos *(risos)* mandar as pessoas fazerem suas ligações.

Susan Blond telefonou para me convidar a ir até o camarim de Michael Jackson na terça e na quarta, e quer que eu leve Liza Minnelli, mas não tenho conseguido falar com ela. Acho que vou tentar de novo.

Terça-feira, 18 de agosto, 1981. Dia realmente lindo, o tempo ainda está bom por causa do furacão bicha, Dennis.

Busquei Jon, fomos para a cobertura de Allan Carr no St. Moritz. Estava dando uma festa para os dois astros de *Gallipoli*, Mark Lee e Mel Gibson, e depois mostraria o filme.

De táxi até o Madison Square Garden ($5). Susan nos levou até os camarins e ficou gritando que Katharine Hepburn estava nos camarins e que se eu não me apressasse não conseguiria que tirassem uma foto minha com ela, mas não cheguei a tempo. Michael Jackson nos apresentou para seus irmãos, todos disseram que querem retratos. Michael ficou tão bonito desde a última vez que o vi com Stephanie Mills.

Fomos para a plateia e foi difícil chegar até nossos lugares. Tivemos de arrancar uns garotos de lá. O show de Michael talvez seja o melhor que já vi. É um dançarino muito bom e entra num buraco e sai do outro lado com uma outra roupa, não sei como consegue fazer isso.

Eu estava indo deixar Jon em casa e quando passamos por Columbus Circus vi Mark e Mel, os dois astros de *Gallipoli*, sozinhos, meio que passeando, foi triste. A festa tinha acabado e eles pareciam perdidos, como se não tivessem mais nenhum outro lugar para ir.

Quinta-feira, 20 de agosto, 1981. Trabalhei na Bruxa Má e no Howdy Doody, e Rupert trouxe Mickey e Garbo, que estão ótimos, mas já posso imaginar as críticas, sei o que vão dizer, "Como é que depois de vinte anos ele *ainda* está fazendo a mesma coisa?". Tivemos de cercar Ron Feldman para que nos dê algum dinheiro, finalmente ele disse que quando as pinturas estiverem terminadas vai nos pagar, não aguento mais esse negócio de expor na galeria de Ron Feldman, é só publicidade para a galeria dele e ele deveria estar nos pagando *muito mais*.

Marlon Jackson apareceu e trouxe camisetas e foi uma graça. Deveria ter vindo para ser retratado, mas não sabia como entrar no assunto e nós também não. Realmente queremos colocar Michael na capa da *Interview*. Marlon parece ter quinze anos, mas tem mulher e três filhos e estão esperando mais um.

Segunda-feira, 24 de agosto, 1981. Saiu o artigo sobre Debbie Harry em *Newsweek* e é estranho, porque sou mencionado umas oito vezes, citando *Philosophy* e dizendo que ela trabalhava no Max's. E você sabe, Debbie não é um bom papo, mas as entrevistas dela sempre saem bem. É como fizeram comigo, escolhem as frases certas e as palavras soam muito bem quando impressas. Debbie e Chris acabam de comprar uma casa na 72 entre a Segunda e a Terceira, aí acho que estão cheios de grana.

Comprei duas *Gentleman's Quarterly* ($5) porque minha foto como modelo está no anúncio da Barneys, gostei demais, é excitante de ver.

Jay está ótimo porque finalmente aprendeu a pintar como eu e aí me ajuda em uns lugares difíceis. Ronnie sempre faz isso tão displicentemente. Conversei com Jon, acho que está me evitando, acho que ele quer fazer outras coisas durante a noite que não seja trabalhar nos roteiros, mas disse que eu poderia ir buscar mais um mais tarde.

Brigid está transcrevendo as fitas de Maura e acha que são interessantes, mas eu leio as transcrições e não acho. Creio que essa garotada toma uma porção de alucinógenos – coisas como ácido e cogumelos mágicos.

Quarta-feira, 26 de agosto, 1981. Não consigo decidir entre aqueles dois prédios, o da Madison com 33 e o da 895 Broadway. Porque o da Madison é ótimo e grande e artístico e seria uma mina de ouro, do outro lado da rua em frente ao Empire State, mas aí seria muito caro de reformar, e como poderíamos fazer isso? Mas eles têm uma hipoteca de 12% que nós poderíamos conseguir, o que seria bom. Aí o 895 é prático, é $1,8 milhão, enquanto que o da Madison é $2 milhões, mas a gente poderia alugar os outros andares e logo conseguir lucro. Não sei. E Fred está com o mesmo dilema.

Quinta-feira, 27 de agosto, 1981. Almoço para Sharon Hammond que agora é a condessa Sondes. Lady Sharon disse que há um Nautillus na casa dela e que nós poderíamos usá-lo. É $20 a hora porque uma mulher vem para mostrar como se deve usá-lo.

Resolvemos comprar o prédio da Madison com a 32. Isso me deixou nervoso. Tenho que assinar uma carta, preencher um cheque e ver o que acontece.

Bob conseguiu que Jon e eu fôssemos convidados para a festa de aniversário de Iris Love no Barbetta's (táxi $3). Foi no jardim. Encontrei Pauline Trigère e ela disse que ainda não fez um vestido para mim. Iris estava com uma toga e com uma toalha em volta da cabeça e Liz Smith estava com uma roupa de cowboy. O senador Ribicoff discursou. Diana Vreeland estava lá com Fred e disse que pareço um garoto de catorze anos e que estava excitada com minha carreira de modelo. Encontrei a irmã de Iris que agora está de cabelo loiro, foi apaixonada por mim vinte anos atrás, já se divorciou duas vezes.

Começou a chover e nos mandaram embora do jardim. Aí parou e nos mandaram para lá de novo.

Eu fui rude com Henry Geldzahler. Ele queria que eu o apresentasse para alguém e não dei atenção. Não sei por que – bom, eu sei, porque Henry me magoou muitas vezes dessa maneira, então fiquei *com vontade* de fazer aquilo.

Sexta-feira, 28 de agosto, 1981. Chamei Jon de gordo, mas eu realmente não queria dizer isso.

A Paramount promoveu uma projeção de *Mommie Dearest* (táxi $6). Ara estava lá com Russel Todd. Aí vimos o filme e é absolutamente ótimo. Faye está muito bem. Verdade. Ah, esse filme me tocou tanto. Filmes estão realmente me tocando ultimamente. O que está acontecendo comigo?

E a gente torce mesmo por Joan. Como quando Louis B. Mayer a abandona, diz que ela está velha e que vá embora sem fazer barulho. E aí como quando a Pepsi a abandona. Ah, é ótimo! Acho que me identifiquei com Joan, ela é quem é. Ok, aí houve uma rápida ceia.

Ainda era cedo e Jon e eu subimos pela Columbus Avenue, que gora está na moda, e alguém gritou "Garoto gay" para mim e foi engraçado. Fui para casa, vi TV, tomei um comprimido para dormir e acordei às 9h me sentindo deprimido e infeliz. Ah, Deus, me sinto como me senti quando cheguei a Nova York, estou passando pelas mesmas coisas, com medo de morar sozinho e... Ah, o que devo fazer? Meu peso baixou para 52kg, mas esse não é o problema, realmente não é. Eu fico *melhor* mais magro. Acho que não deveria pensar tanto em aparências, mas eu *não* estou pensando tanto em aparências. Nunca faço isso, *não* faço. Gosto de gente feia. *Gosto*. E de qualquer maneira, gente feia é tão difícil de conseguir quanto gente bonita – eles também não querem a gente.

Domingo, 30 de agosto, 1981 – Nova York-Colorado. Telefonamos para Jack Nicholson no minuto que chegamos na casa de John e Kimiko, e ele disse que se encontraria conosco no dia seguinte. E foi exatamente como falar num filme, falando com Jack pelo telefone. Foi excitante. Deus, foi excitante.

Aí John Denver veio para jantar e lemos todos os jornais de fofocas – *The Globe, The Star, The Enquirer,* cinco ao todo – lemos tudo sobre John Denver voltando para a mulher e subitamente a campainha toca e ali estavam eles e dissemos que sabíamos tudo sobre eles, que nem precisavam falar. Acharam divertido. Foram adoráveis. Me embebedei com champagne e mais tarde Fred me acusou de jogar nomes famosos na conversa a cada segundo. John Denver disse que vai me levar em seu aviãozinho, que nos levaria até o lugar para o qual nós iríamos dia seguinte – Fort Collins. Disse que sabe tudo sobre mim e que as pessoas sempre dizem que ele se parece comigo.

Segunda-feira, 31 de agosto, 1981 – Colorado. Ligamos para Jack e ele disse que nos encontraria em Aspen, e aí fomos de carro até lá e é lindo, uma cidade de brinquedo.

Fomos a um restaurante onde Jack nos encontrou com Lou Adler, Jack foi simplesmente adorável. Deus, foi simplesmente adorável. As garçonetes foram adoráveis, todo mundo foi adorável. Depois Bob reclamou que Christopher foi muito afoito, mas eu disse que é bom ser afoito porque é a única maneira de conseguir uma boa foto, que não se preocupasse com aquilo.

Disse para Jack que adorei *Corpos ardentes*. Porque ele está aqui no interior e não assistiu nada. Eu disse que é um verdadeiro filme erótico. Ficou me perguntando sobre a mulher, Kathleen Turner, e eu disse que ela nunca mais vai ser lembrada. Ele disse que ela não é uma Jessica Lange, o que é verdade. Aí nos despedimos e voltamos para o carro.

Fomos até o aeroporto para pegar o avião de John Denver, mas o tempo estava ruim. Aí subitamente o pai de John Denver chegou. Aí pegamos um Lear-jet e o pai dele pilotou e subimos e descemos e subimos e descemos e chegamos a Fort Collins e fomos recebidos por uma garotada e nos levaram para o motel.

Compramos várias *Rolling Stones* com Jim Morrison na capa. Na verdade ele está vendendo mais discos morto do que vendia quando estava vivo.

Jantei com o presidente da Colorado State University, cujo nome é Chris Christofferson, assim mesmo, com C. Depois do jantar nos levou ao museu e vimos a exposição antes de todo mundo. Colocaram três latas de quase um metro de altura na frente do museu e é como se fossem esculturas enormes de Oldenburg, grandes latas pintadas de Sopa de Tomate Campbell. Um dos garotos foi quem fez, acho eu. E todos os quartos aqui no motel têm latas com flores dentro e, quer dizer, estou tão cansado dessas latas de Sopa Campbell que me dá vontade de vomitar. Mas a exposição está uma graça, é só uma sala e só gravuras e ficamos lá quase uma hora, aí voltei, tomei um Valium e não consegui dormir.

Terça-feira, 1º de setembro, 1981 – Colorado. Saímos às 10h, eu tinha de fazer quatro programas de TV. Fomos para o campus e me fizeram posar com uma vaca – trouxeram uma vaca daqueles cursos de agricultura deles. Então tive de abraçar a vaca na frente de uma "Lata de Sopa". Foi divertido. E aí fiz todos os programas de TV. Foi bom, consegui responder a todas as perguntas idiotas. Disseram que se fosse Rauschenberg quem estivesse lá ninguém teria ido e que sou o artista mais famoso do mundo.

No vernissage, fomos obrigados a entrar na exposição pelos fundos. Toda a garotada empurrando e se acotovelando e eu tinha de ficar sentado lá. Tudo o que faço é autografar autografar autografar.

E o maior choque foi quando duas horas depois uma mulher apareceu e disse, "Olá, sou Eva, sua sobrinha". E eu fiquei sem saber o que fazer com ela. Era a Eva que morou na minha casa na 89 com Lexington por alguns meses em 1969 ou 1970, cuidando da minha mãe. Disse, "Esperei duas horas e meia na fila". E eu sabia que eu estava em Denver, onde meu sobrinho, o ex-padre Paul, está, mas também não liguei para ele. Eva ficou sabendo pelos jornais. Não consigo enfrentar uma família, acho eu.

Fiquei autografando autografando autografando, e aí um sujeito chegou com uma serpente amarela enorme e gorda enrolada no pescoço. Ele era assustador, e disse, "Autografe minha serpente", e Christopher enlouqueceu e disse, "Sem serpentes! Nenhuma serpente vai ser autografada!". Aí ele disse, "Autografe minha testa". E aí veio em minha direção com aquela serpente. Fiz um X na testa dele. Porque não conseguia escrever, fiquei nervoso demais com a serpente. E ficamos naquele suplício por ainda outra hora. Parecia que não terminaria nunca, mas finalmente terminou. Então acho que há sempre um fim para tudo.

Quarta-feira, 2 de setembro, 1981 – Colorado-Nova York. Os jornais só falam de mim e da minha idade. Todos contam minha idade. Aquela escola vai se transformar numa das melhores, eles são realmente inteligentes. Têm um curso chamado algo assim como "Túnel do Vento" e o professor coloca modelos de prédios enormes no túnel e deixa o vento soprar para ver o que acontece com eles. Com toda a pressão do vento. Ele disse que há cinco edifícios *muito* perigosos neste país, mas não podia dizer quais e fiquei perguntando *(risos),* "E o Gulf + Western?".

E então lá fomos nós para a próxima escala, uma aula em que recolhem sêmen de touro. E trouxeram os maiores touros que você possa imaginar, com moscas à volta. Havia um pobre animalzinho – a cabeça enfiada numa coisa – e o sujeito disse, "Quando aquele bezerro era jovem os outros bezerros pulavam nele, é um animal estranho que solta hormônios errados". E quando eles notaram que isso acontecia, o levaram e o separaram dos outros, e agora ele é usado nesta experiência, é fodido por um touro enorme. E lá estava um touro enorme, esperando.

Christopher ficou sem filme, estava furioso, queria fotografar aquele caralho enorme. Aí trouxeram o touro e deixaram que trepasse no bezerro e ele soltou um suco mas não era *aquele* suco que eles queriam. O caralho é como um lápis de 60 centímetros, é pontudo. O sujeito disse, "Esperem, tenho de buscar a vagina artificial". Aí correu e trouxe uma luva e tudo mais e aí o touro trepou de novo e ejaculou realmente depressa e terminou tudo. Fomos para o escritório e ficamos olhando enquanto o sujeito tirava o esperma da vagina artificial.

Por alguma razão todos nós dormimos no caminho para o aeroporto, exceto Chris, disse que passaria a noite em Denver e iria ao Baths. Observar aquele touro deve tê-lo excitado muito.

Cheguei a Nova York, nosso motorista estava esperando por nós. Deixei Fred e ele me deu minha roupa de baixo que estava em sua maleta e aí deixei Bob em casa. Dei uma gorjeta para o motorista ($40).

Bob recebeu uma ótima notícia, conseguiu o emprego para o qual tinha feito um teste no novo programa de TV da Paramount, *Entertainment Tonight*. Barry Diller ligou e deu a notícia para ele.

Domingo, 13 de setembro, 1981. Trabalhei toda a tarde até Christopher trazer umas fotos. Ele disse que está apaixonado e tive de dizer que ele não tinha o direito de estar apaixonado porque já é "casado". Se apaixonou por Mark, do Colorado. Se apaixonou somente porque não tem muito o que fazer. Depois que ele saiu Peter ligou e contei que ele devia dar menos dinheiro para Christopher porque só assim ele vai trabalhar mais, agora tudo o que faz é ficar sentado por aqui pensando em romance. E não é o que as famílias sempre fazem – racionar o dinheiro? Aí ele vai ter de voltar para o quarto escuro e começar a fazer cópias de fotos para outros clientes, porque agora tudo é muito fácil para ele, ganha muito dinheiro fazendo cópias para mim.

E estou tão nervoso por causa de minha exposição. Os Rolling Stones acabam de ganhar críticas elogiosas – e não fizeram mais do que repetir o último disco. E cá estou eu fazendo uma nova exposição, repetindo as velhas imagens pop...

Atendi o telefone e era minha primeira superstar, Naomi Levine, e ficou dizendo, "Ah, ouvi dizer que você vai fazer uma exposição. Quero ir e ver você". Eu disse, "Ah, não vou estar lá. Ah, vou fazer uma exposição? Verdade? Onde?". O diálogo veio direto dos anos 60, me ouvi dizendo, "Ah, verdade? Ah. Ah. Verdade? Ah".

Terça-feira, 15 de setembro, 1981. Ron Feldman mandou uma limusine para me levar até a galeria, é o dia do vernissage. Jon disse que tinha de ir a uma convenção de vídeo, mas que tentaria vir. John Reinhold e Wilson Kidde ficaram de vir. E Rupert chegou ao escritório com jeito de que fosse meu filho ou algo assim. Ou que *ele* fosse o artista (*risos*). Gravata-borboleta. Camisa branca. Suéter azul. Jeans. E botas de cowboy. E aí quando fiquei olhando porque ele estava vestindo exatamente como eu, ficou constrangido e trocou a gravata-borboleta por uma comprida.

Cheguei lá e havia muita gente, todos jovens. Ninguém acima de 21 anos.

Chris ficou furioso comigo porque disse que está realmente sozinho e que não estou cuidando dele, que não vai a nenhuma festa comigo e eu disse que naquela noite não podia ir comigo a nada porque Halston tinha me convidado para jantar e eu não podia levar ninguém, e estava terminado o assunto. Chris estava com aquela garota Loud e ficou furioso, pegou o carro e foi embora.

Fui à casa de Halston para jantar antes da reinauguração do Studio 54. Halston queria dar uma festa para Steve antes da reinauguração, mas Steve contou a ele que Calvin já faria isso. Aí Halston pediu que Steve escolhesse entre ele e Calvin – Steve escolheu Calvin. Mas aí Calvin ajeitou as coisas e ligou convidando Halston. Fomos no carro de Halston, chegamos no Sovereign, subimos até a cobertura de Calvin e todo mundo ou era famoso ou era lindo – Brooke Shields e 65 outros modelos, e Jack Nicholson estava lá.

E Godunov estava lá, chegou e estava lindo, sexy, mudou toda sua personalidade, agora está livre e falante. Depois fomos para o Studio 54 e a rua estava absolutamente lotada, como eu nunca tinha visto, e fez com que meu vernissage desse a impressão de ter estado deserto. E Calvin levou Brooke. Estava tão cheio que devem ter ganho uma fortuna, $25 por cabeça. Quis ir embora às quinze para as três. Levamos quinze minutos para chegar até a porta.

Ah, e esqueci de dizer que Truman ligou segunda-feira e a voz dele – eu nem percebi que era ele no telefone. Ficou repetindo as coisas como um cuco – que morreu duas vezes e que o cérebro parou de funcionar por 32 segundos e é assim que ele vai chamar o próximo livro – *Trinta e dois segundos*. Aí no dia seguinte, terça-feira, por volta das 6h30, ele desmaiou no saguão e todos os jornais e TVs correram para a United Nations Plaza. Foi levado para o hospital e chegou à primeira página dos jornais, foi capa do *Post* e tudo, e acho que ele ganhou a cobertura de imprensa que deveríamos ter ganho na Feldman Gallery. Porque o pessoal de TV nem foi lá.

Quarta-feira, 16 de setembro, 1981. Bob disse que está bem mais próximo de conseguir que mrs. Reagan dê uma entrevista para nós, mas acho que ela é velha demais e está fora de moda. Devíamos fazer com gente mais jovem. O que é que vamos perguntar a ela? Sobre sua carreira no cinema? Ah, mas de qualquer modo isso nunca vai acontecer. Começou a chover, comprei um guarda-chuva ($5).

Quinta-feira, 17 de setembro, 1981. O tempo estava chuvoso, caminhei pela vizinhança com *Interviews* e depois fui ao dr. Cott, que segundo Ina Ginsburg sabe tudo de nutrição, na 38 com a Terceira, um prédio novo enorme (táxi $4.50). O consultório dele é o 2-D e tem duas secretárias. Se parece com um médico de Hollywood. Com rugas, mas saudável, jovem, cabelo branco encaracolado. Judeu. E foi como um psiquiatra, me perguntou sobre minha vida, balançou a cabeça e rabiscou coisas. Contei que nasci em 1931. Veja, eles não sabem, não interessa. E antes que eu contasse que perdi a pigmentação e o cabelo quando era jovem, ele olhou para o meu cabelo (*risos*) e disse, "Espero que você não se importe se eu cortar um pouco para fazer um teste". Aí contei que tinha ido lá por causa das espinhas, porque quero ser modelo. Conversamos sobre vitaminas e ele contou que todas as vitaminas são compostos químicos e que a vitamina C é feita de milho. Isso levou uma hora e ele me receitou alguns remédios, como Tryptophan, porque eu disse que não conseguia dormir. Contei que já tinha tomado aquilo e tinha me sentido estranho, aí ele disse, "Bem, então tome só um comprimido". E me disse que uma maçã é a melhor coisa antes de dormir porque tem sonífero. E contei que tinha lido que sanduíche de peru e um copo de leite é a melhor coisa, e ele disse que isso é bom também. E me disse para comer muitas bananas porque contei que não conseguia lembrar das coisas ou algo assim.

Caminhei com Bob até o Barneys para a inauguração do último andar que foi projetado por Peter Marino, está agradável lá em cima – lojinhas onde vendem panos de prato, geleias e coisinhas. Fomos almoçar no showroom de Armani. Gene Pressman, o filho do dono, me disse que conseguiria um desconto em tudo por causa dos anúncios deles para os quais estou posando como modelo.

Sexta-feira, 18 de setembro, 1981. Almocei com Chris. O novo namorado dele voltou para o Colorado e Peter está em Cape. Chris fica sentado com uma lupa olhando para os olhos do seu novo namorado nas fotos que tirou lá. Numa folha de contatos.

Trabalhei no retrato de Andrew Carnegie para a Carnegie-Mellon. Jon foi para Cincinnati para uma pré-estreia de *Ragtime* e depois vai à pré-estreia na Carolina do Sul. A festa de reinauguração do Studio 54 não recebeu absolutamente nenhuma cobertura. O pessoal do *Entertainment Tonight* foi lá, mas não viu nenhuma celebridade. Mas na realidade havia algumas estrelas discretas como os B-52s e – ah, será que contei que Tony Curtis veio falar comigo e me disse que sua nova carreira é fazer colagens?

Domingo, 20 de setembro, 1981. Táxi até o Mortimer's para o jantar que Nan Kempner deu para Ungaro ($3). Perguntei a Diana Vreeland, "Você já assistiu *Mommie Dearest*?", e ela disse, "Se eu já *assisti*?! Mas é a minha vida! É a coisa mais parecida comigo quando estou furiosa, eu realmente destruo as pessoas e não é uma coisa divertida!". Duas horas depois, no jantar, dava para ouvir a voz de Fred falando alto como se fosse Diana. Eu chamo Fred de "dr. Hyde e mrs. Vreeland" quando ele bebe.

Terça-feira, 22 de setembro, 1981. Acordei bem cedo para não me atrasar para a reunião com Nelson Lyon no escritório do *Saturday Night Live.* De táxi até 30 Rockefeller Center ($4.50). Tive problemas porque na portaria uma loira de 1m80cm de altura não conhecia Nelson, não sabia quem ele é e não sabia o que é *Saturday Night Live*. Muito linda, mas muito burra. Finalmente consegui chegar lá. Nos reunimos num escritório imenso com o produtor e o diretor, Jean Doumanian. Querem que eu faça algo todas as semanas, mas eu disse que não faria se fosse uma participação regular. Nelson acha que eu deveria fazer algo político.

E a reunião terminou ao estilo Hollywood – que é quando uma reunião termina subitamente e aí te ignoram e falam sobre outras coisas. Eles não dizem, "Obrigado, foi ótimo você ter vindo". De repente eles te largam, a gente ainda está sentado lá, é como se a gente fosse invisível. É meio ótimo.

Depois Nelson e eu descemos de elevador e fiquei contando a ele sobre a loira linda de 1m80cm de altura que não sabia quem ele era ou quem eu era e ele ficou se divertindo dizendo que eu sempre vejo as coisas erradas – disse que provavelmente era uma negra de meio metro de altura que estava lá e aí chegamos embaixo e (*risos*) *era* mesmo uma negra. Rimos demais e fiquei dizendo que não, não, não, realmente antes *havia* uma loira enorme.

Quarta-feira, 23 de setembro, 1981. Almoço para Peter Brant no escritório. Também veio uma mulher que tinha me ligado, veio devolver um retrato porque a filha atirou uma maçã nele e agora tenho de retocar. Aí Peter Brant chegou e foi realmente horrível. Escolheu algumas gravuras e finalmente agora não devemos mais nada do dinheiro que ele investiu em *Bad* e ele nunca mais vai precisar voltar. Ótimo.

Christopher me buscou e fui modelar para a Saks (táxi $7). Levamos Rupert e acharam que era um garoto de recados. Dois dos modelos de Halston estavam lá – Alma, que foi gentil, e uma loira que me ignorou. Modelos são engraçados, acho que pensam que estou roubando trabalho deles por estar modelando.

Segunda-feira, 28 de setembro, 1981. Acordei cedo e mesmo assim cheguei meia hora atrasado para minha consulta com Janet Sartin. Notei uma espinha no rosto de Janet e perguntei o que era aquilo.

Fiz ligações no escritório antes de ir para minha aula de ginástica na casa de lady Sharon. Quando cheguei lá ela estava na cama. Fiz uma hora de ginástica. Fico tão cansado com isso que realmente durmo à noite e também fico com fome e aí me alimento melhor.

O escritório estava muito movimentado. Lucio Amelio apareceu. Vincent está combinando as coisas com o pessoal do *Saturday Night Live*: o contrato diz que vamos ganhar $3 mil pelo primeiro segmento de um minuto na primeira semana e se sair bem faremos mais. Tenho que mandar alguns livros *Philosophy* para eles.

Terça-feira, 29 de setembro, 1981. Acordei cedo porque tinha uma aula de ioga às 9h30. E estou surpreso por não ter feito ioga anos atrás. É tão nada, só sentar e espreguiçar. É por isso que desisti de Martha Graham anos atrás – em Pittsburg tive aulas com um dos professores dela que era casado com uma indiana.

E Nelson apareceu, contou que não dormia há 45 horas e que estava tentando escrever o diálogo para a cena que vão filmar comigo na sexta de manhã. Queria que eu falasse sobre os programas antigos do *Saturday Night Live*. Eu disse que nunca tinha assistido. Belushi está no apartamento dele em Los Angeles.

Tomei vitaminas. Senti como se tivesse voado a noite inteira.

Quarta-feira, 30 de setembro, 1981. Nelson veio com o roteiro de *Saturday Night Live* e comecei a ficar nervoso por causa dessa coisa.

Marquei uma consulta com dr. Rees, o cirurgião plástico. Parei de tomar vitaminas e estou me sentindo muito melhor.

Quinta-feira, 1º de outubro, 1981. Acordei cedo, mas mesmo assim me atrasei para a consulta com Janet Sartin às 9h30. Aí corri até a aula de ioga, mas como ioga é relaxante eu não precisava me apressar, aí fui correndo, mas calmamente, mas naquela altura a mulher já tinha ido embora.

Fui ver dr. Rees às 2h30. Telefonei para o escritório e pedi que Brigid fosse me encontrar na Tiffany's para fazermos compras até a hora da consulta.

Cheguei no dr. Rees na Rua 72 Leste e tive de preencher questionários e falei com o médico, ele ficou louco para fazer meu rosto. Contei que queria só uns minirretoques, um pouquinho a cada dia. Mas ele disse que tudo tem que ser feito ao mesmo tempo, que cortaria em volta da orelha, e me mostrou como ficara. Disse que vou ficar com hematomas por um tempo e que não poderia viajar por duas semanas. Aí disse que pensaria no assunto.

De táxi para encontrar Don Munroe ($6.50). Ele e Vincent estavam aprontando tudo para filmar o meu segmento no *Saturday Night Live*. Passamos o texto e fui péssimo, não acho que seja engraçado – três rolos e uma hora e meia de trabalho. Mas mais tarde Vincent disse que gostou muito e perguntei se teria que voltar para fazer mais alguma coisa e ele disse que não. Estou apavorado com essa coisa do *Saturday Night Live*. Jon acha que não deveria fazer o programa, que é ruim, que *muitas* pessoas vão ver, aí estou com esperanças que no fim eles não usem o meu segmento.

Sexta-feira, 2 de outubro, 1981. Fui à minha aula de ginástica na casa de lady Sharon. Sharon não faz aula comigo.

Diana Ross veio às 3h e adorou todos os retratos, disse, "Pode embrulhar", e todos couberam na limusine, e às 5h entregaram o cheque dela na casa de Bob. E ela quer que eu faça a capa do próximo disco.

Sábado, 3 de outubro, 1981. Telefonei para Vincent para descobrir se sabia alguma coisa sobre *Saturday Night Live* e ele disse que sim, que vão usar meu segmento, que ficaram realmente satisfeitos com ele. E ainda não conseguiram um apresentador.

Jon me buscou de carro. Demos vários telefonemas tentando encontrar a nova loja de sapatos Maud Frizon ($60). E aí descobrimos que é na 57 entre a Madison e a Park (táxis $5, $6, $3, $4.50). Mesmo assim não conseguimos encontrar, e havia uma multidão na rua e perguntei a uma pessoa se sabia onde era a loja Maud Frizon e disseram que era isso que a multidão estava olhando. Disseram, "Cher está lá dentro". Aí todo mundo estava olhando para a loja, vendo Cher experimentar sapatos. Entramos e fiquei muito constrangido de olhar para ela. E Sonny Bono também estava lá com a namorada, Susie Coelho, que é linda.

E acho que as pessoas só ficam comprando roupas e sapatos o dia todo, porque Rupert me contou que viu Rod Stewart na Parachute comprando alguns milhares de dólares de roupas e lendo *Interview*. E Sonny e Susie estavam experimentando sapatos e Sonny estava com um casaco Armani de couro exatamente igual ao que Jon estava usando, só que o dele era marrom e o de Jon é preto. E os sapatos que Jon queria estavam em falta, disseram que Rod Stewart tinha comprado dez pares no dia anterior.

E quando estávamos indo embora um garoto que trabalha lá perguntou se queríamos sair pelos fundos e aí disse, "Cher disse que ficaria honrada se você fizesse o retrato dela", e então foi ótimo, e Jon disse que eu deveria voltar lá e não deixar a oportunidade escapar entre os meus dedos. Aí voltei, conversamos, ela está no Pierre.

Domingo, 4 de outubro, 1981. Muita gente deve assistir *Saturday Night Live*, porque em vez de as pessoas na rua estarem dizendo, "Lá vai Andy Warhol, o artista", ouvi dizerem, "Lá vai Andy Warhol, de *Saturday Night Live*". Viram o meu primeiro segmento ontem à noite.

Li o *New York Times*. Ainda não fizeram a crítica da minha exposição "Mitos". Estão só ignorando. Roy está com uma exposição no Whitney. Ainda não fui ver. Mas tenho certeza de que é boa, ele é o meu pintor preferido depois de Rosenquist. Fui até a casa de Jon para trabalhar numa ideia para a peça – um musical – a partir das transcrições das fitas. Agora já temos diálogos suficientes, mas gostaria de poder pensar numa história estranha para usá-los.

Segunda-feira, 5 de outubro, 1981. Tive uma briga por telefone com Ron Feldman, ele é horrível, não quer ficar com toda série "Mitos", só quer umas imagens específicas que são as que estão vendendo mais, e achei que ele estava sendo horrível e terminei berrando, detesto berrar no telefone.

Terça-feira, 6 de outubro, 1981. Muita gente continua dizendo que me viu em *Saturday Night Live*. Acho que as pessoas ficam mesmo em casa, sei lá, estou surpreso.

Quinta-feira, 8 de outubro, 1981. Briguei com Jon e aí não estou atendendo os telefonemas dele.

Rupert veio com uns "Cifras de Dólar", mas parecem uns Jasper Johns, mais ou menos. Vincent foi até a Sotheby's para o leilão onde venderiam alguns dos meus portfólios e comprou todos de volta. Umas "Latas de Sopa Campbell" e uns "Mao". Mas não as "Marilyn", porque os preços continuam lá em cima, agora custam uns $35 mil cada uma. Mrs. Castelli vai expor as gravuras em breve, aí Vincent ficou dando lances contra a Castelli Graphics e acho que Leo ficou furioso, mas...

Nelson veio e queria trabalhar na coisa para o *Saturday Night Live*. Acho que no meu próximo segmento vou pintar e falar sobre pintura.

Sexta-feira, 9 de outubro, 1981. Finalmente atendi um telefonema de Jon e disse que poderíamos conversar sobre o roteiro no restaurante de Joe Allen antes de ir assistir *Nicholas Nickleby* (ingressos $200).

Paul Morrissey estava no escritório falando sobre a propriedade de Montauk – que Halston e Lauren Hutton querem comprar terras e que ele está tentando arranjar alguma coisa.

Leo Castelli veio com sua namorada, Laura de Coppet, e bebeu e se abraçaram e beijaram e não posso acreditar nesse velho. Ela é a mulher que dá dinheiro para Jackie Curtis. Leo veio encomendar um retrato dela.

Sábado, 10 de outubro, 1981. Queria assistir Duran Duran no Savoy porque o vídeo deles é muito bom, se chama "Girls on Film". Quando cheguei lá, a primeira banda ainda estava tocando. Duran Duran são garotos bonitos como Maxwell Caulfied. E aí depois queriam me conhecer e então fomos para os camarins e eu disse a eles que são ótimos. Todos usam muita maquiagem mas trouxeram suas namoradas da Inglaterra, mulheres bonitas, aí acho que são hétero, embora seja difícil de acreditar. Fomos para o Studio 54 na limusine branca deles e Steve Rubell foi muito gentil com eles. Levou-os até a cabine e ofereceu drinques. Encontrei velhos amigos, conheci uma porção de garotos novos e cheguei em casa às 5h (táxi $5).

Quarta-feira, 14 de outubro, 1981. Bob me avisou que quando fizermos a entrevista com Nancy Reagan em Washington para nossa capa não vou poder fazer nenhuma "pergunta sobre sexo". E não deu para acreditar. Quer dizer, não deu para acreditar. Será que ele pensa que vou sentar lá e perguntar quantas vezes vão para a cama? E aí Bob me disse que pareço um idiota na passarela fazendo meus trabalhos de modelo. Eu disse que pouco me importa e ele disse que *ele* se importa, que torno o trabalho dele mais difícil quando fico parecendo um idiota. Trabalhei até as 7h.

Quinta-feira, 15 de outubro, 1981 – Nova York-Washington, D.C.-Nova York. Chegamos cedo à Casa Branca, entramos, Nancy Reagan apareceu e ficamos naquela mesma sala. E um garçom trouxe quatro copos d'água. Doria foi conosco. Conversamos sobre programas contra as drogas e foi uma chatice. Cometi alguns erros, mas nem me importei porque ainda estava furioso por Bob ter me dito para não perguntar sobre sexo. Ela estava com uma assistente que ficou sentada lá tomando notas e disseram que não fariam sua própria gravação da entrevista mas tenho certeza de que fizeram. Bob tinha o gravador dele e eu o meu. Tirei quatro fotos. Mrs. Reagan deu um prato Tupperware para Doria, sem enrolar nem nada, e deu três caixas de meias para Ron. Bob ficou dizendo para mrs. Reagan que ela é uma mãe muito boa. Perguntou o que fariam no Natal e ela disse que vão ficar na Casa Branca porque ninguém nunca fica na Casa Branca. Às 4h30 a entrevista estava terminada. Ela e Doria conversaram uns quinze minutos enquanto Bob e eu ficamos esperando num canto. Depois pegamos um táxi para o aeroporto.

Chegamos a Nova York, liguei para Jon no escritório. Dei $20 para Doria pagar o táxi depois de me deixar. Quando entrei em casa o telefone estava tocando e era Brigid perguntando que tipo de chá mrs. Reagan nos serviu e aí comecei a pensar e a ficar cada vez mais furioso. Quer dizer, ela poderia ter nos tratado melhor – enfeitado a coisa um pouco mais –, poderia ter nos recebido numa sala melhor, poderia ter usado *porcelana boa*! Quer dizer, era para a nora dela, poderia ter feito algo realmente ótimo para a entrevista, mas não fez. Fiquei cada vez mais furioso à medida que pensava naquilo.

Sexta-feira, 16 de outubro, 1981. Contei para Janet Sartin que Doria e eu há pouco tínhamos estado em Washington para entrevistar a Primeira Dama e ela disse que estava louca de vontade de fazer Nancy e o presidente. Disse que conseguiria fazer a pele dele parar de afrouxar.

Brigid me deixou chateado, estava transcrevendo a entrevista com Nancy Reagan e disse que estava horrível, e aí perguntamos a Doria se não era estranho que ela não tivesse nos oferecido chá ou algo assim e que tivéssemos sido tratados como gente qualquer e Doria disse que achava que a secretária é que é horrível, que Nancy provavelmente nos levaria lá para cima mas que a secretária deve ter mudado tudo.

Segunda-feira, 19 de outubro, 1981. Tive de fechar o prédio e beber champagne com as pessoas.

Quinta-feira, 29 de outubro, 1981. Christopher vai expor suas fotos na Califórnia e vai colocar em destaque fotos minhas vestido de mulher, e justo quando conseguimos entrevistar mrs. Reagan vão começar a falar nisso, *Time* e *Newsweek* vão fazer matérias e toda minha reputação vai por água abaixo. Mais uma vez.

Falei com Jon em L.A., estará de volta sábado à noite.

Sábado, 31 de outubro, 1981. Fomos ao Village ver a quarta parada anual do Dia das Bruxas do Village e foi ótima, muito divertida. Começou às 6h em ponto e foi de Westbeth até Washington Square, e era um grupo engraçado de pessoas, um estava fantasiado de mesa e abajur.

Busquei Jon (táxi $4.50), ele estava fazendo furos num lencinho para fazer uma máscara. Fomos para o Studio às 2h e foi a melhor festa que já deram. Havia mulheres com serpentes de verdade e uma casa mal-assombrada e não vi Steve Rubell. Chris estava fantasiado de médico e Peter de enfermeiro. Robin Williams estava lá.

Domingo, 1º de novembro, 1981. Dormi até tarde, até o meio-dia. Encontrei Jon. Fui com ele à lavanderia da Columbus para lavar sua roupa.

Terça-feira, 3 de novembro, 1981. Dia de eleições, Jon estava de folga mas perdeu a agenda e não conseguiu se lembrar do meu número, e aí não ligou.

Quarta-feira, 4 de novembro, 1981. Chris me acordou às 7h15 para ver o ônibus espacial na TV, liguei a TV e suspenderam a contagem aos 31 segundos. Válvulas entupidas com óleo, só vão subir na semana que vem, se subirem.

Depois fomos para o nosso prédio na 33 com a Madison ($4). Dia lindo cheio de sol e quando chegamos lá o prédio estava lindo no sol. Fiz duas ligações ($20). Chegamos ao nosso prédio e foi sensacional, lindo, não dá nem para acreditar. E o bairro tem tudo, cafeterias, aquele tipo de comida caseira feita pelos porto-riquenhos que Ronnie e Robyn gostam, e Jean DeNoyer está abrindo um novo restaurante, La Coupole, na Rua 32, e toda a área é ótima. Tem um hotel de putas lindo do outro lado da rua que estão tentando desalojar. Entramos no prédio e a melhor coisa é o terraço, é como um terraço para um apartamento elegante e lindo.

Segunda-feira, 9 de novembro, 1981. Vesti black-tie para o jantar da rainha da Tailândia para o Save the Children Fund. Não coloquei casaco porque queria sair mais cedo para encontrar Jon. De táxi até o Waldorf ($4). Perdi Imelda Marcos, disseram que tinha estado lá, tinha entrado de furona, está hospedada no hotel. E Paloma estava lá conversando com Clare Boothe Luce e Clare não me reconheceu de início, mas aí disse, "Você está emagrecendo, porque está fazendo isso?", aí contei toda minha história como modelo. Ela está muito velha, mas é como um garoto travestido, uma aparência estranha. A comida estava ótima, o melhor jantar que já tive lá. A rainha da Tailândia estava sob um dossel. Eu só conseguia pensar nas joias dela.

Quarta-feira, 18 de novembro, 1981. Comprei três *National Lampoons* porque fizeram uma paródia da *Interview* ($6).

Fui modelar para *L'Uomo Vogue* (táxi $7) na rua 21 Oeste. Way Bandy estava lá e um cabeleireiro chamado Harry, um garoto inglês, divertido e uma graça, e Way foi maravilhoso, conversamos sobre comida natural e ele não usa muita maquiagem de dia. Está muito bem, fez uma porção de plásticas no rosto e conversamos sobre isso. Ele vai para a cama às 11h e levanta às 5h e fica duas horas e meia fazendo ioga e tudo. Way e o cabeleireiro ganham $1 mil por dia cada um e aí eu gostaria de contratá-lo 25 vezes por ano para me maquiar para ocasiões especiais, mas disse que só conseguiria me atender umas seis vezes. E aí foram embora e duas *outras* pessoas vieram para me transformar em *punk* – um negro e uma cabeleireira chamada Mary Lou Green. E tinham uma peruca blondie para me deixar parecendo uma mulher, e também me transformaram em Ronald Reagan.

Sexta-feira, 20 de novembro, 1981 – Nova York-Toronto.
Alfândegas americana e canadense nos seus piores dias. Conrad Black mandou uma limusine nos buscar, nos levaram para o Four Seasons Hotel e fiquei com a suíte 2.910 com vista para todo o Canadá. Me lavei e me vesti e fomos para o escritório de mr. Black. É num edifício pós-moderno, aquele tipo com grandes colunas, e havia uma senhora do tempo antigo com o cabelo loiro armado para cima numa mesa de telefonista do tempo antigo.

Mr. Black tinha lido *Popism* na noite anterior, fez a lição de casa, e me lembrou Peter Brant, só que mais agradável. Tem uns 27 anos, meio gordo, muito discreto e com uma discreta fortuna – eles têm minas, supermercados e jornais.

Depois me vesti para o jantar que mr. Black e sua mulher, Lisa, fizeram para mim no museu. E o marido de Gaetana Enders, Tom, que é o subsecretário de Estado para Assuntos da América Latina, estava lá com Gaetana – ele foi embaixador no Canadá, tem 2m de altura e Gaetana tem 1,30m.

Liguei para o escritório em Nova York e fiquei furioso porque estou tentando conseguir que Jon seja convidado para a festa de T.T. Wachtmeister para o rei da Suécia às 7h e fomos de táxi até o museu. Havia uma pequena equipe de TV lá e ficamos criticando a publicidade até descobrirmos que mr. Black é dono da estação de TV. E havia um cardeal lá, acaba de ter um infarto, então só metade dele estava lá, só metade, e mr. Black pediu que ele rezasse antes do jantar. Bob se divertiu com isso, até que enfim. Tem estado de tão mau humor ultimamente, mas ficou ótimo naquela sala cheia de milionários.

Aí durante o jantar me apresentaram para o cardeal e ele disse, "Soube que o senhor tem um sobrinho que é padre", e eu disse, "Ah, sim, mas ele acaba de fugir com uma freira mexicana". E quando eu disse isso Fred me puxou para um lado e ficou gritando e perguntando como eu podia fazer aquilo quando o cardeal estava entre a vida e morte e só existem outros vinte cardeais no mundo inteiro e por que eu não tinha dito só, "É verdade" e encerrado o assunto, e o cardeal ouviu Fred gritar comigo e aí foi levado embora e colocado num carro, e abaixou o vidro e disse, "Andy Warhol é uma pessoa muito honesta, poderia ter mentido para mim e dito que o sobrinho estava bem, mas em vez disso me contou a verdade, adoro o trabalho dele e sei que ele vai à igreja todo o domingo".

Depois me mostraram a exposição "De Gauguin a Moore". Henry Moore deu todas as suas coisas de plástico para o museu, ninguém sabe por que ele deu tanta coisa. Realmente impressionante. Umas quarenta figuras, gigantescas. Quer dizer, meu trabalho parece nada comparado com essas coisas. Ah, estou começando a detestar meu – devo estar – tudo o que faço é excursionar, todos os outros trabalham. Tenho de voltar *a fazer* alguma coisa. Posso ser muito conhecido, mas não tenho certeza se estou produzindo um bom trabalho. Não estou produzindo nada.

Não bebi muito. Bebida engorda e tenho de parar.

Sábado, 21 de dezembro, 1981 – Toronto-Nova York. A alfândega foi nojenta novamente. De táxi até a cidade ($20). Conseguimos chegar ao escritório à 1h. Finalmente T.T. Wachtmeister disse que eu podia levar Jon ao jantar para o rei da Suécia no Reginette's. Aí liguei para Jon e ele não tinha certeza se queria ir. Comecei a ficar nervoso e a beber café – tinha uma vernissage às 4h, uma retrospectiva de gravuras, lá na Castelli Gallery. Leo telefonou perguntando se eu ia, queria me mostrar uma foto minha com Hans Namuth que afinal era linda.

Detestei a exposição. E Ethel Scull perguntou, "Lembra de mim?" (*risos*).

E Lester Persky me convidou para o coquetel antes da festa do rei da Suécia mas não consegui ir porque a única maneira de Jon ir ao jantar do rei da Suécia era se antes eu fosse com ele à festa surpresa de Giorgio Sant'Angelo para Marina Schiano.

Ah, e estou esquecendo a coisa mais glamourosa da noite. Warren Beatty entrou com Diane Keaton e eu cometi um *faux pas* ao dizer, "Acabo de ler um artigo sobre você na *Playgirl*", e eles disseram, "Ah, meu Deus!", e deram as costas. Não sei se estavam interessados em comprar arte ou se Diane Keaton queria tirar fotos, mas de qualquer modo, fizeram muita força para ir a essa coisa cheia de gente, então foi ótimo da parte deles.

Aí mais tarde no Reginette's eu realmente gostei do jantar, foi divertido. A graça de mulher ao lado de Jon era argentina, uma modelo da Ford, era uma graça porque comeu o pão que eu autografei. E (*risos*) o rei da Suécia estava lá. Bob disse que uns meses atrás o relações públicas de Diana Ross não queria dizer se ela viria ou não a esse jantar, que ele (*risos*) perguntou a Bob, "Bem, quem *mais* vai estar lá, além de você, Andy e o rei da Suécia?".

Cheguei em casa, fui para cama e o alarme disparou às 3h30 e fiquei apavorado, e Aurora estava lá e percorremos a casa de mãos dadas mas foi uma alarme falso, não encontramos nenhum bicho-papão.

Domingo, 22 de novembro, 1981. Resolvi ir até o Whitney ver a exposição de Roy Lichtenstein. Liguei para Jon e perguntei se ele queria ir. Caminhei pela Madison (ingressos $4). Vi a exposição e é ótima, fiquei louco de ciúmes.

Terça-feira, 24 de novembro, 1981. Cheguei à minha aula de ginástica na casa de lady Sharon às 9h50 e foi bom, fiquei lá uma hora. A treinadora, Lidija, estava com batom Revlon Moondrops, cor-de-rosa, e Chris tem me dito que meus lábios estão muito pálidos, aí fui ao Bloomingdale's logo depois de pagar a aula ($30) e comprei batom ($3.75).

Trabalhei, pintei por algum tempo, e aí, depois que Vincent teve tempo de arrumar tudo, fomos até a casa de Larry Rivers, onde Vincent estava gravando um vídeo (táxi $5). E Larry deu uma boa entrevista. Foi estranho, disse que fez plástica nos olhos e que removeu uma cicatriz e não consegui acreditar, eu disse "Bem, então por que você não fez plástica no *nariz*?". E ele disse que teria mudado sua personalidade! E Larry conversou sobre ficar velho e eu disse para ele que não pensasse daquela maneira. Ele disse que teve de dormir com John Bernard Myers para conseguir expor na galeria dele, e, ah, ele fez tanta coisa, também foi namorado de Frank O'Hara. Larry nos deu uma boa entrevista em vídeo, mas agora tenho que dar uma entrevista para ele em troca. Larry é estranho, é um bom artista mas uma pessoa muito louca.

Aí resolvi fazer um jantar de Dia de Ação de Graças em casa dois dias antes da data porque todos os meus amigos vão viajar no próprio Dia de Ação de Graças. Pedi que Jon e Christopher e Peter viessem às 8h. Peter fez as melhores tortas do mundo. E tocamos fitas com músicas de Natal e comemos demais. Depois fomos para cima, Chris abriu espaço na sala e jogamos charadas.

E aí por volta das 10h30 resolvemos ir até o Studio 54 para a festa de Bob para São, encontramos um lugar para estacionar e chegamos lá antes de Bob e São, fui para a pista de dança e dancei todas as músicas, e a razão pela qual agora comecei a dançar é porque facilmente percebi que ninguém realmente se dá conta da gente. Quer dizer, observei Jon lá pulando e se sacudindo e pensei, *Bem, também posso fazer isso.* É uma coisa que tirei dele, posso aproveitar *alguma coisa* disso. Aí agora vou dançar. E aí ouvi que Jed estava lá e acho que me viu dançando. Durante todos estes anos ele poderia ter me feito dançar, é algo que ele poderia ter feito por mim. E não que eu estivesse dançando porque estava bêbado, de jeito nenhum. Estava só me sentindo mal porque as coisas nunca são como a gente espera que sejam, fiquei me sentindo meio horrível. Bebi um gole de champagne, foi ótimo. E aí dancei com Gaetana e com São e com PH, eu não sabia que podia fazer isso.

Quinta-feira, 26 de novembro, 1981. Bem, acordei, deprimido, passei um dia solitário. Nenhum telefonema de Jon. Comi alguns chocolates Bill Blass. Comi peru requentado. Liguei para Halston, mas era o número errado. Finalmente às quinze para as seis fui caminhando até a casa de Liza. Foi realmente caseiro. Eram Liza e Mark Gero e a mãe dele mais o pai, o tio e três irmãos e uma mulher polonesa e Halston e Victor Hugo.

O jantar foi no corredor com todos os meus retratos de Liza. Realmente lindo. E eu disse para Mark, "Acho que vi esse apartamento antes em algumas revistas", e ele disse, "Claro, nas histórias do Batman". Foi divertido. E ele é o mais bonito dos irmãos. Liza ficou com a nata. Descobri que a mãe é polonesa, eu acho, por isso é que eles têm essas fisionomias ítalo-polonesas. Um dos irmãos é professor em Harvard.

E eu estava realmente louco. Estava doido, além de estar bebendo bom vinho tinto do Napa Valley. Eu disse, "Então, agora que toda a família está aqui, me diga: quem é a bicha?". E o de Harvard disse numa voz de bicha, "Mamãe, quem é a bicha?". Foi divertido. A mãe é linda.

Martha Graham estava lá com seu namorado, Ron Protas, e o namorado dele.

Sábado, 28 de novembro, 1981. Trabalhei toda a tarde. Os gêmeos Du Pont ligaram e me convidaram para a festa de dezoito anos de Cornelia Guest que Nikki Haskell ofereceria para ela no Le Club. Eu disse que tinha um compromisso com Peter e Christopher e disseram que podia levá-los.

Depois me convenceram a ir ao Underground, a discoteca no primeiro andar do 860, uma coisa que eu nunca quis fazer. Fui com Cornelia porque ela queria ser fotografada comigo, Peter e Chris foram em separado. Chegamos lá e fui apresentado aos sujeitos que parecem da Máfia e são tão assustadores. Ethel Scull estava lá e não queria acreditar que estou dançando e me fazendo de idiota e aí me convidou para a sua festa de aniversário amanhã à noite para que eu me faça de idiota lá também, e eu disse que sim mas tenho certeza de que não vou. O pessoal que administra o lugar trouxe Dom Perignon para nós. E os amigos de Cornelia são uma graça, tantas graças de mulheres com joias, todas com dezoito anos. Um malabarista ficou fazendo malabarismos para Cornelia e me deu uma das suas garrafas de malabarista.

O Underground funcionou muito bem enquanto o Studio 54 esteve fechado, mas agora que o Studio 54 reabriu...

Domingo, 29 de novembro, 1981. Fred deveria ir à festa de Jackie O. para John-John, mas 65 pessoas foram para a casa dele e ele não conseguiu sair e então foi a Xenon, ao Underground e ao novo lugar de Paul Garcia que inaugurou na 12ª Avenida com a Rua 25. Ah, e há um novo lugar downtown chamado AM/PM. Li no jornal que Caroline e seu namorado, Edwin Schlossberg, foram lá noite passada. E lembro nossa velha amiga Roberta dos anos 60 que era groupie das Supremes e que lecionou arte na Columbia dizendo, "Ah, você tem que conhecer esse garoto absolutamente brilhante, Edwin Schlossberg, é tão brilhante brilhante brilhante". Caroline gosta de pessoas divertidas. Provavelmente ele ficou se fazendo de intelectual e ela ficou fascinada, provavelmente ele fez citações estranhas e excêntricas, ou algo assim.

Segunda-feira, 30 de novembro, 1981. Earl McGrath estava dando sua festa de cinquenta anos no Trax e estava nervoso. John Belushi discursou, disse que Earl o ajudou – "não como aquele merda do Laurence Olivier que nunca fez nada por mim". Foi divertido. Conversei com Isabel Eberstadt, que acaba de terminar seu romance, e vai ser um livro quente quente quente, realmente vai ser, tenho certeza.

Quarta-feira, 2 dezembro, 1981. Laura de Coppet ligou e sei lá, e voltou a falar naquele assunto, que um dos retratos dela encomendados por Leo foi destruído por um amante – cortado em tiras. E eu disse, "Bem, e por que você está me contando isso?". E ela disse, "Porque é seu". Eu disse, "Não, é *seu*". E ela disse, "Bem, você quer que eu mande para você?", e eu disse, "Não. Resolva isso com Leo e depois me conte".

Domingo, 6 de dezembro, 1981. Perdi minhas lentes de contato e depois as encontrei uma hora mais tarde num pedaço de sabonete, pareciam uma bolha. E aí usei as lentes permanentes e as lentes para a noite, e, na realidade, fiquei enxergando muito bem.

Busquei Jon e fomos ao Rainbow Room para receber um prêmio dado pela revista *The Best* (táxi $7). Estava cheio de TVs e câmeras. Num segundo perdi Jon. Massimo Gargia, o homem que fundou *The Best*, disse que já que eu tinha demorado tanto em aceitar, o meu era o único prêmio em branco, não tinha o meu nome, e eu disse que estava perfeito. O prêmio é de cristal e tem a forma de um pênis e uma corrente em volta que parece de ouro, e perguntei a Ralph Destino, presidente da Cartier, se *era* ouro – porque estava escrito Cartier no prêmio – e ele (*risos*) disse, "*Fique achando* que é de ouro".

Segunda-feira, 7 de dezembro, 1981. Estou fazendo uma página de dobraduras para *Artforum*. Me pediram e fiquei pensando em fazer uma dobradura de um travesti ou uma dobradura sobre minha carreira de modelo, mas decidi fazer uma cifra de dólar, já que Leo vai substituir um anúncio por essa página. E Leo ligou e disse que o retrato de Laura foi realmente destruído e na verdade não sei o que dizer a respeito. Não vou dar um outro retrato de graça. Se quiserem outro vão ter de pagar. Não é problema meu, é problema deles.

Fred ficou fora o dia todo ajudando Diana Vreeland porque acho que ela está nervosa por causa da exposição dela que vai inaugurar no Met.

Halston levou dez dos modelos dele e seis limusines e aí cada um de nós ficou com uma limusine e foi divertido. Marisa Berenson estava fazendo uma coisa para *Entertainment Tonight* no museu, aí fomos para uma sala tirar fotos. Havia uma porção de fotógrafos lá. Todas as elegantérrimas da cidade – Brooke Astor, Enid Haupt – todas com vestidos charmosos. E Raquel Welch foi muito gentil, está muito feliz por causa do seu sucesso em *Woman of the Year*.

A exposição de roupas é sobre o século XVIII. Aquele tipo de vestidos com as saias muito largas que não passavam pelas portas. Qual era a razão para aquilo? Seria para ir ao banheiro e não ser vista por ninguém? Foi o que Patti LuPone me disse uma vez.

Ah, e conversei com Douglas Fairbanks Jr., foi divertido, ele é realmente bonito.

Terça-feira, 8 de dezembro, 1981. No vernissage de Iolas encontrei Werner Erhard, que estava com a tal Stassinopoulos, e ele é tão bonito! Ele é tão bonito! Deveria fazer cinema. Espero que o retrato dele fique confirmado, porque aí vou conseguir uma porção de discípulos da meditação transcendental, todos vão querer retratos.

Sexta-feira, 11 dezembro, 1981. Fui à minha aula de ginástica ($30) no apartamento de lady Sharon. E Lidija disse que ouviu a empregada de Sharon dizer algo que não deveria ter dito, que Sharon está a fim de nos botar para fora. Aí estamos com esperança que ela resolva não dizer nada para nós. Agora Sharon está na Inglaterra, mas quando desci de elevador com ela outro dia não me pareceu muito feliz. Ou talvez ela queira que eu saia mais com ela. Sei lá. Está engordando.

Fred foi convidado para ir à casa de mrs. Marcos na 66 entre Madison e Quinta, a casa que ela comprou há cinco anos. Está na cidade dando uma porção de festas. É na minha rua e fomos lá e é uma casa o dobro da minha e ela colocou uma árvore de Natal em cada andar e uma discoteca no último andar, mas não há calefação central, então havia uma estufa ligada em cada tomada. E foi aí que lembrei que na realidade tenho recebido as contas de energia elétrica dos Marcos na minha casa, com um aviso dizendo que vão desligar a energia se não pagarem a conta. Tem algo a ver com o endereço, faz com que as contas sempre venham para mim no 57 da Rua 66 Leste e sempre abro os envelopes. A empregada me mostrou a casa e foi engraçado, pessoal da segurança e pessoal cheio de peles se espremendo junto aos aquecedores. Gente muito rica. Gente tão pomposa. Todos em Nova York. E o que isso quer dizer? É tão assustador. Realmente assustador. Talvez eles estejam aqui porque é Natal, mas ah, é assustador.

Aquela mulher, Cristina Ford, estava lá, muito pomposa, e Imelda dançou com Van Cliburn. Serviram champagne como se fosse água. Ouvi dizer que Imee Marcos está saindo novamente com Lupo Rattazzi. Disse boa-noite para mrs. Marcos. E voltei a pé para casa.

Sábado, 12 de dezembro, 1981. Halston telefonou e me convidou para o jantar para Jade Jagger. Levei uma pintura "Cifra de Dólar" para Jade. Bianca está tentando ser comunista, agora é da guerrilha nicaraguense. Halston foi engraçado, dizendo como ela estava linda e como as roupas delas eram elegantes e eu disse que tinha acabado de vir da casa de mrs. Marcos e ela perguntou como eu podia fazer isso e eu disse que se o regime de Marcos cair vai ver só um outro Irã.

Steve Rubell estava lá e Ian apareceu, está tendo um affair com Jane Holzer e eu não sabia, mas ele achou que eu soubesse porque ficou falando como se eu soubesse, tentando fazer com que eu dissesse coisas sobre Jane. Mas também ficou atrás de Bianca, queria dar uma carona para ela. Calvin ligou uma duas vezes procurando por Steve. Até que Calvin é ótimo. Faz tudo o que quer – compra anúncios na *Interview* e na *Women's Wear Daily* e vai ao 54 e à Xenon – não se deixa mandar por ninguém.

Bianca vai depor sobre a Nicarágua em Washington. Não sei mesmo o que ela pensa que está fazendo.

Domingo, 13 de dezembro, 1981. De táxi até o apartamento de Jon, mas um fusível tinha queimado e aí saímos para procurar fusíveis porque ele queria trabalhar nos roteiros e então fomos de táxi ($4.50) até minha casa e assistimos *Apocalypse Now,* que fica realmente ótimo na TV – na telinha nem Dennis nem Marlon Brando ficam tão ruins. Jon foi embora às 11h.

Segunda-feira, 14 de dezembro, 1981. Estou começando a ficar com um corpo bonito. Gostaria de ter iniciado a ginástica mais jovem, poderia ter tido um corpo bonito toda a vida.

Nevando forte. Fui até *Interview* e fiquei lá de pé descobrindo erros de datilografia no número sobre Nancy Reagan. Acho que não deveria haver nem um erro. E é uma coisa que as pessoas realmente percebem. É como a secretária da *Interview* dizendo que me viu na lavanderia da Columbus Avenue com Jon lavando roupa. É algo que salta aos olhos, as pessoas sempre lembram disso.

Terça-feira, 15 de dezembro, 1981. Tomei um Vibromycin e depois na minha aula de beleza fiquei com náuseas, então comi uma bolacha e tomei água. Estava chovendo, realmente sujo e úmido. Encontrei John Reinhold e fomos para nosso lugar de costume, que se chama Think Thin. Conversamos sobre desenho de joias.

E Bob está tentando resolver quem devemos mandar entrevistar Farrah Fawcett. Gore Vidal se recusou, disse, "Não faço entrevistas – eu *dou* entrevistas".

Bob Denison me mandou pão e queijo ótimos da E.A.T., tenho comido. Me contou que Fred fez um escândalo na festa prata e branco de Donina Cicogna, mas não me contou a razão – algo sobre as tetas de Pat Buckley.

Quarta-feira, 16 de dezembro, 1981. Acordei cedo e fui à Christie's e distribuí *Interviews*. Estão com uma exposição de joias indianas e, ah, essas coisas são tão caras agora. Acho que foi Ralph Lauren quem fez os preços subirem até $15 mil ou $30 mil dólares por alguns daqueles cintos.

Brigid está tingindo minhas cintas cirúrgicas, as que eu uso em torno da cintura por causa do tiro que levei. Ela faz um ótimo trabalho. As cores são fascinantes, mas acho que ninguém vai vê-las em mim – as coisas não têm progredido com Jon. Só trabalhamos em roteiros e nada mais.

E quando eu estava saindo do táxi tropecei porque minha maleta de maquiagem estava muito pesada e a princípio me senti como um garotinho, mas depois que pensei no que tinha acontecido me senti um velho. Me limpei e fiquei sangrando, mas ninguém viu exceto o motorista do táxi e eu fingi que não tinha acontecido nada e fui direto para casa.

Jon veio me buscar e fomos de táxi ($4) até 1600 Broadway para a projeção de *Four Friends*, que é sobre uns garotos dos anos

60 com uma porção de histórias, mais umas histórias paralelas, e descreve os tempos hippies psicodélicos. Era como um daqueles filmes horríveis lançados em 1968 ou 1969. Achei tão ruim quanto *Honky Tonky Freeway*, mas Jon realmente se emocionou – chorou durante o filme inteiro. Aí o deixei às 10h30.

Vi um filme de kung-fu com Chuck Norris na TV. Ele não é bonito, mas é muito sexy.

Quinta-feira, 24 de dezembro, 1981. Steve Rubell queria que eu fosse à festa de Natal na casa de C.Z. Guest em Old Westbury, mas isso significava uma hora até lá e uma hora de volta para cá. Não estava com vontade de fazer nada difícil porque fiquei com medo de estar ficando doente. Estava sentindo dor no peito. Jon ligou de Massachusetts e queria saber que número de camisa eu uso. Eu era o único que estava em casa, aí ele teve de perguntar para mim mesmo. Disse que ligaria para a casa de Halston às 10h.

Cheguei em casa e estava cansado demais, bebi brandy e estava bêbado na hora em que deveria sair. Os cachorros vão ficar com Jed durante os feriados. Fui a pé até a casa de Halston. Victor ligou e me deu a lista de pessoas que estariam lá, uns vinte nomes, e fiz alguns pacotes para dar para eles – uns trapos horríveis com cifras de dólar. E uma escultura.

Mas Liza estava lá e Victor tinha dito que não estaria, e eu não tinha nada para dar para ela, aí dei uma "Martha" e ela ficou excitada, ficou balançando os braços. Liza tem ido todos os dias ao Harlem para visitar crianças doentes no hospital. E é a melhor coisa para fazer. Jane Holzer e eu dissemos que vamos fazer isso ano que vem. Liza está na cidade para ver o pai que está morrendo de um problema no coração. Pat Cleveland estava lá, se recuperando da hepatite, e beijou todo mundo e minha resistência está tão baixa que acho que vou pegar hepatite. Jane finalmente me contou que está loucamente apaixonada por Ian Schrager e eu disse que não queria saber, pois só podia contar coisas negativas e aí ela só iria repetir tudo para ele e eu realmente gosto dele. Disse que ela deveria absorver o talento de negociante dele e nada mais.

Ela estava com umas moedinhas de ouro que ela mesma mandou cunhar e me deu uma. Mandou fazer para Ian porque ele sempre coloca moedinhas de dez centavos na boca quando está fazendo ligações. Um presente tão prático.

Às 3h Jane me deixou em casa e eu tomei uma aspirina e fiz as malas e tomei um comprimido para dormir.

Domingo, 27 de dezembro, 1981 – Denver-Aspen, Colorado. Em Denver conseguimos dois pilotos bonitos num jato, estavam de terno, e comemos lagosta, bebemos e a viagem foi divertida, a neve estava linda e quando estávamos quase pousando em Grand Junction disseram que tinham boas notícias, que a tempestade tinha passado e que seríamos o primeiro avião que poderia pousar em Aspen ($100 x 2 = $200). A casa que alugamos é muito bonita, limpa e com um janelão com vista para as montanhas. Jane Holzer ligou para dizer que só virá depois do Ano-Novo.

Meu resfriado está recomeçando, tinha desaparecido completamente ontem. Mas pelo menos não estou tendo problemas com a altitude. Estou tomando anti-histamínicos, Aspergum e remédio contra a tosse. Peter fez purê de batatas e salada para nosso jantar. Assistimos *Shampoo* na TV, depois fomos dormir.

Terça-feira, 29 de dezembro, 1981 – Aspen. Acordei cedo, mas aí comecei a ter problemas com a altitude. Deixei Peter e Jon nas pistas de esqui e fui comprar mantimentos com Christopher, fiquei umas duas horas na cidade. Encontrei várias pessoas que ficaram surpresas de me ver e a quem não reconheci por causa das roupas de esqui. Tatum O'Neal apareceu e estava uma graça, linda na sua roupa branca de esqui.

E aí foi um dia lindo, saiu sol e estava frio mesmo para Aspen, mas com a melhor neve que já tiveram.

Fomos jantar no Angelo's Restaurant e Sonny Bono apareceu e disse que vai se casar no Ano-Novo com sua namorada, Susie, me convidou para a festa de casamento na casa de Cathy Lee Crosby e também daria um chá de panela para Susie aquela noite no Andre's, que é a única discoteca da cidade.

Quando chegamos ao Andre's, Cathy Lee não sabia quem eu era a princípio. Foi como tentar entrar no Studio 54 e não acho que nenhuma dessas coisas valha a pena. Aí só disse para Chris, "Não suporto isso, vamos dar o fora".

Quarta-feira, 30 de dezembro, 1981 – Aspen. Chris e eu resolvemos pegar instrutores na pista para principiantes e ir avançando aos poucos. Conseguimos um instrutor particular da 1h30 às 3h30 e o curso era chamado "Pandas em Pó" e era na pista Leite Batido. Fizemos duas horas de zigue-zagues e de subidas pelo corrimão e a gente meio que só senta ali e sobe até o topo da colina, foi realmente divertido. Foi fácil, todos os garotos de dois anos de idade esquiando comigo e, se a gente começa a esquiar com dois anos, a gente pode realmente relaxar e se deixar levar e acaba se transformando num bom esquiador, mas eu estava muito tenso. Caí três vezes. Foi divertido, a ideia de cair era mais divertida que esquiar porque a gente caía direto na neve, é realmente divertido. Vi Caroline Kennedy com aquele garoto Schlossberg. Estão loucamente apaixonados e têm ido a festas.

Quinta-feira, 31 de dezembro, 1981 – Aspen. Fomos ao casamento de Sonny. Finalmente encontramos a igreja, linda, e tivemos de ficar de pé, a cerimônia já tinha começado e cantaram canções muito bonitas e o padre finalmente chegou e disse, "Eu vos declaro, Sonny e Cherie" – ele disse "Cherie" em vez de "Susie" – e todo mundo engoliu em seco e ela disse, "Meu nome não é Cherie, é Susie", e o padre ficou chateado, disse que sabia que ia fazer aquilo e aí repetiu um milhão de vezes, "Sonny e Susie, Sonny e Susie" até o final da cerimônia. Acenderam velas e Chastity foi a dama de honra, está muito alta. E foi realmente lindo, estava nevando lá fora e todo mundo estava com velas, Susie toda de branco e Sonny chorando. Nos convidaram para a festa de Cathy Lee Crosby para Sonny. Mas fomos para um dos salões onde Jimmy Buffet e a mulher estavam dando uma festa de Ano-Novo.

Encontramos um recanto onde Lisa Taylor estava e cometi um *faux pas,* perguntei a ela sobre John McEnroe e ela disse que acaba de romper com ele e por isso estava se afogando em bebida. Estava bebendo tequila e Coca-Cola num copinho, disse que essa mistura vai direto para a cabeça e faz as pessoas ficarem bêbadas depressa. E aí fui cumprimentar Jack Nicholson e Anjelica. E no jornal de ontem Margaret Trudeau falou sobre seu affair com Jack, e no novo livro que acaba de sair ela fala do cowboy Tom Sullivan e nem diz que ele morreu.

A festa de Cathy Lee Crosby ia começar às 11h30, mas eu não queria estar na casa de ninguém para aquela coisa da meia-noite, aí enquanto caminhávamos resolvemos só ficar na praça, deixamos as outras pessoas irem na frente e ficamos na praça porque era uma versão menor de Times Square. Todos os garotos de Aspen bêbados, babando, caindo e buzinando e coisas assim, no meio da cidade, foi quase uma graça, parecia *La Bohème*, parecia mais falso do que uma coisa de verdade.

ÍNDICE REMISSIVO

A

Aaron, David 368
Aaron, Sam 368
Abbott, Diahnne 99, 101, 104, 118
Abdul-Jabbar, Kareem 146
Abudi, príncipe da Arábia Saudita 387
Abzug, Bella 67, 97, 121, 147, 172, 179, 181, 214
Adams, Joey 402, 504
Addison, John 421
Adelson, LaTrelle 431
Adjani, Isabelle 265
Adler, Lou 62, 479, 560
Adler, Renata 88
Adler, Stella 556
Adwani, Ahmad Al- 54
Aerosmith (grupo) 98, 182, 227
Aeyung (funcionário da Interview) 397
Agenoux, Soren 209
Agnelli, Eduardo 194
Agnelli, Marella 50
Agnelli, Suni 55
Aimée, Anouk 94
Ain't Misbehavin (musical) 245, 248
Albee, Edward 373, 412
Albert, Eddie 213
Albert, príncipe de Mônaco 430, 431
Albrizzi, Alessandro 118
Alda, Alan 411
Alexander, Cris 463
Alexander, Jack 327
Alexandra (filha de Viva) 80
Ali, Muhammad – portfólios de Muhammad Ali 78, 127, 135, 136, 188, 294, 468
Allen, Barbara 31, 36, 37, 39, 56, 69, 70, 73, 78, 87, 93, 95, 98, 104, 105, 107, 109, 111, 128, 141, 150, 164, 166, 168, 172, 176, 194, 195, 201, 206, 208, 221, 236, 237, 257, 264, 273, 276, 279, 283, 284, 308, 327, 338, 389, 390, 414, 415, 418, 421, 423, 456, 468, 470, 485, 495, 531
Allen, Jay Presson 366
Allen, Joe 39, 44, 119, 194, 294, 570
Allen, Lewis 90, 366, 369, 403, 412, 413, 479, 480, 489
Allen, Woody 171, 194, 339, 343, 364, 382, 455, 488

Altman, Robert 106, 113
Amaya, Mario 290
Ambrose, Donald 451, 452
Amelio, Lucio 176, 392, 538, 567
America (livro de Warhol) 130, 514, 546
Amina 272, 383
Amin, Idi 118, 198
Ammann, Thomas 122, 216, 226, 268, 276, 315, 350, 352, 367, 374, 391, 407, 418, 455, 456, 460, 475, 481, 484
Amory, Caroline 311
Anderson, John 452
Andon, Arma 435, 436
Andreas (amigo de Victor Hugo) 236
Andre, Carl 391
Andress, Ursula 259, 262
Andrews, Jim 194
Anger, Kenneth 366, 381
Anka, Andy 220
Annenberg, família 294
Anselmino (mercador de arte) 45, 178
Answered Prayers (livro de Capote) 234, 240, 275, 380
Anti-Clock (filme) 348, 350
Anton, Susan 367, 381
Apocalypse Now (filme) 96, 325, 581
Apollonia (modelo) 56, 57, 194, 479
Arledge, Roone 163
Arlen, Alice 524
Arman, Corice 203
Armani 134, 263, 326, 327, 366, 543, 565, 569
Armstrong, Bunty 44, 215
Armstrong, Joe 145, 214, 298
Armstrong, Tom 190, 283, 360
Arnaz, Desi, Jr. 146
Aronson, Steve 5, 40, 110, 135, 140, 168, 194, 220, 250, 384, 392, 498, 550
Artforum 66, 579
Arthur (filme) 547
Ashford e Simpson (compositores) 276
Ashley, Elizabeth 310
Ashraf, princesa do Irã 147, 152
Asia House 163
Astaire, Fred 211
Astor, Brooke 524, 580

586

Ast, Pat 62, 246, 447
Atlantic City (filme) 520
Auchincloss, Jamie 144
Auchincloss, Lily 194, 273, 318, 463, 489
Auden, W. H. 129
Auder, Michel 402
Auschwitz 204
Austin, Tracy 345
Avedon, Richard 108
Avis, Warren 504
Axton, April 471
Ayres, Gerry 409, 410, 411, 412
Aznavour, Charles 406

B

Bacall, Lauren (Betty) 171, 305, 555
Bachardy, Don 301
Bacon, Francis 55
Bad (filme) 17, 18, 22, 34, 36, 48, 62, 73, 74, 77-80, 86, 96, 98, 123, 176, 198, 294, 378, 444, 503, 567
Badrutt, Cappy 166, 287
Bad Timing (filme) 444, 461
Bailey, David 444, 536
Bailey, Harry 380
Bailey, Jim 163
Baker, Blanche 45
Baker, Carroll 18, 62, 80, 86
Baker, Tom 382, 383, 522
Balanchine, George 43, 323, 367
Balderago, Pepe 327, 328, 329
Balet, Marc 17, 44, 108, 154, 166, 199, 519, 525, 533, 537, 554
Ballato, mr. 99, 175, 197, 419
Ball, Lucille 229
B. Altman 471
Bambi (filme) 482, 483
Bandy, Way 574
Bard, mr. (Chester Hotel) 266
Bardot, Brigitte 316
Baring, Clarissa 225
Barish, Ann 455
Barnes, Bettie 459
Baroda, marajá de 485
Bartlett, Jennifer 384
Bartow, mrs. 32
Baryshnikov, Mikhail 76, 77, 156, 163, 172, 195, 201, 202, 278
Bass, Anne 532
Bassey, Shirley 125
Bastion, Heiner 356, 368
Bates, Alan 90

B. Dalton 358
Beach Boys (grupo) 308
Beame, Abe 97
Beame, Mary 97
Beard, Peter 55, 104, 105, 109, 125, 150, 151, 161, 164, 168-170, 177, 180, 184, 221, 261, 305, 341, 360, 368, 404, 468
Beard, Sam 168
Beard, Tom 98, 136, 173, 174
Beaton, Cecil 184, 384
Beatty, Warren 56, 79, 266, 284, 437, 479, 505, 576
Beaubourg, galeria (Paris) 91, 95, 331
Beaumont, Vivian, teatro 113
Bee Gees (grupo) 475
Begley, Ed, Jr. 80
Bellini, Jacques 301
Belushi, John 104, 533, 568, 579
Bendel, Henri 41
Bendel's 41
Benedetti, mrs. 428
Bennington College 428
Benton, Barbi 513
Berendt, John 338
Berenson, Marisa 31, 144, 278, 580
Bergdorf, Goodman 75
Bergen, Candice 194
Bergen, Polly 40, 238, 261, 372, 401
Berge, Pierre 51, 432
Bergman, Ingrid 33, 41, 61, 402
Berlin, Brigid (Brigid Polk) 10, 16, 66
Berlin, Chrissy 202, 383
Berlin, Honey 38, 340
Berlin, Richard E. (Dick) 10
Bernhardt, Sarah 343
Bernstein, Carl 83, 176
Bernstein, Leonard 310
Bernstein, Richard 132, 194, 341, 537
Berra, Yogi 200
Bettina 94, 119
Beuys, Joseph 356, 393, 453, 498, 506
Bikel, Theodore 298
Bill, Tony 62, 63, 378
Biret, Robert 425
Bischofberger, Bruno 344, 374, 391, 483, 517
Bisset, Jacqueline 79, 82
Black, Conrad 574
Blackwell, Earl 463, 531
Blahnik, Manolo 350
Blair, William 447
Blakley, Ronee 50, 80, 81, 225

Blandford, Jamie 316, 360
Blass, Bill 536, 550, 577
Blondell, Joan 449
Blond, Susan 64, 236, 250, 305, 308, 409, 511, 557
Bloomfield, Michael 80
Bloomingdale, Betsy 441
Bloomingdale's 35, 42, 165, 275, 392, 491, 576
Bluhdorn, Charles 529, 530
Blum, Irving 50, 283
Bobby Deerfield (filme) 76
Bochner, Mel 391
Bockris, Victor 199, 256, 370, 381, 424
Bodisco, baronesa de 71
Bogart, Humphrey 234, 249
Bogart, Neil 389, 530
Boggs, Bill 159, 229
Bolkan, Florinda 55, 488
Boman, Eric 536
Bono, Sonny 514, 569, 584
Bonwit Teller 425
Boone, Mary 391, 511
Borg, Bjorn 117
Bouché, Denise 181, 462
Bouquet, Carole 169, 177, 184, 185
Bourdon, David 41, 147, 217, 288, 296
Bowes-Lyon, John 334
Bowie, David 209-211, 492, 538
Boyle, Peter 175
Bradley, Bill 543
Bradshaw, Terry 294
Brady, James 56, 59
Brainard, Joe 412
Brandolini, Roberto 95
Brando, Marlon 581
Bransford, Helen 36
Brant, Murray 430
Brant, Peter 17, 52, 119, 209, 215, 216, 294, 567, 574
Brant, Sandy 43, 119, 157, 194, 361, 426, 430
Brassner, Todd 43, 78, 83, 271, 438
Braun, Craig 36
Brearley School 132, 133
Bregman, Marty 410
Brenner, David 346
Bridges, Jeff 171
Bridges, Jim 313, 415
Brinkley, David 452
Brodovich, Alexy (diretor de arte da *Harper's Bazaar*) 202
Brokaw, Tom 442
Bronfman, Edgar 130

Bronfman, Sam 39
Bronson, Charles 78, 218
"Brookie", Lord 219
Brooks, Allen 289
Brooks, Donald 208
Brooks, Joseph 74
Brooks, Mel 542
Brown, Carter 32
Brown, Coco 33, 64
Brown, dr. 234
Browne, Jackson 61
Brown, Helen Gurley 83, 84, 176, 373
Brown, Jerry 338
Brown Palace Hotel 58
Brown, Toni 254
Bruce, Evangeline 384
Bryant, Anita 103
Brynner, Rock 551
Brynner, Yul 86, 194
Buber, Martin 343
Buchwald, Art 163, 240, 338, 442
Buckley, Pat 190, 459, 463, 536, 582
Buckley, William F. 280, 326
Bugarin, Aurora 20
Bugarin, Tony 7
Bulgari, Nicola 413
Bulls, Clarence 487
Buñuel, Luis 154
Burden, Jimmy 495
Burke, William 91, 93
Burnett, Carol 420, 421
Burns, George 483
Burroughs, William 89, 370, 381
Burton, Levar 260
Burton, Richard 105, 117, 141
Bush, George 353, 459
Byrnes, Sean 50, 395

C

Caan, James 82
Cadmus, Paul 43
Cage, John 143, 283, 412
Cagney, James 491
Cahan, Sisi 41
Caine, Michael 406
Cal ("Chocolate Boy") 465, 486
Cale, John 188, 305, 479
Calígula (filme) 478
Callas, Maria 533
Calmette, Patrice 470, 516
Calvert, Corinne 80
Campbell, Glen 499

Canby, Vincent 18, 373
Capote, Truman 40, 186, 188, 193, 228, 236, 270, 275, 295, 435
Cardin, Pierre 470
Carey, Evangeline Gouletas 384
Carey, Ted 69
Carnegie, Andrew 566
Carney, Tom 284
Carpenter, Liz 442, 447, 463
Carr, Allan 61, 62, 223, 557
Carson, Johnny 432
Carter, Jack 456
Carter, Jimmy 67
Cartier 97, 308, 311-313, 339, 457, 579
Casablancas, Johnny 262
Cashin, Tom 49, 140, 148, 202, 205, 209, 245, 248, 278, 287, 295, 297, 308, 354, 437, 485, 526
Cassidy, Shaun 250, 316
Cassini, Stefania 120
Cass, Mama 353
Cass, Peggy 36
Castelli Gallery 575
Castelli, Leo 76, 199, 215, 228, 283, 360, 419, 556, 570
Castelli, Toiny 381
Catroux, François 76, 152
Cavett, Dick 104, 129, 130, 323, 549
Cecil, Bill 268
Cerf, Bennett 401
Cerf, Phyllis 43
Cerone, Rick 541
Chamberlain, John 166
Champion, Gower 449, 450
Chanel 119, 191
Channing, Carol 188
Channing, Stockard 224
Channon, Paul 334
Chapin, Brady 315
Chaplin, Charlie 50, 75, 299, 315, 339, 343
Chapstick, Susy 200
Charles, Oatsie 447
Charles, príncipe 229, 332
Chayevsky, Paddy 82
Cher 288, 569
Chinatown (filme) 175
Chow, Mr. 62, 333, 366, 439, 471, 475
Chow, Tina 439, 536
Christiansen, Mona 55, 201, 430
Christie, Julie 79
Christie's 268, 302, 399, 484, 582

Christmas, Doug 62, 64, 80, 121, 144, 258, 261, 265, 279, 328
Christofferson, Cris 561
Christopher, Dennis 437, 530
Christopher, Sybil Burton 187
Cicogna, Donina 430, 582
Cicogna, Marina 55, 204, 488
Cidadão Kane (filme) 144
Cifras de Dólar (gravuras de Warhol) 77, 570
Claiborne, Craig 198
Clapton, Eric 194
Clarke, Gerald 235
Clark, Ossie 186, 209, 406
Clash (grupo) 305
Claude, Madame 96
Cleveland, Pat 75, 125, 303, 480, 555, 583
Cliburn, Van 581
Clifton, Ricky 35, 248, 272
Close, Chuck 538
Coady, Michael 350
Coca, Imogene 366
Cocaine Cowboys (filme) 242, 245, 271, 314, 382, 426, 508
Cockburn, Alexander 407, 442
Coco, James 73, 77
Codognato, Autillo 121
Coelho, Susie 569
Coffman, Diane 89, 90
Cohn, Roy 140, 149, 184, 282, 287, 288, 320, 402, 504, 539, 551
Colacello, Barbara 295, 331
Colacello, Bob 15, 16, 38, 46, 67, 176, 177, 244, 267, 285, 301
Colbert, Claudette 390
Coleman, Carole 151
Coleman, Jimmy 151
Coleman, John 468
Cole, Roz 194
Collingwood, Charles 242
Collins, Matt 204
Collins, Nancy 171
Combemale, Pam 427
Connors, Jimmy 225
Conversations with Joan Crawford (filme) 464
Converse, Rocky 190
Cook, Carol 449, 450
Cooper, Alice 62
Cooper, Douglas 429
Cooper, Gary 190
Cope, Newton 326

589

Copley, Bill 51, 181, 401, 462, 477, 507, 532, 533
Copley, Marjorie 478
Coppola, Francis Ford 96
Coquelin, Olivier 34
Corações (gravuras de Warhol) 344
Corman, Roger 48, 78, 86
Cort, Bud 437
Cosell, Howard 132, 199, 200
Cotton Club, The (filme) 164
Courrèges 275
Cousteau, Jacques 428
Cowles, Charlie 50, 66, 286, 532
Cowles, Gardner 66
Cowles, Jan 442
Cramer, Doug 52, 352
Crawford, Joan 167, 180, 186, 190, 309, 464, 498, 503
Crazy Matty 178
Crespi, Consuelo 184
Crespi, Pilar 297
Crewe, Bob 140
Crone, Rainer 43
Cronkite, Walter 59, 313, 435, 468
Crosby, Bing 477
Crosby, Cathy Lee 584, 585
Cukor, George 78, 84
Cullen, Bill 502
Cummings, Nate 150
Cunningham, Merce 43, 283, 412, 466
Curley, James 274, 285
Curry, John 291, 292, 294, 476, 477, 485
Curry, Tim 80
Curtis, Charlotte 51
Curtis, Jackie 280, 340, 352, 399, 404, 529, 570
Curtis, Tony 79, 82, 162, 409, 410, 566
Cushing, Jan 109
Cutrone, Ronnie 18, 193

D

Dabbous, Fahad al 53
Dalai Lama 98, 313, 355
d'Alessio, Carmen 389
Dallesandro, Bobby 401
Dallesandro, Joe 13, 56, 57, 120, 141, 152, 306, 421, 458, 461, 488
Dallesandro, Terry 306
Dalton, David 280
Danilo (amigo de Max Delly) 390
Darling, Candy (Jimmy Slattery) 245, 284
Davies, Lila 523, 525

Davis, Altovise 144
Davis, Bette 402
Davis, Clive 188
Davis, Marvin 70
Davis, Patti 473
Davis, Sammy, Jr. 144, 145
Dean, James 238, 498
Dean, Tommy 347
de Beauvau, Diane 47, 106, 124, 137, 138, 140, 148, 237
de Beauvau, princesa Minnie 47
de Coppet, Laura 570, 579
Dee, Sandra 117
de Ganay, Bergitte 506
DeHaven, Gloria 229
de la Falaise, conde 289
de la Falaise, Loulou 40, 46, 92, 374
de la Falaise, Maxime 36, 44, 45, 114, 272, 462
Delano, William Adams 440
de la Renta, Oscar 50, 84, 221, 291, 327
De Laurentiis, Dino 84, 278
De Laurentiis, Federico 189, 213
Delsener, Ron 305
DeLy, Max 390
de Malleray, Pierre 268
de Maria, Walter 365
de Menil, Christophe 318, 402
de Menil, família 14
de Menil, François 40, 68, 104, 109, 168, 218, 353, 390, 533
de Menil, Philippa (Friedrich) 356, 379, 533
Deneuve, Catherine 56
de Niro, Robert 99, 101, 112, 113, 116, 118, 193, 278, 289, 297, 325, 364, 555
Denison, Bob 32, 40, 188, 298, 341, 363, 364, 470, 582
DeNoyer, Jean 573
Denver, John 560, 561
DePalm, Brian 241, 256
Depardieu, Gerard 131
Derek, Bo 447
Derringer, Liz 194
Derringer, Rick 236
DeSapio, Carmine 184, 504
Desastre (gravuras de Warhol) 215, 216
D'Estainville, Kim 273, 302, 394, 478
Destino, Ralph 308, 311, 457, 466, 579
de Wilde, Brandon 266

Diamantes (gravuras de Warhol) 254, 371
Diana, lady 545
Dickerson, Nancy 447
Dickstein, Risa 528
DiLazzaro, Dalia 347
Diller, Barry 80, 84, 176, 215, 287, 356, 373, 389, 414, 416, 529, 545, 563
Diller, Phyllis 223, 292, 293
Dinheiro (gravuras de Warhol) 317
Dior, Christian 37, 517
Disney (gravuras de Warhol) 483, 552
Disney, Walt 328, 479, 552, 553
Divine 62, 108, 213, 388
Dobbs, Katy 520
Doherty, Delia 46, 299
Donahue, Phil 283
Donghia, Angelo 554
Donovan, Carrie 349
Donovan, Keller 352, 361
Dooley, Vincent 152
Dorfman, Dan 145
Douglas, Kirk 187
Douglas, Michael 82
Doumanian, Jean 455, 566
Downs, Hugh 241, 396, 398
Drácula (filme) 171
Dragoti, Stan 63, 180, 261
Dreyfuss, Richard 194
Dryer, Fred 466, 467
Duchamp, Marcel 231, 520
Duchin, Peter 124, 442
Dugan, Bill 246, 364
Duguay, Ron 360, 364, 369, 422
Dunaway, Faye 503
Dunphy, Jack 235, 252, 275
Du Pont, família 274
Du Pont, gêmeos (Richard and Robert) 306-308, 314, 319, 324, 578
Duran Duran (grupo) 571
D'Urso, Mario 471
Düsseldorf 375, 480, 481, 492, 506
Duvall, Shelley 226
Dylan, Bob 225, 343

E

Eastman, Linda 153
Eastwood, Clint 437
Eberstadt, Freddy 37, 39, 133
Eberstadt, Isabel 220, 579
Edwards, Michael 355

Edwige ("Queen of Paris Punk") 96, 157, 159, 164
Einstein, Albert 343
Elisabeth, princesa da Iugoslávia 153, 383, 470
Elizabeth II, rainha 60, 439
Elizabeth, rainha 439
Elliott, Osborn 90
Ellis, Perry 475
Emerson, Eric 86, 299
Emlen Etting 459
Enders, Gaetana 574
Ephron, Nora 83
Ernst, Max 243
Ertegun, Ahmet 118, 132, 152, 495
Ertegun, Mica 39, 74, 154, 163, 301, 370, 533
Esposito, Phil 440
Esse obscuro objeto do desejo (filme) 154, 177
Estátua da Liberdade (gravuras de Warhol) 344, 420
Eula, Joe 37, 72, 84, 108, 128, 143, 204, 206, 263, 463
Evans, Charles 344, 346
Evans, Linda 82, 259
Everett, Rupert 410
Evert, Chrissie 119, 149
Evgenia (família Guinness) 129
Evita (musical) 419
Excalibur (filme) 522
Exposures (livro de Warhol) 356, 358, 360, 376, 387, 403, 405, 413, 454, 466

F

Fabio, Dino 220
Factory 9, 10, 13-18, 21, 25, 34, 39, 70, 96, 114, 212, 217, 232, 239, 254, 256, 263, 290, 350, 544
Fairbanks, Douglas, Jr. 487, 580
Fairchild, John, Jr. 289, 292, 296, 303, 307, 312, 322, 324, 327, 329, 330, 339
Fane, Harry 389, 390
Farley, Kevin 125
Farrow, Mia 364, 455
Fawcett, Farrah 152, 386, 420, 582
Feiden, Bob 97, 182, 188, 344
Feldman, Ron 339, 377, 399, 449, 453, 455, 458, 471, 483, 556, 558, 563, 570
Feldon, Barbara 112

591

Felker, Clay 50, 279, 450
Felsen, Sidney 61
Ferry, Bryan 103, 108, 221, 276, 389
Festa de Inverno 371
Fields, Danny 193
Finch, Eletha 82
Finch, Peter 81, 82
Finkelstein, Allen 357
Fiorucci 222, 259, 260, 315
Firth, Peter 141
Firyal, princesa da Jordânia 70
Fischer, Carl 520
Fisher, Carrie 305
Fitzcarraldo (filme) 494
Fitzgerald, Geraldine 212
Flash Gordon (filme) 492
Fleishman, Mark 397
Flick, Mick 79, 125, 165, 166, 171, 176, 389
Flores (gravuras de Warhol) 41, 44, 53, 99, 123, 203, 209, 223, 243, 423, 425, 508
Fonda, Henry 346
Fonda, Shirlee 346
Fontaine, Joan 255
Ford, Betty 361
Ford, Charlotte 189
Ford, Gerald 240, 361
Ford, Harrison 107, 219
Ford, Henry 232
Forman, Milos 77, 195, 402, 457
Forth, Jane 222, 299, 309, 367
Fosse, Bob 278
Foster, Jodie 33, 82, 398, 400, 402, 409
Fowler, Frank 198
Fox, Dolly 442
Foxe, Cyrinda 18, 98, 227
Fox, Yolanda 442
Francis, Arlene 36
Frankenstein (filme) 14, 122, 126, 171, 187, 297, 304, 347
Frankenthaler, Helen 242, 243, 244, 451
Frankfurt, Steve 71
Frankfurt, Suzie 56, 60, 63, 70, 75, 78, 108, 111, 134, 169, 178, 219, 316, 340, 346, 349, 363, 367, 423, 434, 436, 445, 449, 491, 523, 546
Franklin, Joe 199
Franzen, Aline 269
Fraser, Andrew 506
Fraser, Antonia 85
Fraser, Rebecca 85, 293, 509

Frederickson, Tucker 132
Fredericks, Tina 91
Freeberg, Larry 60, 72
Fremont, Vincent 7, 14
French, Jared 43
Freud, Sigmund 343
Friedkin, William 88
Friedman, Barry 342
Friedrich, Heiner 295, 356, 365, 379
Frizon, Maud 569
Frutas (gravuras de Warhol) 254, 256, 355
Fuller, Buckminster 306
Fuller, Jill 380, 499
Funeral (gravuras de Warhol) 216
Funny Lady (filme) 366

G

Gaines, Steven 344, 362
Galanos 555
Galante, Carmine 149
Galella, Ron 80, 163, 323, 457
Gallant, Ara 264, 270, 398, 492
Garbo, Greta 176, 556
Garbo, Greta (retrato de Warhol) 176, 304, 313, 430, 556, 558
Garcia, Paul 578
Gardella, Kay 323
Garfunkel, Art 444, 461
Garganta profunda (filme) 385, 386
Gargia, Massimo 579
Garland, Judy 44
Garr, Teri 303
Gaultney, Edmund 417, 458, 485, 502, 545
Gaye, Marvin 125
Gaynor, Janet 530
Gay, Patricia 513
Geddes, Robyn 183, 255, 309, 311, 339
Geldzahler, Henry 143, 214, 218, 301, 323, 328, 329, 341, 392, 399, 400, 401, 405, 409, 410, 425, 471, 530, 559
gêmeos Dalton 437
George, Phyllis 446
Gere, Richard 345, 347, 369, 373, 383, 389, 392, 414, 456, 479, 484
Gero, Mark 300, 406, 577
Gershwin, George 380
Gerulaitis, Vitas 117, 126, 149, 236, 512
Getty, Anne 491
Getty, Paul 80

Ghaferi, mr. e mrs. 175
Ghanin, Qutayba al 52
Ghostley, Alice 439
Giannini, Giancarlo 171
Gibbs, Christopher 503
Gibson, Mel 557
Gifford, Frank 149, 430, 457, 508
Gifford, Vicky 431, 457, 508
Gilbert, Judy 354
Gilbert, Rod 85, 186, 355, 360
Giller, dr. 37, 85, 154, 156-159, 188, 206, 210, 246, 257, 279, 281-283, 300, 301, 317, 332-334, 364, 380, 458
Gilles, Genevieve 152
Gillespie, Dizzy 395
Gilman, Chris 524
Gilman, Sondra 73, 460, 538
Gilmore, Gary 36
Gilot, Françoise 470
Gingold, Hermione 97
Ginsberg, Allen 318
Ginsburg, Ina 373, 441, 463, 499, 533, 565
Ginsburg, Mark 113
Giorgio's 262
Gish, Lilian 487
Givenchy, Hubert de 517
Glaser, Milton 410
Gleason's Gym 137
Glennie, Ian 193
Gluck, Nathan 449
Goddard, Paulette 49, 68, 74, 113, 115, 286, 311, 348
Godunov, Alexander 421, 524, 533, 564
Goldenson, mr. and mrs. Leonard 257
Goldfarb, Shirley 91, 395, 432, 467, 482
Goldman, Milton 67
Goldstein, Bob 86
Goldstein, Michael 50
Goldwater, Barry 532
Goldwyn, Sam 249
Gonçalves, Elizinha 279, 356, 385
Goodson, Mark 504
Goodspeed, Kevin 134, 143, 146
Gordy, Berry 260
Gorgeous George 182
Gould, Jay 548
Gould, Jon 485, 487, 494, 497, 501, 503, 509, 516, 517, 519-521, 525-528, 530, 532, 534
Goulet, Robert 499

Graham, Bill 173, 174
Grahame, Gloria 162
Graham, Ian Maxtone 408
Graham, Martha 40, 68, 75, 188, 227, 282, 314, 332-334, 359, 369, 404, 407, 491, 515, 567, 578
Graham, Stephen 182, 197, 253, 316, 438, 509, 533
Grant, Cary 479
Grant, Lee 82, 269
Graves, Michael 497, 542, 543
Greco, Juliette 431
Greek Tycoon, The (filme) 212, 228
Green, Adolph 292
Greenberg, Clement 451
Green, Bill 179, 181
Greene, Milton 204
Green, Mary Lou 574
Green, Sam 134, 184, 222, 312, 387
Gregory, Alex 486
Gregory, André 457
Grenfell, Natasha 550
Grès, Madame 75, 138, 139
Greville, Charlotte 506
Grey, Joel 128
Grimes, Tammy 202, 229, 449, 450, 487
Grinberg, Gerry 240, 241, 435
Grinda, Florence 48, 120, 331
Grossman, Albert 136, 212
Grunwald, mr. (revista *Time*) 83, 84
Guardino, Harry 555
Guccione, Bob 308, 539
Guerra nas estrelas (filme) 107, 215
Guest, Alexander 359
Guest, Cornelia 469, 495, 578
Guest, C.Z. 40, 45, 75, 240, 273, 469, 493, 494, 504, 583
Guggenheim, família 343
Guggenheim, Harry 339
Guggenheim, Peggy 121
Guglielmi, O. Louis 538
Guinness, Catherine 31, 36, 104, 207, 250, 333, 526, 550
Guinness, Erskine 85
Guinness, Miranda 61
Guinness, Sabrina 332, 334

H

Haber, Joyce 52, 351
Hackett, Pat 27
Hackman, Gene 79
Hagman, Larry 64

Hair (filme) 148, 303, 310, 316, 351
Hale, Barbara 80
Hale, Denise 242, 441
Haley, Jack, Jr. 81, 99, 145, 148, 156, 160, 185
Hall, Cindy 416
Hall, Jerry 103, 105, 108, 155, 160, 162, 180, 205, 206, 220, 224, 240, 259, 284, 302, 327, 332, 336, 415, 434, 481, 504, 536, 548
Halston 34, 37, 40, 43, 45, 46, 48, 49, 71-73, 75, 78, 84, 88, 97, 99, 102, 108, 109, 135, 142, 144, 145, 154-162, 168-173, 175, 185, 186, 188, 189, 194, 199-202, 206, 208-210, 213, 214, 220, 223, 227, 229, 230, 237, 241, 245-248, 257, 263, 268-270, 276, 277, 279, 281-284, 287-289, 292, 296, 300, 301, 313, 314, 316, 317, 324-326, 332-337, 340, 343, 349, 358-360, 362, 363, 367, 369, 370, 371, 377, 391, 395, 399, 406, 407, 411, 412, 425, 437-439, 442-445, 452, 463, 471, 480, 489, 491, 495-497, 500, 510, 512, 514, 515, 526, 530, 533, 537, 547-551, 555, 564, 567, 570, 577, 580, 581, 583
Hamill, Dorothy 141
Hamill, Mark 107
Hamill, Pete 284, 285
Hamilton, Alana (Stewart) 64, 79, 81, 125
Hamilton, George 62, 415
Hamilton, Juan 272, 356, 475
Hamilton, Margaret 445
Hammerstein, Dorothy 368
Hammond, Sharon McCluskey (condessa Sondes) 110
Hanks, Nancy 347
Hansen, Patti 159
Harcourt Brace Jovanovich 40
Hardin, Tim 36
Harmsworth, Pat 225
Harrison, Ken 189, 262
Harrison, Rex 68
Harris, Rosemary 68
Harry, Debbie 117, 305, 424, 444, 450, 456, 461, 493, 533, 545, 558
Harry's Bar (Veneza) 121
Hart, Kitty Carlisle 36, 103
Harvey, Laurence 225
Haslam, Nicky 187, 225, 226

Haupt, Enid 580
Hawkins, Ashton 524
Hawks (filme) 378
Hay, Couri 457
Haydock, Tim 501, 546
Hayes, Ed 7, 459
Hayes, Helen 211
Hayes, Robert 45, 101, 128, 148, 154, 165, 166, 194, 256, 352, 356, 405, 437, 439, 491
Hayman, Fred e Gale 262
Hayward, Brooke 77, 414
Hayworth, Rita 146, 162, 457, 466
Hazel (empregada de Fred Hughes) 45
Head, John 307
Hearst Corporation 10
Heat (filme) 14, 223
Hefner, Hugh 304
Heinrici, Alex 19, 51, 67, 160, 552
Heinz, Drue 334
Heinz, Jack 349
Heizer, Michael 402
Heller, André 518
Hellman, Lilian 79, 530
Hemingway, Margaux 138, 360
Hemingway, Mariel 194, 195
Hemingway, Mary 168
Hemphill, Chris 175, 205, 206, 224, 463, 474
Henry, Buck 80, 467
Hepburn, Audrey 478
Hepburn, Katharine 455, 557
Hermès 336
Herrera, Carolina 461, 470, 471, 536
Herrera, Mimi 217
Herring, Joanne 311
Hershey, mrs. 190
Herzog, Werner 494, 504
Hesketh, Clare 384
Hesketh, Lord 384
Hess, Tom 85
Heston, Charlton 297
Hickey, Pat 353, 354
Hilton, Ricky e Cathy 452
Hiro 480
Hochman, Sandra 41, 427
Hockney, David 35, 141, 410, 513
Hoffman, Abbie 453
Hoffman, Dustin 43, 223, 455
Hofsiss, Jack 364
Holden, William 478
Holder, Geoffrey 293, 351
Hollander, Judith 157, 179, 271, 354

Holstein, princesa Ingeborg 439, 443, 448, 453
Holzer, Adela 73, 77, 86, 116, 349
Holzer, Jane 32, 40, 43, 72, 73, 188, 193, 341, 364, 475, 479, 491, 536, 554, 581, 583, 584
Holzer, Lenny 87
Holzer, Rusty 46
Hope, Bob 361
Hopper, Dennis 69, 87, 89, 96, 97, 308, 309
Horne, Lena 293, 533
Horn, Harry 105
Horowitz, Vladimir 145, 210
Horowitz, Wanda Toscanini 145
Houston, Thelma 80
Hoveyda, Fereydoun 295, 318
Hoveyda, Gisela 74
Hoving, Jane Pickens 513
Hoving, Walter 513
Hudson, Rock 226
Hughes, Fred 14, 19, 125, 133, 318, 482
Hugo, Victor 34, 40, 333, 438, 577
Hulten, Pontus 91
Hunter, Frederika 193
Hunter, Tab 62
Hurrell, George 487
Huston, Anjelica 56
Huston, Bobby 148
Huston, John 115, 234, 249
Hyland, Diana 83
Hyler, Joan 322, 344, 366, 409

I

Iman (modelo) 56, 479
Indiana, Bob 218, 298
Interview, revista 17, 31, 465
Isham, Chris 34, 71
Isham, Firooz 71, 117, 261
Isham, Nima Farmanfarmarian 50, 71
Isherwood, Christopher 301
Israel, Marvin 407

J

Jabara, Paul 461
Jackson 5 (grupo) 58
Jackson, Adriana 274, 287, 381
Jackson, Kate 551
Jackson, Marlon 558
Jackson, Michael 58, 64, 141, 293, 557
Jackson, Reggie 199

Jacobs, dr. 223
Jagger, Bianca 37, 42, 62, 64, 451
Jagger, Jade 43, 193, 581
Jagger, Mick 45, 55, 85, 86, 133, 188, 251, 259, 381, 389, 406, 482, 527
Jakobson, Barbara 76
Jakobson, Jennifer 109, 168, 419
Janis, Maria Cooper 190
Janssen, Dani 81
Janssen, David 81
Jarvis, Lucy 195
Jasmin, Paul 62, 284
Javits, Marion 50, 143, 384, 386, 463
Jenkins, Paul 136, 153, 154, 257, 273
Jenney, Neil 483
Jenrette, Rita 531
João Paulo II, papa 394, 533
Job, Enrico 171
Johansen, David (David Doll) 98, 182, 194, 227, 239
John, Elton 141, 235, 458
Johns, Jasper 132, 142, 283, 373, 424, 570
Johnson, Don 56
Johnson, Jay 46, 48, 140, 148, 193, 236, 248, 278, 295, 437
Johnson, Jed 13
Johnson, lady Bird 346
Johnson, Lyndon B. 41, 435, 447
Johnson, Lyndon B. (filha de) 447
Johnson, mr. (fotógrafo) 116
Johnson, Philip 43, 49, 119, 142, 273, 286, 318, 414, 423, 424, 440
Johnson, Susan 117, 438, 439
Johnson, Van 473
Jones, Grace 530
Jones, Jim 277
Jones, Katy 403, 419
Jones, Shirley 251
Joplin, Janis 353
Jordan, Hamilton 342, 343, 369
Jumpin' Jack (drag queen) 159
Junkie (filme) 89
Junot, Philippe 96, 120

K

Kabler, Jamie 465, 466, 473
Kafka, Franz 343
Kahn, Jenette 297, 298, 527
Kahn, Madeline 220
Kaiser, Aly 75, 84, 155, 187, 190
Kaiserman, Millie e Bill 360

Kane, Art 532
Karp, Ivan 280, 291, 318, 327
Kassebaum, Nancy Landon 464
Kastner, Elliot 147
Katt, William 80
Kaye, Danny 36
Kaye, Dena 36
Kazan, Elia 147
Keating, Peter 108
Keaton, Diane 76, 284, 576
Keitel, Harvey 113
Keith, Slim 470
Keller, Hiram 420
Kellerman, Sally 356
Kellogg, Mercedes 214, 308, 361, 501, 552
Kelly, Ellsworth 399
Kempner, Nan 121, 136, 145, 208, 274, 362, 409, 566
Kennedy, Caroline 85, 119, 509, 543, 585
Kennedy, David 345
Kennedy, Ethel 457
Kennedy, família 275, 293
Kennedy, Joan 508
Kennedy, John-John 493
Kennedy, Kerry 373, 430, 431, 508
Kennedy, Michael 508, 547
Kennedy, Robert 219, 257, 279, 508
Kennedy, Robert Jr. 219, 279
Kennedy, Rose 67
Kennedy, Ted (Edward M.) 67, 373, 382, 388, 535, 543
Kennerly, David 345
Kent, Leticia 131
Keyes, Evelyn 115
Khan, Aly 119
Kidde, Wilson 352, 408, 447, 497, 564
Kienholz, exposição de 91
Kiki (amigo de Jerzy Kosinski) 344
Kimball, Billy 352
King, Albert 31
King, Billie Jean 345
King Kong (filme) 278, 299, 311
King, Perry 18, 62
Kinski, Nastassia 402, 406
Kirkland, Gelsey 524
Kirkland, Sally 80, 102
Kirshner, Don 140
Kirstein, Lincoln 42, 154
Kissinger, Henry 163, 313
Kissinger, Nancy 313
Kitt, Eartha 188, 220, 238

Klarwein, Mati 414
Klein, Calvin 175, 177, 203, 204, 283, 324, 458, 515
Kleiser, Randal 223
Klemesrud, Judy 171
Kligman, Ruth 39, 53, 57, 78, 116, 411
Kline, Kevin 514
Klossowski, Thadée 92, 374
Kluge, John 257, 322, 504, 513
Kluver, Biully 195, 196, 215
Knowles, Christopher 419
Kobal, John 146
Kohner, Susan 142
Kosinski, Jerzy 163, 344
Kramer, Hilton 283, 300
Kristofferson, Kris 44, 45
Kritsick, dr. 458
Kroll, Jack 303, 348, 350

L

Lachman, Jaquine 177, 322
Lachman, Rita 418, 545
Ladd, Alan 408
La Lanne, Jack 152
Lambert, Eleanor 203, 204
Lambert, Leon 92, 207
Lambton, lady Ann 51
Lambton, lady Isabella 138, 170
LaMotta, Jake 289
L'Amour (filme) 14
Lancaster, Mark 283, 391
Landau, Barry 140, 141, 144, 147, 148, 159, 178, 213, 223, 229, 232, 238, 245, 257, 274, 292, 293, 342, 343, 346, 372, 403
Landers, Ann 103
Landon, Alf 464
Lane, Diane 479, 492
Lane, Kenny Jay 45, 58, 140, 143
Lange, Hope 555
Lange, Jessica 278, 311, 508, 561
Lansbury, Angela 266, 556
Laranja mecânica (filme) 366
Larissa 159, 316, 345
Larkin, Kay Kay 273
Larsen, John 151, 429
Larson, Jack 313
Lasker, Mary 471
Lauder, Estée 124, 432, 471
Laughlin, David 404, 500
Lauren, Ralph 339, 582
Lawford, Pat Kennedy 35, 382
Law, John Philip 224

Law, mrs. 423
Lawrenson, Johanna 453
Lawson-Johnston, Peter 181
Lazar, Swifty 160, 194, 291
Leacock, Ricky 421
Leacock, Vicky 421
Lear, Amanda 173
Leary, Timothy 138, 260
LeBon, Joel 51, 96
Lebowitz, Fran 38, 44, 108, 173, 192, 197, 208, 217, 239, 249, 253, 265, 311, 445, 475
LeBruin, mr. (vendedor de arte) 92
Lee, Mark 557
LeFrak, Samuel 504
Le Gendre, Bobo 360
Lehman, Robin 110, 115, 495
Leiber, Jerry 119, 380
Lennon, John 46, 182, 331, 476, 489, 490, 500
Leonard, John 192
Lerman, Leo 60
Lerner, Karen 41, 356, 376, 389, 396
Lester, Peter 62, 80
Levine, Herbert 254
Levine, Les 483
Levine, Naomi 563
Levin, Ronnie 259, 261, 452, 475
Liberman, Alex 536
Liberman, Tatiana 273
Li Brizzi, Rick 71
Lichtenstein, Roy 576
Lichtenstein, Stuart 406
Lidija (trainer) 576, 580
Lieberman, Bill 306
Lieberson, Jonathan 250
Lightfoot, Gordon 136
Lindsay, John 322
Lindsay, Mary 322
Link, Ron 462, 531
Liston, Sonny 477
Littman, Marguerite 195, 226
Littman, Mark 195
Liu, Benjamin (Ming Vauze) 497
Lloyd (Clube 54) 319, 320
Loden, Barbara 147, 458
Lodge, John Cabot 269
Loewenstein, príncipe Rupert 75, 229
Loewy, Raymond 430
Logan, Joshua e Nedda 450
Lois, George 477
Lollobrigida, Gina 217
Lommel, Sukey 242

Lommel, Ulli 242
Long, Lois 143
Long, Michelle 152
Long, mrs. (mãe de Sharon Hammond) 351, 409, 429
Loos, Anita 67, 366
Lopez, Antonio 278
Lord, Shirley 486
Loren, Sophia 125, 126, 128, 132, 317
Loring, John 496
Love, Iris 212, 360, 416, 427, 430, 494, 495, 559
Lovelace, Linda 382
Love, Peter 397
Love, Sukey 242
Lowell, Robert 129
Luce, Clare Boothe 573
Lucky, dr. 74
Luders, Adam 492
Ludlam, Charles 467
Ludwig, Daniel 486
Luft, Lorna 177, 284
Lumet, Sidney 69, 79, 293
Lunden, Joan 513, 514
LuPone, Patti 419, 421, 422, 436, 440, 445, 448, 580
Lynley, Carol 299
Lyon, Nelson 34, 62, 79, 81, 104, 146, 324, 467, 566
Lyons, dr. 103, 118, 240

M

MacBride, Bob 188, 189, 227, 228, 231-233, 235, 236, 239-241, 251, 252, 255, 263, 266, 267, 275, 287, 291, 301, 306, 500
Machado, China 35, 470
MacLaine, Shirley 147, 163, 172
Madison Square Garden
  jogos de tênis 368
  Knicks 297, 298
  Shaun Cassidy 253
Mágico de Oz, O (filme) 445
Magnani, Anna 411
Mahoney, David 188, 313, 504
Mahoney, Don 436
Mailer, Norman 40, 88, 181
Mailer, Norris Church 359
Makarova, Natalia 202
Makos, Chris 45, 96, 117, 124, 142, 143, 148, 159, 174, 181, 191, 194, 199, 207, 210, 227, 261, 281, 419,

420, 439, 480, 485, 487, 493, 497,
501, 503, 509, 512, 516, 519, 520,
522, 525, 528, 529, 532, 533, 537,
548, 549, 553
Malanga, Gerard 14, 35, 296
Malave, Chu Chu 80
Malle, Louis 96, 194, 195
Malraux, mrs. 510
Mangano, Silvana 84
Manhattan (filme) 322
Mansfield, Jayne 253
Mantle, Mickey 200
Mao Zedong (gravuras de Warhol) 44, 209, 215, 271, 432, 570
Mapplethorpe, Robert 176
Marciano, Sal 153
Marcos, Imelda 573
Marcovicci, Andrea 183
Marcus, Stanley 349
Maret (amigo de George Mason) 107
Margaret, princesa 335
Marina, princesa da Grécia 68, 222
Marino, Peter 134, 194, 565
Marisol 40, 398, 404, 405, 411, 412, 497
Markell, Bob 274
Marks, Shelly 290
Marlborough, galeria 354
Marley, Bob 262
Martindale, Steve 463
Martin, Dino, Jr. 298
Martinelli, Elsa 71
Martin, George 541
Martin, Jack 351, 358
Martin, Julie 195
Martin, Mary 159, 298
Martins, Peter 367
Martin, Steve 168, 268, 547
Mason, Alice 322, 359, 443
Mason, George 97, 106
Mason, James 94
Mastroianni, Marcello 126, 129, 131
Mathis, Johnny 130
Maugham, Somerset 396, 427
Max, Peter 388, 442, 520
Mayer, Hans 377, 447, 481, 493, 506
Mayer, Louis B. 559
Mayor Gallery 52
Mayor, James 52, 54
Mazor, Boaz 272
Mazursky, Paul 90
McCartney, Paul 182, 353
McCleary, Joel 98, 136, 173, 174

McCluskey, Maureen 153
McCrady, lady 501, 520, 530
McEnroe, John 360, 436, 468, 550, 585
McEnroe, John, pai 468
McFadden, Mary 202, 372, 471, 486, 524
McGovern, George 22
McGrath, Camilla 182, 293, 318
McGrath, Earl 85, 87, 104, 118, 134, 194, 197, 219, 495, 533, 579
McGuane, Tom 284
McIntyre, Belle 296, 307, 330
McKendry, John 374, 375
McKeon, Sean 414, 477
McKinley, Barry 251, 343, 356
McKuen, Rod 524
McLaren, Malcolm 517
McNeil, Legs 410
McQueen, Neile 68
McQueen, Steve 68, 477, 482
Mead, Taylor 352, 450
Means, Russell 62, 63
Mekas, Jonas 58, 168
Mellen, Chase 34
Mellon, Jay 151, 245, 246
Mengers, Sue 36, 44, 62, 63, 79, 83, 84, 88, 215, 259, 262, 298, 321
Meredith, Burgess 50, 81
Merman, Ethel 527
Merrick, David 428, 450, 455
Merrill, Dina 106, 536
Mesinger, Maxime 415, 432
Meyer, Averil 197, 199, 220, 406
Meyer, Averil (Haydock) 197
Meyer, Blair 223
Michael de Kent, príncipe e princesa 484, 486
Michaels, Lorne 307
Mickey Mouse 230, 372, 471, 553, 556
Midgette, Allen 117
Midler, Bette 163, 265, 401
Miles, Sylvia 50, 194, 290, 403, 409, 460, 522, 529
Milinaire, Caterine 69, 96, 390
Miller, Ann 440, 455
Miller, Arthur 278
Miller, Geri 350
Miller, Kitty 45, 46, 87, 399
Miller, mrs. (avó de Whitney Tower) 440
Miller, Robert, Gallery 217, 272
Milliken, Sandy 90
Mills, Stephanie 557
Minnelli, Liza 99, 112, 121, 144, 152, 156, 172, 533, 557
Mitchell, Martha 332, 335

Modigliani, Amedo 343
Mohammed (empregado de Halston) 510
Moline, Karen 546
MOMA (Museu de Arte Moderna) 422, 423
  exposição Picasso 422
Mommie Dearest (filme) 503, 559, 566
Mondale, William 447
Money, Eddie 435, 436
Monroe, Marilyn 204, 334, 428
Monroe, Marilyn (retratos de Warhol) 53, 77, 522, 535, 570
Montana, Claude 345
Montauk, casa de Andy em 41, 42, 46, 91, 96, 98, 104, 108, 109, 125, 129, 133, 134, 140, 189, 194, 210, 220, 227, 242, 245, 248, 249, 251, 252, 271, 278, 291, 293, 297, 325, 344, 368, 537, 548, 549, 551, 570
Montgomery, Bob 48, 369
Moore, Dudley 547
Moore, Henry 575
Moore, Mary Tyler 449, 466, 476, 503-505
Moore, Melba 188
Moore, Roger 99, 100
Morera, Daniela 34
Morgan, J.P. 436
Morillon, Philippe 482
Mori, Pat 171
Moro, Aldo 206, 211
Morrison, Jim 382, 383, 523, 561
Morris, Philip 143, 539
Morrissey, Paul 13, 34, 42, 63, 66, 79, 80, 86, 122, 149, 213, 271, 297, 324, 347, 361, 409, 487, 570
Mortimer, David 550
Morton, Gary 229
Mosley, Sir Oswald 207, 488
Mostel, Zero 154
Motherwell, Robert 217, 242
Moyne, Lord 207
Moynihan, Maura 537, 545, 556
Mueller, Fred 361
Mueller, Stephen 294, 295, 422
Mull, Martin 80
Munroe, Don 353, 441, 469, 568
Munsel, Patrice 372
Murdoch, Rupert 50, 504
Murf, Art 80
Murray, Don 551
Museu Guggenheim 181
Musker, Oliver 51

Myers, John Bernard 576
Myerson, Bess 163, 322

N

Naguib (amigo de São Schlumberger) 470, 517
Name, Billy 13, 239, 517
Namuth, Hans 575
Nando (diretor de arte) 369
Nastase, Ilie 158, 236, 237
Nathan, mr. and mrs. (cachorro-quente do Nathan) 224
Navratilova, Martina 345
Neiman, LeRoy 446, 539
Neuhaus, Lacey 149, 150, 166, 168, 207, 217
Neuwirth, Bobby 80
Nevelson, Louise 412
Nevill, Guy, pais de 334
Nevins, Bruce 541
Newhouse, Mitzi 419, 491
Newhouse, Si (Samuel I., Jr.) 391
Newman, Paul 79
Newton, Helmut 55, 516
Niarchos, Maria 93, 95, 96, 327, 330
Niarchos, Philip 37, 56, 69, 77, 93, 95, 105, 107, 141, 168, 169, 176, 328, 389
Niarchos, Spyro 69
Niarchos, Stavros 70, 73
Nicholas Nickleby (peça) 570
Nichols, Mike 270, 303, 524
Nicholson, Jack 39, 56, 71, 79, 94, 104, 116, 121, 201, 220, 226, 264, 410, 412, 508, 552, 560, 564, 585
Nicholson, Johnny 123
Nicklaus, Jack 124, 126
Nico 10, 93, 305, 328, 470
Niven, David 428, 432
Niven, mrs. David 428
Nixon, Richard 22, 68, 166, 198, 243, 361, 510
Noguchi 227
Noland, Kenneth 451
Nolte, Nick 412
Norris, Chuck 583
North, Nancy 246, 317, 364
Norton, Ken 148, 168
Novak, Kim 61
Nureyev, Rudolf 68

O

Oberon, Merle 267

O'Brien, Edna 78
O'Brien, Glenn 194
Ocasek, Ric 492, 498
O'Donoghue, Michael 350, 467
O exorcista (filme) 179
O'Hara, Frank 577
O'Higgins, Patrick 272
O império contra-ataca (filme) 413
O'Keefe, Georgia 356, 553
Oldenburg, Claes 76
Oliver, André 278, 470
Olivier, Laurence 579
Onassis, Aristóteles 212
Onassis, Jackie (Jackie O.) 43, 50, 88, 144, 150, 160, 162, 168, 205, 265, 279, 280, 284, 285, 294, 375, 405, 474, 495
Onassis, Jackie (Jackie O.) (retratos de Warhol) 409
Ondine 10, 98, 109, 296
O'Neal, Kevin 80
O'Neal, Michael 60
O'Neal, Ryan 62, 63, 194, 201, 259, 264, 386
O'Neal, Tatum 584
O'Neill, Jennifer 151
O'Neill, Tip 543
Ono, Yoko 476, 512, 537
Orentreich, dr. 85, 290, 304, 542
Ork, Terry 209
Orlovsky, Peter 318
O'Rourke, PJ 407
O'Shea, John (Jack) 232, 234, 305, 500
O'Sullivan, Maureen 487
Outro lado da meia-noite, O (filme) 195, 264
Oxenberg, Catherine 153, 360, 382, 470

P

Pacino, Al 76, 119, 189, 250, 411
Palance, Jack 249, 252, 253
Palestina 207
Palevsky, Max 64, 298
Paley, Babe 50, 88, 233, 418
Paley, Bill 233, 308, 339, 418, 470
Paley, Stephen 524
Pallenberg, Anita 134, 332, 333
Papatakis, Manuela 94, 95, 169, 328
Papp, Joseph 86
Parks, Bert 258
Parrish, Maxfield 440

Parton, Dolly 237, 268, 300
Pashun, Tommy 279, 357, 449, 459
Patcevitch, Chessy 409
Patino, Antenor 138
  sequestro 138
Pato Donald (gravuras de Warhol) 422, 471, 483
Patterson, Pat 51
Pauley, Jane 418
Paul, Steve 194, 239
Paul VI, papa 247
Payson, Sandra (lady Weidenfeld) 167, 223
Peabody, Judy 294
Peabody, Sam 310
Pei, I.M. 417, 434, 442
Pelé 113, 127, 132, 136, 159, 308
Pell, Claiborne 499
Perkins, Berry Berenson 389
Perkins, Tony 373
Perrine, Valerie 79, 81
Perry, Frank 90, 366
Persky, Lester 59, 60, 68, 75, 76, 141, 147, 303, 310, 316, 347, 351, 421, 449, 458, 471, 516, 575
Peter Luger's Steakhouse 137
Peters, Jon 79
Phillips, Esther 75, 82, 187
Philosophy (livro de Warhol) 16, 54, 59, 61, 85, 91, 180, 326, 344, 366, 369, 403, 413, 435, 446, 466, 510, 511, 558, 567
Phipp, Cynthia 263
Picasso, Paloma 45-47, 92, 317, 421, 423, 475, 536
Piccard, Lil 444
Pignatelli, princesa 366
Pigozzi, Johnny 507
Pile, Susan 78, 79, 259
Pincus, Steve 137
Pink Floyd (grupo) 380
Pinter, Harold 85
Pitt, William 296, 303, 307, 327
Pivar, Stuart 421, 479
Platt, Henry 338
Plesch, Ettie 429
Plimpton, George 213, 309
Pointer Sisters (grupo) 533
Polanski, Roman 62, 71, 79, 133, 180, 402
Polignac, princesa 471
Polk, Bo 151, 186, 274, 346, 353, 429
Poll, Martin 378, 379

Pollock, Jackson 39, 53, 57, 78, 116, 410, 412, 421, 507
Pompidou, mrs. 510
Ponti, Carlo 126, 129, 297
Pop Art 18, 31
Popeye (filme) 321
Popism (livro de Warhol) 325
Porco (Warhol prints) 375
Portago, Andrea 44, 48, 76, 80, 87, 165, 171
Portago, Carroll 49, 74
Portago, Fon de 76
Portago, Tony 49, 50, 185
Portanova, mr. and mrs. 427
Porter, Fairfield 70
Porter, Sylvia 68
Post, Henry 286, 296, 297, 303, 313, 322, 323, 329, 338, 355, 402, 485
Potamkin, Luba 258
Potassa (drag queen) 51, 206, 282
Powell, Dick 413
Powell, Jody 174
Powers, John 44, 404, 408
Power, Tyrone 61, 345
Preminger, Otto 110
Presley, Elvis 18, 119, 136, 212, 225, 271, 355, 408, 439, 519
Presley, Elvis (retratos de Warhol) 119, 355, 439
Presley, Priscilla 355
Presnell, Harve 229
Pressman, Gene 565
Pretty Baby (filme) 125, 194, 195
Prince, Hal 97
princesa Pamela (dona de restaurante) 198
Princess Daisy (livro) 417
Prince, Steven 212, 219
Protas, Ron 332, 578
Pryor, Richard 419

Q

Quinn, Anthony 212
Quinn, Joan 78, 259, 388, 414

R

Rachel (drag queen) 42, 239
Rader, Dotson 197, 273
Radio City Music Hall 196, 468
  concerto Beach Boys 308
  Four Seasons 139
Radziwill, John 36, 141

Radziwill, Lee 51, 69, 72, 163, 181, 278, 294, 324, 325, 327, 463
Radziwill, Tina 133
Rainbow Room 101, 293, 441, 442, 579
Rammè, Margrit 104
Rance, Lisa 255, 339
Randall, Jim 31, 284
Raphaelson, Bob 508
Rattazzi, Delfina 41, 256
Rauschenberg, Robert 77, 133, 142, 475, 543, 561
Ray, Man 55
Rayner, Chessy 163
Reagan, Nancy 571, 572, 582
Reagan, Ronald 338, 432, 452, 461, 471, 574
Reagan, Ron, Jr. 465, 473, 486, 490, 510
Redford, Robert 136, 175, 543
Redgrave, Vanessa 194
Reed, Annette 536
Reed, Lou 10, 42, 168, 187, 239, 245, 352, 515, 521
Reed, Rex 195, 491
Rees, dr. (cirurgião plástico) 455, 568
Rehme, Bob 48
Reinhold, John 203, 223, 296, 299, 339, 350, 352, 360, 362, 383, 405, 425, 438, 462, 463, 467, 476, 484, 487, 496, 497, 522, 523, 542, 551, 553, 554, 564, 582
Remarque, Erich Maria 50, 76
Renny o florista 438, 449
Reno Sweeney's (clube) 36, 222
Rense, Paige 128, 463
Revlon 177, 402, 576
Revson, Lynn 537, 540
Reynolds, Burt 119, 163, 165, 445, 467, 478, 546
Rhodes, Dusty 182
Rhodes, Zandra 457
Ribicoff, Abraham 559
Ricard, René 87, 203, 296, 357
Ricci, Nina 87
Richards, Keith 42, 134, 315
Richardson, John 50, 170, 208, 272, 475, 495
Richardson, Mary 368, 430, 431, 457, 493, 508, 550
Rich, Frank 73
Ripps, Rodney 481
Rivera, Geraldo 78

601

Rivers, Clarisse 194, 222, 402
Rivers, Larry 40, 155, 211, 213, 354, 357, 398, 404, 576
Robards, Jason 504
Robbins, Jerome 390
Robbins, Marty 55
Robb, Lynda Bird Johnson 447
Roberts, Jonathan 502, 520
Robertson, Cliff 536
Robertson, Robbie 211, 212, 219, 225
Robinson, Adam 420
Robinson, Lisa 217, 444
Rockburn, Dorothea 391
Rockefeller, Blanchette 142
Rockefeller Center 566
Rockefeller, Happy 18, 299, 499, 536
Rockefeller, Laurance 524
Rocksavage, David 430
Rocky (filme) 62, 81
Rocky III (filme) 429
Roeg, Nick 444, 460, 461
Rogers, Carole 89, 165, 349, 461
Rogers, Jackie 109, 194
Rogers, Peter 390
Ronstadt, Linda 64, 514
Rose, Barbara 109, 118, 273, 380
Rose, Jane 161
Roseland 74
Rosenblum, Robert 143, 360, 365
Rosenman, Howard 287
Rosenquist, James 76, 77, 288, 570
Ross, Diana 64, 259, 260, 276, 285, 288, 289, 293, 301, 321, 326, 330, 373, 555, 556, 569, 576
Rossellini, Isabella 41, 170, 259, 555
Rossellini, Roberto 219
Rothermere, lady 430
Roxy (rinque de patinação) 407, 413
Rubell, Steve 115, 141, 281, 284, 313, 320, 321, 323, 324, 326, 333, 336, 344, 348, 355-358, 362, 364, 367, 369, 389, 391, 400, 402, 421, 497, 500, 514, 571, 573, 581, 583
Rudolph, Paul 40
Rugoff, Don 80
Rumbough, Stan 106, 107
Runaway (show da Broadway proposto por Warhol) 538
Russell, Anthony 331
Rybar, Valerian 113, 162
Rydell, Charles 194, 283, 450, 472, 508
Ryskamp, Charles 474

S

Sabrina (filme) 478
Sachs, Gunther, filho de 316
Saffra, mrs. 217
Saint-Laurent, Yves 40, 92
Sakowitz, Pam 120
Saks 567
Salinger, J. D. 408, 447
Salinger, Matt 447
Salter, Sue 520
Samuels, John, IV (John Stockwell) 316
Sanchez, Fernando 45, 385
Sanda, Dominique 515, 522
Sant'Angelo, Giorgio 50, 111, 203, 575
Sant, Clara 92, 426
Sartin, Janet 526-528, 531, 542, 567, 568, 572
Satyricon (filme) 420
Savage, John 278, 319, 322
Save the Children Fund 573
Scavullo, Francesco 50, 147, 166, 251, 315, 327, 395, 485
Schary, Dore 97
Schell, Maximilian 172, 174
Schiano, Marina 111, 124, 216, 346, 347, 364, 370, 456, 496, 575
Schiaparelli 55
Schippers, Thomas 91
Schlesinger, Arthur 40
Schlesinger, John 347, 348
Schlesinger, Peter 536
Schlossberg, Edwin 578
Schlumberger, São 95, 214, 393, 431, 516
Schnabel, Julian 483
Schneider, Maria 120
Schrader, Paul 373
Schrager, Ian 281, 303, 358, 500, 583
Schumacher, Joel 173
Schwartz, Bill 441
Schwarzenegger, Arnold 50, 67, 80, 169, 459
Scorsese, Julia 82, 99, 101, 102, 112, 261
Scorsese, Martin 81, 82, 144, 156, 211, 259
Scott, Nick 45, 46, 332
Scranton, governador e mrs. Richard 347
Scribner, John 274, 316, 406, 436
Scull, Ethel 18, 575, 578

Seabra, Nelson 495
Seaver, Tom 116, 127
Sedaka, Leba 317
Sedaka, Neil 171, 300, 305, 308
Sedgwick, Edie 80, 309, 388, 429
Segal, George 218, 412
Segal, mrs. George 412
Selznick, David 234
Selznick, Irene 36, 84
Sendak, Maurice 520
Serendipity 112, 211, 505
Seurat, Georges 421
Sex Pistols (grupo) 108, 157, 517
Shafrazi, Tony 69
Shalit, Gene 197, 351, 371, 376
Shampoo (filme) 584
Shand, Mark 161, 170, 172, 284, 316
Sharkey, Ray 379
Sharpe, Cornelia 410, 411
Shea Stadium 207
Sheppard, Eugenia 97, 177, 463, 531
Sherry Netherland Hotel 86, 99, 211, 219
Shields, Brooke 125, 194, 195, 564
Shiva, Gil 171
Shiva, Susan 88
Shoemaker, mr. e mrs. Willie 81
Short, Bobby 467
Shriver, Eunice Kennedy 457, 458, 482
Shriver, Jay 7, 451, 461, 476, 504, 529, 541, 546
Shriver, Sargent 388
Sieff, Norman 62
Siegel, Stanley 116, 125, 238, 240, 241, 276, 325, 326
Sills, Beverly 163
Silvinha (amiga de Richard Gere) 383, 389, 390, 414, 456
Simmons, Gene 542
Simon, Carly 377, 398, 404
Simon, Don 146, 147
Simon, John 150, 172
Simon, Neil 541
Simon, Paul 305
Simpson, O.J. 144, 185
Sindona, Michelle 391, 397
Síndrome da China (filme) 313
Sirikit, rainha da Tailândia 501, 573
Sirio (Le Cirque) 501
Sklar, Michael 321
Sloan-Kettering 98, 103
Smith, Alexis 351
Smith, Geraldine 18, 62, 194

Smith, Jaclyn 265
Smith, Jean Kennedy 35, 41, 42, 373, 457
Smith, Kate 75
Smith, Liz 194, 212, 278, 326, 358, 416, 427, 430, 432, 494, 495, 559
Smith, Maria 62
Smith, Patti 217
Smith, Rex 512, 514
Smith, Rupert 19, 369
Snyder, Tom 149, 229
Solanis, Valerie 111, 112, 131, 147, 198, 290, 394
Solomon, Holly 18
Sondes, Lord 409, 410
Sonnabend, Ileana 35, 76, 77
Sonnier, Keith 76
sopa Campbell de Won Ton 549
Sopher, Carol e Donald 454
Sosenko, Anna 524
Sotheby's 224, 302, 437, 459, 484, 570
Southern, Terry 96
Spacek, Sissy 86, 172
Sparling, Peter 333
Spiegel, Sam 185
Spilsbury, Klinton 437
Springer, John 97, 128, 131, 555
Springsteen, Bruce 249, 250, 305
Stage Door (filme) 455
Stait, Walter 459, 460
Stallone, Sylvester 250, 381, 383, 429
Stander, Lionel 162
Stanfill, Francesca 70
Stanwyck, Barbara 520
Stapleton, Maureen 366, 487
Stapleton, Ruth Carter 197, 198
Starbuck, Jo Jo 294
Stark, Fran 361
Stark, Ray 361
Stark, Wendy 64, 261
Starr, Ringo 62, 237
Stassinopoulos, Arianna 533, 580
Steding, Walter 168, 192, 288, 291, 352, 376, 399, 508
Steenburgen, Mary 264
Steiger, Rod 253
Stein, Andrew 186, 513
Steinberg, Saul 205
Stein, Chris 424, 544, 545
Stein, Gertrude 343, 387
Stein, Howard 330
Stein, Jean 88, 284, 309, 337
Stein, Linda 409, 445

Weisman, Marcia 62, 63, 258
Weisman, Richard 64, 81, 116, 117, 124, 126, 134, 135, 142, 148, 159, 199, 226, 236, 237, 353, 355, 360, 378, 380, 389, 390, 419, 436, 439, 440, 443, 445, 468, 477, 487, 541
Weissberger, Arnold 67
Weissmuller, Johnny 487
Weiss, Paul 468, 480
Weitz, John 142
Welch, Raquel 152, 463, 511, 580
Weld, Tuesday 117
Welles, Orson 144
Wells, Gary 301
Wenders, Wim 69
Wenner, Jane 182, 197
Wenner, Jann 64, 97, 104, 105, 107, 279
Werblin, Sonny 298
Wertmuller, Lina 166, 171
Weslow, William 323
Westergaard, Louise 538
West, Robin 32, 41, 151, 170
Westwood, Vivienne 517
Weymouth, Lally 90, 187, 465
Weymouth, Nicky 140, 143, 222
White, David 49, 323, 475
White, Donald Bruce 462
White, Nancy 315
Whitney, David 44, 49, 76, 132, 142, 196, 273, 286, 298, 318, 323, 337, 401, 423, 424, 440
Whitney, Gertrude Vanderbilt 440
Whitney Museum
  exposição Close e Guglielmi 538
  exposição Heizer 402
  exposição Walt Disney 553
Wilding, Christopher 117
Williams, Bill 80
Williams, Hank 415
Williamson, Fred 80
Williams, Robin 321, 322, 341, 439, 573
Williams, Tennessee 38, 73, 266, 284, 550
Wilson, Bob 403, 419, 420, 421
Wilson, Dennis 308
Wilson, Earl 102, 155, 194, 221
Wilson, Tom 328
Winger, Debra 415
Winship, Joanne 372, 461, 462
Winters, mr. (caseiro de Montauk) 42, 96, 98, 104, 227, 245, 248, 252, 289, 293
Winters, mrs. (Millie) 98, 289, 291, 293, 529

Winters, Shelley 213
Wintersteen, Bonny 347, 460
Wintour, Anna 511, 526
Wise, Peter 207, 481, 485, 497, 528, 534
Wolfe, Tom 384
Wolf, Henry 407
Women in Revolt (filme) 14, 86
Wood, Ron 79, 134, 315
Woodward, Joanne 79
Woolworth, Freddy 428, 429
Worth, Irene 113, 373, 412
W (publicação) 7, 55, 129, 270
Wright, Andy 115
Wright, Teresa 488
Wunsche, Hermann 453
Wyatt, Lynn 208, 311, 334, 403, 411, 414, 416, 427, 432, 554
Wyeth, Andrew 32
Wyeth, Jamie 31, 42, 50, 58-60, 67, 103, 116, 151, 186, 346, 427, 459
Wyeth, Jane 484
Wyeth, Phyllis 32, 151, 274, 313, 460, 464
Wylie, Andrew 194
Wyman, Jane 64
Wyoming, Johnny 62

X

Xavier (amigo de Paloma Picasso) 475
Xenon (clube) 215, 222, 224, 281, 305, 308, 317, 318, 329, 330, 345, 392, 395, 521, 530, 550, 578, 581

Y

Yablans, Frank 195
York, Michael 89
York, Pat 89, 542
Young, Andrew 88, 103, 130, 267
Young, Burt 82
Young, La Monte 379
Young, Sean 445

Z

Zahedi, Ardehir (embaixador iraniano) 68, 69, 110, 163
Zanuck, Darryl 152
Zarem, Bobby 151, 174, 187, 356, 358
Zeffirelli, Franco 347, 550
Zilkha, Cecile 536
Zipkin, Jerry 136, 403, 409, 443, 445, 488, 494, 495, 498, 504, 509, 553
Zivian, Michael 355

Coleção L&PM POCKET (LANÇAMENTOS MAIS RECENTES)

781. **Capitalismo** – Claude Jessua
782. **Mitologia grega** – Pierre Grimal
783. **Economia: 100 palavras-chave** – Jean-Paul Betbèze
784. **Marxismo** – Henri Lefebvre
785. **Punição para a inocência** – Agatha Christie
786. **A extravagância do morto** – Agatha Christie
787.(13).**Cézanne** – Bernard Fauconnier
788. **A identidade Bourne** – Robert Ludlum
789. **Da tranquilidade da alma** – Sêneca
790. **Um artista da fome** *seguido de* **Na colônia penal e outras histórias** – Kafka
791. **Histórias de fantasmas** – Charles Dickens
792. **A louca de Maigret** – Simenon
793. **O amigo de infância de Maigret** – Simenon
794. **O revólver de Maigret** – Simenon
795. **A fuga do sr. Monde** – Simenon
796. **O Uruguai** – Basílio da Gama
797. **A mão misteriosa** – Agatha Christie
798. **Testemunha ocular do crime** – Agatha Christie
799. **Crepúsculo dos ídolos** – Friedrich Nietzsche
800. **Maigret e o negociante de vinhos** – Simenon
801. **Maigret e o mendigo** – Simenon
802. **O grande golpe** – Dashiell Hammett
803. **Humor barra pesada** – Nani
804. **Vinho** – Jean-François Gautier
805. **Egito Antigo** – Sophie Desplancques
806.(14).**Baudelaire** – Jean-Baptiste Baronian
807. **Caminho da sabedoria, caminho da paz** – Dalai Lama e Felizitas von Schönborn
808. **Senhor e servo e outras histórias** – Tolstói
809. **Os cadernos de Malte Laurids Brigge** – Rilke
810. **Dilbert (5)** – Scott Adams
811. **Big Sur** – Jack Kerouac
812. **Seguindo a correnteza** – Agatha Christie
813. **O álibi** – Sandra Brown
814. **Montanha-russa** – Martha Medeiros
815. **Coisas da vida** – Martha Medeiros
816. **A cantada infalível** *seguido de* **A mulher do centroavante** – David Coimbra
817. **Maigret e os crimes do cais** – Simenon
818. **Sinal vermelho** – Simenon
819. **Snoopy: Pausa para a soneca (9)** – Charles Schulz
820. **De pernas pro ar** – Eduardo Galeano
821. **Tragédias gregas** – Pascal Thiercy
822. **Existencialismo** – Jacques Colette
823. **Nietzsche** – Jean Granier
824. **Amar ou depender?** – Walter Riso
825. **Darmapada: A doutrina budista em versos**
826. **J'Accuse...! – a verdade em marcha** – Zola
827. **Os crimes ABC** – Agatha Christie
828. **Um gato entre os pombos** – Agatha Christie
829. **Maigret e o sumiço do sr. Charles** – Simenon
830. **Maigret e a morte do jogador** – Simenon
831. **Dicionário de teatro** – Luiz Paulo Vasconcellos
832. **Cartas extraviadas** – Martha Medeiros
833. **A longa viagem de prazer** – J. J. Morosoli
834. **Receitas fáceis** – J. A. Pinheiro Machado
835.(14).**Mais fatos & mitos** – Dr. Fernando Lucchese
836.(15).**Boa viagem!** – Dr. Fernando Lucchese
837. **Aline: Finalmente nua!!! (4)** – Adão Iturrusgarai
838. **Mônica tem uma novidade!** – Mauricio de Sousa
839. **Cebolinha em apuros!** – Mauricio de Sousa
840. **Sócios no crime** – Agatha Christie
841. **Bocas do tempo** – Eduardo Galeano
842. **Orgulho e preconceito** – Jane Austen
843. **Impressionismo** – Dominique Lobstein
844. **Escrita chinesa** – Viviane Alleton
845. **Paris: uma história** – Yvan Combeau
846.(15).**Van Gogh** – David Haziot
847. **Maigret e o corpo sem cabeça** – Simenon
848. **Portal do destino** – Agatha Christie
849. **O futuro de uma ilusão** – Freud
850. **O mal-estar na cultura** – Freud
851. **Maigret e o matador** – Simenon
852. **Maigret e o fantasma** – Simenon
853. **Um crime adormecido** – Agatha Christie
854. **Satori em Paris** – Jack Kerouac
855. **Medo e delírio em Las Vegas** – Hunter Thompson
856. **Um negócio fracassado e outros contos de humor** – Tchékhov
857. **Mônica está de férias!** – Mauricio de Sousa
858. **De quem é esse coelho?** – Mauricio de Sousa
859. **O burgomestre de Furnes** – Simenon
860. **O mistério Sittaford** – Agatha Christie
861. **Manhã transfigurada** – Luiz Antonio de Assis Brasil
862. **Alexandre, o Grande** – Pierre Briant
863. **Jesus** – Charles Perrot
864. **Islã** – Paul Balta
865. **Guerra da Secessão** – Farid Ameur
866. **Um rio que vem da Grécia** – Cláudio Moreno
867. **Maigret e os colegas americanos** – Simenon
868. **Assassinato na casa do pastor** – Agatha Christie
869. **Manual do líder** – Napoleão Bonaparte
870.(16).**Billie Holiday** – Sylvia Fol
871. **Bidu arrasando!** – Mauricio de Sousa
872. **Desventuras em família** – Mauricio de Sousa
873. **Liberty Bar** – Simenon
874. **E no final a morte** – Agatha Christie
875. **Guia prático do Português correto – vol. 4** – Cláudio Moreno
876. **Dilbert (6)** – Scott Adams
877.(17).**Leonardo da Vinci** – Sophie Chauveau
878. **Bella Toscana** – Frances Mayes
879. **A arte da ficção** – David Lodge
880. **Striptiras (4)** – Laerte
881. **Skrotinhos** – Angeli
882. **Depois do funeral** – Agatha Christie
883. **Radicci 7** – Iotti
884. **Walden** – H. D. Thoreau
885. **Lincoln** – Allen C. Guelzo
886. **Primeira Guerra Mundial** – Michael Howard
887. **A linha de sombra** – Joseph Conrad
888. **O amor é um cão dos diabos** – Bukowski
889. **Maigret sai em viagem** – Simenon
890. **Despertar: uma vida de Buda** – Jack Kerouac
891.(18).**Albert Einstein** – Laurent Seksik
892. **Hell's Angels** – Hunter Thompson

893. **Ausência na primavera** – Agatha Christie
894. **Dilbert (7)** – Scott Adams
895. **Ao sul de lugar nenhum** – Bukowski
896. **Maquiavel** – Quentin Skinner
897. **Sócrates** – C.C.W. Taylor
898. **A casa do canal** – Simenon
899. **O Natal de Poirot** – Agatha Christie
900. **As veias abertas da América Latina** – Eduardo Galeano
901. **Snoopy: Sempre alerta! (10)** – Charles Schulz
902. **Chico Bento: Plantando confusão** – Mauricio de Sousa
903. **Penadinho: Quem é morto sempre aparece** – Mauricio de Sousa
904. **A vida sexual da mulher feia** – Claudia Tajes
905. **100 segredos de liquidificador** – José Antonio Pinheiro Machado
906. **Sexo muito prazer 2** – Laura Meyer da Silva
907. **Os nascimentos** – Eduardo Galeano
908. **As caras e as máscaras** – Eduardo Galeano
909. **O século do vento** – Eduardo Galeano
910. **Poirot perde uma cliente** – Agatha Christie
911. **Cérebro** – Michael O'Shea
912. **O escaravelho de ouro e outras histórias** – Edgar Allan Poe
913. **Piadas para sempre (4)** – Visconde da Casa Verde
914. **100 receitas de massas light** – Helena Tonetto
915. (19). **Oscar Wilde** – Daniel Salvatore Schiffer
916. **Uma breve história do mundo** – H. G. Wells
917. **A Casa do Penhasco** – Agatha Christie
918. **Maigret e o finado sr. Gallet** – Simenon
919. **John M. Keynes** – Bernard Gazier
920. (20). **Virginia Woolf** – Alexandra Lemasson
921. **Peter e Wendy** seguido de **Peter Pan em Kensington Gardens** – J. M. Barrie
922. **Aline: numas de colegial (5)** – Adão Iturrusgarai
923. **Uma dose mortal** – Agatha Christie
924. **Os trabalhos de Hércules** – Agatha Christie
925. **Maigret na escola** – Simenon
926. **Kant** – Roger Scruton
927. **A inocência do Padre Brown** – G.K. Chesterton
928. **Casa Velha** – Machado de Assis
929. **Marcas de nascença** – Nancy Huston
930. **Aulete de bolso**
931. **Hora Zero** – Agatha Christie
932. **Morte na Mesopotâmia** – Agatha Christie
933. **Um crime na Holanda** – Simenon
934. **Nem te conto, João** – Dalton Trevisan
935. **As aventuras de Huckleberry Finn** – Mark Twain
936. (21). **Marilyn Monroe** – Anne Plantagenet
937. **China moderna** – Rana Mitter
938. **Dinossauros** – David Norman
939. **Louca por homem** – Claudia Tajes
940. **Amores de alto risco** – Walter Riso
941. **Jogo de damas** – David Coimbra
942. **Filha é filha** – Agatha Christie
943. **M ou N?** – Agatha Christie
944. **Maigret se defende** – Simenon
945. **Bidu: diversão em dobro!** – Mauricio de Sousa
946. **Fogo** – Anaïs Nin
947. **Rum: diário de um jornalista bêbado** – Hunter Thompson
948. **Persuasão** – Jane Austen
949. **Lágrimas na chuva** – Sergio Faraco
950. **Mulheres** – Bukowski
951. **Um pressentimento funesto** – Agatha Christie
952. **Cartas na mesa** – Agatha Christie
953. **Maigret em Vichy** – Simenon
954. **O lobo do mar** – Jack London
955. **Os gatos** – Patricia Highsmith
956. (22). **Jesus** – Christiane Rancé
957. **História da medicina** – William Bynum
958. **O Morro dos Ventos Uivantes** – Emily Brontë
959. **A filosofia na era trágica dos gregos** – Nietzsche
960. **Os treze problemas** – Agatha Christie
961. **A massagista japonesa** – Moacyr Scliar
962. **A taberna dos dois tostões** – Simenon
963. **Humor do miserê** – Nani
964. **Todo o mundo tem dúvida, inclusive você** – Édison Oliveira
965. **A dama do Bar Nevada** – Sergio Faraco
966. **O Smurf Repórter** – Peyo
967. **O Bebê Smurf** – Peyo
968. **Maigret e os flamengos** – Simenon
969. **O psicopata americano** – Bret Easton Ellis
970. **Ensaios de amor** – Alain de Botton
971. **O grande Gatsby** – F. Scott Fitzgerald
972. **Por que não sou cristão** – Bertrand Russell
973. **A Casa Torta** – Agatha Christie
974. **Encontro com a morte** – Agatha Christie
975. (23). **Rimbaud** – Jean-Baptiste Baronian
976. **Cartas na rua** – Bukowski
977. **Memória** – Jonathan K. Foster
978. **A abadia de Northanger** – Jane Austen
979. **As pernas de Úrsula** – Claudia Tajes
980. **Retrato inacabado** – Agatha Christie
981. **Solanin (1)** – Inio Asano
982. **Solanin (2)** – Inio Asano
983. **Aventuras de menino** – Mitsuru Adachi
984. (16). **Fatos & mitos sobre sua alimentação** – Dr. Fernando Lucchese
985. **Teoria quântica** – John Polkinghorne
986. **O eterno marido** – Fiódor Dostoiévski
987. **Um safado em Dublin** – J. P. Donleavy
988. **Mirinha** – Dalton Trevisan
989. **Akhenaton e Nefertiti** – Carmen Seganfredo e A. S. Franchini
990. **On the Road – o manuscrito original** – Jack Kerouac
991. **Relatividade** – Russell Stannard
992. **Abaixo de zero** – Bret Easton Ellis
993. (24). **Andy Warhol** – Mériam Korichi
994. **Maigret** – Simenon
995. **Os últimos casos de Miss Marple** – Agatha Christie
996. **Nico Demo** – Mauricio de Sousa
997. **Maigret e a mulher do ladrão** – Simenon
998. **Rousseau** – Robert Wokler
999. **Noite sem fim** – Agatha Christie
1000. **Diários de Andy Warhol (1)** – Editado por Pat Hackett
1001. **Diários de Andy Warhol (2)** – Editado por Pat Hackett
1002. **Cartier-Bresson: o olhar do século** – Pierre Assouline

UMA SÉRIE COM MUITA HISTÓRIA PRA CONTAR

Alexandre, o Grande, Pierre Briant | **Budismo**, Claude B. Levenson | **Cabala**, Roland Goetschel | **Capitalismo**, Claude Jessua | **Cérebro**, Michael O'Shea | **China moderna**, Rana Mitter | **Cleópatra**, Christian-Georges Schwentzel | **A crise de 1929**, Bernard Gazier | **Cruzadas**, Cécile Morrisson | **Dinossauros**, David Norman | **Economia: 100 palavras-chave**, Jean-Paul Betbèze | **Egito Antigo**, Sophie Desplancques | **Escrita chinesa**, Viviane Alleton | **Existencialismo**, Jacques Colette | **Geração Beat**, Claudio Willer | **Guerra da Secessão**, Farid Ameur | **História da medicina**, William Bynum | **Império Romano,** Patrick Le Roux | **Impressionismo**, Dominique Lobstein | **Islã**, Paul Balta | **Jesus**, Charles Perrot | **John M. Keynes**, Bernard Gazier | **Kant**, Roger Scruton | **Lincoln**, Allen C. Guelzo | **Maquiavel**, Quentin Skinner | **Marxismo**, Henri Lefebvre | **Mitologia grega**, Pierre Grimal | **Nietzsche**, Jean Granier | **Paris: uma história**, Yvan Combeau | **Primeira Guerra Mundial**, Michael Howard | **Revolução Francesa**, Frédéric Bluche, Stéphane Rials e Jean Tulard | **Santos Dumont**, Alcy Cheuiche | **Sigmund Freud**, Edson Sousa e Paulo Endo | **Sócrates**, Cristopher Taylor | **Tragédias gregas**, Pascal Thiercy | **Vinho**, Jean-François Gautier

L&PMPOCKETENCYCLOPAEDIA
Conhecimento na medida certa

IMPRESSÃO:

Santa Maria - RS - Fone/Fax: (55) 3220.4500
www.pallotti.com.br